선한 길

바른 목회를 위한 필수적인 요소

존 C. 라일 지음 | 박영호 옮김

기독교문서선교회

기독교문서선교회(Christian Literature Crusade: 약칭 CLC)는 1941년 영국 콜체스터에서 켄 아담스에 의해 시작되었으며 국제 본부는 영국의 쉐필드에 있습니다.
국제 CLC는 59개 나라에서 180개의 본부를 두고, 약 650여 명의 선교사들이 이동도서차량 40대를 이용하여 문서 보급에 힘쓰고 있으며 이메일 주문을 통해 130여 국으로 책을 공급하고 있습니다.
한국 CLC는 청교도적 복음주의 신학과 신앙서적을 출판하는 문서선교기관으로서, 한 영혼이라도 구원되길 소망하면서 주님이 오시는 그날까지 최선을 다할 것입니다.

The Upper Room

Written by
John C. Ryle

Translated by
Young Ho Park

Korean Edition
Copyright © 2013 by Christian Literature Crusade
Seoul, Korea

추천사 1

D. M. 로이드 존스 박사
20세기 최고의 강해 설교자/웨스트민스터교회 목사

    내가 오랜 세월 동안 복음 사역을 해오며 주시해 온 가장 고무적이고 희망적인 현상 중의 하나는 존 C. 라일(John Charles Ryle) 주교의 저서들이 새로운 관심으로 조명을 받고 있다는 것입니다.
    라일 주교는 생전에 복음적 개혁주의 신앙의 대표자이자, 가장 유명한 사람으로서 알려졌고, 특출한 면모를 보이며 사랑을 받았습니다. 그러나 여러 가지 이유로 그의 이름과 저서들은 오늘날 복음주의자들에게 잊혀지고 낯설게 되어 아쉬운 감이 있었습니다. 라일 주교의 저서들은 영국에서도 찾아보기가 어려운 형편이고, 그와 동시대 인물인 모울(Handley Carr Glyn Moul, 1841-1920) 목사도 라일 주교와 같이 잊혀진 존재가 되어 나에게 큰 안타까움을 주었습니다. 하지만 다행히 라일 주교와 모울 목사의 저서들은 재발견되고 있으며, 재출간의 요망이 증가하고 있으니 참 다행입니다.
    라일 주교의 저서를 읽어본 사람들은 누구나 그의 위대한 저술들을 새롭게 묶어 내놓은 라일『신앙강좌 시리즈』에 깊은 감사를 느낄 것입니다. 내가 20년 전 이 책을 중고 책방에서 우연히 발견하고 읽으며 받았던 영적, 정신적 만족은 잊혀지지 않는 영적 감격으로 남아 있습니다.

라일 『신앙강좌 시리즈』는 어떠한 서문도 머리말도 필요하지 않습니다. 그러나 모든 독자가 라일이 글을 쓸 수밖에 없었던 상황을 제시하는 그의 서문을 읽게 되는 것은 아주 값진 일입니다.

라일 주교의 문체와 문장은 분명합니다. 그는 항상 매우 탁월할 정도로 성경적이며 주해적입니다. 그는 먼저 한 이론을 제시하고 성경의 여러 본문을 그 이론에 끼워 맞추는 방식을 결코 취하지 않습니다. 다만 항상 말씀으로 시작하여 그 말씀을 상세히 설명합니다. 그리고 그 설명은 가장 뛰어나고 가장 훌륭한 주석입니다. 또한 그 주석은 항상 명확하고 논리적이며, 언제나 명백한 교리의 선포로 나아갑니다. 더욱이 그 어조는 강하고 힘이 넘쳐 종종 "경건하다"라는 것으로 묘사되는 감상주의로부터 멀리 떨어져 있습니다.

라일 주교는 17세기의 위대한 청교도 고전 작가들의 샘물에 깊이 목을 축이고 있었습니다. 아니, 그의 책은 오히려 현대적 양식을 지닌, 참으로 읽을 만한 청교도 신학의 정수라고 부르는 것이 더 정확할 것입니다.

그의 위대한 청교도 스승들과 마찬가지로, 라일 주교의 이 『신앙강좌 시리즈』 역시 쉬운 길을 제시하고 있지 않습니다. 어떤 '잠재적인' 방법을 따라 성결에 도달하는 길을 제시하는 것도 아닙니다. 그러나, 그는 항상 '의에 주리고 목마름'을 불러 일으켜, 의로 '채워질' 유일한 필요불가결의 조건을 형성하게 합니다.

라일 『신앙강좌 시리즈』가 널리 읽혀지기를 바라며, 이 모든 것을 통하여 하나님의 이름이 더욱더 찬양되며 영광받으시길 바랍니다.

추천사 2

정원태 박사
개혁신학연구원 신약학 교수

청교도 신학의 정수를 배우기 위해 미국으로 유학을 갔을 때, 저는 큰 실망을 했습니다. 청교도 신학의 면모는 사라지고 세속화와 좌경의 길로 달려가고 있었기 때문입니다.

제가 길을 잃고 방황하고 있을 때, 하나님의 은혜로 라일 『신앙강좌 시리즈』를 읽게 되었고, 신앙과 신학의 골격을 형성하는 데 도움을 얻었습니다. 이 귀한 저서의 추천사를 쓰며 하나님께 뜨거운 감사를 드립니다.

라일은 스펄전과 동시대 사람이었는데, 스펄전은 그를 '잉글랜드 국교회가 배출한 최고의 인물'이라고 묘사했습니다. 20세기 청교도적 신학의 계승자인 패커(J. I. Packer) 역시 최고의 평가를 했습니다.

존 C. 라일의 저서야말로 우리 영혼이 배부를 수 있는 잔치요, 금광이요, 성결의 자극제요, 우리 마음의 용광로이며, 일용할 양식이며, 음료이며 치료제이다. 라일의 책을 읽으라. 더이상 나의 덧붙이는 말로 독자들의 시간을 뺏을 수 없다.

존 C. 라일은 21세에 회심한 후, 가난과 질병, 두 번이나 아내와 사별하는 고통을 겪었으나, 그런 고난을 통해 그처럼 아름답고 귀한 진리의 사역을 수행하여 생명의 양식을 전 세계에 전했습니다. 그는 사도로부터 전해 내려온 정통신학, 청교도적 개혁주의를 설교와 책으로 전하였습니다.

그의 저술은 몇 가지 특징적인 면모가 있습니다.

첫째, 라일은 언제나 그의 메시지를 성경으로 시작하고, 성경에 근거하고, 성경으로 맺습니다. 그는 성경 이외의 새로운 것을 말하지 않습니다. 그러나 성경적인 것이 가장 새로운 것입니다.

둘째, 라일은 앞선 기독교 학자들의 저술과 신학적 발견에 정통한 사람입니다. 누구든지 성경의 교훈과 개혁신학과 청교도의 진리의 호수에 빠져들고 싶다면 그의 저술에서 만끽할 수 있을 것입니다.

셋째, 라일은 진리의 나팔을 불고 있습니다. 그의 글은 성경적일 뿐 아니라 조직적입니다. 진리가 흐려지고 세속화되는 이때에 하나님께서는 그를 진리의 나팔로 사용하시는 듯합니다.

우리 한국교회는 귀한 신앙과 신학의 전통을 이어받았지만 물질주의, 세속주의, 쾌락주의가 휘몰아치고 있습니다. 바알에게 무릎을 꿇지 아니한 용사들이 이 책을 읽고, 그리스도의 정결한 신부가 되기를 바랍니다. 진리에 목마른 성도, 신학의 뼈대를 바로잡고자 하는 신학도, 생명의 말씀을 성도에게 먹이고자 하는 목회자에게 기쁨으로 이 책을 추천합니다.

발간사

박영호 박사
㈜한국성서대학교 교수/CLC 대표

이 책 『선한 길』(The Upper Room)은 라일이 21회에 걸쳐 펴낸 설교문들을 모아놓은 것입니다. 그가 한 마을의 교구목사로 재직할 때 한 권의 책을 펴냈는데 그것이 바로 이 책입니다. 이 책을 읽으며 어떤 독자는 왜 19세기의 글을 오늘날에도 읽어야 하는지 의문을 가질 수도 있습니다. 이 질문에 대해 우리는 주저 없이 확실하게 답할 수 있습니다. 라일의 책은 다음과 같은 이유로 영구성을 지니고 있습니다.

첫째, 라일은 성경을 해석한 사람이었습니다. 그는 성경의 진리를 제시했기에 그의 저술은 시대의 제한을 받지 않습니다. 그는 일시적인 사조나 종교적인 유행에 관심을 두지 않고 하나님 계시의 영원한 진리에 관심을 두었습니다.

둘째, 라일은 글쓰는 기술이 있었습니다. 그의 글은 명료하고 이해하기 쉽게 성경의 메시지를 제시합니다. 그렇기에 그의 글은 오랜 시간이라는 시험을 통과하여 우리 앞에 있습니다.

셋째, 라일은 진리라고 믿는 사실을 두려움 없이 고수했습니다. 오늘의 그리스도인들은 그런 인물을 고대하고 있습니다. 이런 태도는 옛날이나 요즘이나 쉬운 일은 아닙니다.

넷째, 라일은 편협한 마음을 갖지 않은 목회자였습니다. 잉글랜드 국교회가 교파의 갈등으로, 교리의 문제로 갈등을 겪을 때에도 그는 성경으로, 교회의 신앙고백으로, 기도서로 잘못된 것에 대항하며 자신의 입장을 고수했습니다.

다섯째, 라일은 예언적으로 글을 썼습니다. 그의 글을 읽으면서 오늘의 시대에 필요한 말씀이라는 것에 놀랄 수밖에 없었습니다. 달라진 것은 오로지 환경뿐입니다. 그의 목소리는 지금도 필요합니다. 이는 그의 글이 모든 그리스도인들이 복음의 진리와 하나님의 영광에 관심을 갖도록 하기 위한 것이기 때문입니다.

여섯째, 라일은 독서와 연구로 얻은 지식으로 글을 썼습니다. 그러나 그는 과시하거나 드러내려고 하지 않으며, 그의 이 글도 경건한 내면으로부터 자연스럽게 우러나와 밖으로 전개되고 있습니다.

일곱째, 라일은 청교도 신학의 계승자였습니다. 그는 신약의 경건 형식을 고수하였고, 성경적인 건전한 교리를 확립했을 뿐 아니라, 그 스스로 신앙과 삶을 일치시키려고 노력하였고, 정돈된 청교도 교회 생활을 가르쳤습니다.

라일의 이러한 특징을 이 책의 곳곳에서 발견할 수 있습니다. 라일은 참으로 뛰어난 인물이었으며, 뛰어난 지도자였으며, 뛰어난 목사였습니다. 존 라일은 한국교회가 닮아가고 배워야 할 하나님의 사람입니다.

한국교회와 성도들에게 꼭 필요한 청교도의 신학과 신앙을 소개하고자 하는 마음에서, 이미 이전에 CLC에서 출판한바 있던 라일의 『신앙강좌 시리즈』를 새롭게 편집, 수정하였으며 "존 C. 라일의 생애와 사상"을 부록으로 수록 하였습니다.

머리말

지금 독자가 손에 들고 있는 이 책 『선한 길』(The Upper Room)은 특별한 소개의 말이 거의 필요치 않습니다. 이 책은 내가 45년 동안의 목회를 통해서 이따금씩 이러저러한 형태로 발표했던 설교문들을 가려 뽑아놓은 것입니다. 이 중 일부는 가까운 친구들에게만 알려져 있던 것도 더러 있습니다 그러나 대다수는 중요한 공적인 사건을 두고 각별한 노력을 기울여 작성하고 선포하였던 설교들입니다. 어쨌든 여기 실린 모든 글들은 이 시대에 도움이 될 진리들과 시의적절한 말씀들을 담고 있다고 감히 생각해 봅니다.

이성적으로 판단컨대 이제 나는 더 이상 많은 글들을 쓸 수 없을 나이가 되었습니다. 나는 이 책에 들어있는 설교들, 강연들, 강의들, 논문들이 내가 죽고 난 뒤 따로 따로 떨어져서 불안정한 형태로 남겨지길 원치 않았습니다. 그래서 그 모든 글들을 여기 이 책 속에 한데 묶어 내어놓기로 합니다. 하나님께서 이 책을 축복하시어 많은 영혼들에게 영원한 축복이 되게 해주시기를 기원합니다.

리버풀 패리스에서 1887. 12. 1
존 C. 라일

목차

추천사 1 (D. M. 로이드 존스 박사)   5
추천사 2 (정원태 박사)   7
발간사 (박영호 박사)   9
머리말   11

1장 다락방   15
2장 사랑을 받는 의사 누가   31
3장 단순하게 설교하라   41
4장 근본적인 진리들   63
5장 선한 길   79
6장 한 혈통   99
7장 누구든지 내게로 와서 마시라   117
8장 승리   143
9장 아덴   167

10장	인간의 다양한 초상들	193
11장	누구에게로 가오리이까	211
12장	우리가 믿는 도리	231
13장	많은 사람	259
14장	구름 없는 아침	283
15장	주의 동산	297
16장	부모의 책임	313
17장	평신도의 권리와 의무	363
18장	중생에 관한 궁금증들	395
19장	청년들에게	417
20장	성찬	497
21장	왕들을 위하여	535

부록: 존 C. 라일의 생애와 사상   551

The Upper Room

~ 일러두기 ~

본서에서는 Church of England는 잉글랜드 국교회로, Anglican Church는 성공회로, Church of Scotland는 스코틀랜드 장로교회로, Episcopal Church는 감독교회로 번역했다.

1장
다락방[1]

들어가 그들이 유하는 다락방으로 올라가니(행 1:13).

우리는 이 본문 말씀을 통해 우리 주 예수 그리스도께서 하늘로 승천하신 뒤 제자들이 무엇을 했는지를 알게 됩니다. 제자들은 그들의 사랑하는 주님이 그들로부터 들려 올라가신 놀랍고 감동적인 장면의 생생한 충격을 지닌 채, 또 천사들이 전해준 주님의 재림을 기다리라는 소식이 그들 귓속에서 울려퍼지는 가운데 감람산에서 예루살렘으로 돌아와 즉시 '다락방'에 올라갔습니다. 이 본문은 비록 단순하지만 많은 것들을 암시하고 있고, 이 책을 읽고 있는 독자들이 주의를 기울일 만한 가치가 있습니다.

기록으로 남겨진 것들 중 최초로 예배를 위해 모인 그리스도인들을 묘사한 장면에 잠시 우리의 시선을 고정시켜 봅시다. 교회의 머리되신 분께서 세상과 그의 백성들을 이 땅에 남겨두시고 떠나신 후, 그들 스스로가 모여 이룬 최초의 집회입니다. 도대체 이 최초의 예배자들은 누구였는지, 또 그들이 어떻게 처신했으며, 무슨 일을 행하였

---

[1] 본 장은 리버풀의 성아그네스교회(St. Agnes' church) 헌당식에서 행해진 설교이다.

는지 알아봅시다. 이러한 주제들에 대해 잠시 묵상하는 것은 유익하리라 생각됩니다.

지난 기독교의 역사에 걸쳐서 이 '다락방'은 모든 교회와 성당의 모형이 되어왔음을 기억해야 합니다. 성바울성당, 요크성당, 링컨성당 등 영국의 모든 교회를 비롯하여, 콘스탄티노플의 성소피아성당, 상트페테르부르크의 성이삭성당, 빈의 성스테반성당, 파리의 노틀담성당, 로마의 성베드로성당 등 모든 교회는 이 '다락방'의 후손입니다. 어느 누구도 교회의 계보를 이 작은 다락방 너머까지 거슬러 올라갈 수 없습니다. 바로 여기서 그리스도인들은 그들이 주님과 떨어져 홀로 남았을 때 처음으로 모여서 기도하고 예배하며 서로를 격려하기 시작했습니다.

이 다락방은 유아기 기독교 교회의 요람이요 모든 예배행위가 시작된 곳 이었습니다. 이 다락방에서 영원한 복음의 물길이 처음으로 흘러나오기 시작했고 이제는 온 세계에 편만해졌습니다. 물론 일부 지역이나 시대에 따라서는 이 물길이 더렵혀지기도 하고 부패하기도 했습니다. 어쨌든 독자들은 이제 오순절에 모였던 이 다락방의 모습을 보게 될 것입니다.

1. 이 본문에서 자연스럽게 파생되는 몇 가지 중요한 점들이 있는데 그것들 모두가 특별한 주의를 요구합니다.

우리는 이 다락방의 모양이나 크기에 대해 전혀 아무것도 모릅니다. 아마도 예루살렘에 있던 다른 많은 다락방들과 비슷했을 것입니다. 그러나 그 다락방의 위치가 높은 곳이 었는지 낮은 곳이 었는지, 방의 모양은 모가 났는지 둥글었는지, 창은 동서남북 중 어디로 나있었는지, 화려하게 장식되어 있었는지 아니면 평범했는지 등 이러한 것들에 대해 우리는 조금도 아는 바가 없으며 또 사실 이것이 중요한 의미를 지니는 것도 아닙니다.

그러나 주목할 만한 사실은 킹제임스역(KJV)과 달리 헬라어 원문에는 다락방이라는 단어 앞에 관사가 붙는다는 것입니다. 여기에 많은 뜻이 함축되어 있습니다. 이 다락방에서 우리 주님이 처음으로 성만찬 예식을 베푸셨을 것이고, 사도들은 이 다락방에서 "받아서 먹으라 이것은 내 몸이니라"하시고 "이것을 마시라…나의 피 곧 언약의 피니라"라는 그 유명한 말씀을 들었을 가능성이 아주 높습니다.

이 말씀은 어떤 사람들에게는 불행스럽게도 논쟁의 원인이 되어 왔지만, 다른 사람들에게는 권능에 찬 위로의 근원이 되어왔습니다. 그리고 이 방에서 제자들이 부활절과 오순절 사이의 기간 즉 50일 동안 거했을 것이며, 제자들이 유대인들을 두려워하여 문을 걸어 잠그고 있을 때에 부활하신 예수님께서 저희 가운데 갑자기 나타나 "너희에게 평강이 있을지어다 아버지께서 나를 보내신 것같이 나도 너희를 보내노라"(요 20:21)라고 하시며 "그들을 향하사 숨을 내쉬며 이르시되 성령을 받으라"(요 20:22)라고 하셨던 곳도 이 다락방이었을 것입니다.

일주일 후에 주님이 다시 나타나셔서 의심하는 도마를 꾸짖으시며 "믿음 없는 자가 되지 말고 믿는 자가 되라"라고 말씀하신 곳도 이 다락방이었을 것이며, 또 제자들 앞에서 음식을 드시며 "내 손과 발을 보고 나인 줄 알라 또 나를 만져보라 영은 살과 뼈가 없으되 너희 보는 바와 같이 나는 있느니라"(눅 24:39)라고 말씀하신 곳도 바로 이 다락방이었을 것입니다. 물론 이 모든 것들은 단지 추측에 불과합니다. 그러나 가능성이 아주 높은 추측들이며 또한 겸허한 마음으로 심사숙고 해야 할 것들입니다. 이제 추측으로부터 돌아서서 아주 명백하고 정확하게 보이는 사실들을 살펴보겠습니다.

1) 최초의 기독교 예배 처소에 모였던 그 예배자들을 봅시다.

먼저 베드로가 있었습니다. 그는 마음이 따스하고 충동적이었으며 변덕스러웠습니다. 그는 40일 전에 세 번이나 주님을 부인했으나 쓰라린 눈물을 흘리며 회개하여 주님의 은혜로 다시 일으킴을 받은 후 "주님의 양을 치는"(요 21:16-17) 사명을 받았습니다.

야고보는 세 차례의 중요한 사건에 있어서 베드로와 요한의 사랑하는 동반자였고, 사도들 가운데 그의 피로 믿음을 지켜서 주님이 마신 잔을 마신 최초의 인물이 되었습니다(마 20:23).

세베대의 아들이며 사랑받는 사도였던 요한은 최후의 만찬에서 주님 품에 머리를 기대었던 자로서, 우리 주님께서 갈릴리 호수에서 고기를 낚는 제자들에게 나타나셨을 때에 본능적인 사랑으로 "주님이시라" 외쳤던 최초의 사람이었습니다. 요한은 한 때 사마리아의 어느 마을에 하늘에서 불이 떨어지기를 구했던 적도 있었으나 그 후 사랑으로 충만한 세 편의 서신을 쓰게 되었습니다(요 21:7; 눅 9:54).

안드레는 모든 사도들 가운데 그 이름이 제일 처음 소개된 인물로서 "보라 하나님의 어린 양이로다"(요 1:40)라는 말을 듣고 예수님을 따랐으며 "우리가 메시야를 만났다"(요 1:41)라고 하면서 자기 형제 베드로를 예수님께 데려왔습니다.

벳새다의 빌립은 예수님께서 "나를 따르라"라고 하신 최초의 사도이며 나다니엘에게 약속된 메시아를 "와 보라"(요 1:43)라고 했던 사람입니다.

의기소침하며 믿음이 약했던 도마는 "나의 주며 나의 하나님이시니이다"(요 20:28)라고 고백을 했었는데, 훗날 그의 이 고백은 위대한 아타나시우스 신조에서도 울려퍼지게 됩니다.

바돌로매는 애초에 "나사렛에서 무슨 선한 것이 날 수 있겠느냐?"라고 물었던 나다나엘이라는 견해가 일반적입니다. 나다나엘에 대해서 우리 주님께서 "간사한 것이 없는 참 이스라엘 사람"이라고 하셨고, 나다나엘은 주님께 "당신은 하나님의 아들이시요 당신은 이스라엘의 임금이로소이다"(요 1:46-49)라고 말했던 사람입니다.

세리 마태는 주님의 부르심을 듣고는 세속적인 직업을 버리고 하늘에 있는 영원한 보화를 추구하였으며, 나중에는 복음서의 첫 번째 책을 집필하는 특권을 누리게 됩니다(마 9:9).

알패오의 아들 야고보는 영예롭게도 예루살렘에서 열린 첫 번째 교회 회의를 주도하는 사도가 됩니다. 사도 바울은 갈라디아서에서 베드로, 요한과 더불어 야고보를 "교회의 기둥"(갈 2:9)이라 일컫습니다.

셀롯인이었던 시몬에 대해서는 그가 가나안 사람으로 불리었다는 것과 갈릴리 가나에서 살았기에 예수님의 첫 번째 기적을 보았을지도 모른다는 것 외에는 거의 아는 바가 없습니다. 그의 이름 앞에 붙는 셀롯이라는 수식어는 그가 한 때 유대인 자치의 열렬한 옹호자요 로마 권력의 극렬한 대적인 셀롯당원이었음을 말해줍니다. 이제 그는 오직 그리스도의 나라를 위해서만 열심을 품게 되었습니다.

일명 다대오라고도 불리는 유다는 야고보의 형제로서 신약의 마지막 서신을 썼는데, 그는 "주여 어찌하여 자기를 우리에게는 나타내시고 세상에는 아니하려 하시나이까"(요 14:21)라는 중요한 질문을 던지기도 했던 사람입니다.

이상 열한 명의 충성스러운 사도들이 모두 그 '다락방'에 모였습니다. 이들 중 이곳에 아무도 빠진 사람이 없었으며 의심 많은 도마도 그들 가운데 있었습니다.

그러나 거기에는 사도들 뿐만 아니라 다른 사람들도 있었습니다. 여자들이 있었는데, 그 가운데 일부는 오랫동안 예수님을 따라다니며 필요한 것들을 제공하였고, 골고다 언덕까지 그를 따랐고, 그의 무덤에 가 본 최초의 사람들이었습니다. 그녀들 가운데는 막달라 마리아와 살로메, 수산나, 그리고 헤롯의 시중 수사의 아내 요안나가 있었을 것임에 틀림 없습니다(눅 8:2,3). 또 주님께서 요한에게 특별히 보살펴줄 것을 당부했던 예수님의 어머니 마리아도 있었을 것입니다. 예수님께서 계셨던 곳에는 마리아도 있었을 것입니다. 마리아에게는 "칼이 네 마음을 찌르듯 하리라"(눅 2:35)라는 늙은 예언자 시므온의 예언이 진실로 이루어졌던 것입니다. 그녀는 다른 여자들처럼 단지 혈육이었을 뿐이었기에, 이 글의 본문 말씀이 성경에서 그녀의 이름이 언급되는 마지막 구절이 됩니다. 이후에 그녀의 모습은 성경에서 보이지 않기에 그녀의 여생에 대한 이야기들은 모두가 한낱 근거 없는 전설일 뿐입니다.

끝으로 주님의 '형제들'이 있었습니다. 그들은 주님의 사촌들이었을 가능성이 가장 높습니다. 만약 사촌이 아니라면 요셉과 마리아가 낳은 형제들일 것입니다. 우리는 그들이 한 때는 믿지 않았음을 기억합니다(요 7:5). 그러나 가룟유다가 타락한 것과 대조적으로, 그들은 불신앙을 버리고 참 제자가 되었습니다. 그들의 사례는, 처음에는 악해도 나중에는 선해질 수 있고 지금 당장 믿음이 없어도 언젠가는 믿음을 가질 수 있음을 교훈적으로 보여줍니다. 진실로 때로는 먼저 된 자가 나중되고, 나중 된 자가 먼저 됩니다.

이상이 주님의 승천 이후에 '다락방'에 모였던 무리들입니다. 추측컨대, 그때 이후로 그처럼 순수하고 흠 없는 기독교 공동체는 없었을 것입니다. 아마 앞으로도 '하나님 아들의 신령한 몸이요, 믿는 백성들의 축복 받은 공동체'인 '거룩한 공회'에 이처럼 근접한 예도 없을 것입니다. 또 그처럼 쭉정이 없이 순수한 알곡들만 모여있었던 적도, 그처럼 은혜와 인내, 믿음, 소망, 거룩함, 사랑 등이 한 방에 모인 무리들 가운데 잘 어우러져 있던 예도 없었습니다. 오늘날 존재하는 기독교 교회들이 그 '다락방'에 모였던 무리들처럼 어떤 흠이나 불순분자도 없는 공동체가 된다면 그보다 더 좋은 일도 없을 것입니다.

2) 우리가 두 번째로 생각해 볼 것은 바로 그 '다락방'에서 가진 이 최초의 모임을 특징지었던 '통일성'입니다.

우리는 '마음을 같이하여'라는 아주 인상적인 말씀을 읽게 되는데 이는 곧 그들이 한 마음이 되었다는 뜻입니다. 그들 가운데 분쟁은 조금도 없었습니다. 그들은 동일한 사실을 믿었고, 동일한 하나님을 사랑했기에 다락방에 모여 있을 때에는 아무런 불일치도 없었습니다. 다락방에 모인이들에게는 누가 높은지, 누가 낮은지, 누가 더 힘이 있는지 등에 대한 관심이 없었습니다. 이단, 다툼, 논쟁도 없었고, 세례나 성만찬에 대한 의견대립도 없었습니다.

3) 그 '다락방'에 모인 사람들의 기도하는 습관에 대해 생각해 봅시다.

우리는 "전혀 기도에 힘쓰니라"라는 인상적인 구절을 읽게 되는데 여기서 헬라어 원문에 주의해야 합니다. 즉 이 문장은 그들의 기도가 그들이 위기에 처하여 있을 때 지속적이고 규칙적이었음을 지적합니다. 그런데 우리는 예수님께서 엠마오로 내려가던 두 제자와 나누신 대화의 내용을 알고 싶어할 때가 있듯이(눅 24:27), 다락방에 모인 그들의 기도 내용을 알고 싶어할 수도 있을 것입니다. 물론 그들은 신앙에서 떨어지지 않게 해달라고 은혜를 구하는 기도를 했을 것이며, 그들이 맞닥뜨려야 하는, 이전에 없었던, 새롭고 어려운 상황 속에서 어떻게 행해야 할 지 지혜를 달라고 기도했을 것이며, 용기, 인내, 지칠 줄 모르는 열정 뿐 아니라 주님의 모범과 가르침과 약속들을 잊지 않게 해 달라고도 기도하였을 것입니다.

그러나 성령께서는 우리가 구체적인 내용을 모르는 것이 적합하다고 그의 완전한 지혜로 판단하셨고, 우리는 그분의 판단이 옳다는 것을 의심해서는 안됩니다. 그렇지만 한 가지 분명한 것은 마음을 같이 하여 기도하고 간구하는 것이야말로 기독교 공동체의 가장 기본적인 의무라는 것입니다. 이방인의 사도였던 바울이 디모데에게 목회자의 사명에 대해 편지를 써 보냈던 것을 기억합시다.

> 그러므로 내가 첫째로 권하노니 모든 사람을 위하여 간구와 기도와 도고와 감사를 하되 임금들과 높은 지위에 있는 모든 사람을 위하여 하라 이는 우리가 모든 경건과 단정함으로 고요하고 평안한 생활을 하려 함이라(딤전 2:1).

감히 단언컨대, 그 다락방의 기도에는 안나스, 가야바, 본디오 빌라도 같은 이름들도 언급되었을 것입니다. 이들도 높은 지위에 있던 사람들이었기 때문입니다.

4) 주님의 승천과 오순절 사이에 있었던 10일의 기간 중 베드로가 '다락방'에서 행한 설교에 대해서 생각해 봅시다.

이 설교가 주님께서 세상을 떠나신 후 기독교 모임에 행해진 것으로 기록된 최초의 설교라는 것은 무척 흥미로운 일입니다. 또한 그 최초의 설교를 행한 사람이, 주님을 부인했다가 은혜로 말미암아 다시 일으킴을 받고 주님에 대한 사랑을 증명하도록 주님의 양을 치도록 위임받은 사람이요, 그가 실족하기 전에 이미 "너는 돌이킨 후에 네 형제를 굳게 하라"(눅 22:32)라는 명령을 들었던 사람이라는 점 역시 흥미롭습니다. 베드로가 이처럼 120명의 성도 앞에서 최초로 설교를 한 사람이 된 것에는 분명히 이유가 있습니다.

(1) 먼저 베드로의 설교는 적절한 성경 인용으로 시작합니다.

그는 교회에서 신앙의 척도가 되는 하나님의 말씀에 굳게 서 있습니다. 그는 "성경이 응하였으니"라든지 "시편에 기록하였으되"라는 말씀들을 그의 설교에 인용합니다. 이러한 베드로의 성경 인용에 대해 앨포드(Alford) 감독은 다음과 같이 말했습니다.

> 교회에서 이루어진 첫 번째 행동은 사도가 성경을 인용한 것이었다. 우리는 이 사실을 잊어서는 안 된다. 교회의 모든 목회자들도 그때처럼 직접적이고 정당하게 성경에 호소하기를 바란다!

(2) 베드로가 교회의 최고 지도자들도 타락하기 쉬움을 겸허하게 인정했음에 주의합시다.

베드로는 가룟 유다에 대해 "이 사람이 본래 우리 수 가운데 참여하여 이 직무의 한 부분을 맡았던 자"라고 하면서 그의 비참한 종말에 대해 말합니다. 그리고 나서 유다는 "제 곳으로 갔다"라고 결론짓습니다. 베드로는 목회자들도 타락할 수 있다는 그 중대한 교훈을 주고 있는데, 이는 교회가 언제나 기억하고 있어야 할 내용입니다. 슬프게도 이미 택함 받았던 사도 하나가 타락했고, 사도들의 후손인 오늘의 목회자들도 얼마든지 타락할 수 있습니다. 마치 아론의 직계 후손이었던 홉니와 비느하스, 안나스와 가야바처럼 오늘의 목회자들도 실수를 저지를 수 있으며, 때로는 엄청난 과오도 범할 수 있습니다.

그러므로 우리는 목회자들을 맹목적으로 추종해서도 안 되고 그들의 말이 모두 사실인 것처럼 믿어서도 안 됩니다. 오직 성경만이 전적으로 신뢰할 수 있는 인도자입니다.

(3) 유다가 버리고 떠난 자리를 채우기 위해 그들 열한 사도와 더불어 일할 사람을 뽑자고 한 베드로의 말에 관하여 생각해 봅시다.

베드로는 확신에 차서 세상과 악마가 멈출 수 없는 일이 시작되었고, 질서 가운데서 이 일을 수행할 일꾼을 뽑을 필요가 있다고 말합니다. 그는 교회가 싸워야 할 싸움을 분명히 예견하면서, 그리고 그 싸움은 결코 헛되지 않고 그 결과는 분명하리라는 확신을 갖고 말합니다. 마치 그가 이렇게 말하는 것 같습니다. "비록 모범이 되어야 할 사람이 넘어졌다 하더라도 그대는 굳게 서 있으라. 빈 자리를 채우라. 그대의 자리를 지키라."

(4) 베드로가 사도의 후계자요 목회자가 될 사람은 어떠해야 되는가에 대해 분명하게 못 박아 둠으로써 그의 설교를 끝맺은 것에 대해 생각해봅시다.

그 사람은 '그리스도 부활의 증인'이 되어야 합니다. 또 복음이란 하나님의 자비라는 막연한 생각이 아니라, 우리를 위해 사시고 우리를 위해 죽으셨다가 종국에는 우리를 위해 부활하신, 살아계신 그분께 복음의 기초가 있음을 증언할 수 있는 사람이어야 합니다. 그런데 내가 볼 때에, 요즘에 와서는 그리스도의 부활에 대해 별로 얘기하지 않는 것 같습니다.

사도행전이나 신앙의 여러 서신들을 보면 우리가 사도들만큼 부활에 대해 얘기하고 있지 않다는 것이 분명합니다. 우리는 사도 바울이 아덴에 갔을 때 "예수와 또 몸의 부활 전함"(행 17:18)을 듣습니다. 또 그가 고린도에 갔을 때 처음 전파했던 진리 중 하나가 '그리스도께서 성경대로 사흘만에 다시 살아난' 것이었습니다. 그리고 역시 바울이 베스도와 아그립바 앞에 섰을 때, 베스도는 바울이 "예수라고 하는 이의 죽은 것을 살았다고 주장하는"(행 25:19) 것 때문에 송사당했다고 말했습니다. 그러나 오해 없기 바랍니다. 이 말의 의미는 우리가 그리스도의 희생과 보혈에만 너무 집착한다는 것이 아니라, 우리가 그의 부활에 대해 평소 생각하는 바가 너무 적다는 것입니다. 그러나 주님 자신은 유대인들에게 부활이 곧 그가 구세주되심을 증명해주는 것이라고 여러 차례 말씀하고 계십니다.

사도 바울은 로마서 서두에서 예수님을 가리켜 "죽은 가운데서 부활하여 능력으로 하나님의 아들로 인정"(롬 1:4)되셨다고 말합니다. 부활은 주님께서 세상에 오셔서 이루고자 하셨던 구속의 사역을 온전히 완성시켰습니다. 성경은 "예수는 우리 범죄함을 위하여 내어줌이 되고 또한 우리를 의롭다 하심을 위하여 살아나셨느니라"(롬 4:25)라고 하였고, 또 "그리스도께서 다시 사신 것이 없으면 너희의 믿음도 헛되고 너희가 여전히 죄 가운데 있을 것이요"(고전 15:17)라고도 하였습니다.

다시 말해서 그리스도의 부활은 기독교가 진리임에 대한 가장 커다란 증거일 뿐 아니라, 그리스도의 대속의 희생에 의해 죄인들의 구원이 이미 완성되었음을 보여주는 근원적인 증거이며, 또한 가장 교활한 불신자들이라도 부인할 수 없는 기적입니다. 그러므로 우리는 이 기적이 부인되기 전에는 불신자들이 발람의 당나귀가 말한 것이나 요나가 큰 물고기의 뱃속에 들어간 것에 대해 험담하더라도 괴로움을 느낄 필요가 없는 것입니다. 만약 모든 교회의 목회자들이 베드로가 천거의 자격으로 두었던, 그리스도와의 인격적 관계, 그의 죽음과 부활을 증언할 수 있는 신실한 증인으로서의 모습, 이것을 가지고 있다면 참으로 교회는 아름다울 것입니다.

예루살렘에 있던 그 다락방과 거기 모인 회중들의 하나 됨, 그들의 기도, 그 가운데서 행해졌던 최초의 설교, 즉 기록으로 남아있는 최초의 신앙공동체의 집단 행위에 대한 이야기는 이쯤에서 정리하겠습니다. 우리는 우리 주 예수 그리스도께서 해주신 "두세 사람이 내 이름으로 모인 곳에는 나도 그들 중에 있느니라"(마 18:20)라고 한 약속이 온전히 이루어졌음을 조금도 의심해서는 안 되겠습니다. 그 적은 예배자들은 비록 주님을 볼 수 없었지만, 주님은 거기에 계셨습니다.

2. 이 글의 전체적인 주제로부터 우리에게 필요한 실제적인 교훈들을 끌어내 봅시다.

1) 우리는 우리 시대에 우리가 누리는 자유에 대해서 그리고 살고 있는 국가가 베푸는 관용에 대해서 감사해야 합니다.

하나님의 은혜로 우리는 큰 평온함을 누립니다. 또 우리는 언제라도 갑작스런 죽음을 당할지도 모른다는 생각에 '유대인을 두려워하여 문을 걸어 잠그고 다락방에 모일' 필요도 없습니다. 이제는 사람들이 원하기만 하면 마치 예루살렘 성전처럼 비싸고 웅장한 예배당을 지을 수도 있으며, 아무도 그 일을 금할 수 없습니다. 우리는 이제 로마 제국이나 중세의 전제 군주를 두려워할 필요도 없습니다. 땅은 우리 앞에 놓여 있으며, 사람들은 원하는 대로 예배당을 짓고 예배드릴 수 있습니다. 하나님께서 부유한 평신도들로 하여금 그들의 재산이 어디서 왔고 그들이 누리는 자유와 번영은 누구에게 빚진 것인지를 기억나게 해주시기를 원합니다. 그리고 그들이 가진 것으로 보다 더 하나님을 영화롭게 하며, 더욱 그 분 가까이 나아가 다음과 같이 말할 수 있기를 원합니다. "주여, 나로 하여금 주님을 섬길 교회를 건축하게 하소서!"

2) 교회 가운데 있는 참된 능력의 근원에 대해 알아야 합니다.

그 작은 다락방은 로마 제국을 뒤흔들어, 이교 사원을 텅 비게 하고, 검투 시합을 중단시켰고, 여자들의 지위를 향상시켰으며, 유아 학살을 근절시켰고, 새로운 도덕기준을 확립했고, 고대 그리스와 로마의 철학이 틀렸음을 입증하고, 온 세상을 뒤집어 놓았습니다.

그러면 이러한 능력의 비결은 무엇입니까? 그것은 최초의 기독교 신앙 공동체가 지녔던 하나됨, 견실한 믿음, 거룩함, 그리고 기도와 서로를 돌아보는 것 등 입니다. 이러한 것들이 결여되면 가장 웅대한 교회 건물도 가장 화려한 예식도 병든 세상을 고치는 데 아무런 역할을 할 수 없습니다. 우리에게 힘을 주는 것은 그리스도와 성령의 임재뿐입니다.

3) 잉글랜드 국교회를 위해 기도해야 합니다.

지난 300년간 잉글랜드 국교회는 진리들을 지켜왔습니다. 이 진리들의 39개조 신조와 공동 기도서와 기타 신앙고백서들에 담겨져 있습니다. 교리를, 특별히 성경의 영감과 대속의 교리를 비웃으며 기독교인들의 심각한 논쟁들을 웃음거리로 삼는 일은 일상다반사입니다. 성경을 실제로 믿는 사람들은 아무도 없다고 말하는 사람들도 있습니다. 심지어 어린이들도 욕설을 하고 돌을 던지며 집어치우라고합니다. 그러나 그러한 조롱이나 비웃음에 관계없이, 비웃는 자들에게 그러면 더 나은 길을, 즉 그리스도께서 우리 죄를 위해 죽으시고 우리의 의롭다 하심을 위해 살아나신 것보다 이 세상을 위해 더 도움이 될 것이 있으면 말해보라고 하겠습니다.

혹 과학자들은 이렇게 말할지도 모릅니다.

이리 와서 현미경이나 망원경을 들여다보라. 모세나 다윗, 사도 바울 등이 꿈도 못 꾸던 것을 보게 될 것이다. 당신은 나더러 우둔한 친구들이 쓴 얘기를 믿으라는 것인가?

그러나 과학자들이 현미경이나 망원경을 통해서 병든 마음을 달래주고, 상처 입은 마음을 싸매주며, 고통 당하는 양심의 필요를 채워주고, 그 많은 가정의 슬픔을 위로해 줄 것을 가지고 있습니까? 결코 그럴 수 없습니다! 과학은 이것들 중 어느 것도 할 수 없습니다. 인간은 참으로 오묘한 피조물입니다. 우리는 단지 뇌,머리, 지성, 이성만으로 되어있는 것이 아니라, 연약하여 죽을 수밖에 없는 존재이며, 심장과 감정과 양심을 지니고 있습니다. 그리하여 우리는 슬픔과 실망에 찬 세상을 살다가 죽게 되는 것입니다. 이와 같은 세상에서 정녕 우리를 도울 수 있는 것은 무엇입니까?

분명한 것은 과학만으로는 안된다는 것입니다. 누군가가 유대인들의 케케묵은 책이라고 조롱하는 그 성경에 나타난 가르침만이 우리를 도울 수 있습니다. 그리고 베들레헴의 마굿간에서 나시고 하나님께 진 우리의 빚을 갚기 위해 십자가에서 죽으셨으며 지금은 하나님 우편에 앉아 계신 그분만이 우리를 도우실 수 있습니다. "수고하고 무거운 짐진자들아 다 내게로 오라 내가 너희를 쉬게 하리라"(마 28:11)라고 말씀하신 분만이 우리를 도우실 수 있습니다. 무덤에 빛을 내려 복음을 통해 생명과 불멸과 그 너머의 세상을 가져오신 분만이 우리를 도우실 수 있습니다.

역사상 그 어느 과학자보다 세상에 더 깊은 영향을 끼치신 그분만이 우리를 도우실 수 있습니다. 피타고라스, 아리스토텔레스, 아르키메데스의 시대로부터 찰스 다윈과 토마스 헉슬리에 이르는 오늘날까지, 그 어떤 과학자도 그분처럼 할 수는 없습니다. 그렇습니다! 다시 한 번 강조합니다. 오늘날의 교회는 초대교회가 지녔던 원칙에 충실해야 할 것이며, 교회로 하여금 39개조 신조와 기타 신앙고백서들을 쓸모없는 나뭇조각처럼 버리게 하는 자유주의자들의 감언이설에 귀를 기울여서는 안 됩니다.

좋은 말이나 수사학적 웅변은 우리의 심령을 만족시킬 수도 없고 도덕적 부패를 막을 수도, 우리의 영혼을 먹이지도 못합니다. 나는 사람들이 프랜시스 파워 콥(Frances Power Cobbe)이 『당대평론』(Contemporary Review)에 1884년 12월에 게재했던 글을 읽기를 권하는데, 만약 이 세상에서 믿음 혹은 신앙고백이 사라진다면 우리가 사는 세상은 끔찍하게 되어버릴 것이라는 내용을 담고 있습니다. 우리 시대는 그 어떤 새로운 것이 필요치 않습니다. 다만 예루살렘의 그 '다락방'에 깃들어 있던 옛 진리들이 담대하고 힘차게 울려 퍼지는 것만이 필요할 뿐입니다.

The Upper Room

2장 사랑을 받는 의사 누가[1]

> 사랑을 받는 의사 누가와 또 데마가 너희에게 문안하느니라 (골 4:14).

우리는 이 본문 말씀을 통해 쉽게 알 수 있는 것이 두 가지가 있습니다. 첫째, 여기에 언급된 누가가 누가복음과 사도행전을 썼고 사도바울의 친구요 동료였던 바로 그 누가와 동일인물이라는 것과, 둘째, 이 누가는 의사였다는 것입니다. 이 두 가지 사실에 대해서는 주목할 만한 학자들이 거의 보편적으로 동의하고 있습니다. 한편, 나는 이 글의 범위를 크게 두 가지 주제에 한정시키고자 합니다. 항상 인간의 영혼을 돌보던 그 위대한 이방인의 사도가 인간의 몸을 돌보는 사람에 대해 명예롭게 말했다는 것은 무척 중요한 일입니다.

1. 기독교는 인간의 육체를 존귀하고 중요하게 여깁니다.

이 글을 읽는 많은 독자들은 이방 철학자들이 육체를 경멸하여 육

---

[1] 본 장은 1883년 7월 31일 리버풀대성당(Liverpool Cathedral)에서 열린 영국의사협회(British Medical Association)의 연례회의 개회설교이다.

체가 영혼의 방해물인 것으로 간주해왔음을 잘 알고 있을 것입니다. 이집트, 그리스, 로마처럼 죽은 자의 장례에 대해 각별한 관심을 보였던 나라들도 죽은 후의 인간 육체의 상태, 심지어는 죽은 바로 직후의 상태에 대해서도 알지 못했습니다. 호메로스나 베르길리우스가 묘사한, 죽은 뒤에 가게되는 행복의 장소인 엘리시움 평원(Elisian Fields)에 있는 영웅들도 그저 유령이나 연기같은 존재였을 뿐, 그들에게 어떤 물질적인 요소가 있는 것은 아니었습니다.

사도 바울이 아덴에서 "죽은 자의 부활"을 얘기했을 때 "혹은 조롱도" 했음을 우리는 알고 있습니다(행 17:32). 심지어는 라틴 세계의 저명한 문필가인 플리니우스도 그가 쓴 『박물지』(*Historia Naturalis*)라는 책에서 하나님의 권능 밖에 있는 것이 두 가지 있다고 했는데, 첫째는 죽을 수밖에 없는 인간에게 죽지 않게 해주는 것이요, 둘째는 죽은 자의 육체를 다시 소생시켜주는 것이라고 합니다. 피어슨 주교(Pearson)의 『사도신경 강해』(*The Creed*)를 읽어보십시오.

그러면 이제 다시 눈을 돌려 기독교는 그와는 달리 뭐라고 말하는지 들어봅시다. 우리가 기독교의 가장 두드러진 사실들이나, 교리, 현재를 위한 실제적인 교훈, 미래를 위한 희망 등에 대해 살펴볼 때, 인간의 육체를 내세워 항상 그 중요함을 강조하였습니다.

1) 그리스도의 성육신에 대해 생각해 봅시다.

하나님의 영원한 아들께서 타락한 세상을 구원하여 변화시키고자 이 세상에 오셨을 때, 그분은 어떤 방법으로 오셨습니까? 그분은 우리가 흔히 생각하는 것처럼 권능 있는 천사나 찬란한 영적 존재로 오시지 않았습니다. 그분은 우리와 동일한 육신을 취하셨습니다. 단지 우리와는 달리 죄가 없으셨습니다. 그분은 여자에게서 어린 아기로 태어나셨고, 우리 몸이 성장하듯 그의 몸도 성장하였으며, 이 글을 읽는 모든 독자들이 몸소 느끼듯이 그 또한 배고픔과 목마름을 느꼈고 피로해지기도 하고 잠자고 싶어하기도 했으며 온갖 고통과 고뇌를 체험하기도 했습니다. 그분은 육신의 장막 가운데서 33년 동안 머무르면서, 자기 몸으로 하나님의 율법을 온전히 성취하였으므로, 사탄이 그의 '육신' 가운데서 어떠한 잘못이나 결함도 찾아낼 수 없었습니다(요 14:30).

2) 그리스도의 속죄에 대해 생각해 봅시다.

"어떻게 해야 죄많은 인간이 하나님과 평화를 누릴 수 있을까?"라는 질문에 대한 해답이 되는 것은 그리스도의 몸에 대한 우리의 믿음입니다. 타락한 인간을 위해 그 몸을 희생하셔서 하나님과의 화해의 길이 열였습니다. 우리 주님의 골고다 십자가 위에 달리신 몸에서 흘러나온 그 귀한 생명의 보혈은 율법을 어긴 데서 말미암은 저주에서 우리를 속량해 주셨습니다. 요약하자면, 모든 참된 그리스도인들이 살아가면서 누리는 위안도, 죽은 후에 가질 소망도 모두 그리스도의 '몸'에서 흘린 보혈 덕분입니다.

3) 그리스도의 부활과 승천에 대해 생각해 봅시다.

요셉과 니고데모가 장사지낸 그 무덤에서 우리 주님께서 3일 뒤에 나오셨을 때, 영으로서 부활하신 것이 아닙니다 우리의 39개조 신조 4항은 "완전한 사람의 본성에 속한 몸과 살과 뼈를 다시 취하셨다"고 기록하고 있습니다. 제자들은 그의 몸을 보고 만졌으며, 주님은 우리들처럼 말하고 음식도 드셨습니다. 그리고 궁극적으로 그는 그의 몸을 가지신 채로 승천하셨고 최후 심판날 만민을 심판하러 오실 때까지 하늘 보좌에 앉아계실 것입니다. 우리의 대제사장이시며 하나님께 우리를 대언하시는 분은 우리와 같은 육체를 가지신 분이십니다.

4) 신약성경에서 사도들이 우리에게 계속적으로 강권하는 실제적인 교훈들에 대해 생각해 봅시다.

사도들은 아주 빈번하게 우리 몸과 그 지체들을 가리켜, 그것들이 우리의 정결함과 거룩함을 드러내는 도구요, 우리가 항상 관심을 갖고 돌봐주어야 할 '의의 병기들'이라고 말합니다. 예를 들어 다음과 같은 성구들이 있습니다.

> 너희 지체를 의의 무기로 하나님께 드리라(롬 6:13).
> 값으로 산 것이 되었으니 그런즉 너희 몸으로 하나님께 영광을 돌리라(고전 6:20).
> 너희 온 영과 혼과 몸이 우리 주 예수 그리스도께서 강림하실 때에 흠 없게 보전되기를 원하노라(살전 5:23).
> 너희 몸을 하나님이 기뻐하시는 거룩한 산 제물로 드리라(롬 12:1).
> 내 몸에서 그리스도께서 존귀하게 되게 하려 하나니(빌 1:20).
> 예수님의 생명이 또한 우리 죽을 육체에 나타나게 하려 함이니라(고후 4:11).
> 각각 선악 간에 그 몸으로 행한 것을 따라 받으려 함이라(고후 5:10).

온순함, 단정함, 정결, 자기부정 등의 은혜를 잘 보여 줄 수 있는 곳이 육체입니다.

5) 죽음과 이별의 고통에서도 견딜 수 있게 해주는 그 위대한 소망에 대해 생각해 봅시다.

그 소망은 죽음 이후 몸의 부활입니다. 우리의 육체는 다시 살아날 것이며 무덤이 우리의 육체를 가두지 못할 것입니다. 비록 우리가 사랑하는 사람들을 떠나보내지만, 그들은 이 세상에서보다 더 훌륭하고 강건하고 아름다운 몸으로 우리와 다시 만나리라는 행복한 확신 가운데 잠들어 있습니다. 하나님께 감사할 것은 이 영광스러운 복음이 우리의 영혼뿐 아니라 육신에 대한 예비도 되기 때문입니다.

그러나 기독교가 육체에 대해 부여하는 중요성은 세상에 속한 사람들이 그것에 부여하는 것보다는 훨씬 심오한 수준의 것입니다. 흔히 '정신'이니 '사상'이니, 혹은 '지성'이니 '이성'이니 하는 굉장한 말들을 하면서 기독교의 육체의 중요성에 대한 단순한 교리를 비웃어 버리기 쉽습니다. 그러나 정작 이 세상을 지배하고 있는 것은 정신이 아닌 육체요, 육체의 욕구라는 것은 너무나 명백한 사실입니다.

정치가들은 이 사실을 너무나도 잘 알고 있습니다. 공직자들의 재임기간은 사람들의 만족도에 좌우됩니다. 그리고 식량 가격의 인상이야말로 일반 시민들 사이에서 가장 큰 불만을 일으키는데, 이는 곧 자기의 육신을 위해 먹는 것을 소중히 여긴다는 뜻입니다.

또한 상인들이나 무역선 선주들, 아니 세상 모든 사람들이 육체의 중요성을 알아야 합니다. 곡류나 육류, 차, 설탕 등 육신을 먹여 살리기 위한 것들, 면화나 모직 등 육신을 입히기 위한 것들, 이런 것들이 곧 한 나라의 상품교역의 중요한 부분을 이루는 것입니다.

이제 이 주제에 대해 더 이상 논의를 계속한다는 것은 시간낭비가 될 뿐입니다. 어쨌든 그러한 문제들을 놓고 볼 때에 교회와 국가가 육신의 중요성을 기억하는 것이 지혜로울 것입니다. 사회적으로 청결한 환경을 조성하고, 위생 기준을 강화하며, 국민들의 건강과 장수를 증진시키는 사업을 추진하며, 신선한 공기와 깨끗한 물 그리고 값싼 음식을 국민 모두가 누릴 수 있게 하는 것, 이 모든 것들이 교회와 국가가 최고의 관심을 기울여야 할 것들입니다.

"건전한 육체에 건전한 정신이 깃든다"라는 말은 그 안에 깊은 진리를 담고 있습니다. 학자들이나 지식인들이 뭐라고 말하든, 인간의 영과 혼과 육에는 불가분의 관계 있습니다. 이들 중 그 어느 것도 무시해서는 안됩니다. 만약 교회가 영의 구원만 담당하고, 국가가 혼의 교육만 담당한다면 이는 둘 다 오류를 범하는 것입니다. 영과 혼과 육이 온전히 보살핌을 받고 이들 세 가지 모두의 건강을 위해 지속적인 노력을 기울이는 국가라야 진정 행복한 국가입니다.

2. 우리 주 예수 그리스도께서는 의료행위를 귀하게 여기셨습니다.

먼저 사복음서의 저자 가운데 하나가 '의사'였다는 점에 주의할 필요가 있습니다. 이는 교회사적 전승을 통해서만 아니라 누가복음서 자체 내의 강력한 증거를 통해서도 알 수 있습니다. 어느 명망 있는 저술가가 낸 책 가운데 보면 누가복음이나 사도행전에 쓰인 용어나 표현들의 다수가 의학적인 것들이며, 그 당대의 질병의 증상이나 건강회복에 대한 묘사가 다수 포함되어 있음을 증명해 보이고 있습니다. 신약 27권 가운데 가장 긴 두 권의 책은 의사의 손에 의해 쓰여졌음에 틀림없습니다.

그런데 우리가 더욱 주목해야 할 중요한 사실이 하나 더 있습니다. 우리 주 예수 그리스도께서 이 땅에서의 사역 동안에 치료하셨던 그 많은 질병에 대해 생각해 봅시다. 의심할 여지 없이 그분은 하시고자 하셨다면 이집트에 전염병을 퍼지게 하거나 엘리야처럼 하늘에서 불을 내리게 함으로써, 혹은 다단과 아비람이 광야에서 삼키움을 당했듯이 그의 원수들을 땅 속으로 꺼지게 할 수 있었을 것이며, 그렇게 함으로써 자신의 신적인 권능과 사명을 드러낼 수도 있었을 것입니다. 그러나 그분은 그러지 않았습니다. 그분이 베푸신 은총의 대부분은 인간의 병든 몸에 베푸신 자비로운 사역이었습니다. 문둥병자, 각

혈하는 자, 몸이 마비된 자, 열병에 걸린 자, 저는 자, 눈먼 자들을 치료하심으로써, '육신을 입은 하나님'이신 그분은 끊임없는 사랑의 노고를 보여주셨습니다. 마태복음에 인용된 이사야의 그 심오하고도 신비한 말을 인용해 보겠습니다.

> 우리 연약한 것을 친히 담당하시고 병을 짊어지셨도다(마 8:17).

왜 이 구절이 인용되어 있겠습니까? 왜 우리 주님께서는 이런 길을 택하여, 때로는 추하기도 하고 혐오를 느끼게도 하는 인간 육신의 질병을 고치는 데 그토록 지속적으로 시간과 관심을 쏟으셨습니까? 아마도 타락의 결과로서 우리에게 가장 큰 불행을 초래하는 질병을 치료하시기 위함이었음을 알려주려는 것이기도 했을 것이며, 또한 모든 세대의 그리스도인들에게 병든 자들을 돌보는 것이 그리스도의 정신에 비추어 볼 때 얼마나 은혜로운 일인지를 깨우쳐 주기 위해서이기도 했을 것입니다. 그러므로 질병을 치료하며, 고통을 덜어주고, 인간의 수명을 연장시키고자 애쓰는 사람은 비록 많은 실패를 거듭할 수 있겠지만, 나사렛 예수님의 발자취를 따르고 있다는 생각에 마음의 위로를 얻을 수 있을 것입니다. 인간의 영혼을 돌보시던 그분의 사역에 가장 잘 어울리는 것은 영혼의 연약한 장막인 육신을 돌봐주시는 것입니다.

이러한 생각을 지닌 사람은 기독교가 부흥하고 발전함에 따라 의료 부분에도 많은 공헌을 했다는 것을 이상하게 여기지 않을 것입니다. 물론 기독교 시대 이전에는 약이나 수술 방법이 전혀 알려지지 않았다고 말한다면 그것은 사실이 아닙니다. 호메로스의 작품에 보면 포달레이리오스나 마카온 같은 이름들이 언급되는데, 이는 오늘날 학생들도 잘 알고 있는 히포크라테스의 명성보다 더 잘 알려져 있던 이름들이었습니다. 그러나 기독교가 등장한 이후에야 환자들이 체계적인 간호를 받을 수 있었다는 것만은 분명합니다. 판테온이나 콜로세움을 건축한 이들이 병원은 건축하지 않았습니다. 아테네나 로마에 가보면 병원의 유적이라고는 찾아볼 수가 없습니다. 불신자들이나, 회의론자들, 불가지론자들이 기독교를 보고 비웃을 수 있습니다. 그러나 그들은 의료기술이 언제나 그리스도의 복음에 병행하여 진보해 왔음을 부인하지는 못할 것입니다. 오늘날 비록 인도, 중국, 일본 등에 있는 이교도들이 지혜가 있는 자들이라 해도 그들이 전통적으로 물려받았던 민간 의술이 극히 낮은 수준이었음은 잘 알려져 있는 바입니다.

우리 가운데는 우리 그리스도인들이 누리는 의료혜택이 얼마나 큰 것인지를 아는 사람이 거의 없는 실정입니다. 우리 삶의 온갖 편안함은 바로 의료혜택에 의존하고 있는 것이며, 아직도 기독교를 모르는 이교국가나 지극히 낙후된 국가에서 사는 사람들의 생활과 발전된 기독교 국가에서 사는 사람들의 삶은 엄청난 차이가 납니다.

그리고 오늘날에도 의료기술은 계속해서 엄청난 발전을 거듭하고 있습니다. 물론 아직도 죽음이 지배하고 있으며, 그 지배는 그리스도께서 영광 가운데 다시 오실 때까지 계속될 것입니다. 지배자나 피지배자나, 부자나 가난한 자나 할 것 없이 다 죽을 운명입니다. 이는 누구나 다 아는 바이며 조금도 놀라운 일이 아닙니다. 인간의 육신은 약하고도 부서지기 쉬운 기계와 같습니다. "천 개의 현을 가진 하프가 그렇게 오랫동안 연주되는 것은 참으로 놀라운 일"이라는 가사를 가진 윌리엄 빌링스의 찬송가도 있습니다. 그러나 오늘날에는 의학의 발달로 인간의 수명이 많이 늘어났으며, 과거에는 치료불능인 것으로 여겼던 많은 질병들이 예방되거나 치료될 수 있게 되었습니다.

『아침기도회』(Moring Exercises)에 나타나는 리처드 백스터(Richard Baxter)의 의료 설교를 읽으면서 관찰하다보면, 그가 우울증과 소화불량으로 치료 받은 경력이 있었다는 것과, 그가 살던 시대에는 참으로 감사하기 어렵다고 말하는 것을 발견할 수 있습니다. 또 퀴닌, 클로로폼, 백신, 과산화수소, 청진기, 후두경, 검안경을 몰랐으며, 정신병, 치매, 청각장애, 벙어리, 소경 등에 대해 우리의 선조들은 합리적으로 말을 할 수 있는 수준이 아니었다는 것도 알 수 있습니다.

한편, 교회 목사들보다 더 진가를 발휘하는 의사도 없을 것입니다. 우리는 병석에서나 임종의 자리에서나 그들이 자기를 부정하고 행하는 헌신적인 노력을 보며, 환자들도 보수도 받지 않고 아낌없이 베푸는 목회자들의 보살핌을 받습니다.

목사와 의사, 이 두 직업 사이에는 항상 최상의 조화가 이루어져야 합니다. 병실은 바로 그들이 만나는 곳입니다. 이곳에서 그들은 서로에게 큰 도움을 줄 수 있습니다. 목사는 환자들에게 의사의 지시에 따르는 것이 무척 중요하다는 것과, 식사와 위생에 관한 규칙들을 잘 따를 것을 권고함으로써, 그리고 영적으로 인내하고 고요히 지낼 것을 고무함으로써 환자들을 책임지고 있는 의사를 도울 수 있습니다. 또한 의사는 이미 회복된 환자들에게 현세의 삶이 전부는 아니며, 인간은 육신뿐만 아니라 영혼도 있기에, 임종의 때를 기억하고 내세를 대비하여 하나님 만날 준비를 해두는 것이 현명한 것임을 상기시켜 줌으로써, 목사를 도울 수 있습니다.

그리고 이들 두 직업에는 공통점이 많은데 의사는 사람의 육신을 돌보고 목사는 사람의 영혼을 돌봅니다. 우리 목사들은 절대로 성공을 장담할 수가 없습니다. 우리의 심방이나 간구, 충고, 설교 등은 종종 아무런 결실도 얻지 못합니다. 그래서 영적으로 살고 죽는 것은 우리보다 더 높으신 분의 손에 달렸음을 깨닫게 됩니다. 의사들이 가장 뛰어난 기술을 동원해도 환자가 죽는 것을 목격하게 되듯, 목사들이 아무리 훌륭한 가르침을 베풀어도 많은 청중들이 양심에 감동을 받지 못하여 죄 가운데서 죽는 것을 보게 됩니다.

또 의사들처럼 목사들 역시 자기의 무지함을 느끼게 되고, 사람들의 영적인 질병의 증세를 파악하지 못하여 무슨 말을 해주어야 할지 모를 경우가 있습니다. 그러기에 의사나 목사나 모두 겸손으로 옷 입어야 합니다. 그러나 내가 믿는것은, 헨리 로렌스(Henry Lawrence)라는 사람의 묘비에 쓰여있듯이 우리는 "우리의 의무를 다하고자 노력하면서" 꾸준히 밀고 나가야 합니다. 의무는 우리에게 속한 것이나, 실제 일의 행사는 하나님께 속한 것입니다.

영국에 유능하고 양심적인 의사들과 영혼을 돌보는 목회자들이 늘 끊이지 않고 공급되며, 늘 둘이 조화를 이루어 함께 도우며 일하기를 기도합니다.

3장
단순하게 설교하라[1]

솔로몬 왕이 전도서에서 말하기를, "여러 책을 짓는 것은 끝이 없고"(전 12:12)라고 하였습니다. 그런데 이는 그 어느 주제에 대해서보다 설교의 경우에 대해서 가장 진실한 말입니다. 목사들에게 설교하는 법을 가르쳐주기 위해 쓰여진 책만 해도 작은 도서관 하나를 이루기에 충분할 것입니다. 나는 거기에 한 편의 작은 논문을 더하며, 한 가지의 주제만을 다루고자 합니다. 설교의 내용이나 소재 등에 대해서 다루려는 것은 아닙니다. 그리고 장중함, 열정적인 어조, 생생함, 자상함 같은 것들도 여기선 생략하고, 원고로 준비된 설교와 즉석 설교 사이의 장단점을 서로 비교하지도 않겠습니다. 다만, 본래 지닌 가치에 비해 주목을 받지 못했던 한 가지 점만 얘기하고자 합니다. 그것은 언어와 글의 형식에 있어서의 '간결성'입니다.

만약 체험을 말하는 것이 도움이 된다면, 어떤 한 사건을 말씀드리겠습니다. 이 사건은 독자들에게 '간결성'이란 무엇인지를 보여줄 것

---

[1] 본 장은 성바울성당(St. Paul's Cathedral)에서 설교학회(Homiletical Society)의 대표로 성직자들을 대상으로 행해진 강의이다. 본문의 비약적이고 거친 표현들에 대해서 용서를 구한다. 본 강의에는 원고가 없으며 이 글은 기자들이 속기로 요약한 것을 제공받은 것임을 너그러이 이해해 주기 바란다.

입니다. 나는 45년 전에 설교를 시작했는데, 그 때에는 내가 시골의 어느 가난한 교회에서 처음 목회를 시작할 때였고, 설교를 듣는 교인들의 대부분은 노동자와 농민이었습니다. 나는 그런 대중들에게 설교하면서 그들에게 말뜻을 이해시키고 그들의 주의를 집중시키는 것이 얼마나 어려운지 잘 압니다. 원고를 작성하고 설교하는 데 있어서 8월의 무더운 날 오후에 농부들 앞에서보다는 옥스포드, 케임브리지 대학의 학생들 앞에서, 혹은 의사당이나 웨스트민스터 사원에서, 아니면 런던의 법률가들의 모임에서 설교하는 것이 더 낫다고 말씀드릴 수 있습니다. 어느 노동자가 자기는 일주일 가운데서 주일날이 가장 즐겁다며 이렇게 말하는 것을 들었습니다. "왜냐하면 예배당에 와서 다리를 올려놓고 편안하게 앉아 아무 생각도 할 필요 없이 졸기만 하면 되니까!" 젊은 후배 목회자들도 저처럼 그런 교인들을 대상으로 설교하게 될 경우를 대비하여 교훈을 얻었으면 합니다.

 주제를 풀어가기에 앞서 네 가지 점에 대해 미리 언급함으로써 그 방법을 명백히 해두고자 합니다.

 첫째, 설교에 있어서 간결성을 견지하는 것이야말로 다른 영혼들에게 유익을 끼치고자 하는 모든 목사들에게 가장 중요한 것임을 기억해야 합니다. 만약 당신이 간결하게 설교하지 못한다면, 청중들은 당신의 말을 이해하지 못할 것이요, 청중들이 당신의 말을 이해하지 못한다면 당신은 그들에게 유익을 끼칠 수 없는 것입니다.

 그러므로 퀸틸리아누스(Quintilian)가 "만약 당신이 남들이 알아듣게 말하고자 하지 않는다면 당신은 무시 당해 마땅하다"라고 한 말은 옳았습니다.

 물론 목회자의 첫 번째 임무는 오직 예수님 안에서 발견되는 있는 그대로의 온전한 진리를 말하는 것입니다. 그러나 목회자가 두 번째로 염두에 두어야 할 것은 설교를 남들이 이해할 수 있게 하는 것이며, 설교가 간결하지 않다면 다수의 청중들은 그 설교를 이해할 수 없다는 것입니다.

둘째, 설교에 있어서 간결성을 획득하는 것이 어려운 일이라는 것을 기억해야 합니다. 만약 이것을 쉽게 생각한다면 그보다 더 큰 오류도 없을 것입니다. 어셔(Usher) 대주교는 "어려운 문제를 어렵게 말하는 것은 누구나 다 할 수 있는 일이다. 그러나 어려운 일을 알기 쉽게 말하는 것은 극소수의 사람만이 할 수 있다"라고 말했습니다.

그리고 약 200년 전(이 강연은 1887년에 있었다-역자)에 살았던 어느 청교도는 "설교자들이 말하는 대부분을 사람들은 다만 흘려들을 뿐이다"라고 지적하였습니다. 그런데 이것은 오늘날도 마찬가지입니다. 설교의 대부분이 헬라어 원어라도 되듯 청중들이 이해하지 못한다는 것은 무척 두려운 일입니다. 사람들은 쉬운 설교를 듣거나 읽을 때, "옳은 말이다! 이해하기도 쉽다"라고 말하며, 그런 식으로라면 누구라도 설교할 수 있으리라고 생각하곤 합니다. 많은 사람들은 제게 간결하고 깔끔하고 명료하고 설득력 있는 영어의 사용이 어렵다고 말합니다. 자, 클래펌의 설교자 찰스 브래들리(Charles Bradley of Clapham)의 설교를 들여다 봅시다. 그의 설교는 매우 아름답습니다.

찰스 브래들리의 설교는 지극히 간결하고 자연스러워 누구라도 그 뜻을 대낮의 태양처럼 명확하게 알 수 있었습니다. 하지만 정작 브래들리가 그의 설교를 하기 위해 들인 노고는 엄청난 것이었습니다. 소설가 골드스미스(Goldsmith)가 쓴 작품, 『웨이크필드의 사역자』(*The Vicar of Wakefield*)를 주의 깊게 읽어본 독자라면 그 작품의 탁월한 자연스러움이며 평이함, 간결함에 주목하게 될 것입니다. 그런데 작가가 이 작품을 쓰기 위해 겪은 고생과 고통은 실로 엄청난 것이었다고 합니다. 반면에 새뮤얼 존슨(Samuel Johnson)의 작품, 『라셀라스』(*Rasselas*)와 비교해보면, 그 둘의 차이를 단번에 알아볼 수 있을 것입니다. 실제로 존슨의 작품은 생활고 때문에 쓴 책으로, 단 며칠 만에 나온 글입니다. 사실 설교 가운데 장황한 표현을 쓰면서 유식한 척하면, 사람들이 설교를 듣고 돌아가면서 "훌륭하군! 대단해!"라고 말하기는 쉽습니다. 그러나 진정 감동을 주거나 쉽고 재미있게 들어서 마음에 와 닿아 절대 잊혀지지 않을 글을 쓰거나 말을 하기란 극히 어렵고도 이루기 힘든 일입니다.

셋째, 내가 설교에 있어서의 단순성에 대해 말한다고 해서 어린 아이 같은 설교를 하겠다는 것은 아닙니다. 단순하게 설교한다는 것이 빈약하게 하는 것이라고 생각한다면 큰 오해입니다. 만약 우리의 설교를 듣는 청중들이 우리가 그들을 어떤 종류의 '유아식'이나 먹어도 좋을 무지한 무리들로 여긴다고 생각하게 되면, 우리의 목회가 좋은 결과를 얻을 가망은 거의 없어지게 됩니다. 그리고 사람들은 잘난척하며 하는 설교도 좋아하지 않습니다. 왜냐하면 그들은 우리가 그들을 동등한 사람으로 대하는 게 아니라 열등한 사람으로 대한다고 느끼기 때문입니다. 사람이란 본래 그런 취급을 당하기 싫어합니다. 만약 그렇다면 그들은 등을 돌리고 귀를 막으며 화를 낼 것이고, 우리는 차라리 바람에게 설교하는 게 더 나을지도 모릅니다.

넷째, 단순한 설교는 저속한 설교도 아닙니다. 단지 쉽게만 말하는 것은 얼마든지 가능합니다. 그러나 동시에 품위 있고 세련되게 말하는 것은 쉽지만은 않습니다. 무식한 사람이나 문맹자는 무식한 사람이 무식하게 설교하는 것을 듣기 좋아한다고 생각한다면 그것은 엄청난 오해입니다. 또 라틴어나 헬라어는 모르고 자국어로 된 성경만 아는 평신도 전도자 혹은 성경 공부 인도자가 옥스포드나 케임브리지에서 한 학기 이상 공부한 사람(즉 설교를 배운 사람)보다 설교를 더 잘한다고 생각하는 것도 잘못된 것입니다. 사람들은 조잡하거나 저속한 설교를 들을 때, 다만 참고 들어줄 뿐입니다. 이상에서 논의를 명확하게 해두기 위해 몇 가지 짚고 넘어갈 점을 말해두었습니다. 지금부터 설교에 있어서 간결성을 견지하는 데 가장 좋은 다섯 가지 방법을 말하고자 합니다.

1. 설교의 주제를 분명하게 인지하십시오.

　독자들은 이 점에 특별한 주의를 기울여주기 바랍니다. 내가 말하고자 하는 다섯 가지 조언 가운데 이것이 가장 중요한 것입니다. 당신이 설교할 성경 본문을 선택했으면, 그 본문을 철저히 이해하고 파악해야 하며, 또 당신이 증거하고 가르쳐서 사람들로 하여금 실행하게 할 바가 무엇인가를 정확하게 알고 있어야 합니다. 만약 당신 자신이 분명하게 이해하지 못한 상태에서 설교를 시작한다면, 당신의 설교를 듣는 청중들도 무슨 설교를 들었는지 도무지 감을 잡지 못하게 될 것입니다.

　고대의 가장 뛰어난 연설가중 하나였던 키케로(Cicero)는 아주 오래전에 이렇게 말하였습니다. "그 누구도 자기가 이해하지 못하는 바를 명쾌하고 유창하게 말할 수는 없다." 내가 보기엔 그의 말이 참인 것 같아 아주 만족스럽습니다. 와틀리(Whately) 대주교는 인간의 본성에 대한 뛰어난 관찰자였는데. 그는 무수히 많은 설교들에 대해서 "그것들은 뚜렷한 목적이 없기에 거두는 성과도 없다"고 바르게 지적했습니다. 마치 알지 못하는 섬에 상륙하여 모험을 시작한 사람과도 같이 그런 설교들은 무지한 가운데 시작하여 온통 무지한 가운데 헤맬 뿐입니다.

　특히 젊은 목회자들은 이 점에 주의해야 할 것입니다. 특별히 강조하고 반복해서 말하지만 말하려는 주제를 철저히 이해하고 있어야 합니다. 무슨 의미인지 확실하게 모르는 성경 본문을 택하는 일은 결코 없도록 하십시오. 아직 성취되지 않은 비유적인 예언에서 볼 수 있는 것 같은 그런 애매한 구절을 택하지 않도록 주의해야 합니다. 만약 일반 대중들에게 요한계시록에 나오는 봉인이니 쟁반이니 나팔이니 하는 것들이라든지, 혹은 에스겔에 나오는 성전에 대해서라든지, 아니면 예정, 자유의지, 하나님의 영원한 계획 등에 대해 계속 설교한다면 그것은 설교에서의 간결성이 견지되지 않는 한 이성적인 판단을 하는 사람들에게 도무지 감동을 주기가 어렵습니다. 그렇다고 해서 적절한 청중들에게 적절한 시기에 이런 주제들에 대해 말조차 꺼내지 말라는 것은 아닙니다. 다만 내가 말하려는 바는 그것들은 종종 기독교 학자들 사이에서도 불일치가 생겨나는 무척 심오한 주제들이라서 그것들을 아주 간결하게 말하기란 거의 불가능하다는 것입니다. 그러므로 만약 우리가 말하고자 하는 바를 간결하게 하려면 쉽게 이해되는 주제를 택해야 할 것입니다. 그리고 하나님의 말씀 가운데는 평이한 말씀들을 무수히 많이 찾아볼 수 있습니다.

마찬가지로 소위 그럴듯한 주제를 선택하여 성경본문을 왜곡하여 성령께서 그 말씀 속에 부여해 주시지도 않은 의미를 끄집어내려고 해서도 안 되겠습니다. 성경에서 평이하게 가르치고 제시하는 것만이 영적으로 도움이 되는 것임을 기억합시다. 그러므로 설교자는 마치 치과 의사가 이를 뽑아내듯 성경 본문으로부터 그 말씀이 지닌 문자적인 의미 이외의 그 무엇을 끄집어내려 해서는 안 되겠습니다. 아무리 맞는 말이라도 그래서는 안됩니다. 또 설교가 때로 화려하고 훌륭하게 들려서, 사람들이 설교를 듣고 돌아가면서 "정말 훌륭한 설교자야!"라고 말할지도 모릅니다. 그러나 곰곰이 생각해 봤을 때 만약 그들이 설교에서 성경 말씀을 발견치 못한다든지 혹은 설교의 근거를 성경에서 찾지 못한다면, 그들은 당황할 것이며 성경이란 도무지 이해할 수 없는 어려운 책이라고 생각하게 될 것입니다. 그러므로 당신의 설교에서 간결성을 견인하려면 성경 본문을 왜곡하지 말아야 합니다.

여기서 내가 성경 본문을 왜곡한다고 표현한 것에 대해 잠시 설명을 하고 넘어갑시다. 나는 이런 식으로 설교하기로 유명했던 어느 목사에 대해 들었던 적이 있습니다. 언젠가 그는 "궁핍하여 이런 것을 드리지 못하는 자는 썩지 않는 나무를 드리고"(사 40:20)라는 본문을 이렇게 해석했습니다.

> 여기 본래부터 아주 가난한 사람이 있습니다. 그는 자기 영혼의 대속을 위해 바칠 아무것도 없습니다. 그러면 그는 무엇을 해야합니까? 썩지 않는 나무를 붙잡아야 합니다. 그 나무는 바로 그리스도의 십자가입니다.

그런가 하면 언젠가는 우리 가운데 내재하는 죄에 대해 설교하고자 하는 열망과 더불어 요셉과 그의 형제들에 관한 본문, 즉 다음 구절을 선택하고 제시했습니다.

> 너희가 말하던 그 노인이 안녕하시냐 아직도 생존해 계시느냐(창 43:27).

그 설교자는 이 구절을 신자들 가운데 본성적으로 여전히 남아 있는 죄성에 관한 담론으로 교묘하게 바꿔치기 합니다. 하지만 이 본문은 그와 전혀 관련이 없는 다른 진리를 담고 있다는 사실은 의심할 수 없습니다. 젊은 후배 목회자들은 부디 이러한 예들을 경고로서 받아들이길 바랍니다. 만약 인간 본성에 내재된 부패성이나 십자가에 못 박히신 그리스도에 대해 설교하려거든 그런 빗나간 구절을 택해서는 안 됩니다. 그러므로 간결한 설교를 하려거든 분명하고 간결한 성경 본문을 택해야 합니다.

나아가서 당신이 택한 주제를 철저히 살펴서 간결하게 정리하고자 한다면 서슴지 말고 당신의 설교를 몇 대목으로 분류하여 적어보기 바랍니다. 물론 이것은 말할 나위 없이 귀찮은 문제입니다. "첫째, 둘째, 셋째"하면서 여러 토막으로 글을 나누는 것은 무척 두려운 일이 될 수도 있습니다. 글의 유창한 흐름을 막아버리지 않을까 하는 두려움 때문입니다. 나 자신도 분류하지 않은 생동감 있는 설교가 분류된 것보다 다소 엉성하고 비논리적이긴 해도 훨씬 뛰어난 것일 수도 있음을 인정하긴 합니다. 어쨌든 이 문제에 대해서는 각 사람마다 그나름의 견해를 가질 수 있습니다. 설교를 준비할 때 분류를 하지 않고도 감동을 줄 수 있으면 그 방법을 고수할 수 있을 것입니다. 그러나 그렇다고 해서 분류를 하는 동료들을 무시해서는 안 될 것입니다. 다만 내가 말하고자 하는 바는 만약 우리가 간결한 설교를 하고자 한다면 군대에도 질서가 있는 것처럼 설교에도 질서가 있어야 한다는 것입니다. 지혜로운 장군이라면 전투 시에 보병과 포병과 기병을 혼돈해서 편성하지는 않을 것입니다. 또 잔치를 베푸는 사람이 전채요리, 스프, 고기, 생선요리, 샐러드, 디저트 등을 한 접시에다 마구 섞어놓지는 않을 것입니다. 그런 사람은 제대로 음식대접을 할 줄 모르는 사람입니다. 설교의 경우도 마찬가집니다. 어떻게 해서든지 질서가 잡히게 해야 합니다. "첫째, 둘째, 셋째" 등으로 구분을 하건 혹은 겉으로 드러나게 구분을 하건 드러내지 않고 감추건 간에, 당신이 말하고자 하는 생각을 마치 사열하는 병사들처럼 논리정연하게 나타내야 합니다. 제 경우 분류를 하지 않고 설교한 적은 거의 없었습니다. 제 생각에 무엇보다 가장 중요한 것은 사람들로 하여금 설교를 제대로 이해하고 기억하여 그대로 실천하게 하는 것인데, 구분하여 설교하는 것이 그런 때에 상당한 도움이 될 것이라고 믿습니다. 마치 등산할 때 여러 가지 도구들이 있으면 수월하게 등산을 하듯, 설교할 때 내용을 구분해주는 것도 이해를 돕습니다. 만약 당신이 성공적인 설교가의 설교를 읽어보면, 그들의 설교가 질서가 잡혀있고 구분이 되어 있음을 알게 될 것입니다.

    이런 말을 하는 것은 조금 부끄럽지만, 나는 종종 스펄전 목사의 설교를 읽습니다. 왜냐하면 입수 가능한 모든 자료로부터 설교 힌트를 얻어야 하기 때문입니다. 다윗은 누가 골리앗의 칼을 만들었고, 누가 갈았으며, 누가 주조했는지 등을 묻지 않았습니다. 다만 다윗의 손에는 칼이 없었으나 골리앗의 머리를 베기 위해 다윗이 골리앗의 그 칼을 사용했다는 사실이 중요합니다. 정말이지 스펄전 목사는 유능한 설교가입니다. 그토록 많은 군중이 그의 설교를 듣기 위해 몰려드는 것을 보면 알 수 있습니다. 왜 사람들이 어떤 설교에 모이는지 생각해보아야 합니다. 만약 당신이 스펄전 목사의 설교를 읽는다면 그가 대단히 명백하게 내용 구분을 하고 각 단락을 아름답고도 간결한 생각들로 채우는 것에 주목해야 할 것입니다. 그의 생각을 이해하는 것은 조금도 어렵지 않습니다. 그는 중요한 진리들을 아주 철저하고 명확하게 전달하기에 그의 설교가 한번 들려지면 결코 잊혀지지 않습니다.

　이상과 같이 내가 첫 번째로 조언하고 싶은 것은 만약 당신이 간결한 설교를 하기 원한다면 말하려는 주제를 철저히 이해하고 있어야 한다는 것이며, 또 당신이 그 주제에 대한 이해 여부를 확인해 보려면 그것을 몇 대목으로 구분해서 정리해보면 될 것입니다. 저 자신의 경우 목회를 시작한 이래 줄곧 이 작업을 해왔습니다. 지난 45년 동안 설교를 준비할 때마다 공책에 성경 본문과 설교 제목을 적어두고는 필요할 때마다 참고할 수 있도록 해왔습니다. 그래서 언제라도 설교를 위해 성경본문을 하나 고를 때마다, 그 공책을 샅샅이 뒤져서 그 본문에 대한 일련의 주석을 삼을 수 있게 되었습니다. 그리고 만약 그런 작업을 할 수 없는 성경 본문의 경우에는 설교를 하지 않았습니다. 왜냐하면 그런 본문에 대해서는 간결하게 설교할 수가 없으며, 그렇다면 설교하지 않는 것이 낫습니다.

2. 설교할 때 쉬운 말을 사용하십시오.

　그런데 이 경우 쉬운 말이라고 하는 것은 한 음절로 된 단어나 순 우리말만을 의미하지는 않습니다. 그런 의미에서 나는 와틀리 대주교의 입장에 동의할 수가 없는데, 아무리 맞는 말이라고 할지라도 그의 앵글로색슨어(고대영어-역자)에 대한 집착은 도가 지나치기 때문입니다. 차라리 즉 고대의 현자 키케로가 말했던 것처럼 연설가는 사람들이 '매일 일상적으로 사용하는' 말들을 골라 쓰도록 애쓰는 것이 필요합니다. 그러므로 그 말이 사람들이 일상적으로 쓰며 이해할 수 있는 것인 한, 긴 단어나 순 우리말이 아닌 것이라도 조금도 문제되지 않습니다. 무슨일이 있어도 사람들이 사전적인 어휘라 부르는 것들, 즉 추상적이고 과학적이고 복잡하고 정의가 분명치 않으나 또 지나치게 규칙에 얽매여 있으면서도 너무 긴, 이러한 단어들은 반드시 피해야 합니다. 그런 어휘들이 비록 아주 세련되어 보이고 굉장해 보여도 사실은 거의 쓸모가 없는 법입니다. 가장 힘 있게 와 닿는 어휘는 대개 아주 간결합니다.

물론 고급 지식인들 앞에서야 앵글로색슨어와같은 영어처럼 고어 투의 격식을 갖춘 세련된 어휘들을 사용하는 것이 무척 좋은 일일 수도 있습니다. 그러나 일반 대중들 앞에서 설교할 때는 그런 어휘들은 버리고 평이한 어휘들을 쓰는 편이 더 낫습니다. 어쨌든 평이한 어휘를 쓰지 않고서는 결코 간결한 설교를 할 수 없다는 것은 분명합니다. 예를 들면 존 번연(John Bunyan)의 그 유명한 작품 『천로역정』의 영어 제목 『*The Pilgrim's Progress*』을 보십시오. 얼마나 단순합니까? 앵글로색슨어의 고어적인 단어가 있습니까? 만약 이 책의 제목이 『여행자의 산책』(*The Wayfarer's Walk*)이었다면 번연은 더 좋은 책을 내게 된 것이라 할 수 있습니까? 물론 일반적으로 프랑스어나 라틴어에 기원을 둔 영어 단어보다는 앵글로색슨어가 더 낫다는 것은 저도 인정합니다. 하지만, 만약 당신이 할 수 있을지 모르지만, 할 수 있다면 순수한 앵글로색슨어를 사용해보십시오. 우리가 사용할 단어들이 앵글로색슨어에서 온 것이 아니라면 제대로 사용하고는 있는 것인지,

간결하게 사용될 수 있는 것인지에 대한 고민조차 할 필요가 없습니다. 지 박사(Dr. Gee)의 탁월한 저서 『우리 설교들』(Our Sermons)은 긴 단어나 긴 문장들의 사용이란 필요치 않다고 주장하고 있습니다. 그는 이 책에서 이렇게 말합니다.

> 지복(felicity)대신에 행복(happiness)을, 전능(omnipotent)대신에 강하심(almighty)을, 감소(diminish)대신에 줄어든(lessen)을, 금기시되는(proscribed)대신에 금지된(forbidden)을, 유해한(noxious)대신에 싫은(hateful)을, 외관상(apparent)대신에 보이는 것처럼(seeming)을, 차후에(subsequently)대신에 나중에(afterward)를, 유도해내다(draw forth)대신에 부르다(call out)를, 환기시키다(evoke)대신에 떠올리게 하다(educe)란 표현을 쓰는 것이 훨씬 낫다.

우리는 이 날카로운 지적들을 모두 받아들여야 합니다. 옥스포드나 케임브리지의 청중들은 모두 교육도 충분히 받았고 고급 어휘들에 익숙합니다. 하지만 당신의 청중들은 대부분이 평범한 사람들일 것이며, 그들에게 설교할 때는 일상언어를 사용해야 합니다. 반드시 설교를 단순하게 하십시오.

3. 간결한 문체를 유지하십시오.

당신이 지금 찰머스 박사(Dr. Chalmers)의 설교 원고를 듣고 있다고 가정해봅시다. 당신은 마침표도 없이 길게 늘어뜨려진 문장과 만나게 될 것이고 쳐다보는 것 조차 머리가 아플 것입니다. 물론 이것이 절대 일어나서는 안되는 어마어마한 잘못이라는 것이 아닙니다. 스코틀랜드 지역에는 이러한 문체가 어울릴 수도 있습니다. 하지만 잉글랜드 지역에는 적합하지 않습니다. 만약 당신이 단순한 설교 구성을 하고 싶다면 너무 길게 문장을 멈추지도 않은채, 진행하지 말고 독자들이 숨 쉴 틈을 주어야 합니다. 마침표와 쉼표를 적절하게 사용하십시오. 마치 천식환자의 짧은 호흡처럼, 문장을 다음어 중간 중간 쉼표를 넣어야 합니다. 설교를 쓸 때 결코 긴 문장이 단락에 있어서는 안 됩니다. 한 문장을 끝내고 새로운 문장을 시작해야 합니다.

그럴수록 당신 설교의 문체는 간결성을 띠게 될 것입니다. 무수히 많은 문장부호가 쓰이고 한 단락이 2-3페이지 가량이 되는 설교는 간결성이 철저히 무시된 것입니다. 그리고 우리는 설교자가 청중을 상대하는 것이지 독자를 상대하는 것은 아니며, 잘 '읽을 수 있는' 설교가 반드시 잘 '들리는' 설교인 것은 아님을 명심해야 합니다. 글로 읽는 사람은 읽다가 막히면 몇 줄 앞으로 되돌아가서 다시 읽을 수도 있습니다. 그러나 말을 듣는 사람의 경우, 만일 그가 당신의 길고 복잡한 설교를 듣다가 놓치게 되면 한 번 지나간 말을 다시 들을 수는 없는 것입니다.

또한 간결한 문체는 격언이나 경구를 사용함으로써 얻을 수 있습니다. 이는 무척이나 중요한 점이며, 이를 위해 매튜 헨리(Matthew Henry)의 주석이나 홀(Hall) 주교의 명상집의 도움을 얻을 수 있습니다. 그리고 그 가치에 비해서 덜 알려진 설교들에서도 그런 훌륭한 표현들이 다수 포함되어 있는데, 이를 모아놓은 것이 『설교와 연설에 관한 윈체스터 졸업생들의 논문들』(Papers on Preaching by Wykehamist)입니다. 그 가운데 몇 개를 골라 소개하면 다음과 같습니다.

> 우리는 이 세상에서 짜놓은 옷을 저 세상에서 입게 된다.
> 지옥으로 가는 길은 인간적인 선의로 포장되어 있다.
> 잊혀진 죄는 용서받은 죄이다.
> 어떻게 죽느냐가 중요한 것이 아니요 어떻게 사느냐가 중요하다.
> 죄는 미워하되 죄인은 미워하지 말라.

모두가 자기 집 앞만 청소해도 온 거리가 깨끗하다.
기도로 시작하면 찬양으로 끝나는 법.
반짝인다고 모두 금은 아니다.
사업에서처럼 신앙에서도 고생 없이는 결실도 없다.
성경 속에는 어린 양도 건널 수 있는 얕은 곳이 있는가 하면, 코끼리라도 헤엄쳐 건너야 할 깊은 곳도 있다.
십자가에 달린 한 강도가 구원 받았다. 그러기에 아무도 절망할 필요가 없다. 그러나 역시 오직 한 강도만 구원 받은 것이므로 방심할 수 없다.

이러한 격언이나 경구는 설교의 내용을 놀라울 정도로 명확하게 해주고 또 힘 있게 해줍니다. 그러므로 그러한 표현들을 많이 기억해 두도록 하십시오. 각 단락 끝 부분에 그런 표현들을 적절하게 사용하면 간결한 문체를 유지하는 데 엄청난 도움이 될 것입니다. 그러나 길고 복잡한 표현들은 절대 금물입니다.

4. 직접적인 어투를 사용하십시오.

이 말의 뜻은 즉 설교하는 '나'와 듣는 '여러분'을 분명히 하라는 것입니다. 그런데 설교자가 이런 투로 이야기 할 때면 종종 오만하고 독선적이라는 말을 듣게 됩니다. 그 결과로 직접적으로 말하지 못하고 그저 '우리'라고 말하는 것이 겸손하고 격에 맞는 일이라 생각해 버립니다. 그러나 빌러즈(Villiers) 주교가 말했던 것처럼 '우리'라는 말은 궁전에 있는 왕이 자신을 가리킬 때나 쓰는 말이고 교회 목사들은 언제나 '나'와 '여러분'을 구별해 쓰는게 좋을 것입니다. 나는 유명한 설교가들이 '우리'라는 표현을 쓰는 것이 도대체 무엇을 의미하는지를 모르겠습니다. '우리'라는 말이 설교자와 주교를 말하는지, 설교자와 교회를 말하는지, 설교자와 회중을 말하는지, 설교자와 선배 신앙인들을 말하는지, 교부와 자신을 말하는지, 종교개혁자들과 자신을 말하는지, 혹은 자신과 세계의 석학들을 말하는 것인지 어떻게 알겠습니까?

만약 그가 자신만을 가리킨다면 간단하게 '나'라고 하지 않고 구태여 '우리'라고 할 필요가 없습니다. 교인을 심방하거나, 병든 사람을 찾아가거나, 학생들에게 교리를 가르치거나, 빵집에서 빵을 살 때에는 '우리'라고 하지 않고 '나'라고 할 것입니다. 그런데 어째서 설교할 때는 '나'라고 하지 않습니까? 그가 겸손한 사람이라면 그 자신 이외의 다른 사람들이 할 말까지 해버릴 권리가 있다고 생각하지는 않을 텐데요. 설교하는 사람은 주일날 마땅히 이렇게 말해야 할 것입니다.

> 나는 하나님의 말씀을 읽다가 이러한 내용을 담고 있는 본문을 발견하게 되었습니다. 그래서 이 말씀을 여러분께 전하고자 합니다.

자신 있게 말하지만 많은 사람들은 설교자가 '우리'라고 말하는 게 무슨 뜻인지를 알지 못합니다. 그런 표현은 그들에게 모호할 뿐입니다. 만약 설교자가 '여러분의 목사인 저는'이라든지 '이 교회를 담임하는 저는'이라고 한다면, 그의 말은 교인들의 영혼과 관련되어 있으며 교인들이 믿고 실행해야 할 것으로 이해할 것입니다. 그러나 설교자가 '우리'라는 모호한 말로 시작한다면 다수의 청중들은 그가 누구를 향해 말하는지, 자신에게인지 아니면 청중들에게인지 잘 모를 것입니다. 후배 목회자들은 결코 이 점을 잊어서는 안 될 것입니다. 가능한 한 직접적으로 말하도록 하십시오. 사람들이 당신에 대해 무어라 말할까에 집착하지 마십시오. 그리고 설교 도중에 유명한 설교가들을 모방하려 들지도 마십시오. '나'라고 해야 할 때 '우리'라고 하지 마십시오. '나'라는 말을 써서 사람들에게 명확하게 말하면 말할수록, 당신의 설교는 그만큼 더 쉽게 전달될 수 있을 것입니다.

이 부분에서 있어서만큼은 찰머스(Chalmers)나 멜빌(Melville)을 닮지 마십시오. 라티머(Latimer) 주교가 그러했듯이 당신의 설교가 더 단순화되고 이해되기 쉽도록 사람들 앞에서 일인칭 단수를 사용하는 습관을 가지십시오. 휫필드(Whitefield)의 설교의 영광도 이러한 직접적인 어투에 있습니다. 다만 휫필드의 설교는 제대로 정리되어 있지 않기에 그의 설교를 제대로 평가할 수 없어서 무척 유감입니다.

5. 경험담과 예화들을 사용하십시오.

예화들은 당신이 말하려는 주제에 햇살이 비춰 들어오게 해주는 창문과도 같은 것입니다. 이 점에 대해서는 할 말이 무척 많지만 지면에 제한이 있는 관계로 매우 간략하게 짚고 넘어갈 수밖에 없겠습니다. "이와 같이 말씀하시는 분이 없었다"라는 평을 들으신 우리의 주요 구세주이신 예수 그리스도를 떠올려 보십시오. 우리가 사복음서를 주의해서 읽어보면 그의 설교는 대개 예화들로 꽉 차 있습니다. 하신 말씀에는 온갖 비유들로 가득 차 있습니다. 그는 눈에 뜨이는 모든 사물로부터 교훈을 이끌어 내셨습니다. 공중의 새, 바다의 물고기, 양과 염소, 밭과 포도원, 밭 가는 자와 씨 뿌리는 자, 추수꾼과 어부, 목자와 포도원지기, 들의 꽃과 풀, 결혼 잔치 혹은 무덤까지도, 이 모든 것들은 그가 자신의 생각을 청중에게 전달하기 위해 인용하셨습니다. 그리고 탕자의 비유, 선한 사마리아인의 비유, 열 처녀 비유, 아들을 결혼시키는 왕의 비유, 부자와 거지 나사로의 비유, 포도원에서 일하는 자의 비유 등 일련의 비유들은 주님께서 청중들에게 중요한 진리를 가르치기 위해 사용하신 수단이었습니다. 우리는 그의 모범을 따르도록 노력해야 합니다.

만약 당신이 설교를 하다가 "한 가지 얘기를 들려드리겠습니다"라고 말하면 아주 깊이 잠든 사람이 아닌 이상 귀가 번쩍 뜨일 것입니다. 사람들은 재미있는 이야기나, 예화들, 잘 알려진 이야기 등을 듣기 좋아하므로, 주의를 집중할 것입니다. 그리고 우리는 그러한 예화를 얻을 수 있는 무한한 자원이 있습니다. 바로 우리 주위의 자연이 하나의 예화집입니다. 위의 하늘이며 그 아래 세상, 인간의 역사, 온갖 과학 예컨대 지질학, 생물학, 화학, 천문학 등 모든 것이 예화거리입니다. 세상 모든 만물은 복음 증거에 빛을 던져줄 수 있는 예화의 원천입니다.

인기 있는 설교들을 살펴보면 그것들이 재미있는 예화들로 차있음을 알게 됩니다. 라티머 주교의 설교들을 읽어보십시오. 그 외에도 브룩스(Brooks), 왓슨(Watson)[2], 스윈녹(Swinnock), 등 청교도들의 설교들을 읽어보십시오. 묘사, 비유, 예화, 전기 등 얼마나 풍성한지 모릅니다. 무디(Moody)의 설교를 봅시다. 왜 그의 설교가 인기가 있습니까? 그의 설교에는 즐거운 이야기들로 가득 차 있습니다. 무디는 최고의 이야기꾼 입니다. 아라비아 속담처럼 그는 '귀를 눈으로 만드는' 실력자입니다. 나 또한 이야기를 들려주기 위해 노력하고 마치 그들이 눈으로 보듯이 설교하려고 합니다.

예를 들어 나는 누가 처음에 이 세상을 창조하셨는가에 대해 말하고자 할 때면 시계를 꺼내들고는 이렇게 말합니다.

이 시계를 보라. 누가 만들었는가? 여러분 중에 혹시 나사, 톱니바퀴, 핀 등이 모든 부속품들이 우연히 결합되었다고 믿는 사람들이 있는가? 시계공이 있어야만 한다고 말할 수 밖에 없지 않은가? 마찬가지로 이 세상도 맨 처음 만든 분이 계심이 분명하다. 우리는 모두 해마다 일분일초도 어김없이 제자리를 지나며 도는 행성들을 볼 때, 그분의 일하신 솜씨를 깨닫는다. 그리고 우리가 사는 이 세상도 놀라운

---

[2] Watson의 『주기도문 해설』, 『십계명 해설』, 『팔복 해설』은 CLC에서 출간했다.

것들로 가득하다. 그런데도 하나님은 존재하지 않으며, 창조는 우연의 결과일 뿐이라고 할 수 있는가?

혹은 때로는 열쇠꾸러미를 꺼내서 그들 앞에서 흔들어 보입니다. 청중들은 열쇠소리를 들으며 강단 위를 올려다봅니다. 그러면 나는 이렇게 말해줍니다.

모든 사람이 온전하고 정직하다면 열쇠는 필요가 없다. 열쇠가 존재한다는 것이 의미하는 바가 무엇인가? 왜 성경은 만물보다 심히 거짓되고 부패한 것을 마음이라고 하였는가?

예화야말로 설교를 간단하고 명확하며 이해하기 쉽게 만드는 가장 좋은 방법입니다. 그러므로 가능한 한 예화를 많이 수집하도록 하십시오. 좋은 비유를 잘 찾아내어 많이 기억하고 있는 설교자는 진정 복된 사람입니다. 그가 진정 하나님의 사람으로서 설교하는 법을 알고 있다면, 그는 결코 벽이나 텅 빈 의자에다 대고 설교하는 것 같은 헛수고를 하지 않을 것입니다.

그런데 여기서 한 가지 주의할 점을 덧붙여야겠습니다. 예화를 말할 때는 방법이 있습니다. 자연스럽게 말하지 못할 바에야 예화를 말하지 않는 편이 낫습니다. 내가 긍정적으로 말한 예화라는 것도 과도하게 쓰이는 것은 올바르지 않습니다. 이 문제의 경우 웨일즈(Welsh)의 유명한 설교가인 크리스마스 에반스(Christmas Evans)의 일화를 예로 들어 보겠습니다. 인쇄되어 남아있는 그의 설교 가운데는 거라사 지방에서 돼지떼에게 귀신이 들어가자 돼지들이 온통 바닷속으로 뛰어들었던 사건에 관한 것이 있었습니다. 그런데 그가 그 사건을 어찌나 자세히 묘사했던지 돼지들이 그들의 주인과 마치 사람처럼 이성적으로 얘기를 나누게 해버렸습니다. 돼지들 중 하나가 말했습니다.

"주인님, 돼지들이 모두 없어졌어요"
"어디로 갔어?"
"바닷속으로요"
"누가 몰아넣었니?"
"조금 신기하게 생긴 사람이요"
"어떤 사람인데? 무슨 짓을 했지?"
"글쎄 그 사람이 와서는 이상한 소리를 하니까 돼지들이 모두 언덕 밑으로 내려가더니 바닷속까지 들어가 버렸어요."
"뭐야, 늙은 수퇘지하고 모두 다 말이냐?"
"예, 수퇘지두요. 우리가 주위를 둘러봤더니 그의 꼬리가 벼랑 너머로 사라지는 게 보이더군요."

사실 이런 예화는 정말 극단적인 것입니다. 또한 거드리 박사(Dr. Guthrie)의 설교도 종종 극단적인 예화를 동원하는 관계로 마치 밀가루는 거의 섞지 않고 크림만으로 케익을 만든 것처럼 너무 허황됩니다. 그러므로 모든 방법을 다 동원하여 당신의 설교에 역사, 과학 등 모든 분야에서 여러 가지 예화를 삽입시키기는 하되, 분명히 한계를 긋도록 해야 합니다. 예화를 사용함으로써 득이 된 만큼 해가 되는 일이 없도록 주의합시다. 과도한 예화 인용은 금물입니다. 이 주의 사항을 잘 기억하기만 하면 당신의 설교가 간결하고 분명하게 되는 데 커다란 도움을 받을 수 있을 것입니다. 그러면 이제까지 제시한 다섯 가지 조언을 되새겨봅시다.

1. 간결한 설교를 하려면 설교의 주제를 분명하게 인지해야 합니다.
2. 간결한 설교를 하려면 쉬운 말을 사용해야 합니다.
3. 간결한 설교를 하려면 간결한 문체를 유지해야 합니다.
4. 간결한 설교를 하려면 직접적인 어투를 사용해야 합니다.
5. 간결한 설교를 하려면 경험담과 예화들을 사용해야 합니다.

그리고 이 모든 것들 위에 실제적용을 위해 한 마디 분명하게 덧붙여야 할 것이 있습니다. 당신이 많은 고생을 하지 않는다면 간결한 설교를 할 수가 없습니다. 터너(Turner)라는 위대한 화가는 어떻게 그토록 그림을 잘 그릴 수 있는가에 대해 질문을 받았을 때, 그는 "어떻게 그릴지, 이렇게 할지, 저렇게 할지 늘 고민하고 머리를 굴립니다."라고 대답했습니다. 설교도 마찬가지입니다. 설교 또한 수고 없이는 이루어지지 않는 법입니다.

언젠가 아직 어리고 철없던 어느 목사가 선배인 리처드 세실(Richard Cecil)에게 "저에게 더 많은 믿음이 있어야 겠습니다"라고 말했습니다. 그러자 세실은 "아니오, 당신에겐 더 많은 일이 필요한거요. 당신은 더 많은 고생을 겪어야 하오. 하나님께서는 당신을 통해서 일할 계획을 갖고 계시지 당신 대신 일하려 하시는 것은 아니오"라고 대답했습니다. 후배 목회자들은 이 일화를 기억해야 할 것입니다. 설교를 준비하면서 많은 시간을 할애해야 할 것이며, 고생을 무릅쓰고 독서에 힘써야 할 것입니다. 그 대신 유용한 책을 골라 읽도록 해야 합니다. 그렇다고 후배 목회자들이 옛날에 나온 종교서적들을 통해 설교에 도움을 얻고자 시간을 소비하게 하고 싶지는 않습니다. 옛날 책들도 그 나름대로 도움이 되긴 하겠지만, 잘 선택하기만 하면 현대의 저작 가운데 더 유용한 것들이 많이 있기 때문입니다.

모범이 될만한 것들을 읽고, 설교할 때 좋고 단순한 예화들을 사용하는 것에 익숙해지십시오. 영어 성경은 좋은 모범이 될 것 입니다. 영어 성경에 나타난 용어들을 사용하도록 노력한다면, 당신의 말하기 실력은 늘 것입니다. 또 존 번연의 불후의 명작인 『천로역정』을 읽으십시오. 만약 당신이 단순하게 설교하길 원한다면, 읽고 또 읽으십시오. 물론 청교도 저작이라고해서 무조건 이를 위해 읽으라고 권하는 것은 아닙니다. 그들의 저작 중에는 너무 무거운 것도 있음은 의심할 수 없습니다. 토마스 굿윈(Thomas Goodwin)이나 존 오웬(John Owen)의 저작들은 매우 무겁습니다. 물론 그 작품들은 높은 지대에 있는 대포와 같이 훌륭한 책들입니다. 백스터(Baxter), 왓슨(Watson), 트레일(Traill), 플라벨(Flavel), 차녹(Charnock), 홀(Hall), 헨리(Henry) 등 그들의 글들을 읽으십시오. 그럼에도 불구하고 가장 좋은 모범은 영어성경인 것 같습니다. 언어란 시대에 따라 바뀝니다. 청교도들은 영어를 사용하였고, 우리도 영어를 사용하지만, 그들의 문체는 오늘날과 많이 다릅니다. 그러니 그들의 저작 외에도 당신이 현대판 영어 성경을 구해서 읽기를 권합니다.

지난 100년간, 급진주의적 정치적 색깔을 띈 윌리엄 코빗(William Cobbet)만큼 뛰어난 영어 문필가는 드물 것입니다. 그는 세상 누구보다 훌륭한 앵글로색슨어를 사용해 저술 활동을 했습니다. 한편, 오늘날 앵글로색슨어를 가장 잘 사용하는 인물은 존 브라이트(John Bright)일 것입니다. 오래된 정치적 연설가들 중, 채텀 경(Lord Chatham), 미국의 패트릭 헨리(Patrick Henry)의 연설들은 영어의 좋은 모범입니다. 한편, 성경 다음으로 단순하고, 명료하며, 설득력 있으며, 힘있는 영어는 셰익스피어(Shakespeare)의 작품에 잘 나타나 있습니다. 만약 당신의 설교의 구성이 좋아지기를 원한다면 이러한 모범들을 연구하고 또 연구해야 합니다.

당신이 심방을 간다면, 혹 그들 중 가난한 자들이 있다면, 그들과는 너무 어려운 이야기를 나누지 않도록 하십시오. 난롯가에 함께 둘러 앉아 그들의 생각을 들으십시오. 그들이 당신의 설교를 이해하게 만들기 위해서는 우선 그들의 생각의 틀, 그들의 표현 방식 등을 발견해야합니다. 그렇게 함으로써 당신은 당신도 모르는 사이에 많은 것들을 배우게 될 것입니다. 즉 계속 그들의 사고의 틀을 접하게 된다면, 당신은 강단에서 명확하게 무엇을 말해야 할 지 깨닫게 될 것입니다. 성직자라면 남성들을 잘 알고 있는지도 스스로 자문해보아야 합니다. 왜냐하면 성직자들은 남성들을 만나기가 쉽지 않은데, 심방을 하러 성도들의 집에 방문한다면, 대부분의 남성들이 일을 하러 가고 없기 때문에 여성들과만 대화하는 경우가 많을 수 밖에 없습니다. 이러한 점들을 극복하기 위해 노력해야 할 것입니다.

6. 맺는 말입니다.

선한 사람은 의식하든 하지 않든 늘 선한 말을 합니다. 진정 우리가 사람들에게 교회 안에서 설교할 수 있으려면, 먼저 그들과 교회 밖에서 이야기를 나누어야 합니다.

1) 우리가 무슨 내용을 설교하건, 그 설교가 간결하건 어렵건, 글로 쓰건 말로 하건 간에, 단지 달변가가 되려 하지 말고 그들 영혼에 지속적인 유익을 끼치도록 고려해야 합니다.

그러므로 우리는 달변이라는 것을 주의해야 합니다. '아름답고', '화려하고', '재치있고', '인기있는' 설교들은 종종 청중들에게 아무런 영향을 미치지 못하고 그들을 예수 그리스도께 인도하지 못합니다. 우리는 오직 사람들의 마음과 양심에 영향을 미쳐 그들에게 진정 깊이 생각하게 할 내용을 가지고 설교해야 합니다.

2) 만약 예수 그리스도의 복음을 모든 사람이 다 알도록 온전하고 명쾌하게 전하지 않는다면, 아무리 간결하게 설교해도 소용이 없습니다.

당신의 설교 가운데서 십자가에 달리신 그리스도께서 올바르게 증거되지 않고, 마땅히 지적되어야 할 죄를 말하지 않는다면, 그리고 당신의 청중들이 마땅히 믿고 행해야 할 바를 분명하게 듣지 못한다면, 당신의 설교는 아무 쓸모도 없을 것입니다.

3) 만약 훌륭하고 생생한 설교가 되지 않는다면 아무리 간결하게 설교해도 소용이 없습니다.

만약 당신이 고개를 푹 숙이고서, 마치 병속에 갇힌 벌처럼 지루하고 졸리운 목소리로 원고를 읽어나간다면, 그래서 청중들이 당신 말을 알아듣지 못한다면, 당신의 설교는 헛수고입니다. 그런데 유감스럽게도 오늘날 교회 안에서는 제대로 설교하는 일이 드문 실정입니다. 내가 뉴포리스트 지방에서 혼자 목회할 때, 그 누구도 나의 설교에서 무엇이 옳고 무엇이 그른지를 알려주지 않았습니다. 그 결과 처음 일 년 간 제 설교는 실험의 연속이었습니다. 옥스포드나 케임브리지에서도 어떻게 설교할 것인가에 대한 도움은 얻을 수가 없었습니다. 설교를 연습할 만한 적절한 기회가 없다는 것이 오늘날 교회의 큰 문제거리입니다.

4) 성령의 기름 부으심, 하나님의 축복, 설교의 생명력을 위해 기도해야 합니다.

예수 그리스도의 복음을 간결하게 설교하고자 하면서 타인의 영혼을 위해 기도하는 것은 우리의 의무이며, 경건한 삶과 뜨거운 기도가 우리의 설교에 동반되어야 함을 잊어서는 안 되는 것입니다.

4장
근본적인 진리들[1]

내가 받은 것을 먼저 너희에게 전하였노니 이는 성경대로 그리스도께서 우리 죄를 위하여 죽으시고 장사 지낸 바 되셨다가 성경대로 사흘만에 다시 살아나사(고전 15:3-4).

이 본문은 영국 사람들에게는 매우 친숙한 성경의 구절입니다. 잉글랜드 국교회의 장례식에서는 으레 선택되는 구절이기 때문입니다. 제 개인적인 판단으로는 공동 기도서의 여러 예배들 중 이 보다 더 아름다운 것은 없는 것 같습니다. 오래된 본문인 공동 기도서는 우리 모두가 알다시피 보는 사람에 따라 각각 다 다르게 사용될 수 있으며 특정한 형식이 없습니다. 이 구절도 장례식의 절차 중 다르게 적용되는 것을 보곤하는데, 장례식 때 교회 내의 묘지를 사용하는 것을 허락하거나 혹은 소개하는 데 사용될 때가 있습니다. 하지만 헌신된 그리스도인의 육체의 부활을 위해 이 구절을 사용하는 잉글랜드 국교회 전례보다 더 현명한 적용은 없을 것입니다. 이 장의 전반적인 논의는 이 본문 말씀의 두 구절에서부터 시작될 것입니다. 사도 바울은

---

[1] 본 장은 1880년 세인트메리교회(St. Mary's church)의 지정설교자일 때 옥스포드 대학생들에게 설교한 것이다.

가르침을 베풀 때, 고린도 교인들에게 그가 '먼저' 전한 것 가운데는 그리스도에 관한 두 가지 중요한 사실이 들어 있음을 상기시키며 말문을 열고 있습니다. 하나는 그리스도의 죽음이요, 다른 하나는 그의 부활입니다. 이 구절은 아주 흥미로운 두 가지 주제를 제시하며, 따라서 모든 독자들이 이 주제를 주목해 줄 것을 요구하는 바입니다.

1. 사도 바울이 고린도에서 '먼저' 전하였던 근본적인 진리들이란 무엇입니까?

이 질문에 대해 대답하기 전에 독자들은 바울이 아덴을 떠나 고린도에 갔을 때 처했던 상황이 어떠했는가를 생각해보기 바랍니다.

외로운 유대인 하나가 이교도의 대도시에 들어가 전혀 새로운 종교를 설교하는 일 즉 복음전파의 사역을 감당하는 일을 시작하려 하고 있습니다. 그는 독특한 율법과 관습 때문에 지구 한 구석에 다른 민족들과는 격리된 채 그리스인이나 로마인에게 똑같이 멸시를 당하며 문학, 예술, 과학 그 어느 것으로도 이방에 알려지지 않았던 그런 민족의 일원이었습니다. 이 당돌한 유대인은 육신적으로도 연약한 자였고 그의 연설도 헬라의 수사학자들에 비하면 보잘 것 없었습니다(고후 10:10). 그는 이교도들 사이에서도 사치와 부도덕과 우상숭배로 유명했던 그 도시에 홀로 섰던 것입니다. 이것이 그의 인물됨과 처했던 상황이었습니다. 이보다 더 어려운 상황은 생각하기가 힘듭니다.

그런데 그 외톨이 유대인이 고린도인들에게 무슨 말을 전했습니까? 그가 고린도인들에게 그들의 옛 종교를 버리고 받아들이라고 말하며 새로운 종교의 머리요 기초가 되신 분에 대해 어떤 얘기를 했습니까? 그리스도의 삶과 가르침과 기적 행하심, 그리고 "이처럼 말하는 사람이 없었다"라는 말씀에 대해 얘기함으로써 시작했습니까? 혹은 그리스도는 솔로몬처럼 지혜롭고 여호수아처럼 용감하고 모세처럼 박식하다고 가르쳤습니까? 결코 그렇지 않습니다. 그가 그리스도에 대해 맨 먼저 가르친 것은 그리스도께서 십자가 위에서 당하신 가장 수치스럽고 처참한 죽음에 대해서였습니다.

그러면 사도 바울은 어째서 그리스도의 생애보다 죽음에 대해 그토록 강조했습니까? 그 이유는 그가 고린도인에게 말했던 바와도 같이 "그리스도는 우리의 죄를 대신하여 죽었기" 때문입니다. 이는 사도 바울이 고린도에 전파하러 온 신앙의 바로 기초에 놓여 있는 심오하고 놀라운 진리인 것입니다. 그리스도의 죽음은 마지못해 순교하는 자의 죽음도 아니요 자기희생의 한 본보기에 지나지 않는 것도 아닙니다.

이는 그 죽음을 통하여 '세상 죄'를 대속하는 것이며, 죄에 빠진 아담의 후손들을 위한 거룩한 자원의 죽음입니다. 이 죽음은 하나님 앞에서 죄 많은 인간의 그 위치를 바꾸어 놓으며, 타락의 결과로부터 완전한 구원을 제공합니다. 사도 바울은 고린도인들에게 그리스도의 죽음은 죄악된 인간을 대신하여 죽으신 것으로서, 그 자신을 희생하여 우리가 받아 마땅한 형벌을 대신 받으신 속죄였음을 말하고 있는 것입니다.

> 친히 나무에 달려 그 몸으로 우리의 죄를 담당하셨으니(벧전 2:24).
> 그리스도께서 단번에 죄를 위하여 죽으사 의인으로서 불의한 자를 대신하셨으니(벧전 3:18).
> 하나님이 죄를 알지도 못하신 자로 우리를 대신하여 죄를 삼으신 것은 우리로 하여금 그 안에서 하나님의 의가 되게 하려 하심이라(고후 5:21).

4장 근본적인 진리들

그리스도의 죽음은 의심할 여지도 없이 위대하고 엄청난 신비입니다. 그러나 이는 아벨 이후 4,000년 동안의 모든 희생이 예고해온 신비이기도 합니다. 즉 그리스도는 '성경대로' 죽으셨습니다.

사도 바울이 그리스도에 대해 먼저 가르쳤던 중요한 사실에는 그의 죽으심과 부활하심도 포함되어 있습니다. 그는 고린도인들에게 죽으시고 장사 지낸 바 되신 그 예수님은 죽은 지 사흘만에 무덤에서 살아나사 그 몸이 많은 능력 있는 증인들에게 보여지고, 만져지고, 함께 이야기를 나눈 바 되었다고 담대히 말합니다. 이 놀라운 기적을 드러내 보임으로 예수님은 그가 예언자들이 말한대로 약속되었고 오래 기다려오던 구세주인 것과 그의 죽음에 의한 대속이 하나님께 용납된 것, 우리의 구속의 사역이 완성된 것, 그리고 죄 뿐만 아니라 죽음도 정복당한 원수임을 알게 해주셨습니다. 요약하자면, 위대한 기적이 일어났는데, 그것은 예수님께서는 우리의 죄를 위해 먼저 죽으셨으나 후에 우리의 의를 위하여 다시 살아나셨으며, 우리의 영혼의 구원을 위해서는 더 이상 부족한 것이 없고, 불가능도 없다는 것, 이러한 신앙의 근원이 되시는 분을 바울이 가르치고 있다는 것입니다.

이상에서 말한 바와 같이 우리 죄를 위한 그리스도의 대속의 죽음과 무덤에서 부활하심, 이 두 가지는 사도 바울이 고린도에 가서 맨 먼저 증거한 위대한 진리입니다. 그 둘보다 더 중요한 것도 혹은 그와 동등하게 중요한 것도 없었습니다. 사실 사도 바울처럼 고등 교육을 받은 사람이 그런 신앙노선을 취한다는 것은 그의 믿음과 용기를 시험하는 것이 되었을 것입니다. 인간 본성대로라면 그런 길에서 피하는 것이 당연할 것입니다. 그는 이렇게 말했습니다.

> 내가 너희 중에서 예수 그리스도와 그가 십자가에 못 박히신 것 외에는 아무것도 알지 아니하기로 작정하였음이라 내가 너희 가운데 거할 때에 약하며 두려워하고 심히 떨었노라 (고전 2:2-3).

고린도에서 뿐만이 아니라, 이 위대한 이방인의 사도는 가는 곳마다 바로 이 내용을 가장 먼저 설교했습니다. 그는 다른 성격을 지닌 다른 청중들에게 설교했지만, 그가 예루살렘, 비시디아 안디옥, 이고니온, 루스드라, 빌립보, 데살로니가, 아덴, 에베소, 로마 등 어디에 가서도 동일한 치료제를 사용했습니다. 그 치료제란 바로 십자가와 부활에 대한 증언입니다. 이것은 그가 행한 모든 설교와 그가 쓴 모든 서신에 나타나 있습니다. 당신이 그의 글을 읽을 때면 반드시 십자가와 부활을 보게 될 것입니다. 심지어 로마 총독 베스도도 아그립바에게 바울이 제기한 소송에 대해 말할 때 "예수라 하는 이가 죽은 것을 살았다고 바울이 주장하는 그 일"(행 25:19)이라고 했습니다.

1) 1세기 팔레스타인으로부터 시작하여, 오늘날 18세기에 이르기까지 온 세상을 뒤집어 놓고 있는 신앙의 중요한 원칙이 무엇인지 알아보도록 합시다.

아무리 불신자라도 이 원칙이 인류에게 미치는 영향력에 대해 부인할 수 없을 것입니다. 기독교 도래 이전과 이후의 세계는 마치 낮과 밤이 다르고 빛과 어둠이 다르듯 판이하게 다릅니다. 기독교는 우상숭배를 근절시켰고, 이교 사원을 텅 비게 했으며, 검투사들의 대결을 멈추게 하였고, 도덕의식을 고양시켰으며, 여성의 지위를 향상시켰고, 고아와 빈민의 삶을 개선시켰습니다. 이러한 사실들이야말로 우리가 기독교에 반대하는 모든 세력들을 반박할 수 있는 근거가 됩니다. 또한 이런 사실들은 모든 불신자들이 겪는 가장 큰 어려움이기도 합니다.

나아가서 기독교가 궁극적으로 해놓은 일은 아무런 근거도 없이 플라톤의 철학을 개량한 더 높은 차원의 도덕률을 제시한 정도가 아닙니다. 기독교가 해놓은 일은 골고다의 십자가와 동산의 빈 무덤으로써 '범죄자 중 하나로 헤아림 받은' 분의 놀라운 죽음과 그의 부활이라는 충격적인 기적입니다(사 53:12). 바울을 비롯한 사도들은 우리 죄를 위해 죽으시고 우리를 의롭게 하시려 부활하신 예수 그리스도를 즐거워함으로써 이세상의 모습을 변화시켰고, 능력 있는 교회들을 세웠고, 무수한 죄인들을 거룩한 성도들로 변화시켰습니다.

2) 우리가 진정 내적인 평안을 얻고자 하면 신앙의 기초가 되는 것이 무엇인지를 알아야 합니다.

초대교회 성도들이 그러한 평안을 소유했다는 사실은 한 낮의 태양처럼 너무도 분명합니다. 우리는 신약 가운데서 그들의 기쁨, 평화, 인내, 소망, 만족 등에 대해서 여러 번 읽게 됩니다. 또 우리는 교회사를 통해서 그들이 극렬한 핍박 가운데서 지녔던 용기와 굳건함에 대해서, 또 고통에 대한 끊임없는 인내와 영웅적인 죽음에 대해서 알게 됩니다. 그러면 가장 악독한 원수까지도 경탄케 하고 플리니우스 같은 철학자도 놀라게 한 그들의 특별한 능력은 어디서 말미암은 것입니까? 대답은 오직 하나, 그들은 사도 바울이 고린도인에게 맨 먼저 증거한 그 두 가지 진리, 즉 위대한 교회의 머리이신 주 예수 그리스도의 죽음과 부활을 꼭 붙들고 있었기 때문입니다.

우리도 부끄러워 말고 그들의 발자취를 따르도록 합시다. 사실 흔히 '교의신학'이라고 부르는 것이나 전통적인 신조를 그것들이 무력하고 18세기, 19세기에는 쓸모없는 것들이라고 조롱하기는 쉽습니다. 그러나 현대철학의 차갑고 추상적인 가르침은 그들이 무시하는 기독교 교리에 비해 맺은 열매가 없는 실정이 아닙니까? 만약 당신이 삶에 있어서의 평화와 죽을 때의 소망, 슬플 때의 위로를 누리기 원한다면 당신도 오늘 본문 말씀의 두 가지 진리를 의지하여 "나를 위하여 자기 자신을 버리신 하나님의 아들을 믿는 믿음 안에서 사는 것이라"(갈 2:20)라고 말할 수 있어야 합니다.

2. 사도 바울이 이 진리들을 중요하게 생각한 이유는 무엇입니까?

이 물음은 무척 흥미로운 것입니다. 바울이 단지 그렇게 하도록 명령받았거나 위임받았기 때문에 그렇게 했다고 보지 않습니다.

그보다 훨씬 깊은 이유가 있을 것입니다. 그 이유는 타락한 인간 본성이 처한 상태와 거기서 파생된 필요 때문입니다. 사도 바울이 고린도인에게 전한 메시지 외에는 그 어떤 것도 인간의 필요를 채울 수 없었습니다. 만약 그가 그 메시지를 가지고 오지 않았다면 그의 전도 여행은 헛수고였을 것입니다.

우리가 인간의 본성과 그 처한 상태를 살펴보면, 인간이 이 진리에 주목하지 않을 수 없는 이유가 세 가지 있습니다. 첫째, 인간은 본래 죄책감과 책임감을 느끼는 존재이고, 둘째, 태어나서 죽을 때까지 슬픔과 고통을 겪는 존재이며, 셋째, 항상 자기 앞에 죽음이 놓여 있음과 궁극적으로는 내세가 있음을 아는 존재입니다. 이 세 가지는 우리가 어디에 살든지 간에, 유럽에 있든, 아시아에 있든, 아프리카에 있든, 아메리카에 있든 상관 없이 우리에게 분명하게 드러나 있습니다. 당신이 방방곡곡을 다 돌아다니며 무식한 사람을 만나건 혹 유식한 사람을 만나건 간에, 지역과 계층에 관계없이 당신은 사람 사는 곳이면 슬픔과 죽음과 죄책감을 발견하게 될 것입니다. 그리고 내가 단언컨대, 이러한 인간의 부족함을 채워줄 수 있는 것은 그리스도께서 우리 죄를 위해 죽으셨다가 우리를 위해 무덤에서 다시 살아나셨다는 이 가르침밖에 없습니다. 마치 열쇠와 자물쇠가 서로 꼭 들어맞듯이, 이 가르침은 인간의 필요에 꼭 들어맞습니다.

그럼 이제 앞서 지적한 세 가지 중대 이유를 살펴보고, 사도 바울이 고린도에서 전도를 시작했을 때 그것들이 제공해 준 강력한 도움에 대해 생각해 봅시다.

1) 인간은 죄책감과 책임감을 느끼는 존재입니다.

물론 이 느낌이 사람마다 다르다는 것은 인정합니다. 수많은 사람들은 이러한 느낌을 전혀 갖고 있지 않기도 합니다. 습관적인 범죄, 종교에 대한 무시, 육체적 쾌락에의 탐닉 등은 놀랍게도 우리의 눈을 어둡게 하여 양심을 무감각하게 만듭니다. 그런데 브라만교 신자나 광신적 기독교 신비주의자 가운데는 배짱 좋게도 자기가 완전하여 죄가 없다고 말하며, 그를 궁지에 몰아넣는다 해도 자기가 불완전하고 개선의 여지가 있음을 인정하려 들지 않는 사람들이 있습니다. 그러나 인류의 대부분은 양심에 죄책감을 느끼며, 때로 그 때문에 비참함을 느끼는 법입니다. 힌두교인들이 금욕생활을 하는 것이나 헤롯이나 벨릭스 같은 통치자들이 두려워 떠는 것이 이 사실을 증명해 줍니다. 그러므로 아담의 후손, 즉 피조된 인간이라면 마음 깊숙한 곳에 양심의 죄책감과 부족함이 있게 마련입니다. 그리고 만약 우리가 이러한 죄책감을 절실하게 느낀다면, 어떻게 해야 그것을 치료할 수 있겠습니까? 이것은 아주 중요한 질문입니다.

어떤 자들은 그 의미도 전혀 모른 채 무척 막연하게 하나님의 '은혜'나 '선하심'이라고 말합니다. 또 어떤 사람들은 눈물을 흘리며 회개하고 기도하며 종교예식에 참예하면, 평화를 얻을 수 있으리라고 스스로를 기만합니다. 그러나 아담의 후손은 이런 방법으로는 결코 구원 받을 수 없습니다.

하나님과 사람 사이의 거룩한 중보자이시며, 무한한 능력과 은혜를 가지신 살아있는 인격이시고, 우리 죄를 감당하사 우리 대신 고통을 당하시며 우리를 구속하시기 위해 온갖 고난을 다 당하신 그분 외에는 죄로 병든 심령을 치료하실 분이 없습니다. 사람이 자기 스스로를 들여다보고 스스로의 노력으로 마음을 정결케 하려는 헛된 노력을 하는 한, 그는 날마다 자기 신세가 더욱 비참해짐을 느끼게 될 뿐입니다. 눈을 밖으로 돌려 '인자 예수 그리스도'가 그의 죄를 위해 죽으셨음을 보고 예수님을 의지하면, 지난 날 무수히 많은 사람들이 그랬던 것처럼 그 역시 상처받은 양심에 필요한 바를 얻게 될 것입니다.

간단히 말해서 그리스도께서 우리 죄를 위해 죽으셨음을 믿는 믿음이야말로 하나님께서 인간 영혼의 궁핍함을 위해 예비해두신 치료제입니다. 만약 바울이 고린도에서 이 위대한 치료약을 소개하지 않았다면, 그는 인간 본성에 무지한 사람이며 아무 쓸모없는 의사였을 것입니다. 그리고 만약 우리 목회자들이 이 진리를 전하지 않는다면 우리의 눈은 어두울 것이며 우리 안에는 그 어떤 빛도 없을 것입니다.

2) 인간은 슬픔과 고통을 겪는 존재입니다.

"사람은 고생을 위하여 났으니"(욥 5:7)라는 욥의 증언은 비록 성경에 대해서는 모를지라도 인간의 경험을 말하는 그 많은 사람들에 의해서도 되풀이되고 있습니다. 거의 누구나 동의하듯 이 세상은 고난으로 가득 차 있습니다.

우리는 이 세상에 울면서 나왔고, 불평하면서 살다가, 실망 가운데 떠날 것입니다. 하나님의 모든 피조물들 가운데 인간은 가장 상처받기 쉬운 존재입니다. 몸도 마음도 사랑도 가정도 재산도, 이 모든 것은 다 슬픔의 근원이 되기 쉽습니다. 그리고 이 문제에 대해서는 누구도 면역이 되어있지를 않습니다. 가난한 사람뿐 아니라 부자도, 무식한 사람뿐 아니라 유식한 사람도, 노인뿐 아니라 청년도, 누추한 집뿐 아니라 화려한 집에 사는 사람도, 부와 학식과 지위를 막론하고 그 누구도 언젠가는 슬픔이 무장한 병사처럼 우리에게 들이닥치는 것을 저지할 수가 없습니다. 슬픔은 이미 오래 전부터 존재해왔습니다. 오늘 우리들처럼 옛날 그리스와 로마의 시인 철학자들도 슬픔에 대해 잘 알고 있었습니다. 우리는 이 사실을 명심해야 합니다.

그러면 이제 문제가 되는 것은 우리가 슬픔을 당면하여 극복할 수 있는 최상의 방책은 무엇인가 하는 것입니다. 타락 이후 인간이 놓인 상태 때문에 우리가 슬픔을 피할 수는 없는 것이라면, 그렇다면 슬픔을 참을 만하게 해주는 가장 확실한 대책은 무엇입니까? 이런 문제에 대해서 스토아 학파의 냉정한 가르침은 아무런 도움이 못됩니다. 금욕생활을 하며 하나님의 뜻에 복종하라는 것은 아무 일 없이 평탄할 때는 무척 훌륭한 교훈입니다. 그러나 우리 삶에 폭풍우가 몰아쳐 마음에 고통을 느끼고, 눈물이 나오고, 우리의 가족이 세상을 떠나고, 친구가 우리를 저버리고, 돈은 바닥나고, 병이 우리를 몸져눕게 할 때, 그럴 때 우리는 추상적인 원칙이나 일반적인 교훈 이상의 그 무엇이 필요하게 됩니다. 우리는 살아있는 친구, 우리의 어려움을 느끼고 실제로 도움을 줄수 있는, 그러한 의지할 수 있는 인격적인 친구를 원하게 됩니다.

바로 여기 부활하신 그리스도에 대한 사도 바울의 가르침은 우리에게 놀라운 능력으로 다가와 우리의 필요한 바를 채워줍니다. 우리에겐 하나님 보좌 우편에 앉아 계시나, 우리의 다정한 친구가 되시며, 우리를 충분히 도울 권능이 있으며, 우리의 연약함을 몸소 느끼시는 하나님의 아들 예수 그리스도께서 계십니다. 그분은 여자에게서 나셔서 인간의 육신을 취하셨기에, 인간의 마음과 인간이 처한 상황을 잘 아십니다.

또한 그분은 육체 가운데 계실 때 울고, 슬퍼하고, 고민했기 때문에 인간의 슬픔이 어떤 것인가를 잘 아십니다. 그분은 33년 동안 이 세상에서 우리들처럼 살면서, 그리고 무수한 위로의 말씀과 자애로운 행동으로, 종국에는 십자가 위에서 우리 대신 죽으심으로써 우리에 대한 자신의 사랑을 확증하셨습니다. 그리고 그분은 이 세상을 떠나가시기 전에 다음과 같은 귀한 말씀을 남기셨습니다.

> 너희는 마음에 근심하지 말라 하나님을 믿으니 또 나를 믿으라(요 14:1).
> 내가 너희를 고아와 같이 버려두지 아니하고 너희에게로 오리라(요 14:8).
> 구하라 그리하면 받으리니 너희 기쁨이 충만하리라(요 16:24).

인간의 부족함을 채워줄 이보다 더 적합한 진리는 없을 것입니다. 슬픔을 당할 때 법칙이나, 원리원칙, 교훈 등도 그 나름으로 매우 유용할 수 있을지 모릅니다. 그러나 인간의 심령이 절실히 필요로 하는 것은 찾아가 말을 건네고, 의지하며, 함께 이야기 나눌 친구인 것입니다. 부활해서서 하나님 우편에 앉아 중재하는 그리스도야말로 우리가 필요로 하는 친구입니다.

만약 사도 바울이 고린도인들에게 그리스도를 전파하지 않았다면 그는 인간의 가장 큰 부족함을 채워주지 못했을 것입니다. 그리스도 이외의 그 어떤 종교도 인간 본성이 합법적으로 요구하는 바를 채워주지 못합니다. 자신의 체계 안에 부활하신 그리스도께서 없는 교사들은 많은 지친 영혼들이 기도실로 가서 목회자들을 통해 위안을 얻으려는 일을 이상하게 여겨서는 안될 것입니다.

3) 인간은 죽음과 내세에 대해 생각하는 존재입니다.

아담의 후손인 인간은 누구나 언젠가는 죽음을 맞게 됩니다. 죽음이 심각한 문제라고 말하는 것은 이제 아주 진부한 일이 되어버렸습니다. 그러나 우리가 아무리 죽음의 실재를 잘 알고 있어도, 지난 인류 역사 6,000년 동안 그 심각성은 조금도 줄어들지 않았습니다. 각 개인의 임종은 지금도 그의 생애에 있어서 무척 중요한 때임을 누구나 다 인정합니다.

임종은 이 세상을 떠나 우리가 더불어 지내던 사람들을 더 이상 못 보게 되는 것이며, 우리가 원하건 원치 않건 우리의 몸이 무덤 속에서 썩게 되는 것이고, 우리의 모든 계획과 의도가 허사로 돌아가는 것이니, 실로 심각한 일이라 아니할 수 없습니다. 그런데 만약 당신이 여기에다 무덤 너머에는 알려지지 않은 그 어떤 세계가 있다는 생각까지 덧붙인다면, 그리고 현세에서의 삶이 그 대가를 치른다는 생각을 하게 되면, 인간의 죽음은 실로 말할 수 없이 심각한 사건이 될 것입니다. 그러므로 위대한 극작가 셰익스피어(Shakespeare)가 "죽음 후의 무언가 두려운 것"(the dread of something after death)이라고 한 것은 정말 적절한 표현이였습니다. 이 두려움은 많은 사람들이 고백하는 것보다 더한 두려움입니다. 그렇기에 이슬람교의 숙명론이 사람들에게 거의 아무런 만족도 주지 못합니다. 우리 가운데 허무주의의 교리를 신봉하는 사람은 거의 없습니다.

고대의 자연종교나 현대철학은 어디서보다도 이 죽음의 문제에 있어서 철저하게 무너져 버립니다. 호메로스(Homer)의 영웅들이 엘리시움 정원(Elysian Fields)에서 안개나 그림자처럼 비물질적인 유령으로 거한다는 사고도 아무런 가치가 없습니다. 선하고 의로운 영혼들이 그들의 육체를 떠나 영원히 거한다는, 죽음 후의 모호한 상태에 대한 근거 없는 이론은 조금도 위로가 되지 못하는 비참한 것이었습니다. 호메로스, 플라톤(Plato), 볼테르(Voltaire), 볼링브룩(Bolingbroke), 페인(Paine) 등 모든 사상가들은 그들 앞에 열린 무덤을 바라볼 때 다만 생기를 잃고 침묵할 뿐이었습니다.

그러나 인간의 모든 사상체계가 가장 약해지고 인간본성의 부족함을 채워주지 못할 때, 사도 바울이 고린도에서 전한 복음은 가장 강력한 능력을 발휘합니다. 이 복음은 우리 죄를 위해 죽으시고, 무덤에 내려가셨다가, 그 몸이 부활하심으로 그가 죽음을 정복하셨음을 보이신 전능하신 구세주를 증거하기 때문입니다.

> 그러나 이제 그리스도께서 죽은 자 가운데서 다시 살아나사 잠자는 자들의 첫 열매가 되셨도다(고전 15:20).
> 그는 사망을 폐하시고 복음으로써 생명과 썩지 아니할 것을 드러내신지라(딤후 1:10).
> 또 죽기를 무서워하므로 한평생 매여 종노릇하는 모든 자들을 놓아주려 하심이니(히 2:15).

그리고 하나님께 감사할 것은 죽음과 무덤에 대한 이 승리는 오직 그리스도 한 분만을 위한 것은 아니라는 것입니다. 그리스도는 그를 의지하고 죽음과 공포의 앞잡이 사탄을 두려워하지 않는 18세기의 그 많은 신자들로 하여금 사망의 음침한 골짜기를 내려가면서도 그들은 승리하여 몸소 하나님을 뵈오리라는 희망과 확신을 갖게 해주었습니다. 그래도 우리는 메리 여왕(Queen Mary) 치하에서 옥스포드와 스미스필드에서 수많은 프로테스탄트들이 고통 받고 죽어간 경험도 알고 있습니다. 그리고 만약 당신이 비그리스도인들의 임종에 대해 두루 읽어보면, 그리스도인들의 경우와는 달리 평화나 소망이나 확고한 위로는 찾아볼 수가 없을 것입니다. 성경에 나타난 그리스도의 죽음과 부활에 대한 그 낡은 진리야말로 인간의 절실한 필요를 채워주는 것이며, 하나님께로 말미암은 것입니다. 오직 이 진리만이 사람으로 하여금 최후의 원수인 죽음을 두려움 없이 맞게 해주며, "사망아 너의 이기는 것이 어디 있느냐? 사망아 너의 쏘는 것이 어디 있느냐?"(고전 15:55)라고 외칠 수 있게 해줍니다.

우리가 이에 대해 뭐라고 말하겠습니까? 나는 인간의 심령과 그 필요로 하는 바가 심오하고 미묘한 문제임을 잘 알고 있습니다. 그러나 수년간 인간의 심령에 대해 연구한 끝에, 한 가지 확고한 결론에

도달하게 되었습니다. 사도 바울이 고린도에서 맨 먼저 그리스도의 죽음과 부활을 전한 것은 인간이 처한 타고난 도덕적 상태에 대한 바른 지식에 근거하고 있다는 것입니다. 인간본성이 요구하는 바는 죽어가는 죄인들을 위한 신앙이며, 그리스도의 사역은 그 필요를 채우기에 놀랍도록 합당한 것입니다. 우리 인간은 치명적인 병에 걸려 있으므로, 무엇보다 필요한 것은 우리를 살려주는 의사입니다.

만약 사도 바울이 고린도에서 그리스도를 전파하지 않고 미덕과 도덕에 대해서만 설교했다면 그의 사역은 전혀 무익한 것이었을 것입니다. 그리스도 없는 설교는 지금도 무익하며, 나아가서는 해롭기까지 합니다. 인간의 본성을 각성시키기는 하되, 하나님의 영적인 처방으로 이끌지 않는 것은 불행한 결과를 초래할 수 있습니다.

한편으로는 죄와 죽음과 슬픔에 대해 알면서, 다른 한편으로는 그리스도께서 죄인을 위해 죽으시고 부활하셨음을 모르는 것처럼 딱한 경우도 없습니다. 그러한 사람은 그저 절망에 빠져 헤매던지 아니면 로마 가톨릭 교리의 기만적인 신학을 자신의 은신처로 삼을 수 있을 뿐입니다. 의심할 여지없이 우리도 오랫동안, 회개치 않고 잠을 자고 있으면서도 영적인 의심이나 두려움을 전혀 느끼지 못할 수도 있습니다. 사도 바울이 고린도에서 '먼저' 전했던 그 진리, 즉 그리스도의 속죄의 죽음과 부활 외에는 인간을 치료하고 죄악을 버리게 할 다른 치료약은 없습니다.

3. 맺는 말입니다.

이제 독자에게 몇 가지 조언을 하면서 끝맺으려 합니다. 이 조언들은 이 시대가 요청하는 것입니다. 누구도 이 조언이 적절치 못하다고 할 수는 없을 것입니다.

1) 결코 부끄러움 없이 신앙의 근본이 되는 이 진리들에 대해 확고한 견해를 지니도록 하십시오.

오늘날 사람들은 자유분방한 사상과 행동 가운데 살고 있습니다. 교리에 따른 결정이나 소위 교조주의라는 것에 대해서는 대다수의 사람이 싫어하며, 교리가 젊은층에 영향을 미치리라고는 거의 기대하기 어렵습니다. 젊은이들의 타고난 관대함, 의심치 않음, 공의로운 행위에 대한 호감 등이 오히려 건전한 신학을 피하게 만들며, 좁아보이고 편협해보이고 관용을 주지 않는 것처럼 보이는 교리를 고수하는 것을 거부하게 만듭니다. 모호한 열성에 만족하는 것, 모든 엄격하고 분명한 견해를 꺼리는 것, 온갖 종류의 학파와 무분별하게 어울리는 것, 만약 사람이 열성적으로 활동하면 그는 불건전한 신앙인일 수도 있다는 견해, 이 모든 것들이 우리에게 닥친 유혹들입니다.

2) 만약 당신의 신앙이 이 냉혹한 세상에서 살아남고 열매 맺기를 원한다면, 당신의 신앙은 반드시 근거가 있는 것이라야 합니다.

열심, 열정, 봉사 등은 그 자체로는 그럴싸하게 보이는 것들입니다. 그러나 그런 것들이 만약 확고한 근거를 갖지 못한다면, 마치 뽑혀져 정원에 버려진 꽃과 같아서 오래살지를 못합니다. 물론 신앙생활에는 부차적인 요소들도 있고, 젊은 신자들은 그런 것들을 판단의 근거로 삼고 그런 것들에서 빛이 비춰기를 기대하기도 하지만 그러나 당신은 맨 먼저 고려하고 그에 대한 입장을 확고히 할 것들이 있음을 기억해야 합니다. 만약 당신이 내적인 평화를 얻고 가치 있는 사람이 되고자 한다면, 반드시 이 점을 기억해야 합니다.

그 많은 진리들 중에서도 이 글 서두에 제시된 것처럼 그리스도께서 우리 죄를 대신하여 죽으시고 부활하셨다는 이 두 가지 진리는 평원에 솟은 산과 같이 우뚝 솟아 있습니다. 이 두 가지 진리를 굳게 붙들고, 그 위에 굳건하게 서있으십시오. 그 진리를 따라 살고, 죽으며, 결코 놓치지 마십시오. 그리고 "내가 믿는 이를 내가 알고"(딤후 1:2)라고 말할 수 있도록 하십시오. 무엇을 믿는지가 중요한 것이 아니라 누구를 믿는 지가 중요한 것입니다. 나를 위해 죽으시고 나를 위해 부활하신 이를 믿는 믿음으로 삽시다. 어떤 대가를 치르고라도 이 진리에 대한 태도를 확고히 하십시오. 그러면 다른 진리들도 자연히 알게 될 것입니다.

3) 이 글을 읽는 독자 가운데는 타락하여, 천국의 행복한 처소를 떠나 전쟁터와 같은 분주한 생활로 빠져 들어간 사람들도 있을 것입니다.

그러나 당신이 도시에 살건 시골에 살건, 부유하건 가난하건 간에, 당신의 처지를 막론하고 당신은 선을 행하도록 노력해야 할 것입니다. 당신이 지속적으로 풀어가야 할 과제의 하나는 죄의 짐에 눌려 그래서 슬픔에 싸이고 죽음의 공포에 사로잡힌 영혼들을 돕는 것임을 명심하십시오. 그리고 그 때가 오면 이 말들을 기억해 보십시오.

선을 행할 수 있는 유일한 길은, 사도 바울의 모범을 따라 계속 반복해서, 예수 그리스도께서 우리 죄를 대신하여 죽으셨고 우리를 의롭게 하기 위해 살아나셨으며, 하나님 우편에 앉아 우리를 용납하시고 용서하시고 참아주시며, 장차 다시 오셔서 믿는 자들을 영광스럽게 부활시키시리라는 진리를 전파하는 것입니다. 이 진리는 성령께서 전에도 축복하셨고, 이제도 축복하시며, 주님 오실 날까지 축복하실 것입니다. 이는 또한 사도 바울이 '먼저' 전파한 것입니다. 하나님의 은혜로 이 진리를 당신의 것으로 삼기를 결단하십시오.

5장
선한 길[1]

여호와께서 이와 같이 말씀하시되 너희는 길에 서서 보며 옛적 길 곧 선한 길이 어디인지 알아보고 그리로 가라 너희 심령이 평강을 얻으리라(렘 6:16).

예레미야는 대부분의 그리스도인에게 그 가치에 비해 별로 주목받지 못하는 책입니다. 성경의 어느 부분도 이 책보다 주석과 해석의 주제로서 소홀히 여겨진 부분은 없을 것이라는 것은 잘 알려진 사실입니다.

나는 예레미야가 왜 상대적으로 소홀히 여겨지는지를 모르겠습니다. 이 책도 하나님의 영감으로, 유대인 제사장에 의해서, 유다 왕국 최후의 기간에 특별한 위기 가운데 기록되었습니다. 하나님은 예레미야를 사악한 왕과 세속적인 귀족들과 부패한 백성들과 타락한 교회와 생명력 없는 형식적인 제사장들에게 사신으로 보내셨습니다. 그는 그의 백성들에게 충실하게 경고했습니다. 그러나 백성들은 그를 마치 아폴론의 저주 받은 여자 예언자 카산드라처럼 취급하며 믿

---

[1] 본 장은 1883년 화이트홀의 부속예배당(Chapel Royal)에서의 설교이다.

지 않았습니다. 그는 살아서 교회와 국가가 폐허가 되고, 도시는 불타고, 솔로몬의 성전은 불타고, 백성들은 포로로 잡혀가는 것을 보았습니다. 어느 기독교 전승에 의하면 그는 종국에 유대인 망명자들에 의해 애굽에 끌려가서는 거기서 순교했다고 합니다.

거듭 말하지만 이와 같은 예언서는 여태껏 주목 받아왔던 것보다 우리 시대에 더 주목받을 가치가 있습니다. 내가 아는 하나님의 일꾼 한명은 35년 전에 그가 목회를 하는 동안 예레미야가 요즘의 현실에 대해 아주 탁월한 책이라는 위대한 발견을 했다고 말했습니다. 저도 그 견해에 전적으로 동의하는 바입니다. 이제 이 본문 말씀을 오늘날을 위한 말씀으로 추천하며 몇가지 말들을 하고자 합니다.

1. 먼저 이 말씀 가운데는 뛰어난 보편적인 충고가 들어있습니다.

예레미야는 당신에게 "일어나라, 보라, 구하라"라고 말합니다. 나는 이 말씀을 심사숙고하라는 부르심으로 생각합니다. 이 말씀은 마치 선지자가 "멈추어 생각하라, 가만히 서서 쉬며 돌이켜보라, 자신의 내면을 살펴보고, 과거를 돌이켜 보며, 미래를 생각하라. 아무것도 급하게 서두르지 마라, 당신은 지금 무엇을 하며 어디로 가고 있는가? 지금 당신이 하고 있는 일의 마지막 결과는 어떻게 될 것인지 멈추어 생각해 보라"고 말하는 듯합니다.

사람들로 하여금 생각하게 하는 것은 모든 목회자들이 항상 염두에 두어야 할 중요한 목표 중의 하나입니다. 간단히 말해서 진지한 생각은 천국에 이르는 첫 번째 발걸음입니다. 시편 기자는 "내가 내 행위를 생각하고 주의 증거들을 향하여 내 발을 돌이켰사오며"(시 119:59)라고 말했습니다.

비유에 나오는 탕자는 아버지에게 돌아오기 전에 "내가 일어나 아버지께 가서 이르기를 아버지 내가 하늘과 아버지께 죄를 지었사오니"(눅 15:18)라고 생각했습니다. 사실 생각의 빈곤은 그 많은 사람들이 신앙의 길에서 영원히 파산하는 이유가 됩니다. 내가 보기에는 오직 극소수만이 고의적으로 하나님께 등을 돌리고, 선을 버리고 악을 택하며, 죄의 길을 따르고자 합니다. 대부분의 사람들이 생각을 하지 않기 때문에 현재의 모습이 된 것입니다.

그들은 그들 행위의 결과에 대해 예측하거나 고려해 보려 하지를 않습니다. 생각 없는 행동은 습관을 낳고 습관은 제2의 천성이 되게 마련입니다. 그들은 이제 일상적인 습관에 젖어서 오직 특이한 기적만이 그들의 주목을 끌 수 있을 정도가 되었습니다. 이것은 이사야가 이스라엘에 대해, "나의 백성은 깨닫지 못하는도다"라고 엄중히 경고한 것과 같습니다. 나는 또 많은 사람들이 말하는 것을 들었습니다. 호세아의 "저희가 마음에 생각지 아니하거니와"(호 7:2)라는 말은 그들에게 꼭 들어맞습니다.

특히 우리 모두가 주의해야 할 것은 누구보다도 젊은층들이 생각의 부족 때문에 곤란을 겪는다는 것입니다. 열정은 넘치나 세상에 대해서는 무지하기에 청년들은 언제나 현재만 바라보고 미래를 망각합니다. 청년들은 너무 빈번하게 성급한 결혼을 하고는 나중에 가서 후회하고, 적당치 않은 사람과 결혼함으로써 불행을 초래하게 됩니다.

혹은 종종 급한 마음으로 직업을 잘못 선택하여, 겨우 2-3년 지난 뒤에는 잘못된 길에 들어섰음을 알게 되는 것입니다. 에서는 다만 현재의 만족을 위해 팥죽 한 그릇에 장자의 권리를 팔았습니다. 디나는 아무런 해를 당할 것을 생각지 못하고 그 지방 여자들을 보러갔다가, 결국 순결을 잃고 집안에 화를 불러들였습니다(창 34:1-31). 롯은 현재의 유익만 생각한 나머지 소돔 부근의 기름진 땅에 거하다가, "여호와 앞에 극악한 죄인들"(창 13:13)과 섞여 지내는 생활의 결말을 망각하고 말았습니다.

이상에서 예시한 사람들은 모두 크나큰 희생을 치르고서야 생각하지 않고, 앞을 내다보지 않고 사는 것이 얼마나 어리석은가를 깨달았습니다. 그들은 육신에 심어 슬픔과 실망을 거두었으니 이는 그들이 멈춰 서서 생각하지 않은 까닭이었습니다.

물론 이것들은 다 옛날의 일입니다. 나이 든 사람들은 모두 청년들의 어리석음에 대해서 고개를 흔들면서 "청년들의 어깨 위에 어른의 머리를 붙여놓을 수는 없는가?"라며 젊은 사람들의 어리석음을 한탄합니다. 그러나 오직 청년들만이 본문 말씀의 훈계가 필요한 것은 아닙니다. 이는 우리 시대 모든 이를 위한 특별한 충고입니다. 서두름은 우리 시대의 특징입니다. 발전된 교통시설과 통신시설, 그리고 일상적으로 부딪히는 경쟁은 현대인들로 하여금 숨쉴 틈도 없는 혼란 가운데 살게 합니다. 당신 주위에는 예후의 마차처럼 '미치게 모는' 것들이 잔뜩 쌓여 있습니다. 그런 것들은 고요하게 영혼과 내세에 대해 생각할 틈을 주지 않을 것처럼 보입니다. 그런 일에 쫓기다 보면 노골적으로 기독교 교리에 대해 반대한다든지, 성경 읽기나 개인기도 같은 신앙생활을 일부러 못하게 하지 않더라도, 그런 틈이 없어서 제대로 신앙생활을 못하게 됩니다.

사람들은 바쁜 가운데 살다가 바쁜 가운데 죽습니다. 그러므로 예레미야의 가르침이 필요한 시대가 있다면 그것은 바로 지금입니다. 만약 예레미야가 다시 살아난다면 현대인들에게 "멈추어 생각하라. 가만히 서서 앞날을 바라보라"라고 말할 것입니다.

나는 목사로서 시대의 추세를 거슬러 영혼을 살펴볼 절대적인 필요가 있음을 강조하고 싶습니다. 오늘날 사람들에게 다가오는 불안과 고도의 압력은 개인 신앙의 근본까지 위협합니다. 매일 기도와 성경 읽기는 자주 시간에 쫓겨 대충 얼버무려집니다. 평일날의 과도한 생존 경쟁 때문에, 주일이 오면 몸과 마음은 완전히 지쳐버립니다. 예배 참석은 불규칙해지고 때로는 아예 무시되기도 합니다. 주일을 소홀히 하여 외출이나 친구의 집을 방문하는 데에 쓰고자 하는 유혹은 거의 저항할 수 없는 일이 되어버립니다. 점점 영혼은 나태해지고, 양심의 예리한 감각은 무디어집니다. 그 이유는 항상 바쁘게 살다 보니까 생각할 시간을 갖지 못해서입니다. 일상생활 자체가 고의적으로 비종교적인 성격을 띠지는 않습니다. 그러나 바쁜 생활 때문에 멈추어 서서 영혼의 상태를 돌볼 시간을 잃고 맙니다. 지난 세기의 끝자락에 살았던 윌리엄 윌버포스(William Wilberforce)는 이러한 비극을 맞은 윌리엄 피트(William Pitt)에 관한 연설에서 이런 말을 합니다.

> 그는 정치 영역에 완전히 흡수되었기에 그는 단 한 번도 신앙에 자신을 내어준 적이 없습니다.

모든 독자는 자기의 삶을 반성해 보기 바랍니다. 스페인 속담에 "서두름은 악마가 주는 것이다"라는 말이 있습니다. 당신이 생명을 사랑한다면 하나님의 은혜를 힘입어 규칙적으로 자신을 살필 것이며, 당신 영혼의 상태를 점검할 것입니다. 당신 가는 길에서 '멈추어 서서' 당신과 하나님 사이에 어떤 문제들이 가로막고 있는지 살펴보십시오. 대충 기도하고 성경 읽고, 서둘러 교회가고, 급하게 형식적으로 교제 나누는 것을 삼가십시오. 적어도 일주일에 한 번은 고요한 가운데 자신을 살펴보십시오.

목화, 석탄, 철, 곡식, 배, 비축물들, 땅, 황금, 자유주의, 보수주의 등 이런 것들만이 살면서 신경써야 할 것이 아닙니다. 죽음과 심판과 영원, 이러한 것들도 엄연한 현실입니다. 시간을 내어 당신에게 닥친 그런 문제들을 생각해 보십시오. 당신이 준비를 하고 있건 그렇지 않건 당신도 죽게 될 것입니다. 최후의 원수인 죽음이 당신을 찾아와 문을 두드릴 때에는 연기할 수도 없고, '편리한 때'를 기다릴 수도 없을 것입니다. 죽음은 기어코 찾아와 당신을 데려갈 것입니다. 바쁜 세상사는 물러가고 보이지 않던 세계가 더욱 크게 다가올 때 "내가 믿는 자를 내가 알고"(딤후 1:12)라고 할 수 있는 사람은 행복합니다.

2. 본문에 나타난 예레미야의 일반적인 충고로부터, 이제는 특별한 지시로 나아가 봅시다.

　이는 하나님께서 그의 시대 사람들에게 전하라고 하셨던 것입니다. 만약 그들이 "멈추어 서서 보라"라고 한 충고를 기꺼이 듣겠다면, 이제는 예레미야는 그들에게 "옛적 길을 알아보라"라고 말합니다.
　그러면 예레미야가 '옛적 길'이라고 한 것은 무엇입니까? 이것은 의심할 나위 없이 이스라엘이 1,300년 동안 걸었던 아브라함과 이삭과 야곱의 길이고, 모세와 여호수아와 사무엘의 길이며, 다윗과 솔로몬과 히스기야와 여호사밧의 길로서, 십계명을 삶의 법칙으로 삼고 예배를 통하여 장차 나타나실 구세주를 믿었던 그 길입니다. 내가 단언컨대, 이것은 예레미야가 그 시대 사람들에게 요구한 표준이기도 했습니다.
　비록 종종 이스라엘이 영적으로 타락하긴 했지만 십계명이나 제사법이 아예 철폐된 적은 없었습니다. 오히려 그런 것들은 '참으로 이스라엘 사람'이었던 모든 사람들에 의해 존중되었습니다. 타락한 열왕들의 시대에도, 국가의 부패한 상태를 슬퍼하며 시므온과 안나처럼 믿음을 지키고 더 나은 미래를 기다렸던 사람들은 있었습니다. 단순히 '옛적 길'이라는 용어와 예레미야가 선언했던 '옛적 길'은 다른데, 즉 그는 그의 국가의 미래를 위한 소망에 대한 전망을 추구하며 '옛적 길'로 돌아오라고 했던 것입니다.
　그러나 예레미야의 말에 담겨진 원리원칙은 단지 그의 시대만을 위함이 아니었습니다. 내가 확신하건대 우리 시대의 영적인 질병을 위한 가장 뛰어난 약의 하나가 바로 담대하고 신속하게 '옛적 길'을 찾는 것입니다. 즉 정통 교리와 정통 신앙의 회복입니다.

물론 오류도 고대부터 존재했지만, 진리라고 하는 것은 늘 오래된 것들입니다. 사람의 마음은 6,000년 전이나 다를 바 없으며, 여전히 같은 치료책을 필요로 합니다. 물론 하나님은 시대에 따라 다른 처방을 쓰시며, 세대를 거듭할수록 더 많은 은혜를 주십니다. 그러나 근본적인 진리는 항상 동일하며, 죄인이 천국에 이를 수 있는 길도 항상 같습니다. 우리 시대라고 무슨 새로운 것이 필요하지는 않습니다. 다만 '옛적 길'에 대한 평이하고도 분명하며, 왜곡되지 않은 가르침이 필요할 뿐입니다. 나에게는 인간이 지어낸 현대의 길이 필요치 않습니다. 나에게는 옛 성도들이 걸음으로 그 훌륭함을 입증하고 이 세상에 그 걸은 자취를 남긴 길이 필요할 뿐입니다. 옛적 길은 곧 선한 길입니다(렘 6:16).

우리는 오늘 초대교회가 걸었던 옛적 길로 되돌아가야 합니다. 사도들과 마찬가지로, 최초로 그들을 따르던 자들도 무식한 사람들이었습니다. 그들에겐 책도 없었고, 신앙고백도 간단했으며, 예배형식도 지극히 단순했습니다. 그들이 39개조 신조, 아타나시우스 신조 등 기타 교회의 신조들을 연구하거나 배운적이 있습니까?

그러나 그들은 불타는 열정으로 그들이 아는 바를 확실히 알았고, 진지한 믿음을 지녔고, 그 믿음을 망설임 없이 증거했습니다. 그들은 예수님의 신성과 인성, 그분의 사역, 중재, 충만하신 은혜, 그리고 믿음과 회개의 불가분의 관계, 그리스도를 닮는 거룩함, 자기부정, 정결 등을 꼭 붙들었습니다. 그들은 이 진리를 따라 살았고 이 진리를 위해 기꺼이 죽었습니다. 이 진리로 무장되어 있었기에 그들은 금이나 칼이 없이도 온 세상을 뒤집어 놓았고, 그리스와 로마의 철학을 뒤흔들어 버렸으며, 2-3세기만에 당시 사회를 온통 변화시켰습니다.

그러므로 우리는 그 '옛적 길'을 고치거나 개량할 수 없습니다. 인간 본성은 이 길 외의 다른 처방책을 요구하지 않습니다. 인간의 도덕적 본성은 여러 세대가 흘러도 동일한 법입니다. 우리는 '옛적 길'을 알아보는 게 낫습니다.

우리는 잉글랜드 국교회를 통하여 우리의 개신교 개혁자들의 옛적 길로 돌아가기 원합니다. 그들은 거친 노동자들이었으며 몇가지 실수도 있었음을 인정합니다. 그들의 상황은 매우 어려웠기 때문에 관대한 평가, 정당한 배려를 해주어야 합니다. 그들은 오랫동안 사장되어 잊혀졌던 위대한 진리의 기초를 흙먼지 속에서 부활시켰습니다. 그들은 성경의 우월성과 충분성, 사적 판단의 권리와 의무, 행위나 율법이 아니라 믿음을 통한 값없는 칭의, 우리의 영혼과 구세주 사이에 어떤 임명된 사람이나 어떤 의식도 끼어들 수 없음과 같은 기본적인 진리들을 강조했습니다. 그들은 우리의 조항들과 예전의 그 진리들을 보존함으로, 끊임없이 우리의 선조들에게 주목하게 함으로 이 국가의 전체적 특징을 바꾸었으며, 교리, 실천의 바른 기준을 세웠으며, 3세기가 지난 오늘날 이 나라에 있는 막강한 힘은 그것들에 기초하며, 실제 이 나라의 성격을 특징지우는 데 많은 영향을 끼쳤습니다.

우리는 어떻게 이 '옛적 길'을 회복할 수 있습니까? 종교개혁의 뒤로 돌아가서 종교적 의식을 발전시킴으로서 그 옛적 길을 발전시켜야 합니까? 아니면 속죄와 계시의 저급한 관점을 차용함으로 그래야 합니까? 나는 둘 모두 옳지 않다고 봅니다. 다만 나는 300년 전의 사람들이 1882년에 살고있는 많은 사람들보다도 인간의 본성의 진정한 필요에 대해 더 잘 이해했다고 믿습니다.

물론 내가 지금껏 말해온 이 '옛적 길'이 오늘날 사람들에게는 인기가 없습니다. 실제로 내가 피력한 견해는 오늘날 소위 지식인들에게 직접적인 적대감을 불러일으키기도 합니다. 누구나 다 알다시피 이 '옛적 길'에 대해서, '낡은 체제,' '고대의 신조,' '낡은 신학,' '과장된 이론,' '닳아빠진 교리' 등의 표현을 써서 여러 사람들이 지속적으로 비난을 하고 있습니다. 지적 오만은 우상숭배입니다. 자유로운 행동, 계몽된 식견, 합리적인 해석, 과학, 이런 것들이 성경보다 앞에 있어 우리 시대를 끌고 가는 원리적인 지침이 되고 있습니다. 사람들은 종교가 낡은 것이며 거짓이리라고 생각하고 있습니다. 그러나 우리는 그들에게 종교가 새로운 것이며 참됨을 말해주어야 합니다.

그런데 혹 어떤 이들은 종교에 대한 새로운 견해가 예전 견해보다 반드시 뛰어나리라고 생각하는 모양입니다. 그러나 사람의 손으로 지어낸 견해는 그렇지 못합니다. 오늘날의 건축가가 지은 건물이 판테온이나 콜로세움보다 더 훌륭하지도 못하고, 요즘 구워낸 벽돌이 옛날 것보다 더 오래 버티지도 못합니다. 사람이 하는 일이란 의례히 그런 법입니다. 또 매콜리(Macaulay)가 투키디데스(Thucydides)를 능가하지도 못하고, 밀턴(Milton)이 호메로스(Homer)를 능가하지도 못합니다. 그리고 새로운 신학이 낡은 신학보다 우월한 것도 아닙니다.

그러므로 오늘날 어떤 이들이 '옛적 길'과 닳아빠진 신조를 비웃어도 결코 부인될 수 없고, 인간이 궁극적으로 던지게 되는 질문에는 오직 하나의 대답만이 있을 뿐입니다. 내가 담대히 말하지만 이 세상에 행해진 광범위한 선은 그 '옛적 길'의 신학뿐이며, 그 외에는 누구도 다른 해답을 제시할 수 없을 것입니다.

복음이 널리 증거되고, 나라와 민족이 회개하며, 복음의 역사가 성공한 것은 오직 초대교회 성도들과 종교개혁자들이 지녔던 그 구식 교리들에 의해서였습니다. 혹시 이 교리에 반대하는 사람들 가운데 "그리스도는 위대한 도덕적인 스승이시다"라든지 "서로 사랑하라 진실되고 공평하며 이타적이고 관대하며 교양 있는 사람이 되라"와 같은 가르침으로 복음화된 나라에 대해 아는 사람이 있습니까? 결코 없을 것입니다. 그런 가르침이 승리한 예는 하나도 없습니다. 기독교의 승리는 어디에서나 분명한 교리 신학에 의해서, 즉 사람들에게 그리스도의 희생과 죽음, 십자가의 대속, 고귀한 보혈, 믿음으로 의롭게 됨, 죄로 인한 파멸, 그리스도에 의한 구속, 성령에 의한 거듭남, 구리로 만든 뱀을 들어 올리는 것과 그것을 쳐다 본 사람이 살아난 사건의 의미를 설교하고 믿고 돌이켜 회개할 것을 말해줌으로써 가능했습니다.

여기 이 '옛적 길'이야말로 동서고금을 막론하고 하나님께서 그 성공을 보장해주신 길입니다. 이상하고 교리에 어긋나는 신학을 가르치는 자들이나, 복음을 도덕적 교훈으로 대치시킨 자들, 감각으로 느낄 수 있는 의식에 사로잡힌 자들은 그들 주장과는 달리 결코 "옛적 길"에 대한 교리적 가르침 없이 복음화된 사례를 지적할 수 없었으며, 앞으로도 할 수 없을 것입니다. 이 사실은 누구도 부정할 수 없습니다. 이 세상에 선이 이루어지는 일은 적고 악이 팽배하여 기독교는 실패했다고 할 사람도 있을 것입니다. 그러나 우리가 선을 행하고 이 세상을 변화시키고자 한다면 기독교에 의지해야 하며, 옛날 사도들처럼 무장을 하고 싸워나가면서 그 '옛적 길'을 고수해야 합니다.

독자들 가운데 믿지 못하고 지나친 소리를 한다고 생각하는 사람들을 위해 두 가지를 더 이야기 하겠습니다.

첫째, 주님 승천 이후 기독교 교회사를 장식해 온 그 유명한 성도들의 생애를 보기 바랍니다. 그러나 그들은 워낙 그 수가 많기 때문에 그들의 이름을 다 열거함으로써 독자들을 피곤하게 만들고 싶지는 않습니다. 교부들, 알렉산드리아와 안디옥과 라틴 학파의 신학자들, 종교개혁가들, 청교도들, 잉글랜드 국교회 신도들과 비국교도들(Dissenters) 등 전 세계에 퍼진 경건한 성도들이 많습니다. 그들의 일기나 전기, 서간 등을 살펴보는 편이 좋을 것입니다. 우리는 그들이 어떤 사람들이었는지 그들의 동시대인들이 보기에 정녕 거룩하고 훌륭했는지 살펴보아야 합니다. 그들 가운데는 그리스도의 대속과 희생의 사역을 믿는 그 '옛적 길'을 고수하여 그 중요하고 분명한 교리를 따라 그대로 살지 않았던 사람은 하나도 없었습니다. 그들이 각자 지닌 개념의 명석함이나 영적인 수준에 따라서 혹은 신앙에 있어서 그들이 강조하는 것의 차이에 따라서 그들 사이의 차이가 클 수도 있기는 합니다.

그러나 그들은 한 가지 공통된 특징을 지니고 있었으니 곧 그들은 '진지함', '선함', '성실함', '정결함' 등의 모호한 개념에 만족한 것이 아니요, 진리에 대해 체계적이고 엄격하며 적극적인 견해를 가지고 있었습니다. 그들은 자기들이 믿는 이와 믿는 바와 믿는 이유를 알고 있었습니다. 기독교적인 근거가 없이는 기독교적인 결실도 있을 수 없는 법입니다. 그러므로 당신이 교리신학이라는 그 '옛적 길'을 따르지 않고는 결코 거룩해질 수 없을 것입니다.

둘째, 든든한 위로와 훌륭한 소망 가운데 임종하는 이들의 마지막을 보기 바랍니다. 우리는 살다가 종종 사람들이 죽음의 음침한 골짜기를 지나 최후를 당하여 '전에 보이지 않던 영원한 세계'에 들어서는 것을 보게 됩니다. 우리 모두는 그런 때에 사람들이 세상을 떠나는 모습과 그들이 느끼는 위로와 소망의 정도가 판이하게 다름을 압니다. 여러분은 죽어가는 사람 중 하나님의 용서를 얻기 위해 무엇을 믿어야 할지 모르는 사람 중에서 평화를 누리는 사람을 본적이 있습니까? 또 그런 사람들 중 그러한 질문에 대해 진지하고 진심으로 대답할 수 있는 사람은 보았습니까? 나는 그런 사람을 한명도 본 경험이 없습니다. 그리스도의 도덕적 교훈이나, 자기희생, 모범을 보이심, 예수님을 따라 진지하고 성실한 사람이 될 것 등은 임종의 순간에 아무런 도움이 되지 않습니다.

스승과 예언자와 위대한 모범으로서의 예수님로는 충분치 못합니다. 그 이상이 필요합니다. 공포의 근원인 죽음을 극복하고 "사망아 너의 이기는 것이 어디 있느냐? 사망아 너의 쏘는 것이 어디 있느냐?"라고 말할 수 있으려면, 중보자이시고 대속자이시며 구속자이신 예수님이 필요합니다. 전통적인 교리를 무시하던 많은 사람들은 마침내는 그들의 '이상한 교리'가 위로를 주지 못하고, 단지 '일반적으로 진지한 것'만 가지고는 족하지 않음을 알게 될 것입니다. 또 많은 사람들은 임종에 거의 이르러서야 그들이 좋아하던 새로운 견해를 버리고 피할 곳을 찾아 그 '옛적 길'과 보혈로 나아갔습니다.

그들이 세상을 떠날 때 남은 희망이라고는 십자가에 달린 예수님에 대한 믿음이라는 자은 복음 교리 뿐이었던 것입니다. 그들이 임종에 이르러 붙든 그 단순한 진리 외에는 그들에게 평화를 주는 것이라고는 없었습니다.

> 큰 죄에 빠진 날 위해
> 주 보혈 흘려주시고
> 또 나를 오라 하시니
> 주께로 거저 갑니다.

우리는 그 '옛적 길' 걷기를 부끄러워 말아야 합니다. 모든 독자들은 이 분명한 논리를 받아들여야 할 것입니다. 그리고 예레미야의 지시에 마땅히 기울여야 할 주의를 기울이기 바랍니다.

만약 당신이 영혼의 문제에 대해 진지하게 생각하기 시작했다면 부끄럼 없이 이 '옛적 길'을 알아보고 그 길을 걸어야 합니다. 그냥 바라만 보거나 그에 대해 말만 할 것이 아니라 몸소 걸어야 합니다. 세상의 멸시도, 똑똑한 작가들의 놀림도, 자유주의자들의 비냥거림도 당신을 그 길에서 흔들리게 해서는 안 됩니다. 오직 그 길을 걷기만 하면 그것이 '즐거움과 평화의 길'임을 알게 될 것입니다.

3. 이제 예레미야의 일반적인 조언과 구체적인 지시에서부터 그의 귀한 약속으로 건너가 결론을 내려봅시다.

하나님께서는 "그리로 행하라 너희 심령이 평강을 얻으리라"(렘 6:16)라고 하셨습니다. 지금도 예배 시간에 잘 인용되는 말씀, 즉 "수고하고 무거운 짐진 자들아 다 내게로 오라 내가 너희를 쉬게 하리라"(마 11:28)고 예수께서 말씀을 하셨을 때, 아마도 예수께서는 예레미야에 나오는 그 구절을 기억하고 계셨을 것입니다. 어쨌든 한 가지 분명한 점은 구약에서나 신약에서나 평강만큼 인간의 영적인 궁핍을 채워주기에 적합한 것은 없습니다. '옛적 길'을 따라 걸으면 '평강'을 주시리라는 것, 이것이 우리에게 주어진 약속입니다.

양심에 평강을 얻는 것이야말로 인류의 감추어진 소원입니다. 죄와 죄책감 때문에 마음은 피로해집니다. 사람은 하나님과 평화를 누리지 못하기 때문에 불안합니다. 사람은 종종 그 느낌의 정체가 무엇인지도 모르면서 죄책감을 느낍니다. 내적으로 무언가 잘못된 것 같기는 한데 그 원인을 모르는 것입니다. 사람들은 보편적으로 "누가 우리에게 선을 베풀 것인가?"라고 울부짖습니다. 그러나 사람들은 이렇게 울부짖게 되는 이유에 대해서도 보편적으로 무지합니다. "수고하고 무거운 짐진 자들"은 어디에나 있어서, 그 수를 헤아릴 수도 없습니다.

또 이렇게 수고하고 무거운 짐진 자들은 어느 계층에나 예외 없이 다 존재합니다. 부자와 가난한 자, 지배자와 피지배자, 유식한 자와 무식한 자의 구별이 없이 어느 계층에나 염려, 슬픔, 걱정, 불안, 불만 등이 존재합니다. 이것은 무엇을 의미하며, 무슨 결과를 초래할 것입니까? 사람은 누구나 '수고하고 무거운 짐진 자들'로서 평강을 원하는데 말입니다. 그러므로 하나님이 사람에게 주시겠다 하신 평강은 신구약을 통틀어 가장 중요한 약속의 하나입니다. 세상은 "내게 오라 위대하게 만들어주고 권력과 지혜를 주겠다"라고 말하지만 주 예수 그리스도께서는 "내가 너희를 쉬게 하리라"라고 말씀하십니다. 그리고 예레미야는 "옛적 길로 행하라 너희 심령이 평강을 얻으리라"라고 말합니다.

그러면 주 예수께서 주시기로 약속하신 안식의 본질은 무엇입니까? 그것은 단지 신체의 휴식만을 의미하지는 않습니다. 몸이 편하고도 불행한 사람이 있습니다. 궁전에서 온갖 편리를 다 누리고 살아도, 돈을 쌓아두고 사고 싶은 것을 다 사도, 내일 육신을 위해 쓸 것을 걱정하지 않는다 해도 사람은 진정한 안식을 누리지 못합니다. 수많은 사람들이 쓰라린 경험을 통해 이 사실을 알았습니다. 세속적인 부에도 불구하고 그들의 심령은 굶주리고, 비단 옷을 입고 날마다 호화판 잔치를 벌여도 속사람은 병들고 지쳐있는 것입니다. 사람은 모든 돈을 다 가져도 '안식'을 누릴 수 없습니다. 그리스도께서 그 '옛적 길'에서 주시는 안식은 내적인 것입니다. 이것은 우리의 양심과 심령이 누리는 안식이며 죽음과 질병 너머에 다가올 좋은 일에 대한 소망에서 말미암는 안식이고 생의 최고 중대사가 해결되었고 생의 참 목적을 알았으며, 모든 것이 합력하여 선을 이룰 것이며, 영원한 천국이 우리의 집이 되리라는 굳건한 소망에서 말미암은 것입니다.

주 예수께서는 그에게 오는 자들에게 십자가 위에서 완성된 그의 사역을 보여주시고, 그의 완전한 의로 옷 입혀 주시며, 그의 귀한 보혈로 씻어주심으로써 그들에게 이 안식을 주십니다. 사람이 하나님의 아들께서 실제로 자기를 위해 죽으셨음을 알게 될 때, 그의 영혼은 평온과 안식을 느끼기 시작합니다.

그리고 주 예수께서는 그 '옛적 길'로 오는 자들에게 자기를 천국에 계신 영생하시는 대제사장으로 계시하시고, 하나님과 그들 사이를 화해케 하심으로써 이 안식을 주십니다. 사람은 하나님의 아들께서 실제로 하나님 우편에 계셔 자기를 위해 중보하심을 보게 될 때,

마음에 평온과 안식을 느끼기 시작하는 것입니다. 주 예수께서는 그 '옛적 길'로 오는 자들의 마음에 그의 영을 부어주셔서 그들이 하나님의 자녀임을 증거하시며, 옛 것은 지나고 새 것이 되었음을 알게 하심으로써 이 안식을 주십니다. 사람이 하나님을 아버지로 가까이 느끼게 되고, 택함 받고 용서받은 자녀임을 자각하게 되면, 마음에 겸손과 안식을 누리는 것입니다.

주 예수께서는 그 '옛적 길'로 오는 자들에게 그들 마음속에 왕으로 거하시고, 모든 것을 질서 있게 하시며, 모든 재능을 적소에서 활용하심으로써 이 안식을 주십니다. 사람이 자기 마음 가운데 반항과 혼동대신 질서가 있음을 느끼게 될 때, 그는 마음에 평온과 안식을 느낍니다. 이러한 안식은 그리스도를 믿는 모든 신자들의 특권입니다. 사람에 따라 더 느끼고 덜 느끼는 차이는 있어, 어떤 이는 간혹 느끼고 어떤 이는 거의 항상 느끼지만, 거의 누구나 일단은 불신이나 두려움과의 많은 싸움을 거친 후에야 이 안식을 누리게 됩니다. 그러나 모든 그리스도인들은 이 안식을 누립니다. 만약 당신이 그리스도인들에게 불만과 의심 때문에 그리스도를 버리고 세상으로 돌아가겠느냐고 묻는다면 대답은 단 하나 뿐일 것입니다. 비록 이 땅에서 안식은 희미하게 인식되지만 그럼에도 불구하고 그 안식이 떠나가지 않도록 붙잡고 있을 것이란 것입니다.

이 안식은 찾아서 얻고자 하는 모든 사람에게 열려 있습니다. 너무 가난하여 이것을 사지 못할 사람도, 너무 무지하여 이것을 알지 못할 사람도, 너무 병약하여 이것을 잡지 못할 사람도 없습니다. 오직 믿기만 하면 그리스도께서 주시는 안식을 누릴 수 있습니다. 그리스도에 대한 믿음은 행복의 위대한 비결입니다.

사람이 그리스도께 나아와 믿기만 하면 가난도 무지도 질병도 그가 안식을 누리지 못하게 할 수 없습니다. 이러한 안식을 누리는 사람은 환경을 초월할 수 있습니다. 사업이 파산하고, 돈은 바닥나고,

전쟁과 기근과 전염병이 온 나라에 만연하여 세상이 온통 뒤죽박죽 되고, 흉악한 질병에 걸려 건강을 잃고 몸져 눕게 되고, 죽음으로 말미암아 가족이나 친구와 사별하게 되어도 그리스도께 나아와 그를 믿은 사람은 결코 빼앗기지 않는 그 무엇을 소유하고 있습니다.

그는 바울과 실라처럼 감옥에서도 찬송할 것이고, 욥처럼 자식과 재산을 빼앗겨도 주의 이름을 찬양할 것입니다. 환경을 초월한 사람은 어떠한 경우에도 빼앗기지 않을 그 무엇을 소유하고 있습니다. 또 이 안식은 그것을 소유한 사람을 부유하게 해줍니다. 이 안식은 오랫동안 지속되며, 외로운 가정을 즐겁게 해주고, 임종의 자리를 위로해주며, 죽음 가운데도 함께 하고, 무덤 속에서도 떠나지 않습니다. 친구들이 더 이상 우리를 돕지 못하고, 돈은 더 이상 쓸모가 없으며, 의사가 우리의 고통을 낫게 하지 못하고, 눈과 귀가 어두워져 제 구실을 못할 때라도, 그 '옛적 길'로 나아온 자들의 마음속에는 그리스도께서 주신 안식이 넘쳐흐릅니다. 언젠가는 '가난'과 '부'가 그 뜻이 서로 바뀌게 될 것입니다. 오직 그리스도께 나아와 그의 안식을 누리는 자만이 진정 부유한 자입니다.

4. 맺는 말입니다.

이 안식은 예레미야가 선언한 것이며 또 예수님께서 그것을 선포하도록 위임받으신 것으로서, 그가 수고하고 무거운 짐진 자들에게 주시는 것이며, 그의 초대에 응하여 오는 자들에게 주시는 것이고, 모든 독자들이 누리기를 바라는 안식입니다.

1) 영혼의 안식을 얻기 위해 어디로 가야할 지 헤매고 있습니까?

　그런 사람은 안식은 오직 한 곳에서만 찾을 수 있음을 기억하십시오. 정치도 교육도 재산도 그것을 줄 수 없습니다. 그것은 오직 그리스도의 손 가운데만 있습니다. 당신이 마음의 평안을 얻고자 하면 그리스도의 손길을 의지해야 할 것입니다.
　영혼의 안식을 누리는 데는 왕도가 없습니다. 이 점을 꼭 명심하십시오. 하나님께 가는 길도, 천국에 이르는 길도, 마음에 평온과 안식을 누리는 길도, 이 모든 길은 오직 하나 예수 그리스도 뿐입니다. 지위고하를 막론하고, 궁전에 사는 왕이든, 강제 노역실에 사는 극빈층이든 누구라도 옛적 길, 즉 그리스도를 따르는 길을 걸어야 합니다. 수고하고 무거운 짐진 사람들은 모두 이 길로 나아와야 합니다. 영혼이 지치고 목마른 사람은 누구든지 이 샘에 나와 마시십시오. 혹 당신이 지금 내 말을 믿지 않을지도 모르겠습니다. 그러나 누가 옳고 그른지는 시간이 지나면 판가름이 날 것입니다. 당신이 그러고 싶거든 계속 세상적인 것에서 행복을 구해 보십시오. 잔치를 베풀고 춤도 추고 스포츠나 오락을 즐길 수도 있겠고, 학문을 탐구하거나 예술, 정치 등에 몰두할 수도 있을 것이며, 종교의식에 충실하여 외관상 모범신자가 될 수도 있을 것입니다. 그러나 당신이 돌이키지 않는다면 참 행복을 찾을 수는 없을 것입니다. 진실한 행복은 그 '옛적 길'을 따라가며, 예수 그리스도와 연합하는 데 있습니다.
　찰스 1세의 딸 엘리자베스는 와이트 섬(Isle of Wight)의 뉴포트 교회(Newport Church)에 장사되었습니다. 우리의 위대한 빅토리아 여왕이 세워 준 대리석 묘비에 그녀의 죽음이 감동적으로 기록되어 있습니다. 그녀는 캐리스브룩 성(Carisbrook Castle)에 연방 국가들의 전쟁기간 동안 죄수로 홀로 구금 되어 그녀의 모든 청춘은 옥에 바쳐졌고, 죽을 때 까지 갇혀 지냈습니다. 그녀는 어느 날 그녀의 머리를 받치던 성경과 함께 시체로 발견되었는데, 마침 그 성경은 펼쳐진 채로, 다음의 구절을 보여주고 있었습니다.

> 수고하고 무거운 짐진 자들아 다 내게로 오라 내가 너희를 쉬게 하리라 (마 11:28).

뉴포트 교회에는 이 사건을 기념하는 기념비가 세워져있습니다. 그녀가 그 머리를 그 책에 기대어 잠을 자는 상황이 오기 전에도 이미 그 성경 안에는 그 문장이 있었습니다. 이것이 무엇을 말하고 있습니까? 상류층 인생으로 태어나도 행복을 누릴 수 있는 것이 아니라는 것을 기억하십시오. 오늘날 당신 앞에 놓인 이 증언을 들으십시오. 그리스도 외에서는 참된 안식을 얻을 수 없습니다. 만약 당신이 이것만 기억한다면 행복이 당신의 영혼에 찾아올 것입니다.

2) '옛적 길'을 따라 걸으며 그리스도께서 주시는 안식을 발견했습니까?

그는 그리스도께 나아와 그의 영혼을 의탁함으로써 평화를 맛본 사람입니다. 만약 당신이 그런 사람이라면 '옛적 길'을 떠나 더 좋은 길이 있을지도 모른다는 생각은 하지 않기를 바랍니다. 그리스도께서 당신에게 주신 자유 위에 서서 좌로나 우로나 치우치지 마십시오. 사는 동안 예수님을 바라보며 그를 의지하여 살아가십시오. 날마다 평화와 안식의 무한한 샘으로부터 안식과 평화와 자비와 은혜를 충만하게 공급받도록 하십시오. 당신이 설사 므두셀라처럼 장수한다 해도 당신은 단지 불쌍하고 공허한 죄인일 뿐이고 당신의 바랄 것은 오직 그리스도이심을 기억하십시오.

그리스도를 믿음에 결코 부끄러워 마십시오. 세상에 속한 길은 진지하게 생각해 볼 가치도 없고, 그 종말은 부끄러움과 후회 뿐입니다. 반면 그 '옛적 길'은 영원히 생각해 볼 가치가 있습니다. 사람들이 당신을 조롱하고 논쟁을 걸어 침묵시킬지도 모르지만, 결코 당신에게서 그리스도께서 주신 느낌을 앗아가지는 못할 것입니다. 그들은 당신에게서 이러한 느낌을 앗아갈 수는 없습니다.

나는 그리스도를 발견하기 전에는 지쳐 있었다. 그러나 이제 양심의 쉼을 얻었다. 또 전에는 눈멀었으나 이제는 보며, 전에 죽었으나 이제 다시 살았고, 전에 버림받았으나 이제 되찾아졌다.

3) 장차 내세에서 누릴 더 나은 안식을 기대하십시오.

"잠시 잠깐후면 오실 이가 오시리니 지체하지 아니하실 것"(히 10:37) 입니다. 그는 자기를 믿는 자들을 불러 모아 더 이상 사악한 자들이 괴롭히지 않고 더 이상 곤함도 없는 본향으로 인도하실 것입니다. 그는 신자들의 몸을 영화롭게 변화시킬 것이고 그들은 아무 근심이 없이 그를 예배하고 찬양할 것입니다. 그리고 그는 그들 얼굴에서 눈물을 씻으시고 만물을 새롭게 하실 것입니다(사 25:8).

그리스도께 나아와 그 '옛적 길'을 걸으며 그의 보살핌에 자기 영혼을 맡긴 사람들에게 좋은 날이 도래하고 있습니다. 그들은 자기들이 어떻게 인도함을 받았고 순간마다 어떻게 지혜를 공급받았는지 기억하며, 목자 되신 그분의 사랑과 자비를 한 때 의심했던 것에 대해 놀라게 될 것입니다. 또 그들은 주님 없이 그토록 오래 살며 주님께 나아오기를 꺼려했던 것에 대해 부끄러워하게 될 것입니다.

스코틀랜드에는 글렌크로(Glencroe)라는 길이 있습니다. 그 길은 그리스도를 따르는 사람들에게 주어질 천국이 어떠한지를 매우 훌륭하게 그려주고 있는 것 같습니다. 글렌크로를 따라 난 길은 여행자를 오래 걷게하며, 거기에는 가파른 오르막도 있으며, 바람도 많이 불고 때로는 빙 둘러 가야 하는 경우도 많습니다. 그러나 그 길의 정상에 다다르면 다음과 같은 문구가 새겨진 돌 하나를 발견하게 됩니다.

쉬어라, 그리고 감사하라(Rest and be thankful).

이 짧은 문장은 그리스도를 좇는 모든 사람들이 마침내 천국에 들어가 느낄 것을 잘 표현하고 있습니다. 좁은 길 끝에는 승리가 있습니다. 우리는 우리의 지친 여정을 끝내고 하나님의 나라에 가서 편히 쉴 것입니다. 우리는 우리의 모든 삶을 돌아보며 감사할 것이며, 우리의 삶의 풍파, 오르막, 멀리 돌아가야 했던 길 등이 하나님의 지혜였음을 깨달을 것입니다.

우리는 이 세상에서의 지겹고 긴 여행을 끝내고 하나님 나라에 앉아 쉬게 될 것입니다. 그 때에는 영광스러운 안식 가운데서, 천국으로의 여행 도중에 겪은 고생 따위는 잊어버릴 것입니다. 우리가 이 세상에서 누리는 그리스도의 안식은 천국에서 누릴 것에 비하면 지극히 미약한 것입니다. 그러나 "온전한 것이 올 때에는 부분적으로 하던 것은 폐할 것"(고전 13:10)입니다. 하나님께 감사합시다. 그날이 오고 있습니다. '옛적 길'의 끝에 완전한 안식이 있습니다.

6장
한 혈통[1]

> 인류의 모든 족속을 한 혈통으로 만드사 온 땅에 살게 하시고 그들의 연대를 정하시며 거주의 경계를 한정하셨으니(행 17:26).

이 본문은 어린 아이라도 그 뜻을 알 수 있을 만큼 짧고 간단합니다. 그러나 비록 간단하긴 해도 많은 생각할 거리들을 제공하며, 어느 위대한 성도가 어느 중요한 일에 대해 행한 연설의 일부를 이루고 있습니다.

이 말을 한 사람은 이방인의 사도인 바울이며, 청중들은 아덴의 식자층, 특히 에피쿠로스 학파와 스토아 학파의 철학자들이었습니다. 장소는 아덴의 마르스의 언덕(아레오바고)인데 거기는 온갖 신전과 우상이 가득했던 곳으로 그 파편마저도 오늘날 놀라운 예술로 평가됩니다. 이와 같은 장소에 이와 같은 청중이 모였다는 것은 정말 대단한 일이었습니다. 이것은 놀라운 광경입니다. 그러면 사도 바울은 이를 어떻게 활용했습니까?

멸시받는 유대인의 일원으로 아시아의 이름 없는 지방에서 왔으며

---

[1] 본 장은 1884년 3월 2일 런던 세인트제임스궁전(St. James's Palace)의 왕실예배당(Chapel Royal)에서의 설교이다.

그 모습이 연약해 보이던, 그래서 라파엘의 그림에 나오는 이상적인 남성상과는 전혀 딴판으로 생긴 이 사람이 희랍의 지성인들에게 무슨 말을 했습니까?

그는 담대하게도 그들에게 참 하나님의 유일성에 대해서 말했습니다. 이 세상을 만드신 하나님은 그들의 생각과는 달리 여럿이 아닌 단 한 분이시며, 손으로 만든 성전도 필요 없고 나무, 돌, 쇠 등으로 만든 우상도 필요 없다는 것을 말했습니다.

웅장한 판테온과 화려한 미네르바 신상 앞에서 그는 그의 세련된 청중들에게 그들이 예배하는 대상에 대한 무지와 우상숭배의 어리석음, 인류에게 다가올 심판, 부활의 확실성, 회개의 절대적 필요성 등에 대해 말했습니다. 그는 자기네들은 더 정교하게 만들어져서 다른 종족들보다 모자라지 않고 더 우월하다는 헛된 생각에 사로잡힌 교만한 아테네 사람들에게 말한 것입니다. 그러나 그는 "하나님은 온 인류를 한 혈통으로 만드셨다"라고 말합니다. 종족 사이에 조금도 차이는 없는 것입니다. 지구상에 있는 모든 종족의 하나님께 대한 의무와 그를 필요로 하는 것은 다 동일합니다. 나는 '한 혈통'이라는 표현에 집중하여 그것을 주로 살필 것입니다. 이것을 크게 셋으로 나누어 얘기를 풀어나가기로 합시다.

1. 사실에 대해서 생각해 봅시다.
2. 교리에 대해서 생각해 봅시다.
3. 의무에 대해서 생각해 봅시다.

1. 사실에 대해서 생각해 봅시다.

우리는 모두 '한 혈통'입니다. 인간의 기원에 관한 성경의 설명은 진실입니다. 모든 인간은 한 부부인 아담과 하와의 후손입니다.

　이 사실이 비록 하찮게 보여도, 명백한 사실입니다. 왕과 신하, 가난한 자와 부한자, 배운자와 배우지 못한 자, 귀족과 천민, 문명화 된 백인, 야생적인 흑인, 런던의 세련된 아가씨이든 북아메리카의 원주민 여자이든, 누구든지 그의 조상을 거슬러 6,000년만 올라가면 한 남자와 한 여자가 나옵니다. 물론 지난 6,000년 동안 점진적으로 무수한 종족이 파생되었을 것입니다.

　상이한 기후조건은 종족들의 피부색과 신체적 특징에 영향을 미칩니다. 상이한 문명은 사람들의 습관을 다르게 만들었습니다. 어떤 종족은 그동안 약화되기도 했고, 또 어떤 종족은 새로 일어나거나 번영하기도 했습니다. 그러나 중대한 사실은 여전히 변치 않았습니다. 모세가 기록한 것처럼, 유럽, 아시아, 아프리카, 아메리카 등 어디에 거주하든지 모두가 아담과 하와의 자녀입니다. 우리는 모두 '한 혈통'으로 지음 받았습니다.

　그러면 내가 이 점에 주목하는 이유는 무엇입니까? 그것은 독자들에게 창세기에 담긴 풍부한 영감과 신령한 권위를 강조하고자 함입니다. 독자들은 인간의 기원에 대한 이 가르침을 굳게 붙들고 놓지 말기 바랍니다. 우리가 오늘날 회의와 불신의 시대에 살고 있음은 말할 나위도 없습니다. 소위 지식인들은 계속해서 구약에 대해 특히 창세기에 대해 멸시를 퍼붓고 있습니다. 그 믿지 못할 기록들은 우리가 종종 듣는 바와 같이 실제 역사가 아니라 우화나 설화라고 합니다. 아담과 하와가 원래 지음 받았던 유일한 인간은 아니며 모든 인류가 한 부부에게서 파생되었다고 믿어서는 안 된다는 소리를 듣습니다.

　오히려 그보다는 각각 다른 종족들은 서로 아무런 관계도 없이 서로 다른 시기에 서로 다른 지역에서 발생한 것이라고도 합니다. 간단히 말해서 창세기 전반부의 기록은 고대 동방의 설화일 뿐 사실은 아니라는 것입니다. 당신은 그런 말을 들을 때 결코 마음이 동요되어서는 안 됩니다. 전통적인 신앙에 굳게 서되 특히 인간의 기원 문제에 대해서 더욱 그리하십시오. 모세의 말은 참되며, 자기들의 생각이 옳고 믿을 만하다는 자들의 주장이 틀리다는 것에 대해서는 충분한 증거가 있습니다. 우리 모두 한 타락한 선조에게서 난 '한 혈통'입니다.

만약 이 글의 한계를 지적하여 지구 도처 여러 민족들의 고대 설화들도 모세의 이야기를 여러 가지 형태로 굴절시켜 되풀이하고 있음을 덧붙여 말하는 것은 별로 어렵지 않습니다. 가이키(Geikie)라는 사람은 최초의 부부, 뱀, 타락, 홍수, 방주 등의 이야기가 여러 형태로 지구 도처에서 나타나고 있음을 보여주었습니다. 그러나 인간의 공통된 기원에 대한 가장 강력한 증거는, 어디를 가나 피부색과는 상관없이 인간의 도덕적 본성이 똑같다는 것입니다.

세계 어디를 가든지 남자든 여자든, 아프리카나, 중국이나, 태평양의 섬이나 할 것 없이, 어딜 가든지 사람은 악하고, 이기적이고, 게으르고, 기만적이고, 불경건하며 탐욕과 욕정의 노예라는 것을 발견합니다. 그리고 나는 여기에 대한 설명을 오직 창세기의 처음 3장만이 할 수 있다고 믿습니다. 우리는 도덕적 존재입니다. 이유인즉 우리들 최초의 조상의 도덕적 본성을 공유하기 때문입니다. 우리는 아담의 타락한 본성을 물려 받았고, 우리 모두 아담 안에서 죽었고 우리 모두가 그러한 '한 혈통'이라는 것이 모세의 기록에 있습니다.

만약 창세기의 기록을 믿지 못하겠다는 사람이 있다면, 그 사람은 신약의 권위에 대해서도 심각한 도전을 하는 것임을 기억하기 바랍니다. 창세기에서 여러 가지 난점들을 찾아내기란 쉽습니다. 그러나 그럼에도 그 창세기가 그리스도와 사도들에 의해 그 권위가 인정받는다는 점을 합리적으로 부인하기는 어렵습니다.

창조, 뱀, 타락, 홍수, 가인, 아벨에서부터 에녹, 노아, 홍수, 방주, 아브라함, 롯, 소돔과 고모라, 이삭, 야곱, 에서까지 창세기의 인물들이 신약성경 가운데서 역사적인 사실로 받아들여지고 있다는 이 명백한 사실은 누구도 부인할 수 없습니다. 이 사실에 대해 우리가 무슨 말을 하겠습니까?

그리스도나 사도들이 속았거나 무지했던 것입니까? 그것은 어리석은 생각입니다. 혹은 그들이 그 당시 사람들의 비유를 맞추기 위해, 사실은 허구적이고 전혀 역사적이지 못한 것들임을 알면서도 그런 얘기를 한 것입니까? 그렇지 않습니다. 이것은 정말 사악하고 신성 모독적인 생각입니다. 우리에게는 단 한 가지 결론이 있을 뿐 그 외에는 없습니다. 즉 당신이 구약을 부인한다면 신약마저 부인하는 셈이 된다는 것입니다.

창세기에 나타난 초자연적인 기사를 부인하는 것과 복음을 믿지 않는 것은 조금도 다를 바가 없습니다. 만약 당신이 모세의 말을 믿지 않는다면 모세의 말을 믿었던 그리스도와 그 사도들도 믿지 않는 것이 됩니다. 혹시 스스로가 그리스도나 사도보다 더 지혜롭다고 생각하십니까? 더 많이 알고 있다고 생각하십니까? 자신을 다시 한번 바라보십시오. 전통적인 신앙 위에 굳게 서서 현대 신학에 미혹되지 말기 바랍니다. 당신의 발을 오늘 본문에 나타난 인간 기원에 대한 든든한 머릿돌과 같은 진리 위에 든든히 올려놓기 바랍니다. 우리는 모두 한 혈통입니다.

2. 교리에 대해서 생각해 봅시다.

우리는 과연 '한 혈통'입니까? 그렇다면 온 인류의 영적 질병에 대해서는 한 가지 동일한 치료제가 있을 뿐입니다. 여기서 말하는 질병이란 죄를 말합니다. 부모에게서 지금 죄를 물려받았고, 죄는 우리 본성의 일부가 되었습니다. 지위가 높든지 낮든지, 배웠든지 못배웠든지, 부하든지 가난하든지 우리 모두 타락한 아담의 후손으로서 혈관에 그의 피가 흐르고 있습니다. 우리가 자라는 동안 죄도 함께 자라고, 우리가 강성해지는 만큼 죄도 함께 강성해지므로 우리가 죽기 전에 죄를 치료하지 못하면 우리 영혼은 파멸을 당하게 됩니다.

그러면 이 끔찍한 영적 질병의 유일한 치료제는 무엇입니까? 우리는 어떻게 해야 죄에서 깨끗해질 수 있습니까? 어떻게 해야 불쌍한 죽은 영혼이 평안과 건강을 누리고, 살아있는 동안 하나님과 동행하다 죽은 후에도 그와 함께 거할 수 있겠습니까? 나는 이 질문에 대해 망설이지 않고 간단하게 대답하겠습니다. 인류의 보편적인 영적 질병을 치료할 유일한 치료제는 '그리스도의 보혈'입니다. 우리의 치명적인 영적 질병도 아담의 피로 인한 것처럼 우리를 치료할 것도 오직 그리스도의 보혈 뿐입니다.

그러나 내가 '그리스도의 보혈'에 대해 말하는 것이 문자 그대로 그가 십자가에 달렸을 때 그의 옆구리와 발에서 흘러 나온 물리적인 의미의 그 피라는 것이 아님은 잘 알고 있을 것입니다. 그런 피는 우리 주님을 십자가에 못 박았던 병정의 손가락에나 묻었을 것이고, 그것이 그들의 영혼에 어떠한 도움이라도 주었을 리는 만무합니다. 또 어떤 이들이 모욕적으로 말하듯 성만찬의 잔에 정말로 그 피가 담겨지는 것이고 우리의 입에 바로 그 피를 갖다대는 것이라는 말은 황당무계할 뿐입니다.

우리가 아담의 피로부터 물려받은 치명적인 질병에 대한 유일한 치료제로서 그리스도의 '피'를 말할 때는 그리스도께서 흘린 생명의 피를 말하는 것으로서, 그리스도께서 우리를 대신하여 골고다에서 죽으시어 이루신 구속을 뜻하며, 그의 장엄한 희생을 통해 우리를 위해 마련하신 구속을 뜻하고, 죄의 권세와 결과에서 해방되는 것을 뜻합니다. 오직 이것만이 모든 인류를 위한 치료제로서 '그리스도의 보혈'이라고 말한 참뜻입니다. 우리가 영원한 멸망에서 구원 받기 위해서는 그리스도의 성육신과 생애뿐 아니라 그의 죽음도 필요합니다.

그리스도께서 죽으시며 흘린 속죄의 피는 놀라운 구원의 비밀입니다. 첫째 아담의 피가 혈관에 흐르는 우리 모두에게 생명의 풍성함과 평화를 줄 수 있는 유일한 것, 바로 우리를 대신에 고통 당하신 둘째 아담의 피입니다.

교회 안에서 그리스도 보혈의 교리를 바르게 지켜나가는 것이 얼마나 중요한 일인지에 대해서는 말로 다 할 수 없습니다.

우리 시대에 만연된 전염병의 하나는 이른바 교리에 대한 혐오입니다. 교리 대신 오늘날 인기를 끌고 있는 것은 해파리 기독교, 즉 뼈, 근육, 힘줄 등이 없는 물렁한 기독교입니다. 대속이나 성령의 사역, 의롭게 됨, 하나님과 평화를 누리는 방법 등에 대한 엄격한 가르침 없이 모호하기만 하며 "여러분은 진지해야 하고, 열심을 내야 하며, 진실해야 하고, 열정이 넘쳐야 하고 자유롭고 친절해야 합니다. 그리고 그 누구의 교리도 저주하지 마십시오.

모든 사람 말이 다 옳고, 그른 사람은 없습니다"라는 말을 내세우는 기독교입니다. 그리고 이 믿음 없는 종교가 우리에게 평화를 준다는 소리도 종종 들립니다. 그리고 이 슬픔 많은 세상에서 그런 교훈에 동의하지 않는 사람은 마음이 편협한 사람이라고까지 말합니다. 그런 종교는 타락하지 않은 천사에게나 가능할지 모르겠습니다. 그러나 죄로 죽어가는 인간에게는 이런 가르침에 만족한다는 것은 상식적으로 봐서 모욕적인 일이며 우리의 불행에 대한 조롱밖에 되지 않습니다. 우리는 이보다 더 좋은 것, 즉 그리스도의 보혈이 필요합니다.

성경은 그 '보혈'에 대해 뭐라고 말합니까? 이에 대해 독자들의 기억을 상기시켜 봅시다. 우리가 하나님 보시기에 정결하고 무죄한 사람이 되기 위해서는 성경은 "예수의 피가 우리를 모든 죄에서 깨끗케 하실 것"(요일 1:7)이라고 했고, 그 피가 우리를 "거룩하고 흠 없고 책망할 것이 없는 자"(골 1:22)로 하나님 앞에 세우며, "성소에 들어갈 담력"(히 10:19)을 얻게 한다고 했고, "그의 피로 말미암아 속량, 곧 죄사함을 받는다"(엡 1:7)고 했고, "하나님과 사람 사이에 화평을 이룬다"라고 했으며, 우리로 하여금 "양심을 죽은 행실에서 깨끗하게 하고 살아계신 하나님을 섬기게"(히 9:14) 하며, 성도들을 "가깝게"(엡 2:13) 하시며, "의롭다 하심을 받아, 진노하심에서 구원 받게"(롬 5:9) 하신다고 하셨으며, 영광 중에 들어간 성도들에 대해서는 "저들이 어린 양의 피에 옷을 빨아 희게"(계 7:14) 하였다고 했습니다.

성경은 천국에 이르는 길잡이입니다. 그런데 우리가 그리스도의 보혈에 대한 성경의 가르침을 무시하고, 인간이 당한 심각한 영적 질병에 대해 다른 처방책을 찾아서야 되겠습니까? 게다가 구약성경에 나타난 희생 제사들도 그것들이 장차 이루어질 그리스도의 십자가의 죽음을 가리키는 것이 아니었다면 그것들은 쓸모없고 의미 없는 형식들이었을 것이며 장막과 성전도 다만 도살장에 불과했을 것입니다. 그러나 만약 그것들이 하나님의 어린양에 의해 이루어질 좀더 나은 제사로 유대인들을 이끌기 위한 것이었다면 그것들은 오늘 내가 믿는 것처럼 중대한 위치를 지닌 것이었을 겁니다. 즉 '그리스도의 피'만이 '아담의 피'를 가진 우리 모두를 위한 유일한 영적 치료제라는 것입니다.

독자들 중에서 세상에서 선을 행하며 살기를 원하는 사람이 있을 것입니다. 저도 많은 선을 행하기를 소원합니다. 이제 내가 여러분에게 주는 이 충고를 받아들이기 바랍니다. 인류의 커다란 영적 질병에 대해 반쪽짜리의 부적절한 처방책에 만족하지 말기 바랍니다. 만약 당신이 사람들에게 어린양의 보혈을 드러내 보이지 못한다면 당신의 수고는 헛된 것입니다. 마치 전설에 나오는 시지푸스처럼 아무리 애써 돌을 굴려도 돌이 다시 굴러오게 될 것입니다.

교육, 문화, 경제, 오락 등 이 모든 것이 그 자체로는 좋을 수도 있지만 그것들은 결코 인간의 질병을 근본적으로 치료하지 못합니다.

그것들은 잠시 잠깐 악마의 세력을 몰아내는 듯 보일 수 있으나 그 몰아낸 자리를 메꾸어 주지 못하며 악마가 다시 돌아오는 것을 막을 수 없습니다. 오직 성령에 의해 우리 양심에 들려진 십자가의 소식만이 그 일을 할 수 있으며 우리는 믿음으로 그것을 받아들일 수 있습니다. 그렇습니다. 그리스도의 모범이나 아름다운 도덕적 교훈이 아니라, 그의 피, 그의 장엄한 희생만이 영혼의 부족함을 채워줍니다. 그러므로 사도 베드로가 그것을 "보배로운 피"(벧전 1:19)라고 한 것은 당연합니다. 지역과 인종과 문화를 초월하여 그것은 우리에게 언제나 고귀한 것입니다.

오늘날에 있어서 보배로움이란, 위대한 신학자 벵겔이나, 지치지 않는 열정의 존 웨슬리(John Wesley), 대주교 롱리(Longley), 주교 해밀턴(Hamilton) 등의 죽음에서 발견됩니다. 또 실제로 이들의 죽음이 보배로워 보이기도 합니다. 그러나 우리가 선을 행하고자 한다면 오직 그리스도의 피만을 중시해야 합니다. 우리의 죄를 씻을 수 있는 샘은 단 하나 뿐입니다. 바로 어린 양의 피입니다.

3. 의무에 대해서 생각해 봅시다.

우리는 모두 '한 혈통'입니까? 그렇다면 우리는 한 혈통으로 살아야 할 것입니다. 우리는 하나의 대가족의 성원들로서 행동하고 한 '형제들'로서 서로 사랑하며 분노와 다툼과 악의같이 하나님이 특히 미워하시는 바를 멀리해야 하며 모든 사람을 대하여 자비와 인정을 갖도록 노력해야 합니다. 검은 피부를 가진 아프리카의 흑인이나, 런던의 빈민가에 사는 부랑자나 할 것없이 모두에게 관심을 쏟아야 합니다. 우리가 믿건 안 믿건 그들은 우리의 친척이요 형제입니다. 우리들처럼 그들도 아담과 하와의 후손이며 타락한 본성과 불멸의 영혼을 지니고 있습니다.

그러면 우리 그리스도인들이 이 모든 사실을 믿고 있음을 증명하려면 어떻게 해야 합니까? 우리가 형제를 위해 할 수 있는 일은 무엇입니까? 우리는 "내가 내 형제를 지키는 자니이까?"(창 4:9)라는 질문을 던졌던 자가 그 사악한 가인이었음을 기억합니다.

또 우리가 이방의 이교도들을 위해 할 수 있는 일은 무엇입니까? 이것은 무척 어려운 질문으로 나는 이에 대해 충분히 생각할 여력이 없습니다. 다만 우리는 마땅히 해야 할 것보다 덜 행하고 있음만 언급해둡니다.

그리고 우리가 자기 나라 국민들을 위해 할 수 있는 것은 또 무엇입니까? 이것은 더욱 어려운 질문입니다. 오늘 영국이 겪고 있는 문제는 심히 커서 정치가들이나 사회운동 단체들이 그 해결에 몹시 골머리를 앓고 있습니다. 빈부 격차와 그에 따른 불만은 극도로 심화되어, 사회주의, 공산주의 등 부를 몰수해보자는 소리도 저 멀리서 들려올 뿐 아니라 그러한 주장에 관심이 집중되고 있습니다. 또 무신론적 경향과 세속주의도 급성장하여 특별히 힘을 잃은 교회에 침투하고 있습니다. 이럴 때 우리가 해야 할 의무는 무엇입니까?

단언컨대 이 나라에는 더 큰 형제애가 필요합니다. 사람들이 인류는 '한 혈통'이라는 이 위대한 진리를 붙들고, 스스로 선을 행하는 데 나서야 합니다. 부자는 가난한 자를, 고용인은 피고용인을 더욱 잘 보살펴주어야 하고, 런던의 서부는 동부와 남부를 돌보아야 합니다. 로마 제국에서는 서커스 관람과 금품부조로 하층민들을 침묵케 하였습니다.

오늘날 무지한 자본가들도 돈, 값싼 음식, 좋은 주택, 레크레이션, 의료시설 등으로 하층민들의 어려움을 해결하려 듭니다. 그러나 이는 완전히 잘못 된 것입니다. 대중들이 원하는 것은 더 많은 공감, 더 많은 친절, 더 많은 형제애, 더 나은 대우를 원합니다. 진짜 가족인

'한 혈통' 인것처럼 말입니다. 그들에게 이러한 것들을 채워주어야 합니다. 만약 이렇게만 된다면 불만의 반은 사라질 것입니다.

오늘날의 노동자들은 교회에서 소외되었기 때문에 교회에 나가지 않으며 그들에게 호의를 베풀려는 것도 부질없는 짓이라는 소리를 높입니다. 그러나 나는 그런 말을 믿지 않습니다. 노동자들이 상류층보다 더 교회에 적대적인 것도 아니며 만약 바르게 접근하기만 하면 그들이 더 구원 받기 쉽다고 생각합니다. 그들이 진정 바라는 것은 '한 혈통'으로 대접받는 것이며 그들에게 연민과 친절로 대해주는 것입니다. 나는 연민과 친절이 무한한 힘을 지녔다고 믿습니다. 나는 탈포드(Talfourd) 판사가 스태포드 아사이지즈(Assizes) 재판소에서 배심원들에게 한 충고가 매우 올바른 것이라고 믿습니다. "신사들이여, 이 시대가 가장 바라는 것은 계급 사이에 더 많은 공감이 있는 것이다." 나는 이 말에 전적으로 동의합니다. 상류층과 하류층, 부자와 가난한 자, 고용자와 피고용자 사이에 연민과 동료의식이 증대되면 우리 시대가 앓고 있는 병이 치료될 수 있을 것입니다. 온전히 구현된 연민은 그리스도의 복음을 이교 국가에서 받아들여지게 하는 여러 부차적 요건들 중의 하나입니다.

매콜리(Macaulay) 경은 이렇게 말했습니다.

> 하나님께서 인간의 형체를 취하시고, 그들 가운데서 걷고, 그들의 연약함에 참여하시고, 그들의 품에 기대셨으며, 무덤 앞에서 눈물을 흘리시고, 구유에서도 눈을 붙이신 적이 있으시며, 십자가에서 피를 흘리셨다. 그분의 성육신은 회당의 편견, 학파들간의 논쟁들, 로마 사법관의 권표들(fasces), 군대의 칼들을 모두 부끄럽게 만들었다.

확실한 것은 공감은 옛날과 마찬가지로 지금도 큰 일을 이룰 수 있다는 것입니다. 만약 오늘날 계층간의 첨예한 불화를 일으키는 대신 계층 간의 대립을 이완시키고 우리 사이에 연대감을 강화시킬 그 무엇이 있다면 그것은 곧 기독교적 공감이 증대된 결과일 것입니다.

　노동자들은 특히 공감에 민감하다고 말할 수 있습니다. 그들은 좋지 못한 집에 살며 열악한 조건 가운데서 힘들게 일하므로 종종 매우 거칠어 보이고 더러워 보이기도 합니다. 그러나 그들도 우리의 혈육입니다. 그들의 거칠게 보이는 외모 이면에는 양심이 살아있고, 민감한 정의의식이 있으며, 정당하게 한 국민으로 대접받고자 하는 열렬한 욕구가 있습니다.

　노동자들은 천대받는 것 못지않게 보호받거나 아첨받기를 원치 않고, 같은 형제로서 친절과 연민으로 대접받기를 원합니다. 그들이 원하는 바는 그저 추위나 더위를 이길 수 있는 옷이 아닙니다. 그들에게는 자신들의 마음을 이해하고 집으로 찾아올 그리스도인 친구가 필요합니다. 코트를 던져주는 것을 원하는 것이 아닙니다. 기니 금화의 가치는 황금에 있는 것이지 인장에 있는 것이 아닙니다. 그들을 찾아가 그들의 집에 앉아 그들의 손을 잡아주고 그리스도의 마음으로 가족처럼 대하고 그리스도를 전하십시오.

　특별히 목사가 찾아가는 경우에는, 그리스도 안에는 사람에 따른 특별대접이 있을 수 없고, 누구나 다 '한 혈통'이며, 똑같은 속죄의 피를 필요로 하며, 오직 한 구세주와 한 천국이 있을 뿐임이 강조되어야 합니다. 그러므로 우는 자와 더불어 함께 울고, 기뻐하는 자와 더불어 함께 기뻐하며 출산, 결혼, 죽음 등 온갖 일에 관심을 가져주는 목사를 노동자들에게 파송해야 합니다. 노동자들에게 그런 목사를 보내주면 대개의 경우 교회에 출석하며, 공산주의자나 불신자는 되지 않을 것입니다. 그렇다면 목사는 빈 의자를 바라보며 설교를 하지 않아도 될 것입니다.

　우리가 주님의 말씀에 비추어 볼 때, 우리 가운데 참된 제자라고 하면서도 "두루 다니며 선한 일을 행하신"(행 10:38)주님을 본받는 일과 형제애의 중요성을 깨닫는 사람은 거의 없는 실정입니다. 우리 시대는 선한 사마리아인처럼 행하는 사람이 극히 드문 시대입니다. 타인에 대한 이기적인 무관심이 유감스럽게도 이 시대의 특징이 되고 있습니다. 이런 현상은 어디를 가나 다 마찬가지입니다. 우리가 살고 있는 이 땅을, 와이트 섬(Isle of Wight)으로부터 버릭트위드(Berwick-upon-Tweed)까지, 땅끝(Land's End)으로부터 북쪽 해안(North Foreland)까지 둘러보십시오. 그리고 할 수만 있다면 확인해 보십시오. 한 주나 도시에서 선한 일을 위해 노력하는 사람들은 소수가 아니며, 박애주의 정신과 신앙을 가진 단체들이 일을 계속하는 이유가 고통을 호소하는 거지들의 끊임없는 요구에 못이겨서가 아닙니다.

병원, 국내외 선교, 선교기관, 교육기관 등 어느 곳에서든 일손이 부족합니다. 성경에 나오는 사마리아인은 도대체 이 땅 어디에 있습니까? 우리가 '한 혈통'인 것처럼 사는 그리스도인을 어디서 볼 수 있단 말입니까? 이웃을 사랑하고 죽어가는 몸과 영혼을 위해 도움을 베풀려는 사람은 어디 있으며, 언제라도 조건 없이 적선하려는 사람은 또 어디 있습니까?

해마다 무수히 많은 돈이 사냥, 요트놀이, 도박, 경주, 스포츠, 연극 관람, 옷과 그림과 가구를 사는 등 온갖 유흥에 소비됩니다. 그러나 적은, 너무 적은 돈만이 그리스도를 위해 쓰입니다. 헌금을 하면 손해 본다는 생각이 지배적인 것 같습니다. 마치 버릇이 잘못된 어린아이가 사탕과자를 집어 주어야 말을 듣는 것처럼, 사람들은 바자회 같은 것이나 열어야 헌금을 합니다. 그들은 무언가 되돌아오는 것이 없이는 내놓으려 들지 않습니다. 나는 이런 일들이 말세의 징조 같아 두렵습니다.

궁극적으로 문제의 핵심을 묻자면 초대교회의 두드러진 특징이었던 형제애는 이제 어디에 있습니까? 논쟁과 파벌 싸움의 혼란 가운데서 성령의 열매와 중생의 가장 분명한 표시는 어디서 찾아볼 수 있습니까? 우리 주님께서 "이로서 모든 사람이 너희가 내 제자인줄 알리라"(요 13:35) 하셨고, 사도 요한이 하나님의 자녀와 마귀의 자녀 사이의 구별하는 표지로 내세웠던 그 사랑(요일 3:10)은 어디 갔습니까? 신문의 정치면을 보면 광폭한 언어들로 가득 차있습니다.

신학자들도 글을 통해서나 강단을 통해서 암암리에 논쟁을 일삼고 있습니다. 많은 사람들은 무명으로 투고하는 편지를 통해 상대편의 감정을 상하게 하여 상처를 입히기를 즐깁니다. 이상의 모든 일들은 소위 성경을 읽고 그리스도를 따른다고 하며, 우리는 모두 '한 혈통'임을 고백한다는 사람들 사이에서도 일어나고 있습니다. 이보다 더 하나님께 죄 되는 일은 없습니다. 정말이지 그 많은 사람들이 말로는 신앙을 고백하고 예배형식에는 그토록 예민하면서도, 그리스도를 닮아가기 위한 실천에는 최소한의 주의를 기울이지 않고 있다는 것은 놀라운 일입니다. 사랑 없는 곳에는 영적인 삶도 없습니다. 형제애 없이는 비록 세례를 받고 교인이 된다 해도 여전히 죄와 허물 가운데 죽어있는 것입니다.

이제 마태복음 25장에 기록된 엄중한 말씀을 독자들에게 상기시켜줌으로써 의무에 대한 얘기를 매듭짓고자 합니다. 그 거대하고 두려운 최후의 심판의 때에 인자이신 예수께서 영광의 보좌에 앉으셔서 이렇게 말씀하실 것입니다.

> 또 왼편에 있는 자들에게 이르시되 저주를 받은 자들아 나를 떠나 악마와 그 사자들을 위하여 예비된 영원한 불에 들어가라 내가 주릴 때에 너희가 먹을 것을 주지 아니하였고 목마를 때에 마시게 하지 아니하였고 나그네 되었을 때에 영접하지 아니하였고 헐벗었을 때 옷 입히지 아니하였고 병들었을 때와 옥에 갇혔을 때에 돌아보지 아니하였느니라 하시니 저희도 대답하여 이르되 주여 우리가 어느

때에 주께서 주리신 것이나 목마르신 것이나 나그네 되신 것이나 헐벗으신 것이나 병드신 것이나 옥에 갇히신 것을 보고 공양하지 아니하더이까 이에 임금이 대답하여 이르시되 내가 진실로 너희에게 이르노니 이 지극히 작은 자 하나에게 하지 아니한 것이 곧 내게 하지 아니한 것이니라 하시리니 그들은 영벌에 의인들은 영생에 들어가리라(마 25:41-46).

성경 구절 가운데 이보다 더 준엄하고 마음에 와 닿는 구절은 없습니다. 이 구절은 버림받은 불행한 영혼들에게 주어진 것이 아닙니다. 즉 불신자들에게 간음하지 말고, 살인하지 말며 훔치지 말고 교회에 다니라고 하는 소리가 아닌 것입니다. 이 말씀이 적용되는 자들은 단지 결국 아무것도 하지 않은 자들입니다. 그들은 타인에 대한 사랑을 소홀히 했습니다. 그들은 이 죄에 불탄 세상의 불행을 줄이고 행복을 증진시키는 노력은 하지 않은 채 가만히 앉아 있었습니다. 그들은 같은 인간 가족의 불행을 바라볼 눈도, 느낄 심장도 없었습니다. 그들의 종말은 영원한 형벌입니다. 이 말들이 사람들로 하여금 세상의 문제들에 대해 생각하게 만들지 못한다면, 이 말들은 헛될 것입니다.

4. 맺는 말입니다.

이제 모든 독자들이 주목해야 할 몇 가지 조언을 함으로써 이 글을 끝맺으려 합니다. 이 조언은 우리 시대에 적절할 것이며, 기억할 만한 가치가 있으리라고 확신합니다.

1) 독자들은 결코 성경의 축자영감에 대한 전통적인 교리를 포기하지
   않기를 바랍니다.

   행여 성경의 어느 부분은 영감 받지 못했다거나 그 가운데 일부, 특히 창세기의 일부는 설화라던가 믿을 수 없다는 생각에 넘어가서는 안 됩니다. 만약 그런 생각에 한번 빠져들면 계속 실족하게 될 것입니다. 부디 완전한 불신자가 되는 일이 없기 바랍니다. 신앙의 어려움이란 이루 말할 수 없지만 회의주의의 어려움은 그보다 더 큽니다.

2) 그리스도의 보혈에 대한, 즉 죄를 위한 속죄의 피가 이룬 완벽한 대속과 그 피 없이는 구원 받을 수 없다는 전통적인 교리를 버리지 말기 바랍니다.

   그리스도의 모범만 바라본다거나, 그리스도께서 명한 성례전만을 우상숭배처럼 받아들이거나 하는 것들의 유혹에 넘어가지 말기 바랍니다. 당신이 죽음에 직면하게 될 때에는, 모범이니 성례전이니 하는 것들만 가지고는 부족합니다. 언제나 그리스도께서 십자가 위에서 당신을 위해 치르신 대속과 그의 보혈을 의지하십시오. 그렇지 않으려거든 차라리 태어나지 않는 편이 나았을 것입니다.

3) 형제애의 의무, 즉 지위와 부에 관계없이 주변의 모든 사람들에게 실제적이고, 능동적이며 연민의 마음을 담은 친절을 베푸십시오.

   땅에 사는 동안 무엇인가 선을 행하며, 태어날 때보다 더 나은 상태로 세상을 떠나는 사람이 되도록 하십시오. 당신이 진정 하나님의 자녀라면, 당신의 아버지와 하늘에 있는 맏아들을 닮고자 해야 합니다. 그리스도를 위하는 마음으로, 당신 자신만을 위한 신앙에 만족하

지 마십시오. 사랑, 자선, 친절, 연민 등은 우리가 그리스도의 진실한 일꾼이요, 하나님의 참 자녀이며, 하늘 나라의 정당한 상속자임을 보여주는 가장 진실한 증거입니다.

우리는 모두 '한 혈통'으로 태어났습니다. 그리고 '한 보혈'로 씻음을 받았습니다. 우리는 아담의 '한 혈통'에 참여한 모든 이들과 연결되어 있기에, 우리가 만약 생명을 사랑한다면 연민과 사랑을 베풀어야 합니다. 우리는 지금 길을 걷고 있으며, 얼마 후 치료해야 할 악이나 은혜 베풀 불행도 없는 곳에 가게 될 것입니다. 우리는 그리스도를 위해 죽기 전에 선을 행하여 이 죄로 눌린 세상의 슬픔을 덜어주기에 힘써야 합니다.

The Upper Room

7장
누구든지 내게로 와서 마시라[1]

명절 끝날 곧 큰 날에 예수님께서 서서 외쳐 이르시되 누구든지 목마르거든 내게로 와서 마시라 나를 믿는 자는 성경에 이름과 같이 그 배에서 생수의 강이 흘러나오리라 하시니라(요 7:37-38).

이 본문은 그리스도의 가장 권위 있는 말씀 가운데 하나입니다. 하늘의 별들은 모두 밝고 아름답지만 어린 아이라도 능히 "별마다 그 영광이 다름"(고전 15:41)을 알듯이 모든 성경이 하나님의 감동에 의한 것인지를 알지만 특별히 은혜가 되는 구절이 있다는 사실을 모른다면 우리의 심령은 차갑고 무디게 될 것임에 틀림없습니다. 이 본문이 바로 그러한 특별한 것 중 하나입니다.

이 말씀이 지닌 능력과 아름다움을 온전히 알려면 이 말씀이 행해진 장소와 때와 배경사건에 대해 기억해 보도록 해야겠습니다.

장소는 유대교의 중심지 예루살렘으로서 그곳은 제사장과 서기관들, 그리고 바리새인과 사두개인들의 요새였습니다. 그 배경사건은 모든 유대인들이 율법을 따라 할 수만 있으면 성전에 올라가서 지켜

---

[1] 본 장은 1878년 런던의 성바울대성당(St. Paul's Cathedral)과 체스터대성당(Chester Cathedral)에서의 설교이다.

야만 중요한 연중절기의 하나인 장막절에 일어났습니다. 때는 '명절의 마지막 날'로서 거의 모든 의식들이 끝나가고, 실로암 못에서 길어 온 물이 제단에 부어지면 예배하러 왔던 사람들은 이제 집에 가는 일만 남은 때였습니다.

이 중대한 시기에 우리 주 예수 그리스도께서는 예루살렘 성전에 서서 모여든 무리들에게 말씀하셨습니다. 그는 군중들의 마음을 읽고 계셨습니다. 그는 그들이 고통 받는 양심과 만족하지 못한 마음으로 돌아가는 것, 사두개인과 바리새인이라는 눈먼 스승들에게서 아무것도 얻지 못한 것, 그리고 웅장한 형식에 대한 쓸데없는 기억만 안고 돌아가는 것을 보셨습니다. 그리고는 그들을 불쌍히 여기셔서 웅장한 선언과도 같이 "누구든지 목마르거든 내게 와서 마시라"라고 외쳤습니다. 나는 이것이 우리 주님께서 하셨던 말씀의 전부라고는 생각지 않습니다. 이것은 단지 그의 연설의 요지일 뿐입니다. 그러나 이것은 또 그가 입으로 외친 첫 말씀이기도 했을 것입니다. "누구든지 목마르거든 내게로 와 마시라" 이 말씀은 이렇게도 볼 수 있습니다. "누구라도 생명과 만족을 주는 생수를 원하는 사람이 있다면 내게로 오라."

독자들은 그 어느 예언자나 사도도 이런 말을 한 적이 없다는 사실을 기억하기 바랍니다. 모세는 호밥에게 "동행하자"(민 10:29)라고 했고, 이사야는 "물가로 나오라"(사 55:1)라고 했으며, 세례 요한은 "어린양을 보라"(요 1:29)라고 했고, 사도 바울은 "주 예수를 믿으라"(행 16:31)라고 했습니다. 그러나 오직 나사렛 예수님만이 "내게 오라"라고 하셨습니다. 이 점은 무척 중요합니다. "내게 오라"라고 하신 분은 그가 이 말씀을 하셨을 때 그는 영원한 하나님의 아들이시며, 약속된 메시아이고, 이 세상의 구주임을 자각하고 계셨습니다.

여기 주님의 이 중요한 말씀 가운데, 이제 독자들의 주의를 요하는 것 세 가지가 있습니다.

1. 가정된 상황이 있습니다. "누구든지 목마르거든"
2. 약속된 치료책이 있습니다. "내게 와서 마시라"
3. 주어진 약속이 있습니다. "그 배에서 생수의 강이 흘러나리라"

이것들은 모든 독자에게 해당되는 사항입니다. 이제 각 항목마다 얘기를 풀어나가기로 합시다.

1. 가정된 상황이 있습니다. "누구든지 목마르거든"

육체적인 목마름은 유한한 인간으로서는 아주 참기 어려운 고통입니다. 무더워 숨이 막히는 사막을 여행하는 자나, 군인이 전장에서 부상을 입은 경우나, 바다 한가운데서 파산한 배의 생존자인 경우, 이런 경우들에서 가장 심각한 문제는 목마름입니다. 비유 가운데 나오는 어느 부자는 "나사로를 보내어 그 손가락 끝에 물을 찍어 내 혀를 서늘하게 하소서 내가 이 불꽃 가운데서 고민하나이다"(눅 16:24)라고 말했습니다. 목마름만큼 끔찍하고 참기 힘든 것은 없습니다.

그런데 육체의 목마름이 그렇게 고통스럽다면 영혼의 목마름은 또 얼마나 고통스럽겠습니까? 육체적인 고통이 영원한 형벌에 있어서 최악의 부분은 아닙니다. 이 세상에서도 육체의 고통보다 마음의 고통이 더 힘들게 느껴집니다. 영혼의 가치를 알면서도 영혼이 영원한 파멸의 위기 가운데 있음을 구경만 하는 것, 용서받지 못한 죄의 짐을 느끼면서도 어디다 풀어놓아야 할지 모르는 것, 병들고 불편한 양심을 지니고도 그 치료책을 모르는 것, 우리가 날마다 죽어가는 것을 알면서도 하나님 만날 준비가 되어 있지 않은 것, 이것들이야말로 최고의 고통이며 영혼을 고갈시켜버리는 것입니다. 그리고 이것들이 우리 주님께서 말씀하시는 목마름입니다. 즉 죄의 용서와 하나님과의 평화를 갈망하는 목마름입니다. 이 목마름을 지니게 되면 진실로 양심이 각성되기를 갈망하며, 만족을 원하나 얻을 곳을 모르며, 메마른 곳을 걸으며 쉼을 얻지 못합니다.

이것은 오순절 날 베드로의 설교를 듣던 유대인들이 지녔던 목마름입니다. 성경에는 저들이 "마음이 찔려 가로되 형제들아 우리가 어찌할꼬"(행 2:37)라고 말했음이 기록되어 있습니다.

또 이것은 빌립보 간수장이 지진이 일어나 옥문이 열려 죄수들이 도망갔을 것이라고 생각했을 때, 그의 영적인 위기를 자각하여 느낀 목마름입니다. 성경에는 그가 "저희를 데리고 나가 가로되 선생들아 내가 어찌하여야 구원을 얻으리이까"(행 16:30)라고 말했다고 쓰여 있습니다.

그리고 위대한 하나님의 종들은 그들 마음에 처음 빛이 비춰졌을 때의 목마름을 느꼈습니다. 아우구스티누스(Augustine)는 마니교 이단 가운데서 안식을 구했으나 얻지 못했고, 루터(Luther)는 에르푸르트(Erfrut) 수도원에서 진리를 찾고자 애썼으며, 존 번연(John Bunyan)은 엘스토우(Elstow)에 있는 그의 집에서 의심과 번뇌 가운데 있었으며, 조지 휫필드(George Whitefield)는 옥스포드 학부 시절에 명확한 가르침을 얻지 못하여 두려움에 눌려 지냈습니다. 그들은 모두 주님께서 '목마름'이라고 하신 말의 의미를 알았습니다.

그리고 우리도 아우구스티누스, 마틴 루터, 존 번연, 조지 휫필드만큼은 아니더라도 이 목마름을 얼마간은 알고 있어야 합니다. 우리는 이 죽음의 세상에 살면서 무덤 너머의 세계가 있음을 알고 우리가 얼마나 불쌍하고 약하며 흠 많은 존재인가를 느끼며, 하나님 만나기에 부적합한 존재임도 인정하며, 이 세상에서 어떻게 사느냐가 내세를 결정함도 인정하기에 살아계신 하나님과 평화를 누리기 위해서는 "목마름"을 느껴야 하는 것입니다. 그러나 유감스럽게도 일반적으로 영적 의욕이 결핍되어 있다는 것이 인간본성 타락의 가장 결정적인 증거가 되고 있습니다. 필사적으로 행동하는 것들, 즉 금을 위해 땅을 파고, 태풍에 대비해 제방을 쌓고, 북극에 두껍고 이랑이 있는 얼음을 갈라 길을 만들려는 등 이 모든 일들을 이루기 위한 욕망을 가진 모험가들과 자원자들은 넘쳐납니다. 이러한 썩어 없어질 왕관들을 위한 노력이 얼마나 격렬하며 또 끊임이 없는지! 이에 비해 영생에 목말라하는 사람들은 정말로 너무 적습니다. 그러기에 성경에서 자연인을 가리켜 죽은 자, 잠든 자, 눈과 귀가 먼 사람 등으로 표현한 것이 이상한 일이 아닙니다. 자연인은 새롭게 태어나 새 피조물이 되어야 합니다. 그리고 영적인 갈망의 철저한 결핍보다 인간 영혼이 처한 병든 상태를 더 뚜렷이 보여주는 예도 없습니다. 구세주께서 "네 곤고한 것과 가련한 것과 가난한 것과 눈먼 것과 벌거벗은 것을 알지 못하는도다"(계 3:17)라고 말하는 것을 듣는 자는 불행합니다.

우리 가운데 죄의 짐을 느끼며 하나님과의 평화를 원하는 사람이 있습니까? 우리의 공동 기도서에 나오는 고백을 자신의 체험으로 고백하는 이가 누구입니까?

저는 길을 잃은 양처럼 헤매고 다녔습니다. 주님 제 속엔 안식이 없었고 저는 가련한 죄인일 뿐입니다.

누가 주님과의 충만한 교통 가운데로 들어가며, 누가 다음과 같은 진리를 말할 수 있습니까? "죄로 인해 슬프며 죄의 짐을 감당할 수가 없다!" 만약 당신이 이러한 고백을 하고 있다면, 하나님께 감사해야만 할 것입니다. 죄와 영적 빈곤에 대한 자각은 성령께서 사람 마음속에 성전을 지을 때 맨 먼저 놓는 돌입니다. 성령은 죄를 깨닫게 하십니다. 천지창조 때 최초로 지음받은 것이 빛이었듯이(창 1:3), 새로운 창조에 있어서도 맨 먼저는 우리에게 빛이 비춰오는 것입니다. 다시 말하지만, 만약 당신 영혼이 목말라한다면 당신은 하나님께 감사해야 합니다. 당신은 하나님 나라에 가깝습니다. 우리가 천국을 향하려면, 죄에 대한 자각이 그 첫 발걸음이어야 합니다. 누가 당신이 벌거벗었음을 알려주었습니까? 이 빛이 당신 마음에 어떻게 비춰왔습니까? 그것은 혈과 육을 통해서 가 아니라 하늘에 계신 아버지로 인한 것입니다. 대학에서는 학문을 탐구하며 학위를 딸 수 있을지 모르나 죄를 깨닫게 하지는 못합니다. 우리의 궁핍을 깨닫고 영적인 목마름을 느끼는 것이 기독교 신앙의 시작입니다. 욥기에서 엘리후가 말한 것은 아주 훌륭한 말이었습니다.

> 내가 범죄하여 옳은 것을 그르쳤으나 내게 무익하였구나 하나님이
> 내 영혼을 건지사 구덩이에 내려가지 않게 하셨으니 내 생명이 빛을
> 보겠구나(욥 33:27-28).

영적으로 목마른 사람으로 부끄러워 말고, 고개를 들어 희망을 갖고 하나님께서 그가 시작하신 일을 계속 이루시기를 구해야 합니다.

2. 약속된 치료책이 있습니다. "누구든지 목마르거든 내게 와서 마시라"

이 구절은 너무도 단순하여 어린 아이라도 그 의미를 알 수 있을 것입니다. 그러나 여기에는 풍부한 영적 의미가 담겨져 있습니다. 이 말씀은 마치 손 안의 다이아몬드와 같이 말할 수 없을 만큼 큰 가치를 지니고 있습니다. 이 말씀은 그리스나 로마의 철학자들도 풀지 못한 문제를 해결하는 열쇠입니다. 그 문제란 "인간이 어떻게 해야 하나님과 평화를 누릴 것인가?"라는 것입니다. 이 문제와 더불어 주님이 말씀하신 여섯 개의 성경구절을 기억해봅시다.

나는 생명의 빵이니 내게 오는 자는 결코 주리지 아니할 터이요, 나를 믿는 자는 영원히 목마르지 아니하리라(요 6:35).
나는 세상의 빛이니 나를 따르는 자는 어두움에 다니지 아니하고 생명의 빛을 얻으리라(요 8:12).
내가 문이니 누구든지 나로 말미암아 들어가면 구원을 받고 또는 들어가며 나오며 꼴을 얻으리라(요 10:9).
내가 곧 길이요 진리요 생명이니 나로 말미암지 않고는 아버지께로 올 자가 없느니라(요 14:6).
수고하고 무거운 짐진 자들아 다 내게로 오라 내가 너희를 쉬게 하리라(마 11:28).
내게 오는 자는 내가 결코 내쫓지 아니하리라(요 6:37).

이 말씀들을 요약하자면 이렇습니다. 그리스도는 목마른 영혼들을 위해 하나님이 마련해두신 생수입니다. 그리스도에게는 모세가 내리친 바위에서처럼, 이 광야 같은 세상을 여행해 온 사람들에게 풍족하게 공급해 줄 생수가 넘쳐흐릅니다. 우리 죄를 대신하여 죽으시고 우리를 위해 부활하신 우리 구세주요 대속자이신 그 분 안에는 모든 사람이 필요로 하는 죄사함과 자비, 은혜, 평화, 안식, 위로, 그리고 소망이 충만해 있습니다.

이 풍성한 은총은 그리스도께서 그의 귀한 피로 값을 치르고 마련하신 것입니다. 이 놀라운 샘을 열어놓기 위해 그는 우리 죄를 지고 나무 위에 달리셔서, 의로운 자로서 불의한 자를 위해 고난을 당하셨습니다. 그는 그로 말미암아 우리를 하나님의 의가 되게 하시려 우리 대신 죄가 되셨습니다(벧전 2:24; 3:18; 고후 5:21). 그리고 이제 그는 수고하고 무거운 짐진 모든 이들의 짐을 덜어주고 모든 목마른 자들에게 생수를 주십니다.

죄인을 영접하는 것은 그의 직분이며, 죄인에게 용서와 생명과 평강을 주는 것은 그의 기쁨입니다. 그리고 그는 모든 인류에게 "누구든지 목마르거든 내게 와서 마셔라"라고 선포하십니다.

약의 효능은 그 약을 어떻게 사용하느냐에 달렸음을 기억하기 바랍니다. 만약 그 약에 따르는 복용법을 지키지 않는다면 가장 좋은 의사의 가장 좋은 처방도 무용지물입니다. 이제 그 생수를 어떻게 쓸 것인가에 대해 말하려 합니다.

1) 목마르고 안식이 필요한 자는 '그리스도'에게로 가야합니다.

교회의 예배당으로, 예식을 위해, 찬양과 기도를 위해 모인 군중들에게로 가라는 것이 아닙니다. 예식을 거행하는 목회자에게 마음을 열고 만족하라는 것도 아닙니다. 우리는 거기서 멈추지 말아야 합니다. 오직 와서 "영원히 목마르지 않을" 생수를 마셔야 만족을 얻게 됩니다(요 4:14). 더 높고 먼 곳으로 나아가야 합니다. 사람은 개인적으로 그리스도와 관계를 가져야 합니다. 그리스도 없는 신앙은 쓸모가 없습니다. 사람은 무덤에서 돌을 치워주고 시체를 보여줄 수까지는 있었습니다. 그러나 죽은 자에게 "나사로야 나오라"라고 할 수 있었던 것은 그리스도 뿐입니다(요 11:41-43). 우리는 그리스도와 직접적인 관계를 맺어야 합니다.

2) 목마르고 안식이 필요한 자는 그리스도에게로 '가야'합니다.

소원만 말하거나, 말만 하거나, 계획만 세우거나, 결심만 하는 것은 충분치 않습니다. 끔찍한 현실의 지옥은 선의로 도로포장이 되었습니다. 수많은 사람이 해마다 이런 식으로 파멸하여, 목적지 바로 앞에서 멸망하곤 합니다. 그들은 의도와 계획 속에 살다가, 역시 그 가운데서 죽습니다. 안 됩니다. 일어나서 그분께로 나아가야 합니다. 만약 탕자가 "내 아버지 집의 종들은 먹을 것이 풍족한데 나는 여기서 주려 죽는구나 조만간 집에 돌아가면 얼마나 좋을까?"라고 단지 생각만 했다면, 그는 영원히 돼지들 틈에 있었을 것입니다. 그의 아버지가 "가장 좋은 옷을 입히라 우리가 먹고 즐기자"(눅 15:20-30)라고 했던 것은, 그가 일어나 아버지께 돌아왔을 때입니다. 우리도 '정신만 차릴' 것이 아니라 실제로 대제사장 되시는 그리스도께, 의사이신 그분께 와야 합니다.

3) 목마르고 그리스도께 가길 원하는 자는 '믿음'만 있으면 됩니다.

상처받고 지친 심령으로 나아오긴 하되, 그것 때문에 하나님께 용납될 수 있는 것은 아님을 기억하십시오. 믿음만이 우리 입술에 생수를 적셔줄 수 있습니다. 다음과 같은 성경 말씀들을 기억하십시오.

> 저를 믿는 자마다 멸망치 않고 영생을 얻으리라(요 3:16).
> 일을 아니할찌라도 경건치 아니한 자를 의롭다 하시는 이를 믿는 자에게는 그 믿음을 의로 여기시나니(롬 4:5).

이 진리를 굳게 믿고 다음과 같이 찬송할 수 있는 사람은 행복합니다.

> 큰 죄에 빠진 날 위해
> 주 보혈 흘려 주시고
> 또 나를 오라 하시니
> 주께로 거저 갑니다.

목마름을 해결하는 치료방법이 얼마나 간단합니까! 그러나 일부 사람들이 이것을 받아들이도록 납득시키는 것은 얼마나 어려운지 모릅니다. 사람들에게 공로나 행위로 구원 받을 생각을 버리고 마치 나아만처럼 아무것도 없는 죄인으로서 빈손 들고 그리스도께 나아오라고 한다면 그들은 즉각 불평을 하면서 등을 돌릴 것입니다. 인간의 본성은 어느 시대나 마찬가지입니다. 지금도 유대인 같은 사람이 있고 헬라인 같은 사람도 있는데 그리스도의 십자가는 유대인들에겐 걸림돌이었고 헬라인들에겐 어리석은 것이었습니다. 그런 사람들은 어느 때나 끊임없이 존재합니다. 우리 주님께서 산헤드린에서 "너희가 영생을 얻기 위하여"(요 5:40) 주님께 나오길 원하지 않는다라고 한 말은 너무나도 정곡을 찌르는 말입니다.

그러나 이 말이 단순해 보이기는 해도 인간의 영적인 질병을 치료할 유일한 수단이며, 땅에서 하늘에 이르는 유일한 다리입니다. 왕과 신하, 설교자와 청중들, 고용주와 피고용인들, 높과 낮음, 부와 가난, 배움과 배우지 못했음에 관계 없이 누구나 같은 방법으로 이 생수를 마셔야 합니다. 지난 날 지친 양심을 위해 다른 처방책이 강구되었으나 모두 헛된 것이었습니다. 그리고 그들의 수고가 "물을 저축치 못할 터진 웅덩이"(렘 2:13) 같은 것임을 깨닫고 종국에는 오직 그리스도 안에만 참 평안이 있음을 알게 되었습니다.

그리고 그리스도께 나아와 생수를 얻는 것이 언제나 하나님의 종들이 내적 생활을 유지하던 비결이었습니다. 교회 역사에 있어서 성인 혹은 순교자라는 사람들은, 날마다 믿음으로 그리스도께 나아와 그의 살과 피를 먹고 마셨던 사람들입니다(요 6:55). 그리고 그들은 날마다 하나님의 아들을 믿는 믿음으로 살면서 그의 충만한 임재 가운데 지냈던 것입니다(갈 2:20). 가장 진실되고 가장 모범적인 그리스도인들은 오직 한 마음, 생명샘 되신 그분에 대한 똑같은 증거를 지니고 살았던 것입니다. 때로 사는 동안에 서로 분파를 짓는 것처럼 보이기도 했지만, 임종에 있어서는 동일한 태도를 지녔었습니다.

그들은 마지막 죽음과의 싸움에서 다만 십자가를 굳게 붙들며, 오직 그 '귀한 보혈'만을 자랑하며 죄와 부정을 씻어주는 그 샘을 의지했습니다. 영적인 목마름을 해결할 수 있는 위대한 치료책이 알려진 세상에 우리가 살고 있다는 것이 얼마나 감사한 일인지! 이 땅에는 성경이 펼쳐져 있으며, 복음이 설교되고, 풍성한 은총의 도구들이 허락되었습니다.

그리스도의 희생의 효과가 지금도 이 땅에는 선포되고 있으며, 적어도 주일마다 20,000여개의 강단에서 설교가 이루어집니다. 우리는 우리가 갖고 있는 특권의 가치를 잘 모르는 것 같습니다. 마치 이스라엘 백성들이 광야에서 '하찮은 음식'이라고 평가절하한 만나처럼(민 21:5), 친숙해진 나머지 특권에 대해서 하찮게 생각을 합니다. 누구와 견주어도 손색이 없는 이교도 철학자 플라톤의 글을 봅시다. 마치 눈이 가려진 남자가 빛을 찾아 더듬지만 문을 찾기에 너무 지친 것처럼 보입니다.

우리의 공동 기도서에 있는 아름다운 친교의 예배의 4가지 "위안의 말씀들"(comfortable words, 마 11:28; 요 3:16; 딤전 1:15; 요일 2:1-2)을 붙잡는 겸손한 농부가 아테네의 현자보다 훨씬 더 하나님과의 평화를 누리는 법을 잘 알고 있습니다. 생각해보십시오. 신뢰할 만한 여행자와 선교사들이 이교도들은 평생 들을 수 없는 복음을 들려줍니다. 아프리카의 인신제사, 인도의 추종자들 중 끔찍하게 자해하는 사람들, 그들 모두 목마름이 해결되지 않은 이들이며, 눈 먼 소경이며, 하나님께 가까이 가려고 하나 만족하지 못한 이들입니다.

지금 이 땅에 살면서 당신이 가진 것들에 대해서 감사하십시오. 하나님께서 우리의 감사치 않음과 논쟁을 하실까봐 두렵습니다. 아프리카, 중국, 인도 등의 상태를 배울 수 있으며 기독교 국가인 영국에 살면서도 하나님께 감사치 않는 사람의 심장은 식어있으며 죽은 것입니다.

3. 주어진 약속이 있습니다. "그 배에서 생수의 강이 흘러나리라"

성경에 주어진 약속은 가장 관심을 끄는 주제의 하나입니다. 그런데 오늘날에는 그것이 정당하게 주목받지 못하는 것 같습니다. 새뮤얼 클라크의 『성경의 약속들』(Scripture Promises)은 우리 아버지들의 세대보다 약간 더 오래 된 책입니다. 모든 그리스도인들에게 격려가 되고 특별한 축복이 되는 성경 속에 놓인 "…될 것이다", "…할 것이다" 등과 같은 약속들이 얼마나 많은지 또 그 길이와 넓이와 깊이와 높이가 어떠한지 헤아리는 그리스도인들은 매우 적습니다.

이 세상에서도 약속이란 사람과 사람 사이의 모든 거래의 바탕이 되는 것입니다. 문명화 된 세상에서 살아가는 아담의 후손들 대부분이 매일 약속이라는 신뢰 위에서 살아갑니다. 노동자들은 주말에 급료 받을 것을 믿기에 월요일에서 토요일까지 일을 합니다. 식모도 주인 아줌마가 약속된 급료를 주리라고 믿기에 아침부터 저녁까지 일합니다.

군대의 군인도, 배를 타는 선원들도 모두가 그들의 약속된 날짜에 받을 급여를 바라보며 신뢰 아래서 일을 합니다. 그리고 대도시의 사업거래는 약속에 대한 신뢰 없이는 전혀 이루어질 수가 없습니다. 대규모의 상거래는 수표 등의 신용 화폐로 이루어지기 때문입니다. 그들은 약속을 믿으며 또 그 믿은 바가 이루어지기를 당연히 기대합니다. 그렇다면, 약속과 약속에 대한 믿음과 그 약속에 대한 믿음에서 유래하는 행위들은 모든 사람들과 사회의 밑바탕입니다.

이처럼 세상에서의 약속과 마찬가지로 하나님께서도 인간에게 다가오실 때 약속이라는 방법을 사용하십니다. 성경을 주의 깊게 읽어 본 사람은 누구나 다 하나님께서는 사람에게 그의 말씀을 듣고, 그에게 순종하고, 그를 예배할 것을 요구하시며 단지 믿고 순종하기만 하면 큰 일을 이뤄주시겠다고 하셨음을 알고 있을 것입니다. 요약하자면 "그 보배롭고 지극히 큰 약속을 우리에게"(벧후 1:4) 주신 것입니다. 우리를 가르치기 위해 성경을 기록한 저자들은 성경 전반에 걸쳐 충만한 약속과 온갖 삶의 조건에서 비롯된 체험들을 두루 적어놓으심으로써, 인간본성에 대한 깊은 통찰을 보여주셨습니다. 하나님은 우리에게 "너희가 너희를 위해 내가 하려는 일을 알려 하느냐? 또 나의 뜻을 듣고 싶으냐? 그러면 성경을 집어 읽으라"라고 말씀하시는 것 같습니다.

그러나 하나님의 약속과 사람들 사이의 약속은 중대한 차이가 있으니 꼭 기억하도록 합시다. 인간의 약속은 아무리 좋은 것이라도 모두 다 이룰 수는 없습니다. 왜냐하면 그 말들을 다 지킬 수 없기 때문입니다. 질병과 죽음이 무장한 사람처럼 다가와 약속을 한 사람을 이 세상에서 데려가버릴 수도 있습니다. 전쟁, 전염병, 기근, 흉작, 폭풍 등과 같은 것들이 약속한 사람의 재산을 앗아가버릴 수도 있고 또 그런 것들이 약속을 완전하게 지킬 수 없게 만들어 버릴 수도 있습니다. 그러나 하나님의 약속은 확실하게 지켜집니다. 그는 전능하시기에 그 무엇도 그가 약속하신 바를 이루지 못하게 할 수 없습니다. 그는 결코 변하지 않으십니다. 그는 "뜻이 일정하시며"(욥 23:13), "변화하는 그림자도 없으신"(약 1:17) 분입니다.

그는 약속을 지키시는 이시며, 그가 하실 수 없는 것은 단 하나 "거짓말을 하실 수 없다"(히 6:18)라는 것입니다. 하나님은 한 번 하겠다고 하신 것은 그것이 아무리 불가능해 보여도 꼭 이루셨습니다. 노아의 방주, 이삭의 출생, 출애굽, 사울의 왕좌를 다윗에게 주심, 동정녀 탄생, 예수님의 죽음과 부활, 그리고 유대인의 유랑 등 이 모든 사건들, 누가 감히 상상이나 할 수 있었겠습니까? 그러나 하나님은 꼭 이루어지리라고 하셨고 과연 적절한 때가 되니 그대로 되었습니다. 하나님에게 있어서 말씀하신 바를 실행하시는 것은 너무 쉬운 일입니다. 하나님께서는 늘 그것을 보여주셨습니다.

성경에 나온 그 풍부한 약속에 대해서는 이외에도 무수히 할 말이 많습니다. 유년에서 노년에 이르기까지 인간 삶의 모든 단계에 걸쳐서 성경은 하나님 보시기에 의롭게 살고자 하는 사람들을 고무해줍니다. 하나님의 보물창고 안에는 인간을 향한 "…될 것이다"와 "…할 것이다"가 많이 들어있습니다. 하나님의 무한한 은혜와 열심, 회개하고 믿는 자는 기꺼이 받아주심, 죄인의 괴수라도 용서하심, 심령과 부패한 본성을 변화시키는 그의 능력, 기도의 권고, 복음을 듣고 은혜의 보좌로 나아오는 것, 의무를 이행할 능력, 고통 중의 위로, 혼돈 중의 인도, 병들 때의 위로, 죽음 이후의 행복, 영광스러운 보상 등 성경에는 온갖 약속으로 가득합니다. 어느 누구도 이 약속이라는 주제를 염두에 두고 성경을 주의깊게 살피지 않는 한, 그 풍성을 도무지 알 수가 없는 것입니다. 혹시 이것들을 의심하는 사람이 있다면 나는 그에게 다만 "와 보라"라고 할 뿐입니다. 마치 솔로몬의 궁에 찾아온 시바의 여왕처럼 당신도 "절반도 듣지 못했었다"(왕상 10:7)라고 할 것입니다.

이 글 본문에 제시된 우리 주 예수 그리스도의 약속은 다소 독특한 것이었습니다. 이 구절은 영적으로 목말라하며 예수님께 나아오는 사람들이라면 누구라도 누릴 수 있는 풍성한 것들을 약속하고 있기에 더욱 주목해야 할 가치가 있습니다. 대개 주님의 약속은 그 약속을 받는 대상에게 축복이 되는 것인 바 이 약속은 그가 직접 말한 사람들 외에 더 광범위한 층에 주어지는 것입니다. 그가 이런 약속을 하신 이유는 다음의 성경구절에서 드러납니다.

> 나를 믿는 자는 성경에 이름과 같이 그 배에서 생수의 강이 흘러나리라 하시니 이는 그를 믿는 자의 받을 성령을 가리킴이라(요 7:38-39).

이 말씀은 앞 부분의 "목마르거든"이나 "마시라"와 같이 비유적인 표현입니다. 그러나 성경의 비유는 의례히 중대한 진리를 포함하는 것이며, 이제 이 말씀이 담고 있는 진리에 대해 생각해 봅시다.

1) 믿음으로 그리스도께 나아가는 자는 영혼의 안식을 위해 필요한 모든 것을 얻게 될 것입니다.

성령께서는 신자에게 죄사함, 평화, 소망을 공급해 주실 것이며, 이것들은 심령 속에서 결코 마르지 않는 샘이 될 것입니다. 그렇기 때문에 신자는 성령께서 보이신 "그리스도의 것"(요 16:15)에 만족할 수 있으며 죽음이나 심판, 영원 등에 대한 영적 공포에서 놓여날 수 있는 것입니다. 물론 그 자신의 연약함이나 악마의 유혹으로 어둠과 의심의 나날을 보낼 수도 있습니다. 그러나 일반적으로 말해서 사람이 믿음으로 그리스도께 나아오면 그 심령 깊숙한 곳에 마르지 않는 위로의 샘을 가지게 됩니다. 이것이 우리에게 주어진 약속입니다. 예수님께 이렇게 말씀하고 계십니다.

가련한 영혼들은 내게로 오라 다만 오기만 하면 너희 불안은 없어지리라 나는 나의 속죄와 중보를 통하여 그대 심령 속에 성령의 권능과 죄사함과 평안으로 채우니 다시는 그렇게 목마르지 않으리라 때로 육체에 머무는 한 의심과 두려움이 생길 수도 있겠지만, 일단 내게 와서 나를 그대의 구세주로 믿는 한 다시는 결코 희망없는 사람이 되지는 않으리라 그대의 속사람은 철저히 변화되었고, 그대 속에서 끊임없이 솟아나는 샘이 있는 것처럼 느끼게 되리라

무슨 말이 더 필요하겠습니까? 사람이 믿음을 가지고 그리스도께 나아오기만 하면 이 약속은 꼭 이루어질 것입니다. 때로 믿음이 약해지고, 불행한 일을 당할 수도 있으며, 자기가 회심하고 의롭다함을

받았으며 정결케 되었고 빛 가운데서 성도의 유업을 물려받을 것이라는 고백을 할 용기가 없어질 수도 있습니다. 그럼에도 불구하고 그리스도 안에 있는 가장 약한 신자라도, 비록 그가 온전히 알지 못해도 그 안에 그와 분리될 수 없는 그 무엇을 지니고 있습니다. 그 무엇은 곧 '생수의 강'으로서 사람이 그리스도에게 와서 마시기 시작한 때로부터 흐르기 시작한 것입니다. 이런 의미에서 그리스도의 놀라운 약속은 반드시 이루어지는 것입니다.

2) 믿음으로 그리스도께 나아가는 자는 타인의 영혼의 축복의 근원이 될 것입니다.

믿는 자 속에 내재하시는 성령은 신자로 하여금 다른 이웃에게 유익한 샘이 되게 하셔서 최후의 심판날에 그에게서 '생수의 강'이 흘러 나왔음을 알게 하실 것입니다.

이것은 주님의 약속 가운데서도 무척 중요한 것이며 많은 그리스도인들이 거의 이해하지 못하는 주제이기도 합니다. 그러나 이것은 대단히 흥미로운 것이며 지금보다 훨씬 더 주목받아야 합니다. 내가 믿기에 이것은 하나님께 속한 진리입니다. 아무도 자기를 위해 살지 않듯이(롬 14:7), 아무도 자기만을 위해 믿지 않습니다. 하나님의 놀라운 섭리로 한 사람의 회심은 다른 사람의 회심으로 이어집니다. 그렇다고 모든 사람들이 이 사실을 알지는 못하며, 자기가 다른 사람의 영혼에 유익을 끼친 것은 모른 채, 신앙생활을 하다가 죽는 사람도 있습니다. 그러나 부활과 심판의 그날이 되어 기독교 역사의 모든 숨은 것이 드러나면, 우리에게 주어졌던 모든 약속은 다 이루어졌음을 알게 될 것입니다. 다른 사람에게 '생수의 강'이 되어 성령의 은혜를 공급하는 통로가 되지 않는 그리스도인은 없습니다. 십자가에 달렸던 강도 역시 비록 회개한 뒤 금방 죽었지만, 그는 수많은 영혼들에게 복의 원천이 되었습니다.

어떤 신자들은 '생수의 강'으로 살아갑니다. 그들의 말과 설교와 가르침을 통하여 동료 이웃들에게 생수가 공급됩니다. 예를 들어 사도들은 서신을 통하여 일하기보다는 직접 설교를 통해 일했습니다. 그리고 루터, 휫필드, 웨슬리, 베리지(Berridge), 롤랜즈(Rowlands) 등 주의 종들도 그러하였습니다.

어떤 신자들은 죽어서 '생수의 강'이 되었습니다. 죽음 앞에서 발휘한 그들의 용기, 가장 극심한 고통 가운데서의 담대함, 위기에 놓였을 때도 그리스도의 진리에 대한 철저한 충성, 이 모든 것은 수많은 사람들로 하여금 회개하고 믿게 하였습니다. 예를 들면 로마의 황제들이 핍박했던 초대교회의 순교자들이 그렇고, 얀 후스(John Huss)와 프라하의 제롬(Jerome of Prague)이 그렇습니다. 크랜머(Cranmer), 리들리(Ridley), 라티머(Latimer), 후퍼(Hooper) 등과 같은 메리 여왕 시대의 순교자들도 있습니다. 삼손처럼 그들이 죽음에 직면해서 보여준 믿음의 행위는 그들이 살아서 행한 일들보다 훨씬 위대한 것입니다.

어떤 신자들은 죽은 지 오랜 후에야 '생수의 강'이 되었습니다. 그들의 저작이 그들 사후 오랜 시간이 지난 뒤 전세계적으로 영향을 미쳤던 것입니다. 존 번연(John Bunyan), 리처드 백스터(Richard Baxter), 존 오웬(John Owen), 조지 허버트(George Herbert), 로버트 맥체인(Robert M'Cheyne) 등 이들의 경우는 살아 생전보다 오히려 죽은 후 그 남긴 유작들에 의해 더 많은 유익한 일을 하는 것입니다.

그(들)은 죽었으나 지금도 말하느니라 (히 11:4).

끝으로 어떤 신자들은 그들의 아름다운 일상생활을 통해 '생수의 강'이 됩니다. 그들은 조용하고 온화한 그리스도인들로서, 세상에 나서거나 요란스럽게 떠들지는 않지만, 주위 사람들에게 무언중 유익을 끼치는 것입니다. 그들은 "말로 말미암지 않고"(벧전 3:1) 승리한 것입니다. 그들의 사랑, 인내, 부드러운 기질, 이타적인 성향은 많은 사람들에게 자기를 돌이켜보게 해줍니다. 휫필드를 섬기던 한 늙은 하녀의 평화로운 임종은 이에 대한 훌륭한 증언을 해주고 있습니다. 그녀는 하나님 안에 있는 휫필드의 삶을 통해 그녀 자신의 구원에 대해 생각했습니다.

> 저를 감동시킨 것은 그분의 설교가 아니었지요. 저에게 개인적으로 해주신 어떤 말씀도 아니었어요. 그것은 제가 어린 소녀때부터 한 집안에서 그분을 섬기며 보아온 그분의 한결같은 친절과 사랑이었답니다. 제게도 만일 어떤 신앙이라는 것이 있다면 휫필드씨의 하나님이 저의 하나님이라는 것입니다.

이제 모든 독자들은 주님의 약속에 대한 이 견해를 꼭 붙들고 잊지 말기 바랍니다. 잠시라도 그리스도를 믿고 따름으로써 당신의 영혼만이 구원 얻을 것이라는 생각은 하지 말아야 합니다. 다른 사람에게 '생수의 강'이 되어줄 생각을 해야 합니다. 누가 감히 당신은 많은 사람들을 그리스도에게로 이끌지 못할 것이라고 말할 수 있겠습니까? 살고, 말하고, 일하며, 기도하는 가운데 항시 이 점을 명심하십시오.

나는 아버지와 어머니, 그리고 열 명의 자녀들이 있는 가정에 대한 이야기를 들은 적이 있습니다. 이 가정의 진정한 복음화는 가장 어린 막내 딸에게서부터 시작되었습니다. 이 소녀가 장성했을 때 그녀의 가족들은 온통 세속에 빠져 있었지만 그녀가 임종을 맞이했을 때 즈음에는 그의 가족 모두가 회개하고 주님 앞으로 돌아왔습니다. 이 모든 일이 이 어린 딸의 평범하고 지속적인 아름다운 신앙의 덕택이 아니었겠습니까?

모든 그리스도인들이 타인에게 '생수의 강'이 될 수 있음을 의심할 필요가 없습니다. 비록 회심이 당신의 때에 이루어지지 않고, 당신이 죽은 뒤에 이루어 지더라도 회심은 회심을 이끌며 반드시 다른 이들도 함께 천국으로 데려갑니다.

북부의 사도 하워스의 그림쇼(Grimshaw of Haworth)가 죽었을 때, 그의 남겨진 아들은 신앙이 없는 불경건한 자였습니다. 그러나 후에 그 아들은 회심하였고, 그의 아버지의 조언과 모범을 가슴에 새기며 살았습니다. 다음은 그의 유언 입니다. "아버지께서 천국에서 나를 만나신다면 무엇이라고 말씀하실까?" 그리스도의 약속을 믿고 용기를 내십시오. 소망을 가지시길 바랍니다.

4. 맺는 말입니다.

1) 영적인 목마름에 대하여, 영혼에 대하여 관심을 가져보았습니까?

두려운 일이지만 많은 사람들이 이에 대해 전혀 무지합니다. 나는 지난 30여년의 목회생활 동안에 많은 사람들이 교회는 다니지만 결코 죄를 깨닫지도 못하고 구원 받으려고도 하지 않는 것을 보아왔습니다. 그들이 비록 교회에 나오긴 해도 그 마음은 교회 바닥의 돌처럼 차가우며, 교회를 떠날 때에도 아무런 감화를 받지 못한 채 대리석 조각처럼 냉랭하기만 합니다. 그러나 사실이 그렇더라도 그분께서 살아있는 한 결코 그 누구도 포기할 수 없습니다. 절망하지 않습니다.

성바울성당의 종소리는 그 거리가 시끌벅적한 한 낮에는 사람들의 귀에 잘 들리지 않습니다. 그러나 하루 일이 끝나고 문들이 닫히며 온 도시가 고요해지면 달라집니다. 오래된 성당의 시계가 11시, 12시,

1시, 2시를 알리는 종소리를 낼 때 그 소리는 그 도시에 사는 모든 이들의 귀에 울려 퍼집니다. 한참 건강하게 사업에 몰두할 때에는 자기 양심의 소리 따위는 들리지 않습니다. 나는 많은 사람들이 자신의 영혼의 문제에 집중하길 원합니다. 건강하고 힘이 넘칠 때, 바쁘고 분주할 때, 당신의 양심의 목소리가 억눌리고 당신이 그것을 듣지 못할까봐 두렵습니다. 그러나 좋건 싫건 간에 언젠가는 양심의 소리가 크게 울려올 날이 올 것입니다.

질병 등의 이유로 당신이 생활 일선에서 물러나 앉아 자신을 들여다보고 영혼의 문제에 대해 관심을 갖게 될 때 당신 양심이 각성하는 소리가 당신 귀에 크게 울려오게 되면 그 때 당신은 하나님의 음성을 듣게 되며 회개하고 영혼의 목마름을 느껴 그리스도께 안식을 구하여 나아오게 될 것입니다. 부디 너무 늦기 전에 당신이 이 사실을 깨닫기 바랄 뿐입니다.

2) 지금 이 순간 무엇인가 느끼는 바가 있습니까?

당신의 양심은 깨어나 운동하고 있습니까? 당신은 영적인 목마름을 느껴 그리스도께 위안을 구하고 있습니까? 그렇다면 주님의 초청을 들으십시오. 신분, 재산, 학식에 관계 없이 "누구든지 목마르거든 그리스도께 와서 마시십시오." 지체 말고 이 초청을 받아들이십시오. 당신이 '편리한 때'를 기다리다가는 너무 늦을지도 모릅니다. 구세주께서는 지금 하늘에서 손을 내밀고 계시지만 언제 그 손을 거두어가실지 모릅니다. 은혜의 샘이 지금은 솟아나고 있으나 조만간 영원히 말라버릴지도 모릅니다. 지체하지 말고 "누구든지 목마르거든 와서 마시십시오." 비록 당신이 큰 죄인이고 경고와 조언과 설교를 무시했었다 해도 오십시오. 비록 당신이 바른 지식을 저버리고 아버지의 충고와 어머니의 눈물을 무시하며, 주일을 저버린 채 살았더라도 오십시오. 어떻게 오는지 모르겠다고, 믿는다는 게 뭔지도 모르고 빛이 비추이기를 더 기다려야 겠다고 하지는 마십시오.

　피곤한 사람이 어떻게 누워서 쉬는지 모른다고 하지는 않으며, 물에 빠진 사람이 어떻게 도움의 손길을 붙잡는지 모르겠다고 하지도 않는 법입니다. 그런 거짓 핑계들은 멈추고, 어서 일어나 오십시오. 문은 아직 닫히지 않았고 샘도 아직 마르지 않았습니다. 그리스도께서 당신을 부르십니다. 당신이 목마름을 느끼고 구원 받고자 한다면 그것으로 충분합니다. 오십시오. 지체말고 그리스도께 오십시오. 죄를 씻기 위해 이 샘에 왔는데 샘이 말랐던 적은 없습니다. 그리고 만족을 얻지 못하고 이 샘을 떠난 사람도 없습니다.

3) 만약 그리스도께 나아와 안식을 얻었다면, 더욱 가까이 오십시오.

　당신이 그리스도와 더욱 가깝게 사귈수록, 더 많은 위로를 얻게 될 것입니다. 당신이 그 샘에 더욱 가까이 있을수록, 당신은 더욱더 당신 속에서 "영생하도록 솟아나는 생수"(요 4:14)가 있음을 느끼게 될 것입니다. 당신은 당신 자신이 축복을 받을 뿐 아니라, 타인에게 복의 근원이 되야 합니다. 이 악한 세상에서 당신은 혹 바라는 만큼 위로를 얻지 못할지도 모릅니다. 그러나 당신은 두 개의 천국을 소유할 수 없음을 명심하십시오. 온전한 행복은 아직 오지 않았습니다. 악마도 아직 결박당한 것이 아닙니다. 죄를 깨닫고 그리스도께 나아와 그의 목마른 영혼을 그의 보호에 맡기는 이에게 '선한 날'이 다가오고 있습니다. 그가 다시 오시면, 모든 신자들은 온전한 만족을 얻게 될 것입니다.

* * *

　이 글에서 언급된 몇 가지 점에 대해 아주 자세하게 언급한 옛 문헌이 한 편 있기에 여기에 옮깁니다. 이것은 거의 알려지거나 읽혀지지도 않은 저작에서 나온 것이지만, 제게 많은 유익을 끼친 것이기에 독자들에게도 도움이 될 것 같아 여기 소개합니다.

　어떤 사람이 각성을 하여 "내가 어떻게 하여야 구원을 얻으리이까?"(행 16:30)라는 질문을 하게 될 때, 그에 대한 사도들의 대답은 "주 예수를 믿으라 그리하면 너와 네 집이 구원을 얻으리라"는 것이었다. 이 대답은 하도 오래 되어서 많은 사람들이 구식으로 취급한다. 그러나 이것은 여전히 또 앞으로도 새롭고 구원의 길이 되며, 양심과 세상이 계속 존재하는 한 양심에 관한 중대한 문제의 유일한 해답이다. 인간의 지혜나 기술로는 그 가운데서 어떠한 결함도 찾을 수 없었고, 또 다른 혹은 더 나은 방책을 고안해 낼 수도 없었으며, 오로지 이것만이 각성된 양심의 상처를 제대로 치료할 수 있다.
　우리 이스라엘의 몇몇 스승들로부터 구원을 찾는 이 사람에게 해결과 안식을 얻도록 해보자. 우선 그들은 이스라엘의 율법에 따라 그에게 "회개하라 너의 드러난 죄를 슬퍼하고 그 죄를 미워하고 그 죄를 떠나라. 그러면 하나님이 자비를 베푸시리라"고 말할 것이다. 그러면 그 사람은 "내 마음이 완악하니 내가 과연 바르게 뉘우칠 수 있을 것인가, 죄를 지으면 지을수록 마음이 더 완악해지고 또 내 자신을 용납할 수 없을 뿐이다"라고 할 것이다. 당신이 이 사람에게 그리스도에 합당한 자격들을 말해봐야 그는 아무것도 모를 것이다. 만약 그의 성실한 순종에 대해 말해주면 그는 즉시 "순종은 살아있는 사람이 할 일이요, 성실은 새롭게 된 영혼에 속한 일이다"라고 대답할 것이다. 즉 새로워지지 못한 사람에게는 철저한 순종이나 성실이 불가능하다는 소리인 것이다. 자각한 죄인에게는 위의 말들이 아니라, "주 예수를 믿으라 그러면 구원을 얻으리라"는 소식이 필요한 것이다. 그에게 그리스도께서 누구며, 그가 죄인들을 영원히 구속하시려 해놓은 일이 무엇인지를 말해줘야 한다. 그에게 복음의 역사와 신비에 대한 분명한 설명을 해줘야 한다. 그렇게 함으로써 성령께서 이방인 중 첫 열매들에게 그리하셨듯이 그 안에서도 믿음을 불러일으키게 해야 한다(행 10:44).

만일 누가 왜 예수 그리스도를 믿어야 하는지 묻는다면 그렇게 할 수 밖에 없는 근본적인 필요성이 있음을 말해주라. 즉 만일 그분을 믿지 않는다면 우리는 영원히 멸망해 버릴 것이라는 것을 말해주라. 그리고 그에게 이미 그리스도와 그의 구속이라는 하나님의 은총의 선물이 와있으며, 믿음으로 말미암아 이 선물을 자기 것으로 삼을 수 있다는 사실도 알려주라. 또 그에게 내려진 하나님의 명령은 그리스도의 이름을 믿으라는 것이며, 그는 다른 도덕적 명령 뿐 아니라, 이 명령에도 복종해야 함도 알게 해야 하고, 그리스도에게는 구원의 능력이 있고, 그에게 자신을 의지하는 사람은 버림 당하지 않으며, 절망적인 상황마저도 그가 구원하심으로써 찬란한 승리가 될 수 있음을 알게 해야 한다. 또한 신앙과 불신앙 사이에는 중간이 있을 수 없고, 예외 없이 계속 한 편을 따르려면 다른 한 편은 무시해야 하며, 주 예수를 믿는 것은 그 어느 법에 순종하는 것보다 하나님을 기쁘시게 하는 것이지만 불신앙은 모든 죄 가운데 하나님을 가장 노엽게 하며, 인간에게는 가장 큰 화가 됨을 알게 해야 한다. 비록 그의 죄는 심히 크고, 율법의 저주가 있으며, 하나님은 준엄한 재판관이 되시지만, 자신을 희생하신 그리스도의 대속의 공로로, 하나님의 무한한 은혜가 허락된 것이다.

혹시 그가 예수 그리스도를 믿는다는 것이 무엇이냐고 물을지도 모르지만 성경에는 그런 질문이 없다. 누구나 다 그 나름대로 그에 대한 개념을 알고 있기는 했으되, 예수님을 믿지 않은 유대인들도 있었고(요 6:28-30), 대제사장과 바리새인들도 있었으며(요 7:48), 믿은 맹인도 있었다(요 9:35). 예수님께서 그 맹인에게 네가 하나님의 아들을 믿느냐고 물으셨을 때, 그 맹인은 믿노라고 하면서 그분이 누구시냐고 물었다. 이 경우에 있어서도 맹인은 예수님의 물음에 대해 믿는 것이 무어냐고 묻지를 않고, 내가 믿나이다라고 대답하고는 그를 예배했으며, 그에 대한 믿음을 고백하고 실천하였던 것이다.

우리가 믿고 안 믿고를 막론하고 누구나 다 예수님을 믿는다는 것의 의미는 알고 있다. 다만 실제로 믿느냐 믿지 않느냐의 차이만 있을 뿐이다. 귀신 들린 아이의 아비도 그러했고(막 9:23-24), 내시도 그러했다(행 8:37). 그리스도의 대적들이나 제자들 모두다 그를 믿는다는 것은, 나사렛 사람 예수님이 하나님의 아들이시며, 기름부음 받은 자 메시아이고, 세상의 구주여서 천하 인간에 구원을 주시는 유일한 이름이라는 것을 뜻한다는 것을 알고 있었다(행 4:12). 이 믿음의 내용은 그리스도께서 친히 밝히신 것이며, 그의 사도들과 복음을 듣는 모든 이들에 의해 증거되었다.

만약 무엇을 믿어야 하는가라는 질문에 부딪히게 될 경우 당신은 아직 그리스도 안에 있지 않고, 죄사함 받지 못했으며, 의로워지지 못했기에 하나님의 말씀에서 그리스도에 관련된 바를 믿어야 한다고 대답하기 바란다(요일 5:10-12). 그 내용인즉 하나님은 그 아들 예수 그리스도를 통해 우리에게 영생을 주셨고, 이 사실을 믿고 이것에 자기 영혼을 의뢰하는 자는 구원을 얻으리라는 것이다(롬 10:9-11). 이렇게 설명해주면 그 사람은 믿어 의롭게 될 수 있을 것이다(갈 2:16). 누군가가 믿는 것이 어렵다고 한다면 그것은 선한 회의이며 쉽게 해결될 수 있다고 말해주어야 한다. 이것은 인간에게 겸손을 보여주기 위한 것이다. 많은 사람들이 하나님의 율법을 완전히 지키는 것은 어려운 일이며 자신의 능력이 부족하다는 사실은 잘 보지만, 믿는 것도 역시 어렵다는 사실을 발견하는 사람은 많지 않다. 우리는 그런 질문을 하는 자들을 위해, 대체 무엇이 믿음을 어렵게 하는지 물어봐야 하리라. 혹시 그것이 구원 받아 의로워지는 것을 싫어하기 때문은 아닌지? 예수님을 믿고 하나님을 찬양하고 자만심을 버려야 하는 것들이 싫어서는 아닌지? 아니면 복음을 신뢰하지 못하거나 그리스도의 능력을 믿지 않아서는 아닌지? 물론 그들은 아니라고 할 것이다. 그러나 우리는 그들에게 믿음이란 그리스도에 대한 관심임을 일깨워 주자.

만약 사람들이 믿음을 실천하기가 어렵고, 실천에 필요한 신령한 능력을 발견치 못했기에 믿을 수 없다고 한다면, 당신은 그들에게 믿음은 일하는 것이 아니라 안식을 누리는 것임을 알려주라. 그들의 주장은 마치 지쳐서 걸을 수도 없기 때문에 누울 힘도 없다고 하는 것과 같다. 가련한 죄인은 그 스스로의 힘으로는 아무것도 할 수 없음을 알게 된 후에야 그리스도를 믿을 수 있는 법이다. 그러기에 믿음의 첫 단계는 아무런 소망이 없는 자로서 자신을 그리스도께 전적으로 내어 맡기는 것이다. 이와 같은 논증을 통하여 주님께서는 사람들을 믿게 하시고, 그들에게 기쁨과 평강을 주실 것이다.

-『로버트 트레일의 작품 선집』(*Robert Traill's Works*)중에서 발췌-

The Upper Room

8장
승리[1]

무릇 하나님께로부터 난 자마다 세상을 이기느니라 세상을 이기는 승리는 이것이니 우리의 믿음이니라 예수님께서 하나님의 아들이심을 믿는자가 아니면 세상을 이기는 자가 누구냐(요일 5:4-5).

만약 우리가 참된 신앙을 소유한 자라면, 자신의 영혼 상태를 점검하고 정말 자신이 "하나님 앞에서 바른지 그렇지 않은지"(행 8:21)를 날마다 살피는 습관을 가져야 합니다.

나는 정말 참 그리스도인인가?
나는 죽어 천국에 갈 수 있을 것인가?
나는 거듭나 있는가?
하나님께로부터 난 자인가?

이것들은 우리의 마음을 찌르는 질문들이며 즉각적인 대답을 요구하는 것이기도 합니다. 요한일서의 본문이 이 질문에 답하는 데 도움이 될 것입니다. 만일 우리가 하나님께로부터 난 자라면 우리에게는

---

1 본 장은 1879년 세인트메리교회(St. Mary's church)와 케임브리지대학에서 설교한 것이다.

이런 특질을 나타내주는 훌륭한 표시가 있게 될 것입니다. 그것은 바로 우리가 '세상을 이길 것'이라는 것입니다.

나는 이 주제를 시작하면서 모두가 주의를 기울여봐야 할 세 가지 요점을 소개하고자 합니다.

1. 요한이 참된 그리스도인을 어떤 이름으로 묘사하는지 주목해 봅시다. 그는 여섯 번은 'born of God', 한 번은 'begotten of God'이라고 합니다(킹제임스역에 따른 것으로, 개역개정에는 '하나님께로부터 난' 혹은 '하나님으로부터 나서'로 번역 되어 있다-역자).
2. 요한이 '하나님께로부터 난' 사람에게 있다고 한 특별한 표시에 주목해 봅시다.
3. 요한이 가르쳐 주는 참된 그리스도인의 승리의 비밀이 무엇인지 주목해 봅시다.

나는 이 주제를 시작하면서 한 가지 간절한 소망을 말하고 싶은데, 그것은 독자들이 미리부터 이 주제를 논쟁의 여지가 많은 것이라 여기고 회피하지 말자는 것입니다. 성경에 나타난 교리 중 "하나님께로부터 났다"라는 이 말씀에 내포되어 있는 교리만큼 사람들의 논쟁거리가 된 교리는 없을 것이라고 생각합니다. 그러나 이 말씀에는 기독교의 위대한 근본 진리가 담겨있으므로 이것을 소홀히 다루어서는 안됩니다. "하나님께로서 났다"라는 이 말은 세례의 효과와 예배의식의 의미에 대한 것보다, 또한 인간의 영혼에 대한 성령의 내적인 역사에 대한 것보다도 더 깊은 영원한 복음의 토대가 되는 것입니다.

우리를 위하신 그리스도의 속죄의 사역 그리고 우리 안에서의 성령의 성결케 하시는 역사가 구원에 이르는 신앙의 두 가지 모퉁이 돌입니다. 신약성경의 마지막 저자가 그가 쓴 한 편지의 다섯 장을 통하여 일곱 번이나 나타내었던 한 진리, 그리스도인을 다른 사람들과 구별해주는 여러 특질들 중의 하나로 묶어 일곱 번이나 표현하고자 한 한 진리, 우리는 이런 진리를 싫어하거나 소극적으로 지나쳐버려서는 안됩니다. 우리는 이 진리의 논쟁의 여지가 많은 부분에 대해서는 손을 대지 않고서도 우리에게 유익하게 살펴볼 수 있으리라 생각합니다. 나는 이 글에서 그런 식으로 이 주제를 살펴보고자 합니다.

1. 요한이 참된 그리스도인을 어떤 이름으로 묘사하는지 주목해 봅시다.

그는 요한일서에서 그리스도인을 '하나님께로부터 난' 자라고 말합니다. 이 값지고도 놀라운 표현에 대해 간략히 분석해 봅시다. 인간의 육적인 탄생은 그가 아무리 비천한 계층에 속한다 할지라도 매우 중요한 사건입니다. 이는 태양, 달, 별, 지구 등과 같은 존재보다 귀한, 영원한 존재의 탄생, 세상을 진동케 할 새로운 날의 시작을 의미합니다. 하물며 영적인 탄생은 얼마나 중요한 사건이 되겠습니까! "하나님께로부터 났다"라는 이 비유적 말씀 속엔 그 얼마나 많은 내용이 담겨 있겠습니까!

1) '하나님께로부터 난다'라는 것은 마음의 내적인 변화를 겪는 대상이 된다는 것을 의미합니다.

이 변화는 너무도 완전하여서 마치 전혀 새로운 존재로 들어가는 것과 같습니다. 이것은 하늘로부터 떨어진 씨앗과 새로운 원리와 신적인 본성 그리고 새로운 의지를 지닌 인간 영혼으로 변화됨을 의미합니다. 분명 외적 신체적 변화는 전혀 없습니다. 그러나 이것은 내적인 사람의 전적인 변화라고 분명히 말할 수 있습니다. 우리의 정신에 어떤 새로운 기능이 덧붙여지는 것은 아닙니다. 다만 우리의 옛 정신에 완전히 새로운 경향과 소질이 주어지는 것입니다. '하나님께서로부터 난' 사람의 취향과 견해, 죄와 세상과 성경, 하나님, 그리스도에 대한 그의 관점은 철저히 새롭게 되어서, 바울이 말한 대로 그는 모든 의도와 목적에 대하여 '새로운 피조물'이 됩니다. 교회 교리문답의 말씀처럼 참으로 그것은 '죄에 대하여 죽고 의에 대하여 새롭게 태어난 것'을 의미합니다.

2) '하나님께로부터 난다'라는 것은 주 예수 그리스도께서 그의 사랑하는 모든 백성에게 특별히 선물로 주신 한 가지 변화를 말합니다.

예수님께서는 그들의 마음 속에 양자의 영을 심으셔서 그들이 아바 아버지라 부르짖게 하시고 또 그들이 그의 신비한 몸의 지체가 되게 하시며 전능하신 분의 아들과 딸이 되게 하십니다(롬 8:15).
성경에는 다음과 같이 기록되어 있습니다.

> 아들도 자기의 원하는 자들을 살리느니라(요 5:21).
> 아버지께서 자기 속에 생명이 있음 같이 아들에게도 생명을 주어 그 속에 있게 하셨고(요 5:26).

요컨대 요한복음 1장의 가르침처럼, 세상이 계속되는 한 이 진리는 지속될 것입니다.

> 영접하는 자 곧 그 이름을 믿는 자들에게는 하나님의 자녀가 되는 권세를 주셨으니 이는 혈통으로나 육정으로나 사람의 뜻으로 나지 아니하고 오직 하나님께로부터 난 자들이니라(요 1:12-13).

3) '하나님께로부터 난다'라는 것은 매우 신비한 변화입니다.

주 예수 그리스도 자신이 다음의 유명한 말씀으로 우리에게 이 점을 말씀하셨습니다. "바람이 임의로 불매 네가 그 소리를 들어도 어디서 오며 어디로 가는지 알지 못하나니 성령으로 난 사람은 다 이러하니라"(요 3:8). 그러나 우리가 살고 있는 이 자연계에도 우리가 설명할 수 없지만 믿고 있는 일들이 굉장히 많습니다. 우리는 우리의 의지가 우리의 지체에 날마다 어떻게 작용하여서 자신의 뜻대로 그것들을 움직이게 하거나 쉴 수 있게 하는지 설명할 수 없습니다. 그러나 아무도 이 사실에 의문을 제기하지는 않을 것입니다. 아무리 지혜로운 철학자라 하더라도 육체적인 생명의 기원을 설명할 수는 없습니다. 그렇다면 우리가 '하나님께로부터 난' 사람의 영적인 생명의 시작을 이해할 수 없는 것이 불평거리가 될 필요가 있습니까?

4) 그러나 '하나님께로부터 난다'라는 것은 언제나 볼 수 있고 또 느낄 수 있는 변화입니다.

물론 이 말은 그 변화의 대상이 된 사람이 언제나 자기 자신의 느낌을 이해하리라는 의미는 아닙니다. 오히려 때로는 그러한 느낌들로 인하여 근심과 갈등과 내적인 싸움을 겪기도 합니다. 또 '하나님께로부터 난' 사람이 즉시 확고한 그리스도인, 그리고 그 생활과 행동에서 연약하고 흠이 있는 것은 전혀 찾아볼 수 없는 그리스도인이 되리라는 의미는 아닙니다.

다만 내가 말하고자 하는 것은 성령께서 한 인간의 영혼 안에 역사하실 때에는 반드시 그 성격이나 행동에 있어서 다른 사람들이 인지할 수 있는 몇 가지 결과들을 가져오신다는 점입니다. 하나님의 참 은혜는 빛과 불과 같은 것이어서 숨길 수 없습니다. 그것은 결코 무익한 것이 아니며 잠자는 것도 아닙니다. 성경에서는 '잠자는' 은혜와 같은 것을 찾아볼 수 없습니다. 성경에는 다음의 말씀이 기록되어 있습니다.

> 하나님께로부터 난 자마다 죄를 짓지 아니하나니 이는 하나님의 씨가 속에 거함이요 저도 범죄치 못하는 것은 하나님께로서 났음이라 (요일 3:9).

5) '하나님께로부터 난다'는 것은 우리의 구원에 있어서 절대적으로 필요한 것입니다.

이것이 없다면 우리는 하나님을 올바르게 알 수 없고 이 땅에서 하나님이 기쁘게 받으실 수 있도록 그를 섬기지도 못하며 내세에서는 그와 편안하게 거할 수도 없습니다. 아담의 자녀가 구원 받으려면 반드시 필요한 것이 두 가지 있는데, 그 하나는 그리스도의 피를 통하여 그의 죄를 용서 받는 것이고 다른 하나는 그리스도의 성령으로 그의 마음이 새롭게 되는 것입니다. 용서가 없다면 우리에게는 하늘 나라에 들어갈 자격이 없고, 새로워진 마음이 없다면 하늘 나라를 즐길 수가 없습니다. 이 두 가지의 것은 결코 분리될 수 없습니다. 용서 받은 사람은 모두 새로워진 마음을 지닌 사람이며, 새로워진 사람은 모두 용서받은 사람이기도 합니다. 복음서에는 우리가 결코 잊어서는 안 되는 두 가지 금언이 있습니다. 첫째는 "아들을 순종치 아니하는 자는 영생을 보지 못한다"(요 3:36)라는 것이고 둘째는 "누구든지 그리스도의 영이 없으면 그리스도의 사람이 아니라"(롬 8:9)는 것입니다.

옛말에 이런 것이 있습니다.

한 번 태어나면 두 번 죽는다. 그리고 영원히 죽는다. 두 번 태어나면 결코 죽지 않는다. 그리고 영원히 산다. 육적인 탄생이 없었다면 우리는 이 땅에 살 수도 움직일 수도 없었을 것이다. 그리고 영적인 탄생이 없다면 우리는 하늘 나라에 살 수도 거할 수도 없을 것이다.

성경은 "사람이 거듭나지 아니하면 하나님 나라에 들어갈 수 없느니라"(요 3:3)라고 말합니다. 이제 요한이 본문에서 참 그리스도인을 지칭하고 있는 이름에 대한 토론을 끝내기 전에 "하나님께로부터 난다"라는 것에 대하여 자신이 체험적으로 무엇을 알고 있는지 묻도록 합시다. 정직하게 자신을 점검하면서 스스로의 마음을 살피고 시험하며 자신의 속사람 안에서 성령께서 실제로 역사하고 계신지를 찾아보도록 합시다. 위선이나 자기기만 또는 광신에 사로잡히지 말고 또한 하늘 나라에서나 발견할 수 있을 천사와 같은 완전함을 여기 이 땅에 있는 자신 안에서 발견할 수 있으리라 기대하지도 맙시다.

다만 우리가 '내적이고 영적인 은혜'에 대하여 조금이라도 알고 있지 못하다면 기독교의 '외적이고 눈에 보이는 표시들'에 결코 만족해서는 안 된다는 것을 말하고 싶습니다. 우리 모두 요한일서를 통해 자신이 '하나님께로부터 난' 사람인지 아닌지를 발견해야 합니다.

또 한가지, 덧붙여 말하자면, 오늘날처럼 이단이 범람하는 세상에서 성령의 신성과 인격 그리고 그가 영혼들에게 실제로 역사하심에 대하여 열렬히 옹호하는 일을 결코 부끄러워하지 말자는 것입니다. 우리가 삼위일체의 교리와 우리 주 예수 그리스도의 독특하신 신성을 복음의 위대한 근본 진리들로 마음에 굳게 믿고 있듯이 성령 하나님께 대한 진리도 굳게 붙들도록 합시다. 성경이 성령께 할애하는 자리와 위엄을 우리의 신앙 속에서도 내어드리도록 합시다. 하나님의 섭리 안에서 우리가 어디에서 그를 예배하든지 간에 먼저 "어린 양은 어디 계시는가?"라고 묻고 "성령은 어디 계시는가?"도 물읍시다.

우리는 예수 그리스도와 칭의의 참 교리를 지키기 위하여 순교한 사람이 많이 있어왔음을 압니다. 어느 한 훌륭한 성도는 "성령과 그가 영혼 안에서 이루시는 역사를 위해 순교하는 사람이 필요한 날이 올지도 모른다"라고 말하였습니다. 입술뿐만 아니라 마음으로도 우리가 익히 알고 있는 다음의 훌륭한 교회의 교리문답을 말할 수 있는 사람은 행복한 사람일 것입니다. "나는 나와 세상을 지으신 성부를, 나와 온 인류를 구속하신 성자를, 나와 모든 택자들을 거룩하게 하시는 성령을 믿는다."

2. 요한이 하나님께로부터 난 사람에게 있다고 한 특별한 표시에 주목해 봅시다.

　요한은 "하나님께로부터 난 자마다 세상을 이기느니라"라고 말합니다. 요컨대 소도어와 만의 주교(Bishop of Sodor and Man)였던 윌슨(Wilson)의 말을 빌려 표현하자면 사도는 '중생의 유일하고도 확실한 증거는 승리'라고 가르치고 있는 것입니다.

　우리는 모두 자신에게 관대하기 쉽습니다. 그래서 잉글랜드 국교회라는 이 훌륭한 교회 연합체에 회원으로 등록하기만 하면 자신의 영혼이 큰 위험에 처하는 일은 있을 수 없다고 생각합니다. 그래서 "나는 교회 회원이니 두려워 할 이유가 없지 않은가?"라고 편안히 생각하여 양심의 소리를 은밀히 묵살해 버립니다.

　그러나 상식적으로 판단해 보거나 조금만 깊이 생각해 보아도 우리가 어떤 특권을 누리려면 그에 상응하는 책임을 져야 한다는 것을 알 수 있습니다. 그러므로 우리는 자신이 교회의 회원이라는 자기 만족적 확신에 의지하기 전에 먼저 자신이 그리스도의 신비한 몸의 살아있는 지체가 된다는 표시들을 자신의 특질 안에 정말 지니고 있는지를 확인해 보는 것이 좋을 것입니다. "나는 악마와 그의 모든 일들을 거부하고 정욕과 욕심을 십자가에 못 박았는가?", "나는 정말로 말씀처럼 세상을 이기고 있는가?"를 자신에게 물어야 합니다.

인간이 대면하고 있는 세 가지의 큰 영적 원수들(세상, 육체, 악마로 공동 기도서에 명시되어 있다-역자)중에서 어느 것이 그의 영혼에 가장 큰 해를 끼치는가 하는 것은 말하기 어려운 문제입니다. 이것은 마지막 날에야 풀릴 수 있을 것입니다. 그러나 '세상'은 오늘날에 와서 다른 어느 때보다도 그리스도의 교회에 위험스러운 존재가 되고 있으며 또 그것에 상해를 입히는 데 성공하고 있다고 감히 말할 수 있습니다. 각 시대마다 그 시대 특유의 전염병이 퍼졌었습니다. 그런데 오늘 우리가 살고 있는 시대에서는 '세속화'가 기독교계의 역병이 아닌가 생각합니다.

세상의 좋은 것들과 좋은 평판을 얻고자 하는 욕심, 세상의 적대와 비난을 두려워하는 마음은 가룟 유다와 데마 그리고 복음이 전파되기 시작하던 때의 많은 이들에게 매우 치명적인 영향을 끼쳤음이 드러났었습니다. 이것들은 1세기와 마찬가지로 오늘날에도 강력한 영향을 끼칩니다. 아니 백배는 더 영향을 끼치고 있습니다. 이교도 황제들 아래 핍박을 받던 시대에서조차도 이 영적 원수들은 수천 명을 살해하였는데, 오늘날 이 시대처럼 안락과 사치 그리고 자유분방한 생각이 범람하는 시대에 와서는 그보다 많은 수만의 사람을 살해하고 있습니다. 세상의 미묘한 영향은 오늘날 우리가 들이마시는 공기조차 감염시키고 있는 것처럼 보입니다. 그것은 빛의 천사처럼 각 가정에 몰래 숨어 들어가 무수한 사람들을 사로잡고 맙니다. 그러나 정작 그 사람들은 자신이 그것의 노예가 되었다는 사실조차 깨닫지 못하고 있습니다.

국가의 부가 엄청나게 증가하고 그에 따라 방종적 태도도 생겨났으며 온갖 종류의 오락과 여흥을 열렬히 추구하는 경향도 증가하였습니다. 소위 견해의 자유라고 하는 경향, 즉 무슨 짓을 하든지 틀렸다고 하지 않는것, 사사들의 시대에서처럼 각 사람은 자신이 옳다고 생각한 것을 생각하고 행해야 하며 그에 대해 아무 제재를 받아서는 안 된다는 태도가 생겨나 점차 사람들 속에 퍼져 나갔습니다. 오늘날 우리 시대에 범람하고 있는 이 모든 이상한 현상들로 인하여 세상은 엄청난 힘을 얻었고, 그리스도의 목사들은 "세상을 경계하라"고 더욱 더 외치지 않을 수 없게 되었습니다.

더욱 악화된 이같은 위험에 직면하여 우리는 살아계신 하나님의 말씀은 변함이 없다는 사실을 결코 잊지 말아야 합니다.

이 세상을 사랑하지 말라(요일 2:15).
너희는 이 세대를 본받지 말라(롬12:2).
세상과 벗이 되고자하는 자는 스스로 하나님과 원수되게 하는 것이니라(약4:4).

이 위대한 말씀들은 아직 폐지되지 아니하였습니다. 참 그리스도인은 이 말씀들에 순종하기 위해 날마다 힘쓰며 이 순종으로 자신의 신앙이 생생히 살아있는 것임을 드러냅니다. '하나님께로부터 난' 사람은 정도의 차이는 있으나 세상에 저항하고 세상을 이기는 사람이라는 것은 예전이나 지금이나 동일한 사실입니다. 이런 사람은 구석진 곳으로 물러나 수도승이나 은둔자가 되는 방법으로써가 아니라 담대하게 자신의 원수와 맞서 그 원수를 정복함으로써 승리합니다.

참 그리스도인은 사회 속으로 나아가 자신의 자리를 차지하고 하나님께서 그에게 불러주신 그 자리에서 자신의 의무를 다합니다. 그러나 그는 세상 안에 있을지라도 세상에 속하지 않습니다. 그는 그것을 사용하지만 그것을 오용하지는 않습니다. 그는 거절해야 할 때, 허락해서는 아니될 때, 그리고 멈추어서 "여기까지는 왔으나 더이상은 가지 않겠다"라고 말해야 할 때가 언제인지를 압니다. 그는 삶을 살면서 사업이나 기타 누리는 기쁨들이 마치 삶의 전부인 것처럼 거기에만 빠져있지 않습니다. 또한 아무 죄가 되지 않는 일에서조차 자신의 취향과 경향을 억제하며 그것이 자신을 압도하지 못하도록 합니다. 그는 인생이 마치 오락이나 돈을 벌어들이는 일 또는 정치, 과학적 추구 등으로 이루어진 것으로 생각하지 않고 내세란 존재하지 않는다는 태도로 살지도 않습니다. 어느 곳에서든, 어떤 상황이든지, 공적으로나 사적으로, 또는 사업에 임하거나 여흥을 즐길때 그는 '더 좋은 나라의 시민'처럼, 세상의 것들에 전적으로 의존하지 않는 자처럼 행동합니다.

피루스 왕 앞에 선 고귀한 로마 대사처럼 코끼리나 황금이 그를 유혹하지 못합니다. 아무도 그를 뇌물로 매수하거나, 두려움에 떨게 할 수 없으며, 그가 자신의 영혼을 내던져 버리도록 유혹할 수 없습니다. 이것이 바로 참 그리스도인이 자신의 진앙이 진실이라는 것을 증명하는 것입니다. 이것이야말로 '하나님께로부터 난'사람이 세상을 이기는 방법입니다.

나는 지금 말한 것들이 언뜻 보기에는 매우 '어려운 말씀'으로 생각되리라는 것을 잘 알고 있습니다. 내가 제시하였던 참 기독교의 표준은 지나치고 극단적이며 이 생에서는 도저히 도달할 수 없는 것으로 보일지도 모릅니다. 또 이기기 위해서는 싸우고 투쟁해야 하는데, 사람이란 본래 싸움을 싫어한다는 것도 잘 알고 인정합니다. 때때로 나 자신이 홀로 서서 주위의 모든 사람들의 견해에 반대하고 있음을 보는 것은 그리 즐거운 일이 아닙니다.

우리는 자신이 속이 좁고 배타적이며 인정이 없고 다정하지 못하며 심술궂으며 우리의 이웃과 조화를 이루지 못하는 사람으로 보이길 원치 않습니다. 우리는 본래 안락과 인기를 좋아하며 신앙에 있어 충돌하는 일을 꺼립니다. 그래서 우리는 참 그리스도인이 되려면 이 모든 싸움과 전투를 치러야만 한다는 말을 들을 때면 "절망에 빠져 그만 포기하고 싶다"라고 말하고 싶은 유혹을 느낍니다. 나는 이 사실을 자신의 쓰라린 체험을 통해 말합니다. 나는 이 모든 사실을 스스로 알았고 느껴왔습니다.

이런 식으로 유혹을 받고 있는 모든 사람들에게 세상을 이기는 일은 불가능한 것이라 생각하고 그렇게 해보려는 노력을 버리고 움츠러드는 모든 사람들에게 다음의 우정 어린 권고를 하고자 합니다. 먼저 당신의 원수에게서 등을 돌리고 내겐 그가 너무 강한 존재라고 드러내어 고백하기 전에, 힘센 자에게 무릎을 꿇기 전에, 그가 발로 당신의 목을 짓누르도록 허용하기 전에, 당신이 지금은 잊고 있는 다음의 몇 가지를 기억하도록 하십시오.

세례받을 때 당신은 당신이 엄숙하게 대항하여 싸워야 할 큰 적수 셋(세상, 육체, 악마)이 있는데 그 중의 하나가 바로 세상이라는 말을 듣지 않았습니까? "우리는 이 사람이 이후로는 십자가에 못박히신 그리스도에 대한 믿음을 고백하는 일을 부끄러워하지 않으며 그의 기치 아래 죄와 세상과 악마에 대항하여 씩씩하게 싸우며 생명이 끝나는 날까지 그리스도의 군병과 종이 되기를 그치지 아니하리라는 증거로서 십자가의 표로써 이를 표하노라"라는 말씀은 무익한 것이었습니까? 당신이 정말로 세상과 싸우기를 포기한다면, 그것은 당신이 자신의 의무를 저버리고 주인 섬기는 일에서 물러나 뒤로 살며시 도망쳐버리는 것을 의미하는 것이 아닙니까? 그뿐 아니라 당신보다 더 강할 것도 없는 수많은 사람들이 세상과 벌이는 이 전투에 뛰어들어 결국 승리하였다는 사실을 알고 있지 않습니까?

지난 기독교의 역사 동안 좁은 길을 걸으며 자신이 정복자 이상의 존재임을 증명해왔던 저 위대한 그리스도의 군병들을 생각해 보십시오. 그들을 인도하였던 저 대장, 그들이 입었던 바로 그 갑옷, 또 그들이 받아 이길 수 있게 하였던 바로 그 도움의 손길들이 당신을 위하여도 예비되어 있습니다. 그들이 승리하였다면 당신도 바로 그것을 얻으리라 소망할 수 있습니다.

또 세상과 벌이는 이 싸움은 필연적인 것이 아닙니까? 주님께서는 다음과 같이 말씀하셨습니다.

> 누구든지 자기 십자가를 지고 나를 좇지 않는 자도 능히 나의 제자가 되지못하리라(눅 14:27).
> 내가 세상에 화평을 주러 온 줄로 생각지 말라 화평이 아니요 검을 주러 왔노라(마 10:34).

어쨌든 여기서 우리는 중립의 자세를 취하여 가만히 앉아 있을 수만은 없습니다. 이런 행동은 국가간 다툼이 있는 경우에나 취할 수 있는 것이지, 영혼과 관련된 싸움에 있어서는 절대로 있을 수 없는 태도입니다. 많은 정치가들을 만족시키는, 의도적으로 아무 것도 하지 않는 상호불가침 조약과 같은 정책, 그저 아무일도 없는 듯 잠자코 있으려는 이러한 모든 행동들은 그리스도인의 전쟁에 아무런 도움도 주지 못합니다. 세상과 육과 악마와 화평한 관계에 있는 것은 하나님과 원수 관계에 있는 것이며 결국 멸망으로 인도하는 넓은 길에 있는 것입니다. 우리에게는 선택의 여지가 없습니다.

요한계시록에서 일곱 교회들에게 주어진 약속들은 오직 '이기는 자'를 향한 것입니다. 우리는 싸우거나 버려지거나 둘 중 하나의 길을 선택해야 합니다. 우리는 정복하거나 영원히 죽어야 합니다. 우리는 하나님의 전신갑주를 입어야 하고(엡 6:11), 검 없는 자는 겉옷을 팔아 사야 합니다(눅 22:36).

이와 같은 것들을 고려해 볼 때 내가 세상과 화평을 누리려 하고 그에 저항하지 않으려 하는 모든 사람들에게 그들이 얼마나 위험에 처해 있는지를 깨어 인식하라고 권고하는 것은 당연한 일입니다. 깨어서 게으름이나 인기와 영합하려는 마음이 당신 둘레에 서서히 쳐

온 사슬을 던져 버리십시오.

   너무 늦기 전에 세속적 행동이 되풀이되어 습관이 되고 습관이 성격으로 굳어져 당신이 마침내 가련한 노예가 되기 전에 깨어 일어나십시오. 사방에 있는 사람들이 썩어질 면류관을 얻기 위한 전투에 자원하여 나서고 있을 때, 일어서서 썩지 아니할 것을 얻기 위한 싸움에 참여하려는 결심을 굳게 하십시오. 세상은 당신이 담대히 맞서 싸우려 하고 또 올바른 무기를 사용한다면, 당신의 생각처럼 그리 강한 적은 아닐 것입니다. 당신이 상상하던 난관들은 사라져 버릴 것입니다. 당신이 그것들에 접근할 때 마치 눈처럼 녹아 없어질 것입니다. 당신이 지금 두려워 하는 사자들은 사슬에 채워 있었음이 드러날 것입니다. 수많은 사람들이 자신은 수년 동안 세상을 섬겨왔으나 결국 그 보답으로 얻은 것은 공허하고 비실제적인 것들이었으며 소위 세상의 좋은 것들은 우리를 만족시킬 수도 구원할 수도 없는 것들이었다고 말할 것입니다. 울지(Wolsey) 추기경이 임종의 자리에서 하였던 말은 지금 이 순간에도 수많은 사람이 마음으로 부르짖는 말입니다.

   이 세상의 헛된 영광, 나는 그대를 증오한다.
   나는 내 마음이 열려짐을 느낀다.
   내가 내 왕께 봉사하던 열정의 반만이라도
   나의 하나님을 섬겼더라면 그는 지금 이 나이에 이른 나를
   내 원수들의 손에 적신으로 남겨두지 않으셨으리라.

   그러나 반대로 세상에 대하여 씩씩하게 하나님의 전투를 벌여왔으나 풍성한 상급을 찾지 못한 사람이 있었습니까? 이 점에 있어서 기독교 순례자들의 체험은 매우 소중합니다. 모든 사람이 다 하늘 나라에 "들어감을 넉넉히" 받는 것은 아니며 "구원을 얻되 불 가운데에서 얻은 것 같은" 사람들도 있습니다(벧후 1:11; 고전 3:15). 그러나 담대

하게 나아와 세상에 대한 사랑과 두려움을 이겨낸 사람들만큼 믿는 일에 있어서의 기쁨과 화평을 누리고 가벼운 마음으로 천성의 도시를 향하여 여행한 사람은 없다고 생각합니다. 만왕의 왕께서는 그같은 사람들이 이 땅에 살아있는 동안에 그들을 존귀케 하시기를 기뻐하십니다. 그들은 죽을 때 존 번연의 『천로역정』에 나오는 영웅 중 하나인 '용감'처럼 다음과 같이 증거할 것입니다.

> 나는 내 아버지의 집으로 가려 한다. 여기까지 오는 데 나는 많은 어려움을 겪었다. 그러나 이제 나는 지금 내가 있는 곳에 이르기까지 당한 모든 곤경에 대하여 후회하지 않는다.

3. 요한이 가르쳐 주는 참된 그리스도인의 승리의 비밀이 무엇인지 주목해 봅시다.

요한은 우리에게 그가 말하는 의미를 강조하고 혹 잘못 이해되지나 않을까 염려하는 듯이 그 비결을 두 번이나 설명합니다.

> 무릇 하나님께로부터 난 자마다 세상을 이기느니라 세상을 이기는 승리는 이것이니 우리의 믿음이니라 예수께서 하나님의 아들이심을 믿는 자가 아니면 세상을 이기는 자가 누구냐(요일 5:4-5).

하나님이 손으로 지으신 많은 것들의 한 가지 뚜렷한 특징은 바로 단순성이라는 것입니다. 철학자들은 자연의 몇 가지 큰 비밀을 찾아냈을 때 흔히 "이 얼마나 아름다운 단순성인가!"라고 부르짖었습니다. 단순성은 "하나님께로부터 난" 사람이 세상을 이기게 하는 원리의 놀라운 특질이기도 합니다.

아마도 요한 자신도 이것을 거의 이해하지 못할지도 모릅니다. 그러나 요한은 믿기 때문에 지금의 자신이 되었고, 믿기 때문에 지금처럼 행동합니다. 믿는다는 단순한 사실이 요한에게는 중요합니다. 그는 보이지 않는 것들의 존재를 깨달으며, 그것들에 비교할 때 세상의 찡그린 얼굴과 미소 띤 얼굴, 호의와 비난은 모두 공기처럼 가볍고 사소한 것임을 압니다. 하나님, 하늘 나라, 심판 그리고 영원 등은 그에게 있어 이름뿐인 것이 아니라 거대하고 실제적인 실체들입니다. 그것들에 대한 믿음 때문에 다른 모든 것들이 오히려 그림자요 비실재적인 것으로 생각됩니다.

그러나 그는 믿음으로 다른 모든 객체들 위에 보이지 않는 구세주께서 높이 솟아 계심을 봅니다. 그분은 그를 사랑하셨고 그를 위해 자신을 내어주셨으며 자신의 보배로운 피로써 하나님께 그의 빚을 치러주셨고 그를 위하여 무덤에 가셨다가 다시 살아나시어 아버지께 그의 대언자로서 그를 위하여 하늘 나라에 나타나신 분이십니다. 그분을 보았을 때 요한은 다른 무엇보다도 그분을 사랑할 수밖에 없으며 이 땅의 것들이 아니라 위에 있는 것들을 다른 무엇보다도 소중히 여겨야 하고, 자신을 위해서가 아니라 자기를 위하여 돌아가신 그분을 위해 살 수밖에 없음을 느끼게 됩니다. 또 그분을 보면서, 그는 세상이 싫어하는 것들과 대면하기를 두려워하지 않고 자신이 '정복자 이상'의 존재가 되리라는 굳은 확신으로 계속 싸워 나갑니다. 보이지 않는 하나님과 지금은 볼 수 없는 예수님에 대한 생생한 믿음은 어려움을 작게 만들며 두려움을 내어 쫓으며 세상을 이기게 하는 새로운 원리입니다.

바로 이 원리가 오순절 이후의 사도들을 만들었습니다. 베드로와 요한이 공회 앞에서 모두가 놀랄 만한 모습으로 당당하게 말을 할 수 있었던 이유는 그들은 믿음으로 안나스와 가야바보다 더 높은 분을 보았으며, 또 그분이 결코 그들을 버리지 않을 것이라는 것을 믿음으로 보았기 때문입니다. 또 사울이 회심하고 새로워져 그가 살던 나라에서 성공이 보장된 미래를 버리고, 그가 한때는 멸시하였던 복음을 전파하는 사람이 되었을 때, 그는 이 땅에서보다 백배나 더 많은 것, 영생을 주실 분을 믿음으로 바라보았습니다. 이들은 모두 믿음으로 이긴 자들이었습니다.

이것은 또한 초대 그리스도인들이 죽음에 이르기까지 그들의 신앙을 굳게 붙잡고 이교도 황제들의 잔혹한 핍박에도 굴하지 않게 하였던 원리입니다. 그들은 때로 무지하고 무식한 사람들이었으나 거울을 통하여 보는 것처럼 희미하게나마 많은 것들을 보았습니다. 그러나 소위 세상 사람들이 말하는 그들의 '고집'은 플리니우스(Pliny) 같은 철학자들까지 깜짝 놀라게 했습니다.

수세기 동안 폴리캅(Polycarp)과 이그나티우스(Ignatius)처럼 그리스도를 부인하기보다는 죽기를 택하는 사람들은 얼마든지 있었습니다. 벌금이나 감옥 생활, 고문, 불 그리고 칼로써도 순교자라는 고귀한 군대의 정신을 짓밟을 수 없었습니다. 로마제국의 모든 세력과 군대로써도 팔레스틴에서 몇 사람의 어부와 세리들로 시작하였던 신앙을 뭉개버릴 수 없었습니다. 그들은 모두 믿음으로 승리하였습니다.

또 이것은 16세기의 우리 종교 개혁자들이 로마 교회에 대한 자신들의 주장을 철회하기보다는 죽음에 이르기까지 역경을 견뎌내게 하였던 원리입니다. 그들 중의 많은 이들은 로저스(Rogers)와 필폿(Philpot), 그리고 브래드포드(Bradford)처럼 자신의 주장을 취소하기만 하였더라면 높은 지위를 누리며 자신의 침상에서 조용한 죽음을 맞을 수도 있었을 것입니다. 그러나 그들은 고통과 믿음에 강할 것을 택하여 화형을 당하였습니다.

이것은 또한 이들과 같은 시대에 순교하였던 일반 민중들 즉 노동자 기술공 그리고 도제공들로 하여금 화형당하는 쪽을 택하게 하였던 원리이기도 합니다. 그들은 가난하고 배우지 못한 사람들이었으나 믿음에 있어서는 부자인 사람들이었습니다. 그들은 그리스도를 위하여 말할 수 없다면 차라리 그를 위하여 죽으려 하였습니다. 이들은 모두 믿음으로 승리하였습니다.

이 주제에 대하여 예로 들 수 있는 증거들을 모두 소개하려면 시간이 모자랄 지경입니다. 그러므로 이제 우리가 사는 이 시대로 눈을 돌려 봅시다. 지난 백 년 동안 그리스도의 대의를 위하여 이 세상에 커다란 흔적을 남겨 온 사람들을 생각해봅시다. 우리는 횟필드(Whitefield), 웨슬리(Wesley), 로매인(Romaine), 벤(Venn)과 같은 성직자들이 그들이 살던 시대와 세대 가운데 고립되어, 신앙을 고백하는 그리스도인 열 명 중 한 사람이 드러내는 반대와 훼방, 조롱 그리고 실제적인 핍박에 직면해서도 우리 영국에 신앙을 부흥시켰던 일을 기억할 수 있습니다. 또 우리는 윌리엄 윌버포스(William Wilberforce), 헤브록(Havelock)과 헨리 로렌스(Henry Lawrence), 헤들리(Hedley), 조지 무어(George Moore)와 같은 사람들이 가장 어려운 위치에서 그리스도를 증거하였으며 심지어는 하원이나 군인들의 막사, 연대에 배속된 공동 식탁 또는 회계사무소와 같은 곳에서까지 그리스도의 기치를 내보였음을 기억할 수 있습니다.

하나님의 이 고귀한 종들은 그들의 신앙 때문에 두려움이나 조소를 받지 아니하였으며 오히려 원수들로부터 존경을 받기도 했음을 기억할 수 있습니다. 이들 모두에게는 한 가지 원리가 있었습니다. 17세기에 영국의 교회에 핍박을 가했던 그 이상한 독재자는 "한 가지 원리를 품고 있는 사람들을 내게 데려오라"라고 말하였습니다. 이 시대에 살고 있는 그리스도의 군사들도 한 원리를 소유하고 있는데 그들을 지배하는 이 원리는 바로 눈에 보이지 않는 하나님과 구세주에 대한 믿음이었습니다. 이 믿음으로써 그들은 살고, 행하고 선한 싸움을 싸웠고 승리 하였습니다.

이 글을 읽는 독자들 가운데 참 그리스도인의 삶을 살면서 세상을 이기고 싶은 사람은 없습니까? 그런 사람은 먼저 자신 안에 승리의 원리를 품는 일부터 시작해야 할 것입니다. 이것이 없이는 영성의 모든 외적 표시는 전혀 가치가 없습니다. 수도사의 겉옷 안에 세속적 마음이 담겨 있을 수 있습니다. 내적인 믿음이야말로 우리에게 꼭 필요한 것입니다. 그러므로 먼저 믿음을 구하는 기도로 시작해야 합니다. 그것은 하나님께서 주시는 선물이며 그것은 구하는 사람에게 있어서 결코 헛되지 않을 선물입니다. 믿음의 샘은 아직 마르지 아니하였습니다. 그 광산은 아직 고갈되지 아니하였습니다. '믿음의 주'라고 불리우시는 분은 어제나 오늘이나 영원토록 동일하시며 우리의 간구를 듣기 원하십니다. 믿음이 없이 우리는 선한 싸움을 싸울 수 없고 또 우리의 발로 굳건히 서 있을 수도 없으며 이 세상이라는 미끄러운 빙벽에서 조금도 앞으로 나아갈 수 없습니다. 우리가 이 모든 일을 해내려 한다면 먼저 믿어야 합니다. 사람들이 종교 안에서 아무 일도 하지 않고 무심히 바라보는 구경꾼처럼 가만히 앉아있기만 한다면, 그들은 믿는 자들이 아닙니다. 믿음은 하늘 나라를 향하여 가는 첫 발자국입니다.

그리스도인의 전쟁을 해나가면서 끊임없는 승리를 얻고 싶은 사람이 있습니까? 그렇다면 끊임없이 믿음의 성장을 위해 날마다 기도하도록 하십시오. 그리스도안에 거하고 그리스도께 더욱 가까이 나아가고 살아가며 날마다 그리스도를 더욱 굳게 붙잡으십시오. "주여, 우리에게 믿음을 더하소서"(눅 17:5)라고 한 제자들의 기도를 결코 잊지 마십시오. 자신의 믿음을 철저히 지켜보고 결코 그 불꽃이 잦아들지 않게 하십시오. 믿음의 정도에 따라 평안과 힘 그리고 세상에 대한 승리의 정도가 결정될 것입니다.

4. 맺는 말입니다.

1) 이제 자신에게 던지는 엄숙한 질문들로 이 주제를 마치도록 합시다.

    이 본문이 말해주는 신앙에 대한 시험에 대하여 우리는 무엇을 알고 있는가?
    세상을 이기는 것에 대하여 우리는 무엇을 알고 있는가?
    우리는 어디에 있는가?
    우리는 무엇을 하고 있는가?
    우리는 누구의 것인가 그리고 우리는 누구를 섬기는가?
    우리는 정복하고 있는가, 아니면 정복당하고 있는가?

자신이 그리스도께 속한 자유인인지 아니면 세상에 속한 노예인지 알지 못하는 자가 많이 있다는 것은 우리를 슬프게 하는 사실입니다! 세상이 가진 족쇄는 우리 눈에는 보이지 않는 경우가 많습니다. 우리는 자신이 느끼지도 못하는 사이에 밑으로 끌려 내려가고 있습니다. 마치 배에 누워 자면서 자신이 표류하고 있으며 부드럽게 흔들리며 폭포로 향하여 가고 있음을 모르고 있는 자와 같습니다. 보이지 않는 것처럼 정말 무거운 사슬도 없습니다. 그러므로 우리의 훌륭한 기도문으로 간절히 구하는 지혜를 가집시다.

    선하신 주여 세상의 온갖 속임수로부터 우리를 구원하소서.

나는 특별히 젊은 독자들이 이 질문을 마음에 새겨두길 바랍니다. 청년들은 사물에 대해 관대하고 별반 의심을 두지 않는 나이에 있어서 세상이 위험스럽다기보다는 매력적인 존재로 보일 것입니다. 그래서 세상에게 청년은 가장 유혹하기 쉽고 정복하기 쉬운 존재입니다. 몸소 체험을 통해서만 당신은 이 원수의 본색을 깨닫게 될 것입니다. 머리칼이 희끗해질 때에 이르러서야 세상의 좋은 것들 또는 세상의 칭찬이나 미움에 대해 지금과는 매우 다른 평가를 내리게 될 것입니다. 지금의 충고를 기억하십시오. 만일 당신이 당신의 영혼을 사랑한다면 세상을 가까이 하지 마십시오. 세상을 경계하십시오.

2) 우리의 삶 가운데 저와 여러분은 이 글을 통해 만났으며, 이제 또 만날 일은 거의 없을 것입니다.

여러분은 지금 이 험한 세상의 물결에 흔들리며 새로운 항해를 시작하고 있는지도 모릅니다. 여러분들이 형통한 항해로 영생이라는 안전한 항구에 이르기를 하나님께 기도합니다. 그러나 먼저 여러분이 건너려고 하는 저 거친 파도에 맞서 이길 수 있도록 장비를 잘 갖추었는지를 살펴보십시오. 여러분이 방향을 잡는 데 믿고 의지할 나침반과 결코 실패함이 없을 항해사를 구하십시오! 세상을 따름으로써 난파당하지 않도록 조심하십시오. 슬프게도 온갖 색깔로 화려하게 장식하고 찬란한 미래와 함께 항해를 시작하나 결국은 배에 탄 모든 사람들과 함께 잃어버린 바 되는 사람이 얼마나 많습니까! 그들은 처음에는 모세와 다니엘 그리고 네로 시대의 성도들처럼 시작하나 결국은 발람과 데마, 그리고 롯의 아내처럼 끝나고 맙니다! 항해사와 나침반을 기억하십시오! 성경과 같은 나침반, 그리스도와 같은 항해사는 없습니다!

친구여 오늘 당신에게 주는 이 충고에 귀 기울이십시오. 주 예수 그리스도께 당신에게 오셔서 믿음으로써 당신 안에 거하시고 "이 악한 세대에서 우리를 건져 주시기를"(갈 1:4) 구하십시오. 그에게 그가 약속하신 성령을 당신에게 부어 주시고, 당신이 더 지체없이 그의 쉬운 멍에를 기꺼이 지게 해주시고 그래서 세상에 저항하게 해주시기를 구하십시오. 그리스도의 힘 안에서 당신이 어떤 값을 치르더라도 세상을 이길 수 있도록 힘쓰십시오. 아무리 사슬이 금빛으로 번쩍일지라도 노예가 되는 일을 부끄러워하십시오. 옷깃에 붙어있는 신분을 나타내는 표시를 부끄러워 하십시오. 사슬에서 벗어나 자유로워지기로 결심하십시오.

자유는 축복 중에 가장 큰 축복이며 우리가 힘써 투쟁하여 얻을 만한 가치가 있습니다. 옛날 유대 랍비의 말은 일리가 있습니다.

바다를 먹물 삼고 땅을 두루마리 삼아도 자유를 다 찬미할 수 없어라.

자유를 얻기 위해 헬라인, 로마인, 독일인, 폴란드인, 스위스인, 스코틀랜드인 그리고 영국인들이 쓰라린 종국에 이르기까지 즐겁게 싸웠으며 자신의 생명을 던졌었습니다. 이들이 자신의 육체의 자유를 위해 이 같은 희생을 하였음이 분명한데, 우리 그리스도인들이 자신의 영혼의 자유를 위해 싸우려 하지 않는다면 이 얼마나 부끄러운 일입니까. 다시 한번 말합니다. 그리스도의 힘 안에서 세상에 대하여 선한 싸움을 벌이기로 결심하십시오. 아니 싸울 뿐만 아니라 이겨야 합니다.

아들이 너희를 자유롭게 하면 너희가 참으로 자유하리라 (요 8:36).

3) 그리스도의 군사들이여, 가장 좋은 때는 아직 오지 않았습니다.

여기 이 세상에서의 전투에서 우리는 가끔 '지독한 방해'를 받습니다. 우리가 행해야 하고 견뎌야 할 어려운 일들이 많이 있습니다. 상처 입기도 하고 멍이 들기도 합니다. 보초를 서기도 해야 하고 피곤에 지치기도 합니다. 사람들의 반격을 받기도 하고 실망을 맛보기도

합니다. 그러나 이 모든 일이 곧 끝나게 될 것입니다. '이기는 자'에게는 정복자의 면류관이 주어질 것입니다.

이 세상의 전투에서 승리한 다음날 아침의 점호시간은 때로 슬픈 광경이 되기도 합니다. 톰슨 양(Miss Thompson)의 유명한 '점호'(The Roll-Call)라는 그림을 아무 감정 없이 볼 수 있는 사람은 없으리라 생각합니다. 평화가 선포되고 승리한 연대가 귀향하는 광경은 때로 매우 복잡한 감정을 불러일으키기도 합니다. 크림 전쟁이 끝난 후, 근위대가 런던으로 돌아오는 행진을 아무 한숨이나 눈물없이 볼 수 있었던 사람은 참으로 냉담한 사람이었을 것입니다.

그러나 하나님께 감사하십시오. 승리한 그리스도인의 군대가 사열하는 날은 이와는 매우 다를 것입니다. 그 날에는 잃어버린 자가 하나도 없을 것입니다. 아무 후회나 슬픔이 없이 모두가 만나게 될 것입니다. 그 날은 눈물과 '구름 없는 아침'이 될 것입니다. 우리가 세상에 이기기 위해 저항하며 받은 모든 고통에 상급이 주어질 것입니다.

우리의 자비한 여왕이 러시아 전쟁 동안 근위기병대에게 빅토리아 십자가를 나눠주시던 광경을 지켜 본 사람은 그 모습에 흥분하고 감동 받았을 것입니다. 그녀가 자리에서 아래로 내려와 걸을 수 없던 부상 장교에게로 나와 그녀의 손으로 손수 그의 가슴에 훈장을 달아주던 광경을 본 사람은 평생 그것을 잊지 못할 것입니다.

그러나 그것도 우리 구원의 대장과 승리한 그의 군병들이 마침내 얼굴과 얼굴을 맞대어 볼 그 큰 날에 벌어질 광경과 비교하면 아무것도 아닙니다. 우리가 갑옷을 벗어버리고 "칼이여, 이제는 쉬라"고 할 그 날의 행복을 누가 표현할 수 있겠습니까! 어느 마음이 아름다우신 우리의 왕을 보고 그가 "잘하였도다 착하고 충성된 종아…네 주인의 즐거움에 참예할찌어다"(눅 19:23)라고 하시는 말씀을 들을 때의 그 축복을 상상이나 할 수 있겠습니까!

오직 그 영광스러운 날을 위하여 인내로써 기다립시다. 그 날은 그리 멀지 않습니다. 그 날을 바라며 일하고 경계하며 기도하고 계속하여 세상에 대하여 싸우고 저항합시다. 우리 대장의 말씀을 결코 잊지 마십시오.

> 세상에서는 너희가 환난을 당하나 담대하라 내가 세상을 이기었노라 (요 16:33).

9장
아덴[1]

> 바울이 아덴에서 그들을 기다리다가 그 성에 우상이 가득한 것을 보고 마음에 격분하여 회당에서는 유대인과 경건한 사람들과 또 장터에서는 날마다 만나는 사람들과 변론하니(행 17:16-17).

이 글을 읽는 독자는 푸른 들판보다는 벽돌과 아스팔트를 더 많이 볼 수 있는 도시에 살고 있는지도 모르겠습니다. 혹은 여러분이 관심을 두는 친척이나 친구가 도시에 사는 경우도 있을 것입니다. 그 어느 경우든 이 본문은 당신의 깊은 관심을 요구하고 있습니다. 이제 이 말씀에 담긴 교훈을 전하려 하는 이 짧은 시간 동안 주의를 기울여주기 바랍니다.

여기 당신 앞에 놓인 본문에 나타난 도시와 사람은 우리가 흔히 볼 수 있는 것들이 아닙니다. 이 도시는 그 유명한 아덴입니다. 아덴은 오늘날까지도 정치가, 철학자, 역사가, 시인, 화가, 건축가들로 유명한 도시입니다. 고대 그리스가 이방 세계의 눈이었으며, 이 아덴은 바로 그 고대 그리스의 눈이었습니다.

---

[1] 본 장은 1880년 세인트메리교회(St. Mary's church)와 옥스포드대학에서 설교한 것이다.

또 본문에 나타나 있는 사람은 이방인의 위대한 사도 바울입니다. 바울은 우리가 이 세상에서 지금까지 보아온 중 가장 수고를 많이 하고 성공한 성직자이자 복음전도자입니다. 바울은 여자가 낳은 자 중, 예수님을 제외하고 가장 큰 영향력을 말과 글로 인류에게 남긴 사람입니다.

그리스도의 위대한 종인 바울과 이교주의의 큰 본거지인 아덴 이 둘이 바로 우리 눈 앞에 있습니다. 이 둘의 만남의 결과가 어떠한지 주의 깊게 설명되어 있습니다. 이 주제는 우리가 살고 있는 이 시대와 오늘날 런던, 리버풀, 맨체스터, 그 밖의 영국의 큰 도시에 살고 있는 많은 사람들이 처한 환경에 매우 적합하다고 생각합니다. 본문에서 다음의 세 가지에 주의를 기울여 봅시다.

1. 바울이 아덴에서 무엇을 보았습니까?
2. 바울이 아덴에서 무엇을 느꼈습니까?
3. 바울이 아덴에서 어떤 행동을 취했습니까?

1. 바울은 아덴에서 무엇을 보았습니까?

본문의 답변은 명백하고 조금도 오해의 여지가 없습니다. 그는 '우상이 가득한 성'을 보았습니다. 그는 그 성 어디에서나 우상을 보았습니다. 조금이라도 눈에 띄는 있는 곳에는 어디에나 남녀 우상으로 가득 찬 성전들이 솟아 있었습니다. 플리니우스에 따르면 높이가 적어도 40피트는 되는 장엄한 미네르바 동상이 아크로폴리스 위에 솟아 있어서 어디에서나 사람들의 눈에 띄었다고 합니다. 우상 숭배라는 거대한 세도가 그 도시 전역에 퍼져 있어서 어디에서나 그의 주목을 끌었습니다. 고대 작가 파우사니아스(Pausanias)는 "신들에게 예배하는 일에 쏟은 관심에 있어서 아덴 사람들은 모든 나라를 능가했다"라고 분명히 말했습니다. 그 성에는 우상이 가득하였습니다.

그럼에도 불구하고 이 도시는 이교도 도시 중에서 바울이 가장 호감을 둘 수 있는 표본이었으리라는 점을 기억해야 할 것입니다. 그 도시는 그 크기에 비해 학식있는 자, 교양있는 자, 철학자, 교육을 많이 받은 자, 예술가, 지성을 소유한 자들이 지구상 그 어느 도시보다도 많이 있는 곳이었습니다. 그러나 신앙의 관점에서 볼 때 이것이 무슨 의미가 있는 것입니까? 소크라테스(Socrates)와 플라톤(Plato)과 같은 현자들의 도시, 솔론(Solon), 페리클레스(Pericles), 데모스테네스(Demosthenes)의 도시, 아이스퀼로스(Aeschylus), 소포클레스(Sophocles), 에우리피데스(Euripides), 투키디데스(Thucydides)의 도시, 정신과 지성과 예술과 취향의 도시, 이 도시는 '우상으로 가득 차' 있었습니다.

> 이처럼 아덴에 참 하나님이 알려져 있지 않았다면, 그는 이보다 더 어두운 곳에서는 어떤 일을 했어야 했겠습니까?
> 그리스의 눈이 이처럼 영적으로 어두웠다면, 바빌론, 에베소, 두로, 알렉산드리아, 고린도 그리고 로마와 같은 곳의 상태는 어떠했겠습니까?
> 울창한 나무의 혜택을 본 사람들이 그러했다면, 사막에 거하는 이들은 어떠했겠습니까?
> 우리는 이 모든 것들에 대하여 무슨 말을 할 수 있겠습니까?
> 우리가 이것들로부터 끌어낼 수밖에 없는 결론은 어떤 것들입니까?

먼저 우리는 신적 계시 곧 하늘로부터의 가르침이 절대적으로 필요하다는 점을 배우지 않을 수 없습니다. 인간에게 성경이 주어지지 않았더라면 그는 어떤 종류이든 신앙을 가졌을 것입니다. 왜냐하면 인간본성은 비록 부패하기는 하였지만 한 신을 섬기려 하기 때문입니다. 그러나 그것은 빛이나 평안, 소망이 없는 신앙이었을 것입니다. "이 세상이 자기 지혜로 하나님을 알지 못한다"(고전 1:21)라고 성경은 말합니다. 그런 의미에서 옛 아덴은 우리가 보고 배워야 할 변하지 않는 교훈입니다. 계시의 도움 없이 자연으로부터 출발하는 것으로 타락한 인간을 그 자연을 만드신 하나님께로 인도할 수 있다고 생각하는 것은 헛된 일입니다. 성경이 없었기에 아덴 사람들은 나무와 돌에 절하고 그들이 직접 손으로 만든 것들에 예배하였습니다. 스토아 학파든 에피쿠로스 학파든 이교의 철학자를 무덤 곁에 세우고 내세에 대해 물어봅시다. 그러면 그는 확실하고 만족스러운 것 또는 마음에 평화를 주는 것은 하나도 말할 수 없을 것입니다.

또 한 가지 우리는 아무리 고귀한 지적 훈련이라도 신앙 안에서의 극심한 어둠을 쫓아내는 데에는 아무런 도움이 되지 못한다는 것을 배울 수 있습니다. 우리는 이교 세계의 다른 어느 곳에서 보다도 아덴에서는 정신과 이성이 귀하게 여김 받고 교육되었다는 사실을 의심할 수 없습니다.

헬라 철학을 배우는 학생들은 배우지 못한 무지한 사람들이 아니었습니다. 그들은 논리학, 윤리학, 수사학, 역사와 시에 조예가 깊었습니다. 그러나 이 모든 정신적 훈련으로도 그들이 사는 성을 '우상으로 가득한 성'이 되지 않도록 막지는 못하였습니다. 우리는 19세기에도 성경에 대한 지식없이 읽기와 쓰기, 대수, 수학, 역사, 언어 그리고 물리학 등으로도 교육을 이루기에 충분하다고 할 수 있겠습니까? 하나님이 이 일을 금하십니다! 우리는 그리스도를 그렇게 배우지 않았습니다. 지적인 능력을 우상처럼 섬기며 오늘날 이 세계가 헬라 정신에게 지고 있는 빚에 대하여 극구 찬사하는 일에 만족하는 사람이 있을 수도 있습니다. 그러나 한 가지 명백한 사실은, 성령께서 히브리 민족에게 계시하셨던 지식이 없었더라면, 옛 그리스는 이 세계를 어두운 우상 숭배 속에 매장시켜버렸으리라는 점입니다. 소크라테스나 플라톤을 따르던 자는 여러 주제들에 대하여 웅변적으로 훌륭히 말했을지는 모르나 "내가 어떻게 하여야 구원을 얻으리이까"(행 16:30)라고 한 간수의 질문에 결코 답할 수는 없었을 것입니다. 그는 죽으면서 "사망아 너의 승리가 어디 있느냐 사망아 네가 쏘는 것이 어디 있느냐"(고전 15:55)라고 결코 말할 수 없었을 것입니다.

또 한 가지 우리는 아무리 탁월한 물질적 예술로도 엄청난 미신을 전혀 막을 수 없다는 사실을 배울 수 있습니다. 아덴의 건축과 조각의 완벽함에 대하여는 부인할 여지가 없습니다. 바울도 아덴에서 지금도 예술가들에게 '영원한 기쁨'으로 느껴지는 '아름다운 것'을 많이 보았었습니다. 그럼에도 불구하고 아덴의 그 훌륭한 건축물들을 설계하고 지은 사람들은 한 분 참 하나님에 대하여는 전혀 몰랐습니다. 오늘날 이 세상은 우리가 말하는 예술과 과학에서의 진보에 대한 자기기만이라는 술에 취해 있습니다. 사람들은 불가능한 일은 전혀 없다는 듯이 말과 글로 기계와 제조에 대하여 자랑합니다. 그러나 아무리 고귀한 예술이나 기계적 기술이라도 그것들은 신앙에 있어서는 영적 죽음 상태와 일치한다는 점을 결코 잊지 마십시오. 피디아스(Phidias)의 도시 아덴은 '우상이 가득한 성'이었습니다. 아덴의 어떤 조각가가 어디에도 비할 데 없이 훌륭한 무덤을 조각하였을지라도 그는 무덤가에서 슬퍼하는 사람의 눈물 한 방울도 씻어 줄 수는 없었을 것입니다.

우리는 이와 같은 것들을 잊어서는 안 됩니다. 우리는 이것들에 대하여 신중히 명상해야 합니다. 이것들은 지금 이 시대에도 알맞은 교훈입니다. 우리는 지금 회의적이고 믿음이 없는 시대에 살고 있습니다. 우리는 어디서나 진리와 계시의 가치에 대하여 의심과 의문을 품는 사람들을 만납니다.

이성만으로도 충분하지 않은가?
사랑을 구원에 이르도록 지혜롭게 하는 데 정말 성경이 필요한가?
인간은 진리와 하나님께로 나아갈 능력과 빛을 갖고 있지 않은가?

이것들은 모두 우리 주위에 난무하는 질문들입니다. 그러나 이것들은 많은 이들의 불안정한 마음을 오히려 더 불안케 하는 추측들에 불과합니다.

이것들에 대한 한 가지 명백한 답변은 사실들에 호소하는 것입니다. 이교의 세계 이집트와 그리스, 로마의 유물들이 우리를 대신하여 말해줄 것입니다. 그 유물들은 하나님의 섭리로 계시없는 이성과 지성이 무엇을 할 수 있는가를 가르쳐 주기 위한 기념물로서 오늘날까지 남아 있습니다. 룩소르, 카르낙, 파르테논, 콜로세움 등과 같은 건축물들을 설계한 사람들은 바보가 아니었습니다. 그 설계를 가지고 직접 건축하였던 사람들은 현대의 어느 건축가들보다도 위대한 일을 행한 자들입니다. 우리가 지금 '엘진의 대리석 조각'이라고 알고 있는 조각된 장식벽을 고안해냈던 사람들은 고도로 훈련되고 지적인 사람들이었습니다. 그럼에도 불구하고 신앙에 있어서 이 사람들은 어두움 그 자체였습니다(엡 5:8). 바울이 아덴에서 보았던 광경은 인간은 하나님의 계시가 없이는 자신의 영혼에 유익이 되는 일에 대하여 전혀 알 수 없다는 사실을 명백히 증거해 준 것입니다.

2. 바울은 아덴에서 무엇을 느꼈습니까?

바울은 우상이 가득한 성을 보았습니다. 똑같은 광경이 각기 다른 사람들에게 어떤 영향을 끼치는가를 관찰해 보는 일은 우리에게 교훈이 됩니다. 똑같은 장소에 두 사람을 나란히 세워 놓고 그들에게 똑같은 대상을 제시해 보십시오. 한 쪽 사람에게 불러 일으켜진 감정이 다른 사람의 그것과는 판이하게 다른 경우가 종종 있을 것입니다. 각 사람의 마음에 떠오른 생각들이 때로는 지구의 양극처럼 동떨어진 경우가 있습니다.

처음으로 아덴을 찾아온 단순한 예술가는 우선 그 건축물의 아름다움에 흠뻑 빠져들고 말 것입니다. 정치가나 웅변가라면 페리클레스나 데모스테네스에 대한 회상에 잠길 것이고 문학자라면 투키디데스와 소포클레스, 플라톤을 생각하게 될 것입니다. 또 상인이라면 항구, 바다 등을 바라보게 될 것입니다.

그러나 그리스도의 사도는 이것들보다 훨씬 고상한 생각에 잠겼습니다. 다른 모든 것보다도 그의 주의를 사로잡아 나머지 것들은 사소한 것으로 여기게 하였던 한 가지, 바로 그것은 아덴 사람들의 영적 상태 곧 그들의 영혼 상태에 대한 생각이었습니다. 이방인들의 위대한 사도는 한 가지 일에만 몰두한 뛰어난 사람이었습니다. 그가 섬기는 그리스도처럼, 그도 언제나 "아버지의 일"(눅 2:49)에 대하여만 생각하였습니다. 그는 아덴에 서서 오직 그 지역의 영혼에 대해서만 생각했습니다. 모세와 비느하스, 엘리야처럼 온 성에 우상이 가득한 것을 보고 마음에 분하였습니다.

지상의 어떤 광경보다도 대도시의 광경만큼 가장 인상적이고 우리들의 마음에 여러 가지 생각을 불러일으키기에 적합한 것도 없다고 생각합니다.

사람들은 도시의 성격상 날마다 부딪힐 수밖에 없는 다른 사람들과의 교제를 통하여 시골이나 다른 외진 곳에 사는 사람들은 깨달을 수 없을 정도로 그들의 지성이 예민하게 되어가므로 정신적 활동에 자극을 받습니다. 옳든 그르든 도시에 거주하는 사람들은 시골 사람들 보다 더 많이, 더 빨리 생각합니다. 이 도시는 "사탄의 권좌가 있는"(계 2:13) 곳이었습니다. 도시는 또한 온갖 종류의 악이 재빨리 잉태되어 씨뿌려지고 점차 익어 마침내 성숙해지는 곳입니다. 도시는 집을 떠나 인생의 항로를 이제 막 시작한 청년들이 죄의 광경에 날마다 익숙해짐으로써 놀라울 정도로 빨리 마음이 완악해지고 양심이 마비되는 곳입니다. 도시는 또 관능과 무절제 그리고 지극히 악한 것에 대한 세속적 쾌락 등이 무성히 번창하고 그와 같은 분위기를 조성해내는 곳입니다. 또 불경건함과 불신앙이 크게 격려받고 주일을 지키지 않는 자나 은혜의 모든 수단들을 소홀히 하는 자들이 불행히도 다른 사람들도 그렇게 한다는 이유로 자신의 태도를 정당화하고 가련하게도 자신이 "고립되어 있지 않다"라는 생각으로 스스로를 위로하는 곳도 바로 도시입니다. 신앙에 있어서의 온갖 형태의 미신과 의식주의, 열광주의, 광신이 자리잡고 있는 곳도 도시입니다. 도시는 온갖 종류의 거짓 철학, 금욕주의, 쾌락주의, 불가지론, 세속주의, 회의주의, 실증주의, 불신앙, 무신론 등의 온상이기도 합니다.

도시는 근대의 위대한 발명품인 인쇄기 그 자체이며, 선과 악에 대하여 엄청난 힘을 가진 인쇄기처럼, 잠도 자지 않고 쉬임없이 작동하면서 사람들에게 언제나 새로운 생각거리를 쏟아 붓고 있는 곳이기도 합니다. 또 도시는 날마다 여러 일간지들이 끊임없이 정신의 양식거리를 제공하면서 대중의 여론을 형성하고 이끌어 가고 있는 곳이 되기도 합니다. 도시는 온갖 국사의 중심이 되기도 합니다. 은행, 법정, 증권거래소, 국회나 의회가 모두 도시의 경계 안에 자리잡고 있습니다. 도시는 또 그 마력적 영향력으로 한 나라의 상류 계층을 한 자리로 끌어들여 그 사회의 취향과 행동 양식의 분위기를 조성하는 곳이기도 합니다. 도시는 또 국가의 운명을 실제적으로 조절하는 곳이기도 합니다.

시골에 사는 수백 만의 사람들은 서로 습관적으로 협력하거나 접촉하는 일이 없기 때문에 바로 곁에 살면서 날마다 서로의 생각을 주고 받는 수 천의 도시 사람들 앞에선 무력할 수밖에 없습니다. 한 나라를 지배하는 곳은 도시인 것입니다. 나는 성바울성당 꼭대기에 서서 아무 감정 없이 런던을 내려다 보면서, 즉 세계의 모든 문명의 맥박을 뛰게하는 심장을 보면서 아무것도 느끼지 못하는 사람들을 불쌍하게 생각합니다. 아덴의 광경이 이방인들의 위대한 사도와 같은 사람의 마음에 '분'이 나게 하였다는 사실이 이상하게 보입니까? 전혀 그렇지 않습니다. 회심한 다소 사람, 로마서를 기록하고 예수님을 본 사람, 그런 그에게 있어서 그곳은 그의 심장을 움직일 수 밖에 없는 광경을 담고 있었습니다.

그의 마음은 '거룩한 동정심'으로 움직였습니다. 지식이 부족하여 곧 하나님과 그리스도를 모르므로 아무 소망도 없이 멸망으로 인도하는 넓은 길을 여행하면서 사라져가고 있는 수없이 많은 사람들이 그의 마음을 움직였습니다.

그의 마음은 '거룩한 슬픔'으로 가득찼습니다. 많은 재능이 잘못 사용되고 있음을 보고 그의 마음은 움직였습니다. 그곳에는 탁월한 작품을 만들 수 있는 수많은 손과 고귀한 사상이 깃들일 수 있는 정신이 있었습니다. 그럼에도 불구하고 그들에게 생명과 호흡과 능력을 주신 하나님께는 영광을 돌리지 아니하였습니다.

그는 죄와 악마에 대한 '거룩한 분노'에 떨었습니다. 이 세상 신이 수많은 이웃 사람들의 눈을 가리고 그들을 사로잡아 자신의 뜻대로 이끌어 가고 있음을 보았습니다. 인간의 본성적 부패성이 마치 흔히 있는 하나의 질병처럼 이 거대한 도시의 거주민들을 감염시키고 있는데도 영적인 약과 해독제 또는 치료제는 전혀 없음을 보았습니다.

그는 그가 섬기는 선생을 영광스럽게 하고자 하는 '거룩한 열정'에 불타게 되었습니다. 그는 무장한 강한 자가 합법적으로 자기 것이 아닌 집을 차지하고 자신이 적법한 소유주임을 외쳐대고 있음을 보았습니다. 바울은 그들이 천지의 주재이신 하나님을 알지도 깨닫지도 못하고 있으면서 오히려 만왕의 왕께 마땅히 드려야 할 충성을 우상들에게 돌리는 것도 보았습니다.

　사도의 마음을 움직였던 이 감정들은 성령으로 난 사람의 주요 특징이기도 합니다. 당신은 이것들에 대하여 조금이라도 알고 있습니까? 참 은혜가 있는 곳에는 언제나 이웃들의 영혼에 대한 따뜻한 관심이 있을 것입니다. 하나님의 자녀가 된 사람에게는 언제나 아버지를 영화롭게 하고자 하는 열정이 있게 될 것입니다. 성령은 경건치 못한 자들에 대하여 그들이 사형에 해당하는 일을 행할 뿐만 아니라 "그 일을 행하는 자는 옳다"(롬 1:32)한다고도 하였습니다. 경건한 자들에 대하여도 똑같은 진리를 말할 수 있을 것입니다. 즉 그들은 자신의 마음에 자리잡고 있는 죄를 슬퍼할 뿐만 아니라 다른 사람들의 죄에 대하여도 슬퍼 합니다.

　소돔의 롯에 대하여 기록된 말씀을 들어보십시오.

> 이 의인이 날마다 저 불법한 행실을 보고 들음으로 그 의로운 심령을 상하니라(벧후 2:8).

다윗에 대하여 기록된 말씀을 들어보십시오.

> 저희가 주의 법을 지키지 아니하므로 내 눈물이 시냇물같이 흐르나이다(시 119:136).

에스겔 시대에 살던 경건한 자에 대하여 기록된 말씀을 들어보십시오.

> 그 가운데서 행하는 모든 가증한 일로 인하여 탄식하며 우는 자(겔 9:4).

우리 주 곧 구세주 자신에 대한 말씀을 들어보십시오.

성을 보시고 우시며(눅 19:14).

여기서 우리는 성경적 신앙의 원리들 중의 하나로서, 슬픈 감정없이 죄를 바라볼 수 있는 사람에게는 성령의 마음이 없다는 것을 들 수 있으리라 생각합니다. 이것은 하나님의 자녀들을 명백하게 드러내주고 악마의 자녀들과 구별되게 해주는 것들 중의 하나입니다.

독자들은 이 점에 특별히 주의를 기울여주길 바랍니다. 이 시대를 살고 있는 우리는 이 점을 얼굴을 가까이 대고 자세히 살펴보아야 합니다. 우리가 죄와 이교와 불신앙을 어떤 감정을 가지고 바라보느냐 하는 것은 오늘날에 있어서 매우 중요한 주제가 됩니다.

먼저 독자 여러분은 나라 밖으로 눈을 돌려 이교 세계의 상태가 어떠한지 생각해 보길 바랍니다. 수많은 죽을 운명들이 지금 이 순간 무지와 미신과 우상숭배에 빠져 있습니다. 그들에게는 하나님도 없고, 그리스도도 없고, 소망도 없습니다. 그렇게 살다가 죽습니다. 질병과 슬픔 속에서 그들은 아무 위로도 얻지 못합니다. 나이가 들고 죽음에 임하여서도 그들은 무덤 너머의 생명을 누릴 수 없습니다. 구속주를 통한 평화, 그리스도 안에 있는 하나님의 사랑, 값없이 주시는 은혜, 죄로부터의 완전한 용서, 영원한 생명으로의 부활 등을 얻기 위한 참 방법에 대하여 그들은 전혀 아는 바가 없습니다. 피곤에 지친 수세기 동안 그들은 그리스도의 교회의 굼뜬 움직임을 기다려 왔는데, 이 동안 그리스도인들은 잠들어 있었거나 쓸데없는 논쟁들과 형식과 의식에 대한 다툼 속에 에너지를 낭비하고 있었습니다. 참으로 영이 떨리는 일이 아닙니까?

이제 나라 안으로 눈을 돌려 이곳의 대도시들의 상태에 대하여 살펴봅시다. 리버풀, 맨체스터, 버밍햄과 같은 거대도시에는 기독교가 실제로는 전혀 알려지지 않는 것처럼 생각되는 구역들이 있습니다. 런던 동부나 사우스웍 또는 램버스의 신앙적 상태를 조사해 봅시다.

토요일 저녁이나 주일 또는 은행 휴일에 리버풀의 북쪽 끝을 걸어 지나가보십시오. 주일을 범하는 것과 무절제 그리고 일반적인 불경함이 제멋대로 판을 치고 있음을 보십시오.

> 강한 자가 무장을 하고 자기 집을 지킬 때에는 그 소유가 안전하되 (눅 11:21).

이 일들이 기독교 국가에서, 교회가 세워진 땅에서, 옥스포드와 케임브리지가 얼마 떨어지지 않은 곳에서 일어나고 있습니다! 다시 한 번 말하지만 이와 같은 일들이 우리의 마음을 '흥분'시키지 않겠습니까?

오늘날 우리 주위에 이교, 무교, 불신앙을 아무 감각없이 냉담하고 무관심하게 바라보는 세대가 있다는 것은 슬픈 사실이 아니겠습니까? 그들은 국내에서나 국외에서의 기독교 전파에 대해 전혀 관심을 두지 않습니다. 그들은 그럴 필요성조차 느끼지 못합니다. 그들은 어떤 교회 또는 사회의 복음 전파 사업에 전혀 흥미가 없습니다.

그들은 이 모두를 노골적으로 경멸합니다. 그들은 엑시터 회관(런던에 있는 종교 및 자선 모임을 위한 건물-역자)을 멸시합니다. 그들은 기부금을 내는 법이 결코 없습니다. 모임에도 전혀 참석하지 않습니다. 전도 보고에 대한 것도 읽는 법이 없습니다. 그들은 모든 사람이 진지하기만 하다면 각자의 법이나 종파에 의해 구원되리라고 생각합니다. 그리고 어떤 신앙도 그것을 고백하는 사람이 열심이기만 하다면 다른 신앙과 마찬가지로 좋다고 생각합니다. 그들은 모든 영적인 기관이나 복음 전도 활동을 비난하고 비방하길 좋아합니다. 그들은 언제나 국내 또는 국외에서의 현대적 선교는 무익한 일이며, 그 일을 후원하는 사람은 연약한 열광자에 불과하다고 주장합니다. 그들의 말로 판단해 보면, 그들은 세상이 선교활동과 적극적인 기독교 운동을 통해 아무 유익을 얻지 못하면 차라리 세상을 그냥 놔두는 편이 훨씬 좋으리라고 생각하는 듯합니다!

우리가 이들에게 무슨 말을 할 수 있겠습니까? 그들은 어딜 가든 우리와 만나게 됩니다. 어느 사회에서나 우리는 그들에게 이야기를 들려줘야 합니다. 우리 곁에 앉아 조소하고 비난하면서 아무것도 하지 않는 것, 이것은 분명 그들의 기쁨이고 그들의 천직입니다. 이런 사람들에게 우리는 무슨 말을 해야 합니까?

만일 그들이 우리에게 귀를 기울이려고만 한다면 우선 우리는 그들이 사도 바울과 완전히 반대편에 있다고 분명히 말해 줍시다. 그들에게 아덴의 거리를 걸으면서 온 성에 우상이 가득한 것을 보고 마음에 분하였던 한 기독교 선교사의 위대한 모범을 보여줍시다. 또 그들에게 왜 중국과 힌두 국가들, 아프리카와 남태평양 또는 런던, 리버풀, 맨체스터, 버밍햄의 반(半)이교 지역의 우상숭배에 대하여 그가 느꼈던 것처럼 느끼지 않느냐고 물어봅시다. 또 세월이 흘렀다고 하여 하나님의 본성, 타락한 인간에게 필수적인 것, 우상숭배의 죄성 그리고 그리스도인들의 의무에 어떤 변화가 왔느냐고 그들에게 물어봅시다. 우리의 이런 질문은 합리적인 답변을 얻어낼 수 없을 것입니다. 그들은 아무런 답도 할 수 없을 것입니다. 우리의 연약함을 조롱한다고 하여 그것이 우리의 원리들이 그르다는 것을 증거하지는 못합니다. 또 우리의 허물과 실패를 지적한다고 해서 그것으로 우리의 목표가 옳지 못하다는 것을 증거하지는 못합니다.

그렇습니다. 그들은 자기 편에 있는 이 세상의 재치와 지혜는 소유했을지 모르지만, 신약성경에는 영원한 원리들이 분명히, 명백히, 그리고 틀림없이 기록되어있습니다. 성경이 성경으로 남아 있는 한 영혼들에 대한 자비는 기독교 은혜들의 최우선적인 것의 하나이며 이교도의 영혼을, 더 나아가 회심하지 않은 모든 사람들을 동정하는 것은 엄숙한 의무입니다. 이런 감정에 대해 전혀 알지 못하는 자는 그리스도의 학교에서 아직 배우지 못한 자이며, 이런 감정을 멸시하는 자는 바울의 후계자가 아니라 "내가 내 형제를 지키는 자니이까"라고 말한 자 곧 가인의 후손인 것입니다.

3. 바울은 아덴에서 어떤 행동을 취했습니까?

바울은 어떤 행동을 취했습니다. 그는 가만히 서서 우상들로 가득한 성을 앞에 두고 논쟁만 하는 사람은 아니었습니다. 그는 자신이 고립되었으며, 혈통으로는 유대인이라는 것, 낯선 땅에 있는 이방인이라는 것, 자신은 뿌리 깊은 편견과 학식 있는 사람들의 오랜 결속들에 맞서 싸워야 한다는 것, 온 성의 옛 신앙에 공격을 가하는 것은 사자굴에 들어가는 것과 같다는 것, 복음의 교리들은 헬라 철학에 흠뻑 젖어있는 마음에 거의 아무 효과가 없으리라는 것 등을 생각하였을지도 모릅니다. 그러나 바울의 마음에는 이런 생각이 전혀 떠오른 것 같지 않습니다. 그는 멸망하고 있는 영혼들을 보았습니다. 바울은 인생이 짧다는 것과 시간이 쏜살같이 사라지고 있음을 느꼈습니다. 그는 그의 주님에 대한 메시지의 능력이 모든 사람의 영혼에 만족되리라는 확신을 가졌습니다. 그 자신이 긍휼을 받았었으므로 그는 잠자코 있을 수가 없었습니다. 그래서 그는 즉시 행동하였습니다. 그의 손이 찾은 일을 바울은 온 힘을 다하여 행하였습니다. 오늘날에도 행동하는 자들이 많아지기를!

또 바울은 거룩한 담대함으로뿐만 아니라 거룩한 지혜로써 행하였습니다. 그는 적극적인 조치만을 시작하였으며 함께 일하거나 도와줄 사람을 기다리지 아니하였습니다. 그러나 그는 능숙하게 복음을 전파하기 위한 발판을 이미 가지고 있는 것처럼 이 일을 시작하였습니다. 그저 그는 회당에서 '유대인'과 '경건한 사람들' 또는 유대교

예배에 참석한 개종자들과 변론하였다고 기록되어 있습니다. 날마다 만나는 사람들과 변론 또는 거룩한 토론을 계속하였습니다. 그는 노련한 장군처럼 차근차근 단계를 밟아나갔습니다. 다른 곳에서처럼 여기에서도 바울은 우리에게 모범이 됩니다. 즉 그는 불타는 듯한 열정과 담대함뿐만 아니라 여기에 지혜로운 요령과 성화된 상식을 소유하고 있었습니다. 오늘날에도 지혜로운 자들이 많아지기를!

그러나 사도는 무엇을 가르쳤습니까? 그가 회당과 거리에서 유대인들과 헬라인들과 더불어 토론하였던 주제는 무엇이었습니까? 무지한 군중들에게 우상숭배의 어리석음을 드러내었던 것, 자기 손으로 만든 형상들에 예배하는 자들에게 하나님의 참 본성을 보여주었던 것, 하나님께서 우리 모두와 가까이 계시다는 것과 심판날에 하나님과 엄중하게 회계할 것이라는 틀림없는 사실을 쾌락주의자들과 금욕주의자들에게 확언하였던 것, 이 모두는 아레오바고에 서서 말한 그의 연설에 상세히 나타나 있습니다.

그러나 사도가 우상을 숭배하는 도시를 어떻게 다루었는가에 대하여 우리가 더 배울 점은 없습니까? 바울이 아덴에서 표방하였던 기독교에 독특하고 특별한 점을 더 찾아볼 수 없습니까? 물론 얼마든지 더 있습니다. 우리가 지금 살펴보고 있는 장의 18절에는 황금처럼 귀한 한 문장, 이방인들의 큰 사도가 때로 이신론이나 자연신학을 가르치는 평범한 교사로서 자족하기도 하였다고 주장하는 몇몇 사람들의 무분별한 단언을 영원히 잠잠케 할 한 문장이 담겨 있습니다. 18절에 아덴 사람들의 주의를 사로잡은 것이 기록되어 있는데, 바울이 '예수와 또 몸의 부활'을 전하였다는 사실입니다.

예수와 부활! 이 문장에는 얼마나 풍부한 내용이 담겨 있습니까! 이 말씀 속에는 기독교 믿음이 참으로 완전히 요약되어 있지 않습니까! 이 말씀이 요약적으로 쓰여졌다는 데에는 의심의 여지가 없습니다. 나는 이 말씀의 의미에서 제한을 가해 단순히 그리스도의 선지자적 직분과 모범에 대한 것으로만 해석하려는 사람에게 유감을 느끼지 않을 수 없습니다.

이후에 고린도에 가서 '십자가에 못박히신 그리스도' 곧 십자가의 교리 외에는 '아무것도 알지 아니하기로 작정'하였던 바로 그 사도가 아덴 사람들에게는 십자가를 감추고 보여주지 않았으리라고는 믿기 어렵습니다. 나는 '예수와 또 몸의 부활'이라는 구는 전체 복음을 상징한다고 믿습니다. 머릿돌이신 이의 이름과 복음의 근본 사실들 중의 하나가 우리 앞에 기독교 전체를 대표하여 서 있습니다.

1) 이 구를 통해 우리는 바울이 무엇을 전하였다고 이해해야 합니까?

(1) 아덴에서 바울은 주 예수의 인격에 대해 전파하였습니다.

곧 그분의 신성, 성육신, 죄인들을 구원하시기 위해 세상에 오셨던 임무, 그분의 삶과 죽음과 부활과 승천, 그분의 성품, 그분의 가르침, 사람들의 영혼에 대한 그분의 놀라운 사랑 등을 전파하였습니다.

(2) 아덴에서 바울은 주 예수의 하신 일에 대해 전파하였습니다.

십자가 위에서의 그분의 희생, 그분이 우리를 대신하여 죄값을 지불하신 일, 의로우신 자로 불의한 자를 대신하신 일, 모든 사람을 위해 완전한 구속을 획득하신 일, 특별히 믿는 모든 사람들에게 효과가 있게 하신 일, 또 잃어버린 바 된 사람을 위하여 죄와 사망과 죽음에 대하여 완전히 승리하신 일에 대하여 전파하였습니다.

(3) 아덴에서 바울은 주 예수의 직분들에 대하여 전파하였습니다.

하나님과 모든 인류 사이의 한 분 중보자로서, 죄로 병든 모든 영혼들을 위한 위대한 의사로서, 죄짐에 눌린 모든 마음들에게 평화와 안식을 주시는 분으로서, 친구가 없는 이들의 친구로서, 대제사장과 자신의 영혼을 그분의 손에 맡기는 모든 사람들의 대언자로서, 사로잡힌 자들을 위한 속건 제물로서, 하나님으로부터 멀어져 방황하는 모든 사람들의 빛과 안내자로서의 직분에 대하여 전파하였습니다.

(4) 아덴에서 바울은 주 예수의 가르침들을 전파하였습니다.

그분이 죄인들의 괴수를 기꺼이 받아주신 것, 자신을 통해 하나님께로 나아오는 모든 사람들을 끝까지 구원하시는 능력, 믿는 모든 사람들에게 베풀어주시는 완전하고 현재적이며 즉각적인 용서, 그분 자신의 피로써 죄의 모든 습관으로부터 완전히 깨끗케 해주심, 믿음 또는 마음의 단순한 신뢰 곧 자신의 죄를 느끼고 구원 받기를 원하는 모든 사람들에게 요구되는 한 가지의 것, 행실이나 행위 또는 율법의 행위 없이 믿는 모든 사람들을 전적으로 의롭다 하심에 대해 전하였습니다.

(5) 아덴에서 바울은 주 예수의 부활을 전파하였습니다.

그는 부활을 예수님 자신이 그의 사역 전체의 신뢰성을 걸어두셨던 기적적인 사실로서 그리고 기적들에 대해 트집을 잡는 사람 누구라도 조그마한 양심이 있다면 감히 부인할 수 없이 풍부한 증거들로 증명된 사실로서 전파하였습니다. 그는 그리스도께서는 그가 담당하셨던 일을 완전히 성취하셨다는 것과 그가 치르신 속전이 받아들여졌다는 것, 속죄가 이루어졌다는 것, 감옥 문이 영원히 활짝 열렸다는 것 등을 증거하였습니다. 그리고 그는 그것을 하나의 사실로서 곧 구속의 전체 업적의 초석이 되는 것으로서 전파하였고 우리 자신도 틀림없이 육으로 부활하게 되리라는 것을 분명히 증거하였습니다. 또한 "하나님이 죽은 자를 살리실 수 있을까?"라고 하는 큰 질문을 영원히 해결하면서 그것을 하나의 사실로서 전파하였습니다.

바울은 이런 것들을 아덴에서 전파하였을 것입니다. 그가 이곳에서는 이것을, 저곳에서는 저것 하나를 가르쳤으리라고는 생각할 수 없습니다. 성령께서는 '예수와 또 몸의 부활'이라는 이 의미심장한 문장 속에 그가 전파한 내용의 실체를 담아둔 것입니다. 우리에게 바울이 비시디아의 안디옥과 빌립보, 고린도, 에베소 등에서 이 주제들을 어떻게 다루었냐에 대해 상세히 말씀해주신 분도 바로 이 성령이십니다.

사도행전과 여러 서신서들은 이 점에 대하여 매우 명확히 말해줍니다. '예수와 또 몸의 부활'이라는 구는 예수와 그가 죽으시고 무덤에서 다시 살아나심으로써 이루어진 구속, 그의 속죄의 피, 그의 십자가, 그가 우리를 대신하신 것, 그의 중보, 그가 승리하여 하늘 나라로 들어가신 일, 그리고 그에 따라 그를 믿는 모든 죄인들이 충분히, 완전히 구원 받는 일 등을 의미한다고 생각합니다. 이것이 바로 바울이 전파한 교리입니다. 이것이 바로 바울이 아덴에 있을 때 행하였던 일입니다.

2) 위대한 이방인의 사도 바울을 통해 배울점은 무엇입니까?

(1) 아덴의 바울에게서 교리적 교훈을 배우십시오.

우리는 어디에 있든 예수 그리스도를 큰 주제로 삼고 가르쳐야 합니다. 우리의 말을 듣는 사람이 학식이 있든 없든, 고귀한 신분이든 비천한 신분이든, 십자가에 못 박히신 그리스도, 부활하신 그리스도, 중보하시는 그리스도, 구속하시는 그리스도, 용서하시는 그리스도, 받아주시는 그리스도, 구원하시는 그리스도께서 바로 우리의 가르침의 중심 주제가 되어야 합니다. 우리가 이 복음을 변경할 수는 없습니다. 이처럼 우리에게 많은 유익이 되는 주제는 달리 찾아볼 수 없습니다. 바울이 거두었던 것처럼 우리도 거두려면, 우리도 그가 뿌렸던 것처럼 뿌려야 합니다.

(2) 아덴의 바울에게서 실천적 교훈을 배우십시오.

우리는 그리스도의 증인이 되기 위해 홀로 서는 것과 고립되는 것을 두려워해서는 안됩니다. 필요하다면 우상이 가득한 땅, 동부 런던, 리버풀, 맨체스터, 델리, 바라나시, 북경에도 홀로 뛰어들 수 있어야 합니다. 하나님의 진리를 버림으로써 누리고 있는 평화는 필요치 않습니다. 아덴에 있던 바울, 전 세계에 대항한 아다나시우스, 로마교의 고위 성직자들에 맞선 위클리프, 보름스의 루터, 이와 같은 사람들이 우리 눈 앞에 등대처럼 서있습니다. 하나님은 인간이 보는 것처럼 보시지 않습니다. 우리는 사람들의 머릿수나 세며 잠잠히 서 있어서는 안됩니다. 마음엔 그리스도를 품고 손엔 성경 쥐고 있는 사람은 우상숭배하는 수천, 수만의 사람보다 더 강합니다.

(3) 아덴의 바울에게서 기독교의 기적을 자신있게 말하는 법을 배우십시오.

오늘날 우리 주위에는 불신자들과 회의론자들이 많이 있으며 그들은 성령의 기적들에 대하여는 죽은 무리를 이루고 있습니다. 그들은 이 기적들을 아무 쓸모없는 재목처럼 버리거나 교묘한 설명으로 이것들은 꾸며낸 이야기이며 전혀 기적이 아니라는 것을 증명하기 위해 끊임없이 노력하고 있다는 것을 독자들에게 새삼 말할 필요는 없을 것입니다. 우리는 이 같은 가르침에 꾸준히 저항하면서 바울 곁에 서 있는 것을 결코 두려워하지 맙시다. 바울처럼 우리 그리스도의 부활을 가리키면서 공정하고 합리적으로 보이는 사람, 이 증거와 그를 뒷받침하는 자료와 함께 우리를 반박하는 일에 자신 있게 맞섭시다. 초자연적인 신앙의 원수들은 지금까지 그 증거를 결론 반박해오지 못했으며 앞으로도 결코 그렇게 하지 못할 것입니다. 그리스도께서 죽은 자 가운데서 다시 살아나시지 않으셨더라면, 그 분이 세상을 떠나시고 난 이후의 사도들의 행동과 가르침은 도무지 이해할 수 없는 것이 될 것입니다. 그러나 우리가 믿는 것처럼 그리스도의 부활이 증명될 수 있고 부인할 수 없는 사실이라면, 기적에 반대하는 모든 형태의 회의적 논증들은 그 기반이 무너져 버리게 될 것입니다. 그리스도의 부활이라는 엄청난 기적을 일단 받아들이기만 하면 성경에 기록된 이보다작은 다른 기적을 믿을 수 없거나 있을 수 없는 일이라고는 결코 말할 수 없습니다.

(4) 아덴의 바울에게서 신앙을 회복하십시오.

우리가 복음을 전파한다면 우리는 그것이 유익이 되리라는 것을 완전히 확신하고 전파할 수 있어야 합니다. 아레오바고에 혼자 서 있던 다소의 외로운 유대인은 당시에는 아무것도 아닌 연약한 존재처럼 보였습니다. 그는 자신의 할 일을 했으나 실패한 것처럼 보였습니다. 스토아 학파 철학자들과 에피쿠로스 학파 철학자들은 세상이 자신들의 것이라도 된 것 마냥 거만하게 바울을 비웃고 조롱하였을지도 모릅니다.

그러나 그 외로운 유대인은 그때부터 결코 꺼지지 않을 촛불 하나를 밝히고 있었습니다. 그가 아덴에서 선포했던 말씀은 자라서 몇 배로 열매 맺고 거대한 나무가 되었습니다. 그 작은 누룩이 결국 그리스 전체에 영향을 미쳤습니다. 바울이 전파했던 복음은 우상숭배를 이겼습니다. 오늘날까지 서 있는 공허한 파르테논 신전은 아덴의 종교가 죽고 사라진 것에 대한 단적인 증거입니다. 그렇습니다. 우리가 좋은 씨앗을 뿌리면 눈물로 그것을 뿌릴지 모르나 정녕 기쁨으로 그 단을 가지고 돌아올 것입니다(시 126:6).

4. 맺는 말입니다.

이제 결론을 내릴 때가 되었습니다. 우리는 지금까지 바울이 아덴에서 본 것, 느낀 것, 그리고 행한 것으로부터 우리에게 실천적 중요성을 지닌 것까지를 살펴보았습니다. 그러면 이제 우리는 무엇을 보고 느끼고 행해야 합니까?

1) 우리는 무엇을 보아야 합니까?

오늘날 우리가 사는 시대는 구경거리와 흥분거리를 찾아 헤매는 시대입니다.

눈은 보아도 족함이 없다(전 1:8).

세상은 이리저리 미친 듯이 달리며 지식을 찾습니다. 부와 기술 그리고 인간의 발명품들이 끊임없이 박람회로 모여들고 있습니다. 해마다 수천 수만의 사람들이 인간의 손으로 만든 것들을 보기 위해 밀려듭니다. 그러나 그리스도인은 세계의 지도를 한 번 들여다 보아야 하지 않겠습니까? 성경을 믿는 사람들은 세계 지도에 아직 영적으로 어둡고 죽어있으며 복음이 없는 거대한 지역을 바라보며 엄숙한 생각에 잠길 수 밖에 없지 않습니까?

우리의 눈이 지구상의 인구 절반이나 아직 하나님과 그리스도를 알지 못하고 죄와 우상숭배 가운데 앉아 있다는 사실을, 또 이 나라 대도시에 살고 있는 이웃 동료들조차 그리스도인들이 그들의 영혼에 아무 유익을 끼치지 못하기 때문에 실제로는 이교도들과 다름없다는 사실을 보아야 하지 않겠습니까? 하나님의 눈이 이것들을 바라보고 계십니다. 우리의 눈도 그것들을 보아야 합니다.

2) 우리는 무엇을 느껴야 합니까?

하나님 보시기에 우리의 마음이 바르다면 우리는 불신앙과 다른 종교들을 보고 어떤 것들을 느껴야 합니다. 참으로 우리가 세상의 이런 모습을 보고 마음에 느낄 수 있는 감정은 많습니다.

첫째, 우리는 우리가 받은 셀 수 없이 많은 특권들을 생각하고 감사를 느껴야 합니다. 자신이 날마다 기독교에 빚지고 살아가고 있음을 인식하는 사람은 거의 없습니다. 그런 사람들에게는 일년 중 몇 주간만이라도 이교 국가에 살아보도록 하면 좋을 것입니다.

둘째, 우리는 지금까지 잉글랜드 국교회가 기독교 전파에 거의 아무런 공헌도 하지 않았음을 돌이켜 볼 때 부끄러움과 겸손과 같은 감정들을 느끼지 않을 수 없습니다. 하나님은 크랜머(Cranmer), 리들리(Ridley), 라티머(Latimer)가 화형 당한 이래로 우리에게 참으로 큰일들을 이루어 주셨으며, 많은 시련의 시간들이 지나는 동안 우리를 보호해 오셨고, 많은 축복들로 우리를 풍요롭게 해오셨습니다. 그러나 우리는 그를 위하여 얼마나 적은 것을 돌려드렸습니까! 15,000개의 교구들에서는 국내외에 복음 전도의 대의를 위하여 가치 있는 일을 하는 데 얼마나 소홀하였습니까! 회중들 가운데에는 영혼들의 구원에 조금도 열의를 보이지 않았던 사람들도 있지 않았습니까! 이렇게 해서는 안 됩니다.

셋째, 연민의 감정을 가져야 합니다. 우리는 회심치 않는 영혼들의 비참한 상태와 그리스도 없이 살고 죽는 모든 사람들의 불행을 생각해 볼 때 연민과 같은 감정을 느끼지 않을 수 없습니다. 어떠한 가난도 이것과 같지는 않을 것입니다! 이것과 같은 질병도 없을 것입니다! 이 같은 노예 상태도 없을 것입니다! 이것과 같은 죽음 곧 우상숭배와 불신앙과 죄 가운데 있는 죽음과 같지는 않을 것입니다! 우리가 잃어버린 자들에 대해 연민을 느끼지 않는다면 우리는 자신에게 그리스도의 마음이 어디 있느냐고 물어도 좋을 것입니다. 하나의 큰 원리로 담대히 말할 수 있는 것은 회심하지 않은 사람들의 상태에 대하여 동정을 느끼게 하지 못하는 기독교는 오래전 하늘로부터 내려와 지금 신약성경에 썩지 않고 보장되어 있는 그 기독교가 아니라는 점입니다. 그것은 이름뿐인 공허한 기독교입니다. 그것은 바울의 기독교가 아닙니다.

3) 우리는 무엇을 행해야 합니까?

이것이 바로 내가 독자들의 마음속에 새기고자 하는 점입니다. 보고 느끼는 것도 좋습니다. 그러나 행함이 바로 신앙의 생명입니다. 행동으로까지 이끌어가지 않는 수동적인 인상들은 오히려 양심을 딱딱하게 할 수 있으며 그것이 결정적인 해를 입힐 수도 있습니다. 우리는 무엇을 행해야 합니까? 우리는 지금까지 해오던 것보다 훨씬 많은 일을 해야 합니다. 우리는 그렇게 할 수 있습니다. 복음의 명예, 해외 선교 지역의 상태, 국내의 거대 도시들의 상태 등을 생각해 볼 때 우리는 더욱 많은 일을 하지 않을 수 없습니다.

그런데 우리는 가만히 서서 전투에 사용할 무기들을 부끄럽게 할 것입니까? 복음 곧 옛 복음주의적 신조는 오늘날 우리가 필요로 하는 것을 만족시키지 못합니까? 나는 우리에게 부끄러워할 이유가 전혀 없음을 담대히 확언합니다. 그것은 무능하지 않습니다. 시대에 뒤떨어진 것이 아닙니다. 우리에게는 새로운 어떤 것이 필요 없습니다. 복음에 덧붙일 것도 복음에서 빼낼 것도 없습니다. 우리에게는 '옛적 길' 외에 아무것도 필요 없습니다. 옛 진리들을 완전하고 담대하게 그리고 사랑을 다하여 선포하기만 하면 됩니다. 복음, 곧 바울이 전파한 바로 그 복음을 완전하게 전파하기만 하십시오. 이 복음은 아직도 "모든 믿는 자에게 구원을 주시는 하나님의 능력"(롬 1:16)이 됩니다.

다른 어떤 종교에도 이러한 능력은 없습니다.

  우리는 가만히 서서 복음 전파의 결과들에 부끄러워하고만 있어야겠습니까? 우리 머리를 숙이고 '성도에게 단번에 주신 믿음의 도'가 이제는 그 능력을 잃고 아무 유익이 되지 못한다고 불평할 것입니까? 우리가 부끄러워할 이유는 없습니다. 담대히 말하지만 이 지상에서의 어느 신앙적 가르침도 교리 혹은 교의 신학이라고 불리는 것을 제외하고는 언급할 만한 가치가 있는 어떤 결과들을 가져올 수 없습니다. 현대의 모든 학파들 곧 교리를 경멸하였던 학파들은 이 땅에 도대체 어떤 구원을 가져왔습니까? 그들은 어떤 구원을 이루었습니까? 우리나라의 거대한 도시들과 큰 항구에 있는 반(半) 이교적 지역들과 제조업을 하는 도시들 그리고 광산 지역들은 얼마나 복음화되었고 문명화되었습니까? 그 어떤 도시나 산업사회가 최근의 이 어마어마한 체계를 그들 조직의 열매라고 주장할 수 있겠습니까? 그렇게 할 수 없습니다. "무엇이 진리인가?"라는 질문은 결과들과 열매들을 고려할 때에만 해결할 수 있습니다. 신약의 신앙, 그리고 그 신앙의 원리들을 요약하고 있는 39개조 신조, 공동 기도서 등을 부끄러워 할 필요가 없습니다.

  이제 우리가 지난 날을 돌이켜 보고 자신을 겸손히 낮추고 앞으로는 하나님의 도우심으로 열심히 더 많은 일을 하려고 하는 일 외에 무슨 일을 할 수 있겠습니까? 눈을 더욱 크게 뜨고 봅시다. 마음을 더욱 활짝 열고 느낍시다. 우리 자신을 움직여서, 자기를 부인하는 은사와 열심히 협력하는 것과 담대히 옹호하며 열렬히 기도함을 통하여 더 많은 일을 행합시다. 우리의 대의에 가치가 있는 일이면 다 합시다. 예수님께서 하늘 나라를 버리고 이 땅에 내려오시어 이루고자 하셨던 대의에는 우리의 최선을 바칠 만한 가치가 있습니다.

  이제 우리가 시작했던 처음 생각으로 되돌아감으로써 글을 마치려고 합니다. 우리 지역 교구의 주민들의 인구는 해마다 줄어가고 있습니다. 도시에 거주하는 인구는 급속도로 증가하는 반면 시골에 사는 사람들은 줄어들고 있습니다. 이런 처지에서 당신이 도시에서 산다면 지금 하려고 하는 이 충고를 귀담아 들어주십시오.

첫째, 우리는 자신이 특별한 영적 위험의 자리에 놓여 있음을 기억해야 합니다. 바벨 시대로부터 지금까지 아담의 자녀들은 많이 모여 있는 곳에서는 어디서든지 언제나 죄악과 사악함의 극한 지경까지 서로를 끌어당겨 왔습니다. 큰 도시들은 언제나 사탄의 자리가 되어 왔습니다. 청년들의 불경함을 발견하게 되는 곳도 바로 도시입니다. 그가 만일 죄 가운데 살기로 마음 먹는다면 그는 언제든지 그와 같은 동료를 많이 찾아볼 수 있습니다.

극장과 카지노, 무도회장과 술집이 항상 붐비는 곳도 바로 도시입니다. 또 도시에서는 돈, 쾌락, 성적 탐닉에 대한 사랑이 수많은 사람을 노예로 사로잡고 있습니다. 도시에 사는 사람은 언제나 주일을 어기고 은혜의 수단들을 경멸하고, 성경을 무시하고 기도하는 습관을 버리고 싶도록 부추기는 것들을 많이 접하게 됩니다. 독자 여러분이 만일 도시에 살고 있다면, 조심하십시오. 자신의 위험을 깨달으십시오. 자신의 약함과 죄성을 느끼십시오. 그리스도께로 피하십시오. 당신의 영혼을 그 분께 맡기십시오. 그에게 당신을 꼭 붙들어 주시도록 구하십시오. 그러면 안전해질 것입니다. 조심하십시오. 악마에게 저항하십시오. 깨어 기도하십시오.

둘째, 만일 우리가 도시에 살고 있다면 시골에서는 거의 찾아보기 힘든 특별한 도움의 손길이 항상 준비되어 있다는 것을 기억하십시오.

나라 안 어느 도시에서나 우리는 그리스도의 신실한 종 몇 사람은 찾을 수 있습니다. 그들은 하늘 나라를 향한 우리의 여행을 기쁘게 도와줄 것입니다. 또 어느 도시에서나 복음을 전파하는 성직자들과 언제든지 우리를 기쁘게 받아들일 준비를 하고 좁은 길을 걸어가고 있는 순례자들을 만날 수 있습니다. 그러므로 여러분은 선한 용기를 가지고 도시에서는 그리스도를 섬길 수 없다고 절망하는 일이 결코 없도록 하십시오. 오히려 하나님과 함께 하면 불가능은 없다고 생각하십시오. 십자가를 지고 엄청난 시험 속에서도 죽음에 이르기까지 충성하였던 역사상의 많은 증인들을 생각하십시오. 바벨론의 다니엘과 세 친구들을 생각하십시오. 로마 네로 시대의 성도들을 생각하십시오. 사도들 시대의 고린도와 에베소, 그리고 안디옥의 많은 신자들을 생각하십시오. 그리스도인이 되게 하는 것은 장소가 아니라 은혜입니다. 지금까지 살았던 하나님의 종들 가운데 가장 거룩하고 할 일을 다 했던 사람들은 광야에 은둔했던 사람이 아니라 도시에 살았던 사람들이었습니다.

이것들을 기억하고 기뻐하십시오. '우상으로 가득한' 아덴과 같은 도시 안에 우리 몫이 던져져 있을 수도 있습니다. 또 은행, 회계소, 사업 장소나 가게에 홀로 고립되어 있어야 할지도 모릅니다. 그러나 정말 우리는 혼자가 아닙니다. 그리스도가 함께 계시기 때문입니다. 주님 안에서 그의 능력 안에서 강한 자가 되십시오. 담대하고 철저하고 단호하고 인내하십시오. 큰 도시에서도 살아서는 존경을 받으며 죽을 때 명예를 얻는 행복하고 쓸모 있는 그리스도인이 될 수 있다는 것을 알게 될 날이 올 것입니다.

10장
인간의 다양한 초상들[1]

바울이 이같이 변명하매 베스도가 크게 소리 내어 이르되 바울아 네가 미쳤도다 네 많은 학문이 너를 미치게 한다 하니 바울이 이르되 베스도 각하여 내가 미친 것이 아니요 참되고 온전한 말을 하나이다 왕께서는 이 일을 아시기로 내가 왕께 담대히 말하노니 이 일에 하나라도 아시지 못함이 없는 줄 믿나이다 이 일은 한쪽 구석에서 행한 것이 아니니이다 아그립바 왕이여 선지자를 믿으시나이까 믿으시는 줄 아나이다 아그립바가 바울에게 이르되 네가 적은 말로 나를 권하여 그리스도인이 되게 하려 하는도다 바울이 이르되 말이 적으나 많으나 당신뿐만 아니라 오늘 내 말을 듣는 모든 사람도 다 이렇게 결박된 것 외에는 나와 같이 되기를 하나님께 원하나이다 하니라(행 26:24-29).

런던의 국립 초상화 화랑에는 초상화들이 많이 소장되어 있습니다. 그 화랑에는 영국 역사상 발자취를 남긴 거의 모든 위인들이 매우 흡사한 모습으로 남아 있습니다. 한 번 찾아가 볼만한 가치가 있는 곳입니다. 그러나 그 곳에 소장된 어느 초상화도 이제 여러분에게

---

[1] 본 장은 1881년 4월 세인트메리교회(St. Mary's church)와 옥스포드대학에서, 그리고 런던의 세인트제임스궁전(St. James's Palace)의 왕실예배당(Chapel Royal)에서 설교한 것이다.

이 글을 통하여 소개하려고 하는 세 사람의 초상화보다 더 주의를 기울여 볼만한 것은 없다고 생각합니다.

성경의 두드러진 한 가지 특징은 그 담긴 내용이 매우 풍부하고 다양하다는 점입니다. 이 장중하고도 오래된 책 곧 이 책에 우호적이지 못한 비평가들의 공격을 좌절시켜 온 이 책에는 교리, 훈계, 역사, 시, 예언 등이 담겨있을 뿐만 아니라 성령께서는 인간 본성에 대하여 그 여러 가지 면에서 실제 그대로를 그려주고 계시기도 합니다. 우리는 바로 이 그림에 주의를 기울여 공부해 볼 필요가 있습니다. 때로 우리가 추상적인 진술들보다도 모범이나 본보기를 통하여 더 많이 배울 수 있다는 사실을 모르는 사람은 없으리라고 생각합니다.

이 본문은 바울이 로마인 통치자인 베스도와 유대인 왕인 아그립바 앞에서 자신을 변호하고 있는 장의 결론 부분입니다. 이 곳에서는 각기 다른 세 사람의 세 초상화가 우리 눈앞에 펼쳐지고 있습니다. 그들은 우리가 지금 이 시대에서도 찾아볼 수 있는 세 부류의 사람들을 상징합니다. 어느 시대에나 그들의 후계자는 존재해 왔습니다. 관습의 변화와 과학적 발견, 정치적 개혁이 있었음에도 불구하고 각 시대의 인간의 내적인 마음은 언제나 똑같습니다. 자, 이제 우리가 게인즈버러(Gainsborough)와 레이놀즈(Reynolds) 또는 롬니(Romney)의 초상화 앞에 서듯이 이 세 사람의 초상화 앞에 서서 무엇을 배울 수 있는지 살펴보기로 합시다.

1. 로마인 통치자 베스도를 바라봅시다. 이 사람은 바울이 말하고 있을 때 갑자기 "바울아 네가 미쳤도다 네 많은 학문이 너를 미치게 한다"라고 외치며 끼어든 사람입니다.

베스도는 사도들의 시대에 문명화된 세계에 널리 퍼져있던 우상숭배적인 성전 숭배 외엔 종교에 대하여 무지하였던 이교도였음이 분명합니다. 그가 앞 장에서 아그립바에게 했던 말을 생각해 보면 그는 유대교와 기독교 둘 다에 대해 상당히 무지했음을 알 수 있습니다. 그는 "오직 자기들의 종교와 또는 예수님라 하는 이의 죽은 것을 살았다고 바울이 주장하는 그 일에 관한 문제로 송사하는 것 뿐이라"(행 25:19)라고 말했었습니다. 짐작컨대 로마제국이 멸망하여가던 시대의 거만했던 많은 로마인들처럼, 그 역시 모든 종교가 똑같이 그르거나 혹은 똑같이 옳거나 그래서 위대한 사람으로서는 전혀 주목해 볼 가치가 없는 것으로 여기고 마음속으로 경멸하였음이 분명합니다. '이방인들에게 빛'을 보여주는 것에 대하여 말하는 유대인, 이 얼마나 우스꽝스런 생각이냐! 라고 그는 생각하였을 것입니다. 세상과 사이 좋게 지내는 것, 사람들의 호의를 얻는 것, 눈에 보이는 것들 외엔 관심을 두지 않는 것, '나의 주' 아우구스투스를 기쁘게 하는 것, 이것이야말로 보르기오 베스도의 신앙 전부였습니다.

그런데 우리 주위에도 베스도와 같은 이들이 얼마나 많이 있습니까? 그렇습니다! 두렵게도 수천, 수만의 사람들이 있습니다. 사회의 어느 계층, 어느 부류에서도 그런 사람들을 찾을 수 있습니다. 그들은 우리와 함께 거리를 걷습니다. 그들은 우리와 함께 기차를 타고 여행하기도 합니다. 또 날마다 세상에서 우리와 교제를 나누기도 합니다. 그들 각자는 삶의 여러 분야를 맡고 있기도 합니다. 때로 그들은 훌륭한 사업가이기도 하고 자신이 택한 직업에서 뛰어난 능력을 발휘하는 사람이기도 합니다. 자신의 직책에 할당된 다양한 의무들을 신뢰할 수 있게 수행하여 그 자리가 비게 되었을 경우에 그들 이름 뒤에 명성을 남기기도 합니다. 그러나 베스도처럼 그들에게는 신앙이 전혀 없습니다!

이들은 자신에게 영혼이라고는 없는 것처럼 살아가는 자들입니다. 1월부터 12월까지 그들은 장차 올 생에 대해서는 아무것도 생각하거나 느끼거나 보거나 알지 못하는 것처럼 보입니다. 내세는 그들의 계획, 설계, 계산의 일부분도 차지하지 못합니다. 그들은 마치 육체 외에는 신경 쓸 일이 아무것도 없는 것처럼, 오직 먹고 마시고 잠자고 옷 입고 돈 벌고 돈을 소비하는 일 외에 할 일이 전혀 없는 것처럼, 그리고 자신의 눈으로 보는 세상 외에는 대비할 아무 세상이 없는 것처럼 살아갑니다.

이들은 기회가 주어지더라도 공적으로든 사적으로든 은혜의 수단들을 거의 사용하지 않는 자들입니다. 기도와 성경 읽기 그리고 하나님과 은밀히 친교를 나누는 일 등은 그들이 경멸하고 무시해버리는 것들입니다. 그것들은 노인, 병자, 죽어가는 사람, 혹은 성직자, 수도승, 수녀들에게나 좋을지 모르나 그들에게는 전혀 해당되지 않습니다! 만일 그들이 예배드리는 곳에 참석했다면 그것은 사람들에게 존경할 만한 인물로 보이고 싶은 형식상의 문제일 뿐입니다. 너무도 흔히 그들은 큰 공적 의식이나 결혼식 또는 장례식의 경우를 제외하고는 결코 그곳에 찾아가지 않습니다.

이들은 또 종교에 대한 열정이나 열심과 같은 것은 이해할 수 없다고 고백하는 사람들입니다. 그들은 그리스도인들의 단체, 기관, 문헌 그리고 국내, 외에서의 복음전도를 위한 노력을 거만한 태도로 경멸해버립니다. 그들이 금언으로 삼고 있는 것은 아무도 상관치 말자는 것입니다. 국교도와 비국교도 간의 상반된 주장들, 또 국교도 내의 여러 당의 논쟁, 성직 회의와 집회, 교구 주교 회의에서의 토론들은 모두 그들에게 무관심한 문제일 뿐입니다. 그들은 로마의 시인 루크레티우스가 묘사했던 철학자처럼 멀리서서 그것들을 냉담하게 바라보면서 그들처럼 고상한 정신을 가진 사람들의 주목을 받을 가치가 전혀 없는 연약한 평민들의 유치한 말싸움이라고 생각해 버립니다. 설사 이 같은 주제들이 그들 무리 가운데에서 화제로 튀어나올 경우가 있다하더라도 풍자적인 논평이나 옛부터 사람들의 입에 자주 오르내리던 회의적인 재치있는 말로써 그것들을 무시해 버립니다.

내가 지금까지 묘사해 온 것과 같은 사람 곧 친절하고, 아마도 도덕적이고, 성품이 좋고 또 종교 문제만 빼고는 사이좋게 지내기도 쉬운 그런 사람들이 우리 주위에 수없이 많다는 것을 부인할 사람이 있습니까? 이 사실을 부인할 수는 없을 겁니다. 그와 같은 사람은 무수히 많기 때문에 '군대'(legion)라고 불릴 만합니다. 지성을 우상화하는 이 시대의 경향, 독립적이고 자신만을 생각하려는 욕망, 개인적인 판단을 매우 귀중히 여기며, 자신만의 고립된 견해를 귀중히 여기고 소수와 옳은 길을 가기보다는 다수와 그른 길을 가는 것이 더 세련되고 영리하다고 생각하는 성향, 이 모두는 베스도의 후손들이 이루는 부류로 하여금 자부심에 가슴 벅차게 합니다. 두렵게도 베스도는 그와 같은 무수한 사람들의 한 전형일 뿐입니다.

그 같은 사람들은 우울하게 보입니다. 그들은 흔히 멜로즈 사원이나 볼톤 사원처럼 장중한 옛 폐허를 생각나게 합니다. 그곳에는 아름다운 아치와 기둥, 탑, 그리고 격자 창들이 남아있어 한 때는 그 건물이 어떠했으며 하나님이 그것을 남겨두셨더라면 지금은 어떠했을까를 보여주기에 충분합니다. 그러나 지금은 모든 것이 차갑고 고요하고 어두움 가운데 쇠락을 나타내줄 뿐입니다. 왜냐하면 그 집의 주인, 생명의 주님께서 이젠 그 곳에 계시지 않기 때문입니다. 베스도를 따르는 많은 이들도 마찬가지입니다.

우리는 흔히 그들이 지닌 지적인 능력과 웅변의 은사, 취향, 성격상의 힘을 관찰할 때마다 "하나님께서 그들의 영혼 안에 그의 올바른 자리를 두셨다면 지금 이 사람들의 모습은 어떠했을까!"라고 느끼게 됩니다. 그러나 하나님이 함께하시지 않으면 모든 일이 그릇됩니다. 슬프게도 불신과 교만이 한 사람을 완전히 장악하고 마음대로 다스릴 때 그 짓밟는 힘은 이루 말할 수 없습니다. 성경이 회심치 아니한 사람을 가리켜 눈먼 자, 잠자고 있는 자, 미친 자, 죽은 자라고 설명하고 있는 것은 조금도 이상하지 않습니다.

베스도가 지금 이 시대에 살고 있다면 이 글을 읽으려 하겠습니까? 그렇지 않을 것입니다! 종교적인 논문이나 책들은 주일의 예배와 설교와 마찬가지로 그에게는 어울리지 않습니다. 주일마다 베스도는 아마 신문을 읽거나 그의 세상에서의 회계장부를 훑어보거나, 친구를 찾아가거나 여행을 떠나거나 또는 영국의 주일이 하나의 대륙처럼 커져서 극장과 박물관이 이 날에도 열리기를 은밀히 소망할 것입니다. 평일에 베스도는 사업이나 정치 또는 오락 또는 현대 사회의 사소한 것들을 추구하느라 시간을 소모하는 일에 끊임없이 열중할 것입니다. 그는 죽음이나 심판, 영원 같은 것은 없다는 듯이 아무 생각이 없이 나비처럼 살아갈 것입니다. 베스도는 이 글을 읽을 사람은 아닙니다.

그러면 베스도 같은 사람은 아무 소망이 없는 처지에 있으며 따라서 긍휼도 받을 수 없단 말입니까? 그렇지 않습니다. 그가 그런 처지에 있지 않음에 대하여 하나님께 감사를 드립니다. 그의 성품 가장 밑바닥에는 아직 양심이 남아있기 때문입니다. 아무리 무감각하게 되었을지라도 그 양심은 아직 완전히 죽지 아니하였습니다. 한밤 중에 울려 퍼지는 성바울성당의 종소리처럼 도시에서 사업에 열중하는 가운데 들리는 소음이 다 멈추었을 때 때로 그 양심의 소리가 들릴 것입니다.

벨릭스와 헤롯, 아합, 바로처럼 베스도를 따르는 자들에게도 깨달을 때가 찾아옵니다. 때로 이들 중 일부는 너무 늦기 전에 깨어 전과는 다른 사람이 되기도 합니다. 그들의 삶 가운데에는 그들이 궁지에 몰리게 되어 '다가올 세상의 힘'을 느끼는 순간 곧 죽을 수밖에 없는 인간이 하나님과 함께 하지 않고는 잘 해나갈 수 없다는 것을 알게 되는 때가 찾아옵니다. 아무리 거만한 사람이라 할지라도 때로는 질병과 고독, 좌절, 금전 손실 그리고 사랑하던 자의 죽음 등을 맞아 겸손하여져서 "메뚜기도 짐이 된다"(전 12:5)라고 고백하기도 할 것입니다. '환난 날'에 하나님께로 돌이켜 기도한 사람은 므낫세만이 아닙니다. 그렇습니다. 우리는 어느 누구에 대해서도 절망해서는 안 됩니다. 영적인 기적들은 과거의 일만이 아닙니다. 그리스도와 성령과 함께 하면 불가능한 일은 전혀 없습니다. 마지막 날에는 베스도처럼 시작하여 그와 같이 살았으나 마침내 돌이켜서 회개하고 결국 바울처럼 생을 마감한 사람도 있었음이 드러날 것입니다. 그러므로 살아있는 동안에는 다른 사람들에 대하여 소망을 버리지 말고 그들을 위해 기도합시다.

2. 아그립바 왕을 바라봅시다. 이 사람은 바울의 말에 큰 충격을 받아 "네가 적은 말로 나를 권하여 그리스도인이 되게 하려 하는도다"라고 말하였던 사람입니다.

'적은 말로' 잠시 이 표현에 대하여 생각해 봅시다. 어떤 사람들은 킹제임스역(KJV)이 이 단어를 '거의' 그리스도인이 되게 하려 한다고 번역하여 헬라어 원어의 의미를 죽였다고 주장합니다. 그들은 이 구절을 '짧은 시간에' 또는 "연약하고 힘없는 논증으로 네가 나를 권하고 있구나"로 번역해야 한다고 주장합니다. 그러나 솔직히 나는 이 표현이 좀 모호하기는 하나 이런 주장을 하는 비평가들, 즉 루터(Luther), 베자(Beza), 그로티우스(Grotius), 풀(Poole), 벵겔(Bengel), 슈티어(Stier), 호손(Howson) 등의 견해를 받아들일 수 없습니다. 이와 같은 문제들에는 어느 누구를 가리켜 전문가라고 말할 수는 없다고 생각합니다. 나는 고대와 현대의 여러 탁월한 주석가들과 함께 우리의 킹제임스역(KJV)이 옳고 정확하다고 주장하는 바입니다. 이런 믿음은 신약성경을 쓰여진 언어로 생각하고 말하고 저술하였던 한 사람 곧 유명한 헬라 교부 크리소스톰(Chrysostom)의 견해와 같다는 사실로 더욱 뒷받침 됩니다. 마지막으로 또 한 가지 중요한 것은 다른 어떤 견해도 이 다음 절에서의 사도 바울의 외침과 조화를 이룰 수 없다는 점입니다. "나는 당신이 거의 그리스도인이 되길 원하는 것이 아니라 바로 그리스도인이 되기를 원하나이다"라고 말하는 듯 합니다. 이런 근거들에 의해 나는 킹제임스역(KJV)을 지지합니다.

이제 우리의 특별한 주의를 요구하고 있는 아그립바는 여러 가지 면에서 베스도와는 매우 다른 사람이었습니다. 순수한 유대 혈통은 아니라 해도 유대 혈통을 지녔고 유대인들 사이에서 양육된 그는 앞의 로마 통치자들이 전혀 몰랐던 많은 것들에 대하여는 철저히 잘 알고 있었습니다. 그는 선지자들을 알았고 믿었습니다. 그의 동료들과 함께 동일한 자리에서 동일하게 바울의 말을 들으면서 다른이들에게는 그저 이름과 말뿐인 공상으로 밖에 들렸을지 모르나 그에게는 그 말에 담긴 많은 내용을 이해하고 있었을 것입니다 그는 자기 앞에 서 있는 남자가 진리를 갖고 있다는 것에 대한 어떤 내적인 확신을 갖고 있었습니다.

아그립바는 보았고 느꼈고 마음이 움직였고 감동하였으며 양심이 찔렸고 마음속으로 간절히 원하고 바랬습니다. 그러나 그는 여기서 더 이상 나갈 수 없었습니다. 그는 보았습니다. 그러나 행동할 용기는 없었습니다. 그는 느꼈습니다. 그러나 움직일 의지는 없었습니다. 그는 하나님 나라에서 그리 멀지 않은 곳에 있었습니다. 그러나 그는 그 밖에서 주춤거렸습니다. 그는 기독교를 정죄하거나 조롱하지 아니하였습니다. 그러나 그는 마치 마비된 사람처럼 그것을 바라보고 심문할 수는 있었으나 그것을 붙잡아 자신의 마음속으로 받아들일 마음의 힘은 없었습니다.

자, 신앙을 고백하는 그리스도인들 가운데 아그립바와 같은 이들이 많이 있습니까? 이 질문에는 오직 한 가지 답변만이 있다고 생각합니다. 이러한 사람들은 엄청나게 많은 숫자의 군대, 이루 셀 수도 없을 만한 수의 큰 무리입니다. 그들은 우리 교회에서도 찾아볼 수 있으며 또 상당히 규칙적으로 모든 은혜의 수단들에 참여하는 사람이기도 합니다. 그들은 성경의 진실성을 전혀 의심하지 않습니다. 그들은 복음의 교리들에 대하여 조금도 반대하지 않습니다. 그들은 건전한 가르침과 불건전한 가르침 사이의 차이를 구별하기도 합니다. 그들은 거룩한 사람들의 삶을 자주 찬양하기도 합니다. 그들은 좋은 책들을 읽고 좋은 목적을 위하여 기부금을 내기도 합니다. 그러나 불행히도 그들은 자신의 신앙에서 어떤 한 지점을 결코 넘어서지 못하는 것처럼 보입니다.

그들은 그리스도의 편으로 담대하게 나아오는 법이 결코 없으며, 십자가를 지는 일도 없고, 사람들 앞에서 그리스도를 고백하는 법도 전혀 없고 사소하나 모순된 행동을 결코 그만두지 않습니다. 그들은 가끔 자신이 언젠가는 좀더 확고한 그리스도인이 되기를 "바라고 원하고 소망하고 그것을 목표로 한다"고 말합니다. 그들은 자신이 현재는 자신이 되어야 할 모습이 아님을 알고 언젠가는 지금과는 달라지기를 희망합니다. 그러나 '편리한 때'는 결코 찾아오지 않는 것처럼 보입니다. 바라고 원하면서 살다가, 그리고 바라고 원하기만 하다가 결국 무대를 떠나고 맙니다. 그들은 바라기만 하다가 죽습니다. 친절하고 성품이 좋으며 존경스러운 사람, 바울의 원수가 아니라 친구인 사람, 그러나 그는 아그립바처럼 '그리스도인에 가까운' 자입니다.

그러면 도대체 왜 사람들이 신앙에 있어서 그처럼 멀리까지 갈 수 있음에도 불구하고 거기서 더 나아가지 못합니까?라고 독자가 묻는 것은 당연합니다. 도대체 왜 그들은 그처럼 많은 것을 보고 알 수 있음에도 불구하고 '완전한 날'까지 그들이 지닌 빛을 따라가지 아니합니까? 지성과 이성과 양심이 기독교를 향하여 그처럼 많이 진보할 수 있음에도 불구하고 마음과 의지는 뒤에 처져 머뭇거리는 이유는 도대체 무엇입니까?

이 질문들에 대한 답을 생각해 봅시다. 먼저 사람들에 대한 두려움 때문에 방해를 받는 사람들도 있습니다. 그들은 소심하게도 그들이 확고한 그리스도인이 되었을 경우 사람들로부터 비웃음과 조롱, 멸시를 받을까봐 두려워합니다. 그들은 사람들로부터 좋은 평판을 받지 못할지도 모를 위험을 감수하려 하지 않습니다. 주님께서 사시던 당시의 많은 유대 통치자들처럼 그들은 사람의 영광을 하나님의 영광보다 더 사랑하였습니다(요 12:43). 한편, 세상에 대한 사랑 때문에 방해를 받는 사람도 있습니다. 그들은 확고한 신앙을 지니려면 세상에 흔히 퍼져있는 오락이나 여가 보내는 방법에서 떠나버려야 한다는 것을 알고 있습니다. 그러나 그들은 그렇게 하기로 결심할 수 없습니다. 그들은 "이 세상의 허식과 허영을 버리겠다"라고 한 세례 시의 맹세를 저버립니다.

들은 하나님의 진노로부터 구원 받기는 바라나 롯의 아내처럼 "뒤를 돌아봅니다"(창 19:26). 또한 어떤 미묘한 형태의 자기 의 때문에 방해를 받는 사람도 있습니다. 그들은 어쨌든 자신은 베스도만큼은 나쁘지 않다고 마음속으로 생각하고 위로를 받습니다. 그들은 자신이 알고 있는 어떤 사람과는 같지 않다고 생각합니다. 즉 그들은 신앙을 멸시하지 않으며 오히려 교회에 가기까지 합니다. 그들은 바울처럼 열심인 사람들을 칭찬하기도 합니다. 참으로 그들은 모순을 버리지 않습니다! 또 특정한 종교에 귀속된다는 사실을 병적으로 두려워 합니다. 특히 청년들의 경우가 그러합니다. 청년들은 특정한 신조에 갇히기 전에는 종교를 결정할 수 없다는 생각에 굉장한 압박을 받습니다. 실제로 그들은 그렇게 되는 것을 원하지도 않습니다. 그들은 아그립바의 경우가 교리가 아닌 행동의 경우이며, 의무에 관한 단호한 행동이야말로 교리적 진리에 관한 빛을 얻을 수 있는 가장 확실한 방법이라는 것을 잊고 있습니다.

사람이 하나님의 뜻을 행하려 하면 이 교훈이 하나님께로서 왔는지 내가 스스로 말함인지 알리라(요 7:17).

또 두려운 일이지만 어떤 은밀한 죄가 적지 않은 사람들을 멈칫거리게 합니다. 그들은 자신이 하나님 보시기에 옳지 않은 어떤 일에 매달려 있음을 스스로 잘 알고 있습니다. 언젠가 들통날, 헤로디아, 드루실라, 버니게, 아간의 황금과 같은 것이 자기 인생에 숨겨져 있습니다. 그들은 자신이 가장 사랑하는 것과 헤어질 수 없습니다. 그들은 오른손을 잘라 내거나 오른쪽 눈을 뽑을 수 없습니다. 그래서 제자들이 될 수 없습니다. 이런 여러 변명들은 저울에 달면 아무 가치도 없는 헛된 것인 것을. 이것들에 안주하는 이들이 깨어나 사슬을 던져버리지 않는다면, 영원히 난파당하게 될 것입니다.

이 시대에 아그립바가 살고 있다면 그는 이 글을 읽겠습니까? 이 글을 읽고 있는 사람 중에 그와 같은 사람이 있습니까? 그리스도의 사역자로부터 친절한 경고의 말씀을 듣고 당신이 매우 위험한 상태에 있음을 깨닫도록 노력하십시오. 바랬고, 느꼈고, 의도하고, 원했다고 해서 구원하는 믿음이 있는 것이 아닙니다. 그것들은 색칠한 부표에 불과하여 당신을 잠시 동안은 수표 면에 떠있게 하여 머리를 물 위로 내놓을 수 있게 하지만 당신이 물의 흐름을 따라 내려가 마침내는 나이아가라 폭포보다 훨씬 무시무시한 폭포에 휩쓸리지 않도록 막아줄 수는 없습니다. 결국 당신은 행복하지 못합니다. 당신이 이 세상에서 갈등 없이 살기에는 이미 신앙에 대해 너무 많이 알고 있습니다. 또한 신앙 안에서만 위로를 받기에는 당신은 세상과 너무 연관되어 있습니다.

요컨대 당신은 이 세상 안에서나 신앙 안에서나 다 행복을 느낄 수 없습니다. 그러므로 지금 당신이 처한 위험과 당신의 어리석음을 깨달으십시오. 하나님의 도우심으로 확고한 태도를 취하도록 결심하십시오. 칼을 빼어 끝까지 싸우십시오.

> 검 없는 자는 겉옷을 팔아 살지어다(눅 22:36).

당신의 배를 불태우고 앞으로 똑바로 나아가십시오. 방주를 바라보고 그것을 칭찬하지만 말고, 문이 닫히고 홍수가 시작되기 전에 안으로 들어가십시오. 이것만큼은 신앙의 기초에 놓인 금언으로서 주장할 수 있습니다. 그리스도인인 척하는 자는 안전하지도 않고 행복하지도 않은 사람입니다.

3. 바울을 바라봅시다. 이 사람은 베스도가 미쳤다고 생각했으며 아그립바를 적은 말로 권하여 그리스도인으로 만들려고 했던 사람입니다.

이 사람은 담대하게 "말이 적으나 많으나 당신뿐 아니라 오늘 내 말을 듣는 모든 사람도 다 이렇게 결박한 것 외에는 나와 같이 되기를 하나님께 원한다"라고 말했던 사람입니다. 이 말을 할 때 그 자신은 고통 당하고 있었지만 그의 말을 듣고 있는 사람들은 결박 당하거나 감옥에 갇히기를 원치 아니하였습니다. 그러나 그는 그들이 한 가지 필요한 것에 대하여는 자기와 같이 한 마음이 되며, 그의 평화와 소망, 굳건한 위로, 기대 등을 함께 나눌 수 있기를 원하였습니다. "나와 같이 되기를" 이 얼마나 중대하고도 기억할 만한 말입니까! 이것은 자신이 옳은 편에 있음을 철저히 확신하고 이해하게 된 사람만이 할 수 있는 말입니다.

그는 모든 의심과 주저를 내버렸습니다. 그는 그저 엄지손가락과 집게 손가락으로 슬쩍 진리를 잡고 있었던 것이 아니라 두 손으로 진리를 꽉 움켜쥐었습니다. 이것은 어느 한 곳에서 말하였던 사람의 말입니다.

> 나의 의뢰한 자를 내가 알고 또한 나의 의탁한 것을 그날까지 저가 능히 지키실 줄을 확신함이라(딤후 1:12).
> 내가 확신하노니 사망이나 생명이나 천사들이나 권세자들이나 현재 일이나 장래 일이나 능력이나 높음이나 깊음이나 다른 아무 피조물이라도 우리를 우리 주 그리스도 예수 안에 있는 하나님의 사랑에서 끊을 수 없으리라(롬 8:38-39).

1) 바울은 기독교가 주장하는 사건들이 사실임을 굳게 확신하였습니다.

주 예수 그리스도는 참으로 '육체 가운데 나타나신 하나님'이시라는 것, 그는 아무도 부인할 수 없는 기적들을 행하심으로써 자신의 신성을 증명하셨다는 것, 그는 마침내 무덤에서 부활하시어 하늘에 오르사 인간의 구세주로서 하나님 우편에 앉아 계시다는 것, 이 모든 사항들에 대하여 그는 철저히 믿었고 이것들의 사실성에 대하여 조금도 의심치 아니하였습니다. 그래서 그는 이것들을 위해서라면 기꺼이 죽음도 각오하였습니다.

2) 바울은 기독교의 이 교리들이 진리임을 굳게 확신하였습니다.

우리는 모두 죄인이며 영원히 파멸당할 위험 가운데 있다는 것, 그리스도께서는 우리 죄를 속하시고 십자가 상에서 우리를 대신하여 고통 당하심으로써 우리의 구속을 이루시려 이 세상에 오셨다는 것, 회개하고 십자가에 못박히신 그리스도를 믿는 모든 사람은 완전히 모든 죄에 대하여 용서받는다는 것, 그리고 하나님과 평화하고 죽은 후 하늘 나라에 들어가는 유일한 방법은 그리스도에 대한 믿음밖에 없다는 것, 이 모두를 그는 지극히 확고하게 믿었습니다. 그리고 바로 이 교리들을 가르치는 것이 그가 회심하여 순교하기까지 이루고자 한 한 가지 목적이었습니다.

3) 바울은 자신이 성령의 능력으로 말미암아 변화되었고 새로운 삶을 살도록 가르침 받았다는 것을 깊이 확신하였습니다.

바울은 또 그리스도께 헌신한 거룩한 삶이야말로 인간이 살 수 있는 가장 지혜롭고 행복한 삶이라는 것과 하나님으로부터의 은총이 사람들로부터의 호의보다 몇 천 배 낫다는 것, 그리고 그를 사랑하셨고 그를 위하여 자신을 내어주신 그분을 위해서는 온갖 것을 드려도 아까울 것이 하나도 없다는 것을 굳게 믿었습니다. 그는 "예수님을 바라보고" 그를 위하여 재물을 허비하고 또 그 자신까지 허비하면서 항상 경주했습니다(히 12:2; 고후 5:15, 12:15).

4) 바울이 도래할 세상이 있음을 굳게 확신하였습니다.

사람들의 칭찬이나 호의, 이 현세에서의 상급이나 형벌이 그에게는 모두 찌꺼기로 여겨졌습니다. 그는 언제나 썩어지지 아니할 기업과 결코 사라지지 아니할 영광의 면류관을 바라보았습니다(빌 3:8; 딤후 4:8). 그 면류관에 대하여 그는 아무도 그에게서 그것을 빼앗아 갈 수 없다는 것을 알았습니다. 베스도는 그를 경멸하고 그가 미쳤다고 생각했을지도 모릅니다. 또 바울이 이제 만나게 될 로마 황제는 그의 목을 베거나 사자들에게 던지라고 명령할지도 모릅니다. 그러나 그게 무슨 상관입니까? 베스도나 가이사 어느 누구도 바울을 건드릴 수 없었으며, 그는 영원히 그의 것이 될 보물을 하늘 나라에 쌓아두었다는 것을 굳게 믿고 있었습니다.

이러한 점들이 바로 바울이 "나와 같이 되기를 원하노이다"라고 말했을 때 그가 의미한 바라고 생각합니다. 기독교의 사실들과 교리, 헌신 그리고 앞으로 받게 될 상급 등에 대하여 그는 뿌리 깊이 자리 잡은 굳은 확신을 지녔습니다. 그는 또 다른 모든 사람들과도 이 확신을 함께 나누고 싶었습니다. 그는 자신이 가지고 있는 이 확신을 이웃들도 지니기를 원하였습니다. 그는 자신의 영혼이 앞으로 어떻게 될지에 대하여 조금도 의심이나 두려움이 없었습니다. 그는 베스도와 아그립바, 버니게 그리고 그들 주위의 모든 사람들도 자신과 똑같이 행복한 처지에 있게 되기를 원하였습니다.

그런데 오늘날에도 바울과 같은 사람이 많이 있습니까? 물론 이 말은 영감을 받은 사도들이 많이 있느냐는 의미는 아닙니다. 다만 바울처럼 철저하고 주저하지 않으며 확신이 가득 찬 그리스도인들을 주위에서 볼 수 있느냐는 뜻입니다. 안타깝게도 이 질문에는 오직 한 가지 대답만을 할 수 있을 뿐입니다. 부유하든 가난하든, 신분이 귀하든 천하든 부르심을 입은 자들은 많지 않습니다.

> 생명으로 인도하는 문은 좁고 길이 협착하여 찾는 이가 적음이니라
> (고전 1:26; 마 7:14).

도시이든지 시골이든지 당신이 있는 곳을 한번 둘러 보십시오. '온전한' 그리스도인들은 거의 없을 것입니다. 그러나 베스도와 아그립바 같은 사람은 어디서나 찾아볼 수 있습니다. 우리는 그런 사람들을 어느 모퉁이에서나 만날 수 있습니다. 그러나 철저하고도 전심을 다한 바울의 제자들은 찾기 힘듭니다. 그러나 한 가지 매우 분명한 사실은 이 소수들이야말로 "세상의 소금"(마 5:13)이며 "세상의 빛"(마 5:14)이라는 점입니다. 이 적은 수의 사람들이야말로 교회의 영광이

며 교회를 살아있게 하는 데 공헌하는 사람들입니다. 이들이 없다면 교회는 썩어가는 시체, 회칠한 무덤, 불빛이 없는 등대, 화력이 없는 증기기관, 초가 없는 황금 촛대가 될 것이며 악마에게는 기쁨이요, 하나님께는 불쾌함이 될 것입니다.

이들은 세상을 뒤흔들며, 죽은 뒤에는 잊혀지지 않는 표적을 남기는 사람들입니다. 마틴 루터, 존 웨슬리(John Wesley), 윌리엄 윌버포스(William Wilberforce)등은 생전에 사람들로부터 미움을 받고 무시를 당했으나 그들이 그리스도를 위하여 이룬 업적은 결코 잊혀지지 아니할 것입니다. 그들은 '온전한' 그리스도인들이었습니다.

또 이들은 자신의 신앙 안에서 참 행복을 누리는 사람들입니다. 바울과 실라처럼 그들은 감옥에서도 찬송할 수 있으며 베드로처럼 죽음에 임박하여서도 고요히 잠잘 수 있습니다(행 12:6, 26:25). 강한 믿음은 그들에게 내적인 평화를 심어주며 그들은 세상의 여러 문제들에 초연해서 그들의 원수들조차 놀라지 않을 수 없게 하였습니다. 여러분 중에 미지근한 라오디게아 교회 같은 그리스도인들은 자신의 신앙 안에서 아무 위로도 얻지 못합니다.

마음에 큰 평화를 누리는 자는 바로 '철저한' 사람들입니다. 메리 여왕 시대의 첫 순교자인 로저스(John Rogers)가 신교를 옹호하다가 산 채로 화형에 처해지게 되어 스미스필드에서 화형대를 향하여 걸어가는 모습은 마치 결혼식에 가는 모습 같았다고 말합니다. 또 늙은 라티머(Latimer)가 옥스포드 브로드 스트리트에서 순교하던 날 장작더미에 불이 당겨지기 전 거리낌 없이 용감하게 했던 말은 오늘날에 이르러서까지 잊혀지지 않고 있습니다. 그는 그와 함께 고난을 받는 자, 리들리(Ridley)에게 외쳤습니다. "용감하라! 리들리 형제여. 우리는 모든 하나님의 은혜로 영국에 결코 꺼지지 않을 촛불 하나를 켜게 되리라." 이들은 '온전한' 그리스도인들이었습니다.

어느 한 순간에 혹은 밤이나 새벽 또는 어느 아침에 하나님을 만날 준비가 되어 있어 안전하고자 하는 사람, 또는 자신의 신앙 안에서 평화를 느끼고자 하는 사람 곧 질병이나 사별, 파산, 혁명 그리고 마지막 나팔소리에도 아무 영향을 받지 않는 평화를 누리고자 하는 사람 또는 살아 생전에 선한 일을 행하여 자기 주위의 모든 사람들에게 기독교적 영향을 끼치는 원천이 되고자 하는 사람 곧 자신이 죽은 뒤에도 오랫동안 기억되고 알려져 영향을 끼치고자 하는 사람, 그런 사람은 내가 오늘날 그에게 하는 이 말을 기억하고 결코 잊지 말기를 바랍니다. 즉 당신은 아그립바처럼 '유사한' 그리스도인이 된 것에 만족해서는 안 됩니다. 당신은 바울처럼 '온전한' 그리스도인이 되기 위하여 힘쓰고 수고하고 번민하고 기도해야 합니다.

이제 자신에게 질문을 던지며 자신을 점검하면서 이 세 사람의 초상화에서 눈을 거두도록 합시다. 시간은 짧습니다. 우리에게 주어진 해가 빨리 사라지고 있습니다. 세상은 점차 나이를 먹어갑니다. 큰 심판이 곧 시작될 것입니다. 재판관이 곧 나타나실 것입니다. 우리는 누구입니까? 우리는 누구를 닮았습니까? 누구의 '형상과 글'이 우리 위에 찍혀있습니까? 베스도, 아그립바, 바울 중 누구입니까?

그러면 지금 베스도와 아그립바는 어디에 있습니까? 우리는 알지 못합니다. 그들의 이후의 역사에 대하여는 베일이 드리워져 있으며 그들이 살았던 것처럼 죽기도 했는지 그렇지 않았는지 우리는 알 수 없습니다. 그러나 '온전한' 그리스도인 바울은 어디에 있습니까? 우리는 이 질문에 답할 수 있습니다. 그는 지금 세상을 떠나 그리스도와 함께 있습니다(빌 1:23). 그는 죄와 사탄과 슬픔이 이제는 그를 더 이상 괴롭힐 수 없는 안식의 낙원에서 의인들의 부활을 기다리고 있습니다. 그는 선한 싸움을 다 싸운 것입니다. 그는 자신이 달려갈 길을 다 마쳤고 믿음을 지켰습니다. 이제 그는 주께서 나타나실 그 큰 날에 그를 위하여 예비되었던 면류관을 받게 될 것입니다(딤후 4:7,8).

우리가 하나님께 감사할 것은 바울이 지금은 죽어 우리 곁에 없으나 바울을 바울되게 하시고 끝까지 그를 지키셨던 구세주께서는 지금도 살아계시고 결코 변함이 없으시며 언제나 구원하실 수 있으며 언제나 우리를 기꺼이 받아들이려 하신다는 점입니다. 우리가 지금까지 자신의 영혼을 소홀히 다루어왔다면, 지난 시간은 그것으로 족하다고 생각하십시오. 이제 새로 시작합시다. 전에 결코 시작해 본 적이 없다면, 일어나 그리스도와 함께 시작합시다.

또 우리가 이미 그리스도와 함께 시작했었다면 끝까지 그와 함께 계속 나아갑시다. 하나님의 은혜가 함께 하면 불가능은 없습니다. 바리새인 사울, 그리스도인들의 박해자였던 그가 '온전한' 그리스도인이 되어, 이방인들의 큰 사도가 되고 세상을 뒤집어 엎으리라고 어느 누가 생각할 수 있었겠습니까? 베스도와 아그립바 같은 사람들도 회심하여 살아가다가 마지막 순간에는 어느덧 바울처럼 온전한 그리스도인이 될 수도 있습니다. 생명이 있는 한 언제나 희망은 있습니다.

11장
누구에게로 가오리이까[1]

시몬 베드로가 대답하되 주여 영생의 말씀이 주께 있사오니 우리가 누구에게로 가오리이까(요 6:68).

이 본문 요한복음 6장에는 매우 풍성한 내용들이 담겨 있습니다. 먼저 우리가 기억해야 할 것은 이 장은 우리에게 잘 알려진 기적, 즉 보리빵 다섯 덩이와 물고기 두 마리로 오천 명을 먹이신 오병이어 기적으로 시작하고 있다는 점입니다. 이것은 초기 몇 작가들이 그리스도께서 행하신 기적 중 가장 큰 기적이라고 했던 것이며, 네 명의 복음서 저자들이 모두 다 기록하였던 유일한 기적으로서 창조적 능력을 보여주었던 기적입니다.

계속하여 오병이어 못지 않은 놀라운 기적인 그리스도께서 갈릴리 바다 위를 걸으신 일이 기록되어 있습니다. 이것은 우리 주님께서는 그가 필요하다고 생각하시기만 하면 소위 자연의 법칙까지도 중지시키실 수 있는 능력을 소유하고 계심을 보여주었던 기적입니다. 그가 바다 위를 걸으시는 일은 그가 태초에 땅과 바다를 지으신 일 만큼이

---

[1] 본 장은 1880년 세인트메리교회(St. Mary's church)의 지정설교자일 때 옥스포드 대학에서 설교한 것이다. 본 장에서는 몇 가지 내용을 생략하고 편집하여 출판하였다.

나 쉬운 일이었습니다.

계속해서 복음서 저자는 가버나움 회당에서의 놀라운 대화로 우리를 인도합니다. 사복음서 저자들 중에서 요한만이 영감을 받아 이 대화를 세상에 알렸습니다. 생명의 참 빵이신 그리스도, 그에게로 와서 믿는 모든 사람들이 누리는 특권들, 그리스도의 살을 먹고 그리스도의 피를 마시는 일의 깊은 신비 그리고 그 살과 피가 전달해주는 생명, 이 대화에는 보배로운 진리가 참으로 풍부히 담겨 있습니다. 교회는 이 네번째 복음서에 참으로 큰 빚을 지고 있지 않습니까!

그리고 요한복음 6장의 끝에 이르러서는 따뜻한 마음을 가진 사도 베드로의 고귀한 외침이 터져 나오고 있습니다. "주여 영생의 말씀이 주께 있사오니 우리가 누구에게로 가오리이까." 이제 고백 속에서 독자 여러분이 다음의 세 가지 요점에 주의를 기울여 주기를 바랍니다.

1. 우리가 누구에게로 가오리이까?

이 말씀이 나오게 된 경위에 주목하길 바랍니다. 무엇 때문에 이 불같고 충동적인 제자가 "우리가 누구에게로 가오리이까?"라고 외치게 되었습니까? 이 말씀 앞의 여러 절이 답이 되리라고 봅니다.

> 그 때부터 그의 제자 중에서 많은 사람이 떠나가고 다시 그와 함께 다니지 아니하더라 예수께서 열두 제자에게 이르시되 너희도 가려느냐 (요 6:66-67).

여기에는 우울하고 또 지극히 교훈적인 사실이 기록되어 있습니다. 많은 사람들이 한 동안은 "그 사람이 말하는 것처럼 말한 사람은 이 때까지 없었다"(요 7:46)고 고백하며, 누구와도 비교할 수 없는 능력의 역사를 이루시고, 어느 누구와도 같지 않은 삶을 사시고, 거룩하시며 흠이 없고 더럽혀지지 아니하셨으며, 죄와 상관 없으신 분, 그리스도를 따르더니 곧 떠나고 말았습니다. 그렇습니다! 적은 사람도 아닌 많은 사람이, 이 땅에서 이전에는 결코 보거나 들은 적이 없는 기적들과 설교들이 한창 절정을 이루고 있는 때에 많은 사람들이 그리스로부터 등을 돌렸고, 그분을 떠났고 그분을 버렸고 그분의 복된 봉사를 포기하고 떠나가 버렸습니다.

어떤 이들은 유대교로, 또 어떤 이는 세상으로 또 어떤 이는 두렵게도 자신의 죄에게로 돌아갔습니다.

> 푸른 나무에도 이같이 하거든 마른 나무에는 어떻게 되리요(눅 23:31).

사람들이 이처럼 그리스도를 버릴 수 있었다면, 이 마지막 시대에 그의 흠 많고 연약한 성직자들이 버림받는다고 해서 우리가 의문을 제기할 권리는 없는 것입니다.

그러나 이 사람들이 물러간 이유는 무엇이었습니까? 그들 중의 어떤 이들은 아마도 비용을 계산하지 못했기 때문에 그리고 "말씀으로 인하여 환난이나 박해가 일어나는 때"(막 4:17) 그에 걸려 넘어졌기 때문에 물러갔습니다. 또 어떤 이들은 우리 주님 나라의 성격을 완전히 오해하고 세속적 이득과 상급만을 꿈꾸었기 때문에 물러갔습니다. 그러나 그들 중 대부분이 그들에게 선포되었던 심오한 교리 곧 "인자의 살을 먹고 인자의 피를 마시는 일"(요 6:53-55)이 구원에 절대적으로 필요하다는 교리를 받아들일 수 없었기 때문에 물러갔으리라는 것은 매우 분명하다고 하겠습니다.

이런 일은 흔합니다. 창조부터 있었던 일이며 세상의 끝날까지 있을 것입니다. 그런데 인간의 어둡고 본래적인 마음이 소위 '피의 신학'이라고 불리는 이 교리처럼 싫어하는 것도 없었습니다. 가인은 교만하여 대리적 제사라는 개념에 대해 무지하였고, 우리 주님으로부터 떨어져 나간 유대인들은 인자의 '살을 먹고 피를 마셔야' 한다는 말을 듣고 물러가고 말았습니다.

그러나 '물러간' 이 유대인들을 따르고 그들을 모방하는 사람들은 어느 시대에나 존재했었다는 사실을 부인할 사람은 없을 것입니다. 어쨌든 그들의 후손들은 결코 그치지 아니하였습니다. 각 시대마다 수백만의 사람들이 세례를 통하여 교회로 들어와 신앙을 고백하는 그리스도인으로서의 삶을 시작하였습니다. 그리고 나서 성년이 되어서는 그리스도와 기독교에 대하여 그들의 등을 완전히 돌려버리곤 하였습니다. '그리스도의 충성스런 군병과 종'의 신분을 버리고 그들은 죄와 세상과 불신의 종들이 되고 말았습니다. 이 일은 끊임없이 계속될 것이며 또한, 이것은 오래된 질병이어서 우리가 새삼 놀랄 필요도 없습니다.

마음은 언제나 자신을 속이기 쉬우며 지극히 사악합니다. 악마는 항상 분주히 움직이며 삼킬 자를 찾아 애씁니다. 세상은 언제나 우리를 유혹하고 있습니다. 생명의 길은 좁고 원수는 많으며 친구는 적고 어려움은 지극히 많고 십자가는 무거우며 복음의 교리는 자연인에게 걸림돌이 됩니다. 그러므로 각 시대의 수많은 사람들이 그리스도를 떠나간다고 해도 이상하게 여길 필요는 없습니다. 그들은 어린아이 시절에는 교회의 바깥 울타리 안으로 들어와 자라다가 어른이 되면 모든 신앙을 내버리고 광야에서 비참하게 멸망하고 맙니다.

그리스도를 떠나가려는 이 경향이 오늘날처럼 강력한 때도 결코 없었습니다. 지금처럼 생명의 기독교에 대한 반대가 많고, 또 그럴듯한 때도 결코 없었습니다. 왜냐하면 지금은 자유로운 생각과 행동을 내세우는 시대이고, 옛날의 견해들에 대하여 과학적으로 의문시하고 호되게 추궁하여 탐구하고 결정하려는 시대이며, 탐욕스럽게 쾌락을 추구하고 자신을 구속하는 것에 대하여는 참지 못하는 시대이기 때문입니다. 지성을 우상시하며 소위 영리함이라고 하는 것을 터무니없이 찬양하는 시대이며, 새로움에 대하여 아테네적인 갈망과 변화에 대한 끊임없는 사랑을 나타내는 시대이고, 우리 주위의 사방에서 대담하나 끊임없이 변화하는 회의적인 태도를 보게 되는 그래서 어느 때에는 우리에게 인간은 원숭이보다 조금 나은 존재라고 말하다가도 다른 때에는 인간이 신보다 조금 못한 존재일 뿐이라고 말하는 시대이며, 불신을 옹호하는 것은 아무리 천한 논증이라도 기꺼이 받아들이려 하면서도 동시에 하나님의 계시에 대한 큰 근본적 증거들에 대하여 탐구하는 일은 미루기만 하는 병적인 태도가 범람하는 시대이기 때문입니다.

무엇보다도 가장 나쁜 것은 이 시대는 겉으로만 그럴듯한 자유라는 이름을 가진 시대로써, "당파심과 편견은 싫다"(No party spirit! no bigotry!)라는 높은 음조의 표어 아래 그 어떤 분명하고 구별되는 견해없이 그저 살다가 죽는 사람들이 많다는 것입니다. 이와 같은 시대에 그리스도를 떠나는 일이 흔한 일이라는 것을 기이하게 여길 필요가 있겠습니까? 이 일을 이상히 여기며 불평하느라 시간을 낭비하지 마십시오. 오히려 우리의 허리를 동이고 이 역병을 막기 위해 우리가 할 수 있는 일을 다 합시다. '옛적 길'에 우리의 발을 굳게 붙이고 우리가 보는 이 결함은 옛부터 있어온 병이 좀더 악화된 형태인 것임을 기억합시다. 산 자와 죽은 자 사이에 서서 이 해악을 저지시키기 위해 노력합시다. 크게 부르짖고 노력을 아끼지 맙시다. "네 색깔을 잃지 말라, 기독교의 전투에 패배란 없다. 그래도 떠날 것인가?"라고 외칩시다.

이 글을 읽는 청년들 가운데에 많은 이들이 그리스도를 떠나가고 싶은 유혹을 받는 경우도 있다고 생각합니다. 여러분은 아마도 평온한 가정 곧 기독교의 기본 진리들에 대하여 단 한 순간도 의문이 제기되지 않는 곳으로부터 나와, 여러분이 믿도록 가르침 받아온 옛 원리들에 모순이 되는 온갖 종류의 이상한 이론들과 견해들이 발표되는 세상으로 나가게 됩니다. 여러분은 자유로운 생각과 거룩한 주제들에 대한 제멋대로의 생각이 너무도 넘쳐나서 믿음의 토대까지도 흔들리는 것처럼 보이는 것을 보고 놀라게 됩니다. 또 영리함과 신앙이 언제나 함께 하는 것은 아니며 뛰어난 지성을 소유한 자라 해도 하나님이 지으신 세계에서 그를 밀어내버리는 일을 저지를 수 있음을 보고 경악하게 됩니다. 이와 같은 일들은 많은 청년들의 순전한 믿음에 커다란 충격이 되며 그들은 그 충격 아래서 비틀거리면서 그리스도를 떠나가고 기독교까지도 던져버리고 싶은 유혹을 느낍니다.

이 글을 읽는 사람 중에 그와 같은 유혹을 느끼는 사람이 있다면 그리스도를 위하여 확고히 서서 자기 역할을 다하고 그 유혹에 힘써 저항하십시오. 지금 당신을 당황케 하는 상태의 일은 전혀 새로운 것이 아님을 깨닫도록 힘쓰십시오. 그것은 다만 모든 시대 곧 사탄이 하와에게 "결코 죽지 아니하리라"(창 3:4)라고 말한 날부터 지금까지 항상 교회를 시험해오고 교회에 퍼뜨려졌던 옛 질병일 뿐입니다. 이것은 다만 하나님이 알갱이와 쭉정이를 가르시기 위하여 허용하시는 옮겨가는 과정일 뿐이며 우리는 모두 이 과정을 거쳐야 합니다. 결국 세상은 모든 신자들이 거쳐야할 용광로이며, 따라서 영혼을 사로잡기 위한 함정과 덫, 싸움과 다툼, 실패와 성공, 실망과 좌절을 이겨내야 하고 미숙한 이론들과 극단적인 견해들과 갈등과 근심과 너무 자유로운 사상과 이에 못지않은 미신들을 극복해야 합니다.

우리도 조만간 우리 앞 세대의 수많은 사람들처럼 처음 믿음을 버리고 그리스도로부터 물러가고 싶은 유혹을 어떤 형태로든 받게 될 것입니다. 그때 그 유혹에 저항하면서 자신은 영혼의 오랜 원수(그러나 믿음의 패배 당하곤 하였던 원수)와 맞서 싸우고 있다는 점을 깨닫는다면 이미 반쯤은 싸움을 치른 셈입니다.

그리스도를 떠나라는 유혹에도 당황해서는 안되며 실제로 거기에 걸려 흔들리지 말아야 합니다. 이러한 공격 아래 당신이 알던 수많은 사람들이 그리스도의 갑옷을 버리고, 성경을 무시하며, 주일을 오용하고, 세상에서 하나님 없이 살아가고 있습니다. 그러나 그것이 당신과 무슨 상관이 있습니까? 영리한 사람들, 장래가 보장된 사람들, 이와 같은 일들은 꿈도 꾸어보지 못하였던 부모들의 자녀들이 그들이 들었던 깃발을 내던지고 무신론자나 불신자가 된다 하여도 그게 당신과 무슨 상관입니까? 이런 일들로 결코 동요하지 맙시다. 예루살렘을 향하여 얼굴을 꼿꼿이 듭시다. 옛적 길에 당신의 발을 두십시오. 그 길은 선한길이며 하늘의 도시를 향해 가는 연단의 길입니다.

　베드로, 야고보, 요한을 따르던 자들과 비교하여 그리스도를 버리고 떠난 자들이 무슨 열매를 보여줄 수 있습니까? 그들의 마음에 평화가 넘치고, 외적으로 유익한 사람이 되었습니까? 그들의 양심은 편안하였습니까? 시련 받을 때에 위로를 받았습니까? 아닙니다! 많은 사람이 그리스도를 떠날지라도 우리는 마음에 목적을 가지고 그리스도께 붙어 있어야 합니다. 날마다 기도하고 날마다 성경을 읽으며 규칙적으로 은혜의 수단들에 참여하는 옛 습관을 지속합시다. 소수의 사람들과 함께 그리스도 편에 있으면서 잠시 조롱과 멸시를 받는 것이, 많은 사람들과 함께 다만 몇 해 칭찬을 받다가 그리스도 없이는 평안이나 소망, 하늘 나라가 없다는 것을 뒤늦게 깨닫는 것보다 천배나 낫습니다.

2. 우리가 누구에게로 가오리이까?

　예수께서 "너희도 가려느냐"고 물으시자 베드로가 거기에 대한 대답으로 되물었던 "우리가 누구에게로 가오리이까"라는 말에 대해 생각해봅시다. 열정적이고 충동적이었던 사도 베드로의 이 되물음은 성경에 나타난 수백 가지의 경우처럼 강한 긍정의 뜻임이 분명합니다. "우리는 당신 외에는 갈 곳이 없습니다"라는 뜻의 말입니다. 이것은 다윗의 "하늘에서는 주 외에 누가 내게 있으리요 땅에서는 주 밖에 나의 사모할 자 없나이다"(시 73:25)라고 한 말과 같은 말입니다.

우리는 베드로가 살았던 시대를 생각해 볼 때 그가 그런 질문을 할 만하였다는 것을 느끼지 않을 수 없습니다. 그가 살던 시대 곧 창세 이후로 4,000년이 끝날 무렵엔 "세상이 자기 지혜로 하나님을 알지 못하므로"(고전 1:21) 이집트, 앗수르, 그리스, 로마 곧 세속적인 일들에 있어서는 최고로 탁월한 경지에 이르렀던 나라들도 신앙의 문제에 있어서는 엄청난 어두움에 빠져 있었습니다. 어느 누구와도 비교할 수 없이 훌륭한 역사가들, 비극작가들, 시인들, 웅변가들 그리고 건축가들이 살았던 나라의 국민들은 우상들에게 예배하고 그들 자신의 손으로 만든 것에 엎드려 절하였습니다.

그리스와 로마의 가장 유능한 철학자들은 마치 눈먼 자처럼 진리를 더듬어 찾으며 헛되이 출입구를 찾느라 지쳐버리고 말았습니다. 온 땅은 영적인 무지와 부도덕성으로 더렵혀져 있었고 가장 지혜로운 자도 그리스 철학자 플라톤처럼 자신에게 빛이 필요하다는 사실만을 고백할 수 있었고 자신을 구원해 줄 사람을 찾아 신음하며 한숨 쉬었습니다. 그러므로 베드로의 외침은 "주여, 우리가 당신을 떠난다면 누구에게로 가오리이까?"라고 생각해도 좋을 것입니다.

만일 사도가 가버나움 회당에서 그리스도를 버리고 떠난 사람들과 함께 가버리고 말았다면 그는 어디서 마음의 평화와 양심의 만족과 내세에 대한 소망을 구할 수 있었겠습니까! 그는 그가 원하던 것을 형식적인 바리새인들, 회의주의적인 사두개인들, 세상적인 헤롯당원들, 금욕주의적인 에세네파, 아덴, 알렉산드리아 또는 로마의 철학 학파 등 그 어디에서 찾을 수 있었겠습니까? 가말리엘이나 가야바나 스토아 학파, 에피쿠로스 학파, 플라톤 학파 등은 자신의 영적 갈증을 해소하거나 자신의 영혼에 양식을 얻을 수 있습니까? 이런 질문들을 하는 것은 시간 낭비일 뿐입니다. 겉으로는 지식의 원천처럼 보이는 이 모든 것들은 오랜 세월을 거치는 동안 인간이 만든 물통, 그것도 물을 담을 수 없는 깨진 물통일 뿐이라는 것이 증명되었습니다. 이것들은 불안한 마음에 아무 만족을 주지 못합니다. 이러한 물을 마시는 사람은 곧 다시 목마르게 됩니다.

그러나 베드로의 질문은 참 그리스도인이라면 그리스도를 떠나고 싶은 유혹을 느낄 때마다 담대하게 물어야 할 질문입니다. 오늘날, 사람들이 우리에게 기독교는 낡아빠져 아무 효력이 없는 것이라고 말할 때, 우리는 우리에게 더 좋은 것을 보이라고 그들에게 정당하게 이의를 제기할 수 있습니다. 그들은 계시된 신앙에 대한 반대 의견들을 제시하며 또 우리가 답변할 수 없는 많은 질문들을 하면서 우리를 성가시게 할지도 모릅니다. 그러나 우리는 그들에게 '훨씬 더 탁월한 길', 즉 단순하게 그리스도를 따르고 모든 성경을 믿는이가 소유한 것보다 더 군건한 반석을 보일 수 있으면 제시해보라고 하면 됩니다.

우리가 연약할 때에 그리스도를 떠나라는 유혹이 우리 귀에 들린다고 잠시 가정해 봅시다. 우리가 우리의 성경을 덮어버리고 모든 신조를 버리며 우리 조상들의 신학을 시대에 뒤떨어졌다고 경멸하며 세련된 무신론이나 냉혹한 형식주의의 작은 조각에 만족하고 있다고 가정해 봅시다.

어떤 점에서 우리는 자신이 더욱 행복하거나 유익한 사람이 되었다고 할 수 있습니까? 우리가 버린 것을 대신할 만한 어떤 군건한 것을 얻을 수 있습니까? 일단 그리스도에게서 등을 돌려버리고 나면, 우리는 어디에서 양심의 평화와 의무를 행할 힘과 시험에 맞서 싸울 능력과 시련에 처했을 때의 위로와 죽음에 임해서 자신을 지탱케 해주는 힘과 무덤을 바라보는 중에 소망을 어디에서 얻을 수 있겠습니까? 우리가 이렇게 묻는 것은 당연합니다. 무신론자들은 아무 대답도 할 수 없습니다. 이것들은 오직 십자가에 못박히셨다가 다시 살아나신 그리스도를 믿는 생활을 하는 사람들만이 답할 수 있는 것들입니다.

우리가 그리스도에게 등을 돌린다면 우리는 도움과 힘과 위로를 얻기 위해 정말 누구에게로 가야 합니까? 우리는 자신의 의지와는 상관없이 문제거리가 많은 세상에 살고 있습니다. 그런데 우리는 크누트(Canute) 왕이 자신의 보좌 주위에 사납게 몰려오는 파도를 막을 수 없었던 것 이상으로 우리는 이 문제거리들을 모면할 수 없습니다. 우리의 육체는 수천 가지 질병에 정복당하기 쉬우며 우리의 마음 역시 슬픔에 젖기 쉽습니다. 지상의 피조물 중 인간만큼 상처 입기 쉬운 존재도 없고, 인간만큼 정신적으로 또한 육체적으로 극심한 고통을 받는 존재도 없습니다. 질병, 죽음, 장례식, 이별, 헤어짐, 손실, 실패, 좌절 그리고 각 가정의 시련들은 죽을 수 밖에 없는 인간에게 미처 생각하지도 못한 때에도 쉴새없이 찾아올 것이며 이것들에 대처하기 위하여 인간 본성은 필사적으로 구조를 요청합니다! 만약 우리가 그리스도를 떠난다면, 목말라하고 울부짖는 인간의 본성을 위해 어디에 도움을 요청할 것입니까?

분명한 진리는 오직 전능하신 우리 각 사람의 친구이신 예수님께서는 언제나 인간 영혼의 정당한 요구들을 만족시키시리라는 것입니다. 형이상학적인 개념들, 철학적 이론들, 추상적인 사상들, '보이지 않는 것', '무한한 것', '내적인 빛'에 관한 불명확한 추측들 등은 선택된 소수의 사람에게 한동안은 만족이 될 것입니다. 그러나 인류의 대부분은, 만일 그들에게 조금이라도 신앙이 있다면, 그들이 바라보고 신뢰할 수 있는 어떤 한 인격을 제공해 주지 않는 신앙에는 결코 만족하지 못할 것입니다.

로마 가톨릭의 성모 마리아 숭배가 그처럼 이상하게도 사람을 끄는 힘을 지닌 것은 바로 이처럼 어떤 인격적인 존재를 구하는 갈망 때문입니다. 그리고 우리가 이 원리를 일단 받아들인다면 성경의 그리스도만큼 인간에게 만족을 주며 그리스도만큼 완벽하게 부합되는 존재가 다른 곳에서 발견될 수 있습니까? 당신이 할수만 있다면 세상을 둘러보고, 복음서에 기록된 복된 하나님의 아들 외에 신앙의 대상으로 삼을 다른 적절한 존재가 있는지 찾아내보십시오. 죽어가는 세상과 대면해서 우리는 부정적인 것이 아닌 긍정적인 것을 원합니다.

우리는 그리스도를 떠나 누구에게로 갈 것인가?

사람들은 생수가 넘쳐나는 우리의 옛 샘은 이제 고갈되어가고 있으며 시대는 새로운 신학을 필요로 한다고 말할지도 모릅니다. 그러나 나는 어디에서도 이 주장을 확증할 만한 증거를 찾지 못하였습니다. 나는 전 세계에 흩어져 있는 수많은 사람들이 지금도 변함없이 이 샘에서 마시고 있음을 봅니다. 정직히 엎드려 물을 마시는 사람이라면 누구도 자신의 갈증이 해소되지 아니하였다고 불평하지 못할 것입니다. 그리고 우리의 좋은 옛 샘을 멸시한다고 공언하는 사람들은 언제나 우리에게 그것을 대신할 만한 것을 전혀 보여줄 수 없을 것입니다. 그들이 약속하는 정신적 자유와 고귀한 빛이란 것은 마치 아프리카 사막의 신기루처럼 기만적이며 한낱 꿈처럼 비실제적인 것입니다.

우리의 옛 샘을 대신할 만한 것은 인간의 상상 외의 어느 곳에도 존재하지 않습니다. 그 샘을 떠나는 자는 자신이 돌아와야 하며 그렇지 않으면 갈증에 허덕이며 멸망할 것이라는 것을 깨닫게 될 것입니다. 젊은 독자들 중에는 계시된 신앙의 어려움들은 납득할 수가 없다고 속으로 은밀히 생각하고 자신은 이 어둡고 구름 낀 시대에 "어디로 가야 할지를 알 수 없다"고 자신을 변명하려 애쓰는 자도 있을 것입니다. 그런 사람들에게 불신 중에 당하는 어려움은 믿음 중에 겪는 어려움보다 훨씬 크다는 것에 대해 생각해 보라고 하고 싶습니다. 사람들이 성경에 나타난 옛 일들을 얕보고 우리를 그리스도로부터 멀리 끌어내기 위하여 그들이 할 수 있는 온갖 말을 다 할 때에도, 즉 많은 책들을 통해 나오는 진부한 반대들, 즉 성경 저자에 대한 의심과 서로 일치 되지 않는 성경의 진술들, 믿을 수 없는 성경의 기적들과 같은 말들을 쌓아 놓을 때에도 그들은 성경을 대신할 만한 것을 제공할 수 없으며 "우리가 누구에게로 가오리이까?"라는 질문에도 답변할 수 없습니다.

계시의 주된 증거들은 결코 전복당하지 아니하였으며, 우리는 슬픔 가득한 세상에 살고 있는 연약한 피조물들이므로 구원의 손길을 필요로 하는데, 오직 그리스도만이 그 손길을 내미실 수 있고, 그 동안 수백만의 사람들이 이 손길이 자신에게 충분하다는 것을 발견해 왔으며 지금도 그 사실을 깨닫고 있다는 것은 지금도 변함없는 크고도 명백한 사실입니다. 우리에게는 희망이 있습니다. 분명히 그리스도와 기독교에 있기 때문에 온갖 어려움을 감수하는 편이, 불확실성의 바다로 항해를 시작하여 아무 희망도 위로도 없이 죽음을 향해 여행하면서 보이지 않는 세계에 대하여는 전혀 아는 것이 없다고 고백하는 편보다 훨씬 더 지혜롭습니다.

그러므로 결국 어떤 교리들이 경직되어 있다고 추정하고 그리스도를 떠나버린다고 해서 그것이 정신적 갈등으로부터 벗어나는 것은 아닙니다. 기독교의 문제들은 크고도 심오하게 보일 수 있습니다. 그러나 불신으로 인한 문제들은 이보다 훨씬 크고 심각합니다. 즉 "내가 그리스도를 떠나면 다른 어디에서 영혼의 실제적 평안이나 안식을 찾을 수 있습니까? 누구에게로 가야 합니까? 이 세상 어디에서 예수님에 대한 믿음보다 더 탁월한 것을 찾을 것입니까? 그 분이 차지하셨던 자리를 채워줄 내 개인적 친구는 어디 있습니까?"라는 질문에 답할 수 없다는 점입니다.

소시누스주의자나 자연신교 신봉자의 냉혹하고 아무 효과 없는 신조나 현대의 무신론자들의 아무 기쁨 없는 부정의 마음을 주기보다는 온갖 난해한 사실들과 교리들, 성육신, 속죄, 부활, 승천 등이 있는 옛 복음주의의 기독교를 누리십시오. 아무도 철저히 만족시키지 못하는 명상 철학의 황량함과 공허함보다는 수천의 사람을 만족시키는 말씀과 찬송과 단순한 믿음의 신앙을 가지십시오.

3. 영생의 말씀이 주께 있사오니

본문에 기록된 시몬 베드로의 고귀한 선언에 대해 살펴봅시다. 베드로는 "영생의 말씀이 주께 있사오니"라고 말하였습니다.

나는 사도가 여기서 한 자신의 말이 무슨 뜻인지 완전히 이해하였다고는 생각하지 않습니다. 그가 자신이 한말을 완전히 이해하였다고 생각하는 것은 주님 부활 전의 그의 지식에 대하여 우리가 읽어 아는 바와 일치하지 않기 때문입니다. 베드로가 과연 신명기의 말씀을 의도하고 있을지는 의문입니다.

> 내가 그들의 형제 중에서 너와 같은 선지자 하나를 그들을 위하여 일으키고 내 말을 그 입에 두리니 내가 그에게 명령하는 것을 그가 무리에게 다 말하리라(신 18:18).

하지만 나는 베드로가 신명기의 말씀을 당시에는 이해 못하고 있었다 하더라도 기억은 하고 있었을 것이라 믿습니다.

한편, 우리가 확신해도 좋을 한 가지 사실이 있습니다. 그것은 '영생'이라는 표현은 예수님이 열두 제자 모두와 함께 하시며 쓰셨던 말이기에 베드로뿐 아니라 나머지 제자들에게도 매우 친숙한 것이었으리라는 점입니다. 그들은 예수님께서 이 말씀을 하시는 것을 듣지 못한 날이 거의 없었으며 이 말의 의미를 완전히 이해하지는 못하였을지라도 그들에게 자주 포착되었으리라고 생각합니다. 이 말은 네 복음서에 담긴 우리 주님의 가르침에 관한 간략한 기록만 보아도 스물다섯 번이나 됩니다. 요한복음에만 열일곱 번 기록되어 있습니다. 바로 이 6장에서도 다섯 번 사용되고 있습니다. 따라서 베드로가 말할 때 영생이라는 단어가 그의 귓가에 울리고 있었다는 것을 의심할 수 없습니다.

그러나 베드로가 그 날에 자기가 무엇을 말했는지 알지 못하였을지라도, 주님이 부활하신 후에는 그에게 이해의 눈이 활짝 열린 날이 찾아와 그는 주님이 십자가에 못박히시기 전에는 거울을 통하여 보는 것처럼 희미하게만 볼 수 있었던 영생의 말씀 안에 담긴 높이와 깊이를 보게 되었습니다. 그리고 사도행전과 서신서들을 통하여 충만한 빛을 받은 우리는 주님이 그처럼 자주 사용하셨던 이 위대한 구절에 내포되어 있는 것들에 대하여 전혀 의심할 필요가 없습니다. 그리스도의 영생의 말씀은 그가 세상에 오시어 선포하셨던 생명의 본질에 관한 말씀이었습니다.

곧 그 생명은 우리가 살아있는 동안에는 믿음으로 말미암아 영혼 안에서 시작되었다가 우리가 죽을 때에는 영광 중에 완전하여지는 생명입니다. 또 그 말씀은 이 영생이 죄인에게 제공되는 방법에 관한 말씀이었습니다. 곧 그것은 그가 우리의 대리인으로서 속죄의 피를 흘리신다는 것입니다. 또 그것은 우리가 자신에게 영생이 필요하다는 것을 느낄 때 그것이 우리의 것이 되게 하는 조건 곧 우리의 단순한 믿음이라는 조건에 관한 말씀이었습니다. 이는 라티머(Latimer)가 말하였던 것처럼 '믿고 소유하는 것'입니다. 뿐만 아니라 그것은 영생으로 가기 위해 인간이 그처럼 많이 필요로 하고 또 그만큼 풍부하게 제공되기도 하는 훈련과 훈육 곧 성령의 새롭게 하시고 거룩케 하시는 은혜에 관한 말씀이었습니다.

그것은 또 믿는 모든 사람들을 영생의 길로 이끌어 가기 위해 그들을 위해 마련된 위로와 격려 곧 날마다 그리스도께서 제공하시는 도움과 동정과 돌보심에 대한 말씀이었습니다. 여기서 언급되지 않은 수많은 내용이 '영생의 말씀'이라는 이 한마디에 담겨 있습니다. 주님께서 다른 곳에서 "내가 온 것은 양으로 생명을 얻게 하고 더 풍성히 얻게 하려는 것이라"(요 10:10), 또 "나는 아버지께서 내게 주신 말씀들을 저그들에게 주었사오며"(요 17:8)라고 말씀하시는 것은 전혀 이상한 일이 아니었습니다.

이제 잠시 기독교의 역사에서 단순히 '말씀'이 아니라 '영생의 말씀'이라는 굳건한 실체들을 발견해 온 수많은 사람들에 대하여 생각해 봅시다. 그들은 이 말씀을 확신하게 되었고 그 말씀을 받아들였고 그것이 자신의 영혼에 빵과 음료가 된다는 것을 발견햇던 사람들입니다. 우리 주위에는 이 말씀을 의지함으로 행복하고 유익한 삶을 살다가 영광스러운 죽음을 맞이한 증인들이 많이 있습니다. 이것을 감히 부인할 자 어디 있겠습니까? 그리스도 없이 그와 같은 삶과 죽음을 맞는 사람을 어디서 찾을 수 있겠습니까?

베드로와 요한이 유대인의 공회 앞에 담대히 서서 "천하 사람 중에 구원을 받을 만한 다른 이름을 우리에게 주신 일이 없음이라"(행 4:12)고 말하면서 이 일로 인하여 어떤 결과가 초래될지 아무 두려움 없이 그들의 주에 대하여 고백할 수 있었던 것은 바로 그리스도의 '영생의 말씀'에 대한 믿음 때문이었습니다.

또 그리스도의 '영생의 말씀'을 믿었기 때문에 바울은 유대교를 떠나 복음을 전파하는 일에 자신의 생을 다 바치고 죽음에 임하여서는 "내가 믿는 자를 내가 알고 또한 내가 의탁한 것을 그 날까지 그가 능히 지키실 줄을 확신함이라"(딤후 1:12)라고 말할 수 있었습니다.

또 후퍼(Hooper) 감독이 글로스터에서 "삶은 달콤하고 죽음은 쓰다. 그러나 영원한 삶은 더욱 달콤하고 영원한 죽음은 더욱 쓰다"라고 말하고 화형대로 담대히 걸어갈 수 있었던 것은 바로 그가 그리스도의 '영생의 말씀'을 믿었기 때문입니다.

또 리들리(Ridley)와 라티머가 종교개혁의 원리들을 부인하기보다는 옥스포드의 브로드 스트리트에서 화형당하는 쪽을 택할 수 있었던 것도 그들이 그리스도의 '영생의 말씀'을 믿었기 때문입니다.

또 헨리 마틴(Henry Martyn)이 케임브리지에서 편안하고 저명한 인사로서의 삶을 포기하고 열대 지방으로 가서 선교사로서의 고독한 죽음을 맞을 수 있었던 것도 그가 그리스도의 '영생의 말씀'을 믿었기 때문입니다.

뿐만 아니라 존귀한 여인, 캐서린 테이트(Catherine Tait)가 우리 가슴을 울리는 자서전에 기록된 대로 5주 동안 다섯 아이를 잃었지만, 그리스도께서 그의 약속을 지키시어 그 아이들의 몸과 영혼을 돌보시다 심판날 그들을 그녀에게로 데려 오시리라고 완전히 확신하게 되었던 것도 바로 그리스도의 '영생의 말씀'을 믿었기 때문입니다.

그리스도께 등을 돌리고 다른 주인을 추구했던 이들의 삶과 죽음에서 나타나는 일들과 얼마나 끔찍하게 비교가 되는지! 비기독교적 이론들과 사상들, 원리들을 옹호한 자들은 그들의 온갖 재능을 다해서 과연 어떠한 열매를 맺었습니까? 그들은 거룩하고 사랑이 넘치며 평화스런 영혼의 고요함을 맛보았습니까? 그들은 어두움과 부도덕성, 미신, 죄에 대하여 승리하였습니까? 그들은 선교하는 일에 성공하였습니까? 그들은 어떤 바다를 건넜습니까? 그들이 문명화시켰거나 도덕화시킨 나라가 있습니까? 그들이 나태한 사람들을 얼마나 개선시켰습니까? 그들은 자기를 부인하는 수고를 얼마나 치렀습니까? 그들이 이 땅에 구원의 역사를 이루어 놓았습니까?

우리가 이렇게 묻는 것은 당연합니다. 그들은 이에 대하여 아무 대답도 못할 것이기 때문입니다. 주님이 거짓 선지자들에 대하여 "그들의 열매로 그들을 알지니"(마 7:15,16)라고 말씀하신 것은 이상할 것이 없습니다. 베드로처럼 "주여 영생의 말씀이 주께 있사오니"라고 말할 수 있는 사람만이 살아서는 인류에게 발자취를 남기고 죽으면서는 "사망아, 네가 쏘는 것이 어디 있느냐?"(고전 15:55)라고 말할 수 있습니다.

4. 맺는 말입니다.

1) 자신이 유대인들처럼 그리스도를 떠나가고 있는지, 베드로처럼 그리스도께로 담대히 나아가고 있는지를 살펴보기 바랍니다.

　우리는 위험한 시대에 살고 있습니다. 한때 불신앙이 경멸당하던 때도 있었습니다. 그러나 그런 시대는 이미 오래 전에 끝났습니다. 그러나 지금 이 순간에도 그리스도께서는 우리의 마음 '문을 두드리시며 우리가 자신의 길에 대해 생각해보고 우리가 하는 일에 조심하라고 부탁하십니다. "너희도 가려느냐?" 우리의 마음 깊은 곳에 재판대를 하나 세워 놓고 그 안을 들여다 보십시오. 자신의 마음속이 어떠한지 결코 조사해 보지 못하도록 막는 나태한 에피쿠로스적 감정에 저항하십시오. 틀림없이 하늘에 계신 위대한 친구가 필요함을 느낄 때가 올 것입니다. 그리스도가 곁에 없이도 우리는 버티며 살 수 있을지도 모릅니다. 그러나 그분 없이는 우리는 결코 편안하게 죽을 수 없습니다.

　혹시 여러분 가운데 현재 자신의 상태가 추구하는 모습이 아니지만 정말로 그리스도를 버릴 생각은 아니라고 말하는 사람도 있을 것입니다. 신앙이라는 영역에는 쉽게 결정할 수 없어서 더 많은 빛을 기다려야 할 것들도 분명히 있습니다. 또 어떤 목표를 이루기 위해 지금 당장은 아니지만 벨릭스처럼 '편리한 때'를 원하고 있을지도 모르겠습니다. 하지만 기다리면서 갈망만 하고 있는 영혼, 그리스도의 말씀과 의식과 날을 소홀히 하는 것 그것이 바로, '그리스도를 떠나는 것'이 아니고 무엇입니까? 그러므로 깨어 자신이 기울어진 편에 놓여 있어 서서히 아래로 내려가고 있음을 깨달으십시오. 여러분은 날마다 조금씩 표류하고 있습니다. 그리스도로부터, 멀리, 멀리 떠내려가고 있습니다. 깨어 하나님의 도우심으로 더 이상 떠내려가지 않겠다고 결심하십시오.

2) 그리스도께 정당한 자리를 내어주지 않는 신앙을 경계해야 합니다.

값싸고 형식적인 기독교, 곧 주일 아침에나 성급하게 마음에 품었다가 그 날 저녁에는 한 쪽으로 치워놓고 한 주일 내내 전혀 신경쓰지 않는 그런 기독교에 결코 만족하지 마십시오. 그런 기독교는 우리의 삶에 아무런 평화도, 우리의 죽음에 아무런 소망도, 시험에 저항할 능력도, 환난 중에 위로도 주지 못할 것입니다. 그리스도께만 '영생의 말씀'이 있으며 우리는 그의 말씀을 받아들이고 믿고 환영하고 그것을 우리 영혼의 빵과 음료로 삼아야 합니다. 생명 없는, 그리스도와의 교제도 없는, 그의 피와 중보의 축복을 붙들지 않으며, 그리스도의 희생과 그리스도의 제사장 되심을 인정하지 않는 기독교는 무력하고 시시한 하나의 체제일 뿐입니다.

3) 흔들리지말고 우리의 신앙을 고백합시다.

사람들이 우리를 비웃고 외면해도 상관하지 맙시다. 그럴 때마다 자신에게 조용히 그리고 겸손히 다음과 같이 말합시다.

내가 그리스도를 떠나면 누구에게로 갈 수 있겠는가? 나는 그분에게 '영생의 말씀'이 있음을 느낀다. 나는 수많은 사람들이 그 말씀을 자신의 영혼의 빵과 음료로 삼고 있음을 본다. 그가 가시는 곳으로 나도 갈 것이며 그가 머무시는 곳에 나도 머물것이다. 죽어가는 이 세상에서 나는 이보다 더 좋은 것을 찾을 수 없다. 나는 그리스도와 그의 말씀에 굳게 붙어 있을 것이다. 그 분의 말씀을 신뢰하는 사람들 중 누구도 그 말씀에 배신당한 적이 없으며 나 또한 그 분의 말씀에 배신당하지 않을 것을 믿는다.

The Upper Room

12장
우리가 믿는 도리

그러므로 우리에게 큰 대제사장이 계시니 승천하신 이 곧 하나님의 아들 예수님시라 우리가 믿는 도리를 굳게 잡을지어다(히 4:14).

히브리서를 주의깊게 읽은 사람은 "…지어다"라는 권유의 말이 4장에서만 네 번 나온다는 것을 쉽게 알 수 있습니다. 1절에서는 "두려워할지니," 11절에서는 "힘쓸지니," 14절에서는 "잡을지어다," 16절에서는 "은혜의 보좌 앞에 담대히 나아갈 것이니라"라고 기록되어 있습니다. 우리는 바로 이 점을 주목해야 합니다.

사도 바울은 왜 이런 식으로 기록했습니까? 그 이유는 그가 편지를 써 보낸 히브리의 그리스도인들은 유대인들로 특별한 지위를 가진 사람들이었기 때문입니다. 유대인들은 우상을 숭배하면서 자랐고 하나님으로부터 어떤 계시도 받은 적이 없었다가 개종한 이방인들과는 달랐습니다. 유대인들은 1,500년 동안 하나님의 특별한 사랑을 받으면서 살아온 백성들입니다.

그 장구한 세월 동안 줄곧 그들은 모세의 율법을 지키면서 지상의 다른 어떤 나라도 받은 적이 없는 무한한 성령의 빛을 간직했습니다. 이렇게 특별한 은혜를 받았기 때문에, 그들은 어떤 변화가 있으리라는 것에 대하여 매우 민감하고 질투심이 강했습니다.

그들은 상냥하고 부드럽게 다가가서 특별한 방법으로 말을 건네야 했습니다. 사도 바울도 역시 유대인이었으므로 이러한 것들을 잘 알고 있었습니다. 바울은 그들과 동등한 입장에서, 다음과 같이 말합니다.

> 내가 너희의 마음을 상하게 하지 않도록 너희에게뿐만 아니라 나 자신도 포함해서 말하노라.

그러나 이것이 전부는 아닙니다. 나는 덧붙여 유대계 그리스도인들은 매우 특별한 시험을 견뎌냈다는 것을 밝히고자 합니다. 그들은 개종한 후에 이방의 그리스도인들보다 훨씬 더 많은 박해를 당했으며 학대를 받았습니다. 분명히 이방인들로 하여금 우상을 멀리 하게끔 하는 것은 어려운 일입니다. 그러나 유대인으로 하여금 의례적인 모세의 율법을 흡족하게 여기지 않았음을 고백하게 하고, 더 좋은 제사장, 심지어 나사렛 예수와 십자가의 보혈을 깨달았음을 고백하게 하는 것은 훨씬 더 어려운 일입니다. 사도 바울 역시 이것을 잘 기억하였으므로 그는 유대인들의 입장에서 그들을 위로하고 격려하면서 "두려워할지어다", "힘쓸지어다", "굳게 잡을지어다", "담대히 나아갈 것이라", "내가 너희와 같으니 우리는 모두 한 배를 타고 있다"라고 말합니다. 이 본문의 말씀을 중심으로 다음 세 가지 물음에 답해 보고자 합니다.

1. 사도 바울이 말하는 "믿는 도리"란 무엇입니까?
2. 사도 바울은 왜 "굳게 잡을지어다"라고 말합니까?
3. 사도 바울은 무엇을 권고하고 있습니까?

이제 막 우리가 살펴보려고 하는 세 가지 물음은 종말에 임박한 모든 시대의 전체 기독교 교회를 위해서 성령의 감화를 받아서 쓴 것임을 기억해주길 바랍니다. 나는 모든 진실한 그리스도인들, 곧 고위층이든 비천한 사람이든지 간에, 런던에 살든지 리버풀에 살든지 지구상의 어느 곳에 있든지 간에, 모든 계층의 사람들이 이 세 가지 물음에 익숙해지게끔 할 작정이었습니다. 히브리서는 당시 유대인들에게만 적합한 낡아빠진 오래된 편지가 아닙니다. 이 편지는 여러분과 저에게도 의미가 있습니다. 우리는 모두 "우리가 믿는 도리를 굳게 잡을지어다"라는 권고를 받아들여야 합니다.

1. 사도 바울이 말하는 "믿는 도리"란 무엇입니까?

사도 바울은 이렇게 표현하면서 그 의미에 대해서는 전혀 의심하지 않았습니다. 바울이 생각한 '믿는 도리'란 기독교 교회에 속한 사람이면 누구나 다 그리스도에 대한 믿음과 복종을 고백하게 된다는 일반적인 의미였습니다. 사도 시대에는 유대교나 이교를 버리고 그리스도를 구세주로 받아들인 사람이면 누구나 다 어떤 행위로써 자신이 그리스도인이라는 것을 드러내보였습니다. 그들은 대중 앞에서 세례를 받는다든가, 이미 세례를 받은 무리와 함께 다닌다든가, 우상숭배와 모든 나약함을 버린다고 공공연하게 맹세한다든가, 나사렛 예수님의 추종자들의 모든 모임들과 그들의 방식들과 행위들에 습관적으로 참여함으로써 스스로 그리스도인임을 밝혔습니다. 바로 이런 뜻으로 사도 바울은 "우리가 믿는 도리를 굳게 잡을지어다"라고 말했습니다.

그 당시에는 신앙고백의 문제가 매우 중요했으며 매우 중대한 결과를 함의했습니다. 신앙을 고백하면 박해를 받았고, 재산을 잃었고,

감옥에 갇히고 심지어는 죽기도 했습니다. 그 결과로 초대교회에서는 만일 아주 진실로 참되게 개종한 사람이 아니면 즉 참 신자가 아니면 결코 그리스도인이라고 고백하지 않았습니다. 물론 예외는 있었습니다. 아나니아와 삽비라, 시몬 마구스, 데마와 같은 사람들은 몰래 기어들어 제자들과 동행했습니다. 그러나 이런 이들은 극히 드물었습니다. 대체로 진심으로 신앙을 고백하겠다는 마음이 없다면, 기독교 신앙을 고백할 가치가 없습니다. 신앙고백은 많은 대가를 치릅니다. 사람은 신앙을 고백함으로써 엄청난 고통을 겪는 위험에 빠지게 되며, 아무런 보상도 받지 못합니다. 그 결과로 사도 시대 교회는 진실하고 의로운 마음을 가진 사람의 비율이 어느 시대보다도 훨씬 높았습니다. 사도 바울이 "우리가 믿는 도리를 굳게 잡을지어다"라고 말했을 때 그의 말 속에는 이렇게 매우 깊은 큰 의미가 담겨 있었습니다.

우리가 살고 있는 요즘의 '신앙고백'은 그 의미가 아주 다릅니다. 수많은 사람들이 신앙을 고백하며 자기가 그리스도인이라고 말하지만 사도들은 그들을 전혀 그리스도인이라고 칭하지 않을 것입니다. 수많은 사람들이 해마다 세례를 받고 교회의 명부에 등록이 되지만, 그들은 거의 또는 전혀 믿음이 없습니다. 그들은 대부분 예배하는 곳에는 가보지도 않고 살다 죽습니다. 살면서도 매우 불경건한 삶을 보냅니다. 대부분 이따금 교회나 예배당에 가는데 기껏해야 주일에 한 번 갈 뿐입니다.

어떤 사람들은 성찬을 받을 자격이 없이 일생을 살아가며 주께서 주시는 거룩한 성례를 거의 무시하면서 살다가 죽습니다. 이런 사람들은 대부분 생전에는 그리스도인으로 인정을 받으며 죽어서는 교회묘지에 묻힙니다. 그러나 사도 바울이 그들에게 말하고자 하는 바가 무엇입니까? 두려운 일이지만 그 대답은 너무나도 명백합니다. 그는 그들에게는 어떤 교회에 속한 교인이라고 인정할 만한 구실이 전혀 없다고 했을 것입니다! 그는 결코 그들을 '그리스도 예수 안에 있는 성도와 믿음이 굳은 형제들'이라고 하지 않았을 것입니다. 그는 그들에게는 "믿는 도리를 굳게 잡으라"라고 요구하지 않았을 것입니다. 그는 그들에게 굳게 잡아야 할 믿는 도리를 지키지 않았으며, "허물과 죄로 죽었다"(엡 2:1)라고 말했을 것입니다. 이는 모두 다 슬프고 고통스러운 일이지만 너무나도 분명한 사실입니다. 누가 감히 이것을 부정 하겠습니까.

그러나 모든 기독교 국가에서 자신들이 진실하고 신실하며 성실한 마음으로 회심한 신앙심 깊은 그리스도인이라고 고백하는 사람들이 적지 않다는 것을 하나님께 감사드립시다. 그들 가운데 연약하고 작은 교회를 섬기는 이들도 있을 것이고 해결하기 어려운 문제에 대해 많은 지식이 없으나 미약하나마 진리를 붙잡고 있는 사람들도 있을 것입니다. 그러나 그들은 모두 어떤 공통된 특징을 가지고 있습니다. 그들은 자기 영혼의 가치를 알고 있으며 정말로 구원을 받고 싶어 합니다. 그들은 죄가 많음을 느끼고, 죄를 미워하며, 죄와 싸우고, 죄로부터 자유롭게 되길 갈망합니다. 그들은 오직 예수 그리스도만이 그들을 구원할 수 있음을 알고 오직 그리스도만을 믿어야 한다는 것도 알고 있습니다.

그들은 거룩하고 경건한 삶을 살아야 한다는 것을 알고, 부족하지만 그렇게 하려고 노력합니다. 그들은 비록 읽는 것과 기도하는 것이 서투르지만, 성경을 사랑하고 기도합니다. 부족하지만 그들 가운데 어떤 사람들은 아주 수준 높은 기독교 학교에 다니며, 지식과 믿음과 사랑으로 충만합니다. 또 다른 사람들은 아직도 어리고, 모든 점에서 미약하고 부족합니다. 그러나 한 가지 점에서 그들은 모두 하나입니다. 하나님께서 보시기에는 그들은 마음이 바르며 그리스도를 사랑하고 천국을 바라보며 그곳에 가고 싶어 합니다. 나는 이 글에서 오늘날 이런 사람들에게 "우리가 믿는 도리를 굳게 잡을지어다"라는 사도 바울의 권고를 말해 주고 싶습니다. 우리는 이 권고를 꼭 붙들고 결코 저버려서는 안 됩니다.

그런데 나는 일상생활에서 "나는 결코 신앙고백을 하지 않겠다"라고 말하는 사람들을 무수히 만난다는 사실을 잊을 수 없습니다. 그들은 이렇게 말할 뿐만 아니라, 그 말이 정당하며 현명하고 적절하고 여기며 그 말을 자랑스러워합니다. 그들은 심지어 신앙고백을 하는 사람들을 멸시하고, 그들을 위선자나 사기꾼으로 간주하거나 어떤 점에서는 연약하고 어리석은 사람들로 간주하는 것 같습니다. 만일 이런 종류의 사람이 우연히 이 글을 읽게 된다면, 나는 그에게 무엇인가를 이야기해서 그가 지대한 관심을 기울이도록 하겠습니다. 믿음에는 많은 위선이 있다는 것을 부인하지 않습니다.

위선이란 세상이 만들어지고 나서부터 언제나 있어왔으며 사라지지 않을 것입니다. 금화나 은화가 존재하는 한 위조된 동전도 존재할 것입니다. 위조된 동전의 존재는 금화는 모방될 가치가 있다는 것을 간접적으로 증명하고 있는 것입니다. 기독교도 마찬가지 입니다. 교회 내에서 거짓으로 신앙고백을 하는 사람들이 있다는 사실이 참된 마음으로 건전하게 신앙생활을 하는 사람들은 가치가 있다는 것을 간접적으로 증명하는 것입니다. 사탄은 신앙을 떨어뜨리기 위해 슬픔을 가진 사람들로 하여금 실제로 자신이 믿음이 없다고 고백하라고 권합니다. 이것은 사탄이 즐겨 사용하는 사악한 방법입니다. 사탄은 주님의 목적을 망가뜨리려고 양의 옷을 입은 이리를 보내며, 가나안 방언을 말하는 사람을 일으키며, 광명의 천사로 자신을 가장합니다. 하지만 이런 일들이 있다고 해서 신앙고백을 부정하는 사람이 정당화 되는 것은 아닙니다.

나는 신앙고백을 하지 않는 것을 자랑하는 사람들에게 다만 그들이 슬프게도 성경을 모른다는 것을 드러내 보여줄 뿐이라고 말합니다. 사람들이 우리보고 뭐라고 말하든지, 어떻게 생각하든지 간에 상관없이 우리가 해야만 할 의무를 이행하는 데 있어서 일부 불행한 사람들의 위선 때문에 방해받을 수는 없습니다. 우리는 스스로 그리스도의 편에 서는 일, 즉 그리스도의 말씀과 그의 날과 그의 성례를 찬양하고, 필요할 때면 언제나 그리스도께서 이 세상에 오신 큰 목적을 거리낌없이 이야기하고, 결단코 이 세상의 어린이들이 죄와 어리석음을 따르지 못하게 하는 일을 부끄럽게 여겨서는 안 됩니다. "누구든지 나와 내 말을 부끄러워하면 인자도 자기와 아버지와 거룩한 천사들의 영광으로 올 때에 그 사람을 부끄러워하리라"(눅 9:26)는 우리 주 예수 그리스도의 말씀을 결코 잊어서는 안 됩니다. 만일 우리가 이 땅에서 그리스도를 고백하지 않고 우리가 그분의 종임을 드러내놓고 공언하지 않을 생각이라면, 그리스도께서 심판하는 날 천국에서 우리를 인정해주시리라고 기대해서도 안 됩니다.

다른 것은 다 부끄럽게 여겨도 신앙고백만을 부끄럽게 여겨서는 안 됩니다. 그러나 불행하게도 많은 사람들이 정말 부끄러워해야 될 일을 부끄러워하지 않는 경우가 많습니다. 나쁜 기질, 이기주의, 무자비, 태만, 적의, 험담, 거짓말, 중상모략, 무절제, 불순, 도박, 주일을 지키지 않는 것 등의 일은 모두 다 끔찍하게도 많은 사람들이 흔히 저지르는 일이며, 마땅히 부끄러워해야 함에도 불구하고 대부분의 사람들이 조금도 부끄럽게 여기지 않는 것 같습니다.

많은 사람들이 습관적으로 "음행과 더러운 것과 호색과 우상 숭배와 주술과 원수 맺는 것과 분쟁과 시기와 분냄과 당 짓는 것과 분열함과 이단과 투기와 술 취함과 방탕함과 또 그와 같은 것들"(갈 5:21)을 행합니다. 그러나 이런 일을 하는 사람은 하나님 나라를 유업으로 받지 못합니다. 그러나 누구든지 성경읽고 기도하며 경건에 이르도록 자신을 연단하는 것, 몸과 영혼의 유익을 위하는 것 등을 부끄럽게 여겨서는 안 됩니다. 이런 일들은 많은 사람들이 비웃고, 싫어하고, 멸시하고, 경험한 적이 없는 것이지만, 하나님께서 매우 기뻐하시는 바로 그런 일입니다. 다시 한 번 말하지만 사람과 상관없이 우리는 우리의 '신앙고백'을 부끄러워해서는 안됩니다.

2. 사도 바울은 왜 "굳게 잡을지어다"라고 말합니까?

이 물음에 대해 세 가지로 대답할 수 있는데, 진실로 그리스도인이라는 신앙고백을 하고 싶어하는 사람들은 모두 깊이 주의를 기울여야 할 필요가 있습니다.

1) 회심한 후에도 우리의 마음은 항상 연약하고 어리석습니다.

우리는 사망에서 생명으로 옮겨졌고, 마음으로부터 새롭게 하심을 입었습니다. 우리는 이제껏 몰랐던 우리 영혼의 가치를 발견하게 되었습니다. 우리는 새로운 피조물이 되었습니다. 옛것은 사라졌고 모든 것이 새로워졌습니다. 그러나 믿는 사람들은 죽을 때까지 연약하고 어리석고 믿을 수 없는 마음으로 살 수밖에 없다는 사실을 결코 잊어서는 안 됩니다. 비록 성령의 은혜로 없앤다 하더라도, 온갖 악의 뿌리들은 여전히 우리들 안에 있습니다.

우리가 인식하기를 원하든 원하지 않든 간에 우리는 잠재적으로 고통을 혐오하며, 사람을 기쁘게 하고 세상과 더불어 지내기를 은밀히 바라며, 성경읽기와 기도에 태만하며, 타인을 시기 질투하며, 선한 일을 하는 데 게으르며, 이기적이며 원하는 길로만 가려고 하며, 타인의 소원에는 주의를 기울이지 않고, 끊임없이 자기를 괴롭히는 죄를 경계하는 일에 게으름을 피우고 있습니다. 이런 일들은 모두 우리 안에 감추어져 있으며, 우리의 마음의 이면에 있습니다. 아무리 거룩한 성도라 할지라도 그들의 마음속에 이런 것들이 감추어져 있으며 곧 언젠가는 드러나게 된다는 것을 알게 될 것입니다. 분명히 우리 주 예수께서는 겟세마네 동산에서 베드로와 야고보와 요한에게 "시험에 들지 않게 깨어 있어 기도하라 마음에는 원이로되 육신이 약하도다"(막 14:38)라고 말씀하셨습니다. 나는 사도 바울이 이런 뜻으로 "굳게 잡을지어다"라는 말을 썼다는 것을 의심치 않습니다.

2) 이 세상은 그리스도인의 영혼에 엄청난 위험의 원천입니다.

회심한 그 날부터, 우리는 신앙을 지키기에 적합하지 못한 분위기에 살게 됩니다. 우리는 생기가 넘치는 기독교 신앙이 전혀 없는 수많은 사람들과 어울려 살면서 활동하고 생존합니다. 우리는 모든 계층의 수많은 사람을 만나게 되는데, 그들이 아무리 양심적이고 존경을 받는다고 할지라도, 일상생활에서는 무엇을 먹을까? 무엇을 마실까? 무엇을 구할까? 어떻게 시간을 보낼까? 어떤 이익을 얻을 수 있을까? 어떻게 즐길 수 있을까? 어떤 모임에서 유쾌하게 즐길 수 있을까? 등 이러한 것들만 생각하는 것 같습니다.

그러나 하나님과 그리스도, 성령, 성경, 기도, 회개, 믿음, 거룩한 생활, 이 세상에서의 선행, 사망, 부활, 심판, 천국과 지옥 같은 주제들은 병상이나 장례식에서가 아니면 결코 거론되지 않습니다. 그런데 이런 사람들과 어울려 살아가는 그리스도인들은 늘 큰 시험을 겪게 되므로, 해를 당하지 않게끔 항상 경계해야 합니다. 우리는 늘 대수롭지 않은 일은 포기해 버리고 타협하고 양보하라는 유혹에 시달립니다. 우리는 본래 타인을 공격하는 일, 친척과 친구와 이웃과 다투고 싸우는 일을 싫어합니다. 많은 사람들로부터 비웃음을 사고 조롱당하는 것도 싫어하며, 참석하는 모든 모임에서 늘 소수에 속해 있다는 느낌이 드는 것도 싫어합니다. "사람을 두려워하면 올무에 걸리게 되거니와"(잠 29:25)라는 솔로몬의 말은 참으로 옳습니다. 나는 예전에 용감한 기병연대 상사를 알고 지냈는데, 그는 50살까지 신앙 없이 살았으나 몇 해 남은 여생 동안은 틀림없는 그리스도인이었습니다. 그는 저에게 다음과 같은 이야기를 들려주었습니다.

나는 나의 영혼을 염려하여 기도하기 시작했습니다. 시작한지 몇 달이 지나서야 비로소 아내에게 나의 기도에 대해 말할 용기가 생겨났습니다. 저녁에는 맨발로 살금살금 위층으로 올라갔기 때문에 아내는 나의 기도 소리를 들을 수 없었고 내가 무엇을 하는지도 몰랐습니다.

"온 세상은 악한 자 안에"(요일 5:19)있다는 말씀은 당연한 진리로써 세상이 믿는 사람의 영혼에게 끼치는 위험을 가볍게 여기는 것은 어리석은 일입니다. 세상의 정신, 세상의 어조, 세상의 맛, 세상의 분위기, 세상의 입김들이 늘 믿는 사람의 주위에 있어 그를 주저 앉히며 후퇴하게 만듭니다. 만약 그가 생명력 넘치는 적극적인 활동으로 그의 믿음을 지키지 않는다면, 캄파냐에서 로마로 가는 도중 자기도 모르게 어느새 열병에 걸린 여행자처럼, 전염병에 걸려 해를 입게 될 것입니다. 가장 독하고 해로운 어떤 가스는 무색무취의 것으로 인간의 감각으로는 느껴지지 않습니다.

우리는 마땅히 사도 요한이 "세상을 이기는 승리"(요일 5:4)라고 말한 바로 그 믿음이 자라는 동안 계속해서 기도해야 합니다. 이 세상에 살면서도 세상에 속하지 않을 수 있는 그리스도인 즉 이 세상에 살면서 자기 의무를 성실히 이행하면서도 세상을 따르지 않을 수 있는 그리스도인, 세상의 미소나 불쾌함, 세상의 아첨이나 반목, 세상의 공공연한 반대나 희롱하는 조소, 세상의 단맛 쓴맛, 세상의 황금이나 무력 어느 것에도 굴하지 않고 세상을 경험할 수 있는 그리스도인은 참으로 행복합니다! 나는 세상이 무엇인지를 생각하고 세상이 사람의 영혼에 끼쳤으며 지금도 끼치고 있는 해악이 무엇인가를 알고부터는 사도 바울이 "굳게 잡을지어다"라고 말한 뜻을 의심하지 않습니다.

3) 악마는 항상 그리스도인의 영혼의 적입니다.

크고 쉬지 않으며 지칠 줄 모르는 이 적은 언제나 우리에게 해를 주려고 애씁니다. 악마는 언제나 죽이고 파괴하지 않으면 상처를 입히거나 다치게 하거나 고통을 주거나 손해를 보게 하거나 나약하게 만듭니다. 악마는 '우리가 가는 길이나 침대 주변'과 같이 늘 가까이에 있으면서, 모든 사람들이 특별한 약점으로 그의 유혹의 마수에 걸려들게 하기 위해서 우리가 하는 모든 일을 염탐하고 있습니다. 악마는 우리보다 훨씬 더 우리를 잘 알고 있습니다. 악마는 6,000년 동안 타락한 인간의 본성이라는 책을 연구해오고 있는데, 그는 어디에도 비길 데 없는 음흉하고 교활하며, 끝없이 무한한 악의를 가지고 있습니다. 성도들은 대부분 악마의 꼬임에 빠져 그가 마음속으로 얼마나 추한 생각들을 많이 하고 있는지, 얼마나 많은 하찮은 생각을 하고 있는지, 그리고 지칠 줄 모르는 악마가 그의 오른편에 서 있다는 것을 거의 모르고 있습니다.

이 악마가 바로 태초에 하와를 유혹하여, 하나님께 불순종하고 금단의 열매를 먹어도 영원히 죽지 않는다고 꼬였습니다. 이 악마가 바로 다윗을 유혹하여 그 백성의 수를 헤아리게 하고 사흘 후에 그 중 칠만명을 온역으로 죽게 했습니다. 그리고 세례를 받으신 후 광야로 나가셨던 주님을 유혹한 것도 바로 이 악마입니다. 이 악마는 자기의 목적을 이루려고 성경까지 인용하였습니다. 이 악마는 주님의 3년의 사역 내내 훼방을 놓은 존재로, 때로는 이해하기 힘든 방식으로 불행한 사람들의 육신을 소유했으며, 결국은 주님의 제자 중 한 사람의 마음을 사로잡아 주를 배반케 했습니다. 또 이 악마는 예수님께서 승천하신 후에 언제나 제자들을 반대하고 복음의 전파를 저지하려고 했습니다. 이 악마가 바로 사도 바울이 심지어 "사탄도 자기를 광명의 천사로 가장하고"(고후 11:14) 거짓 선생도 사탄의 대리인이라고 증거 한 자입니다.

이 글을 읽고 있는 독자들 가운데 어떤 이는 어리석게도 악마는 잠자고 있거나 죽었거나 이제 예전보다는 덜 해를 끼친다고 생각하고 있지는 않습니까? 결코 그런 일은 없습니다. 악마는 여전히 "우는 사자 같이 두루 다니며 삼킬 자를"(벧전 5:8)찾습니다. 악마는 아직도 "땅을 두루 돌아 여기저기"(욥 1:7)다닙니다. 악마는 이방의 나라를 돌아다니면서 그들에게 우상을 숭배하여 피를 흘리게 만들거나 무시무시한 전쟁을 일으키라고 유혹합니다.

악마는 타락한 교회를 두루 다니면서 성경을 치워 버리라고 유혹하며, 형식적인 우상숭배와 천박한 미신으로 그들을 만족시킵니다. 악마는 프로테스탄트 지방을 두루 돌아다니면서 사람들이 더 좋은 것을 찾지 못하게 하려고 계급 간에, 지배자와 피지배자 간에 알력을 생기게 하여 당파심과 격렬한 정치적 분쟁을 선동합니다. 악마는 계속해서 지적이고 높은 교육을 받은 사람들의 주의를 끌어 구약성경은 옳지 않으므로 무신론과 이신론, 불가지론, 세속주의 및 다가올 세상에 대한 막연한 경멸에 동조하라고 충고할 것입니다.

무엇보다도 그는 악마도 없고, 죽은 뒤의 심판도 없고, 지옥도 없다고 사람들을 설득하여 어리석은 존재로 만들어버립니다. 이러한 두려운 일들의 목록들을 보십시오. 악마가 있다고 확신할 수 밖에 없지 않습니까? 악마가 이 모든 일들의 뿌리요, 원인이요, 이유입니다. 우리는 잠시라도 악마가 진실한 그리스도인이 조용히 천국에 가도록 내버려둘 것이라고 상상할 수 있습니까? 어리석은 생각은 버리십시오! 우리는 세상과 육체와 악마에 맞서서 기도해야 합니다. 믿는 사람이 매일 명심해야 하는 이 세 가지 대적 중에서 아마도 악마가 가장 클 것이라는 것입니다. 왜냐하면 악마는 가장 작아 보이기 때문입니다. 악마는 진실한 그리스도인에게 상처를 주고 그로 하여금 자신의 믿음을 의심케 하는 것을 가장 기뻐할 것입니다. 나는 악마를 생각할 때마다 "굳게 잡을지어다"라고 말한 사도 바울의 말을 의심하지 않습니다.

그런데 여러분 중 어떤 분은 내가 쓸데없는 걱정을 하는 사람이라고 생각하고 이런 경계와 주의와 '굳게 잡는' 일이 필요가 없다고 생각하지 않을까 염려됩니다. 그런 분들은 성경을 읽어보고 이 복된 말씀이 무엇을 가르치고 있는지 숙고해보십시오.

가룟유다와 데마, 둘 다 시작이 좋았으며 훌륭한 신앙고백을 했다는 것을 상기해 보십시오. 유다는 우리 주 예수 그리스도의 택함을 입은 제자였으며 축복받은 우리 구세주를 3년 동안 성실히 모셨던 사람입니다. 유다는 주와 함께 다니면서 그와 함께 이야기하고 그의 가르침을 듣고 그의 기적을 보았으며, 우리 주께서 십자가에 못박히시기 바로 전날 밤까지도 결코 베드로와 야고보, 요한보다 더 악하리라고는 생각조차 해보지 않았던 사람입니다. 하지만 이 불행한 사람은 마침내 주님을 배반하였으며 비참한 최후를 맞이했습니다.

데마는 사도 바울의 택함을 받은 동료로서, 그 유명한 하나님의 사람 바울과 함께 하겠다고 고백한 사람입니다. 데마는 몇 년 동안 바울과 함께 여행하면서 그를 돕고 함께 복음을 전파했습니다. 그러나 그는 결국 어떻게 했습니까? 그는 자신의 신앙고백을 버렸는데 사도 바울은 그의 마지막 편지에서 이 모든 일을 다음과 같이 슬프게 적고 있습니다.

데마는 이 세상을 사랑하여 나를 버리고 데살로니가로 갔고(딤후 4:10).

그 후 우리는 결코 그에 대한 이야기를 들어본 적이 없습니다.

내가 그리스도인의 위험에 대해 지나치게 강조하고 있다고 생각하는 모든 사람들에게 오늘 이 시간 데마와 유다를 기억하고 명심해서 '믿는 도리를 굳게 잡고' 항상 경계하라고 말하고 싶습니다. 잠시 동안 매우 선한 그리스도인인 양 꾸며 보일 수 있지만, 결국 돌이 가득한 마음의 밭을 가진 청중이었으며, 예복을 입지 않고 잔치에 온 자라는 것이 드러나게 되어 있습니다.

그러나 더 알아두어야 할 것이 있습니다. 모든 믿는 사람들에게 간청합니다. '굳게 잡지' 않으면 가슴을 찌르는 많은 슬픔을 당하게 되고 나쁜 평판을 듣게 된다는 사실을 기억해야 합니다. 우리는 결코 우리아의 아내의 일로 죄를 범한 다윗과 주를 세 번이나 부인한 베드로와 결국에 가서는 통렬하게 회개한 크랜머의 일시적인 비겁을 결코 잊어서는 안 됩니다. 우리가 이 사람들보다 더 크고 강하다고 할 수 있겠습니까? 자만하지 말고 두려워해야 합니다. 영혼을 위해서 가장 좋은 일은 하나님을 경외하는 마음입니다. 이 위대한 사도는 이방인들에게 다음과 같이 말합니다.

> 내가 내 몸을 쳐 복종하게 함은 내가 남에게 전파한 후에 자신이 도리어 버림을 당할까 두려워함이로다 (고전 9:27).

여러분 중에 자기 믿음으로 더 많은 행복을 구하고 더 많은 기쁨과 화평을 바라는 분이 계십니까? 이런 사람들은 바로 지금 이 충고를 받아들이고 자기의 믿는 도리를 굳게 잡아야 합니다. 이런 사람들은 자기의 영혼의 상태를 매우 신중하게 살펴보아야 합니다. 태도를 분명히 하면 할수록 더 확고하고 분명하게 되며 마음은 더욱더 가벼워지고 얼굴에 내리쬐는 태양의 빛을 더욱더 분명하게 느끼게 될 것입니다. 결단을 내린 그리스도인은 하나님의 보살핌으로 가장 행복합니다. 프랑스 대사의 보고에 의하면, 메리 여왕 시대에 최초의 순교자인 존 로저스(John Rogers)는 화형장에 끌려가면서도 마치 결혼식장에 가는 사람처럼 밝고 기쁜 표정이다고 합니다.

또 자기 믿음으로 타인에게 많은 유익을 주길 바랍니까? 이러한 사람들은 인생의 긴 여정을 통하여 '믿는 도리를 굳게 잡고' 그리스도의 종으로 단호하게 헌신한 그들의 삶으로 후손들에게 지워지지 않는 표시를 남기는 것보다 더 큰 유익을 끼칠 수는 없다는 사실을 확신해야 합니다. 아마도 옥스포드에서 교수대에 올라 화형에 처해진 그 고결한 두 주교들, 리들리(Ridley)와 라티머(Latimer)만큼 종교개혁운동과 로마 가톨릭 교회의 권세의 붕괴에 자기 생명을 아끼지 않고 믿음으로 지킨 사람들보다 더 많은 기여를 한 분은 없을 것입니다. 부주의하고 생각 없고 믿음이 적은 세상 사람들은 이런 사람들을 주목하고 그들 믿음이 얼마나 진실하고 확실한가를 인정해야 합니다. 우리의 삶이 빛을 많이 발할수록 우리는 세상에서 더 많은 선행을 베풀게 될 것입니다. 우리 주께서 아무런 이유도 없이 산에 올라 다음과 같이 말씀하셨을 리 없습니다.

> 이같이 너희 빛이 사람 앞에 비치게 하여 그들로 너희 착한 행실을 보고 하늘에 계신 너희 아버지께 영광을 돌리게 하라(마 5:16).

이 모든 일을 가슴깊이 새겨 잊지 않도록 명심합시다. 행복과 유익을 얻으려면 '믿는 도리를 굳게 잡고' 항상 경계하는 일이 가장 중요하다는 사실을 마음속에 새겨둡시다. 믿는 사람은 가만히 앉아서 구하고 하나님께 "몰두하기만" 하면 된다고 하는 어리석은 생각은 버립시다. 오히려 다음과 같은 성경의 말씀을 지키려고 노력해야 합니다.

> 너희가 육신대로 살면 반드시 죽을 것이로되(롬 8:13).

육체와 함께 그 정욕과 탐심을 십자가에 못 박았느니라(갈 5:24).
육과 영의 온갖 더러운 것에서 자신을 깨끗하게 하자(고후 7:1).
우리의 씨름은 혈과 육을 상대하는 것이 아니요 통치자들과 권세들과 이 어둠의 세상 주관자들과 하늘에 있는 악의 영들을 상대함이라 (엡 6:12).
믿음의 선한 싸움을 싸우라(딤전 6:12).
너는 그리스도 예수의 좋은 병사로 나와 함께 고난을 받으라(딤후 2:3).

혹자는 에베소서에 있는 하나님의 전신갑주에 대한 해설은 우리의 의무의 질문에 대한 답변이라고만 생각할 수도 있습니다. 그러나 사람들이 서로 다른 두 가지를 계속해서 혼동하고 있는데, 칭의와 성화의 영역은 다르다는 것은 분명한 진리입니다. 하나님의 전신갑주는 칭의의 영역에서는 오직 믿음만을 요구하고 있습니다. 그러나 성화의 영역에서 보면 그 말씀은 지키고, 기도하고, 싸우라고 합니다. 하나님께서 나누신 것을 우리가 뒤섞거나 혼동하지 맙시다. "믿는 도리를 굳게 잡을지어다"라는 표현에는 참으로 깊은 뜻이 담겨 있습니다!

3. 사도 바울은 무엇을 권고하고 있습니까?

사도 바울은 하나님께서 주신 은혜와 능력으로 이 주제를 일목요연하게 다루고 있습니다. 계시를 받아 신약성경을 쓴 사람 중에서, 인간의 마음의 갈등을 다루는 데 있어 사도 바울만큼 철저히 하나님의 가르침을 받은 사람은 없는 것 같습니다. 영혼의 위험과 질병의 치료법에 대해 바울만큼 많이 아는 사람은 없습니다. 이에 대한 증거는 로마서 7장과 고린도후서 5장에 잘 나타나 있습니다. 자기 마음을 알고 싶은 사람은 이 두 장을 열심히 공부해야 합니다.

그렇다면 사도 바울은 무슨 근거로 이렇게 권고합니까? 사도 바울은 "우리에게 큰 대제사장이 계시니 승천하신 이 곧 하나님의 아들 예수시라 우리가 믿는 도리를 굳게 잡을지어다"(히 4:14)라고 말하고 있습니다.

이 '대제사장'이란 말은 이방인 그리스도인들 보다는 유대인의 귓가에 더 세게 울릴 것입니다. 성막과 성전을 모시는 여러 의식들을 회상해보면 그들의 마음이 동할 것입니다. 유대인들은 대제사장을 하나님과 백성의 중재자요, 해마다 속죄일에 한 번씩 지성소에 들어가 상막을 통해 단에 가까이 가는 사람이요, 하나님과 열두 지파 사이에 "손을 얹을 판결자"(욥 9:33)요, "무식하고 미혹한 자를 능히 용납할 수 있는"(히 5:2) 하나님의 전에서 사는 사람이라고 생각합니다. 이런 모든 사실에 근거해서 유대인들은 바울이 "굳게 잡을지어다"라고 말한 뜻을 알게 되는데, 왜냐하면 우리에게는 하늘에 큰 대제사장이 있기 때문입니다.

분명한 사실은 그리스도인은 우리를 위해 돌아가셨을 뿐 아니라 다시 살아나셨으며, 승천하신 후에는 하나님 우편에 앉아 계시며, 이 세상에 다시 오실 때까지는 하나님께 우리를 변호하고 중재해주는 전지전능한 살아계시는 친구가 하늘에 계신다는 사실을 이해해야 한다는 것입니다. 그리스도께서는 우리를 위해 돌아가셨을 뿐 아니라 우리를 위해 다시 살아나셨으며 지금 이 시간에도 우리를 위해 애쓰고 계신다는 것을 이해해야 합니다. 사도 바울이 권고하여 믿는 사람들에게 굳게 잡으라고 한 것은 바로 살아계신 예수 그리스도의 사역입니다.

이것이 바로 사도 바울이 히브리인들에게 "자기를 힘입어 하나님께 나아가는 자들을 온전히 구원하실 수 있으니, 이는 그가 항상 살아계셔서 그들을 위하여 간구하심이라"(히 7:25)라고 말한 뜻이 아니겠습니까? 바로 이것이 사도 바울이 로마 사람들에게 "우리가 원수 되었을 때에 그 아들의 죽으심으로 말미암아 하나님으로 더불어 화목 되었은즉 화목된 자로서는 더욱 그의 살아나심으로 말미암아 구원을 받을 것이니라"(롬 5:10)라고 말한 뜻이 아니겠습니까?

그는 바로 이런 뜻으로 도전적으로 "누가 정죄하리요 죽으실 뿐 아니라 다시 살아나신 이는 그리스도 예수시니 그는 하나님 우편에 계신 자요 우리를 위하여 간구하시는 자시니라"(롬 8:34)라고 기록한 것이 아니겠습니까? 믿는 사람들은 이 한 마디로 위로를 받습니다. 그리스도께서는 우리를 대속하여 돌아가셨으며 우리를 위해 보혈을 흘리셨을 뿐 아니라 부활 후에도 하나님 우편에 앉아 계시는 우리의 영원한 중재자요 제사장이십니다. 참으로 훌륭하고 완벽한 대제사장은 우리로 하여금 신앙을 고백하게 하는 대제사장이시며 아론의 집에서 난 자보다 백만 배나 더 뛰어난 분이라는 것을 잠시 생각해 봅시다.

예수님은 결코 졸지도 않고 주무시지도 않고 죽지도 않고 영원히 살아계시는 하나님이기 때문에 전지전능한 능력을 가진 대제사장입니다. 유대의 대제사장은 "죽음으로 말미암아 항상 있지 못함이로되"(히 7:23), 부활하신 그리스도는 영원하십니다. 우리의 큰 대제사장은 다시 죽지 아니하십니다(롬 6:9).

예수님은 완전한 하나님이면서 동시에 완전한 사람인 대제사장입니다. 예수님은 스스로 육신을 입었으므로, 우리의 육체가 무엇인지를 아시며 육체의 약함과 수고를 모두 잘 아십니다. 33년 동안 땅에서 사셨으므로 굶주림과 목마름과 고통이 무엇인지를 아시며 유아와 어린이, 소년, 장년, 노년기의 신체적 특징이 무엇인지를 다 알고 계십니다.

> 그가 시험을 받아 고난을 당하셨은즉 시험 받는 자들을 능히 도우실 수 있느니라(히 2:18).

예수님은 끝없이 무한히 불쌍히 여기는 대제사장입니다. 예수님께서는 "우리의 연약함을 동정하지 못하실"(히 4:15) 분이 아닙니다. 예수님께서는 이 땅에 계실 때 그 마음속에는 항상 사랑과 동정과 연민이 넘쳤습니다. 예수님께서는 나사로의 무덤에서 우셨으며 믿지 않는 예루살렘을 보고 슬퍼하셨습니다. 예수님에서는 도와달라고 외치는 소리를 다 들어주셨으며 두루 다니시면서 병든 자와 고통을 당하는 자들을 치료하셨습니다. 예수님께서는 십자가 위에서도 어머니를 염려하셨으며, 부활하신 후에 전한 첫 번째 말씀은 그의 불쌍한 타락한 제자들에게 주시는 '평화'였습니다. 예수님께서는 변함이 없으십니다. 하늘에 오르신 후에도 이렇게 놀라운 애정으로 그의 양떼 중에서 가장 연약한 양을 지켜보고 계십니다.

예수님께서는 완전한 지혜를 가진 대제사장입니다. 주께서는 우리를 각각 다 아시며 우리가 바라는 것도 다 아십니다. 예수님께서는 우리가 감당치 못할 시험 당함을 허락지 아니하시고 시험 당할 즈음에 또한 피할 길을 내사 우리로 능히 감당하게 하십니다(고전 10:13) 예수님께서는 때에 따라 힘을 주시며 구할 때마다 은혜를 주십니다. 예수님께서는 우리 마음 속의 가장 은밀한 생각까지도 다 아시며 아무리 작은 소리로 기도할지라도 그 뜻을 다 아십니다. 예수님께서는 아론과 엘리와 아비아달과 안나스와 가야바와는 다릅니다. 오히려 이들은 그들 앞에 나아오는 사람들을 돌보는 데에 실수가 많고 불안전한 대제사장들이며 그분 앞에서 탄원을 올리는 사람들에 불과합니다. 그러나 주님은 결코 실수가 없습니다.

나는 이 글을 읽는 모든 독자들에게 그들이 할 수만 있다면 이 대제사장보다 더 많이 사람의 영혼을 위로하고 격려해 줄 수 있겠는지 말해보라고 도전합니다. 오늘날 우리는 예수님을 온전히 알지 못하고 있습니다. 우리는 예수님의 죽음과 희생과 보혈과 약속과 십자가에서 하신 마지막 사역을 이야기합니다. 분명히 이렇게 영광스러운 일들은 아무리 많이 이야기해도 결코 지나치지 않습니다. 그러나 만일 여기서 중단해버린다면 큰 실수를 하는 것입니다. 우리는 십자가와 무덤 이외에도 우리 주 그리스도의 생명과 사역과 영원하신 중재도 살펴보아야 합니다. 그렇지 않으면 기독교 교리를 완전히 다 살펴보았다고 할 수 없습니다. 우리 주님이 하신 일 가운데 이 부분을 소홀히 함으로써 매우 중요한 결과를 초래하였으며 교회와 세상에 큰 해를 끼쳤습니다.

교회에 속한 모든 젊은 남녀와 새신자들은 그리스도의 사역을 정확히 모르기 때문에 엄청난 손해를 보고 있습니다. 이런 사람들은 인생의 좁은 길을 따라 경주를 할 때 마음속으로 매일 도움과 은혜와 힘과 안내를 갈망하고 있습니다. 그들은 늘 십자가와 그 약속을 되새겨야 한다는 말을 듣는 것만으로는 만족하지 못합니다. 그들은 마음속으로 살아있는 친구를 갖고 싶다고 생각합니다. 그때 악마가 다가와서 그들에게 이 땅의 제사장에게 가서 죄를 고백하고 용서받고 계속해서 이렇게 하는 습관을 가져야 한다고 제안합니다. 그들은 흔히 너무 쉽게 악마의 말을 믿어버리고, 자신들의 영혼의 굶주림을 채우기 위해 주의 성찬을 터무니없이 자주 받으며, 일부 사역자들의 영적인 이사직에 복종까지 합니다. 이런 행위는 모두 다 종교적인 아편이나 술에 불과합니다. 이런 것은 잠시 마음을 달래줄 뿐 실지로는 도움을 주지 못하며 그들의 영혼을 사로잡아 병적인 미신 상태로 속박해버립니다.

성경 말씀은 진통제가 아닙니다. 모든 믿는 사람들 특히, 오늘날 청년들이 듣고 싶어하는 것은 하늘에 계신 그리스도의 생명과 우리를 위한 제사장으로서의 중재에 대한 진리입니다. 우리는 땅 위에 있는 고해신부나 제사장은 필요 없습니다. 우리가 매일 바라는 것, 곧 구하기 위해 찾아가야 할 제사장은 오직 한 분 뿐 곧 하나님의 아들 예수님십니다. 그분보다도 더 전지전능하시며, 우리를 사랑하시고, 현명하시며, 우리를 기꺼이 보살펴 주시는 분을 찾기는 불가능합니다. 어떤 나이 든 목사는 다음과 같은 아주 현명한 말을 합니다.

> 믿는 사람들의 눈은 하나님과 모든 것을 공유하시는 그리스도께 고정되어야 한다. 한쪽의 눈은 그분의 희생을, 또 다른 한 쪽의 눈은 그분의 중재를 보아야 한다.

우리는 절대로 이것을 잊어서는 안 됩니다. 믿는 도리를 굳게 잡아야 한다고 하는 말 속에 감추어진 참된 비밀은 우리가 살아계신 그리스도의 제사장의 현재적인 사역을 신뢰하고 날마다 이 믿음의 근거해서 살아갈 수 있다는 것입니다.

이런 원칙을 지키는 사람은 아무리 어렵고 힘들지라도 어떤 위치에서도 하나님을 섬기며 그리스도인이 될 수 있다는 것을 알게 될 것입니다. 세상을 버리고 수도원에 가거나 은둔자처럼 동굴에서 살지 않으면 참된 믿음을 가질 수 없다고 잠시라도 생각해서는 안 됩니다. 가정 주부는 죄사함을 받지 못한 부모와 형제자매로 인하여 자기 집에서는 하나님을 섬길 수 없으므로 마음을 같이 하는 여인들과 함께 '기도원'에 가야 한다고 생각해서는 안 됩니다. 이런 생각은 모두 쓸데없으며 성경에도 없는 말입니다. 이것들은 세상으로부터 온 것이지 하늘에서 온 것이 아닙니다.

학교, 군대, 은행, 상점, 식당, 거래처 등 어디에서라도 하나님을 섬길 수 있습니다. 가정에서는 딸로서, 학교에서는 선생님으로 사무실에서는 보조원으로서 얼마든지 하나님을 섬길 수 있습니다. 그러나 어떻게 이런 일을 다 할 수 있습니까? 하나님의 아들을 믿는 믿음으로 살고 늘 십자가에 달리신 주님을 바라보고 매일 하나님의 우편에 앉아 우리를 위해 기도하시는 주님을 바라보기만 하면 됩니다. 우리에게는 하늘에서 보내신 큰 대제사장이 있는데 그로 인해 우리는 믿는 도리를 굳게 잡을 수 있습니다.

4. 맺는 말입니다.

1) 당신은 소위 신앙고백을 한적이 없는 그리스도인입니까?

이런 무리에 속한 사람이 그토록 많다는 것은 참으로 애석한 일입니다! 그러나 그 규모가 크다는 것을 인정하지 않으려 해도 아무 소용이 없습니다. 이런 사람들은 무신론자도 비그리스도인도 아닙니다. 그들은 잠시도 당신들은 그리스도인이 아니라는 말을 들으려 하지 않습니다. 그들은 예배를 드리러 가서 기독교란 세례식과 결혼식과 장례식에 매우 적합한 것이라고 생각합니다. 그들은 식사 전후에 은혜를 이야기하며 교육상 아이들이 믿음을 갖는 것을 좋아합니다. 그러나 결코 더 이상 얻으려 하지 않는 것 같습니다. 그들은 '신앙고백'하기를 망설입니다. 그들에게는 "굳게 잡으라"라고 말해야 아무 소용이 없습니다. 그들은 붙잡을 것이 전혀 없기 때문입니다. 나는 이런 사람들에게는 온갖 정성과 친절로 자기의 현재 위치가 얼마나 부당하고 부적절한가를 생각해보라고 간청합니다. 그들도 대부분 사도신경을 믿습니다. 그들은 하나님이 계시다는 것도, 죽은 후에 올 세상도 부활도 심판도 영생도 믿습니다.

그러나 이렇게 엄청난 실재를 다 믿으면서도 다가올 미래를 전혀 준비하지 않고 죽어가는 것보다 더 어리석은 일이 있을 수 있겠습니까? 당신은 최후의 나팔소리를 들을 때 모든 것을 심판하러 오시는 주 예수 그리스도를 만나 그의 심판을 받게 된다는 것을 부정하지 않을 것입니다. 그러나 이 땅 위에 살아있는 동안 그 심판에 대한 믿음과 사랑과 복종을 고백하지 않는다면, 그 끔찍하게 무서운 날 당신은 어디에 있을 것입니까? 이 땅에서 사는 동안 주님께 고백하는 것과 또 스스로 주의 편에 서 있다고 떳떳하게 공표하는 것을 두려워하거나 부끄러워한다면, 당신은 어떻게 그 시간에 주께서 당신을 인정해

주실 것을 기대할 수 있습니까?

청컨대 이런 일들을 생각해 보고 당신의 인생계획을 바꾸십시오. 주저하지 말고 쓸데없는 변명이나 하찮은 이유들은 내던져 버리십시오. 하나님의 은혜로 예수 그리스도를 굳게 잡고 주님의 깃발 아래로 들어가겠다고 결심하십시오. 아무리 당신이 자신을 가치 없다고 생각할지라도 축복받은 구세주께서는 당신을 있는 그대로 받아주실 것입니다. 어떤 것도 그 누구도 기다리지 마십시오. 바로 오늘부터 기도하기 시작하십시오. 회개한 강도가 십자가에 달려서 기도한 것처럼, 진실하게 열심을 다해 기도하십시오. 오랫동안 소홀히 여겼던 성경책을 꺼내 읽기 시작하십시오. 나쁜 습관은 다 버리십시오. 독실한 그리스도인 친구에게 우정을 구하십시오. 당신의 영혼에 해를 끼치는 곳에는 가지 마십시오. 요컨대 비웃거나 조롱하는 사람을 두려워 말고 '신앙고백'을 시작하십시오. 주 예수께서는 다른 사람뿐 아니라 당신에게도 말씀하셨습니다.

> 내게 오는 자는 내가 결코 내쫓지 아니하리라(요 6:37).

나는 많은 이들의 죽음을 지켜보았으나, '신앙고백'을 한 것을 후회한다고 말한 사람은 결코 본 적이 없습니다.

2) 당신은 신앙을 고백하고 복종을 맹세한 그리스도인입니까?

나는 당신이 무슨 생각을 하는지 알고 있습니다. 때로는 결코 끝까지 견디어낼 수 없다고 느끼며, 그래서 언젠가는 어쩔 수 없이 신앙고백을 포기하게 될지도 모릅니다. 때로는 시험을 당해서 자기에게 주어진 쓰라린 경험들을 마음에 새겨 두고 결국은 어떤 은혜도 받지 못했다고 생각하게 될지도 모릅니다. 유감이지만 이런 상황에 처해 있는 진실한 그리스도인은 수없이 많이 있는데, 그들은 『천로역정』에 나오는 '낙담'(Despondency)과 '근심'(Much-Afraid)과 '공포'(Fearing)와 함께 공포에 떨고 의심하면서 천국을 향해 가면서도 끝내 천상의 도시에 이르지 못할까봐 두려워합니다.

그러나 이상하게도 그들이 괴로워하고 의심하며 두려워하지만 다시는 떠나왔던 곳으로 되돌아가지 못합니다(히 11:15). 비록 약하지만 존 웨슬리(John Wesley)가 그의 신자들에게 "그들은 잘 해냈다"라고 말하곤 했던 것처럼, 그들은 열심을 다하고 끝까지 걸어갑니다.

이제 만일 이런 사람들 중에서 누군가가 이 글을 읽고 있다면 그에게 해줄 수 있는 충고는 아주 간단합니다. 사는 동안 매일 아침과 저녁으로 "주여 나의 믿음을 굳건하게 하소서"라고 기도하십시오. 오직 예수 그리스도만을 바라보는 습관을 기르십시오. 그리고 주께서 믿는 사람들에게 베풀어 주시는 충만함을 더 많이 알려고 노력합시다. 언제나 자기 자신의 마음의 불완전함만을 곰곰이 생각하지 말고 유혹 당하기 쉬운 죄를 알려고 하지도 마십시오. 위를 보십시오. 부활하사 머리가 되신 주님을 더 많이 바라보십시오.

주 예수는 당신을 위해 돌아가셨을 뿐 아니라 다시 살아나셨으며 당신의 제사장으로 중재자로 전지전능한 친구로 하나님 우편에 앉아 계신다는 사실을 지금보다 더 분명하게 깨닫도록 노력합시다. 사도 베드로가 예수님께로 가기 위해 물 위를 걸었을 때, 전지전능하신 주님 곧 구세주를 똑바로 바라보는 동안은 아주 잘 걸었습니다. 그러나 그가 멀리 바람과 파도를 보고 자기 자신의 능력과 몸무게를 생각하고 염려하자 곧 물에 빠지기 시작하여 "주여 나를 구원하소서"라고 외쳤습니다. 이때 분명히 은혜로운 우리 주께서 그의 손을 잡아 물 속에서 건지시며 "믿음이 작은 자여, 왜 의심하였느냐?"라고 말씀하셨습니다. 우리는 대부분 베드로와 꼭 같습니다. 주님을 바라보지 않고 우리의 약한 심령을 본다면 우리는 물에 빠지게 됩니다(마 14:28-31).

당신과 같은 수많은 사람들이 얼마나 안전하게 본향에 갔는지를 생각해 보십시오. 당신처럼 그들도 영적전쟁을 치르고 갈등했으며 의심하고 두려워 했습니다. 그들 중 어떤 사람들은 믿는 동안 '기쁨과 평화'를 거의 느끼지 못했고 낙원에서 깨었을 때 많이 놀랐습니다. 그들 중 어떤 사람들은 충분한 확신과 강한 위로를 즐거워 했으며 순풍에 돛 단듯이 영생을 얻어 천국에 갔습니다. 그러면 최근에 이렇게 했던 사람들은 어떤 사람들입니까?

사람들 앞에서 주를 믿는다고 고백하지 않으려 하는 것이 아니라 오히려 손으로 믿는다고 약속하고 두 손으로 믿는 도리를 굳게 잡고 그리스도를 위해 죽을 준비가 되어 있는 사람들입니다. 성도 여러분, 용기를 가지십시오. 당신이 더욱 담대하고 굳게 결심할수록 그리스도 안에서 더 많은 위로를 받을 것입니다. 당신은 두 하늘 곧 현세의 하늘과 내세의 하늘을 가질 수 없습니다. 당신은 아직도 이 세상에 살며 육신을 가지고 있으며 늘 당신 곁에는 부지런히 일하는 악마가 있습니다. 그러나 언제나 큰 믿음이 큰 평화를 가져옵니다. 믿음 가운데 가장 행복한 사람은 언제나 사도 바울처럼 진실한 마음으로 "이제 내가 육체 가운데 사는 것은 나를 사랑하사 나를 위하여 자기 자신을 버리신 하나님의 아들을 믿는 믿음 안에서 사는 것이라"(갈 2:20)고 말할 수 있습니다. 나 자신은 아무것도 아니지만, 저 또한 언제나 예수를 바라보며 그분의 은혜로 내가 믿는 도리를 굳게 붙잡습니다.

나는 지난 기독교의 역사 동안 오늘날처럼 그리스도인들에게 믿는 도리를 굳게 잡으라고 촉구할 필요가 있었던 시대는 없었다고 믿습니다. 분명히 오늘날에는 특별한 종류의 믿음이 많습니다. 오늘날 세계 도처에서 공식적인 예배에 참석하는 사람들의 수가 더 많아졌습니다. 그러나 진실한 그리스도인이 얼마나 증가했는지는 의심해볼 만한 일입니다. 믿음으로는 아무것도 굳게 잡으려 하지 않고 가능한 한 모든 것을 엉성하게 잡으려 한다면 큰 잘못을 범하게 됩니다. 오늘날은 "고정된 것이란 없다! 모든 것은 풀어져 있다!"라고 말하는 것처럼 들립니다.

믿음과 교리라는 측면에서 보면 어떠합니까? 예전에는 흔히 성경의 영감, 속죄, 성령의 사역, 악마의 인격성, 다가 올 심판의 실재성 등에 대해 분명하고 정확한 견해를 갖는 것이 중요하다고 생각하였습니다. 지금은 그렇게 생각하지 않습니다. 예전의 명령은 사라져 버렸습니다. 당신이 진지하고 성실하다 해도 이런 주제에 대해 엉뚱한 것을 믿거나, 아니면 전혀 믿지 않게 될 상황입니다. 굳게 붙잡아야 할 것이 느슨하게 풀어졌습니다.

예배와 예식이라는 측면에서 보면 어떠합니까? 흔히 공동 기도서의 평범한 가르침에 만족하는 것이 중요하다고 생각하였습니다. 지금은 그렇게 생각하지 않습니다. 공동 기도서에 조금도 의지하지 말고 주의 만찬을 받고 제물이라는 성례를 행하고 또 이렇게 고상한 생각에 어울리는 의식을 행해야 하며, 만일 당신이 이에 불평을 한다면 매우 편협하고 자유롭지 못한 사람이라는 말을 들을 것입니다. 또한 그저 성실하고 진지하기만 하다면 성직자로서 가르치고 행하고 말할 수 있다는 말도 들을 것입니다. 굳게 붙잡아야 할 것이 느슨하게 풀어졌습니다.

거룩한 생활이라는 측면에서 보면 어떠합니까? 예전에는 공동 기도서의 고백, "이 사악한 세상에서 사치와 허영을 버리는 것"은 매우 중요하게 생각되었습니다. 또한 경마장, 공연장, 무도회장, 카드놀이를 하는 곳을 멀리하는 것이 장려되었습다. 그러나 지금은 그렇게 생각하지 않습니다. 지금은 "당신은 사순절을 지키고 때때로 늦지 않게 성찬식에 참석한다면 무엇이든지 다 할 수 있고 가고 싶은 곳이면 어디든 갈 수 있지 않습니까? 그렇게 엄격하고 유별나게 굴어서는 안 됩니다!"라고 말하는 시대입니다. 굳게 붙잡아야 할 것이 느슨하게 풀어졌습니다.

이런 상태는 만족스럽지 못합니다. 대단히 위태롭습니다. 분명히 이것이 바로 사도 바울과 요한을 만족시키지 못했던 기독교의 조건입니다. 오늘날의 애매모호하고 엉성한 교리와 실천으로는 그들처럼 세상을 뒤엎지 못합니다. 오늘날 사람들의 영혼은 영국이나 그 밖의 세계 어디에나 있는 이렇게 엉성한 기독교로부터는 어떠한 유익도 받지 못합니다. 가르침과 삶에 있어서의 확고함은 지난 시대와 오늘날 우리의 시대에도 하나님께서 허락하신 기독교의 특징입니다. 엉성하고 애매모호하고 광범위한 기독교는 비난을 받지 않고, 건강하고 행복한 사람들을 기쁘게 해 주지만 영혼을 변화시키지는 못할 것이며, 슬픔과 질병으로 고통을 당하거나 죽어가는 사람에게 진정한 위안을 주지 못할 것입니다.

분명한 사실은 '진지함과 성실함'이 앞으로 다가올 많은 영국의 그리스도인들의 우상이 되고 있다는 것입니다. '진지하고 열심이 있기만 하면' 그가 무엇을 믿고 어떤 것을 신앙하는지는 문제되지 않는다고 생각하는 것처럼 보입니다. 만약 당신이 그 사람의 믿음을 약간 이상하게 여긴다면 사람들에게 당신은 혹독하다는 말을 들을 것입니다. 이 맹목적인 열심이라는 우상에 대항하여 나는 진지한 항변을 하려고 합니다.

나는 이 글을 읽는 독자들에게 기록된 하나님의 말씀이 유일한 믿음의 규칙이라는 것을 기억하고 이렇게 쉬운 성경 말씀으로 증명할 수 없는 것은 진실하지도 않고 믿음으로 영혼을 구원하지도 못한다는 것을 말씀드립니다. 나는 성경을 읽고 오직 성경으로만 참과 거짓 곧 옳고 그름을 판별하라고 간청합니다. 마지막으로 이 말씀을 드립니다.

느슨하게 붙잡지 말고 굳게 붙잡을지어다. 믿는 도리를 굳게 잡을지어다.

The Upper Room

13장
많은 사람

또 너희에게 이르노니 동 서로부터 많은 사람이 이르러 아브라함과 이삭과 야곱과 함께 천국에 앉으려니와(마 8:11).

이 본문은 주 예수 그리스도께서 직접하신 말씀입니다. 당신은 이 말씀을 예언이나 또는 약속으로 받아들일 것입니다. 둘 중 어느 것으로 받아들이든지 이 말씀은 아주 흥미 있으며 반성을 하게 합니다. 이 말씀을 예언으로 받아들이고, 분명히 실현되었다는 것을 기억하십시오. 성경에는 대부분 사실 같지 않고 있을 법하지는 않지만 사실로 증명된 예언들이 많이 있습니다. 아라비안 족속의 조상인 이스마엘은 "그가 사람 중에 들나귀 같이 되리니 그의 손이 모든 사람을 치겠고 모든 사람의 손이 그를 칠지며"(창 16:12)라는 말을 듣지 않았습니까? 우리는 바로 오늘 수단의 부족들을 보거나 베두인들(Bedouins)의 생활 방식을 주목하면 이 말씀이 실현되었음을 볼 수 있습니다. 애굽은 마침내 "나라 가운데에 지극히 미약한 나라가 되어 다시는 나라들 위에 스스로 높이지 못하리니 내가 그들을 감하여 다시는 나라들을 다스리지 못하게 할 것임이라"(겔 29:15)라는 말을 듣지 않았습니까?

우리는 바로 오늘, 나일가의 모든 골짜기를 따라 걸을 때 그리고 유럽의 모든 정치가들이 슬프게도 그 예언을 알고 있음을 볼 때, 이 말씀이 실현되었음을 압니다. 이 예언은 우리 눈앞에 있는 예언과 똑같습니다. "많은 사람이…천국에 앉으려니와."

이 말씀을 약속으로 받아들이십시오. 이 약속은 사도들과 오늘날에 이르기까지 모든 기독교 목사들과 선생들을 격려하기 위해서 하신 말씀입니다. 우리는 종종 시험을 당해 설교하는 것과 가르치는 것과 방문하는 것과 영혼들을 그리스도께로 인도하는 것 등은 전혀 착한 일이 아니며, 우리의 수고는 모두 헛될 뿐이라고 생각하게 됩니다. 그러나 여기에는 '거짓말을 할 수 없으시며' 반드시 당신의 말씀을 지키시는 분의 약속이 있습니다. 그분은 은혜로운 판정으로 우리를 격려하십니다. 그분은 우리가 무기력해지거나 참다 못해 절망에 빠지도록 내버려 두시지 않습니다. 성경은 우리가 무슨 생각을 할지라도 또한 아무리 성공할 여지가 없어 보일지라도, 우리들에게 "많은 사람이…천국에 앉으려니와"라고 약속합니다.

1. 주 예수 그리스도께서는 "많은 사람"을 약속하십니다.

"많은 사람"이라는 말은 참으로 이상하게 들립니다! 거듭나지 않고 그리스도의 보혈로 깨끗하게 하지 않고 성령으로 죄를 씻지 않은 사람이 구원을 받게 될 것입니까? 죄를 회개하지 않고 주 예수 그리스도께서 용서해주신 것을 믿지 않고 마음을 거룩하게 하지 않은 사람이 구원을 받게 될 것입니까? 아닙니다. 결코 그런 사람은 없습니다. 남녀 불문하고 회개와 믿음과 거룩함이 없이 구원을 받을 수 있다면, 우리는 성경을 내던져 버리고 기독교도 함께 포기해 버리는 편이 더 낫습니다.

그러나 이 세상에서 이런 부류에 속한 사람을 많이 볼 수 있을 것 같습니까? 슬프게도 극소수입니다. 우리가 보아서 알고 있는 믿는 사람들은 '작은 양떼'입니다.

> 생명으로 인도하는 문은 좁고 길이 협착하여 찾는 자가 적음이라
> (마 7:14).

도시에서도 거의 찾아볼 수 없으며 시골 교구에서도 거의 없습니다! 노인들 중에도 거의 없으며 청년들 가운데도 거의 없습니다! 배운 사람들 중에도 거의 없으며 배우지 못한 사람들 가운데도 거의 없습니다! 궁궐에도 없으며 저택에도 거의 없습니다! 진정한 그리스도인들을 아프게 하는 변치 않는 슬픔은 그들이 함께 기도하고 찬양하고 성경을 읽고 영적인 일에 대해 이야기할 사람들을 거의 만날 수 없다는 것입니다. 그들은 종종 혼자서 서있다고 느낍니다. 일 년 내내 예배당 같은 곳에는 결코 가본 적이 없으며 하나님 없이도 이 세상에서 살 수 있다고 생각하는 사람이 많이 있습니다.

회중들 가운데 단 한번도 성찬에 참석하지 않는 사람도 적지만 동시에 성찬을 받을 만한 사람도 적습니다. 남녀 불문하고 그리스도께서 이 땅 위에 오신 목적을 위해 무언가를 하거나, 또는 그들 주변에 있는 사람들이 길을 잃었는지 구원을 받았는지를 염려하는 사람은 거의 없습니다. 어느 누가 이 일을 부정할 수 있겠습니까? 불가능합니다! 하지만 우리 주 예수 그리스도께서는 말씀하십니다. "많은 사람이…천국에 앉으려니와"

그렇다면 우리 주님은 왜 이렇게 말씀하셨습니까? 주님은 결코 실수하시지 않습니다. 주님이 하신 말씀은 모두 진리입니다. 이 물음에 대해 몇 가지 밝혀보기로 합시다.

첫째, 성도 아벨로부터 최후의 나팔이 울려 부활할 때 살아있는 마

지막 사람에 이르기까지 모든 사람이 함께 다 모이면 "많은 사람"이 될 것입니다. 그들은 "아무도 능히 셀 수 없는 큰 무리"(계 7:9)일 것입니다.

둘째, 좌우를 분변하기 전에, 선악을 알기도 전에 죽은 모든 어린이들이 작은 무덤으로부터 부름을 받아 다 모이면 '많은 사람'이 될 것입니다. 아마도 채 일 년도 살지 못한 어린 아이의 수가 참으로 엄청나다는 것을 아는 사람은 거의 없을 것입니다. 그들은 '아무도 능히 셀 수 없는 큰 무리'일 것입니다.

셋째, 모든 이름과 나라와 민족과 말로 믿는 사람들 예컨대, 구약성경의 에녹과 노아와 아브라함과 이삭과 야곱과 모세와 다윗과 그 밖의 모든 예언자들, 신약성경의 사도들, 초대 기독교의 성도들, 종교개혁가들, 이런 사람들이 모두 다 모이면 '많은 사람'이 될 것이며 그들은 '아무도 능히 셀 수 없는 큰 무리'일 것입니다.

넷째, 지금 세계 도처에 살고 있으나 교회와 세상에 알려지지 않은 진실한 그리스도인들이 다 모이면 '많은 사람'이 될 것입니다. 비록 그들의 이름이 어린양의 생명책에는 있지만, 어느 회중에도 속하지 않고 성찬을 받을 사람의 명단에 등록되지도 않은 사람이 적지 않습니다. 그들 중 어떤 사람은 아무에게도 알려지지 않고 아무도 찾지 않는 방치된 교구에서 살다가 죽습니다. 그들 중 어떤 사람은 국내외의 선교사들이 전하는 복음을 들음으로써 진리를 알게 됩니다. 그들은 그 설교자를 알지 못했을지도 모르고, 그들 자신이 개종자의 명단에 공식적으로 등재된 적이 없을지도 모릅니다. 그들 중 어떤 사람은 동료들로부터 이해를 받지 못하는 홀로 막사에 있는 군인과 갑판 위에 있는 선원들일 수도 있습니다. 내가 믿기로는 믿음으로 살며 그리스도를 사랑하고 비록 사람들은 모르지만 주님은 잘 아시는 사람들이 무수히 많습니다. 이런 사람들도 '아무도 능히 셀 수 없는 큰 무리'에 속해있습니다.

하나님의 가계는 우리들 대다수가 생각하는 것보다 그 규모가 훨씬 더 크다는 것은 분명한 사실입니다. 우리는 눈앞의 세상 밖에 못 보지만 유럽, 아시아, 아프리카, 아메리카 등 세계에는 우리가 보고 있지 못한 일들이 얼마나 많이 벌어지고 있는가를 망각합니다.

우리 주변에서 살고 있는 많은 사람들이 대부분 자기들의 내면 생활을 감추기 때문에 우리는 전혀 알지 못합니다. 우리는 지나간 과거의 시대를 생각하지 못하며 또 비록 이제는 돌아와서 그리스도 안에 잠들고 아브라함의 품에 안겼다 할지라도 지금도 '먼지와 재'에 불과한 셀 수 없이 많은 사람들을 생각하지 못합니다. "멸망으로 인도하는 문은 크고 그 길이 넓어 그리로 들어가는 가는 자가 많다"(마 7:13)라는 말씀은 분명 진리인 것입니다. 우리들 주변에 있는 사람 가운데 참으로 많은 사람들이 죄로 인해 죽은 것과 마찬가지이고, 하나님을 만날 준비가 전혀 되어 있지 않다는 것을 생각해 보면 끔찍합니다. 그럼에도 불구하고 우리는 하나님의 자녀의 수를 적게 평가해서는 안 됩니다. 하나님의 자녀의 수는 사람의 기준으로 판단해 보면 그 수가 적다고 생각될지 모르나, 마침내 영광의 나라에서는 매우 많아져서 거대한 무리 곧 '아무도 능히 셀 수 없는 큰 무리'가 된다는 것이 증명될 것입니다.

이 글을 읽는 사람 중에는 신앙을 담대하게 고백하는 사람의 수가 적다고 해서 신앙 자체를 비웃고 싶어 하는 사람이 있습니까? 성경을 읽고 주일을 거룩하게 지키려고 애쓰며 하나님께 가까이 가려고 노력하는 사람들을 은근히 멸시하려 합니까? 당신에게 찬성하는 사람의 수는 적고 반대하는 사람의 수가 많을 것이라고 생각하여, 의롭게 혼자 있는 것이 싫어서 스스로 신앙고백하기를 두려워 합니까? 아! 언제나 그와 같은 사람들은 참으로 많습니다! 노아가 방주를 만들었을 때, 그를 찬성하는 사람은 거의 없었고 오히려 조롱하는 사람이 더 많았으나, 마침내 그가 옳았다는 것이 증명 되었습니다.

유대인들이 바벨론에서 돌아온 후 예루살렘 장벽을 재건할 때 산발랏과 도비야는 그들에게 "이 미약한 유다 사람들이 하는 일이 무엇인가"(느 4:2)라고 비웃었습니다. 주 예수 그리스도께서 이 세상을 떠나셨을 때 예루살렘의 다락방에 모인 제자들은 불과 120명 뿐이었으며, 믿지 않는 바리새인과 율법학자와 제사장의 친구들은 수만 명에 달했지만, 주님의 제자들이 옳았고 그 적들은 옳지 않았습니다. 피의 여왕 메리가 왕좌에 앉았을 때,

라티머(Latimer)와 리들리(Ridley)가 화형을 당했을 때에도 복음을 전하는 친구들의 수는 지극히 적었고 그들의 적은 아주 많았습니다. 하지만 종교개혁자들이 옳았고 그들의 적은 옳지 않았습니다. 당신이 지금 무얼 하고 있는가를 살펴보십시오! 이제 당신과 함께하는 군중이 있는데 한편에서는 비웃는 사람들도 있을 것입니다. 아마도 당신은 당신을 멸시하는 사람들이 적지 않게 많다는 것을, 다시 말해서 그들이 '아무도 능히 셀 수 없는 큰 무리'라는 것을 알고 놀라서 눈을 크게 뜰 날이 올 것입니다.

이 글을 읽는 독자 중에 그리스도를 사랑하여 섬기려고 애쓰지만 거의 완전히 혼자라는 것을 발견하고서 낙심하여 실망하는 사람이 있습니까? 당신은 함께 기도하고 찬양하고 성경을 읽고 그리스도에 대해 이야기하고 두려움 없이 마음을 털어 놓을 사람을 거의 만나지 못하기 때문에, 때때로 심장이 멎고 손이 축 늘어지며 무릎에 힘이 빠집니까? 친구가 없어서 남모르게 눈물을 흘린 적이 있습니까? 그렇다면 당신은 많은 사람들이 당신 앞서서 마셨던 그 잔을 마시고 있는 셈입니다.

아브라함과 이삭과 야곱과 요셉과 모세와 사무엘과 다윗과 예언자들과 바울과 요한과 사도들은 모두 아주 오랫동안 홀로 있었던 사람들입니다. 당신은 그들보다 더 많은 대접을 받을 수 있다고 기대합니까? 위로받고 믿으십시오. 이 세상에는 당신이 볼 수 있는 것보다 더

많은 은혜가 있으며, 당신이 알고 있는 것보다 더 많은 그리스도인들이 천국을 향해 가고 있습니다. 엘리야는 이스라엘에 "바알에게 무릎을 꿇지 아니하고…바알에게 입맞추지 아니한 자"(왕상 19:18)가 칠천 명에 달할 때도 홀로 있다고 생각했습니다. 위로받고 기대하십시오. 당신에게 좋은 때가 올 것입니다. 당신은 머지않아 많은 친구들을 얻을 것입니다.

당신은 천국에서 많은 사람을 볼 것입니다. 곧 당신을 환영하고 함께 찬양하는 많은 사람을, 축복받은 영생을 함께 지낼 많은 사람을 볼 것입니다. 이제 잠시 후면 의로운 성도를 만나게 된다니 참으로 즐거운 일입니다! 여름에 눈처럼, 구름 뒤의 햇빛처럼 참으로 우리를 기쁘게 하고 새롭게 할 것입니다. 그렇다면 우리는 거대한 성도의 무리 즉 조화를 깨뜨려서 죄 사함을 받지 못하는 죄인이 없는, 모든 사람들이 다 믿는, 찌꺼기 하나 없이 모두가 다 알곡인, 믿지 않는 사람이 하나도 없는 그래서 '아무도 능히 셀 수 없는 큰 무리'를 보게 될 날이 올 것입니다. 땅에서는 '적은 사람'을 보지만 하늘에 가서는 '많은 사람'을 볼 것입니다.

2. 주 예수 그리스도께서는 "동서로부터" 많은 사람이 올 것을 약속하십니다.

의심할 여지없이 이것은 틀에 박힌 표현입니다. 마치 구원을 받는 사람들은 남과 북에서는 오지 않고 해가 뜨고 지는 쪽에서만 온다는 식으로, 문자 그대로 받아들여서는 안 됩니다. 우리는 시편 103편 12절에서도 "동이 서에서 먼 것같이 우리 죄과를 우리에게서 멀리 옮기셨으며"라는 똑같은 표현을 찾아볼 수 있습니다. 그 뜻은 간단합니다. 구원 받는 사람들이 서로 다른 장소 즉 먼 곳에서 또 대부분 그들을 찾을 수 없으리라고 생각했던 장소로부터 온다는 뜻입니다.

1) 그들은 모두 같은 교회에 속하지 않았을 것입니다.

감독교파 사람들, 장로교파 사람들, 독립교파 사람들, 침례교파 사람들, 감리교파 사람들, 플리머스 형제단, 그리고 많이 알려지지 않은 기타 여러 교파의 그리스도인들이 있을 것입니다. 지금 그들은 의견이 맞지 않아 서로 다툴지라도 결국은 의견을 같이 해야 할 것입니다. 놀랍게도 그들은 서로 마음을 같이 하는 점은 매우 많고, 서로 다른 점은 극히 적다는 것을 알게 될 것입니다. 그들은 모두 한 마음으로 "할렐루야! 우리를 사랑하시는 주님을 찬양하고 그분의 보혈로 우리의 죄를 깨끗하게 하자!"라고 말할 수 있을 것입니다. 그리고 모두 한 목소리로 "아멘, 아멘!"이라고 대답할 수 있을 것입니다. 신실한 조지 휫필드는 천국에서 "참으로 하나님께서 만드셨도다!"라고 영원토록 찬송할 것이라고 말했습니다. 이 세상의 불일치한 점들이 마치 봄날의 눈처럼 녹아 없어질 것입니다. 천국에 있는 모든 사람의 눈에는 성령의 공통된 가르침이 뚜렷하고 분명하게 드러날 것입니다. 마침내 점도 흠도 없으며 싸움도 논쟁도 의견 차이도 없고 가라지는 하나도 없이 알곡만, 불건전한 사람은 하나도 없이 건전한 사람들만 있는 '하나의 거룩한 보편적 교회'가 있을 것입니다.

2) 그들은 세계 도처의 여러 나라로부터 옵니다.

즉 그린랜드의 빙산으로부터, 열대의 매우 더운 지방으로부터, 인도와 오스트레일리아로부터, 아메리카와 중국으로부터, 뉴질랜드와 태평양의 여러 섬들로부터, 아프리카와 멕시코로부터 올 것입니다. 어떤 사람들은 페르시아의 헨리 순교자처럼 고독한 묘지에 그들의 뼈를 묻었을 것입니다. 어떤 사람들은 선원의 장례식으로 바다에 매장되었을 것입니다. 어떤 사람들은 순교자로서 죽음을 맞이하여 종교개혁자들처럼 화형 당했을 것입니다. 어떤 사람들은 선교활동을 하다가 아주 나쁜 기후나 이교도들의 난폭한 행동에 희생을 당했을 것입니다. 또 어떤 사람들은 모세처럼 누구의 눈에도 띄지 않는 곳에서 죽게 되었을 것입니다. 그러나 그들은 모두 함께 올 것이며 천국에서 다시 만날 것입니다. 우리가 묻힐 장소와 방법과 그 무덤의 종류는 전혀 문제가 되지 않습니다. 중국도 영국만큼 천국에 가까우며, 바다와 땅이 죽은 자들을 내어놓을 것입니다. 관을 어떻게 짤지, 장례식장의 애도자들의 행렬이 길 것인지 등은 중요하지 않습니다. 우리가 분명히 알아두어야 할 것은 어느 곳에서 오든, 우리는 '천국에 앉게 될' 사람들 중의 하나라는 것입니다.

3) 그들은 지위와 계층과 직업이 전혀 다를 것입니다.

천국은 주인과 하인, 여주인과 하녀, 부자와 가난한 사람, 배운 사람과 배우지 못한 사람, 지주와 소작인, 통치자와 그 백성들, 여왕과 극빈자 등 모두를 위한 곳일 것입니다. 천국에 이르는 왕도는 없으며, 우리가 그곳에 이르렀을 때 어떠한 계층의 구별도 없을 것입니다. 결국 그 곳에는 완전한 평등과 완전한 박애와 완전한 자유가 있을 것입니다. 우리가 이 세상에서 얼마나 많은 돈을 가졌느냐 전혀 가지지 않았느냐는 아무런 문제가 되지 않을 것입니다. 우리가 진정으로 우리의 죄를 회개했느냐, 진정으로 주 예수를 믿었느냐, 또 진정으로 죄 사함을 받아서 정결한 사람이 되었는지만이 문제일 따름입니다.

수도원과 수녀원과 은자의 동굴에서 온 사람들을 선호하지는 않을 것입니다. 하나님께서 그들을 부르실 때까지 신분에 맞게 의무를 이행하고 또 육군이든 해군이든, 국회에서든 법원에서든, 은행에서든, 사무실에서든, 계산대 위에서든, 탄광 바닥에서든 그리스도의 십자가를 따르는 사람들은 천국에서 첫 번째 지위를 얻게 될 것입니다. 천국에 앉기 위해서 반드시 특별한 옷을 입거나 금욕적인 태도를 취하거나 세상을 버려야 할 필요는 없습니다.

4) 그들은 그럴 법하지 않은 곳 즉 영생의 씨앗이 그 영혼 속에서 결코 자랄 수 없다고 생각되는 그런 장소로부터 올 것입니다.

젊은 바리새인 사울은 가말리엘의 문하에서 자라나 박해하는 그리스도인이 되었다가 세상을 뒤집을 위대한 이방의 사도가 되었습니다. 다니엘은 바벨론에서 살았으며 우상숭배와 이교가 판을 치는 가운데에도 충심으로 하나님을 섬겼습니다. 베드로는 한때 갈릴리 바다의 어부였으며, 마태는 공인된 세리였는데, 그의 한창 시절을 세금을 거두며 보냈습니다. 루터(Luther)와 라티머(Latimer)는 교황의 추종자로 살았으나, 청교도로 죽었습니다. 『천로역정』의 저자인 존 번연(John Bunyan)은 한때 한 시골 마을의 게으르고 사려 깊지 못하며 욕설을 잘하는 종을 치는 청년이었습니다.

조지 휫필드(George Whitefield)는 글로스터에 있는 술집에서 시중을 들며 그의 어린 시절을 술잔을 닦고 맥주를 나르면서 보냈습니다. 유명한 찬송시의 저자인 존 뉴튼은 한때 아프리카 해변에 있는 노예선 선장이었으며 인간의 육체와 영혼을 사고 파는 것이 전혀 해가 없다고 생각했습니다. 이런 사람들 모두 다 진실로 동 서로부터 왔으며 이 세상에 사는 동안 한 때는 그리스도께로 오기에 매우 바람직하지 못한 사람들로 생각되었으나 결국 천국에 앉았습니다. 그러나 그들이 분명히 왔으므로 주 예수 그리스도의 말씀이 순전히 옳다는 사실에 대한 영원한 증거가 됩니다. 남녀노소, 누구나 다 동서로부터 올 수 있으며, 마침내 영원한 행복과 영과의 나라에서 보게 될 것입니다.

어느 누구도 사는 동안 구원을 단념해서는 안 된다는 것을 알아둡시다. 아버지라면 결코 방탕한 아들을 그대로 두어서는 안 됩니다. 어머니라면 제멋대로 구는 고집 센 딸을 내버려 두어서는 안 됩니다. 남편은 아내를 결코 단념해서는 안 되고, 아내 역시 남편을 단념해서는 안 됩니다. 하나님과 함께라면 불가능한 일이란 전혀 없습니다. 은혜의 팔은 매우 길어서 아주 먼 곳에 있는 사람들도 품에 안을 수 있습니다. 성령께서는 어떤 마음이라도 다 변화시킬 수 있습니다. 그리스도의 보혈은 어떤 죄라도 다 깨끗이 씻을 수 있습니다. 있을 법하지 않은 그들의 구원이 지금 있는 것처럼 보일지라도, 다른 사람들의 위해 기도하고 바랍시다.

우리는 결코 천국에서 볼 수 있으리라고 기대할 수 없는 사람들을 거기에서 많이 보게 될 것입니다. 나중 된 자가 먼저 되고 먼저 된 자가 나중 될 것입니다. 요크셔의 사도인 저 유명한 그림쇼는 죽을 때 죄 사함을 받지 못하고 태만하고 사려 깊지 못하며 신앙에 무관심한 외아들을 남겨두고 떠났습니다. 그 젊은 사람이 마음이 변하여 아버지의 길을 따르는 날이 왔습니다. 임종을 앞두고 그는 다음과 같이 말했습니다. "나의 늙으신 아버지께서 천국에서 나를 보신다면 무엇이라고 말씀하실까!"

우리가 진정한 기독교도 친구를 잃게 될 때, 아무런 소망도 없는 사람들처럼 애통해 하지 않기를 배웁시다. 이 세상에서의 죽음과 이별은 아마 이 세상에서 가장 고통스러운 사건일 것입니다. 그 가문에 자손이 끊길 때, 늙은 부모가 자신들의 가족을 잃을 때, 청년이 십 년이나 십이 년 동안 귀향한다는 희망도 전혀 없이 오스트레일리아나 뉴질랜드나 피지 군도를 향한 항해에 나설 때, 이것은 살과 피에 대한 극심한 고난입니다. 리버풀 항구에서 커다란 증기선이 미국을 향해 출발하려 할 때, 나는 가장 냉담한 마음을 가진 이방인들의 눈에 눈물이 맺히는 광경도 목격했습니다.

이 세상에서의 이별이란 매우 끔찍한 일입니다. 그러나 그리스도에 대한 진정한 믿음과 주님을 통한 영생의 부활은 이별이라는 가장 끔찍한 고통도 사라지게 합니다. 믿는 사람들은 눈에 보이는 것을 넘어서 보이지 않는 것 즉 구세주의 강림과 주님을 향한 우리들의 모임까지도 다 볼 수 있습니다. 그렇습니다. 커다란 증기선이 멀리 떠날 때, 우리가 손을 흔들며 "이별은 잠깐이다. 우리는 더 이상 이별하지 않고 모두 다시 만날 것이다"라는 작별 인사를 생각하는 것은 즐거운 일입니다. 하나님의 백성들은 동서로부터 모두 모일 것입니다. 그래서 우리들은 결국 '천국에서' 만나게 될 것이고 더 이상 헤어지지 않을 것입니다.

3. 주 예수 그리스도께서는 "천국에 앉으려니와"라고 약속하십니다.

'앉는다'라는 표현은 매우 기분 좋고 편한 말입니다. 이 말을 면밀히 조사하여 거기에 무엇이 담겨있는가를 알아봅시다. 심판의 날, 믿는 사람들은 아래와 같이 말하며 그리스도의 우편에 담대히 서게 될 것입니다.

> 누가 능히 하나님께서 택하신 자들을 고발하리요 의롭다 하신 이는 하나님이시니 누가 정죄하리요 죽으실 뿐 아니라 다시 살아나신 이는 그리스도 예수시니 그는 하나님 우편에 계신 자요 우리를 위하여 간구하시는 자시니라(롬 8:33-34).

그 심판이 끝나고 영원한 왕국이 시작되면 그들은 앉을 것입니다.

1) 앉는다는 것은 자신감과 편안함이란 뜻을 담고 있습니다.

　우리는 준엄한 재판관이나 위풍당당한 옷을 입은 왕 앞에서는 감히 앉지 못할 것입니다. 그러나 천국에서는 어떤 것도 믿는 사람들을 두렵게 하지 못할 것입니다. 그들의 지난 날의 죄들도 그들을 전율케 하고 불안하게 하지는 못할 것입니다. 그들의 죄가 아무리 많고, 아무리 크고, 아무리 검다고 할지라도 그리스도의 귀한 보혈로 모두 다 깨끗케 될 것이며 흠 하나도 없이 완전케 될 것입니다. 완전히 옳다고 인정받고, 완전히 사함을 받고, 완전히 용서를 받고, 완전히 사랑하는 자로 인정을 받아, 그들은 "죄를 알지도 못하신 이를 우리를 대신하여 죄로 삼으신"(고후 5:21) 주님을 위해 하나님 앞에서 의롭다 인정을 받게 될 것입니다. 그들의 삶의 죄가 "주홍 같을지라도 눈과 같이 희어질 것이요 진홍같이 붉을지라도 양털 같이"(사 1:18) 될 것입니다. 다시는 그들의 죄를 생각하지 않을 것(렘 31:34)이며, "모든 죄를 주의 등 뒤에 던질 것"(사 38:17)이며, "깊은 바다에 던질 것"(미 7:19)입니다.

　믿는 사람들에게는 연옥이 필요치 않습니다. 연옥을 믿는 것은 무지요 불신앙입니다. 일단 믿음으로 그리스도와 결합하면, 성부 하나님께서는 그들을 완전하다고 인정하시므로 가장 완전한 천사조차도 그들에게서는 흠 하나 찾지 못할 것입니다. 분명히 그들은 잘 앉을 것이며 편안해질 것입니다. 그들은 지난 날의 죄를 모두 기억하며 그 죄들을 생각할 때는 겸손해질 것입니다. 그러나 그런 죄들도 그들을 두렵게 하지는 못할 것입니다.

　일상적인 실패와 연약함과 불완전함과 내적 갈등을 생각하면, 그들은 더 이상 행복하지 않을 것입니다. 죄를 씻은 다음에야 결국 완전케 될 것입니다. 마음 속에서 일어난 전쟁이 완전히 끝날 것입니다. 예전부터 그들을 끊임없이 괴롭혔던 죄와 허물이 사라져 없어질 것입니다. 마침내 그들은 싫증을 느끼지 않고 하나님을 섬길 수 있으며, 망설이지 않고 하나님 앞에 나갈 수 있으며, "오호라 나는 곤고한 사람이로다 이 사망의 몸에서 누가 나를 건져내랴"(롬 7:24)라고 계속해서 울부짖을 필요가 없을 것입니다. 우리가 여전히 육신에 매달리는 한, 이 모든 축복을 누가 말할 수 있겠습니까?

여기 이 세상에서는, 우리는 우리의 완전한 죄 사함을 깨닫지 못하며, 죄를 완전히 깨끗게 하지 못한다는 이유로 "짐진 것 같이 탄식"(고후 5:4)합니다. 거룩함을 입은 후 갖은 노력을 다하지만 항상 일상적인 실패라는 슬픈 자각이 뒤따릅니다. 그러나 '옛 사람'이 마침내 완전히 죽어 육이 더 이상 영에 맞서 욕망을 품지 않을 때, 마음속에 살고 있는 죄가 다 없어져서 세상과 악마가 더 이상 우리를 유혹하지 않을 때, 그 때에야 비로소 우리는 하나님께서 당신을 사랑하는 사람들을 위해 준비하신 일들을 이해하게 될 것입니다. 우리는 천국에 앉게 될 것입니다.

2) 앉는다는 것은 휴식, 즉 일과 수고와 갈등의 완전한 정지를 의미합니다.

하나님의 백성들을 위해서 마련된 휴식이 있습니다. 여기 이 세상에서 사는 동안 우리는 결코 쉬지 못합니다. 하나님께서는 우리에게 그리스도인들은 걷고, 뛰고, 수고하고, 일하고, 싸우고, 슬퍼하고, 십자가를 지고, 갑옷을 입고 적의 땅을 감시하는 수비병처럼 서 있어야 한다고 말씀하셨습니다. 우리는 천국에 들어가기 전까지는 '앉는 것'이 허락되지 않았습니다.

틀림없이 그리스도를 위한 일은 즐거운 일이며 이 땅에서도 부유한 보상을 누리는데, 그 보상이란 바로 행복한 양심입니다. 속된 정치가, 돈에 눈먼 상인들, 쾌락에 사로잡힌 이들은 썩어 없어질 영광만 추구하기에 그리스도의 보상을 누릴 수 없습니다.

> 이 물을 마시는 자마다 다시 목마르려니와(요 4:13).

또한 동시에 그리스도인의 사역은 사람을 지치게하는 것도 사실입니다. 우리가 인간의 몸으로 사는 동안은 일과 피로가 함께 할 것입니다. 우리가 어찌할 수 없는 타인의 죄를 보는 것이 매일 우리의 영혼을 괴롭힙니다. 의심할 여지없이 믿음이라는 싸움은 '선한 싸움'이지만, 결코 상처와 고통과 수고 없이는 싸울 수 없습니다. 그리스도인들에게 입으라고 명한 갑옷은 무겁습니다. 우리는 투구와 흉갑과 방패와 칼 등, 이런 것들 없이는 악마를 이길 수 없습니다. 그렇기에 무거워도 벗어서는 안됩니다. 우리의 적들이 다 죽고, 갑옷을 안전한 곳에 벗어 놓을 수 있으며, 우리가 천국에 앉게 될 축복받은 때가 올 것입니다.

한편 시간이 짧다는 것을 결코 잊지 맙시다. 악마도 자기의 때가 얼마 남지 않은 줄을 알므로 크게 분내었습니다(계 12:12). 소망을 확신하면서 악마의 때가 영원하지 않을 것이라는 축복된 추억을 가지고서 계속 일하고 싸웁시다.

워털루 전투가 일어나 사태가 매우 위태로웠을 때 웰링턴 공은 짧은 시간 내에 프로이센 연합군의 등장으로 분명히 승리하게 되리라는 확신에 찬 기대를 가지고 조용히 왼쪽을 바라보았다는 이야기가 있습니다. 우리가 그날의 수고와 분투를 견디고 있을 때에 이런 종류의 소망으로 우리의 영혼을 격려합시다. 우리의 왕이 곧 오실 것이며, 그분이 오실 때 우리는 천국에 '앉게' 될 것이고 더 이상 수고도 싸움도 없을 것입니다.

4. 주 예수 그리스도의 말씀은 마침내 구원을 받게 될 사람들이 영원히 즐겁게 사귀게 될 모임을 말해줍니다.

모임은 행복의 가장 큰 열쇠입니다. 사람은 본래 사회적 동물입니다. 실제로 늘 혼자 있는 것을 좋아하는 사람을 찾기란 매우 힘듭니다. 만일 우리가 막대한 부와 사치가 가득한 궁궐에서 아무도 없이 홀로 산다면, 결국은 감옥이나 다를 바 없을 것입니다. 뜻이 맞는 친구들이 있는 작은 집은 이야기를 나누고 귀를 기울여 주고 마음을 서로 나눌 사람이 전혀 없으며 담화할 것이 전혀 없으며 오직 자신의 가난한 마음뿐인 왕의 성보다 더 행복한 처소입니다. 우리는 모두 함께 살면서 사랑할 사람을 원합니다. 로빈슨 크루소처럼 외로운 섬에서 혼자 사는 사람은 만일 그가 사람다운 사람이라면 결코 만족하지 못합니다.

땅의 흙으로 사람을 빚어 지금의 사람을 만드신 주님은 그것을 완전히 다 잘 아십니다. 그러므로 하나님께서는 당신의 믿음의 백성들의 장래의 상속을 정하실 때, 그들이 천국에서 어떤 종류의 모임을 가지는가를 우리에게 주의하여 말씀해 주십니다. 예수님께서 말씀하시기를 구원을 받는 사람들은 다가올 세상에서 "아브라함과 이삭과 야곱과 함께 천국에 앉으려니와"라고 하셨습니다.

그렇다면 이 말씀은 무슨 뜻입니까? 이 말씀을 잘 살펴보고 분석하여 그 안에 무엇이 들어있는가를 알아봅시다. 영원한 세상에서 구원을 받을 사람들의 친구들은 처음부터 끝까지 땅에서 살았던 모든 믿는 사람들일 것입니다. 늙은 종들과 그리스도의 가족 중에서 늙은 군인들과 늙은 성지 순례자들과 그리스도의 늙은 사람들 즉 한 마디로 믿음으로 살면서 그리스도를 섬기고, 하나님과 동행하는 사람들이 모여 구원 받을 사람들이 늘 함께 할 무리를 형성할 것입니다.

구약성경에서 읽은 사람들, 즉 그리스도의 강림을 고대했으나 주님을 보지 못하고 죽은 장로들과 예언자들과 거룩한 왕들의 진가를 알게 될 것입니다. 신약성경의 성도들과 사도들과 남녀를 막론하고 얼굴을 맞대고 그리스도를 본 사람들을 볼 것입니다. 진리로 인해 죽었고 사자에게 던져졌으며 로마 제국의 박해 아래 참수를 당했던 초대 장로들을 보게 될 것입니다.

대륙의 먼지로부터 복음을 부활시키고 쓰레기가 가득찬 로마에 생명을 주는 샘물의 뚜껑을 열었던 용감한 개혁자들을 보게 될 것입니다. 영광스러운 종교개혁을 일으켜 영어를 사용하는 시골 사람들에게 성경을 전해 주었으며, 복음으로 인해 즐거운 마음으로 사형을 당했던 영국의 축복받은 순교자들을 보게 될 것입니다. 19세기의 거룩한 사람들, 즉 휫필드와 웨슬리와 로매인(Romaine)과 격심한 반대에도 불구하고 잉글랜드 국교회에 신앙을 부활시킨 그들의 친구들을 보게 될 것입니다.

무엇보다도, 그리스도 안에서 잠들었고 한때는 많은 눈물을 흘리면서 무덤까지 배웅했던 친구들을 볼 것이며, 특별히, 더이상 헤어지지않을 것이라는 평안 가운데서 친구들을 볼 것입니다. 이러한 교제를 생각한다면, 좁은 길을 가는 동안에도 힘이 나지 않습니까? 조만간에 좋은 일이 있을 것입니다.

전적인 공감과 취향의 일치가 없다면 친구 사이라도 행복이 있을 수 없습니다. 이 세상의 진실한 그리스도인이 가장 견디기 힘든 고난 가운데 하나는 신앙에 대해서 그와 온전히 마음을 같이하는 사람을 거의 만날 수 없다는 것입니다. 우리 사회에서는 어쩔 수 없이 침묵을 지켜 아무것도 말하지 못하고, 자기의 마음을 상하게 하는 일을 많이 보고 듣게 되어 침울하고 풀이 죽은 채로 자기 집으로 되돌아오는 일이 얼마나 허다합니까! 때때로 공격을 하거나 오해를 살 염려가 전혀 없이 마음을 터놓고 함께 자유롭게 이야기할 수 있는 사람을 두세 명 만나게 되는 일은 보기 드문 특별한 은혜입니다.

그러나 천국에서는 이런 일은 모두 끝날 것입니다. 구원을 받는 사람들은 천국에서 똑같은 성령의 인도를 받아 똑같은 경험을 하지 않았던 사람이 아무도 없다는 것을 알게 될 것입니다. 천국에는 남녀를 막론하고 죄짐을 깊이 깨달아 그것을 애통해 하며 고백하고, 죄와 싸워서 그것을 십자가에 못박으려고 애쓰지 않았던 사람은 하나도 없을 것입니다. 천국에는 남녀를 막론하고 믿음으로 그리스도께로 달려와 주님 앞에 자기의 영혼의 모든 짐을 벗어 던지고 구세주 되시는 그리스도 안에서 기뻐하지 않았던 사람은 하나도 없을 것입니다. 천국에는 남녀를 막론하고 하나님의 말씀을 기뻐하고 은혜의 보좌에서 기도하며 자기의 영혼을 쏟아놓고 거룩하게 살려고 애쓰지 않았던 사람은 하나도 없을 것입니다.

천국에는 하나님께 대한 회개와 우리 주 예수 그리스도에 대한 믿음과 거룩한 생활과 친교를 전혀 모르는 사람은 하나도 없을 것입니다. 우리가 천국으로 인도하는 좁은 길을 향해 여행할 때 세상에서 이런 사람을 조금이라도 만나게 된다면 즐거운 일이 아닙니까? 그것은 길가의 개울처럼, 가려진 장막의 작은 틈처럼, 우리를 다시금 생기있게 만들어 줍니다. 그러나 참으로 우리가 "아무도 능히 셀 수 없는 큰 무리" 즉 모든 죄로부터 완전히 구원을 받았으며 그들 중에는 죄사함을 받지 못할 사람이 하나도 없이 조화를 이루는 성도들을 보게 될 때가 올 것입니다!

참으로 우리가 우리 자신의 믿는 친구들을 다시 한 번 만나고, 그들을 끊임없이 괴롭히는 죄와 우리 자신을 끊임없이 괴롭히는 죄가 모두 사라지며, 우리 안에는 타락하지 않은 은혜 이외에는 아무것도 남아 있지 않았음을 알게 될 때가 올 것입니다! 하지만 이런 때는 모두 우리가 저 세상으로 갈 때 올 것입니다. 거주자들은 서로 이해할 수 없는 혼잡한 무리를 이루지 않습니다. 그들은 모두 한 마음으로 뜻을 같이 할 것입니다. 우리는 무지하고 경건치 않으며 죄사함을 받지 않은 사람들 가운데 앉지 않고, 아브라함과 이삭과 야곱과 함께 천국에 앉을 것입니다. 몇몇 사람들이 거짓으로 가르치는 것처럼, 온갖 종류의 사람들이 다 천국에 있다면 천국도 천국이 아닐 것입니다. 그런 천국에는 질서도 없고 행복도 없습니다. "빛 가운데서 성도의 기업의 부분"(골 1:12)이 되어야 합니다.

5. 맺는 말입니다.

1) 당신이 천국에 앉을 많은 사람 가운데 속하는지를 자문해 보십시오.

이 물음은 답을 요합니다. 당신이 이 물음에 만족스럽게 답할 수 있을 때까지 당신의 영혼을 쉬게 하지 말라고 감히 당신에게 권하고자 합니다. 시간은 아주 빨리 지나가며 세상 사람들은 점점 더 늙어 갑니다. 때가 오는 징후들은 우리에게 모든 것을 생각하게끔 합니다. 혼란에 빠진 국가들의 고통이 해마다 증가하는 것 같습니다. 지혜로운 정치가도 사방팔방의 전쟁과 혼란을 저지할 수 없을 것 같습니다. 기술과 과학의 진보와 문명화는 엄청난 도덕적 악의 존재를 저지하기에는 아주 무기력한 것 같습니다. 위대한 의사이고 평화의 왕자인 예수 그리스도께서 재림하시지 않으신다면, 그 무엇으로도 인간 본성의 질병을 치료할 수 없을 것입니다. 그렇다면 주님이 오실 때 당신은 아브라함과 이삭과 야곱과 함께 천국에 앉아 있을 많은 사람들 가운데 속해 있다고 말할 수 있습니까??

나는 당신 자신의 의지 부족과, 나태함과 게으름, 죄와 세상에 한정된 사랑 이외에는 전혀 이유가 없다고 단언합니다. 당신 앞에 열린 문이 있는데, 왜 들어가지 않습니까? 주 예수 그리스도께서는 당신을 구원하실 수 있으며 또 구원하실 준비가 되어 있습니다. 왜 당신의 영혼을 주님께 맡기지 않으며, 주님이 하늘에서 내미시는 손을 붙잡지 않습니까? 묻겠습니다. 왜 그 많은 사람들 가운데서 당신의 모습이 보이지 않습니까?

당신은 시간이 충분하므로 서둘러 즉각 결정할 필요가 없다고 생각합니다. 당신은 지금 당신이 무슨 말을 하고 있는가를 살피는 편이 좋습니다. 남녀를 막론하고 누구에게나 다 칠십 평생이 주어지는 것은 아니며 그들은 조용히 침상에서 죽어갑니다. 때때로 사람이 육체를 떠나는 때가 갑자기 닥치며, 남녀를 막론하고 다 곧 보이지 않는 세상으로 떠나도록 부름을 받습니다. 당신에게 시간이 있을 때, '편리한 때' 라는 암초에 걸려 난파하기 전에 시간을 잘 사용하십시오.

만일 당신이 자기의 영혼을 돌보고 천국에 있을 자리를 마련하려고 애쓰기 시작한다면, 사람들이 당신을 비웃고 조롱할까봐 두렵습니까? 비겁한 생각은 내던져버리고 결코 신앙을 부끄럽게 여기지 않겠다고 결심하십시오. 아! 마침내 천국에 들어가지 못해서 조롱당하고 또 지옥에 들어가서 조롱당하게 될 사람이 너무 많습니다. 사람의 비난을 두려워 마십시오. 그들의 비난은 당신의 육체에 해를 줄 뿐입니다.

당신의 육체와 영혼을 모두 지옥에서 멸하실 수 있는 분을 두려워 하십시오. 담대하게 그리스도를 붙잡으십시오. 그러면 주께서 지금 당신이 두려워하는 모든 것을 이기게 하실 것입니다. 한때 도망쳐 주님을 부인했던 사도 베드로를 유대의 공회 앞에서 반석처럼 굳건히 서게 하고 복음을 위해 죽게 하실 수 있었던 주님은 아직도 하나님의 우편에 살아계십니다. 주님은 그로 말미암아 하나님께로 나오는 사람들을 모두 다 구원하실 수 있으며, 세상 그 어느 정복자보다도 당신을 더 강하게 만드실 수 있습니다.

만일 당신이 영혼을 구원하여 천국에 앉으려고 애쓰면 불행하게 될 것이라고 생각합니까? 악마의 거짓된 제안과 같은 쓸데없는 생각은 버리십시오. 진실한 그리스도인만큼 진정으로 행복한 사람은 없습니다. 냉소하는 세상이 무슨 말을 하고 싶어 할지라도, 우리는 세상 사람들은 모르는 양식을 먹고 세상 사람들이 이해하지 못하는 내적 위로를 받습니다. 참된 신앙에는 전혀 슬픔이 없고, 어둡고 불쾌하고 가혹한 곳에는 신앙이 없습니다. 십자가와 갈등에도 불구하고 진실한 그리스도인들은, 세상 사람들이 전혀 주지 못하는 비할 바 없는 내적 평화를 얻습니다. 왜냐하면 근심과 이별과 병과 죽음 그 자체도 어찌할 수 없는 평화이기 때문입니다. 분명히 주님의 말씀은 진리입니다.

> 평안을 너희에게 끼치노니 곧 나의 평안을 너희에게 주노라 내가 너희에게 주는 것은 세상이 주는 것같이 아니하나라 너희는 마음에 근심도 말고 두려워하지도 말라(요 14:27).

남녀를 막론하고 누구든지 진실로 행복하기를 바라는 사람은 천국에 앉을 사람 가운데 속하려고 분투 노력해야 합니다.

2) 천국에 앉을 사람 가운데 속하길 바라는 사람들에게 권고와 격려의 말로써 이 글을 맺고자 합니다.

당신은 믿음의 생활을 하면서 얼마나 많은 기쁨과 평화를 얻었습니까? 당신이 이 세상에서 할 수 있는 선행을 다 하려고 노력하십시오. 늘 할 일은 많으나 그것을 수행할 사람은 거의 없습니다. 늘 많은 사람들이 무지와 죄 가운데 살다가 죽는데, 어느 누구도 그들을 가까이 하려 하지 않으며 그들의 영혼을 구하려고 애쓰지 않습니다. 우리는 고교회파(high-churchism)와 저교회파(low-churchism)와 광교회파(broad-churchism)[1], 의식주의와 합리주의와 회의주의에 대해 많은 이

---

[1] 고교회파는 가톨릭 교회의 권위와 예배의식을 존중하며, 저교회파는 복음주의 신학을 주장하며, 광교회파는 자유주의 신학을 주장한다.

야기를 하는 시대에 살고 있습니다. 그러나 진정한 그리스도인이 이 시대의 악을 척결하기 위해서 한 일은 거의 없습니다!

만일 우리 교회에서 성찬을 받을 자격이 있는 사람들이 모두다 손에는 성경책을 들고 마음 속에는 그리스도와 같은 애정을 품고서, 하나님 없이 이 세상을 사는 사람들에게로 가서 자신을 드러내 보인다면, 그들은 곧 지금보다 더 행복하게 될 것이며, 사회의 모습은 변화될 것입니다. 게으름의 가장 큰 원인은 많은 불만으로부터 오는 무기력감입니다. 너무나 많은 그리스도인들이 혼자서만 천국에 가려고 하며 다른 사람들을 하나님의 나라에 데려가려고 하지 않는 것 같습니다.

만일 당신이 의의 길에서 선행을 한다면 그 선행이 이루어진다는 것을 결코 의심해서는 안됩니다. 많은 주일학교 선생들이 주일 밤이면 무거운 마음으로 집에 오면서 그의 수고가 모두 헛되다고 생각합니다. 많은 심방자들이 그들이 맡은 구역을 돌고 집으로 돌아 오면서 아무것도 이루지 못했다고 생각합니다.

많은 사역자들이 기운없이 풀이 죽어 강단에서 내려오면서 그의 설교가 헛되다고 생각합니다. 그러나 이런 일들은 모두 은혜롭지 못한 불신앙입니다. 종종 우리가 알고 있는 것보다 훨씬 더 많은 일이 마음 속에서 이루어집니다.

> 울며 씨를 뿌리러 나가는 자는 반드시 기쁨으로 그 곡식 단을 가지고 돌아오리로다(시 126:6).

우리가 예상하는 것보다 더 많이 죄사함을 받고 구원을 받습니다. 우리가 죽은 다음에 천국에서 보게 되리라고 결코 기대하지 않았던 많은 사람이 천국에 앉을 것입니다. 성경을 읽고 기도하고 심방하고 전도하고 우리가 만나는 모든 사람들에게 그리스도에 대해 이야기합시다. 우리는 다만 "견고하여 흔들리지 말며 항상 주의 일들에 더욱 힘써야 할 것"(고후 15:58)입니다.

그러나 우리가 선행을 하려고 한다면 항상 인내해야 합니다. 우리는 두 하늘 즉 이 세상의 하늘과 저 세상의 하늘을 가질 수 없습니다. 전쟁은 아직 끝나지 않았습니다. 추수할 때가 아직 오지 않았습니다. 악마는 아직 결박되지 않았습니다. 우리 주 예수 그리스도의 약속이 이루어질 때가 아직 이르지 않았습니다. 그러나 곧 그때가 올 것입니다. 크림전쟁이 끝날 무렵 인자한 여왕은 근위기병 앞으로 와서 전쟁을 승리로 이끈 용감한 군인들에게 손수 빅토리아 십자 훈장을 수여했는데, 이 공식적인 명예는 끝까지 임무를 수행한 모든 군인들에게 충분한 보상이 되었습니다.

발라클라바(Balaklava)와 잉커만(Inkerman)의 고난은 그 순간에 모두 잊혀졌으며, 비교적 사소한 일 같았습니다. 그 때 참으로 우리 구원의 대장이 당신의 주위에 있는 충성스러운 군인들을 모두 모아서 각자에게 결코 사라지지 않는 영광의 왕관을 수여할 때에는 기쁠 것입니다. 우리는 마땅히 인내하면서 그날을 기다려야 합니다. 그 때가 올 것이며 마침내 분명히 올 것입니다. 그 날을 생각하면서 의심과 불신앙은 내던져버리고 항상 예루살렘을 바라봅시다.

> 밤이 깊고 낮이 가까웠으니 그러므로 우리가 어둠의 일을 벗고 빛의 갑옷을 입자(롬 13:12).

우리에게 약속하신 말씀은 하나도 이루어지지 않은 것이 없습니다.

> 동서로부터 많은 사람이 이르러 아브라함과 이삭과 야곱과 함께 천국에 앉으려니와(마 8:1).

The Upper Room

14장
구름 없는 아침[1]

그는 돋는 해의 아침 빛 같고 구름 없는 아침 같고 비 내린 후의 광선으로 땅에서 움이 돋는 새 풀 같으니라 하시도다 내 집이 하나님 앞에 이같지 아니하냐 하나님이 나와 더불어 영원한 언약을 세우사 만사에 구비하고 견고하게 하셨으니 나의 모든 구원과 나의 모든 소원을 어찌 이루지 아니하시랴 (삼하 23:4-5).

이 본문은 모든 그리스도인들이 깊은 관심을 가져야 할 장에서 인용한 것입니다. 사무엘하 23장은 "이는 다윗의 마지막 말이라"라는 감동적인 말로 시작됩니다. 이 구절이 "이것은 다윗 왕이 시편의 작자로서 영감을 받아 말한 마지막 말이다"라는 뜻인지 아니면 "이것은 다윗 왕이 죽기 전에 마지막으로 한 말의 일부이다"라는 뜻인지는 별로 중요한 문제가 아닙니다.

어떻게 해석하든지 이 구절은 많은 우여곡절을 겪었던 하나님의 늙은 종의 경험이 들어 있습니다. 그것은 자신의 여정을 되돌아보는 늙은 여행자의 경험입니다.

---

[1] 본 장은 1885년 10월 16일 리버풀의 딩글(Dingle)에 위치한 터너요양원(Turner Memorial Home of Rest)의 예배에서 개회연설 한 것이다.

1. 다윗의 겸손한 고백을 살펴봅시다.

    그는 예언자의 눈으로 약속된 구세주요, 아브라함과 다윗 자신의 자손으로 장차 오실 메시아를 기대합니다. 그는 사악함이 전혀 없는 곧 의로움이 그 백성의 보편적 특징이 될 영광스러운 왕국의 도래를 기대합니다. 그는 불필요한 요소인 흠도, 죄악도, 슬픔도, 사망도 없는 완전한 가족이 형성되기를 기대합니다. 그리고 그 왕국의 빛은 "돋는 해의 아침 빛 같고 구름 없는 아침 같고"라고 말합니다.

    그러나 다윗은 자기 가족을 향해 "내 집은 하나님의 집과 같지 않다"라고 슬프게 말합니다(킹제임스역은 이 문장을 수사의문문이 아니라 Although를 사용하여 양보절로 번역하는데, 라일은 킹제임스역을 따른다-역자). 그의 가족은 완전하지 못했으며 죄에서 벗어나지 못했고 죄와 허물이 많았습니다. 그는 자기 집을 생각하며 눈물을 흘렸습니다. 그의 가족은 그가 바라는 만큼 완전치 못했으며 그는 완전케 하려고 헛되이 노력했을 뿐입니다.

    가엾은 다윗은 이렇게 말했을 것입니다! "만일 집에는 시련이 가득하고 인생에 슬픔이 많은 사람이 있다면 그가 바로 나이다." 자기 형제들의 시기로 인한 시련, 사울의 부당한 박해로 인한 시련, 요압과 아히도벨 같은 종에게 받은 시련, 압살롬과 암논과 아도니야와 같은 자식들에게서 받은 시련, 그의 모든 업적은 잊어버리고 모반하여 예루살렘에서 그를 쫓아낸 신하들에게 받은 시련 등 그의 생의 마지막 날까지도 물결처럼 밀려드는 이 온갖 종류의 시련들이 끊임없이 다윗을 괴롭혔습니다. 이런 시련 중에서 가장 힘든 것은 의심할 여지 없이 자신의 죄의 당연한 결과 곧 사랑의 하나님의 현명한 응징이었습니다.

    그러나 우리가 다윗을 정말 '애통한 사람'이라고 생각하지 않는다면, 우리는 냉정한 마음을 가졌음에 틀림없습니다. 그러나 이것은 하나님의 귀한 성도들과 사랑스런 자녀들의 경험이 아닙니까? 성경을 주의깊게 읽어보면, 아담, 노아, 아브라함, 이삭, 야곱, 요셉, 모세, 사무엘 모두 다 많은 슬픔을 당했는데, 슬픔은 주로 그들 자신의 가정에서 생겨났다는 것을 알 수 있습니다.

분명한 것은 가정의 시련은 하나님께서 믿는 사람들을 거룩하게 하고 순결하게 연단하시는 여러 방법 가운데 하나라는 사실입니다. 하나님은 이런 방법으로 우리를 겸손하게 하시며, 우리를 하나님께로 인도하시며, 우리에게 성경을 주시고 기도를 가르치시며 그리스도의 필요성을 보여주시며, 우리를 세상으로부터 떼어 놓고, 우리를 위해 실망도 눈물도 죄악도 없는 "지으실 터가 있는 성"(히 11:10)을 준비하십니다. 그리스도인들이 아무런 시련도 겪지 않을 때에는 하나님의 특별하신 사랑의 표적도 없습니다. 시련은 타락한 가엾은 인간에게 절대적으로 필요한 영적인 치료제입니다. 솔로몬 왕의 인생 여정은 늘 평화롭고 행복하였습니다. 그러나 이것이 그의 영혼을 위해 잘된 일이었는지는 의문입니다. 이 주제로 몇 가지 실제적인 교훈을 알아두도록 합시다.

1) 부모는 자녀에게 은혜를 줄 수 없으며 또 주인이 종들에게 은혜를 줄 수 없다는 것을 알아둡시다.

우리는 온갖 방법을 다 이용할 수 있지만 그 성공을 보장할 수는 없습니다. 가르칠 수는 있지만 개종시킬 수는 없습니다. 우리 주위에 있는 사람들에게 생명의 빵과 물을 보여줄 수는 있으나 저들로 하여금 먹고 마시게 할 수는 없습니다. 영생에 이르는 길을 가르쳐 줄 수는 있으나 저들로 하여금 그 길로 걷게 할 수는 없습니다. "살리는 것은 영"(요 6:63)입니다. 아무리 뛰어난 과학자라도 창조하거나 나누어 줄 수 없는 것이 바로 생명입니다. 생명은 "혈통으로나 육정으로나 사람의 뜻으로 나지 아니"(요 1:13)합니다. 생명을 주시는 것이 하나님의 가장 큰 특권입니다.

2) 이 타락한 세상에서 누군가에게서 또 무엇인가로부터 지나치게 많이 기대하지 않아야 한다는 것을 알아둡시다.

불행의 한 가지 큰 원인은 지나친 기대감에 빠지는 습관입니다. 사람들은 끊임없이 돈, 결혼, 사업, 집, 자녀, 명예, 정치적 성공 등으로부터 그들이 발견하지 못할 것을 기대합니다. 그리고 대부분 실망한 채 죽습니다. 항상 "나의 영혼아 잠잠히 하나님만 바라라 무릇 나의 소망이 그로부터 나오는도다"(시 62:5)라고 말할 줄 아는 사람은 행복합니다.

3) 시련이 닥쳐올 때 걱정하거나 놀라서는 안된다는 것을 알아둡시다.

욥은 현명하게도 "사람은 고생을 위하여 났으니 불꽃이 위로 날아가는 것 같으니라"(욥 5:7)라고 말합니다. 분명히 다른 사람들보다 슬픔이 더 많은 사람이 있습니다. 그러나 걱정 근심 없이 사는 사람은 거의 없습니다. 확실히 예측할 수 있는 것은 요람에 누워 있는 아기조차도 자라면서 많은 걱정을 하게 되며 결국은 죽는다는 것입니다.

4) 하나님께서 사랑하는 사람들을 우리에게서 데려가기에 가장 좋은 때가 언제인가를 우리보다도 훨씬 더 잘 알고 계신다는 것을 알아둡시다.

다윗의 몇몇 아이의 죽음은 그 나이나 방법이나 정황으로 볼 때 그에게 매우 고통스러운 일이었을 것입니다. 다윗은 갓난아기가 아파서 누워있을 때 혹 그 아이가 살아날지도 모른다고 생각하고 아이가 죽을 때까지 금식하며 울었습니다. 그러나 그는 아이가 마지막 숨을 거둘 때 그 아이를 다시 보게 되리라고 확신하여 "나는 그에게로 가려니와 그는 내게로 돌아오지 아니하리라"(삼하 12:23)라고 말했습니다. 그러나 아름다운 압살롬을 매우 사랑하였으나 그가 하나님과 아버지에게 공공연한 죄를 짓고 전쟁터에서 죽었을 때 다윗은 무어라고 말했습니까? 그의 절망적인 울부짖음을 들어보십시오.

> 내 아들 압살롬아 내 아들 내 아들 압살롬아 차라리 내가 너를 대신하여 죽었더면, 압살롬 내 아들아 내 아들아(삼하 18:33).

우리들 가운데 어느 누구도 자기 자신이나 자녀들, 친구들이 죽어야 할 가장 좋은 때를 알지 못합니다. 우리는 "나의 앞날이 주의 손에 있사오니"(시 31:15) 그 때와 장소와 방법을 주의 뜻대로 하소서라고 말할 수 있도록 기도해야 합니다.

2. 다윗의 삶의 위안의 출처를 살펴봅시다.

다윗은 비록 자신의 집이 그가 소망할 수 있었던 바와 다르고 많은 슬픔의 근원이 되었지만, 하나님은 자신에게 영원한 약속을 하셨고 만물 속에 예정하셨음이 확실하다고 믿었습니다. 본문에서 볼 수 있듯이, 다윗은 "하나님이 나와 더불어 영원한 언약을 세우사 만사에 구비하고 견고하게 하셨으니 나의 모든 구원과 나의 모든 소원을 어찌 이루지 아니하시랴"라고 말합니다.

하나님께서 하신 모든 일에 비추어 보면, '언약'이란 말은 깊고도 오묘합니다! 우리는 사람 간의 약속이 무엇을 의미하는지를 알고 있습니다. '언약'이란 일정한 조건을 이행하여 어떤 일을 하기 위해 두 사람을 결속시키는 쌍방간 합의입니다. 그러나 누가 하나님께서 하신 이 영원한 '언약'을 완전히 다 이해할 수 있겠습니까? 그 '언약'은 우리 보다 위에 있는 보이지 않는 어떤 것입니다. 그 약속은 너그럽게도 하나님께서 스스로 당신을 우리의 보잘것없는 능력과 맞추려고 하신 말씀이지만 우리는 기껏해야 그 말씀의 아주 적은 부분만 알 수 있을 뿐입니다.

다윗이 자기의 위안이라고 말한 하나님의 약속은 살아있는 모든 그리스도인들을 위해 영원부터 계셨던 축복받은 삼위일체의 삼위 간의 영원한 합의 또는 일치를 의미함에 틀림없습니다.

이 '언약'은 말로 표현할 수 없을 만큼 오묘한 계획인데, 이것에 의해 우리의 영혼의 구원과 현재의 평화와 마지막 구원을 위해 필요한 모든 것을 완전하게 구비해 주시며, 이 모든 일은 성부 하나님, 성자 하나님, 성령 하나님의 합동작업으로 이루어집니다. 이 약속에는 믿는 사람의 영혼이 은혜와 영광 사이에 필요로 하는 모든 것 이외에도, 우리를 대신하여 십자가에 달려 돌아가신 성자 하나님의 대속하신 일과 우리를 선택하여 성자 하나님께로 인도하는 성부 하나님의 인도하시는 일과 우리의 타락한 본성을 각성케 하고 소생케 하며 거듭나게 하시는 성령 하나님의 죄를 사해 주시는 일이 모두 다 들어있습니다.

이 "언약"(히 12:24) 가운데 삼위 중 성자 하나님은 인도하시는 분이십니다. 성자 하나님에 의해서 믿는 사람들에게 약속의 모든 축복과 권리가 전해집니다. 다윗의 말처럼, 성경 안에서 하나님과 언약한 사람은 그리스도와의 연합으로 그리스도의 지체가 되었음을 의미합니다. 그 지체는 하나님의 영원한 몸이며 하나님은 그들의 머리입니다. 영원한 '언약'의 축복은 그 머리를 통해 몸으로 전해집니다. 요컨대 그리스도는 '언약의 보증'이며 그를 통해 믿는 사람들은 약속의 혜택을 받게 됩니다. 이것이 바로 다윗이 바라던 위대한 언약입니다.

진실한 그리스도인들은 현명하게도 그 약속을 생각하고 기억하며 그 언약 위에 그들이 한 것보다도 훨씬 더 많은 영혼의 짐을 부여합니다. 우리 영혼의 구원은 영원부터 예정되었으며 단지 과거의 일만은 아니라는 것을 생각하면 말로 형언할 수 없는 위로를 받게 됩니다. 예수님의 생명책 속에는 오래 전부터 우리 이름이 적혀 있었습니다. 그리스도의 보혈로 인한 용서와 마음의 평화, 의무를 이행하는 힘, 시련을 당할 때의 위안, 그리스도를 따를 수 있는 은혜 등은 모두 다 훨씬 이전에 아득히 먼 옛날부터 예정된 일입니다. 이 세상에서 우리는 기도하고, 읽고, 싸우고, 투쟁하고, 신음하고, 울고, 때로는 우리의 여행을 방해하는 것 때문에 괴로워합니다. 그러나 우리는 하나님께서 전능하신 눈으로 오랫동안 우리를 지켜보시고 있다는 것과 비록 알지는 못했을지라도 지금까지 우리가 하늘 나라 백성이었다는 것을 기억해야 합니다.

무엇보다도 그리스도인들은 "모든 것이 합력하여 선을 이룰 것"(롬 8:28)이란 영원한 약속을 결코 잊어서는 안됩니다. 일상생활 가운데 아무리 하찮은 것들도, 비록 그 당시에는 보지 못한다고 하더라도 연합하여 선을 이룹니다. 우리들 머리카락의 수도 모두 헤아리시며 하나님의 뜻이 아니라면 참새 한 마리도 땅에 떨어지지 않습니다. 우리에게 일어나는 일은 우연히 운 좋게 일어나는 것이 아닙니다. 우리 인생에서 아무리 사소한 일이라도 그것은 하나님께서 그 안에서 우리 영혼을 위해 모든 것을 예견하시고 이루시는 영원한 설계 또는 계획의 한 부분입니다.

우리는 모두 영원한 약속을 기억하는 습관을 기릅시다. 그것은 적절히 이해하고 있다면 큰 위안이 될 가르침입니다. 그것은 우리의 책임을 없애버리는 것을 뜻하지 않습니다. 그것은 마호멧의 숙명론과는 전혀 다릅니다. 그것은 특별히 슬픔과 시련이 많은 이 세상에서 실제로 사용하기 위한 기운을 북돋아주는 강장제(cordial)가 되게 하려는 것입니다. 우리는 많은 슬픔과 실망 속에 살면서 "지금은 알지 못하나 이후에는 알게 될 것"(요 13:7)을 기억해야 합니다. 거기에는 의미와 우리가 마셔야 될 쓴 잔 속에 '필요한 것'과 우리가 애통해하는 모든 상실과 사별에 대한 현명한 근거가 들어 있습니다.

결국 우리는 아무것도 모릅니다! 우리는 반쯤 완성된 건물을 보고서도 그것이 완성되었을 때의 모습을 전혀 예상하지 못하는 어린아이와 같습니다. 어린아이들은 돌무더기, 벽돌, 잡동사니, 목재, 회반죽, 발판, 진흙 그리고 온갖 쓰레기들을 봅니다. 그러나 건물을 설계한 건축가는 혼란 가운데 질서를 보며 발판이 치워지고 건물이 완성되는 날의 기쁨을 조용히 기대합니다.

우리도 그와 같습니다. 우리는 우리의 삶의 섭리의 의미를 깨닫지 못하고서 우리 주위에 있는 모든 것이 혼란스럽다고 생각합니다. 그러나 하늘에 계신 위대한 건축가는 항상 현명하고 빈틈없이 행하시며 우리가 "거주할 성읍"(시 107:7)으로 가는 올바른 길을 안내해 주신다는 것을 기억해야 합니다. 부활의 아침에 모든 것이 다 설명될 것입니다. "참 신앙은 밝은 눈을 갖고 있으며 어둠 속에서도 볼 수 있다"라는 어떤 늙은 신학자의 말은 이상하게 들리지만 현명한 말입니다.

기록에 의하면 메리 여왕의 순교 시대에 살았던 종교개혁자인 버나드 길핀(Bernard Gilpin)은 북방의 사도라 불렸는데, 그는 무슨 일이 일어나도 결코 투덜거리거나 불평하지 않았던 걸로 유명합니다. 가장 암담했던 최악의 상황에도 그는 항상 "모든 것이 하나님의 영원하신 언약 안에 있으며 항상 선을 이룬다"라고 말하곤 했습니다. 메리 여왕 치세 말기에 그는 이단으로 인정되어 더럼에서 런던으로 소환되었는데, 십중팔구 리들리(Ridley)와 라티머(Latimer)처럼 화형당할 운명이었습니다. 이 착한 사람은 순순히 소환에 응했으며 슬퍼하는 친구들에게 "하나님의 언약으로 선이 이루어 질 것이다"라고 말했습니다.

더럼에서 런던으로 가는 도중에 그의 말이 넘어져 그의 다리가 부러져 길가에 있는 여인숙에 묵게 되었습니다. 그는 다시 한 번 "이 일을 어떻게 생각하느냐?"라고 자문해 보았습니다. 그는 "하나님의 언약으로 틀림없이 선이 이루어질 것이다"라고 확신했습니다. 그리고 이 일은 다음과 같이 진행되었습니다. 수 주일 후에 그의 다리가 치료되어 다시 여행을 시작했습니다. 그러나 그 동안 메리 여왕이 죽어 박해가 그쳤습니다. 그래서 그 훌륭한 늙은 종교개혁자는 그를 환영하는 북쪽에 있는 고향으로 돌아갔습니다. 그는 친구들에게 "내가 너희에게 모든 것이 합력하여 선을 이룰 것이라 하지 않았느냐?"라고 말했습니다.

만일 우리에게 버나드 길핀과 같은 믿음이 있다면, 그리고 그가 했던 것처럼 영원한 약속을 실천할 수 있다면, 그 약속은 우리에게도 유익할 것입니다. 진심으로 다음과 같은 찬양을 할 수 있는 그리스도인은 행복할 것입니다.

나는 갈 길 모르나
주는 나의 길 아시네
아이같은 믿음으로
전능하신 친구 손 붙잡네
그가 내 손 붙잡을 때
굳게 붙들어 주소서
길 잃지 않고 본향에 가게 하소서
나는 이렇게 기도하네.

3. 다윗의 장래 소망을 살펴봅시다.

　그의 소망은 마지막 날의 영광의 메시아의 출현, 의의 나라가 세워짐, 만유의 회복 등이었습니다(행 3:21).
　물론 신약성경을 읽는 지식 있는 독자들과 비교해 볼 때, 이런 왕국에 대한 다윗의 생각은 애매모호하였습니다. 그는 고난을 받으러 메시아가 오신다는 것을 모른 것이 아닙니다. 왜냐하면 시편 22편에서 그가 이것을 말하고 있기 때문입니다. 그는 메시아가 우리를 다스리러 오신다는 것을 훨씬 뒤에 알았으며 열렬한 그의 믿음은 두 번의 강림 사이의 간격을 뛰어 넘어버렸습니다. 그가 약속을 믿었다는 것은 '여인의 씨'가 어느 날 완전히 뱀과 같이 사악한 사람의 머리에 상처를 낸다는 것과 이 세상에서 저주가 사라져야 한다는 것과, 아담의 타락의 영향이 완전히 없어졌다는 것을 전혀 의심하지 않았다는 것입니다. 그리스도의 교회가 다윗의 발자취를 따르며, 또 다윗이 그러했던 것처럼 재림을 고대한다면, 교회는 더 아름다워질 것입니다.
　메시아의 강림과 미래 왕국을 이야기하면서 다윗이 사용한 형상과 비유는 꽤 아름다우며 교회와 세상에 가져다 줄 은혜를 보여주기에 아주 적절했습니다. 그리스도의 재림은 "돋는 해의 아침 빛 같고 구름 없는 아침 같고 비 내린 후의 광선으로 땅에서 움이 돋는 새 풀 같으니라"(삼하 23:4). 많은 사람들이 이 말씀을 생각해 볼 가치가 있습니다. 누가 자기 주변을 돌아다보고 곧 우리가 살고 있는 이 세상의 사태를 살펴보고 지금 구름과 어둠이 이 세상을 덮고 있다고 고백하지 않을 수 있겠습니까?

　　피조물이 다 이제까지 함께 탄식하며 함께 고통을 겪고 있는 것을 우리가 아느니라(롬 8:22).

둘러보면 어디에서나 혼란, 다툼, 국가 간의 전쟁, 정치인의 무력함, 하류계급의 불평과 불만, 부자들의 지나친 사치와 가난한 사람들의 극에 달한 빈곤과 방종, 음란, 거짓, 사기, 속임수, 탐욕, 우상숭배, 미신과 그리스도인들의 형식주의, 종교의 부패 등을 보게 될 것입니다. 이런 일들은 지구상의 모든 곳, 즉 유럽과 아시아, 아프리카, 아메리카 등 세계 도처에서 계속 보게 됩니다. 이런 일들이 창조주의 체면을 손상시키며, 악마가 "이 세상의 임금"(요 16:11)이라는 것과 하나님의 나라가 아직도 임하지 않았다는 것을 입증해 줍니다. 이러한 것들이 우리의 눈을 가려 태양을 보지 못하게 합니다.

그러나 다윗은 훨씬 나중에 알게 된 일이지만 모든 상황이 완전히 변화될 좋은 때가 올 것을 알았습니다. 그 나라가 도래하면 거룩이 통치하게 되며 죄는 설 자리가 없어질 것입니다.

자기 이웃들 속에서 자신을 둘러보고, 자기 집 가까이 죄의 열매가 가득하고 고통과 슬픔이 산재해 있음을 보지 못할 사람이 있겠습니까? 질병과 고통과 죽음은 모든 사람들에게 다 찾아옵니다. 부자든 가난한 사람이든 어느 누구도 피할 수 없습니다. 종종 젊은 사람들이 노인보다 먼저 죽고 자식이 부모보다 먼저 죽습니다. 가장 무서운 일은 육체적 고통 곧 불치의 병이 많은 사람을 비참하게 만든다는 것입니다. 만약 인간이 돈으로 모든 것을 살 수 있게 된다 하더라도, 과부, 고아, 고립된 자들에게는 그렇기 때문에 오히려 삶을 포기하게 만드는 유혹거리가 되어버릴 것입니다. 반목하는 가족과 시기하는 사람과 질투가 강한 사람들이 가정의 평화를 깨뜨리고 부유한 사람들의 행복을 뿌리에서부터 좀 먹기 시작합니다. 바로 우리 곁에서 이런 일들이 벌어지고 있음을 누가 부정할 수 있겠습니까? 지금은 구름이 많이 끼어 있습니다.

이런 상태로 끝나도록 내버려 둘 것입니까? 창조란 영원히 이런 방법으로 계속해서 신음하고 진통을 겪어야 하는 것일까요? 하나님께 감사하십시오. 그리스도의 재림은 이런 물음에 답을 줄 것입니다. 주 예수 그리스도께서는 사람을 대신하여 하신 당신의 일을 아직 끝마치지 않으셨습니다.

주님은 영광스러운 왕국을 건설하기 위해 어느 날 다시 오실 것인데, 그 때에는 죄악이 설 자리가 없을 것입니다. 그 왕국에는 고통도 질병도 없을 것이며 거민은 "내가 병들었다"(사 33:24)고 말하지 않을 것입니다. 그 왕국에는 헤어짐도, 움직임도, 변화도, 이별도 없을 것입니다. 그 왕국에는 반목도, 실패도, 고난도, 실망도, 사악한 아이들도, 나쁜 하인들도, 믿을 수 없는 친구도 없을 것입니다. 최후의 나팔이 울릴 때 곧 죽은 자들이 썩지 않고 일어날 때, 하나님의 백성들이 큰 무리로 모일 것이며 우리가 깰 때에 주의 형상으로 만족할 것입니다(시 17:15). 이렇게 시작하기를 갈망하지 않는 그리스도인이 있겠습니까? 우리는 요한계시록의 마지막 기도를 인용하여 "주 예수여 오시옵소서"(계 22:20)라고 외칠 것입니다.

4. 맺는 말입니다.

1) 이 땅에 고민없는 사람은 없습니다.

그들을 모두 주 예수 그리스도께로 데려갑시다. 어느 누구도 주님처럼 위로할 수 없습니다. 우리 죄를 대속하여 십자가에 달려 돌아가신 주님은 사랑과 동정이 충만한 마음으로 하나님 우편에 앉아 계십니다. 주님은 슬픔이 무엇인지를 아십니다. 왜냐하면 주님은 죄가 가득한 이 세상에서 33년 동안 사셨고 유혹을 당하셨고 날마다 고통을 겪으셨기 때문입니다. 그리고 주님은 이런 일들을 결코 잊지 않으셨습니다. 하늘에 오르사 아버지 우편에 앉아 인간의 마음으로 하나님을 대하셨습니다. 주님은 우리 연약함을 동저하지 못하실 분이 아닙니다(히 4:15). 주님은 느낄 수 있습니다. 십자가에 달려서 마지막으로 한 일은 어머니를 위한 것이며 주님은 언제나 자식을 잃고 눈물 흘리는 어머니들을 염려하셨습니다. 주님은 우리에게 그리스도 안에서의 친구들과의 이별도 결코 그들을 잃어버린 것이 아니라, 그들이 먼저 가버린 것일 뿐이라는 사실을 결코 잊지 말라고 당부하셨습니다. 우리는 그들이 함께 모이는 날 다시 보게 될 것입니다. 왜냐하면 "예수 안에서 자는 자들도 하나님이 그와 함께 데리고 오시리라"(살전 4:14)는 약속 때문입니다. 우리는 그들이 새로운 육신을 입은 것을 보게 될 것이며, 그들이 이 땅에서 보다 더 훌륭하고 더 아름다우며 더 행복하다는 것을 알게 될 것입니다. 무엇보다도 우리는 더 이상 헤어지지 않으리라는 평안함으로 그들을 보게 될 것입니다.

2) 늙은 다윗 왕이 그의 말년에 붙잡았던 영원한 약속을 잊지 맙시다.

그 약속은 아직까지도 충분한 효력이 남아 있습니다. 그 약속은 취소되지 않았습니다. 그 약속은 이새의 아들의 자산과 꼭 마찬가지로 가난하든 부자든지 간에 모든 믿는 사람들의 자산입니다. 어지럽고 출렁거리고 불평하는 심령에게 무너지지 맙시다. 가장 나쁜 시기에도 주께서 완전한 지혜와 사랑으로 우리의 삶의 모든 때를 다 명령하시며 또한 종국에 가서는 우리가 그것을 모두 다 보게 된다는 것을 굳게 믿읍시다. 주께서는 항상 모든 것을 잘 이루신다는 것을 의심하지 맙시다. 주께서는 베풀어 주실 때와 마찬가지로 가져가실 때에도 똑같이 친절하십니다.

3) 걱정이라는 질병에 대한 최고의 치료제는 타인에게 선을 베푸는 행동입니다.

죄가 불길처럼 번지는 이 세상에서 슬픔을 덜고 즐거움을 더할 준비를 합니다. 우리 집안에서도 언제나 선을 행할 수 있습니다. 모든 그리스도인들이 선을 행하도록 노력하게 합니다. 곧 육체나 정신을 구원 받게끔 노력하게 합시다.

> 고통받는 사람을 위로하고
> 축복하여 상처를 싸매주는 일과
> 고독한 사람과 아비없는 고아를
> 위로하는 일 이 세상에서
> 천사가 하는 일일세.

자신의 고민에 빠져서 자신의 슬픔을 방치하는 사람들은 살아가면서 우울함이라는 고통속에서 헤어나올 수 없습니다. 우리가 예수 그리스도의 보혈을 믿는다면 그가 하신 일을 기억합시다. 주님은 "두루 다니시며 선한 일을"(행 10:38)행하셨습니다. 주님은 많은 사람들의 죄값으로 당신의 생명을 주신 것처럼 섬김을 받으러 오신 것이 아니라 섬기러 오셨습니다.

주님처럼 되려고 노력합시다. 착한 사마리아 사람처럼 살아갑시다. 진정으로 도움을 필요로 하는 곳이면 어디든지 다 도와줍시다. 가장 알맞은 때에 해준 충고 한 마디가 종종 큰 축복이 됩니다. 구약성경의 약속이 아직도 다하지 않았습니다.

> 가난한 자를 보살피는 자에게 복이 있음이여 재앙의 날에 여호와께서 그를 건지시리로다(시 41:1).

15장
주의 동산

내 누이, 내 신부는 잠근 동산이요 덮은 우물이요 봉한 샘이로구나
(아 4:12).

주 예수 그리스도께서는 동산을 가지고 있는데 이 동산은 진실로 주를 믿는 모든 사람들이 모인 곳입니다. 곧 진실로 주를 믿는 사람들이 주의 동산 입니다.

믿는 사람들은 예수 그리스도의 신부입니다. 그들은 결코 깨어지지 않는 영원한 서약으로 주님과 한 몸이 되었으며, 믿음으로 혼인하였으며, 주께서는 그들의 빚진 것과 모든 허물까지도 포함하여 다 자기의 것으로 취하셨습니다. 그들의 옛 이름은 다 사라졌으며 그들의 신랑의 이름 이외에는 어떤 이름도 없습니다. 하나님 아버지께서는 그들을 당신의 사랑하는 아들과 똑같은 자로 여기십니다. 사탄은 그들을 비난할 수 없습니다. 그들은 어린양 예수님의 아내입니다. "내 사랑하는 자는 내게 속하였고 나는 그에게 속하였도다"(아 2:16).

한편, 믿는 사람들은 그리스도의 누이입니다. 그들은 여러 가지 면에서 그리스도 닮았습니다. 그들은 주님의 성령을 받았으며 주께서 사랑하는 것을 사랑하고, 그분이 증오하는 것을 증오하며, 주님의 모

든 지체를 형제라고 생각하며, 그로 말미암아 양자의 영을 가지게 되었으며 하나님에 대하여 "그분은 나의 아버지시니이다"라고 말할 수 있게 됩니다. 그들은 실제로 그들의 맏형과 점점 닮게 됩니다!

그리고 또한 믿는 사람들은 그리스도의 동산입니다. 어떻게 해서 그렇게 되는가 그 이유와 방법을 알아봅시다.

1. 하나님의 백성은 동산이라 불리는 이유는 그들이 세상 사람들과 전혀 다르기 때문입니다.

이 세상은 황무지입니다. 이 세상은 가시덤불과 엉겅퀴 외에는 아무것도 낳지 못합니다. 즉 오직 죄만 낳을 뿐입니다. 하나님께서 보시기에는 이 세상의 자녀들은 경작되지 않은 황무지입니다. 그들은 이 세상의 기술과 과학, 지성과 능력, 웅변술과 정치적 수단, 시와 교양만 있을 뿐 하나님을 향한 회개와 믿음, 경건함, 복종은 전혀 없는 황무지입니다. 주께서 하늘에서 내려다 보시면 어디에도 은혜는 없으며 다만 '황량함'만 볼 수 있을 뿐입니다. 주 예수 그리스도를 믿는 사람들은 푸른 초원이며, 불모의 사막 한가운데 있는 오아시스입니다. 그들은 주님의 동산입니다.

하나님께서는 자기 백성을 선량하고 아름답다고 여기사 그들을 동산이라 하셨습니다. 주님은 이 세상을 바라보시고 애통해 하셨습니다. 주님은 그를 믿는 작은 무리의 사람들을 보시고 매우 기뻐하셨습니다. 주님은 그들에게서 당신의 고난의 열매를 보시고 만족하셨습니다. 주님은 현명하고 사려 깊은 사람들이 하나님의 나라를 거역하였지만, 어린 아이에게는 그 나라가 드러나는 것을 보시고, 노아가 제사를 드릴 때 그 향기를 받으시고 기뻐하셨던 것처럼 즐거워 하셨습니다. 참으로 아름답고 신비합니다. 믿는 사람들은 자기가 보기에도 추하며 스스로 가련한 죄인이라고 생각합니다. 그러나 하나님께서는 말씀하셨습니다.

> 내 사랑아 너는 어여쁘고 어여쁘다 네 눈이 비둘기 같구나(아 1:15).
> 나의 비둘기야 내가 네 얼굴을 보게 하라 네 소리를 듣게 하라 네 소리는 부드럽고 네 얼굴은 아름답구나(아 2:14).
> 나의 사랑 너는 어여쁘고 아무 흠이 없구나(아 4:7).
> 아침 빛같이 뚜렷하고 달같이 아름답고 해 같이 맑고(아 6:10).

참으로 놀랍습니다! 이해할 수 없고 믿기 힘듭니다. 그러나 사실입니다!

하나님께서는 자기 백성들 가운데 거하시는 것을 기뻐하셨으므로 그들을 동산이라 하셨습니다. 주님은 이 세상의 사람들을 다 알고 계시지만 그들 모두와 교제하시지는 않습니다. 주님은 그들이 하는 일을 모두 보시지만 아브라함에게 하신 것처럼 그들과 대화하려고 내려오시지는 않습니다. 오히려 주님은 당신의 촛대 사이로 걷기를 좋아하시며 그 빛이 밝게 타는지 어떤지를 보십니다. 주님은 성도들의 회중에 임재하시는 것을 좋아하시며, 그들 안에 들어가 그들과 함께 경험하고, 그들도 주님과 함께 경험하는 것을 좋아하십니다. 주님은 당신의 아버지와 함께 오시는 것을 좋아하시며 제자들과 함께 거하시기를 좋아하십니다. 그러므로 어디에서든지 주의 이름으로 두세 명이 모이면 거기에는 항상 주님이 계십니다. 주님은 당신의 동산에 가셔서 그 아름다운 과일을 맛보는 것을 좋아하십니다. 향기로운 화단에 내려가셔서 백합들을 따오시며 포도나무가 번성하는지를 보시고 또 "포도 움이 돋았는지 석류꽃이 피었는지"(아 7:12)를 살펴보십니다. 주님은 그의 백성들과 친교를 맺고 그들과 절친하게 지내시지만 세상 사람들과는 그렇지 않으십니다.

예수님께서는 그의 백성이 쓸모있고 꽃을 피우고 열매를 맺기 때문에 동산이라 하셨습니다. 이 세상의 자녀들이 진정으로 쓸모있는 곳은 어디입니까? 그들이 회심하지 않은 채 지낸다면 어떤 가치가 있을것 같습니까? 세상에 속한 사람들은 쓸모없는 경작자이며 가치없는 방해꾼입니다. 그들은 자기를 대속하신 주님께 아무런 영광도 돌리지 않고 창조된 바의 역할도 이행하지 못합니다. 즉 창조주가 그들에게 부여한 직분을 수행하지 못하고 이 세상에 홀로 서 있을 뿐입니다. 하늘은 하나님의 영광을 찬양합니다. 그러나 세상 사람은 그가 하나님을 간절히 바라고 섬기며, 사랑하고 그리스도께서 대속하신 죽음을 감사드린다는 것을 보여주려고 애쓰지 않습니다.

주의 백성은 그렇지 않습니다. 주님께 영광을 돌립니다. 그들은 작은 열매를 맺으므로 결코 쓸모없고 무익한 종은 아닙니다. 이 세상과 비교해 볼 때, 그들은 동산입니다.

2. 주님의 동산에는 울타리가 있습니다.

믿는 사람들을 둘러싼 울타리가 있습니다. 만약 울타리가 없다면 결코 구원을 받지 못할 것입니다. 이곳은 그들의 안전한 은신처입니다. 이곳은 그들의 성실함과 강건함과 사랑으로 도달하는 곳이 아니며, 그들이 버림을 받지 않게끔 막아주는 그들을 에워싸는 장벽이 있습니다. 곧 '울타리가 있는 동산'입니다.

그들은 하나님의 영원하신 섭리 안에서 선택받은 동산입니다. 그들이 태어나기도 전에, 즉 이 세상이 창조되기 이전부터 주님은 그들을 아셨고 그들을 택하셨으며 예수 그리스도의 이름으로 구원하실 것을 약속하셨습니다. 이 세상에 속한 자녀들은 이렇게 주장하는 교리를 들으려 하지 않습니다. 이런 교리는 사람을 겸손케 하고 교만하지 못하게 합니다. 이 교리를 받아들이든지 거부하든지 상관없이 선택교리는 실재입니다. 이 세상이 시작되기 전부터 그리스도 안에서 택함을 입었다는 사실은 믿는 사람들의 신앙의 주춧돌입니다. 누가 감히 선택하신 힘을 올바르게 평가할 수 있겠습니까?

그들은 성자 하나님의 특별한 사랑으로 선택을 받습니다. 주 예수는 만인의 구세주이십니다. 그러나 주님은 특히 믿는 사람을 위한 구세주이십니다. 주님은 모든 사람을 구할 권능이 있으시지만, 아무에게나 영생을 주시는 것이 아니라 특히 그를 따르는 사람들에게만 영생을 주십니다. 주님은 온 세상을 위해 십자가에 달려 보혈을 흘리셨으나 오직 그에게 속한 사람들의 죄만 사해주셨을 따름입니다. 주님은 만인을 다 초청하셨지만 그가 원하는 사람들만 소생시키며 영화롭게 하십니다. 주님은 그들을 위해서만 기도하시며 세상을 위해서 기도하는 것이 아닙니다. 주님은 악으로부터 그들을 보호하기 위해, 진리로 그들을 깨끗하게 하기 위해, 그들의 믿음이 약해지지 않게 하기 위해 그들을 중재하십니다. 누가 이 선택의 축복을 충분히 설명할 수 있겠습니까?

믿는 사람들은 하나님, 곧 성령의 은사로 선택을 받습니다. 그리스도의 영이 그들에게 세상에서 벗어나라고 말합니다. 그리하여 마치 그들과 세상 사이에 울타리를 치듯이 아주 효과적으로 그들을 분리하십니다. 주님은 그들에게 새로운 마음과 정신과 경험과 소망과 슬픔과 기쁨과 희망과 즐거움과 갈망을 주십니다. 주님은 그들에게 새로운 눈과 귀와 애정과 생각을 주십니다. 주님은 그들을 새롭게 하십니다. 그들은 다시 태어나 새 생명으로 새 삶을 시작합니다. 새롭게 변화시키는 성령의 능력은 참으로 대단합니다! 믿는 사람들과 세상 사람들은 완전히 다르며 영원히 별개입니다. 당신은 신자와 비신자를 한 곳에 모아 두고 그들을 결혼시켜 한 지붕 아래서 살게 할 수는 있으나 결코 그들을 한 덩어리로 결합 시키지는 못합니다. 믿는 사람들은 '선택받은 동산'에 속하지만 세상 사람들은 그렇지 않습니다. 은혜로운 부르심은 결코 부서질 수 없는 장벽입니다.

누가 선택된 사람들의 이 세 겹 울타리(삼위일체)의 위안을 이야기할 수 있겠습니까! 믿는 사람들은 하나님의 판정에 따라, 죄사함과 중재에 따라 부르심과 거듭남에 따라 선택을 받습니다. 우리를 에워싸고 있는 이 세 겹의 사랑, 즉 성부와 성자와 성령의 사랑의 위로는 위대합니다.

세 겹 줄은 쉽게 끊어지지 아니하느니라(전 4:12).

혹시 독자들 가운데 누군가 잠시라도 이것은 모두 필요없다고 생각합니까? 나는 세 겹으로 된 이 울타리가 완전한 파멸로부터 주의 동산을 구원하기에 조금도 부족함이 없다고 믿습니다. 선택과 중재와 거듭남이 없이 천국에 가는 영혼은 없습니다! 숲에서 나온 야생 멧돼지가 뛰어 들어 삼킬 것이며 우는 사자가 와서 그 발 아래 모든 것을 짓밟을 것입니다. 악마는 주님의 동산을 이 세상과 똑같이 만들려고 할 것입니다.

하나님의 축복으로 우리는 '선택받은 동산'이 되었습니다! 하나님의 축복으로 우리의 최후의 안전함이 우리가 책임져야 할 것이 아니게 되었습니다. 곧 우리가 받은 은혜와 느낌, 죄사함을 받는 정도, 선행, 사랑, 기도와 성경읽기, 심지어 우리의 믿음에 달려있는 것도 아닙니다. 오직 성부와 성자와 성령의 하신 일에 달려있습니다. 성부와 성자와 성령께서 우리를 택하신다면 누가 우리의 소망을 저버리겠습니까? 하나님께서 우리와 함께 하신다면 누가 우리를 대항할 수 있겠습니까?

아담은 죄가 없는 깨끗한 마음을 가졌습니다. 아담은 아주 순결했으며 악행이나 타락한 이웃에 물들지 않았습니다. 아담은 지금 우리가 살고 있는 곳보다 천배나 더 높은 안전한 땅에 살았습니다. 그러나 아담은 유혹에 빠졌습니다. 그를 둘러싸고 있는 울타리도, 사탄을 막아줄 담장도, 주의 동산의 제일가는 꽃을 감싸줄 울타리도 없었습니다. 아담이 어떻게 타락했는지를 보십시오!

성도 여러분, 잠자고 있는 눈을 크게 뜹시다! 그리고 자신들이 누리고 있는 특권의 가치를 알려고 노력합시다. 이것이 주님의 동산의 가장 축복받은 부분입니다. 이것이 '선택받은 동산'입니다. 나는 택함이 없으면 구원도 없다고 믿습니다. 나는 자신의 지혜로 스스로를 구원한 사람을 본 적이 없습니다. 우리는 모두 매일 주 예수께 감사드립시다. 주의 백성으로 택함을 받아 보살펴 주시는 것과 주님의 동산이 참으로 '선택받은 동산'이라는 것을 날마다 진실한 마음으로 감사드립시다.

3. **주님의 동산은 비어 있지 않습니다. 거기에는 늘 꽃이 가득합니다. 과거에도 많은 꽃들이 있었고 현재도 많은 꽃들이 있습니다. 믿는 사람들이 바로 주의 동산을 가득 채우는 꽃입니다.**

이제 주의 동산에 있는 꽃에 대해서 몇 가지 이야기하려 합니다. 어떤 점에서는 그 꽃들이 모두 서로 같지만, 또 어떤 점에서는 이 세상의 정원에 있는 꽃들처럼 가지각색입니다.

1) 그 꽃들은 모두 닮았습니다.

(1) 그 꽃들은 모두 옮겨 심어졌습니다.

주님의 꽃들은 어느 하나도 그의 동산에서 자연스럽게 자라난 것은 없습니다. 그것들은 모두 진노의 자녀로 태어났고 다른 것들도 마찬가지입니다. 마음 속에 은혜를 가지고 태어나는 사람은 없습니다. 모든 인간이 주님과 화해하지 못한 상태로 태어나기 때문에 모두가 다 죄 중에 처해 있습니다. 죄인을 이 세상에서 가장 먼저 부르신 것이 바로 주님의 은혜입니다. 지금 그를 있게 하신 이도, 그를 주님의 동산으로 옮겨 심으신 이도 그리스도의 성령입니다. 이런 점에서 주의 백성들은 모두 닮았습니다. 즉 그들은 모두 다 옮겨 심어진 꽃입니다.

(2) 주님의 꽃들은 모두 다 그 뿌리가 서로 같습니다.

겉으로 보기에는 서로 다른 것 같지만 그 속은 모두 같습니다. 그것들은 모두 예수 그리스도께 뿌리를 두고 있으며 그 터전을 마련하고 있습니다. 믿는 사람들은 서로 다른 곳에서 예배드리고 서로 다른 교회에 속할 수는 있으나, 그들의 근본은 같습니다. 즉 십자가와 보혈입니다.

(3) 주님의 꽃들은 모두 다 처음에는 연약합니다.

그 꽃들은 단숨에 자랄 수 없습니다. 처음에는 갓 태어난 아이와 같이 여리고 가냘프며, 젖을 먹고 자라며 질긴 고기를 먹고 자라지 않습니다. 그들은 늘 보살핌과 가르침을 받아야 합니다. 모두 다 이렇게 시작합니다.

(4) 주님의 꽃들은 모두 다 태양의 빛을 필요로 합니다.

꽃들은 빛이 없이는 살 수 없습니다. 믿는 사람들은 예수 그리스도의 얼굴을 충분히 바라보지 않는 한 평안하게 지낼 수 없습니다. 항상 주를 바라보는 것 곧 그의 말씀을 먹고 그와 더불어 사는 것이 바로 사람의 영혼 속에 감추인 보이지 않는 하나님의 생명샘입니다.

(5) 주님의 꽃들은 모두 다 성령의 이슬을 필요로 합니다.

꽃은 물이 없으면 시들어 버립니다. 믿는 사람들은 날마다 매시간 그들의 마음을 성령으로 새롭게 해야 합니다. 참신하고 생기가 넘치고 진실한 그리스도인이 되려면 우리는 지난 날의 은혜에 매달려 살 수는 없습니다. 우리는 날마다 더욱더 성령으로 충만해야 합니다. 마음속에 있는 성전의 모든 방을 채워야 합니다.

(6) 주님의 꽃들은 모두 다 위험한 잡초들과 섞여 있습니다.

늘 화단에서 잡초를 제거해야 합니다. 믿는 사람들은 날마다 그들이 빠지기 쉬운 죄들이 아무렇게나 자라도록 내버려두어서는 안됩니다. 이런 죄들이 은혜로운 행동을 방해하고 성령의 은사를 앗아갑니다. 모두 다 위험에 처해 있으므로 늘 경계해야 합니다.

(7) 주님의 꽃들은 모두 다 가지를 치고 흙도 갈아주어야 합니다.

꽃은 그냥 내버려두면 곧 시들어 자라지 못합니다. 일년 내내 장미를 돌보지 않고 그냥 내버려둘 정원사는 없습니다. 믿는 사람들도 이렇게 자극하고 흔들고 정화해야 할 필요가 있습니다. 그렇지 않으면 그들은 잠이 들어 롯처럼 소돔에 안주해 버리려 합니다. 그들이 가지치는 일에 태만하면 하나님께서 손수 가지를 치실 것입니다.

(8) 주님의 꽃들은 모두 자랍니다.

오직 위선자와 양의 탈을 쓴 이리와 사이비 그리스도인들만 자라지 못하고 그대로 있습니다. 진실한 그리스도인들은 결코 한 자리에 오래 머무르지 않습니다. 그들은 믿음에 믿음을, 강건함에 강건함을, 지식에 지식을, 은혜에 은혜를, 거룩함에 거룩함을 더하고 싶어 합니다. 2-3년 후에 한 번 주의 동산에 가보십시오. 만일 당신이 자라지 않는 꽃을 발견하게 된다면 그 꽃은 뿌리가 썩었다고 판단해도 좋습니다. 생명은 자라는 법입니다. 죽은 것은 자라지 않으며 쇠잔해 갈 뿐입니다.

2) 그 꽃들은 가지각색 입니다.

믿는 사람들은 많은 공통점을 가집니다. 동일한 주님과 성령의 세례, 희망, 근거, 말씀에 대한 존경, 기도하는 즐거움, 새로운 마음을 가지고 있습니다.

그러나 그들에게 같지 않은 것도 몇 가지 있습니다. 그들의 일반적인 경험 곧 천국에 대한 자격은 같지만, 구체적인 경험 곧 생각과 느낌은 다릅니다. 그들은 모든 면에서 서로를 이해할 수 있을 정도로 완전히 하나는 아닙니다. 무엇보다도 이런 점을 명심해야 합니다! 믿는 사람들은 같은 부류에 속하지만 그 종류는 다릅니다. 전체로 보면 하나지만 낱낱이 들여다 보면 하나가 아닙니다. 전체 진리를 수용한다는 점에서는 같지만 그들이 차지하는 진리의 부분들의 비율에 있어서는 하나가 아닙니다. 그 뿌리를 보면 하나지만 꽃은 하나가 아닙니다. 주 예수께서 보시기에는 하나지만 세상의 눈으로 보면 하나가 아닙니다.

당신은 어떤 점에서는 자기 형제자매를 이해하지 못합니다. 당신은 형제자매가 하는 것처럼 할 수도, 말하는 것처럼 말할 수도, 행동하는 것처럼 행동할 수도, 웃는 것처럼 웃을 수도, 찬양하는 것처럼 찬양할 수도 없습니다. 오, 그들을 비난하지 마십시오! 한 마디로 그들을 죄인 취급하지 마십시오. 그들이 당신과 공감하지 못한다고 해서, 마음을 같이 하여 대답하지 않는다고 해서 즉 당신과 교제를 끊었으므로 그들과 당신의 공통기반이 오직 제한된 영역에 한정되어 있다고 해서, 그들을 비천한 곳에 두지 마십시오! 그리스도인들 중에는 많은 교파와 교단과 차이점이 있는 것을 마음속에 새겨두십시오.

당신들은 아마 모두 주의 동산에 속하며 큰 뜻으로 결합될 것입니다. 그럼에도 불구하고 주의 동산은 여러 가지 종류의 꽃들로 이루어집니다. 주의 꽃들은 모두 다 쓸모가 있습니다. 어느 것도 무시해서는 안됩니다. 그러나 주의 동산에는 수많은 종류의 꽃들이 있습니다.

(1) 주님의 동산에서 자라는 꽃 중에는 색깔이 곱고 눈에 잘 띠지만 향기롭지 않은 꽃이 있습니다.

이런 꽃들은 아주 멀리서도 잘 보이며, 세상 사람의 시선을 끌고, 색조가 아름답지만 그것이 전부입니다. 세간의 그리스도인들 즉 인기 있는 설교자, 연단 위의 강사, 청중에게 인기 있는 사람들, 사람들의 입에 오르내려 세간의 주목을 받고 널리 추종받는 사람들이 흔히 이렇습니다. 이런 사람들은 주의 동산에 피는 튤립, 해바라기, 모란, 달리아와 같은데 나름대로 아름답고 화사하고 밝고 근사하지만 향기롭지 않습니다.

(2) 주님의 동산의 꽃 중에는 눈에 잘 띠지는 않지만 아주 향기로운 꽃이 있습니다.

이런 꽃들은 세간에 결코 알려지지 않은 그리스도인들입니다. 그들은 흔히 공개적으로 주목되는 것을 꺼려합니다. 자기 자신의 평범한 길을 고집하며 조용히 본향을 향해 갑니다. 그러나 그들 주변에 있는 모든 사람들을 향기롭게 합니다.

이런 사람은 아주 드물어 찾아보기 힘듭니다. 그들은 더 많이 알려질수록 더 많은 사랑을 받을 것입니다. 집에서 가족들에게 대하는 그들의 참 성격을 물어봅시다. 남편과 아내와 아이들과 하인들에게 물어봅시다. 그러면 당신은 곧 그들의 아름다움과 탁월함의 십분의 일도 세상에 알려지지 않았다는 것을 알게 될 것입니다. 당신이 좀 더 가까이 갈수록, 주의 동산에 거주하는 사람들이 뿜어내는 향기는 더

욱더 진할 것입니다. 이 꽃들은 아주 적기 때문에 가치있는 주님의
제비꽃입니다. 그들을 아는 사람들이여, 얼마나 향기롭습니까!

(3) 주님의 동산에 있는 꽃 중에는 추운 날씨 속에서 살 수 없는 꽃이
있습니다.

이런 꽃들은 연약하여 역경을 당하면 쓰러지며 그들을 감싸고 있는 모든 것이 부드럽고 따뜻할 때만 활기를 띠는 그리스도인들입니다. 시련의 찬바람과 예기치 못한 고통의 서릿발은 그들을 할퀴어 쓰러뜨립니다. 그러나 주 예수는 한없이 자애로우십니다. 그들이 견디어 낼 수 없는 시험을 당하도록 내버려 두지 않을 것입니다. 주님은 그들을 주의 동산의 양지 바른 따뜻한 곳에 옮겨심으십니다. 주님은 그들을 돌보시고 추위를 막기 위해 그들 주위에 강한 나무 울타리를 치십니다. 누구도 그들을 멸시하지 못하게 합시다. 그들은 제각기 제 나름대로 아름다운 주님의 꽃입니다.

(4) 주님의 정원에 있는 꽃 중에는 겨울에도 꽃을 피우는 강한 꽃이 있습니다.

이런 꽃들은 어떤 시련에도 견디어 낼 수 있는 그리스도인들입니다. 적대감이나 고통 그 어느 것도 그들을 움직이지 못합니다. 틀림없이 그들에게는 다른 꽃들을 보고 감탄하게 되는 부드러움이나 향기는 없습니다. 우리는 이런 사람에게서 설명할 수 없는 매력인 사랑스러운 우아함을 그리워합니다. 우리가 알고 있는 많은 사람들과 비교해 볼 때, 이들은 거칠고 동정심이 없으므로 때로는 우리를 전율케 합니다. 그러나 어느 누구도 그들을 비난하지 못하게 합시다. 그들은 제각기 나름대로 아름다우며 제철에 진가를 발휘하는 주의 동산의 크로커스입니다.

(5) 주님의 동산에 피는 꽃 중에는 비가 온 후에 가장 향기로운 꽃이 있습니다.

이런 꽃들은 시련과 고통을 당할 때 가장 큰 은혜를 보여주는 그리스도인들입니다. 그들은 전성기에는 태만합니다. 그들은 자기의 탁월함을 충분히 발휘할 수 있도록 슬픔이 소나기처럼 퍼붓기를 원합니다. 그들은 미소보다는 눈물에 더욱 거룩한 아름다움이 있습니다. 그들은 웃을 때 보다는 눈물을 흘릴 때 예수와 더 많이 닮았습니다. 이 꽃들은 주의 동산에 핀 가장 사랑스럽고 향기롭고 아름다운 장미꽃입니다. 그러나 장미는 비가 온 후에 가장 향기롭습니다.

(6) 주님의 동산에 핀 꽃 중에는 밤에 가장 향기로운 꽃이 있습니다.

이런 꽃들은 시련이 주어져야 은혜의 보좌로 나아갈 수 있습니다. 이들은 성공이라는 햇빛만을 통해서는 열매를 맺기 힘듭니다. 그들은 기도를 게을리 하고 말씀에 무관심하여 천국에는 그 이름이 없고 베냐민과 같은 사람들과 함께 편안히 지내는 것을 아주 좋아합니다. 주 예수께서는 이런 사람들을 바르게 살게 하려고 종종 구름 아래 둡니다. 주께서는 그들을 마리아처럼 주님의 발 아래 앉히려고 그리고 십자가 가까이 세우려고 거듭 시련과 괴로움을 주십니다. 그들은 마땅히 그들을 향기롭게 하는 어둠 속으로 걸어가야 합니다.

(7) 주님의 동산에 핀 꽃 중에는 짓밟혔을 때 가장 향기로운 꽃이 있습니다.

이런 꽃들은 굉장히 무섭고 보기드문 심판을 받을 때 그들의 참모습이 가장 잘 드러나는 그리스도인들입니다. 아주 심한 불행의 강풍과 폭풍우가 그들에게 몰아치고 세상이 경악할 때, 그런 기미가 보이기 시작합니다. 나는 척추가 아파서 도움도 받지 못하며 움직이지도 못하고 이 세상에서 누릴 수 있는 모든 것을 떨쳐버린 채로 6년 동안 다락방 침대에 누워있는 소녀를 본 적이 있습니다. 그러나 그녀는 주님의 동산에 속합니다. 그녀는 외롭지 않았습니다. 주 예수께서 그녀와 함께 하셨기 때문입니다. 당신은 그녀가 절망적이었다고 생각했을 것입니다. 하지만 그녀는 아주 명랑했습니다. 당신은 그녀가 서글픔에 잠겨 있으리라고 생각했을 것입니다. 하지만 그녀는 늘 기뻐했습니다. 당신은 그녀가 허약하며 위로를 받아야 하리라고 생각했을 것입니다. 하지만 그녀는 강했으며 오히려 다른 사람들을 위로했습니다. 당신은 틀림없이 그녀가 우울하게 지내리라고 생각했을 것입니다. 하지만 그녀는 아주 밝아 보였습니다. 당신은 그녀의 안색에 죽음의 빛이 역력하리라고 생각했을 것입니다. 하지만 오히려 차분한 미소와 샘솟는 내적 평화로 가득했습니다. 당신은 그녀가 불평을 하더라도 이해했을 것입니다. 하지만 그녀는 아주 행복하고 만족스럽게 살고 있었습니다. 주의 동산에 핀 짓밟힌 꽃들은 때때로 가장 향기롭습니다!

(8) 주님의 동산에 핀 꽃 중에는 죽을 때까지도 진가를 충분히 인정받지 못하는 꽃이 있습니다.

이런 꽃들은 도르가처럼 다른 사람들을 향한 적극적인 사랑과 선행으로 충만한 겸손한 그리스도인들입니다. 그들은 겉으로 드러내어 공언하고 자랑하는 것을 싫어하며, 주 예수 그리스도처럼 사람들에게 선행을 베푸는 것 곧 고아와 과부들을 방문하고 애정이 없는 세상에서 누구도 알아주고 돌보아주는 사람이 없는 상처받은 사람들에게 향유를 부어주고, 친구가 없는 사람들에게 도움을 주고, 빈궁한 사람들을 도와주고, 부자가 아니라 가난한 사람들에게 복음을 전하는 일을 하고 다니는 것을 좋아하는 허세를 부리지 않는 사람들입니다.

이 세대는 그들을 알아보지 못합니다. 그러나 주 예수와 하나님께서는 그들을 알아보십니다. 그들이 죽어서 세상을 떠날 때에 그들의 선한 일과 사랑의 수고가 모두 드러납니다. 이 일은 그들로부터 도움을 받은 사람들의 가슴 속에서 보석처럼 빛납니다. 결코 감추어질 수 없는 일입니다. 살아 있을 때는 침묵을 지켰지만 죽어서 말합니다. 우리가 그들과 함께 사는 동안에는 알지 못했으나 그들이 세상을 떠난 후에 그 진가를 알게 됩니다. 그들의 손길을 통해 영혼이나 육신에 도움을 받은 사람들은 눈물을 흘리면서 의아하게 여기는 세상 사람들에게 말합니다. 즉 그들은 쉽게 채울 수 없는 본향의 자리로 갔으며 그 빈자리는 채우기가 어렵다고 말합니다. 그들의 묘에는 결코 "세상에 미련을 남긴채 떠났다"라는 비문이 새겨지지 않을 것입니다. 그들은 죽은 다음에 가장 많이 칭송을 받고 인정을 받는 주의 동산에 핀 향기로운 라벤다입니다.

4. 맺는 말입니다.

이제 실제로 적용할 수 있는 몇 마디 말을 덧붙이면서 끝맺읍시다. 주님의 동산은 이 세상에서 볼 수 없는 한 가지 특징이 있습니다. 이 세상의 꽃들은 모두 다 죽고 시들고 그 향기를 잃고 썩어서 결국 아무것도 남지 않습니다. 아무리 아름다운 꽃이라도 영원히 살지 못합니다. 아무리 튼튼하고 오래되었다 하더라도 자연의 소산은 결국 죽습니다.

그러나 주님의 꽃들은 그렇지 않습니다. 은혜의 소산은 결코 죽지 않습니다. 그들은 잠시 잠을 잘 것입니다. 그들은 자기 세대를 살면서 임무를 완수한 후에 떠날 것입니다. 주님은 항상 동산에 내려 오셔서 그 동산에 차례차례 꽃을 심으시면서 백합꽃을 거두십니다. 그러나 주의 꽃들은 항상 다시 필 것입니다.

주님은 이 세상에 다시 오실 때 그의 백성들과 함께 오실 것입니다. 그의 꽃들은 더 밝고 더 향기롭고 더 사랑스럽고 더 아름답고 더 고상하고 더 순결하고 더 예쁘게 빛나 다시 살게 될 것입니다. 그들도 주님처럼 영광스러운 몸이 될 것이며 우리 하나님의 마당에서 영원히 번창할 것입니다. 당신은 주의 동산에 속합니까 아니면 이 세상의 황무지에 속합니까?

당신은 틀림없이 이 둘 중의 어느 한 곳에 있습니다. 스스로 선택해야 합니다. 어느 것을 선택했으며 또 지금은 어느 것을 선택합니까? 주 예수께서는 기꺼이 당신을 옮겨 심으실 것입니다. 주님은 성령으로 당신과 함께 분투하며 노력하십니다. 주님은 기꺼이 당신을 사랑하는 사람들의 일원으로 삼으실 것입니다. 주님은 말씀과 섭리로써 당신의 마음의 문을 두드리십니다. 주님은 당신의 양심에 대고 "돌아서라, 회개하라, 그곳을 떠나 이리로 오라"라고 속삭이십니다.

이렇게 말씀하시는 주님을 외면하지 마십시오! 성령을 거역하지 마십시오! 황무지가 아니라 주의 동산에다 설 자리를 마련하십시오! 깨십시오, 일어나십시오, 세상에서 벗어나야 합니다! 황무지입니까, 주의 동산입니까? 어느 것을 택하겠습니까?

황무지에 속한다면 제멋대로 자라 거친 무용지물로 열매 맺지 못하는 쓸모없는 나무가 될 것이며, 사랑하지도 사랑을 받지도 못하면서 살아가 결국은 가라지 더미에 묶여 불에 던져질 것입니다!

주님의 동산에 속한다면 자신의 뜻대로 마구잡이로 되지 않을 것이며 자신의 마음에 계획했던 것보다 더 잘 관리될 것입니다. 하나님과 그리스도께서 오직 당신만을 위해 주실 것입니다. 주 예수께서는 당신을 심고 물을 주시며 보살펴 주시고 옮겨 심으시고 가지를 쳐 주시고 기르실 것입니다. 그리하여 결국 당신의 이름을 생명의 나무 다발 속에서 찾을 수 있을 것입니다. 주의 동산을 선택하십시오. 그러면 살 것입니다!

16장
부모의 책임

> 마땅히 행할 길을 아이에게 가르치라 그리하면 늙어도 그것을 떠나지 아니하리라(잠 22:6).

신앙을 고백하는 그리스도인들은 이 본문을 잘 알고 있을 것입니다. 당신은 이 구절이 오래된 노래가락처럼 친숙하게 느껴질 것입니다. 또한 당신은 이 성경구절을 여러 번 듣고, 읽었으며 인용하기도 했을 것입니다.

그러나 이 성경구절의 내용이 얼마나 소홀하게 취급되고 있는가를 보십시오. 사람들은 이 본문이 내포하고 있는 교리를 거의 알지 못하고 이 구절이 제시하고 있는 의무도 실행하고 있는 것 같지 않습니다. 그렇지 않습니까?

부모의 의무는 새로운 주제라고는 볼 수 없습니다. 이 세상은 오래 되었으며 거의 6,000년의 역사를 통하여 우리에게 도움이 되는 많은 경험들을 갖고 있습니다. 우리는 거의 모든 지역에서 교육에 대한 강력한 열의가 존재하는 시대에 살고 있으며, 그래서 또한 우리는 세계 곳곳에서 새로운 학교가 연달아 세워지고 있다는 것을 잘 알고 있습니다. 그러나 이러한 모든 경향에도 불구하고 아직도 대부분의 부모들은 그들의 자녀가 마땅히 가야 할 길로 나아가도록 가르치지 않고 있으며 그들의 자녀는 어른이 되어도 하나님께 나아가지 않습니다.

우리는 이러한 상태를 어떻게 설명할 것입니까? 분명한 사실은 대다수의 사람들은 이 글에 제시된 주의 계명을 중요하게 생각하고 있지 않으며, 이 글에서 제시하고 있는 주의 약속을 올바르게 이행하고 있지 않다는 점입니다. 이러한 사실들은 많은 독자들의 마음에 날카로운 양심의 가책을 불러 일으킬 것입니다. 나는 목사로서 당신에게 자녀의 올바른 교육에 대하여 권고하고자 합니다. 자녀의 올바른 교육이라는 주제는 모든 사람의 의식 속에 튼튼하게 뿌리내려야 할 주제이며, 모든 사람들은 스스로에게 "내가 이 문제에 있어서 무슨 일을 할 수 있을 것인가?"라는 질문을 던져보아야 할 것입니다.

자녀를 올바르게 가르치는 일은 모든 사람들과 관련되어 있는 주제라고 볼 수 있습니다. 스승과 조부모, 부모 및 형제자매에 이르기까지 모든 사람들이 관련되어 있습니다. 한 마디로 말해서 한 가정의 모든 권속들이 자녀의 교육과 관련됩니다. 또한 대부분의 사람들은 자신의 가정을 꾸리는 데 있어 다른 부모에게 영향을 주기도 하고 다른 사람들의 권고나 충고에 따라 자기 자녀를 올바르게 가르치는 데에 영향을 주기도 합니다. 우리 모두가 직접적이건 간접적이건 간에 자녀의 교육에 무슨 일이든 할 수 있다는 것을 마음 속에 깊이 새겨 두어야 할 것입니다.

자녀를 올바르게 가르치기 위한 부모의 의무라는 주제는 여기에 관련된 모든 사람들이 자신의 의무를 다하지 못하고 있다는 엄청난 위험 상태를 알려주는 주제이기도 합니다. 이것은 곧 대부분의 사람들이 자기 자신의 잘못을 바로 알기보다는 이웃의 잘못을 더 분명하게 알고 있다는 의미를 내포하고 있습니다. 사람들은 그들의 친구들에게 안전하지 못한 길이라고 비난했던 바로 그 길로 자녀들을 가르치려 합니다. 그들은 다른 가정에서는 티끌만큼 사소한 결점도 놓치지 않지만, 자신의 가정에서는 들보만한 결점도 그대로 지나치려 합니다. 그들은 집 밖에서 실수를 발견하는 때에는 독수리처럼 눈을 번뜩이지만 자기 집에서 날마다 일어나고 있는 치명적인 잘못들에 대해서는 장님이나 다름이 없습니다. 그들은 형제의 가족들에 대해서는 지혜롭게 처신하려 애를 쓰지만 자신의 육친에 대해서는 어리석기 짝이 없습니다. 바로 여기에서 우리는 우리 자신이 내리는 판단을 의심해야 할 필요를 느끼게 됩니다. 당신은 이 말을 깊이 새겨두어야 할 것입니다.[1]

나는 자녀의 올바른 교육에 대하여 당신에게 몇 가지의 조언을 하고자 합니다. 성부 하나님, 성자 하나님, 성령 하나님께서 이러한 조언들을 축복하시고 가장 적절한 때에 당신에게 이 조언들을 알려주시기를 바랍니다. 이 조언들이 간결하고 날카롭지 않다는 이유로 거부하거나 또는 조금도 새로운 것들이 아니라는 이유로 가볍게 여기지 않도록 하십시오. 단언컨대, 당신의 자녀들이 천국을 향하여 가도록 올바르게 가르치고자 한다면 이 조언들을 결코 가볍게 취급해서는 안 될 것입니다.

1. 당신의 자녀를 욕구대로 살도록 그냥 방관하지 말고 마땅히 가야 할 길을 가르치십시오.

아이들이 악한 성향을 갖고 태어났음을 기억하십시오. 그러므로 아이들이 하고 싶어하는 대로 선택하도록 내버려둔다면 그들은 틀림

---

[1] 목사로서 나는 자녀들에 대해 매우 완고한 부모들에 대해서 언급하지 않을 수 없다. 가끔 나는 분별력 있는 그리스도인 부모들이 그들의 자녀들이 실수를 저지르거나 책망할 만하다는 것을 받아들이는 데에는 더딘 것에 대해서 완전히 충격을 받았다. 자녀 잘못이라기보다 부모 잘못이라고 말하고 싶을 경우가 훨씬 더 많다.

없이 그릇된 것을 선택하게 될 것입니다.

어머니는 사랑하는 자신의 자녀가 어떻게 자라날 것인가를 분명하게 미리 예측할 수 없습니다. 자신의 자녀가 키가 클 것인지 혹은 키가 작을 것인지, 아이의 몸이 약할 것인지 건강할 것인지, 혹은 지혜로울 것인지 어리석을 것인지, 아니면 아이가 그 중에서 좋은 점만을 갖게 될 것인지 그렇지 않을 것인지 하는 이러한 모든 것이 지극히 불확실합니다. 그러나 어머니가 확신할 수 있는 것은 바로 아이가 타락하고 죄많은 마음을 가지게 되리라는 점입니다. 그릇된 일을 행하고자 하는 욕망은 우리 인간에게는 너무나 자연스러운 일입니다. 솔로몬은 "아이의 마음에는 미련한 것이 얽혔으나 징계하는 채찍이 이를 멀리 쫓아내리라"(잠 22:15)라고 말하였고 "채찍과 꾸지람이 지혜를 주거늘 임의로 행하게 버려 둔 자식은 어미를 욕되게 하느니라"(잠 29:15)하였습니다. 말할 것도 없이 인간의 마음은 우리가 날마다 밟고 다니는 땅처럼 무성한 잡초로 뒤덮여 있는 것입니다. 당신이 자녀를 지혜롭게 다루고자 한다면 그 아이가 자신의 의지대로 행하도록 내버려두어서는 안됩니다.

고집 센 아이의 취향과 의도대로 혼자서 결정하고 행동하도록 내버려두지 마십시오. 당신이 불완전하고 나약한 어떤 사람에 대하여 생각하고 판단하고 행동하는 것과 똑같이 당신의 자녀에 대해 깊이 생각하고 신중하게 판단하여 행동하도록 하십시오. 오직 자녀의 취미와 기호만 염두에 두어서는 안됩니다. 아이는 자신의 육체에 무엇이 좋은가를 알지 못하는 것과 마찬가지로 자신의 정신과 영혼에 무엇이 유익한가를 아직 알지 못합니다. 당신은 아이가 스스로 무엇을 먹고, 마시고, 어떤 옷을 입을 것인가를 혼자서 결정하게 내버려두어서는 결코 안됩니다.

마찬가지로, 아이의 정신에 대해서도 일관적으로 대하도록 하십시오. 성경에 기초한 올바른 길로 자녀를 가르치도록 하십시오. 자녀가 가고 싶어하는 길로 가르쳐서는 안됩니다. 당신이 이와 같은 기독교의 교육원칙에 따르겠다고 스스로 마음을 결정하지 못한다면, 이 글을 더 읽어 내려가는 것이 당신에게 아무런 소용이 없을 것입니다. 어린 아이의 정신에 맨 처음으로 나타나는 것은 제멋대로 하려고 하는 고집입니다. 당신이 무엇보다도 먼저 해야 할 일은 이러한 아이의 자기고집을 막는 일입니다.

2. 부드러움과 애정과 인내를 가지고 당신의 자녀를 가르치십시오.

나는 당신이 자녀를 응석받이로 길러야 한다고 말하고 있는 것이 아닙니다. 그와 반대로 당신이 아이를 사랑하고 있다는 것을 아이가 알게 해야 한다고 말하고 있는 것입니다.

사랑은 당신의 모든 행동을 통하여 끊임없이 흘러나오는 생명의 끈이 되어야 합니다. 친절과 상냥함, 오래 참음, 인내와 연민, 자녀의 고통에 참여하려는 의지, 또한 자녀의 기쁨에 동참하려 하는 기꺼움 등은 자녀를 가장 손쉽게 이끌 수 있는 끈이며, 당신이 자녀의 마음에 다가가기 위해서는 반드시 따라야 할 실마리입니다. 어른들 사이에서도 그들의 마음을 이끌어내고 그들의 마음에 다가가는 일은 참으로 어려운 일입니다.

우리에게는 강제로 무엇인가를 요구하는 행위에 대해 반발하고자 하는 마음 상태가 존재합니다. 우리는 누군가가 강제로 순종하기를 요구하는 행위에 대해 등을 꼿꼿이 세우고 목을 뻣뻣하게 들어 대항할 자세를 취합니다. 그들은 조련사의 손에 있는 망아지와 같습니다. 망아지들을 부드럽고 친절하게 다루고 소중하게 생각하도록 해보십시오. 그러면 점차적으로 말들을 생명의 끈으로 인도할 수 있을 것입니다. 만약 거칠고 난폭하게 망아지들을 다룬다면 길들이는 데에는 수개월이 지나야 할 것입니다. 그와 마찬가지로 자녀들에게 거칠고 난폭하게 대한다면 자녀의 마음을 이끌어내는 데에는 오랜 시간이 걸릴 것입니다. 어린 자녀들의 정신은 어른들의 정신과 아주 비슷한 성질을 갖고 있습니다. 엄격하고 가혹한 태도로 말미암아 자녀들의 마음은 얼어붙고 주춤거리게 됩니다. 부모의 그러한 태도 때문에 아이들은 마음의 문을 닫게 되고 당신은 그 문을 찾느라고 헛된 시간을 소비하게 될 것입니다.

당신이 자녀들에게 애정어린 감정을 갖고 있다는 것을 그들이 항상 알 수 있게 하십시오. 당신이 진정으로 자녀들의 행복을 간절히 바라고 그들의 유익을 바란다는 것을 알 수 있게 하십시오. 당신이 자녀들에게 벌을 주는 것은 그들을 미워하기 때문이 아니라 진정으로 자녀들의 유익을 위해 징벌한다는 것을 자녀들이 인정하게 한다면, 당신은 그들의 영혼을 살찌게 하기 위해 당신의 심장의 피를 수혈하는 사람으로 인정받을 것입니다. 자녀들이 당신의 마음을 알 수 있게 하십시오. 그리하면 자녀들은 곧 당신 자신의 아이들이 될 것입니다. 그리고 당신이 자녀들의 주의를 끌고자 한다면 자녀들에게 친절하게 다가가야만 한다는 것을 명심하도록 하십시오.

깊은 사려는 우리에게 다음과 같은 교훈을 가르쳐주기도 합니다. 아이들은 부드럽고 연약한 피조물이며 꾸준하고 사려 깊은 대우를 필요로 하는 존재입니다. 우리가 아이들을 거칠게 다루면 아이들에게 유익하기보다는 오히려 해를 끼칠 수도 있습니다. 그러므로 아이들을 다룰 때에는 깨지기 쉬운 물건과 같이 세심한 주의를 다하여 조심스럽게 다루도록 해야 합니다. 또한 아이들은 조심스럽게 물을 주어야 하는 어린 식물과도 같은 존재입니다. 그러므로 우리는 가끔 한 번에 조금씩 정성을 다하여 조심스럽게 물을 주어야 합니다.

우리는 자녀들에게 한꺼번에 많은 것을 기대해서는 안됩니다. 우리는 어린 아이들이 어떠한 존재인지를 잊지 말아야 합니다. 자녀들에게 견딜 수 있을 만큼 알맞은 정도로 꾸준하게 가르쳐야 합니다. 아이들의 정신은 마치 한 덩어리의 금속과도 같아서 단 한 번의 두들김만으로는 반듯하고 유용한 물건이 되지 못합니다. 계속적으로 두들겨야만 쓸모 있고 유용한 물건이 됩니다. 아이들의 이해력은 마치 목이 좁다란 긴 병과도 같아서 우리는 천천히 점차적으로 지식의 포도주를 쏟아 부어야 합니다. 그리하지 않고 한꺼번에 모두 쏟아 부으면 많은 지식이 쓸모없게 되고 쏟아질 것입니다.

'원칙대로, 조금씩'하는 것을 우리의 규칙으로 삼아야 합니다. 숫돌의 올바른 역할은 아주 천천히 또한 자주 문질러 닦음으로써 자루낫의 날을 날카롭게 세우는 것입니다. 아이를 가르치는 데 있어서도 숫돌과 같은 꾸준한 인내가 필요합니다. 인내가 없이는 아무 일도 이루어질 수 없습니다.

위에서 말한 부드러움과 사랑을 대신할 수 있는 것은 아무것도 없습니다. 어떤 목사가 아무리 분명하고도 강력하게 예수님의 진리를 이야기할 수 있다 하더라도 그가 사랑을 담아서 이러한 진리를 말하지 않는다면 그러한 진리를 받아들이는 영혼은 매우 드물 것입니다. 당신이 자녀들에게 그들의 의무를 알려야 할 때에, 명령하고 위협하고 벌을 주거나 설득함으로써 애쓴다고 하더라도 당신의 태도에 애정이 결핍되어 있다면 당신의 노력은 모두 헛될 뿐입니다.

사랑이야말로 성공적인 교육을 가능하게 하는 위대한 비법입니다. 화를 내며 거칠게 행동하는 것은 자녀들을 겁에 질리게 할 뿐만 아니라 당신이 옳다는 것을 자녀들에게 인식시킬 수 없습니다. 아이는 당신이 이성을 잃고 화를 내고 있다는 것을 알게 되면 더 이상 당신을 존경하지 않게 될 것입니다. 사울이 요나단에게 말한 것과 같은 태도로 아들에게 말하기 좋아하는 아버지는 아들이 자신의 말을 깊이 생각하고 그 말에 따라 행동할 것이라고 기대해서는 안됩니다(삼상 20:30).

그러므로 아이들이 당신에게 끊임없는 애정을 느낄 수 있도록 애쓰십시오. 당신에게 두려움을 느끼는 자녀들이 있다면 그것은 매우 위험한 일입니다. 두려움은 당신과 자녀들 사이에 어색한 침묵과 압박감이 생겨나는 것으로 말미암아 싹트게 되며, 자녀들은 곧 두려움을 느끼게 됩니다. 두려움 때문에 자녀들은 자신의 태도를 개방하지 않고 숨기려고 하며 두려움 때문에 위선의 씨앗을 품고 거짓말을 하게 됩니다. "아비들아 너희 자녀를 노엽게 하지 말지니 낙심할까 함이라"(골 3:21)라는 골로새인들에게 보내는 사도의 말씀이야말로 분명한 진리의 원천이라 할 것입니다.

3. 자녀들은 당신에게 굉장히 많이 의존하고 있다는 사실을 기억하십시오.

은혜는 모든 원리 중 가장 강력한 것입니다. 회심할 가능성이 없어 보이는 죄인의 마음 속에 생겨나는 하나님의 은혜의 효력이 얼마나 엄청난 것인가를 보십시오. 하나님의 은혜는 사탄의 요새를 단 한 번에 무너뜨리며 거대한 산을 뒤집어 엎고 계곡을 가득 메울 수 있으며 구부러진 것을 곧게 세우며 모든 사람들을 새롭게 창조할 힘을 가졌습니다. 하나님의 은혜로 할 수 없는 일은 진정 아무것도 없습니다.
그리고 인간의 본성 또한 강력합니다. 인간의 본성은 하나님 왕국의 일이라면 무엇이든지 반발하고, 거룩하게 되고자 하는 모든 시도를 방해하려 합니다. 인간의 본성은 인간의 내부에서 생명이 끝나는 순간까지 끊임없이 싸움을 계속합니다. 인간의 본성은 참으로 강력한 것입니다.
그러나 하나님의 은혜와 인간의 본성에 비견할 만한 것으로 교육만큼 강력한 것은 없습니다. 교육과 연계된 어린 시절의 습관이야말로 이 세상에서 지극히 중요한 것입니다. '현재의 나'는 교육을 통하여 존재하며 우리의 인격 또한 어린 시절에 배워 얻은 성품을 통해 형성된 것입니다.[2]

우리는 우리 자신을 키워준 사람들에게 상당히 많은 부분을 의존하고 있습니다. 많건 적건, 우리의 모든 생애에 걸쳐서 우리는 우리 자신을 키워준 모든 사람들로부터 지금의 취미와 태도와 편견까지도 배워 획득하고 있습니다. 우리는 어머니와 유모가 말하는 것을 듣고 언어를 말할 줄 알게 되며 동시에 그들의 태도와 생활방식과 정신을 그대로 좇아 배우게 됩니다. 우리가 가지고 있는 수많은 것들은 바로 어린 시절에 우리의 주변에 있었던 사람들에 의해서 뿌려진 씨앗이라고 볼 수 있을 것입니다. 시간이 흐르면 우리가 얼마나 많은 부분에 있어서 어린 시절의 인상과 교육에 의해서 영향 받았는지 드러나게 될 것입니다. 유명한 학자인 존 로크(John Locke) 다음과 같이 말하고 있습니다.

> 우리가 만나는 사람들 중 열에 아홉은 좋건 나쁘건, 유용하건 유용하지 않건 간에 교육에 의하여 현재의 그들이 되었다.

이러한 모든 것은 바로 하나님의 자비로운 준비의 한 가지입니다. 하나님은 습기를 빨아들이는 진흙과 같이 당신의 자녀들이 외부로부터 받은 인상을 받아들일 수 있는 정신을 베풀어 주셨습니다. 또한 하나님은 이제 인생을 시작하는 시점에 서 있는 자녀들이 당신의 말을 전적으로 믿는 태도를 주시고, 자녀들이 당신의 충고를 당연하게 받아들이고 이방인의 말보다는 당신의 말을 신뢰하는 태도를 갖도록

---

[2] "삶의 작은 일부밖에 보지 못한 사람들은 사람들의 의견이나 생각의 습관에 기초한 교육의 영향의 전체를 보지 못한다. 삶 전체를 둘러싸고 있는 놀이방에서 아이들을 밖으로 이끌어내야 한다."(Cecil)

하셨습니다.

간단히 말해서 하나님은 당신이 자녀들에게 유익한 일을 할 수 있는 기회를 주십시오. 이러한 기회를 게으르게 무시하거나 내버리지 않도록 유의하십시오. 한번 그 기회를 놓치게 되면 영원히 사라져 버립니다. 몇몇 사람들이 현혹되어 있는 잘못된 생각에 빠져들지 않도록 경계하십시오. 예를 들어 부모들은 자녀를 위하여 아무 일도 할 수 없으며, 자녀들을 홀로 내버려 두어야 하고, 은혜를 기다려야 하며, 가만히 그대로 있어야 한다는 잘못된 생각을 경계하십시오. 이러한 부모들은 마치 발람의 환상처럼, 자신의 자녀들이 죽을 때에는 의인이길 바라지만, 정작 그 자녀들을 위해서는 아무 노력도 하지 않습니다. 악마는 이러한 사람들의 생각과 논리를 환영합니다. 그는 사람들이 이러한 잘못된 생각을 갖고 있는 것을 알고 아주 기뻐합니다. 악마는 사람들이 자신들의 나태함을 자꾸 변명하도록 옆에서 부추기고 자녀를 의로운 사람으로 교육시키는 수단을 소홀히 하고 내버리도록 옆에서 충동질하기를 좋아합니다.

당신은 자녀를 회심하게 할 능력이 없습니다. 거듭난 사람들은 인간의 뜻으로 거듭난 것이 아니라 하나님의 뜻으로 거듭난 것입니다. 그러나 하나님께서는 "마땅히 행할 길을 아이에게 가르치라 그리하면 늙어도 그것을 떠나지 아니하리라"(잠 22:6)라고 분명하게 말씀하셨습니다. 또한 하나님께서는 하나님의 계명을 이루게 하기 위해서 먼저 은혜를 베풀고 나서야 비로소 사람에게 명하십니다. 우리의 의무는 아무 일도 하지 않고 가만히 있는 것이 아니며 논쟁만 거듭하는 것도 아닙니다.

우리의 의무는 앞으로 나아가서 복종하는 것입니다. 그것은 바로 하나님께서 우리를 맞이하는 길이며 우리가 나아가야 할 길입니다. 복종의 길은 바로 하나님께서 축복을 베풀어 주는 길입니다. 가나의 결혼 잔치에서 항아리에 물을 가득 채우도록 명령을 받은 종들과 같이 우리의 할 일을 다 해야 하며 우리는 물을 포도주로 변하게 하시는 주께 그 물동이를 안전하게 갖다 드려야 합니다.

4. 영혼을 가장 중요하게 생각하는 태도로 당신의 자녀를 가르치십시오.

의심할 바 없이 당신의 눈에는 자녀들이 소중할 것입니다. 당신이 그들을 사랑한다면 그들의 영혼에 대해 생각하도록 하십시오. 자녀들의 영원한 유익이야말로 당신에게 가장 소중한 것입니다. 당신에게는 자녀의 모든 부분이 영원히 없어지지 않을 만큼 소중할 것입니다. 그러나 세상은 그 모든 영광에도 불구하고 곧 사라지게 될 것입니다. 높은 언덕은 평지가 되고 하늘은 두루마리처럼 말리울 것이며, 태양은 더 이상 빛나지 않을 것입니다. 그러나 당신이 너무나 사랑하는 어린 자녀들 속에서 숨쉬고 있는 영은 행복하건 행복하지 않건 간에 그들을 모두 살아있게 할 것이며 어린 자녀들의 영은 바로 당신에게 절대적으로 의존하고 있습니다.

당신이 자녀의 영혼을 가장 중요하게 생각하는 것은 당신이 자녀들을 위하여 할 수 있는 가장 중요한 최고의 생각입니다. 당신이 자녀들을 위하여 준비하는 모든 단계와 계획과 전략과 자녀들에 관한 여러 가지의 준비를 시작함에 있어서 "이것이 자녀들의 영혼에 어떠한 영향을 줄 것인가"라는 강력한 질문을 빠뜨려서는 안됩니다.

영혼을 사랑하는 것은 모든 사랑의 원천입니다. 당신이 자녀의 응석을 받아주고 제멋대로 하도록 내버려두며 너그럽게 봐주는 것은 결코 사랑이 아닙니다. 자녀들이 이 세상을 의지하고 이 세상에서의 삶이야말로 가장 행복한 유일한 삶인 것처럼 제멋대로 하게 내버려두는 것은 사랑이 아니라 잔인한 행위입니다. 이러한 행위는 자녀들을 지상에 있는 동물들과 같게 다루는 것이며 그 동물에게 지상의 세계만을 알게 하고 죽음 이후의 세계에 대해서는 전혀 알지 못하게 하는 것과 조금도 다를 바가 없습니다. 이러한 행위는 자녀에게 어린 시절부터 배워야만 할 진리이자 삶의 중요한 목표인 영혼의 구원이라는 위대한 진리를 감추어 버리는 것과 다를 바가 없습니다.

참된 그리스도인은 천국을 향하여 자녀를 교육시키고자 할 때 유행의 노예가 되어서는 안됩니다. 참된 그리스도인은 단순히 이 세상의 풍습이기 때문에 유행에 따라 자녀들을 가르치는 것에 만족해서는 안됩니다. 단순히 보편적으로 행해지고 있다는 이유만으로 유행하는 그대로 따라 자녀를 가르쳐서는 안됩니다. 또한 자녀들에게 의심스러운 종류의 책을 읽게 허용해서는 안되며, 단순히 그 시대의 습관이라 하여 의심스러운 종류의 습관을 가지도록 허용해서는 안됩니다. 참된 그리스도인은 자녀의 영혼에 깊은 관심을 갖고 교육에 임해야 합니다. 다른 사람들이 자신이 하고 있는 자녀의 교육에 대해 이상하고 유별나다고 비꼬는 일이 생기게 될지라도 조금도 부끄러워 할 필요가 없습니다.

이 세상의 유행은 곧 사라지게 될 것이며 시간은 짧습니다. 당신이 이 세상을 위해서가 아니라 천국을 위해 자녀를 가르치고자 한다면 천국을 향하여 자녀를 가르치십시오. 사람들을 위하여 자녀를 가르치기보다는 하나님을 위하여 자녀를 교육시키도록 하십시오. 결국 당신은 현명한 부모로 불리우게 될 것입니다.

5. 성경을 당신의 자녀에게 가르치십시오.

당신은 자녀들이 성경을 사랑하게 할 수 있는 능력이 없으며, 오직 성령만이 인간에게 말씀에 대하여 기뻐하는 마음을 갖게 할 수 있습니다. 당신은 자녀들이 성경에 친근해지도록 도와줄 수 있을 뿐입니다. 또한 당신은 자녀들이 성경에 친근해지는 것은 언제나 빠르지 않으며, 쉬운 것만은 아니라는것을 깨닫게 될 것입니다.

성경에 대한 철저한 지식은 분명한 신앙의 관점을 갖게 하는 샘물입니다. 성경에 튼튼히 뿌리내리고 있는 그리스도인은 결코 우유부단한 사람으로 인정되지 않으며 새로운 교리에 관한 모든 움직임에 흔들리지도 않을 것입니다. 성경에 대한 지식을 가장 중요한 것으로 생각하지 않는 교육체계는 불안정하고 건전하지 못합니다.

당신은 성경에 대한 철저한 지식에 대하여 세심하게 숙고해야 할 필요가 있습니다. 왜냐하면 악마는 주변에서 항상 때를 기다리고 있으며 우리는 언제나 실수할 여지가 너무 많기 때문입니다. 우리 주변의 많은 사람들이 예수 그리스도 덕택에 교회에 대해 깊은 존경심을 가지고 있습니다. 또한 대다수의 사람들은 성찬을 구원과 영원한 생명에 대한 보장으로 생각하기도 합니다. 우리는 성경보다 교리문답을 더 존중하는 사람들, 또는 성경의 진리 대신에 하찮고 보잘 것 없는 이야기책으로 자녀의 정신을 가득 채우려 하는 사람들을 많이 찾아볼 수 있습니다. 그러나 당신이 자녀들을 진정으로 사랑한다면 자녀의 영혼을 가르치는 데 있어서 성경을 가장 중요한 것으로 존중하게 하십시오. 그리고 다른 모든 책들은 성경 다음으로 받아들이게 하도록 하십시오.

교리문답을 통하여 강력해지려고 애쓰기보다는 성경에 관심을 기울이고 성경을 통하여 강력해지도록 힘쓰십시오. 성경으로 강해지는 것은 하나님께서 명예롭게 생각하시는 가르침입니다. 다윗 왕까지도 하나님께 "주께서 주의 말씀을 주의 모든 이름보다 높게 하셨음이라"(시 138:2)라고 말하였습니다. 하나님은 하나님의 말씀을 세상에 널리 펴기 위하여 애쓰고 있는 모든 사람들에게 특별한 축복을 베풉니다.

자녀들에게 경건한 태도로 성경을 읽도록 가르치십시오. 자녀들이 성경을 사람의 말로 생각하지 않고 하나님의 감동으로 된 것으로 여기며, 성경의 말씀은 모두가 진리이며 유익하고, 그리스도 예수에 대한 믿음을 통하여 사람을 구원으로 이끌 수 있는 지혜로운 말씀이라는 것을 깨달을 수 있도록 가르치십시오.

자녀들에게 규칙적으로 성경을 읽도록 가르치십시오. 자녀들의 영혼을 살찌우게 하는 매일의 양식으로서 성경을 읽도록 가르치고, 자녀들의 영혼을 건강하게 하는 데 성경을 필수적인 것으로 생각하게 하십시오. 그리고 비록 이러한 것은 형식적이지만, 이보다 더 나은 대안은 없습니다. 형식적인것은 직접적인것이 아니므로 죄를 억누르는데 전혀 쓸모 없다고 말할 수 있는 사람은 없을 것입니다.

자녀들에게 성경을 전부 읽도록 가르치십시오. 자녀들에게 어떤 교리를 전해주는 것을 머뭇거리지 마십시오. 어린 자녀들이 기독교의 주요한 교리들을 이해할 수 없으리라고 생각해서는 안됩니다. 어린이들은 우리가 생각하고 있는 것보다 훨씬 더 성경에 대하여 많은 것들을 이해할 수 있습니다.

아이들에게 죄, 죄책, 죄의 세력, 죄의 결과, 죄의 타락에 대해 일러주십시오. 자녀들에게 죄의 보상, 십자가, 피, 성화, 중재에 대해 말해주십시오. 당신은 어린 자녀들이 이러한 모든 것을 이해할 수 있는 무엇인가를 가지고 있다는 것을 알게 될 것이라고 나는 확신할 수 있습니다.

인간의 마음에 임하는 성령의 역사에 대해 자녀들에게 일러주도록 하십시오. 성령이 어떻게 인간을 변화시키고 거듭나게 하며 인간을 거룩하게 하고 정결하게 하는가를 알려주도록 하십시오. 당신은 자녀들이 이러한 것들을 어느 정도 이해하고 당신의 말을 잘 따르게 될 것임을 곧 알게 될 것입니다. 간단히 말해서 나는 우리들이 어린 아이들이 넓고 깊은 영광된 복음에 대하여 얼마나 많이 이해할 수 있을 것인가를 전혀 알지 못하고 있다고 생각합니다. 그들은 우리가 생각

하는 것보다도 이러한 성경의 모든 내용에 대해 더 많은 것들을 이해할 수 있습니다.[3]

아이들의 정신을 성경으로 가득하게 하십시오. 하나님의 말씀이 자녀들의 마음속에 풍성하게 살아있게 하십시오. 자녀들이 아직 어리다 할지라도 그들에게 성경 전체를 모두 알려주도록 하십시오.

6. 기도를 당신의 자녀에게 가르치십시오.

기도는 참된 신앙의 생명의 빵입니다. 기도는 한 인간이 거듭나는 최초의 증거 중 하나입니다. 주님께서는 아나니아를 사울에게로 보내던 날에 "그가 기도하는 중이니라"(행 9:11)고 말하였습니다. 사울은 기도하고 있었으며 그것으로 증거는 충분하였던 것입니다.

기도는 주의 백성들과 이 세상 사람들 사이에 구원이 시작된 날에 주의 백성이라는 구별이 되는 표시였습니다. "그 때에 사람들이 비로소 여호와의 이름을 불렀더라"(창 4:26)라고 하였듯이 기도는 주의 백성임을 알리는 표시입니다.

기도는 참된 그리스도인들의 표시입니다. 그리스도인들은 기도합니다. 그들은 하나님께 자신들에게 부족한 것과 자신들이 느끼는 것과 바라는 것과 두려워하는 것을 모두 이야기합니다. 이름뿐인 가짜 그리스도인들도 여러 번 기도하고 좋은 기도를 반복할 수 있지만 그는 더 이상 나아가지 않습니다.

기도는 한 인간의 영혼에 있어서 전환점이 됩니다. 당신이 스스로 무릎을 꿇고 엎드려 간절히 기도할 때까지 우리들 목사의 노력은 헛

---

[3] 어린이에게 종교교육을 시작해야 할 시기에 관해서는 일반적인 규칙은 없다. 어떤 어린이들은 다른 어린이들보다 빨리 마음을 연다. 우리가 너무 일찍 시작하는 경우는 거의 없다. 세 살짜리 아이임에도 가능했던 놀라운 예가 기록에 있다.

되며 당신에게 조금도 유익하지 않습니다. 당신이 스스로 무릎 꿇고 기도하는 날에야 비로소 우리의 노력도 효력이 있으며 그때야 비로소 우리는 당신에 대해 소망을 갖게 될 것입니다.

기도는 영적인 번영의 위대한 비밀입니다. 당신에게 있어 개인적으로 하나님과의 대화가 넘쳐날 때에 당신의 영혼은 비온 뒤에 쑥쑥 자라나는 풀과 같이 자라날 것이며, 하나님과의 대화가 메말랐을 때에는 모든 것이 제자리에 머물러 있게 될 것이며, 당신의 영혼 또한 가까스로 살아있는 상태를 유지하게 될 것입니다. 성장하는 그리스도인이 되십시오. 또한 전진하는 그리스도인이 되며, 강한 그리스도인, 번영하는 그리스도인이 되십시오. 나는 그러한 그리스도인이 그의 주와 함께 말하는 사람임을 확신합니다. 또한 나는 그러한 그리스도인이 많은 것을 요구하고 많은 것을 갖게 될 것임을 잘 알고 있습니다. 그는 예수님에게 모든 것을 말합니다. 그래서 그는 항상 어떻게 행동하여야 할 것인가를 잘 알고 있습니다.

기도는 하나님께서 우리의 손에 주신 가장 강력한 수단입니다. 기도는 우리가 모든 괴로움 속에서 사용할 수 있는 가장 좋은 무기이며 모든 고통을 이겨낼 수 있는 가장 확실한 처방입니다. 기도는 약속의 보물을 열 수 있는 열쇠이며, 은혜를 이끌어 내는 손이요, 부족할 때에 도움을 주는 손길입니다. 기도는 하나님께서 우리에게 필요한 때에는 언제든지 소리를 내게 명하신 은 나팔입니다(민 10:2). 그리고 기도는 하나님께서 어린 자녀의 외침에 항상 사랑 넘치는 어머니로서 함께 하실 것을 약속하였던 외침입니다.

기도는 하나님께 나아갈 때에 인간이 유용하게 사용할 수 있는 가장 간단한 수단입니다. 기도는 모든 사람의 손길이 닿는 곳에 있습니다. 병자와 노인과 약한 자들과 중풍환자들과 눈먼 자들, 가난한 자들과 못 배운 자들이 모두 기도할 수 있습니다. 이 문제에 있어서 기억력이 부족하고 배운 것이 부족하며 읽은 책이 없고 학식이 부족하다고 변명하는 것은 조금도 이로울 것이 없습니다. 당신이 자신의 영혼의 상태를 말할 수 있는 혀를 가지고 있는 한 당신은 기도할 수 있고 기도하여야 합니다. "너희가 얻지 못함은 구하지 아니함이요"(약 4:2)라는 말씀은 대부분의 사람들에게 무서운 저주의 말씀이 될 것입니다.

당신이 자녀를 사랑한다면 자녀들에게 기도하는 습관을 가르치기 위하여 부모의 능력으로 할 수 있는 일은 무엇이든 모두 행하도록 하십시오. 자녀들에게 어떻게 기도를 시작하는가를 알려주십시오. 무엇을 말해야 하는가를 일러주도록 하십시오. 자녀들이 꾸준히 노력하도록 옆에서 격려해주십시오. 자녀들이 기도에 대해 조심성이 없고 기도를 게을리 하거든 자녀들을 각성시키십시오. 자녀들이 주의 이름을 부르지 않는다면 그러한 상태로 내버려두는 것은 당신의 실수가 될 것입니다. 자녀들이 주의 이름을 부르게 하십시오.

신앙에 있어 기도는 아이가 시작할 수 있는 최초의 단계라는 사실을 잊지 마십시오. 머지않아 아이는 글을 읽을 수 있게 되고, 당신은 그 아이에게 어머니 옆에 무릎을 꿇고 간단한 기도말과 찬양을 암송할 수 있도록 가르쳐야 합니다. 모든 일은 첫단계가 가장 중요합니다. 기도하는 태도 또한 당신이 자녀들을 위해 가장 관심을 쏟아야 할 가치가 있는 것입니다.

얼마나 많은 것이 기도에 달려 있는가를 아는 사람들은 매우 드문 것 같습니다. 당신은 자녀들이 서두르고 조심성이 없이 경건하지 못한 태도로 기도하지 않도록 세심하게 경계해야 합니다. 당신은 하인들과 유모들에게 아이의 기도하는 태도를 돌보도록 내맡기고 무관심해지지 않도록 경계하십시오. 당신의 자녀들이 그들에게 내맡겨져 있을 때에 자녀들이 올바른 태도로 기도할 것이라고 신뢰하지 않도록 주의하십시오. 어린 자녀들이 기도하는 것을 매일의 생활에 있어서 가장 중요한 부분으로 생각하게 하지 않고 세심하게 돌보지 않는 어머니는 결코 칭찬을 받지 못할 것입니다. 당신 자신의 눈길과 손길로 자녀의 습관을 형성하는 일에 도움을 줄 수 있는 것이 있다면 그것은 바로 기도하는 습관입니다.

당신이 한 번도 당신의 자녀가 기도하는 것을 직접 들어보지 못하였다면 당신은 비난받아 마땅합니다. 만약 그렇다면, 당신은 욥기에서 "그것이 알을 땅에 버려두어 흙에서 더워지게 하고 발에 깨어질 것이나 들짐승에게 밟힐 것을 생각하지 아니하고 그 새끼에게 모질게 대함이 제 새끼가 아닌 것처럼 하며 그 고생한 것이 헛되게 될지라도 두려워하지 아니하나니"(욥 39:14-16)라고 기록되어 있는 타조보다도 어리석은 사람입니다.

기도는 모든 습관들 중에서 가장 오래도록 기억되어야 할 습관입니다. 머리가 희끗한 수많은 사람들이 당신에게 자신의 어머니가 어린 시절에 어떻게 기도하게 하곤 했는지를 상세하게 말해줄 것입니다. 그의 기억 속에서 다른 일들은 모두 잊혀지고 사라져 버렸을 것입니다. 그가 찬양을 시작했던 교회와 설교를 들었던 목사와 함께 놀던 동료 친구들은 그의 기억으로부터 사라져 버리고 아무런 흔적도 남기지 못하였습니다.

그러나 당신은 그가 최초의 기도에 대해서는 다른 것과 달리 너무도 선명하게 기억하고 있다는 것을 깨닫게 될 것입니다. 그는 가끔 당신에게 자신이 무릎을 꿇고 기도하였던 장소나, 그가 무엇을 말할 것인가를 배웠으며 심지어 그의 어머니가 매 순간마다 자신을 어떤 눈길로 바라보았는지도 말할 수 있습니다. 그것은 그의 마음의 눈앞에서 바로 어제 일처럼 생생하게 떠오를 것입니다. 당신이 자녀를 사랑한다면 자녀들에게 제대로 기도하는 습관을 가르칠 수 있는 씨뿌리는 철을 헛되이 허비하지 않도록 하십시오. 자녀들에게 기도의 습관을 가르치십시오.

7. 성실한 습관과 특별히 은혜의 통로인 교회에 규칙적으로 출석하도록 당신의 자녀를 가르치십시오.

자녀들에게 하나님 나라에 가야 할 필요성과 특권에 대하여 일러주도록 하십시오. 회중들의 기도에 함께 참여하는 것에 대해 알려주십시오. 주의 백성들은 어디에서든지 함께 모이며, 주 예수는 그 자리에 특별한 방식으로 언제나 함께 참가하고 있다는 것을 알려주도록 하십시오. 사도 도마도 모임에 가지 않아 다른 제자들이 누린 예수님의 부활의 은총의 경험을 한번 놓친 적이 있었습니다. 자녀들에게 설교 말씀을 주의 깊게 잘 듣는 것이 매우 중요하며 그 말씀은 인간의 영혼을 회심시키고 거룩하게 하며 인간의 영혼을 증진시키기 위한 하나님의 택하심이라는 것을 일러주십시오. 자녀들에게 사도 바울이 말한 바를 일러주도록 하십시오.

> 모이기를 폐하는 어떤 사람들의 습관과 같이 하지 말고 오직 권하여 그 날이 가까움을 볼수록 더욱 그리하자(히 10:25).

교회에 나이 든 사람들만 성찬식에 나오고 청년들이 나오지 아니하는 것은 참으로 슬픈 일입니다. 그러나 더욱더 슬픈 일은 의무적으로 출석하게 되어 있는 주일학교의 어린이들을 제외하고는 교회에서 어린이들을 전혀 찾아볼 수 없다는 점입니다. 이러한 죄를 짓는 일이 당신 주변에서 일어나지 않도록 하십시오. 모든 교구마다 학교에 다니는 학생들 이외에도 많은 아이들이 있고 당신은 이 아이들의 부모이자 친구로서 함께 손을 잡고 교회에 나가도록 해야 합니다.

당신의 자녀들이 교회에 나가지 않는 것을 헛되이 변명하는 습관을 갖고 자라도록 허용해서는 안됩니다. 자녀들이 당신의 책임 하에 있는 동안에는 주의 날에 주의 집에서 주를 경배하는 것이 모든 사람들을 위한 당신 집안의 규칙이라는 것과 또한 당신이 안식일을 지키지 않는 사람들을 자신의 영혼을 스스로 파멸시키는 자들이라고 생각한다는 것을 자녀들에게 분명하게 인식시키도록 하십시오.

당신의 자녀들이 교회에 가서 주를 경배하고 안식일을 지키는 것을 분명하게 인식하고 있다면 자녀들과 함께 교회에 가서 교회에 있는 동안에는 그들을 바로 당신 옆자리에 앉게 하십시오. 교회에 가는 것도 중요한 일이지만 교회에서 올바르게 행동하는 것 또한 아주 중요합니다. 바로 당신의 눈앞에서 자녀들의 좋은 행동을 직접 보는 것이 가장 안전합니다.

어린아이의 마음이란 쉽게 치우치며 산만해지기에 가능한 모든 방법들로 여기에 대처해야 합니다.

나는 자녀들이 자기들끼리 교회에 나오는 것을 보고 싶지 않습니다. 그들은 가끔 도중에 나쁜 동료들과 좋지 못한 일에 마음을 뺏기고 다른 모든 날보다 주일에 더 많은 악한 행동을 배우게 됩니다.

또 나는 교회에 소위 '청년부 좌석'이 있는 것을 좋지 않게 여깁니다. 그들은 가끔 그 자리에서 무관심과 경건하지 못한 태도를 취하게 됩니다. 만약 그들이 조금이라도 이러한 무관심과 경건하지 못한 태도를 배우지 않고도 터득하고 있다면 이러한 태도를 없애는 데에는 오랜 시간이 걸리게 될 것입니다. 나는 남녀노소를 불문하고 모든 가족이 함께 교회에 나와서 나란히 앉아 그들의 가정의 법도에 따라 함께 하나님을 섬기는 모습을 보고 싶습니다.

그러나 어떤 사람들은 자녀들이 이해하지 못한다며 은혜의 통로인 교회에 참석하는 것은 아이들에게 아무런 쓸모가 없다고 말하고 있습니다. 그러나 당신이 이러한 논리에 귀를 기울이지 않기를 바랍니다. 우리는 구약성경의 어느 곳에서도 이러한 교리를 발견할 수 없습니다. 모세가 바로에게 나아가서 "모세가 이르되 우리가 여호와 앞에 절기를 지킬 것인즉 우리가 남녀 노소와 양과 소를 데리고 가겠나이다"(출 10:9)라고 말한 것을 깊이 생각해 봅시다. 또한 여호수아가 "이스라엘 온 회중과 여자들과 아이와 그들 중에 동행하는 거류민들 앞에서 낭독하지 아니한 말이 하나도 없었더라"(수 8:35)라고 한 것과 "너희의 모든 남자는 매년 세 번씩 주 여호와 이스라엘의 하나님 앞에 보일지라"(출 34:23)라고 한 말에 대해 깊이 생각해 봅시다.

또한 우리가 신약성경으로 눈을 돌려보면 구약성경에서와 마찬가지로 신앙에 대한 공적인 행동에 함께 참여하는 것에 대해 신약에서도 어린 자녀들을 언급하고 있는 부분을 발견하게 됩니다. 사도 바울이 마지막으로 두로에서 무리들과 작별할 때에 "그들이 다 그 처자와 함께 성문 밖까지 전송하거늘 우리가 바닷가에서 무릎을 꿇어 기도하고"(행 21:5)라고 기록하고 있는 것을 우리는 발견할 수 있습니다.

사무엘은 유년 시절에 진정으로 하나님을 알게 되기 전에 여러 번 하나님의 음성을 들었습니다. 그러나 "사무엘이 아직 여호와를 알지 못하고 여호와의 말씀도 아직 그에게 나타나지 아니한 때라"(삼상 3:7)라고 했듯이 그는 여호와를 알지 못하였습니다.

사도들 또한 우리의 주께서 말씀하신 때에 "제자들은 처음에 이 일을 깨닫지 못하였다가 예수께서 영광을 얻으신 후에야 이것이 예수께 대하여 기록된 것임과 사람들이 예수께 이같이 한 것임이 생각났더라"(요 12:16)라고 한 바와 같이 주께서 하신 말씀을 모두 이해하지는 못하였던 것 같습니다.

자녀를 가르치는 부모들은 이러한 실례들을 마음에 깊이 새겨두어야 할 것입니다. 자녀들이 지금 은혜의 수단에 대한 완전한 가치를 이해하지 못하고 있다 하여 낙담해서는 안됩니다. 자녀들이 정규적으로 교회에 출석하는 습관을 가지도록 가르치십시오. 자녀들이 마음에 고귀하고 거룩하며 엄숙한 의무를 알려주도록 하십시오. 자녀들이 당신의 행동에 대하여 찬사를 아끼지 않는 날이 올 것입니다.

8. 부모의 말을 신뢰하도록 당신의 자녀를 가르치십시오.

당신은 자녀들에게 자신이 말한 것을 항상 믿도록 하는 습관을 길러 주어야 합니다. 자녀들이 당신의 판단에 대해 신뢰를 느낄 수 있도록 애써야 하며 자녀들이 그들의 견해보다도 당신의 견해를 더 존중하게 하도록 애써야 합니다. 당신이 자녀들에게 나쁜 일에 대해 일러줄 때에 스스로 그것이 나쁜 것이라고 생각하도록 하는 습관을 길러주어야 합니다. 당신이 자녀들에게 좋은 일에 대해 말할 때에 자녀들 스스로 그 일이 좋은 것임에 틀림없다고 생각하도록 가르쳐야 합니다. 당신의 지식이 자녀들이 가진 것보다 더 나은 것이라야 자녀들이 당신의 말에 절대적으로 의존할 수 있습니다. 처음에는 자녀들에게 그들이 아는 것이 별로 없다는 것을 깨닫게 하십시오. 시간이 지나면 자녀들은 당신이 자신들에게 요구했던 것들에는 다 이유가 있었고, 필요한 것들이었다고 여기며 만족하게 될 것입니다.

어느 누가 참된 믿음의 영에 대한 축복을 말로 표현할 수 있겠습니까? 또한 불신앙이 이 세상에 가져온 불행에 대해서 말로 다 표현할 수 있겠습니까? 불신앙은 하와에게 금단의 열매를 따먹게 하였습니다. 하와는 하나님께서 금단의 열매를 따 먹으면 죽게 되리라는 말씀의 진리를 의심하였습니다. 불신앙은 구약시대의 세상 사람들에게 노아의 경고를 무시하게 하였습니다. 불신앙 때문에 그들은 죄 속에서 멸망하게 되었습니다. 불신앙은 이스라엘 사람들을 황야에서 방황하게 하였습니다. 이스라엘 사람들은 불신앙 때문에 약속의 땅에 들어가는 것을 금지 당하였습니다. 불신앙은 유대사람들에게 영광의 주를 십자가에 못박게 하였습니다. 모세와 예언자들은 유대인들에게 날마다 영광의 주를 말하였으나 그들은 모세와 예언자들의 목소리를 조금도 믿지 않았습니다.

또한 불신앙은 바로 이 시간에도 인간의 마음을 타락시키는 지배적인 죄입니다. 사람들은 하나님의 약속을 믿지 않고, 하나님의 경고를 믿지 않으며, 자신의 죄에 대해서도 조금도 믿지 않으며, 자신이 처해 있는 상태가 위험하다는 것을 조금도 믿지 아니하고, 자신의 악한 마음의 교만과 세속성에 반대되는 모든 것을 조금도 믿으려 하지 않습니다. 당신이 자녀들에게 절대적인 신뢰의 습관을 가르치지 못한다면, 즉 부모의 말에 대한 믿음과 부모가 하는 말은 무엇이든지 틀림없이 옳은 것이라고 확신하게 하는 습관을 가르치지 못한다면 당신은 자녀들에게 헛된 교육을 시키고 있는 것입니다.

어떤 사람들은 당신에게 자녀들이 이해할 수 없는 일들을 자녀에게 요구해서는 안된다고 말합니다. 또한 그들은 당신에게 자녀들이 행하기를 바라는 모든 일들에 대해 당신이 왜 행하기를 바라는가 하는 적절한 이유를 설명해 주어야 한다고 말합니다. 당신은 이러한 논리에 분명하게 대항해야 합니다. 단언컨대 이러한 논리는 건전하지 못한 썩은 논리입니다. 물론 당신이 하는 모든 일들을 조금도 이해할 수 없게 하는 것은 불합리하며, 자녀들에게 설명해 주는 것이 온당한 경우의 일들도 많이 있으며 자녀들이 이성적이고 현명하다는 것을 스스로 깨닫게 하기 위해서 그렇게 설명해 줄 수 있습니다. 그러나 자녀들이 완전하지 못한 나약한 이해력을 가졌으므로 자녀들이 아무 증거도 없이 무엇이든 그대로 믿는 것을 막아야 한다는 생각으로, 자녀들이 해야 하는 모든 일의 단계마다 분명하게 그 '이유'와 '원인'을 알려야 한다는 것이 치명적인 오류이며, 그들의 정신에 지극히 나쁜 영향을 미치는 것은 당연한 일입니다.

당신이 그렇게 하고자 한다면 어떤 순간에 자녀에게 분명하게 다음과 같은 사실을 납득시키도록 합시다. 즉 그는 결국 어린 아이에 불과하며 어린 아이로서 모든 일을 생각하고 이해하므로 모든 일에 대해 즉각 그 이유를 알려고 기대해서는 안된다는 것을 납득시키도록 하십시오.

자녀들에게 이삭을 본보기로 알려주십시오. 그의 아버지 아브라함이 그를 모리아 산에 데리고 가서 제물로 삼았던 때에 대해서 알려주십시오. 이삭은 아브라함에게 "번제할 어린양은 어디 있나이까?"(창 22:7)라는 간단한 질문만을 하였으며 아브라함도 "하나님은 자기를 위하여 친히 준비하시리라"(창 22:8)라고만 대답하였습니다. 이삭은 어떻게, 어디에서, 왜, 어떠한 방법으로, 무슨 수단으로 할 것인가를 묻지 아니하였으며 또한 그 대답이 충분하다고 생각하였습니다. 이삭은 그의 아버지가 그렇게 말하였으므로 잘 되리라고 믿었고 아버지의 대답에 만족하였던 것입니다.

우리 모두가 처음 시작할 때에는 배우는 사람들이며, 또한 모든 종류의 지식을 습득하기 위해서는 알파벳부터 배워야 하며, 가장 훌륭한 말도 맨 처음에는 길들여야 할 필요가 있다는 것을 자녀들에게 일러주도록 하십시오. 또한 부모가 자녀에게 가르치는 모든 것들이 현명했다는 것을 깨닫게 되는 날이 분명히 올 것이라고 일러 주십시오. 그리고 도중에 당신이 어떤 일이 옳다고 자녀에게 말하면 그것은 자녀들에게 틀림없이 충분할 것이며 자녀들은 당신을 믿어야 하고 만족해야 합니다. 부모들이 자녀를 가르치는 데 있어 무엇보다 중요한 것을 애정으로써 신뢰의 습관을 가르치기 위한 모든 수단을 쓸모 있게 사용해야 한다는 것입니다.

9. 순종의 습관을 당신의 자녀에게 가르치십시오.

자녀들에게 순종의 습관을 가르치는 것은 열심히 노력할 만한 가치가 있는 일입니다. 순종의 습관이야말로 우리의 생애에 깊은 영향력을 갖는 것이라고 할 수 있습니다. 부모는 비록 많은 수고를 하게 되고 자녀들에게 많은 어려움을 겪게 할지라도 자녀들이 부모에게 순종하게 해야 합니다. 자녀에게 순종의 습관을 가르침에 있어서 질문하는 것이나 이유를 물어보거나 논쟁하거나 혹은 뒤로 미루거나 다시 대답해야 할 필요가 없습니다. 당신이 자녀들에게 명령하였을 때 자녀들에게 그들이 즉각 그 명령을 행해야 한다는 것을 분명하게 알게 하십시오.

순종은 유일한 실체입니다. 순종은 눈에 보이는 믿음이며 행하는 믿음이며 구체적인 믿음입니다. 순종은 주의 백성들에게 참된 제자의 신분을 시험하는 것입니다. "너희는 내가 명하는 대로 행하면 곧 나의 친구라"(요 15:14)하였습니다. 순종은 제대로 교육받은 자녀들의 특징이며 그들은 부모가 그들에게 명한 것은 무엇이든지 행합니다. 실제로 기쁜 마음으로 부모에게 기꺼이 그리고 즉시 순종하지 않는다면 다섯째 계명을 존중하고 있다고 할 수 있겠습니까?

성경의 많은 곳에서 우리는 일찍 순종하는 것을 찾아볼 수 있습니다. 순종은 아브라함의 찬양 속에도 존재합니다. 그는 자신의 가족들을 가르치는 것뿐만 아니라 "내가 그로 그 자식과 권속에게 명하여"(창 18:19)라고 한 바와 같이 자녀들과 권속에게 명하였습니다. 순종에 대해서는 주 예수 그리스도에 대하여 말한 부분에서도 "예수께서 함께 내려가사 나사렛에 이르러 순종하여 받드시더라 그 어머니는 이 모든 말을 마음에 두니라"(눅 2:51)라고 기록되어 있습니다.

어린 요셉이 그의 아버지 야곱의 명에 얼마나 절대적으로 순종하였는가를 보십시오. 그는 아버지에게 "내가 그리 하겠나이다"(창 37:13)라고 순종하여 행하였습니다. 이사야가 불순종에 대하여 어떻게 나쁜 것으로 말하고 있는가를 봅시다. "아이가 노인에게, 비천한 자가 존귀한 자에게 교만할 것이며"(사 3:5)라고 말하고 있습니다. 또한 사도 바울은 부모에 대한 불순종을 "말세에 고통하는 때가 이르리니"(딤후 3:1, 2)라고 나쁜 징조의 하나로 생각하였습니다. 사도 바울은 목회자의 덕목 중 하나로 자녀들에게 순종을 잘 가르치는 것을 꼽고 있습니다. 그는 "자기 집을 잘 다스려 자녀들로 모든 단정함으로 복종케 하는 자라야 할찌며"(딤전 3:4), "집사들은 한 아내의 남편이 되어 자녀와 자기 집을 잘 다스리는 자일찌니"(딤전 3:12)라고 말하고 있으며 또한 장로들은 "방탕하다 하는 비방이나 불순종하는 일이 없는 믿는 자녀를 둔 자라야 할찌라"(딛 1:6)라고 말하고 있습니다.

부모는 자녀들이 행복하기를 바랍니다. 그러므로 부모들은 자녀를 교육하는 데 있어 자녀가 부모의 명한 대로 순종하고 명한 대로 행하도록 가르쳐야 합니다. 우리는 결코 전적으로 남에게 의존하지 않는 독립적인 존재가 아니며 독립에 적합하지도 않습니다. 심지어 그리스도의 자유민들까지도 멍에를 지고 있습니다. 그들은 " 주 그리스도를 섬기느니라"(골 3:24)고 말한 것과 일치합니다. 자녀들에게 이 세상의 모든 것을 지배하기로 되어 있는 존재가 아니며, 또한 우리가 윗 사람들에게 순종하는 법을 모르면 올바른 자리에 있지 않다는 것을 일찍부터 가르치는 것은 지나친 일이 아닙니다.

자녀들이 어릴 때부터 순종하는 법을 가르치십시오. 그렇게 하지 않으면 자녀들은 하나님께 반대하여 짜증을 내게 될 것이며 하나님의 통제에서 벗어나고자 하는 헛된 생각으로 스스로를 피곤하게 할 것입니다.

자녀들에게 순종의 습관을 가르치는 것은 지극히 중요하며 필수적인 일입니다. 오늘날 우리는 자녀들이 마음대로 선택하는 것을 묵인하고, 자녀들이 스스로 살 수 있는 능력이 없음에도 불구하고 자녀들 혼자 생각하도록 내버려두며, 심지어는 자녀들이 순종하지 않는 것에 대하여 그것이 마치 조금도 비난받을 필요가 없는 일처럼 용서해 주는 사람들을 많이 보게 됩니다. 그러나 항상 자녀들이 하고자 하는 대로 내버려두는 부모와 항상 제 고집대로 하는 자녀들을 보는 것은 참으로 가슴 아픈 일입니다. 왜냐하면 하나님이 정하신 일의 순서가 뒤집어지고 무시되었기 때문입니다. 또한 결국에는 이러한 자녀들의 인격은 자기중심적이고 교만하며 자기기만적인 것이 되는 사실이 분명한 결과로 나타나게 될 것을 확신하기 때문입니다.

만약 당신이 자신의 자녀들이 이 세상에서 자신에게 순종하지 않더라도 그냥 내버려둔다면 그들이 천국에 계신 아버지에게 순종하지 않는 것을 보게 되더라도 조금도 놀라지 않아야 할 것입니다. 당신이 자녀를 사랑한다면 그들에게 순종이 표어가 되도록 끊임없이 순종하는 습관을 가르치십시오.

10. 당신의 자녀에게 항상 진실을 말하는 습관을 가르치십시오.

진실을 말하는 것은 얼핏 보기에는 우리들이 생각하는 것보다 훨씬 더 이 세상에서 보편적이지 못합니다. 진실만이 사람들의 마음속에 새겨야 할 황금률입니다. 거짓을 말하고 발뺌하는 것은 사람들의 상습적인 죄입니다. 악마는 거짓말과 속임수의 아버지였으며 그는 대담한 거짓말로 하와를 속였습니다. 하와의 타락 이후로 거짓말과 속임수는 하와의 모든 자손들이 특별히 세심하게 경계해야 하는 죄악이 되었습니다.

이 세상이 얼마나 많은 잘못들과 속임수로 뒤덮여 있는지를 눈여겨 보십시오. 또한 얼마나 많은 과장이 있으며 사람들이 단순한 이야기에 얼마나 많이 덧붙이고 눈덩이처럼 크게 확대시키는지를 생각해 보십시오. 또한 말하는 사람에게 이익이 되지 않을 때는 얼마나 많은 이야기들이 생략되어 버리는지를 생각해 보십시오. 우리가 사람들의 말을 조금도 주저하지 않고 신뢰할 수 있으며, 우리가 망설이지 않고 신뢰할 수 있는 사람들이 얼마나 적은지를 생각해 보십시오. 우리가 믿고 말할 수 있는 사람들은 참으로 드뭅니다. 고대의 페르시아인들은 그들의 후손을 가르치는 일에 있어서 참으로 현명하였습니다.

그들이 자녀들을 가르치는 일에 있어서 무엇보다 중요하게 생각하는 점은 바로 자녀들이 진실을 말하도록 가르치는 일이었습니다. 도대체 인간의 자연적인 죄에 대하여 이러한 점까지 열거해야 할 필요가 있다는 것 자체가 참으로 놀랍습니다.

나는 당신이 구약성경에서 얼마나 하나님이 진리의 하나님으로 언급되고 있는가를 관심을 두고 살펴보기를 바랍니다. 진리는 하나님의 특성 중에서도 지극히 중요한 특징으로서 우리가 따라야만 하는 하나님의 특징이라고 볼 수 있습니다. 하나님은 결코 똑바른 길에서 벗어나는 법이 없습니다. 하나님은 거짓과 위선을 증오합니다. 이러한 진리를 자녀들이 끊임없이 명심하게 하십시오. 자녀들에게 언제, 어디에서든지, 이러한 진리에 미치지 못하는 것은 거짓이며, 회피와 자기변명과 과장은 모두 잘못된 곳으로 향하는 불완전한 짐이며 모두 피해야만 한다고 일러주도록 하십시오. 어떤 상황에서든지 똑바로 솔직한 사람이 되도록 하며 그렇게 하는 것이 아무리 많은 희생을 치르는 일이 될지라도 진실을 말하는 사람이 되도록 자녀들을 가르쳐야 합니다.

자녀들에게 진실을 말하도록 가르치는 것은 자녀들에게 이 세상에서 자녀들의 인격을 위해서 뿐만 아니라 당신의 안전과 도움을 위하여서도 중요한 일입니다. 진실을 말하도록 가르치는이 당신에게도 위로가 되고 도움이 될 것입니다. 진실을 말하는 것은 무엇인가를 숨기려는 습관을 막아줄 수 있습니다. 숨기는 습관은 자녀들에게 있어서도 매우 좋지 못한 불행한 일입니다. 부모가 어린 시절에 자녀를 어떻게 가르치느냐에 따라 자녀가 개방적이고 솔직한 성품을 가지는가 하는 것이 판가름 난다고 해야 할 것입니다.

11. 당신의 자녀에게 항상 시간을 선용하는 습관을 가르치십시오.

　나태는 악마의 절친한 친구입니다. 나태는 악마가 우리들에게 해로운 일을 하게 할 기회를 만들어 주는 확실한 길입니다. 나태한 정신은 활짝 열려있는 문과 같아서 사탄이 스스로 들어오려고 하지 않아도 그는 마음대로 우리의 영혼에 나쁜 생각이 일어나게 하는 무엇인가를 집어넣을 수 있습니다.

　어떤 피조물도 게으르게 살도록 지으심 받지 않았습니다. 섬김과 일은 하나님의 모든 피조물에게 주어진 부분입니다. 천국에 있는 하나님의 사자들도 일합니다. 하나님의 사자들은 주를 섬기는 종들이며 주의 뜻을 행하고 있습니다. 아담은 낙원에서 에덴 동산을 가꾸고 지키는 일을 하도록 정해졌으며 그 일을 했습니다. 구속받은 성도들도 영광 속에서 일할 것입니다. "밤낮으로 쉬지 않고"(계 4:8) 그들을 구속하신 하나님께 드리는 찬송과 영광을 노래합니다. 또한 나약하고 죄많은 인간들도 무엇인가 해야 할 일들이 있으며 그 일을 하지 않으면 곧 건강하지 못한 상태에 빠지게 됩니다. 우리는 우리의 손을 가득 채우고 우리의 마음을 무엇인가로 가득 차게 해야 합니다. 그렇게 하지 않으면 우리의 상상은 곧 발아하여 불행의 씨앗을 낳게 될 것입니다.

　우리들에게 적용되는 일은 자녀들에게도 적용되어야 합니다. 그러나 불행하게도 사람들은 해야 할 일을 아무것도 하지 않습니다. 유대인들은 게으름을 적극적인 죄로 여겼으며, 그 때문에 자신의 자녀에게 유용한 직업을 갖도록 하는 것이 유대인들의 관습이었습니다. 유대인들의 생각이 옳습니다. 그들은 우리들 중 누군가가 행하는 것보다도 훨씬 더 인간의 마음을 제대로 알아보고 게으름을 없애려 애썼습니다.

　"네 아우 소돔의 죄악은 이러하니 그와 그 딸들에게 교만함과 식물

의 풍족함과 태평함이 있음이며"(겔 16:49)라고 하였듯이 게으름은 소
돔이 거만하고 가증한 일을 행하도록 부추겼습니다. 게으름은 우리
야의 아내에 대한 다윗의 무시무시한 죄와도 깊은 연관이 있습니다.
우리는 사무엘하 11장에서 요압이 암몬에 대항하는 전쟁을 일으켰을
때에 "다윗은 예루살렘에 그대로 있더라"(삼하 11:1)라는 것을 읽을
수 있습니다. 다윗을 예루살렘에 그대로 남아있게 한 것은 바로 게으
름이 아닙니까? 게으름 때문에 다윗 왕은 밧세바를 보았던 것입니다.
우리는 그 다음에 다윗에게 일어난 엄청난 불행과 무서운 타락에 대
해 읽을 수 있습니다.

게으름이야말로 모든 습관 중에서 무엇보다 많은 죄를 범하도록
인간을 이끄는 죄의 원천입니다. 나는 게으름이야말로 모든 육의 일
을 산출해내는 어머니이며, 간음과 술 마시는 것과 우리들이 말할 수
도 없는 수많은 나쁜 행위를 유발하는 원인입니다. 이것이 진실인지
아닌지를 스스로 판단해보기 바랍니다. 당신이 게으르다면 악마는
즉시 그 문을 두드리고 안으로 들어올 것입니다.

우리 주변을 둘러싼 세계에서 일어나는 모든 일은 우리들에게 같
은 교훈을 줍니다. 고여있는 물은 오염되었으며 깨끗하지 않지만, 흐
르고 있는 물은 항상 깨끗하고 맑습니다. 당신이 증기 기관을 가지고
있다면 항상 그 기계를 작동시켜야 합니다. 기계를 작동시키지 않으
면 곧 고장 나고 맙니다. 당신이 말을 한 마리 가지고 있다면 그 말을
훈련시켜야 합니다. 당신이 그 말을 훈련시키지 않을 경우에 그 말은
좋은 말이 되지 못할 것입니다. 당신이 상당히 건강한 신체적 조건을
가지고 있다면 그 건강을 유지하기 위해서 몸을 단련해야 합니다. 당
신이 항상 제자리에 앉아 있으면서 아무 일도 하지 않는다면 당신의
몸은 곧 불평을 터뜨리게 될 것입니다. 그러면 당신의 육체와 마찬가
지로 영혼에도 똑같은 경우를 적용할 수 있습니다. 적극적인 정신 활
동은 악마를 쓰러뜨리는 강한 무기가 될 수 있습니다. 항상 유용한

생각으로 머리를 가득 채우도록 힘쓰십시오. 그러면 당신의 적은 결코 독한 풀의 씨앗을 뿌릴 만한 여지를 발견하지 못할 것입니다.

당신의 자녀들이 이러한 적극적인 생각을 뿌리 내리게 도와주십시오. 자녀들에게 시간의 가치를 가르치고 시간을 잘 사용하는 습관을 배우게 하십시오. 당신의 자녀들이 제 손으로 할 수 있는 일들을 게을리 하는 것은 가슴아픈 일입니다. 나는 자녀들이 적극적이고 부지런한 것을 보고 싶으며, 그들이 해야 할 일에 모든 마음을 다 바쳐 열심히 일하고, 배울 때에도 마찬가지로 열심히 배우며, 그들이 놀 때에는 열정적으로 기쁘게 노는 모습을 보고 싶습니다.

그러나 당신이 자녀들을 진정으로 사랑한다면 당신의 가정에서 게으름을 죄로 생각하도록 가르쳐야 합니다.

12. 당신의 자녀를 가르칠 때 지나친 방임을 경계하십시오.

나는 이 말이 당신에게 무엇보다 경계해야만 하는 중요한 점을 지적해주고 있다고 생각합니다. 당신이 육친에게 부드럽고 다정하게 대하는 것은 지극히 자연스러운 일입니다. 당신이 두려워해야 하는 것은 바로 이 부드러움과 애정이 지나치게 과다해지는 것입니다. 당신의 자녀들이 저지르는 잘못에 대해 맹인이 되거나 자녀들에 대해 사람들이 해주는 충고를 무시하는 귀머거리가 되지 않도록 주의하십시오. 당신이 나쁜 행동에 대해서 벌하고 징계함으로써 생겨나는 아픔을 감수하지 않으려고 나쁜 행동을 못본 척 지나쳐 버리려고 하지 않도록 주의해야 합니다.

자녀들을 벌하고 징계하는 것이 유쾌하지 못한 일이라는 것을 잘 알고 있습니다. 우리들이 사랑하는 사람들에게 아픔을 주고 눈물을 흘리게 하는 것보다 더 유쾌하지 못한 일은 없을 것입니다. 그러나 자녀들이 하자는 대로 내버려둔 채 무관심해진다든지, 자녀들이 잘못하는 것을 징계하지 않은 채로 키우는 것은 참으로 헛된 일입니다.

제멋대로 하도록 내버려 두는 것이야말로 자녀를 망치는 일입니다. 어린 자녀들을 망치는 가장 빠른 지름길은 바로 자녀들이 고집하는 대로 하도록 내버려 두고 그들이 잘못된 일을 해도 내버려 두면서 벌하지 않는 것입니다. 당신이 자녀의 영혼을 파멸시키고 싶지 않다면 어떠한 아픔이 뒤따른다 하더라도 자녀들을 제멋대로 하게 내버려 두어서는 안됩니다.

당신은 성경에서 이 주제에 대하여 다음과 같이 분명하게 제시하고 있는 것을 알고 있을 것입니다.

> 매를 아끼는 자는 그의 자식을 미워함이라 자식을 사랑하는 자는 근실히 징계하느니라(잠 13:24).
> 네가 네 아들에게 희망이 있은즉 그를 징계하되 죽일 마음은 두지 말지니라(잠 19:18).
> 아이의 마음에는 미련한 것이 얽혔으나 징계하는 채찍이 이를 멀리 쫓아내리라(잠 22:15).
> 아이를 훈계하지 아니하려고 하지 말라 채찍으로 그를 때릴지라도 그가 죽지 아니하리라 네가 그를 채찍으로 때리면 그의 영혼을 스올에서 구원하리라(잠 23:13-14).
> 채찍과 꾸지람이 지혜를 주거늘 임의로 행하게 버려 둔 자식은 어미를 욕되게 하느니라(잠 29:15).
> 네 자식을 징계하라 그리하면 그가 너를 평안하게 하겠고 또 네 마음에 기쁨을 주리라(잠 29:17).

이러한 성구들이야말로 참으로 강력하고 힘 있는 구절들입니다. 수많은 기독교 가정에서 이러한 성구에 근거하여 직접 행하지 않는 경우가 많다는 것을 참으로 서글픈 일입니다. 그들의 자녀들을 힐책

해야 할 필요가 있음에도 불구하고 거의 행해지지 않고 있으며 자녀들을 징계해야 할 필요가 있으나 그러한 징계는 거의 이루어지지 않고 있습니다. 그러나 잠언의 성구는 그리스도인들에게 효력이 없는 것이 아니며 부적합한 것도 아닙니다. 그것은 하나님의 영감으로 인간에게 베풀어 준 아주 유익한 말씀입니다. 잠언은 로마서나 에베소서처럼 우리에게 교훈을 주기 위해 기록되었습니다. 그 충고에 관심을 기울이지 않고 그 충고에 따라 자녀들을 가르치지 않는 신도는 위에 쓰여진 대로 스스로 현명하게 판단해야 할 필요가 있으며 스스로도 커다란 잘못을 하고 있다는 것을 깨달아야 할 것입니다.

만약 당신이 부모로서 아이가 잘못한 것에 대해 벌한 적이 없었다면 뉘우치십시오. 아이들의 잘못에 벌하지 않는다는 암초에 걸려 난파한 성도들은 어느 시대에나 있었습니다.

나는 당신이 늦기 전에 현명해지고 이러한 충고를 분명하게 따르기를 바랍니다. 엘리의 경우를 생각해 봅시다. 엘리의 아들들인 홉니와 비느하스는 온 이스라엘에 그들의 모든 악행을 보였으나 엘리는 그들을 제지하지 못하였습니다. 엘리는 그의 자녀들에게 날카롭게 비난했어야 했던 때에 미지근하게 열의없는 비난만을 했을 뿐입니다. 한 마디로 말해서 엘리는 하나님보다 그의 자녀들을 더 높이었던 것입니다. 이러한 일들의 결과는 과연 어떠하였습니까? 엘리는 전쟁에서 그의 아들들이 둘 다 죽었다는 소식을 들어야 했고, 하나님께서는 그의 아들들이 저주를 자청하는 것을 금하지 않았으므로 엘리 또한 늙어서 깊은 슬픔 속에 죽게 되었던 것입니다(삼상 2:22-29; 3:13).

다윗의 경우를 주목해 보십시오. 당신은 다윗의 자녀들의 역사와 그들의 죄에 대해 읽으면서 매우 가슴 아팠을 것입니다. 암논의 근친상간과 압살롬의 살인과 그의 교만한 반란 및 아도니야의 교활한 야망 등은 그 자신의 집으로부터 하나님 그분의 마음을 받아들이기 위해 하나님의 마음을 따르는 사람들에게 진정으로 커다란 슬픔의 상처를 주었습니다. 하나님을 따르는 사람들 주변에서는 아무런 잘못도 찾아볼 수 없습니까? 나는 의심할 바 없이 이러한 사람들에게도 그러한 잘못이 있을 수 있다는 염려를 하게 됩니다. "그 부친이 네가 어찌하여 그리하였느냐 하는 말로 한 번도 저를 섭섭하게 한 일이 없었더라"(왕상 1:6)라고 하였던 아도니야의 예에서 우리는 그 실마리를 발견하게 됩니다. 바로 지나친 방임이 모든 재난의 원천이었습니다. 다윗은 너무 지나치게 자녀의 응석을 받아주는 아버지였으며 그의 자녀들이 하고 싶어하는 대로 내버려두는 아버지였으므로 그는 뿌린 대로 거두었던 것입니다.

기억하십시오. 부모의 첫 임무는 자녀들의 진정한 유익을 찾는 것입니다. 그들의 욕구나 취향을 찾으라는 것이 아닙니다. 부모는 자녀의 광대가 아니라 자녀를 지도하는 사람입니다. 단순히 자녀를 기쁘게 해주는 것이 아니라 자녀에게 유익을 끼쳐야 합니다. 당신이 아무리 자녀들을 깊이 사랑한다 하더라도 그들이 원하는 대로 그들의 소원과 변덕을 받아주어서는 안됩니다. 자녀들을 우상으로 만들지 마십시오. 하나님께서 당신의 자녀들을 버리지 않도록 당신의 우상을 모두 부수고 자녀들에게 당신의 뜻을 관철시키도록 하십시오. 자녀를 지나치게 방임하는 자신의 잘못을 깊이 느끼도록 하십시오.

자녀들에게 '안된다'라는 말을 할 수 있어야 합니다. 당신이 자녀들에게 적합하지 않다고 생각하는 일은 무엇이든지 거절할 수 있다는 것을 그들에게 보여주십시오. 당신이 불순종에 대해서는 언제든지 벌할 준비가 되어 있으며, 당신이 벌하겠다고 말할 때에 그것이 단순히 겁만 주지말고 실제로 벌을 줄 의지를 보여주십시오. 그러나 너무 심하게 겁을 주지 않도록 하십시오.[4] 위협받은 사람들의 상처는

---

[4] 어떤 부모들과 보모들은 모든 사소한 경우에 혹은 잘못했을 때, 아이들에게 "그러면 나쁜 아이야"라고 말한다. 그것은 매우 어리석은 습관이다. 책망의 말은 분명한 이유 없이는 사용해서는 안된다.

아주 오래 갑니다. 자녀들을 너무 자주 벌해서는 안되지만, 한번 벌을 줄때는 분명하고 진지하게 주도록 하십시오. 너무 자주 벌하고 경미하게 벌하는 것은 효과도 없고 조금도 쓸모가 없다는 것을 잊지 마십시오.[5] 아주 사소한 잘못이라도 그것이 사소하다는 이유로 지나치지 않도록 하십시오. 자녀를 가르치는 일에 있어 사소한 것은 없으며 모든 일이 전부 중요합니다. 아주 작은 잡초라도 뽑을 수 있는 한 모두 뽑아내야 합니다. 그대로 내버려둔다면 그것은 곧 큰 잡초로 자라나게 될 것입니다.

자녀들에게 어려움을 겪게 하십시오. 이러한 말은 당신에게 갈등을 일으키게 할 것입니다. 그러나 당신이 자녀들이 어렸을 때에 자녀들 때문에 어려움을 겪지 않는다면 그들이 어른이 되었을 때에 자녀들과 당신이 고통을 받게 될 것입니다. 선택은 당신의 몫입니다.

13. 하나님께서는 어떤 방법으로 양육하시는지를 끊임없이 되뇌이십시오.

성경은 우리에게 이 세상에서의 한 가족인 하나님의 택하심을 입은 백성들에 대하여 알려주고 있습니다. 자신의 죄를 확신하고 예수님에게로 나아가 화평을 구하는 모든 가련한 죄인들은 이 가족들의 일원이 됩니다. 구원을 위하여 그리스도를 진정으로 믿는 자들은 모두 그 가족의 구성원입니다.

성부 하나님은 천국에서 그와 더불어 영원히 머무르게 하기 위하

---

[5] 어린이를 벌하는 가장 좋은 방법에 관한 규칙은 없다. 아이들의 성격은 완전히 극과 극이어서 어떤 아이에게는 심한 벌이 어떤 아이에게는 전혀 벌이 되지 못한다. 나는 아이들에게 회초리를 때려서는 안된다는 현대의 개념에 동의하지 않는다. 어떤 부모들은 체벌을 너무 심하게 너무 폭력적으로 하지만 대다수의 사람들은 체벌을 너무 안하는 것이 문제이다.

여 이 가족의 구성원들을 계속 가르치고 있습니다. 하나님은 그들이 더 많은 열매를 맺을 수 있도록 가지를 잘라내는 농부의 일을 하십니다. 그분은 우리들 각각의 인격에 대해 잘 알고 있으며 우리가 늘 빠져들기 쉬운 죄와 우리의 나약함과 우리의 유별난 우유부단함과 우리에게 특별히 부족한 것들을 모두 알고 있습니다. 그분은 우리가 처한 모든 환경을 다 알고 계십니다. 이 모든 것들을 협력하여 선을 이루시는 분이십니다. 그분은 우리가 섭리 안에서 가장 필요로 하고 있는 일들을 우리 모두에게 각각 할당해 주십니다. 하나님은 우리들이 더욱더 많은 열매를 맺게 하기 위해 우리가 참아낼 수 있는 한 많은 햇빛과 많은 비를 내려주시고 우리가 참아낼 수 있을 만큼 쓰라린 일도 많이 주시며 행복한 일도 베풀어 주십니다. 당신이 자녀들을 현명하게 가르치고자 한다면 하나님께서 어떻게 그 자녀들을 가르치는가를 잘 살펴보도록 합시다. 하나님은 모든 일을 합당하게 행하시며 하나님이 행하는 계획은 항상 올바릅니다.

그 다음으로 하나님께서 그의 자녀들에게 얼마나 많은 것을 보류하고 주지 않는가를 주목해 보십시오. 하나님이 자녀들 중에는 하나님께서 결코 성취하기를 기뻐하시지 않는 소망을 가진 자들이 적지 않습니다. 그들이 얻고자 하는 것들이 많이 있지만 언제나 얻는 것을 막는 장벽이 있는 것도 사실입니다. 그것은 마치 하나님께서 우리의 손에 닿지 않는 곳에 그것을 놓아두고는 "이것은 너에게 좋지 않은 것이니 이것을 얻으려고 해서는 안된다"라고 말씀하시는 것과 같습니다. 모세가 요단강을 건너서 약속의 좋은 땅 보기를 열렬히 원하였지만 그의 소망은 결코 이루어지지 않았다는 것을 당신이 잘 알고 있을 것입니다.

또한 하나님께서 얼마나 자주 우리의 눈으로 보기에는 어둡고 알 수 없는 신비한 길로 그의 백성들을 인도하는가를 주목하여 보십시오. 우리는 하나님의 뜻을 모두 알지 못하며, 하나님이 우리를 다루는 의도를 이해하지 못하고, 우리가 발을 디디고 걸어가는 길의 정당함을 잘 이해하지 못합니다. 가끔 수많은 고난이 우리들을 공격하고 수많은 어려움이 우리를 에워싸고 우리는 이러한 모든 고난과 어려움의 필요성을 도무지 이해할 수 없는 경우가 많습니다. 이것은 우리의 아버지께서 어두운 곳으로 우리들을 이끌면서 "아무것도 묻지 말고 나의 뒤를 따르라"라고 말씀하시는 것과 같습니다. 애굽으로부터 가나안으로 가는 똑바른 길이 있었으나 이스라엘 사람들은 그 길로 인도되어 가지 않고 광야를 거쳐서 돌아가야 했습니다. 이것은 그 당시에는 지극히 힘든 일이었을 것입니다.

> 바로가 백성을 보낸 후에 블레셋 사람들의 땅의 길은 가까울찌라도 하나님이 그들을 그 길로 인도하지 아니하셨으니 이는 하나님이 말씀하시기를 이 백성이 전쟁을 보면 뉘우쳐 애굽으로 돌아갈까 하셨음이라(출 13:17).
> 백성이 호르산에서 진행하여 홍해 길로 좇아 에돔 땅을 둘러 행하려 하였다가 길로 인하여 백성의 마음이 상하니라(민 21:4).

위의 성경 말씀을 보아도 알 수 있는 것입니다.

마찬가지로 하나님께서 얼마나 빈번하게 그의 백성들을 시험과 고난으로 징벌하였는가를 주목하여 보십시오. 그는 백성들에게 수난과 실망을 경험하게 하였으며 그의 백성들을 병으로 힘들게 하였고, 그들이 이곳에서 저곳으로 옮기게 하였는가를 보십시오. 하나님은 그의 백성들에게 가장 힘든 일들을 하게 하였으며 무거운 짐들을 지고서 거의 실신할 만큼 힘든 일을 하게 하기도 합니다. 우리는 힘으로 감당하지 못할 중압감을 느끼면서 우리를 징벌하는 손길에 대해 불평하게 됩니다. 사도 바울은 자신의 육체에 가시 곧 사탄의 사자를 가지고 그것이 자신을 쳐서 너무 자고하지 않게 하려 하시는 하나님의 뜻임을 알고 육체적인 시험의 쓰라림을 감내하였습니다. 비록 우리는 바울을 끊임없이 고통스럽게 하는 몸에 가시가 무엇인지 정확하게 알 수 없지만, 우리는 바울이 주님께 몸에 가시가 자신에게서 떠나게 하기 위하여 세 번이나 간구하였으나 주님의 응답에 따라 그대로 지니고 다녀야 했음을 알게 됩니다.

이러한 모든 실례들에도 불구하고 당신은 하나님의 자녀의 입에서 "하나님은 지혜로운 것 같지 않다"고 말하는 것을 들은 적이 있습니까? 나는 당신이 결코 듣지 못하였다고 확신합니다. 하나님의 자녀들은 그들이 자기 고집대로 하지 않은 것이 결국 축복받은 일이었음을 당신에게 말할 것이며, 하나님은 그들이 스스로 할 수 있는 일보다 훨씬 더 좋은 일들을 그들을 위하여 행하였다고 당신에게 말해 줄 것입니다. 그렇습니다. 그들은 또한 하나님의 처사는 이제껏 그들이 얻을 수 있는 것보다 훨씬 더 많은 행복을 가져다 주셨음을 당신에게 말할 수 있으며, 하나님의 길은 비록 아무리 어둡게 보일지라도 결국 즐거움의 길이며 화평의 길이었음을 말해줄 것입니다.

나는 당신이 하나님께서 그의 백성들에 대한 처사가 가르쳐주는 교훈을 마음에 깊이 새겨야 한다고 생각합니다. 당신이 자녀들에게 해롭다고 생각하는 것은 아무리 바란다 하더라도 보류하고 주지 않도록 하십시오. 이것은 하나님의 계획입니다. 현재 당신의 자녀가 현명함을 알지 못하더라도 또한 지금 당신의 자녀가 마음속으로 온당하지 못한 길로 여기고 있더라도 당신의 자녀에게 명하는 것을 주저하지 마십시오. 당신이 자녀의 마음에 어긋나는 일을 명하는 것도 하나님의 계획입니다.

당신이 자녀의 영혼의 건강을 위해 필요하다고 생각할 때마다 그에게 징벌하고 징계하는 것을 멈추지 않도록 하십시오. 아무리 당신의 감정이 쓰리고 아프다 할지라도 자녀의 정신을 위한 치료약은 약이 쓰다하여 안 먹이지 않을 수 없다는 것을 잊지 않도록 하십시오.

자녀의 영혼을 위하여 당신이 징벌하고 징계하는 것은 하나님의 계획입니다.

또한 위에서 말한 바와 같은 계획으로 자녀를 가르치는 것은 항상 우리가 하고자 하는 대로 행하는 것보다 더 불행한 길로 이끄는 것은 없으니 위에서 말한 계획에 의존하여 자녀를 가르치도록 합시다. 우리의 뜻이 저지당하는 것은 우리에게 축복받은 일이며 그것은 우리에게 기쁨의 가치를 알게 해줍니다. 아이들을 계속 내버려두는 것은 자녀들을 이기적인 사람으로 만드는 지름길입니다. 이기적이고 제멋대로인 자녀들은 결코 행복하지 않을 것입니다. 우리는 하나님보다 더 지혜롭지 않습니다. 그분의 방식으로 자녀를 가르쳐야 합니다.

14. 당신의 자녀를 가르칠 때, 자신이 본이 되어야 한다는 점을 기억하십시오.

당신이 말하는 교훈과 충고와 명령이 당신 자신의 삶을 통해 본을 보이지 못한다면, 당신이 말하는 교훈과 충고와 명령은 자녀들에게 조금도 유익하지 않을 것입니다. 당신의 행위가 당신의 권고와 반대된다면 당신의 자녀들은 당신이 진지하고 실제로 그들이 당신에게 순종하기를 바란다는 것을 결코 믿으려 하지 않을 것입니다.

틸롯슨(Tillotson) 주교는 현명하게 지적하고 있습니다.

> 자녀들에게 좋은 교훈을 말해주면서 나쁜 본을 보이는 것은 자녀들에게 고갯짓으로는 천국을 가리키나 손으로는 지옥을 가리키는 행위이다.

사람들은 모범의 힘과 영향력이 어느 정도인지 잘 모르는 것 같습니다. 우리들 중 어느 누구도 이 세상에서 혼자 떨어져 살 수 있는 사람은 없으며, 우리 주변의 사람들과 서로 영향을 주고받으며 살고 있는 것입니다. 자녀들은 우리의 길을 세심하게 관찰하고, 우리의 행동을 눈여겨보며, 우리의 행위를 살펴보며, 우리들이 직접 실행하는 것을 알고, 우리가 생각하고 있는 것이 옳은가를 공정하게 알고자 합니다. 부모와 자녀의 관계에서처럼 강력하게 본보기로 영향을 미치는 경우도 없습니다.

부모는 자녀들이 귀로 듣는 것보다 눈으로 직접 본 것을 더 많이 배운다는 것을 잊지 않도록 하십시오. 가정보다 자녀의 인격에 깊은 영향을 미치는 학교는 없을 것입니다. 가장 훌륭한 교사라도 그들이 당신 집의 난롯가에서 알게 되는 것보다 뚜렷하게 기억에 새길 수 없을 것입니다. 모방은 기억보다도 자녀들에게 아주 강력한 교육원리가 됩니다. 그들이 직접 본 것은 그들이 듣는 것보다도 훨씬 더 강력한 영향을 미치는 것입니다.

자녀들 앞에서 당신이 행하는 모든 일에 대해 세심한 주의를 기울이십시오. "자녀들 앞에서 죄 짓는 자는 배로 죄 짓는 것이다"라는 분명한 격언을 마음에 새기십시오. 당신의 가족들 모두가 쉽게 읽을 수 있는 그리스도의 산 편지가 되도록 애쓰십시오. 하나님의 말씀을 존중하고 기도를 존중하며 은혜의 수단에 대해 존중하고 주의 날에 대해 존중하는 모범이 됩시다. 말과 침착함과 근면과 절제, 믿음과 자비와 친절과 겸손의 모범이 되십시오. 당신이 무슨 일을 하는가를 자녀들이 이해하지 못하더라도 자녀들이 당신을 따라 실천할 것입니다. 당신은 자녀들의 모범이 되는 그림이며 자녀들은 현재의 당신 그대로를 따라 할 것입니다. 당신의 자녀들은 당신의 논리와 당신이 말하는 훈계와 현명한 명령과 좋은 충고 등을 이해하지 못할 수도 있지만 당신의 생활을 이해할 수는 있습니다.

어린 아이들은 아주 날카로운 관찰자들이며, 거짓이나 위선을 곧 알아채고 당신이 진정으로 생각하고 느끼는 것이 무엇인가를 재빠르게 이해하며, 당신이 걸어가는 모든 길과 당신의 견해를 아주 빠르게 자신에게 적용시킬 줄 압니다. 당신이 현실 그대로의 아버지를 깨닫듯이 당신의 자녀들도 당신을 압니다.

정복자 카이사르가 전쟁터에서 언제나 그의 군인들에게 사용하곤 했던 말을 기억하십시오. 카이사르는 "돌격 앞으로"라고 하지 않고 자신이 앞장서서 "나를 따르라"고 말하였습니다. 그와 마찬가지로 당신이 자녀들을 가르칠 때에도 '따르게' 모범을 보여야 할 것입니다. 그들은 당신이 싫어하는 습관을 배우려 애쓰지 않을 것이며 당신이 스스로 걷지 않는 길을 걸으려 하지도 않을 것입니다. 자녀들에게 자신이 직접 실행하지도 않은 일들을 가르치고 일러주는 사람은 결코 앞으로 진전되지 않는 일을 하고 있습니다. 그것은 고대의 페넬로페가 거짓으로 베를 짜는 것과 같은 이치입니다. 페넬로페는 하루 종일 베를 짰으나 밤새도록 그 베를 풀곤 하였습니다. 그와 마찬가지로 자녀들에게 좋은 본보기를 보여주지 않고 가르치려고 애쓰는 부모들은 한 손으로는 열심히 쌓아 올리면서 다른 한 손으로는 쌓은 것을 무너뜨리는 것입니다.

15. 당신의 자녀를 가르칠 때 죄의 힘을 기억하십시오.

나는 당신이 성경적이지 못한 기대들로부터 벗어나게 하려고 이 말을 간단하게 일러주고자 합니다.

당신은 당신의 자녀들의 정신이 깨끗하고 순결한 백지와 같을 것이라고 기대하거나, 당신이 올바른 수단을 사용한다면 아무런 마찰도 일어나지 않을 것이라고 기대해서는 안됩니다.

나는 당신이 그러한 것을 조금도 발견하지 못할 것이라고 분명하게 말합니다. 어린 아이의 마음속에 얼마나 많은 타락과 악마가 가득 차 있으며 그것이 얼마나 빨리 열매를 맺는가를 보십시오. 난폭한 기질과 자기고집, 교만과 질시와 무뚝뚝함과 정욕, 게으름과 이기심과 사기와 교활함과 잘못과 위선, 또한 나쁜 것을 배우고자 하는 성향과, 좋은 것을 배우는 데 있어서는 너무나 느리게 배우는 것, 그들의 목적을 이루기 위해서는 무엇이든지 속일 준비가 되어 있는 이러한 모든 것은 당신의 육친들에게서도 언제든지 찾아볼 수 있습니다. 당신의 자녀들이 아주 어린 시절에는 좁은 길에서 엉금엉금 기어 다니다가 얼마나 자연스럽게 갑자기 커버리는가를 지켜보는 것은 우리들에게 참으로 놀라운 광경입니다. 이 아이들이 죄를 배우는 데에 있어 전혀 학교가 필요하지 않습니다.

그러나 당신이 보고 있는 것으로 인하여 좌절하거나 실망하지 않도록 하십시오. 당신은 아이들의 마음이 죄로 가득할 수 있다는 것을 이상하고 특이한 일로 생각해서는 안됩니다. 그것은 인류의 아버지인 아담이 우리들에게 남겨준 유일한 운명이며, 우리가 이 세상에 태어 날 때부터 함께 가지고 태어난 타락한 본성이며, 인류 모두에게 속해있는 유산입니다. 이 재난을 물리치기 위해서 하나님의 은혜로 사용할 수 있는 모든 수단을 부지런히 이용하도록 하십시오. 모든 것이 당신에게 달려 있습니다. 유혹의 길로부터 당신의 자녀들을 지키기 위하여 더욱 세심한 주의를 기울이십시오.

당신의 자녀들이 모두 착하게 잘 자라고 있으며 신뢰할 만한 사람으로 성장하고 있다고 말하는 사람들의 말에 귀기울이지 마십시오. 당신의 자녀들의 마음은 부싯깃과 같이 항상 타기 쉬운 것이라고 생각하십시오. 당신의 자녀들의 마음은 불꽃 하나로 그들의 타락에 불을 당기기를 원합니다. 대부분의 부모들은 자녀의 마음 상태에 대하여 너무나 조심하지 않습니다. 자녀들의 자연스러운 타락에 대하여 깊이 마음에 새기고 항상 주의하도록 하십시오.

16. 당신의 자녀를 가르칠 때 성경의 약속들을 기억하십시오.

"마땅히 행할 길을 아이에게 가르치라 그리하면 늙어도 그것을 떠나지 아니하리라"(잠 22:6)라는 분명한 약속을 항상 마음에 새기십시오. 이처럼, 약속은 성경이 쓰여지기 전에 모든 조상들의 마음을 기쁘게 하였던 유일한 소망의 등불이었습니다. 에녹, 노아, 아브라함, 이삭, 야곱, 요셉은 모두 많은 약속에 의지하여 살았고 그들의 영혼을 풍성하게 하였습니다. 약속은 모든 시대를 통하여 신도들을 지탱해주고 강하게 해주었습니다. 자기 주변에 이 분명한 성구를 놓아두는 자는 결코 내버려지는 바가 없을 것입니다. 당신의 마음이 약해지고 망설여질 때에 이 말씀을 읽고 마음에 새기면서 안정을 되찾도록 노력하십시오.

우선 약속하는 분이 누구인가를 생각하도록 하십시오. 그 약속은 거짓말하기도 하고 후회하기도 하는 인간의 말이 아니라 결코 변하지 않는 왕 중의 왕인 하나님의 말씀입니다. 그가 무슨 일을 말하였을 때 그가 그 일을 하지 않는 것을 보았습니까? 그가 말하였을 때 그가 그것을 유익하게 하지 않은 적이 있었습니까? 하나님이 행하지 못하는 일은 아무것도 없습니다. 인간이 하지 못하는 일들도 하나님께서는 모두 할 수 있습니다. 우리가 의지하고 있는 그 약속으로부터 어떤 유익함도 얻지 못하고 있다면, 그것은 하나님에게 잘못이 있는 것이 아니라 바로 우리 자신에게 잘못이 있는 것입니다.

그 다음으로 당신이 약속으로부터 위안을 얻고자 하는 마음을 거절하기 전에 약속이 내포하고 있는 것이 무엇인가를 생각해 봅시다. 약속은 좋은 가르침이 있으리라는 것을 말해주고 있습니다. "어린 자녀가 늙어도 마땅히 행할 길에서 떠나지 아니하리라"(잠 22:6)라는 말에는 분명한 위안이 있습니다. 당신이 세심한 교육의 결과를 직접 눈으로 보지 못한다 하더라도 당신이 죽고 사라진 후에 오랜 세월이 흘러서 은혜의 과실이 열매 맺은 것을 보지 못할지라도 실망하지 마십시오. 즉시 모든 것을 베풀어주는 것은 하나님이 택하는 방법이 아닙니다. 하나님께서는 자연의 일이든 은총의 일이든 때로는 '후에' 이루어지도록 하실 때가 있습니다.

하나님이 내리는 징계가 당시에는 즐거워 보이지 않고 슬퍼 보이나 "후에 그로 말미암아 연달한 자에게는 의의 평강한 열매를 맺게"(히 12:11)합니다. 아들이 아버지의 포도원에 가서 일하기를 거부하였으나 "후에" 뉘우치고 갔으며 "후에" 아버지의 뜻대로 행하였습니다(마 21:29). 자녀들이 즉시 성공하지 않은 것을 보더라도 부모들은 그 후를 기다려야 합니다. 당신은 소망으로 씨를 뿌려야 하고 소망으로 키워야 합니다.

"너는 네 떡을 물 위에 던져라 여러 날 후에 도로 찾으리라"(전 11:1)라고 한 성경의 말씀을 마음에 새기십시오. 많은 자녀들이 심판 날에 일어나서 부모들이 자신에게 좋은 가르침을 베풀어 준 것에 대해 감사할 것입니다. 부모가 생존해 있는 동안에 좋은 가르침으로 인하여 유익한 표시를 보여주지 아니하였던 자녀들이 심판 날에는 부모에게 감사하는 표시를 보여줄 것입니다. 그러므로 믿음으로 나아가십시오. 당신의 노력은 결코 헛되지 않을 것임을 확신하십시오. 엘리야는 과부의 아들이 되살아나기 전에 세 번이나 스스로 과부의 아들에게 손을 내밀었습니다. 엘리야의 본보기를 따라서 오래 참으십시오.

17. 당신의 자녀를 가르칠 때 당신의 모든 가르침에 은혜가 임하길 기도하십시오.

당신이 최선을 다해 노력하더라도 주의 은혜가 없다면 자녀들에게 아무런 유익을 주지 못할 것입니다. 그는 주의 손길 안에서 모든 사람의 마음을 가지고 있으며 성령이 자녀의 마음을 움직이지 않는다면 당신은 헛되이 노력하다가 스스로 지쳐버리게 될 것입니다. 그러므로 끊임없는 기도로써 당신이 자녀들의 마음에 뿌린 씨에다 물을 주도록 하십시오. 주님은 우리가 기도하는 것을 기꺼이 들어주시고 우리가 그들에게 요구하는 것보다 훨씬 더 많은 은혜를 베풀 준비를 하고 있습니다. 그는 도와달라고 간청하는 사람들을 사랑하십니다. 나는 당신에게 당신이 행하는 모든 일에 대한 서약과 보증의 표시로서 기도를 제시합니다. 수많은 기도하는 사람들의 자녀들은 내버려지지 않을 것입니다.

야곱이 그의 자녀들에게 했던 것과 같이 당신의 자녀들을 관찰하십시오. 야곱은 자신에게 함께 온 여인과 자식들을 보고 에서가 물어 보았을 때 "하나님이 주의 종에게 은혜로 주신 자식들이니이다"(창 33:5)라고 말하였습니다.

요셉이 그의 자녀들에게 대했던 것과 같이 당신의 자녀들을 바라보도록 하십시오. 요셉은 그의 아버지 이스라엘이 자신의 아들들을 보고 이들이 누구냐고 물었을 때 그는 아버지에게 고하기를 "이는 하나님이 여기서 내게 주신 아들들이니이다"(창 48:9)라고 대답하였습니다.

"자식들은 여호와의 기업이요"(시 127:3)라고 노래하였던 다윗처럼 당신의 자녀들을 생각하도록 하십시오. 그리고 경외하는 마음으로 주께 구하고 주의 선물에 대하여 감사하며 자비로움을 감사하도록 하십시오.

아브라함이 이스마엘을 사랑하기 때문에 그의 자식을 위하여 어떻게 간구하고 있는가를 잘 보십시오.

> 아브라함이 이에 하나님께 아뢰되 이스마엘이나 하나님 앞에 살기를 원하나이다(창 17:18).

마노아가 하나님의 사자에게 말하기를 삼손에 대하여 말한 것을 보십시오.

이 아이를 어떻게 기르며 우리가 그에게 어떻게 행하리이까(삿 13:12).

욥이 그 자녀들의 영혼을 염려하여 어떻게 돌보았는가를 주목하여 보십시오.

그들이 차례대로 잔치를 끝내면 욥이 그들을 불러다가 성결하게 하되 아침에 일어나서 그들의 명수대로 번제를 드렸으니 이는 욥이 말하기를 혹시 내 아들들이 죄를 범하여 마음으로 하나님을 욕되게 하였을까 함이라 욥의 행위가 항상 이러하였더라(욥 1:5).

부모들이 자신의 자녀를 진실로 사랑한다면 위에서 언급한 바와 같이 하나님께 나아가서 그들이 한 것과 마찬가지로 행해야 합니다. 당신이 하나님의 보좌 앞에 나아가 자녀들의 이름을 부를 수 있을 만큼 최선을 다해 간구하도록 하십시오.

18. 맺는 말입니다.

이제 마지막으로 당신의 자녀에게 천국을 가르치고자 한다면 당신의 권세 안에 있는 모든 단순한 수단을 사용하는 것이 얼마나 중요하고 필요한 일인가를 다시 한 번 더 강조하고자 합니다.

나는 하나님이 그의 뜻대로 하시는 권고에 따라 모든 일을 행하시는 주권자 하나님이라는 것을 잘 알고 있습니다. 또한 르호보암은 솔로몬의 아들이었으며 므낫세는 히스기야의 아들이었다는 것을 잘 알고 있습니다. 당신은 경건한 부모가 항상 경건한 자녀들을 거느리는 것만은 아니라는 것을 깨달았을 것입니다. 나는 하나님께서 수단으로 역사하시는 것을 잘 알고 있습니다. 지금까지 언급한 하나님의 수단을 경시한다면 당신의 자녀들은 바르게 성장하지 못할 것입니다.

당신의 자녀들이 세례받기를 원한다면 자녀들을 그리스도의 교회 명부에 등록하게 하십시오. 당신은 자녀들을 위하여 경건한 추천자를 얻게 해주고 그들의 기도를 도와줄 수도 있습니다. 당신은 자녀들을 가장 좋은 학교에 보낼 수도 있고 자녀들에게 성경과 기도서를 주고 그들의 머리 속을 지식으로 가득 채울 수도 있습니다. 그러나 이러한 모든 때에 가정에서 규칙적으로 가르침을 받지 않았다면 이러한 모든 것이 당신의 자녀의 영혼에 적합하지 않을 것이라고 결론지을 수밖에 없습니다.

가정은 습관이 형성되는 최초의 장소이며 인격의 기초가 만들어지는 곳입니다. 가정은 우리의 취향과 기호와 견해를 비뚤어지게 할 수도 있습니다. 그러므로 나는 당신에게 간청하건대 가정에서 자녀들을 가르칠 때에 올바로 가르칠 수 있도록 세심하게 주의하여 돌보도록 하십시오. 볼튼(Bolton)이 임종하는 순간에 그의 자녀들에게 "나는 너희들 중에 어느 누구도 중생하지 않은 상태로 그리스도의 심판 앞에서 나를 만나지 않을 것임을 확신한다"라고 말하였던 것처럼 말할 수 있는 사람은 참으로 행복합니다.

나는 하나님과 주 예수 그리스도 앞에서 엄숙하게 당신에게 명하고자 합니다. 당신의 자녀들이 마땅히 가야 할 길로 자녀들을 가르치는 데 모든 노력을 쏟도록 하십시오. 나는 당신의 자녀들의 영혼만을 위해 명하는 것이 아니라 당신의 미래의 위안과 화평을 위하여 당신에게 명하는 것입니다. 진정으로 자녀들이 마땅히 가야 할 길로 교육하는 것은 당신의 유익과 관련되는 일입니다. 당신 자신의 행복은 상당 부분이 그 일에 달려 있습니다.

옛부터 어린 자녀들은 인간의 마음을 꿰뚫는 아주 날카로운 화살을 쏘아 보내는 활이었습니다. 어린 자녀들은 인간이 마셔야 했던 가장 쓴 잔을 섞는 존재였습니다. 어린 자녀들은 인간이 이제껏 흘려야 했던 가장 슬픈 눈물을 흘리게 하는 자들입니다. 아담이 당신에게 이렇게 말할 것이고 야곱과 다윗 또한 당신에게 똑같이 말할 것입니다. 이 세상에서 어린 자식들이 부모에게 가져다주는 슬픔만큼 아픈 것은 없습니다. 당신이 늙었을 때에 그러한 불행이 닥쳐오지 않도록 자신의 나태와 게으름을 주의하도록 하십시오. 당신의 눈이 침침해지고 기력이 감퇴되었을 때에 당신의 감사할 줄 모르는 자녀들로부터 심한 대접을 받으며 서글퍼하지 않도록 주의하십시오.

당신의 자녀들이 당신의 삶에 원기를 회복시켜주는 사람이 되기를 원한다면, 또한 당신의 노년을 풍성하게 해주는 사람이 되기를 원한다면, 당신이 자녀들에게 저주가 아니라 은혜를 주고 슬픔이 아니라 기쁨을 주며, 자녀들이 르우벤이 아니라 유다가 되고, 오르바가 아니라 룻이 되기를 원한다면, 당신이 노아처럼 자녀들의 행위에 부끄러움을 느끼지 않고, 리브가처럼 자녀들 때문에 생애의 고달픔을 느끼고 싶지 않다면 항상 나의 충고를 기억하고 자녀들이 어렸을 때에 올바른 길을 가르치도록 하십시오.

나는 이 글을 읽는 모든 사람들을 위하여 하나님께 기도를 올림으로써 이 글을 끝마치고자 합니다. 당신은 자신의 영혼의 가치를 느끼게 하는 하나님에 대하여 배우게 될 것입니다. 이것은 세례가 너무 자주 단순한 형식이 되어버리고 그리스도인의 교육이 무시되고 경멸받기 때문에 말하는 것입니다. 부모들은 너무 자주 자녀들에 대해 진지하게 느끼지 않으며 자녀들에 대해서도 조금도 느끼지 못합니다. 그들은 인간의 본성의 상태와 은혜의 상태 사이의 차이를 인식하지 못합니다. 그러므로 그들은 자녀들을 그대로 내버려두고도 만족하고 있는 것입니다.

주님께서 당신에게 죄야말로 하나님이 무엇보다 증오하는 진저리 나는 것임을 가르쳐 줄 것입니다. 그래서 나는 당신이 자녀들의 죄를 가슴 아파하고 당신의 자녀들을 위급한 처지로부터 구원하기 위해서 노력하기를 바랍니다.

주님께서 당신에게 그리스도께서 얼마나 소중한가를 가르쳐 줄 것이며 그가 우리의 구원을 위하여 행하는 강력하고 완전한 역사를 가르쳐 줄 것입니다. 그래서 나는 당신이 자녀들을 그리스도에게로 데려가기 위해 모든 수단을 전부 사용할 것임을 확신하며 당신의 자녀들이 그리스도를 통하여 살게 될 것임을 확신합니다.

주님께서 당신에게 새로 나게 하고 거룩하게 하며 당신의 영혼을 살려내는 성령이 필요하다는 것을 가르쳐 줍니다. 그러므로 나는 당신이 끊임없이 자녀들을 위해 기도할 것을 강력히 요구하며, 성령께서 자녀들의 마음속에 능력으로 역사하사 그들을 새로운 피조물로 거듭나게 할 때까지 결코 쉬지 말라고 요구하고자 합니다.

주님께서 이것을 승낙합니다. 그러므로 나는 당신이 자녀들을 실제로 잘 가르치고 이 세상에서의 생명을 위해서뿐만 아니라 다가올 내세를 위하여 잘 가르치기를 소망합니다. 또한 이 세상을 위해서뿐만 아니라 천국을 위해 잘 가르치며 하나님과 그리스도와 영원을 위하여 잘 가르치기를 소망합니다.

The Upper Room

17장
평신도의 권리와 의무[1]

> 그리스도 예수의 종 바울과 디모데는 그리스도 예수 안에서 빌립보에 사는 모든 성도와 또는 감독들과 집사들에게 편지하노니(빌 1:1).

이 본문은 사도 바울이 빌립보 교인들에게 보내는 편지의 첫 구절이며 아주 주목할 만한 가치가 있습니다. 그러나 이 구절은 성경을 읽는 여러 독자들로부터 본래의 가치를 인정받지 못하고 관심을 끌지 못하고 있습니다. 사람들은 수천 년 동안 이 성경구절과 함께 살아왔으나 땅에 묻혀 있는 금처럼 사람들은 자신의 발밑에 있는 것이 과연 무엇인가를 제대로 알지 못해왔습니다. 사실 잉글랜드 국교회의 신학자들이 사도 옆에 서서 그가 이 구절을 썼던 때를 직접 보았더라면 그들은 틀림없이 자신들이 실수하였다는 것을 깨닫게 되었을 것입니다.

이제 나는 이러한 모든 언급을 통하여 내가 무엇을 말하고자 하는가를 밝히고자 합니다. 또한 내가 분명하게 언급하고자 하는 요점이 무엇인가를 알리고자 합니다. 나는 사도 바울이 '감독과 집사들'에 앞서서 '성도'들을 언급한 것에 주목하고자 합니다. 바울은 빌립보 교회

---

[1] 본 장은 1886년 4월 2일 윈체스터대성당(Winchester Cathedral)에서 설교한 것이다.

에 편지할 때에 사역자 앞에 평신도를 먼저 놓았습니다. 그는 첫 번째 자리에 세례 교인을 먼저 두고 그 다음에 사역자들을 놓았습니다.

이러한 사도 바울의 기록은 여러 종류의 사본에서도 이러한 논쟁의 여지가 없이 일치하고 있습니다. 킹제임스역(KJV)의 개정역(RV)에서도 본문의 어순과 단어는 그대로입니다. 이 구절은 하나님의 영광으로 베푸신 구절이며 우리가 배워야 할 것을 위해 쓰여진 것입니다. 나는 오늘날까지도 특별한 관심과 주목을 필요로 하는 이 구절에서 위대한 진리의 근원을 발견합니다. 간단히 말해서 이 구절은 교회의 평신도에 대한 권리와 의무라는 중요한 주제를 우리들에게 제시하고 있습니다. 이제 이 글에서 다음과 같은 세 가지 질문에 대해 검토해 보고자 합니다.

1. 사도들의 시대에 평신도들의 지위는 어떠하였습니까?
2. 지난 200년 동안 잉글랜드 국교회의 평신도들의 지위는 어떠하였습니까?
3. 잉글랜드 국교회를 굳건하고 새롭게 하기 위해 평신도의 문제에 있어서 우리가 지향해야 할 바는 무엇입니까?

나는 세심한 주의와 함께 어떠한 난관도 이겨내겠다는 각오로 이러한 모든 주제에 접근해 들어가려 합니다. 나는 우리에게 신조와 신앙조항과 신앙형식을 돌보지 않고 교회를 판테온 신전으로 바꾸기를 바라는 지도자들에 대해 조금도 연민을 느끼지 않으며, 침략자들을 값으로 사려는 헛된 소망을 가진 급진적인 지도자들에게 조금도 연민을 느끼지 않습니다. 나는 오직 성경적이고 합리적인 개혁을 바랄 뿐이며 교회의 평신도들을 올바른 자리에 위치하게 하는 것이야말로 잉글랜드 국교회를 강력하게 하는 개혁이라고 생각합니다. 오늘날 교회를 강력하게 하는 것을 효과적으로 개선하는 가장 좋은 풍조 중의 하나는 바로 현명하게 교회 개혁을 증진시키는 것입니다.

1. 사도들의 시대에 교회 평신도들의 지위는 어떠하였습니까?

우리 모두 사도들의 시대를 떠올리며 로마, 고린도, 에베소, 데살로니가, 예루살렘의 세례받은 공동체를 찾아가 보기로 합시다. 우리는 우리가 발견했어야만 할 것들이 무엇이며 그들에 대하여 성경이 가르쳐 주는 것이 무엇인가를 알 수 있을 것입니다. 다른 모든 문제들에서만 아니라 사도시대의 평신도들의 지위에 관한 문제에 있어서도 우리는 열두 사도들이 집사를 추천하였으나 "온 무리"(행 6:5)가 택하였다는 것을 알게 됩니다. 이방인 회심자들은 할례 받아야만 하는가를 고려하고 의식법을 지키기 위해서 종교회의가 열린 경우를 생각해 보시겠습니까? 그런 경우 역시 사도와 장로와 형제들과 "온 교회"(행 15:22-23)가 사람을 택하여 베드로의 글과 함께 그에 대한 결정을 보내었습니다.

사도 바울이 특별한 교회들에 보내는 편지에서 사람들을 격려한 경우를 보시겠습니까? 여덟 경우에 그들은 '교회와 성도와 신실한 형제들'에게 편지하여 문안하였고, 오직 한 가지 경우 빌립보인들에게 보내는 편지의 첫머리에서만 '감독과 집사'에 대해 언급하고 있습니다. 바울은 성찬이나 방언에 관해 교회에 편지를 보내고 있습니까? 그런데 바울은 예수 안에서 거룩하여진 평신도들에게 편지를 보냅니다. 불건전한 교회의 회원에게 징계를 내리려 하고 있습니까? 그런데 이 일을 성직자가 아니라 고린도 교회의 평신도들에게 직접적으로 말하고 있습니다.

회복되어야 할 범죄한 일이 드러난 사람이 있습니까? 바울은 갈라디아 교회의 신령한 사람들에게 이 일을 말하지만 목회자들은 언급되고 있지 않습니다. 히브리서를 보시겠습니까? 당신이 마지막 장까지 읽게 될 때도 '지도자'에 대해서는 단 한 마디도 언급하고 있지 않음을 알게 될 것입니다. 야고보서를 보시겠습니까? 그는 '열두 지파'

에게 편지로 문안하고 '교사'라는 명칭은 3장에 한번 등장합니다.

베드로전서의 경우를 보시겠습니까? 베드로는 택하심을 입은 자들에게 편지하고 마지막 장에 이르러서야 비로소 '장로들'에 대해 언급하고 있으며 심지어 그 때에도 그는 장로들에게 그들이 '하나님의 유업을 받드는 주인으로 행세하지 않도록' 주의를 줍니다. 베드로후서, 요한서신들, 유다서에서도 이들은 성직에 대한 화제를 조금도 언급하지 않고 있습니다.

지금 하는 말을 오해하지 않도록 하십시오. 교회의 질서를 위해 임명 받은 사역자들은 분명히 있으며, 이는 신약성경을 통해서도 매우 분명하게 가르침 받을 수 있습니다. 우리는 사도 바울이 "각 교회에서 장로들을 택하였음"(행 14:23)을 알 수 있으며 고린도전서 7:28과 에베소서 4:11과 디모데후서 및 디도서에서도 그러한 일을 볼 수 있습니다. 그러나 어느 도시나 지방에서이건 '교회'(the church)라고 하면 바로 '평신도'를 의미하였으며 성직자들은 오직 '교회의 종'(고후 4:5)으로만 생각되었다는 것은 하늘에 떠있는 정오의 태양과도 같이 분명한 일입니다. 나는 사역자만이 홀로 행하고 혼자서 모든 것을 정하고 모든 것을 결정하며 판단하고, 모든 일을 관리하며 평신도들은 아무런 말도 하지 못하는 교회에 대해서는 신약성경의 사도행전이나 모든 서한에서 그러한 경우에 대한 예를 전혀 발견할 수 없습니다. 그와 반대로 "게으른 자들을 권계하며 마음이 약한 자들을 격려하고 힘이 없는 자들을 붙들어 주며 모든 사람에게 오래 참으라"(살전 5:14)라고 데살로니가인들에게 말했던 사도 바울의 예를 보게 됩니다. 나는 잉글랜드 국교회의 39개조 신조의 여섯 번째 조항을 잊지 않고 있는 자는 결코 이러한 사도 바울의 말을 간과하지 못할 것이라고 확신합니다.

이 글을 써 내려가기 전에 일어날 수 있는 오해를 방지하기 위해 몇 마디의 자기 방어적인 말을 미리 해두는 것이 현명할 것 같습니다. 내가 사역자들을 낮게 생각하고 평신도의 지위를 높이고 확대하기를 바란다고 생각하거나, 성직을 경시한다고 생각하는 사람들은 전적으로 제 말을 오해하고 있는 것입니다. 나는 진정으로 성직의 가치에 대해 깊이 생각하면서 성직을 그리스도의 포고이며 이 타락한 세계에서 반드시 필요한 것으로서 인정하고 어느 누구에게도 뒤지지 않게 진정으로 성직의 가치를 중요하게 생각합니다.

그러나 이 문제에 있어서 성직계급, 성직자는 하나님과 인간 사이를 중보한다거나 성직의 위치에 있으면 오류가 없다는 주장, 논쟁의 여지가 있는 신앙과 예전의 영역을 멋대로 판단할 수 있는 권위가 있다고 말하는 공의회 등은 인간이 만들어낸 거짓이며, 거룩한 성령의 권능과는 상관이 없는 것들입니다. 이러한 성직은 전형적인 유대교 체계로부터 본따온 것이었으며 오늘날 체계에서는 아무런 가치를 가지지 못합니다. 사역자는 교사, 대리자, 사자, 파수꾼, 증인, 목자, 관리자이며 또한 디모데전후서와 디도서에 그의 의무와 권위가 명백하게 드러나 있습니다. 그러나 그가 거룩한 제사장이라고 하는 성경은 신약 어디에서도 찾을 수 없습니다. 나는 독단적으로 이러한 주장을 하는 것이 아닙니다. 학식이 풍부한 더럼(Durham)의 주교도 그의 철저한 빌립보서 주석을 통하여 다음과 같은 말을 자주 하고 있습니다.

> 그리스도의 왕국은 사제주의 체계를 갖고 있지 않다. 하나님 홀로 인간과 화해하시고 인간을 용서하실 수 있다. 하나님과 인간 사이에 희생제물처럼 끼어들 수 있는 특정한 지파나 계급이란 없다. 개인이 모두 하나님과 더불어 개인적 친교를 맺어야 한다. 각 개인은 하나님께 책임이 있고 하나님으로부터 용서를 얻고 힘을 얻게 된다. 제사장이란 명칭은 성직자에게만 해당되는 것이 아니다. 신약에서 표현한 것처럼 복음 아래서 제사장이라는 표현은 교회의 모든 성도들과 형제자매를 위한 이름이다.

이것은 비난할 것 없는 매우 건전한 주장입니다. 1868년에 최초로 발행된 이 책은 18세기의 비평주의라는 시험대 위에 섰으나, 이 책의 원리는 반박되지 않고 반박할 수도 없었습니다. 나는 이러한 원리들을 굳게 확신합니다.

이것에 초점을 맞춘 사도시대의 평신도 이야기는 여기까지 하고 다시 본론으로 돌아갑시다. 나는 이러한 사도시대의 원시적 공동체에서 평신도들이 차지하고 있던 두드러진 지위야말로 그들의 부정할 수 없는 힘과 성장과 번영과 성공의 위대한 비밀이었다는 것을 확신합니다. 그 당시에는 잠자는 사람은 한 사람도 없었습니다. 교회의 몸인 모든 구성원들은 일하였습니다. 남자이건 여자이건 간에 모든 세례 받은 신도들은 우리가 로마서 16장을 보면 알 수 있듯이 온 교회의 몸을 위한 복지와 발전에 대해 직접적이고 적극적인 관심을 가졌습니다. 그들은 독재적인 목자가 시키는 대로 이리 저리 끌려다니는 무기력하고 무지한 양떼가 아니었습니다. 군대에서 가장 뛰어난 연대는 장교들과 사병들이 전 군대의 능률에 대해 똑같은 관심을 기울입니다. 이러한 연대에서는 장교는 사병들을 신뢰하고 사병들 또한 장교를 신뢰합니다. 이러한 연대에서는 모든 사병들이 지혜롭고 전투의 승리가 오직 그에게 달려있다는 듯이 용감하게 적극적으로 행동합니다.

모든 사병들은 자신의 의무를 인식하고 있으며, 마침내 승리했던 로크스 드리프트 전투(Battle of Rorke's Drift)의 병사들과 같이 진심으로 자신의 직업에 대해 자랑스러움을 느끼고 모든 장교들이 쓰러지더라도 마지막 순간까지 군대의 깃발을 위하여 힘껏 싸웁니다. 이러한 군대가 바로 사도시대의 초대교회였습니다. 사도시대의 교회는 그러한 장교인 감독과 집사들이 있었습니다. 그러나 사도시대 교회의 힘의 주요한 원천과 골격은 바로 평신도들의 열정과 지혜와 적극성에 있었습니다. 바로 지금의 잉글랜드 국교회 조직에도 그와 똑같은 종류의 무엇인가가 반드시 있어야만 합니다.

2. 지난 200년 동안 잉글랜드 국교회의 평신도들의 지위는 어떠하였습니까?

한 가지 정의에서부터 이 검토를 시작하도록 합시다. 평신도라는 용어가 의미하는 바는 무엇입니까? 물론, 우리는 성직수임을 받지 않은 모든 사람들을 가리켜 평신도라 칭합니다. 그들이 얼마나 엄청나게 중요한 몸인가는 새삼스럽게 말할 필요도 없을 것입니다. 그 중요성을 말하는 것에 시간을 오래 쓰는 것은 시간낭비가 될 것입니다. 교회에 평신도들이 없다면, 교회는 존재하지 않는다라고 까지 말할 수 있을 것입니다. 의심할 바 없이 "두 세명이 모인 곳이 바로 교회이다"(Ubi tres ibi ecclesia)라는 옛 격언은 옳은 말입니다.

군대가 없는 장군이나 연대가 없는 대령 혹은 선원이 없는 배의 대장들보다 평신도 없는 교회의 사역자들이 더 쓸모없고 무기력합니다. 잉글랜드 국교회에는 평신도의 수가 적지 않습니다. 대략 한 명의 성직자에게 500명 정도의 평신도가 소속되어 있습니다. 그러므로 다른 모든 점을 고려하지 않더라도 오직 숫자에만 주목하여 본다면 평신도는 잉글랜드 국교회에서 지극히 중요한 부분을 차지하고 있다고 할 수 있습니다. 이제 나는 바로 오늘날의 잉글랜드 국교회 평신도들의 지위가 신약성경의 표준에 아주 미치지 못하고 있다고 주장하고자 하며, 이러한 상태는 지극히 만족스럽지 못한 일이라고 생각합니다.

나는 교회가 성경의 모범에 가깝게 도달하면 할수록 그 교회는 더욱더 좋아지며, 교회가 성경의 모범에 멀어질수록 더욱더 나빠진다는 것이 바로 기독교 신앙의 공리입니다. 교회의 실제적인 운영 체계와 행정에 있어 또한 교회의 준비, 계획과 전략, 정상적인 조직에 있어서 평신도들은 전혀 제자리를 가지고 있지 못하다는 사실을 부인하려 하는 것은 헛된 일입니다. 우리의 시온(교회)의 상태를 숙고하기 위해 감독들이 램버스궁에서 엄숙한 콩클라베를 열고 있습니까? 그러나 거기에는 평신도들을 위한 자리가 마련되어 있지 않습니다.

해마다의 논쟁을 위하여 주교회의가 열립니까? 거기에는 평신도들의 대표자들을 위한 자리가 마련되어 있지 않습니다. 주교관구의 감독은 자신의 주교관구의 일을 위해 매년 준비를 합니까? 일부 부패한 성직자들을 다루는 문제를 해결하기 위한 고민거리들이 주교에게 있지 않습니까? 그럼에도 그는 함께 상의하기 위한 평신도의 모임을 갖지 않습니다. 성직자에게 휴가 필요하거나 임직기간이 연장되어야 합니까? 결정은 교구민들의 견해를 조금도 고려하지 않은 채로 이루어졌습니다. 이것들은 일부입니다. 평신도들의 정당한 권리를 부정하는 이들을 나는 용납할 수 없습니다.

물론 나는 평신도들이 우리의 교회에서 매 부활절 때마다 선출되는 교구 위원들을 통해 대표되고 해마다 부주교나 감독을 시찰하는 것도 알고 있습니다. 다만 나는 평신도들의 대표인 교구 위원들이 그들의 영적인 자질이 정당하게 고려되어 임명된 것인지를 묻는 것입니다. 매년 교구 위원들의 시찰이 단순히 일반적으로 형식과 의식으로만 생각하고 방문하는 것이 아닌가를 묻고 싶을 뿐입니다.

얼마나 많은 교구 위원들이 모든 교인들의 일에 대하여 끊임없는 지속적이고 적극적인 관심을 갖고 자신들의 역할을 받아들입니까? 얼마나 많은 교구 위원들이 교회의 교리와 의식과 행정과 어려움들과과 전략과 계획에 대하여 알고 있습니까?

그들은 때로는 지극히 훌륭한 사람들이기도 하고 최고의 섬김을 행할 수 있는 능력도 있습니다. 그러나 실제로 주교관구에서 그들에 대해 기대하는 것은 거의 아무것도 없으며 오직 그들이 행하도록 주어지는 일은 세속적이고 금전적인 일들 뿐입니다. 교구 위원들의 의무가 신약성경에서 나타나는 평신도의 의무와 완전히 같아야 한다고 생각하는 사람이 있다면, 그는 현재 잉글랜드 국교회의 상식을 벗어버려야 할 것입니다. 교회를 위해, 위대한 일을 할 훌륭한 교구 위원들이 많다고 나는 생각합니다. 만약 모든 교구 위원들이 항상 그들의 본연의 의무에 충실할 수만 있다면 잉글랜드 국교회는 보다 더 강한 교회가 될 것입니다.

물론 나는 평신도들이 교회모임과 회의에서 뚜렷한 자리를 차지하고 있다는 것과 종교-사회 단체들에서도 꽤 쓸만한 지위를 갖고 있는 것을 잘 알고 있습니다. 그러나 이것은 내가 던진 질문과는 동떨어진 것입니다. 이 모든 일들은 자원봉사입니다. 내가 말씀드리는 것은 훌륭한 평신도들의 자원봉사가 아니라, 교회의 조직 체계로서, 교회의 권위를 통해 교회 조직의 일부로 그들의 위치가 주어져야 한다는 것입니다. 그러나 어떤 사람들은 하원(House of Commons)이 잉글랜드 국교회의 평신도들을 대표한다고 나에게 알려주려 할 것입니다. 차라리 그런 말은 꺼내지 않는 것이 더 나은 것 같습니다. 이러한 태도로 말하는 사람은 헛되이 역사를 읽었음이 틀림없으며 지난 200년 동안 깊은 잠에 빠져 있었음에 틀림없습니다. 지금은 1686년이 아니라 1888년입니다.

교회와 국가는 함께 공존하며 동일하다는 우스꽝스러운 옛날 이론은 이미 오래전에 설득력을 잃고 있으며 이미 과거의 이론이 되었습니다. 의심할 바 없이 하원은 강력한 조직이며 국가의 모든 일을 주관합니다. 그러나 하원은 더 이상 교회 회원들만의 모임이 아닙니다. 더욱이 하원은 종교에 대해서 토론하는 것에 대해 조금도 관심이 없으며 잉글랜드 국교회의 사람들에 대해 하원의 힘으로 그만큼 나쁘게 종교적인 문제를 처리하는 곳도 없다는 것으로 악명 높다는 것을 기억해야 합니다.

그러나 불행하게도 이것이 전부가 아닙니다. 그 뒤에는 더욱더 많은 문제들이 있습니다. 평신도들은 마땅히 감당해야 할 그리스도의 일들을 하지도 않으며, 심지어 기독교를 전파하지도 않습니다. 교구의 목사에게 모든 종교 문제를 맡겨버리는 불행한 습관은 전국에 널리 퍼져 있으며 수많은 평신도들은 은혜의 수단으로 교회의 유익을 받고자 하는 것 이외에는 더 이상 교회에 대해 아무 일에도 관련되고자 하지 않으며, 교회의 능률을 증진시키기 위해 개인적으로 적극적인 노력을 하는 태도는 더 이상 찾아볼 수 없게 되었습니다.

교회에 나오는 수많은 사람들은 그들이 주일에 교회에 나와 성찬식에 참여하고 그들의 의무를 마친 후, 다른 이들을 훈계하고, 가르치고, 꾸짖고, 교화하고, 자비를 베풀고, 복음 전하는 일 등에 노력하지도 않고, 죄의 문제를 점검하지도 않고 그리스도의 목적이 무엇인지 숙고하지도 않습니다. 받을 줄만 알고 무엇인가를 할 줄은 모릅니다. 그들은 천국 열차에 앉아있으면 성직자라는 엔진이 자신을 천국으로 인도할 줄 알고 있습니다. 게다가 그들 중 절반은 천국 열차의 좌석(교회 의자)에 앉아 잠만 자는 것 같습니다.

만약 에베소나 빌립보 또는 데살로니가 교회의 평신도들이 죽은 자들로부터 일어나게 되어 잉글랜드 국교회를 위하여 평신도들이 아무런 일도 행하지 아니하였다는 것을 보게 되면 그들은 자기 눈을 의심할 것입니다. 초대교회의 평신도들의 모범과 잉글랜드 국교회의 평신도들의 행태 사이의 차이점은 곧 빛과 어둠의 차이이며 검은색과 흰색의 차이와 같습니다. 옛날의 평신도들은 언제나 그의 주의 일에 대하여 깨어 있고 살아있는 자들이었습니다. 반면에 잉글랜드 국교회의 평신도들은 실제로 가끔 깊은 잠에 빠지고 게으르며 목사의 손에 교구의 신조를 모두 맡겨 버리는 데 만족하고 있습니다. 잉글랜드 국교회 평신도와 사도시대 평신도는 모두 세례를 받은 사람들입니다. 그들은 각각 은혜의 수단을 사용합니다. 그러나 초대교회 평신도들이 교회의 일원이 되었다는 생각과 잉글랜드 국교회의 평신도들이 교회의 일원이 되었다는 생각은 전적으로 서로 다릅니다. 누가 그것을 부정할 수 있겠습니까?

우리의 교회 조직에서는 가슴 아프게도 분명히 무엇인가 잘못되어 있는 부분이 있을 것입니다. 만약 빌립보 교회의 평신도들이 옳다면 잉글랜드 국교회의 평신도들은 결코 옳다고 할 수 없습니다. 우리들 모두 무게저울 위에 올라섰을 때에 무게가 아주 부족하다는 것을 깨닫게 될 것입니다. 일반적으로 사용되고 있는 언어는 분명히 무엇인가가 잘못되고 있다는 것을 알려주는 뚜렷한 증거를 보여줍니다. 오늘날에 있어 '교회'에 소속된 이는 평신도가 아닌 '목사'를 의미하고 있으며, 어떤 청년이 목사 안수를 받는다면, 당신은 그 목사 안수 받은 청년에 관해서 이렇게 말할 것입니다. "그는 이제 교회에 소속됩니다." 마치 그는 지금까지는 교회에 속하지 않은 것 같습니다.

우리의 교회와 그 조직을 잘 이용하려고 하는 모든 소망에도 불구하고 나는 평신도에 관한 문제에 있어서 잉글랜드 국교회의 체계가 현재로서는 지극히 결함이 많고 성경에 위반된다는 결론을 내릴 수밖에 없습니다. 잉글랜드 국교회의 정규적인 일에서 거의 모든 일이 평신도들에게 할당되어 있지 않고 거의 모든 일이 목사의 손에 맡겨져 있습니다. 목사는 모든 일을 장악하고 있습니다. 목사가 모든 일을 준비하고 관리합니다. 평신도들은 실제로 생각을 표현하거나 자리를 차지하거나 의견을 말할 수도 없습니다. 또한 그들은 권한도 없으며 오직 목사가 그들에게 결정해준 일들만을 행해야 합니다. 이러한 모든 일에서도 의도적으로 평신도들을 무시하려는 것은 아닙니다. 그러나 평신도의 신뢰도와 능력에 대해서는 거의 조금도 고려하지 않고 있습니다. 이러한 여러 가지 원인으로부터 그들은 냉정하고 수동적인 수용자이며, 적극적이지 못한 구성원들로 내버려져 있는 상태이고 규모가 큰 종교회합에서도 그들은 잠자는 동료들이며, 다루기 힘들고 생각하기 어려운 문제들에 대해서는 전혀 일하지 않는 대리인들이 되었습니다. 잉글랜드 국교회의 중요한 일들로부터 평신도들은 멀어져 있습니다. 평신도들은 구석진 곳에 남아 있습니다. 필요 없고 쓸모없는 군인들처럼 평신도들은 뒷자리에 남아 제 자리를 찾지 못하고 앉아 있었습니다.

왜 이렇게 이상한 상태가 되어버렸습니까? 그 원인은 쉽게 발견될 수 있습니다. 잉글랜드 국교회의 지위는 한마디로 가톨릭교의 누더기이자 찌꺼기였기 때문입니다. 그것은 곧 로마 가톨릭 교회가 우리 교회에 물려준 '파멸을 가져오는 유산'(damnosa haereditas)이었으며, 이제껏 완전히 제거되지 못하였던 유산입니다. 우리의 개혁자들은 완벽한 사람들이 아니었으며 엘리자베스 여왕의 두드러진 질시로 인하여 잉글랜드 국교회의 종교개혁이라는 일을 완전하게 수행하는 데 많은 방해를 받았습니다. 우리는 그들이 우리 교회의 얼굴에 남겨 놓은 많은 얼룩들 중에서 나는 평신도의 이익에 관한 게으른 무관심이 결코 사소한 것이 아니라는 것을 가슴 아프게 인정해야만 합니다.

목사를 그리스도와 사람 사이의 중재자로 만들고, 모든 교회의 권능을 목사들의 손에 넘겨주고, 그들에게 성직자를 존중하게 하는 권위로 옷 입히고, 성직자들이야말로 교회의 모든 문제에 있어 결코 잘못하지 않을 안내자로 생각하게 만드는 것들은 바로 로마 가톨릭 교회의 체계로부터 영향 받은 본질적인 요소들이었습니다.

스코틀랜드의 존 낙스가 했던 것과 같이 우리의 개혁자들은 평신도에게 더 많은 권세를 부여함으로써 이러한 요소들을 옳게 고쳐야만 했습니다. 우리의 개혁자들은 이러한 요소들을 고치는 것을 간과해 버렸습니다. 그들에게는 더 많은 시간이 필요했고 왕의 허가가 필요했기 때문입니다. 그러나 이러한 요소를 간과해버린 불행한 결과는 점차로 목사들의 손에 우리 교회의 문제들을 거의 전적으로 맡기게 되는 것으로 나타났으며, 그 때문에 평신도들은 그들의 정당한 권리와 권세를 상실한 채로 내맡겨졌던 것입니다. 그 영향이 오늘날에 이르러 잉글랜드 국교회의 평신도들이 본래 그들이 차지해야 할 위치보다 훨씬 더 낮은 곳에 있게 되었습니다. 목사와 평신도 둘다 잘못된 자리에 서 있는 것입니다.

이 만족스럽지 못한 일의 결과는 과연 무엇이겠습니까? 이러한 결과는 말 그대로 그저 악할 뿐입니다. 하나님의 뜻을 떠나는 것은 그것이 아무리 사소한 일이라 할지라도 언제나 쓴 열매를 맺게 되는 것은 당연한 일입니다. 그들이 있어야 할 정해진 자리로부터 더 높아진 채로 잉글랜드 국교회의 목사들은 항상 성직자 중심주의와 사제 중심주의와 자기기만과 그들 자신의 특권과 권세에 대한 과대평가를 해왔던 것입니다. 그들이 있어야 할 정해진 자리로부터 더 낮아진 곳의 잉글랜드 국교회의 평신도들은 일부 지혜로운 평신도들을 제외하고는 모두가 교회의 문제에 대해 거의 관심을 기울이지 않고 목사에 의해서 교회의 일이 모두 관리되도록 내버려 두었던 것입니다. 그렇게 하는 도중에 여러 세기가 흐르는 동안 잉글랜드 국교회는 치유할 수 없는 커다란 상처로 고통받아 왔습니다.

일반적으로 잉글랜드 국교회의 평신도들은 거의 고려되지 않고, 함께 상의하지 않으며, 권세로 뒷받침되지도 않고, 권위로 지탱되지 않은 채로 교회의 문제에 대해 무지하고 무관심하며 냉담한 태도를 가지고 있습니다. 얼마나 평신도들이 그들의 교구에서 일어나는 교회의 일에 대하여 알고 있는 것이 적은가를 보십시오. 그들은 대교구에서 열리는 회의에 대하여서는 조금도 관심을 갖고 있지 않습니다. 그들은 교회민들을 거의 뿔뿔이 흩어지게 하는 원인이 되는 커다란 교리의 차이들의 의미를 거의 이해하지도 못합니다. 로마의 구경꾼들이 콜로세움 경기장에서 검투사들이 서로 싸우는 것을 보면서 그들을 걱정해주지 않듯이, 대다수의 평신도들은 다른 교인들을 개인적으로 걱정하고 염려해주지 않습니다. 목사들 사이에서 가벼운 논쟁이 있어도 그들은 거의 그것을 이해하지 못합니다. 이러한 일은 참으로 보고 싶지 않은 광경들입니다. 그러나 나는 이러한 일들이 슬프게도 현실을 있는 그대로 보여주는 것이라고 생각하며 염려하지 않을 수 없습니다. 아직도 이 일을 의심하는 사람들이 있습니까? 평신도들은 아직도 잉글랜드 국교회에서 그들의 정당한 지위를 가지지 못하고 있습니다.

당신은 사람에게 일에 대한 관심과 흥미를 느끼게 할 수 있는 가장 좋은 길은 그로 하여금 '그 일의 한 부분'이 되게 하는 것이라는 분명한 원칙을 이야기할 수 있을 것입니다. 이러한 원리는 상업적인 일들뿐만 아니라 교회의 조직에서도 마찬가지로 적용될 수 있습니다. 스코틀랜드 장로교회들과, 영국 비국교도들, 미국의 감독교회주의자들, 그리고 식민지의 감독교회주의자들은 일찍 이러한 원리가 중요하다는 것을 깨닫고 그 원리를 수행하기 위해 애쓰고 있습니다. 오직 잉글랜드 국교회만이 이 원리를 중요시하지 않고 있습니다. 평신도들은 결코 적절하게 선출되거나 신뢰를 받지 못하여 왔습니다. 그들은 중요한 사람으로 생각되지도 앞으로 나오도록 불리우지도 아니하였으며 함께 상의하고 어떤 지위에 오르거나 권위로 무장하지도 못하였습니다.

평신도들은 그들이 자신의 지위에 맞게 대우받았어야 함에도 불구하고 그러한 대우를 받지 못하였습니다. 그 결과 평신도들은 한 지체로서 교회 일에 대하여 알지도, 이해하지도 못하고, 교회의 일을 돌보고, 느끼며, 생각하고, 책을 읽거나, 힘든 일로 머리를 아프게 하거나, 그들의 정신을 단련시키지도 못하게 되었습니다. 이와 같은 상태의 일들이 자꾸 증가해왔던 잉글랜드 국교회 체계는 이미 엄청난 실수를 저지르고 있는 것입니다. 이러한 체계의 뿌리부터 모두 잘라내고 뒤집어 엎는 일이 빨리 진행될수록 더욱더 좋은 뿌리를 갖게 될 수 있습니다. 우리가 현재의 교회의 약점에 대한 커다란 원인을 제거하고자 한다면 전적으로 평신도의 지위를 바꾸어야 합니다. 이 점에 대해서 교회의 개혁이 무엇보다 절실하게 필요합니다.

3. 잉글랜드 국교회를 굳건하고 새롭게 하기 위해 평신도의 문제에 있어서 우리가 지향해야 할 바는 무엇입니까?

이 목표에 대해 말할 때 나는 실제적으로 상세한 부분까지 말할 것이며, 내가 의미하고자 하는 것들을 분명하고 솔직하게 이야기하는 것을 조금도 두려워하지 않을 것입니다. 결국 우리는 우리의 평신도들이 그들의 올바른 지위에 있지 않다는 것을 발견하게 되었습니다. 이러한 악에 대한 처방은 무엇입니까? 어떠한 변화를 필요합니까? 우리는 어떠한 일들을 행해야 합니까?

어떤 사람들은 이러한 질문들이 너무 유치하고 보잘 것 없으며 부적당하다고 대답하겠지만 그러나 나는 이러한 질문에 대해 대답하는 것을 조금도 부끄러워하지 않습니다. 그들은 냉소적으로 우리들에게 이렇게 말할지 모릅니다. "평신도들은 성경도 낭독할 것입니다. 또 평신도를 대표하는 평신도도 있을 것입니다. 그들은 주일학교에서 혹은 심방을 가서 짧은 설교도 할 것이며, 갱생원이나 빈민가도 관리할 것입니다. 위원회에도 참여하여 교회 재정도 다룰 것입니다." 물론 이 모든 제안들은 급진적이고 괄목할만하지만, 동시에 참으로 교회의 필요에 대해 지독하리만큼 무지하다고 답하고 싶습니다. 사려 깊은 사람들이 이러한 제안들에 대해 아주 긍정적으로 환영하는 것을 보고 놀라움을 금할 수 없습니다. 대단한 생색 아닙니까? 굉장한 대우입니다! 사역자의 허가가 필요없지만 하긴 해야 하는 허드렛일이 있는 곳으로만 평신도들을 내몰 것입니까? 그들이 '평신도 조직'을 개혁시키는 것에 대해 말할 때 이러한 일들이 개혁해야 할 전부라고 한다면 이는 매우 유감스러운 일입니다. 이러한 치료법으로는 교회의 상처를 결코 치료할 수 없습니다. 이러한 개혁은 우리의 평신도들의 열정을 후퇴시킬 것이며 평신도들을 잉글랜드 국교회의 오른팔로 만들 수도 없을 것입니다.

평신도들의 지위에 있어서 내가 주장하고자 하는 개혁은 훨씬 더 심화되고 고귀하며 넓고 더 철저하며 완전한 것입니다. 나는 교회에서 이루어지는 일이 아무리 중요하건 혹은 사소하건 간에 평신도가 없이는 교회에서 아무 일도 행해질 수 없다는 강력한 보편적인 인식을 주장합니다. 나는 평신도들이 교회에서 말하고 행하는 모든 일에 있어서 자기가 해야 할 부분과 자기 목소리와 자기 손으로 투표할 권리를 가져야 한다고 주장합니다. 또 하나는 잉글랜드 국교회의 목소리는 감독들과 장로들의 목소리뿐만 아니라 평신도들의 목소리를 함께 포함해야 한다고 주장하며, 교회의 행위와 교회의 견해 표명에 있어서도 목사들과 평신도들이 동등하게 권리를 나누어서 함께 행하고 견해를 표명해야 한다고 주장합니다. 그러한 개혁이야말로 신약성경의 원칙으로 되돌아갈 수 있게 하는 개혁입니다. 그러한 개혁은 잉글랜드 국교회의 권능을 백배로 높일 것입니다. 이제 이것들을 상세하게 설명하겠습니다.

1) 교구에서 평신도들의 지위입니다.

모든 부분에서 사역자는 언제나 그의 평신도들과 함께 상의해야 한다는 위대한 원칙을 세우도록 노력해야 합니다.

만약 사역자가 "교구 교회 회의회"(parochial council, 성직자와 평신도 대표로 구성된 소교구의 회의-역자)처럼 너무 딱딱하고 형식적으로 들리는 것을 갖고 싶지 않다면 가끔 성직자의 일에 대해 교구 위원들(Churchwardens)과 교회 간사들(Sidemen)과 지역교구민과 함께 회의를 열게 하십시오. 특별히 사역자에게 시간을 변경하거나 예배 방식을 변경하는 방법 이외에는 아무것도 하지 못하도록 하십시오. 또한 새로운 축하의식의 문제나 새로운 장식, 풍조 또는 새로운 마음가짐 등의 문제에 있어서는 교구 평신도들과 함께 먼저 상의하게 하십시오. 교회는 그들의 것이지, 사역자의 것이 아닙니다. 사역자는 평신도들의 종이며 그들은 사역자의 종이 아닙니다. 그들은 함께 상의할 수 있는 분명한 권리를 갖고 있습니다.

무엇보다 모든 교구 책임자들이 모든 교인들은 잉글랜드 국교회의 없어서는 안될 존재이며, 할 수 있는 모든 일들, 즉 심방하고, 가르치고, 경고하고, 권면하고, 교화하고, 돕고, 충고하고, 위로하고, 지원하고, 복음을 전하고, 잠자는 이들을 깨우며, 선조들을 세우며 회개하게 하며 거룩한 신앙을 독려하는 일들을 은사와 시간과 기회에 맞게 노력해야 함을 가르쳐야 합니다. 바로 이 점에서 감리교회주의자들과 비국교도들이 잉글랜드 국교회가 텅비었다고 비난하는 것이 정당하다고 봅니다. 감리교회주의자들과 비국교들에게 있어서 모든 새로운 구성원들은 새로운 집인 교회에서 해야 할 의무를 갖고 있으며 무엇을 해야 하는가를 잘 알고 있습니다. 모든 개인들이 그의 교회에서 해야 할 의무를 갖고 있으며 끊임없이 그러한 의무를 마음에 새겨야 함을 인식할 때에야 비로소 잉글랜드 국교회에서는 모든 일이 제대로 풀리고 잘 진행될 것입니다.

나는 모든 사람이 해야 할 의무를 가져야 함을 무엇보다 강조합니다. 나는 이것이 중요하다고 생각하며 우리가 깊이 고려해야 할 주제라고 믿습니다. 모든 사람이 교회에서 자신이 해야 할 의무를 가져야 한다는 것은 법령 없이 명령될 수도 있는 가장 좋은 개혁입니다. 그것은 오직 각각의 교구마다 교구민들 앞에 이 문제를 제시하기 위해서 또한 그들에게 자신들의 의무를 알게 하고 의무를 행하게 하도록 격려하기 위해서 잉글랜드 국교회의 교구 목사들과 수많은 부목사들의 결정만이 필요할 따름입니다.

나는 이 문제는 완전히 그들에게 속해 있다고 봅니다. 평신도들이 교회의 건강에 대해 관심을 갖고 교회의 건강이 아주 위험한 상태라는 것을 깨닫기만 한다면 그들이 해야 할 일이 아주 많다는 것을 알고 초대에 응할 것이라고 확신합니다. 사실 이러한 초대야말로 오늘날 우리에게 가장 필요한 것입니다. 장교들이 홀로 벽을 쌓지 않도록 해야 하며 막사에서 게으르게 앉아 있는 병사들로 하여금 벽을 쌓게 해야 합니다. 목사와 평신도들은 함께 일하는 것을 배워야 합니다. 우리의 교회가 오래 지속되기 위해서는 목사들이 사도시대의 사도들을 계승해야 할 뿐만 아니라 평신도들은 사도시대의 평신도들을 계승해야 합니다.

2) 평신도들이 목사의 선택에 목소리를 내고 투표해야 합니다.

오늘날의 이 선출 방식에 대한 결함을 먼저 들추어 내겠습니다. 나는 교회 규정에 문제가 있다고 보는데, 만약 선출이 올바르게 진행 되었다면, 추천받은 성직자는 반드시 주님과 회중의 "불의 시험"(고전 3:13)을 치루었어야 했기 때문입니다. 단 한 문장으로 제 스스로 만족할 만한 입장을 제시하겠습니다. 교구민들 스스로가 성직자를 선출할 수 있어야 합니다. 이것이야말로 성직자 선출의 올바른 길입니다.

물론 완전히 전적으로 회중과 교구 위원들에 의해서 성직 임명이 이루어져야 한다는 것은 아닙니다. 그러나 성직 임명에 있어서 목소리를 내야하고 무식한 성직자 추천자들은 사라져야 하며, 회중들의 선택에 대해 무조건적으로 반대하는 것도 사라져야 합니다.

오늘날의 성직에 대한 임명 체계는 전적으로 평신도들을 무시하고 있습니다. 이것은 중대한 권리 남용임을 입증하고 있습니다. 목사들이 마지못해서 억지로 교구를 떠맡고, 내키지 않는 회중들을 떠맡는 일이 계속 지속된다면 그러한 목사들은 자신들의 지위에 전적으로 적합하지 않으며 교구민들은 그에게 강제로 순종하고 있는 것입니다. 교구민들은 결과적으로 교회로부터 추방당하고 교회는 회복할 수 없는 상처를 감수해야 합니다.

바로 이러한 경우에 성직 임명 예고 제도(Si quis)를 개혁할 필요성이 대두됩니다. 모든 추천자들은 그가 지명하고자 하는 목사의 이름을 모든 사람들과 교구민들에게 목사가 감독으로 임명되기 한 달 전에 알려주어야 합니다. 결혼식 때처럼 교회 안에 공개적으로 지명된 새로운 책임자의 이름을 써서 교회 문에 붙여둡시다. 3주나 4주 동안 써서 붙여두고 반대할 사항이 있다면 반대 표시를 하게 합시다. 반대자에게는 교리나 윤리 등과 같은 정당한 이유들로 반대한다고 주교와 교구 위원들에게 설명할 기회를 줍시다. 그 이유가 타당하다면 감독들과 교구 위원들에게 사역자 추천자 중 지명된 사람을 거부할 수도 있는 권력을 줍시다. 물론 이와 같은 보호책은 가끔 거의 효과가 없을 수도 있습니다. 지명된 사람에 대한 반대는 가끔 사소하고 증거도 불충분할 가능성이 있습니다.

그러나 어쨌건 한 가지 원칙이 세워질 수 있습니다. 교구의 평신도들은 교회 업무에 있어 작은 목소리나마 자기 견해를 표명해야만 새로운 교회 사역자에게 순종할 것입니다. 평신도들이 성직자 선출에 있어서 언제나 그들의 의무를 다한다면 잉글랜드 국교회는 훨씬 좋아질 것입니다.

3) 평신도들이 교회의 전 행정과 관리에 관여해야 합니다.

나는 감독들과 장로와 평신도로 구성된 국가 교회 회의(National Church Council)를 간절히 바란다는 것에 전적으로 동의합니다.

이러한 종교회의에는 세속 권력이 일체 간섭하게 해서는 안됩니다. 이 종교회의에는 평신도 각 개인이 법적인 힘을 갖는 데 어려움이 없어야 하며, 이처럼 회의가 구성될 때 권력을 가진 이가 질투하는 태도를 가져도 안됩니다. 이 회의의 주요한 목적은 사역자와 평신도가 직접 얼굴을 맞대고 교회의 복지에 영향을 미칠 수 있는 모든 문제를 함께 생각하는 것입니다. 또 이 회의의 주요한 이점은 회의의 결과를 의회 앞으로 가져가 "이러한 것은 잉글랜드 국교회의 사역자들과 평신도들이 함께 동의한 문제입니다. 잉글랜드 국교회의 이름으로 우리는 의회에게 이 문제를 검토하고 이 나라의 법으로 입법화시켜 주기를 요구합니다"라고 말할 수 있다는 점입니다.

나는 성직 회의(Convocation) 개혁에 있어서 이와 같이 엄청난 방법을 소망하는 것은 헛된 일이라는 견해에 대해 염려하지 않을 수 없습니다. 비록 캔터베리와 요크의 노회(Synod)가 의심할 바 없이 유서 깊고 존경할 만하지만, 나는 이 회의들이 진정으로 잉글랜드 국교회를 대표한다고 말할 수 있는 사람은 아무도 없다고 생각합니다. 심지어 그 회의들이 충분히 사역자들을 대표한다 해도, 이것들이 평신도들을 대표한다고는 확신하지 못할 것입니다. 이것은 참을 수 없는 결정이며 완전히 평신도를 배제하고 있습니다. 결국 성직자들은 종교 회의의 존속에만 관심이 있는 것 같습니다.

평신도들은 자신이 무시당하고 있다는 것을 느끼고 있으며 또한 웨스트민스터나 요크에서 그들과 가장 밀접하게 관련된 주제들을 토론할 때에도 자신들이 의견을 표현하고 투표하거나 어떤 자리를 갖거나 토론에 참가하지 못하고 있다고 생각합니다. 우리는 그들이 이렇게 되는 것을 좋아하지 않는다는 사실을 조금도 이상하게 여길 필요가 없습니다. 하나님의 말씀에 따르면 그들도 사역자들과 마찬가지로 '교회'(the Church)입니다. 그들도 교회의 복지가 중요하며 교회가 심각한 위험에 처해 있다는 것을 인식하고 교회의 문제들을 함께 고민해야 합니다. 평신도들도 여느 사역자들 못지않게 제대로 교육받았을 뿐만 아니라 박식하고 지혜로우며 영적인 신령함을 가지고 있습니다.

평신도들은 신앙에 있어서도 '차이가 생기는 논쟁거리'들을 구별할 수 있는 능력이 있습니다. 후커(Hooker)는 "사역자와 평신도들의 합의가 없이는 어떤 교회법도 만들 수 없다. 우리는 이것을 가장 공정하고 타당한 방법으로 주장해야만 한다"라고 밝히고 있습니다. 이러한 후커의 언급은 주목할 만한 가치가 있습니다. 오늘날 성직 회의에 있어서는 평신도들이 자신의 의견을 표시할 수도 없고 어떤 지위를 차지할 수도 없습니다. 이러한 사실들만으로도 오늘날의 잉글랜드 국교회가 얼마다 시대에 뒤떨어져 있는 체계인가를 충분히 알 수 있습니다.

영국 캔터베리 지방이나 요크 지방에서 성직 회의를 보좌하는 역할과 자문기관의 역할을 담당하여 활동할 목적으로 평신도 회의(House of Laymen)가 계속 존속되고 있습니다. 나는 이러한 사실들을 잊고 있는 것이 아니며 오히려 이러한 평신도들이 올바른 지향점을 갖고 올바른 방향에서 설립된 것은 커다란 진보라고 평가하고 싶습니다. 이제는 평신도들이 잉글랜드 국교회의 문제에 대해 더 많은 적극적인 관심을 기울여야만 하며 지난 날의 무기력한 자리에서 벗어나야 합니다. 그들은 이제껏 교회의 커다란 관심사들에 대해 조용히 순종하고 죽은 듯이 앉아있는 채로 머물렀으나 이제는 더 이상 이러한 상태를 지속해서는 안됩니다. 평신도들은 이제 점점 깨어나고 있습니다. 나는 이러한 평신도들의 자각이 비록 늦기는 하였지만 대단히 고무적인 일이라고 생각합니다. 평신도의 권리와 의무에 대한 올바른 원칙이 세워지고 있으며 어느 누구도 이러한 원칙의 추세를 되돌리거나 뒤바꿀 수 없습니다.

그러나 평신도들이 자각하고 있다는 판단이 옳다 하더라도 이러한 판단이 이 시대의 요청과 조화되며 단순한 임시변통이 아니라 근본적으로 문제를 해결하고 있다고 할 수 없습니다. 실제로 요크에 있는 평신도 회의는 많은 어려움에 부딪치고 있습니다. 나는 이러한 추세에 대항하여 생겨날 수 있는 세 가지의 반대를 요약하여 지적하고자 합니다.

(1) 이러한 평신도들의 회의가 국가와 의회에 의해서 정식으로 그 권위를 인정받지 못한다면 아무런 법적 지위를 가질 수 없으며 단순히 임의적인 토론 단체라는 지위를 가지게 된다는 점입니다.

반면에 성직 회의는 영국에서 가장 유서 깊은 법적 단체 중 하나입니다. 평신도 회의와 성직 회의는 법적인 지위 면에 있어서 어떻게 함께 공존할 수 있을 것입니까? 이처럼 다른 두 상태에 놓인 기관들이 합력하는 문제는 쉬운 것이 아닙니다. 이는 철과 진흙을 한데 뭉치는 것이요 헌 옷에 새 옷을 덧대는 것입니다.

(2) 이러한 평신도들의 회의를 만들고 구성원을 선출하고, 건물을 세우고 조직을 만드는 경향은 오늘날의 경향과 맞지 않는 만족스럽지 못한 시도라는 점입니다.

이러한 평신도들의 회의가 여러 대회(Diocesan Conference)에서 선출되는 평신도들로 구성된다면 선출된 평신도들은 공정하게 모든 교회의 평신도들을 대표하지 못합니다. 왜냐하면 대회 체계는 동일하지 않으며 특히 잉글랜드와 웨일즈는 너무 다릅니다. 또한 대부분의 평신도들이 대회에 참석하지 않으며 이러한 회의가 무시되고 있기 때문에 그들은 조금도 관심을 기울이지 않고 알고자 하는 생각도 없는 것입니다.

(3) 이러한 평신도들의 회의에서 무엇을 토론하기로 되어 있는가가 지극히 불명확하다는 점입니다.

평신도 회의는 '믿음과 교리에 관련된 문제들'에 대하여 결코 의견을 발표하지 못합니다. 이것이 바로 가장 강력하게 이루어진 반대인 듯합니다. 지혜로운 많은 영국 평신도들과 지도적이고 현명한 평신도 대표들이 말할 수 없게 되어 있고 시대의 중요한 문제들에 대해 의견을 말할 수 없게 하는 것이야말로 참으로 불합리하고 옳지 못한 일입니다.

　내가 생각하기에 이와 같은 금지 행위는 결국 많은 사람들이 서로 마찰하고 충돌을 일으키게 하는 원인이 될 것입니다. 만약 당신이 교회행정에 있어서 평신도들에게 도움을 구한다면 평신도들을 믿고 그들에게 의견을 말할 수 있는 자유를 주어야 할 것입니다. 바로 지금 시대에는 많은 사람들이 그렇게 할 수 없다고 반대하고 있지만 우리는 이러한 반대 속에서 해답의 실마리를 발견할 수 있을 것입니다.

　오늘날 많은 교회에서는 평신도들에게 도움을 구하고 교회문제에 대해 그들의 의견을 들으며 유용하게 활용하고자 하는 기대와 소망을 공공연하게 표명하고 있습니다. 나는 이러한 태도의 변화에 대해 매우 기쁘게 생각하지만 더 많은 일들을 이루어내야 한다고 생각합니다. 우리는 잉글랜드와 웨일즈의 30개 교구에서 30명의 감독과 60명의 장로와 120명의 평신도들과 각 주교관구에서 선출된 상류층과 중류층까지 모두 포함된 실제적인 국가 종교회의(National Council)를 구성했을 때라야 비로소 올바른 방향에서의 개혁 운동이 유익하게 될 것이라고 생각합니다. 훌륭하고 능력 있는 평신도들은 아무 권위도 갖지 못하고 자신들의 결정이 아무 효과도 발휘하지 못하는 단순한 임의단체나 임의회합에는 결코 참가하지 않을 것입니다.

　나는 궁극적으로 감독들과 장로들과 평신도들이 함께 앉아서 얼굴을 맞대고 여러 문제들을 함께 숙고하는 교회 회의(a council)를 원합니다. 바로 이런 자리에서 사역자들의 공식적 의견이 무엇인가를 들을 수 있는 기회를 가질 수 있으며 자신들도 잘못 판단하거나 올바르게 행동하지 못할 때가 있을 수 있음을 인정할 수 있을 것입니다. 또한 평신도들은 그들 나름대로 사역자들에게 이 세상에서 실제로 무슨 일이 일어나고 있는가를 올바르게 알리고 교회 회의들(councils)에서 자신들의 실제적이고 합리적이며 능률적인 지혜를 발휘하여 교회문제를 해결하는 데 도움을 줄 수 있을 것입니다. 나는 이것이 모든 사람들에게 유익을 줄 것이라 믿습니다.

평신도의 권리와 의무에 대한 주제를 이러한 방향에서는 여기까지만 언급하겠습니다. 이 주제를 더 깊이 있게 다룰 시간적인 여유가 없습니다. 많은 사람들은 이런 견해에 대해 그다지 마음 내키지 않을 것입니다. 그들은 이런 견해가 너무 새롭다고 생각하고 놀라고 있을 것입니다. 그러나 여기서 제안하는 이러한 평신도의 지위에 대한 개혁이 추상적이거나 바람직하지 못한 시대착오적인 발상이라고 생각하지 않습니다. 나는 이러한 개혁이 오히려 절실하게 필요하며 시대가 요구하고 있는 바람직한 것이라고 생각합니다. 국교 폐지론자들(Liberationists)과 로마 가톨릭 교도들(Romanists)과 불가지론자들(Agnostics) 사이에서는 잉글랜드 국교회라는 좋은 배는 이미 바람이 불어가는 쪽의 해안에 있으며 부서지는 파도와 암석들을 보지 못하고 있음을 알고 있습니다. 머지않아 이 배는 파도와 바람 때문에 좌초하고 말 것입니다. 사역자와 평신도들이 이 배를 구하고자 한다면 서로 협력해야 합니다. 단지 평온한 항해 길을 점치면서 시력을 상실한 눈으로 망원경을 통해 관찰하면서 "평화롭습니다. 모두 그냥 앉아 계십시오."라고 외치기만 할 시간이 없습니다.

4. 맺는 말입니다.

1) "불경한 개혁이다"라고 소리치는 사람들이 있을 것입니다.

이러한 사람들은 평신도들이 영적인 문제에 대해 조금이라도 관심을 갖고 관계를 맺으려 하는 것을 허용한다면, 이러한 허용이 전적으로 악한 일이며 교회를 망친다고 믿습니다. 그들은 평신도들이 성직자들을 위해 나무를 패며 물을 긷는 기브온 주민(수 9:27)이 되길 바랍니다. 그들은 다단과 아비람을, 법궤에 손을 댄 웃사를, 성전의 향로를 붙잡은 웃시야를 예로 들며 겁을 줍니다(민 16장; 대상 13:10; 대하 26:18). 나는 이들에게 말합니다. 아일랜드 교회를 보고 지혜를 배우라!" 만일 국교가 폐지 될 위험에 놓인다면, 또한 통찰력 있는 수많은 사람들이 틀림없이 국교는 폐지될 것이라고 말한다면, 당신은 좋아하건 좋아하지 않건 간에 평신도들에게 도움을 청하게 될 것입니다. 심지어 국교가 폐지되는 때가 오지 않는다 하더라도 당신이 평신도들을 올바른 지위에 놓지 않는다면 당신의 교회를 강력하게 할 수 없을 것입니다. 당신이 교회를 망쳐놓는 일이라고 애매모호하게 반대하는 것은 참으로 무익한 일입니다. 우리가 성경이라는 확실한 기준으로 평신도들의 지위에 대한 진위판단을 해 본다면 이러한 반대는 곧 사라지게 될 것입니다.

2) "위험한 개혁이다"라고 소리치는 사람들이 있을 것입니다.

이러한 사람들은 "평신도들이 자신의 손으로 직접 교회를 지배하게 될 것이며 목사들의 생각과 의식을 좌지우지하게 될 것이다"라고 경고합니다. 그러나 이러한 염려는 참으로 어리석은 것이며 조롱받아 마땅합니다. 평신도들을 게으르게 앉혀둔 채로 교회 일에 관해서는 조금도 적극적인 관심을 쏟지 못하게 하는 것이 더욱 위험한 일입니다. 나는 위험한 개혁이라고 공연히 걱정하는 사람들의 견해보다 평신도들의 견해가 훨씬 훌륭하고 더 나을 것이라고 믿습니다. 개혁되어 새로워진 교회체계는 맨 처음에는 딱딱하게 굳어있고 축도 제대로 작동하지 못하는 증기기관처럼 맨 첫 운전이 활발하게 진행되지 못한다 하더라도 곧 익숙해지듯이, 제대로 질서가 잡히지도 원활하게 일이 진행되지도 않을 것입니다.

그러나 평신도들은 처음에는 무엇을 해야 할 지를 이해하지 못하다가도 시간이 흘러가고 목사들이 자신을 신뢰하고 있는 것을 안다면 곧 나아질 것입니다. 그들에게 당신이 무엇을 생각하고 있으며, 교회에 부족한 것이 무엇인가를 알려 주십시오. 당신이 그들을 신뢰하고 있다는 것을 보여주십시오. 의심할 바 없이 평신도들은 곧 자신의 자리를 찾아가서 열심히 일할 것입니다. 아일랜드의 평신도들이 국교 폐지 후에(1871년 1월 1일 아일랜드인들의 국교회에 대한 불만에 따른 십일조 전쟁으로 교회의 국교폐지령이 공포되었다-역자) 얼마나 놀랍게 교회의 질서를 세우고 영국 평신도들보다 더 많은 믿음을 갖게 되었는가를 깊이 생각해 봅시다.

3) "쓸모없는 개혁이다"라고 소리치는 사람들이 있을 것입니다.

이렇게 주장하는 사람들은 "평신도들이 감독들에게 충고하는 것은 적절하지 못한 행동이며, 교회의 회의에 참석하거나 주교관구의 중요한 일에 대해 의견을 제시하는 것은 부적절하다"라고 말할 것입니다. 나는 이러한 주장에 대해 조금도 믿을 수 없으며 믿지도 않을 것입니다. 우리 교회의 평신도들은 헬라어나 히브리어를 비평할 수 없고, 많은 목사들에 비견하거나 심오한 신학자들에 견줄 수도 없습니다. 그러나 평신도들은 대부분이 지극히 많은 은혜를 받고 있으며 영어 성경에 대해서도 많은 지식을 갖고 있습니다. 또한 그들은 목사들 못지 않게 많은 상식을 갖고 있습니다. 우리는 훌륭하고 상식이 풍부한 평신도들이 종교단체 위원회에서 어떻게 행동하는가를 살펴봅시다. 그들은 무지하지 않습니다. 클라랜든(Clarendon) 경은 자신의 오랜 경험에 비추어 "사역자들이야말로 지극히 이해하는 폭이 좁고 읽고 쓸 줄 아는 모든 사람들에 관한 문제에 대해 가장 나쁜 태도를 취한다"라고 밝히고 있습니다. 그가 오늘날까지 살았더라면 우리들 전체를 더 나쁘게 평가했을지도 모릅니다. 나는 교회의 모든 평신도들이 교회의 일에 자신을 결합시켜 사려 깊게 행하고 교회를 강력하게 하는 것이야말로 교회에 많은 이득을 가져올 수 있다고 생각합니다. 오늘날 교회의 대부분을 차지하는 평신도들을 올바른 지위에 있게 하지 않은 것은 19세기 교회의 많은 실수들을 낳은 참된 원인이라고 할 수 있습니다.

잉글랜드 국교회가 오늘날 처해 있는 가장 큰 위험은 바로 다수를 만족시키려는 전체적으로 침체된 편파적인 교회행정과 교회민들이 위험한 상태에 있다는 것을 보지 못하는 무능력에서 찾을 수 있을 것입니다. 잉글랜드 국교회는 "조금 더 잠들도록 하시오. 더 깊이 잠들도록 하시오. 어찌하여 당신은 모든 일을 그대로 우리에게 내맡기려 하지 않습니까?"라고 우리에게 말합니다. 잉글랜드 국교회는 교회 개혁이 필요하다는 주장이 널리 호응을 얻을 때마다 언제나 이와 같이 대답하곤 했으며 오늘날에도 많은 사람들이 이와 같이 주장합니다. 그들은 "우리가 왜 두려워해야 합니까? 우리에겐 아무런 위험도 없다"라고 주장합니다.

화체설, 고해성사, 기독교의 무법, 아일랜드의 자치를 인정하지만 그리스도의 신성함과 성령의 영감과 기적의 실재성이 차갑게 외면 당하고 있는데도 아무런 내적이 위험이 존재하지 않는다고 주장할 것입니까? 무신론자들과 교황주의자들과 비국교도들은 잉글랜드 국교회의 멸망을 간절히 원하고 있으며 땅과 바다를 자신들의 영역으로 끌어들이기 위해 애쓰고 있는데도 당신은 아무런 외적인 위험이 없다고 말할 것입니까?

수많은 노동자 계층이 교회 문 안으로 들어오지 않고 또한 그들이 가사 일에 대해서는 온 힘을 다해 애쓰면서도 교회를 살아나게 하는 데는 손가락 하나도 움직이려 하지 않을 때에 아무런 위험이 없는 것입니까? 아일랜드의 교회에 국교 폐지령이 진행되며, 통일령(Act of Uniformity)이 짓밟힐 때, 프로테스탄트들이 물려준 것들이 교황의 손에 넘어가 버렸고, 교회와 국가와의 단절이 시작되었고, 이 모든 일들을 진행한 정치가들이 지금도 살아있으며, 여전히 많은 사람들은 여기에 문제가 없다고 생각하고 있습니다. 그럼에도 불구하고 아무런 위험이 없다고 말하는 사람을 볼 때마다 참으로 놀라지 않을 수 없습니다. 그들은 비참하게도 자신의 눈으로 보려 하지 않고 들으려 하지 않으며 이해하려고도 하지 않습니다. 이러한 사람들이 너무나 많이 퍼져 있습니다.

잉글랜드 국교회는 위험에 처해 있습니다. 잉글랜드 국교회는 틀림없이 위험한 상태이며 이러한 위험 때문에 나는 잉글랜드 국교회의 개혁을 간절히 바랍니다. 조지 해협의 건너편에는 다니엘의 해석이 굳이 필요없는, 타는 듯이 이글거리며 빛을 내는 '벽에 쓴 글씨'(단 5:5)가 있습니다. 그것은 바로 모든 국가 교회가 국교 폐지라는 한 흐름 속으로 유입되고 있다는 것입니다. 우리들도 이러한 흐름 속에 있습니다. 그러나 많은 사람들이 이것을 의식하지 못하고 있습니다. 그들이 의식하지 않고 있더라도 우리는 점차 아래로 흘러내려가고 있으며 곧 급류에 휘말리게 될 것입니다. 옛 경계의 표시를 읽을 줄 아는 사람들은 이러한 흐름을 감지할 수 있을 것입니다. 우리가 빠를 시일 내에 스스로 힘써 애쓰지 않는다면 모두 폭포 아래로 떨어지게 될 것입니다.

영국의 대중들은 상업 뿐만 아니라 곡물 무역에서도 자유로운 무역을 하고 있습니다. 그들은 교회에서나 신앙에서도 이러한 자유 무역을 할 수 있다는 엄청난 환상에 취해 있는 것으로 보입니다. 매일 쏟아져 나오는 많은 출판물들이 이러한 주제에 대해 끊임없이 다루고 있습니다. 우리는 가만히 앉아서 교회에 질서를 세우는 일을 거부할 것입니까? 하나님께서는 우리가 앉아만 있는 것을 금하십니다. 우리는 엄청난 혼란의 폭풍 속에서 어쩔 수 없이 거리로 나서서 우리가 강제적으로 개혁해야만 할 때까지 기다릴 것입니까? 하나님은 우리가 기다리게 내버려두지 않습니다. 노련한 장군은 적을 눈 앞에 두고 전선을 바꾸는 것은 미친 짓이라고 말합니다. 우리가 잉글랜드 국교회에 위험이 임박해 있다는 것을 확신하고 있다면 폭풍우가 몰아칠 때까지 기다리지 않도록 합시다. 어서 우리의 교회를 개혁하도록 걸음을 내디딥시다.

나는 신앙심이 두터운 목사들이 이러한 모든 주제에 대해 깊은 관심을 기울여야 한다고 명하고자 합니다.

내가 말하는 것을 생각해 보라 주께서 범사에 네게 총명을 주시리라 (딤후 2:7).

나는 영국의 모든 성직자들의 귀에 나팔을 불어 그들이 교회의 위험을 알아차리고 깨어나게 하고자 합니다. 지평선에는 이미 어둠이 서려 있습니다. 지금은 계속 깨어있어 감시하고 있어야 할 때입니다. 우리가 팔짱을 끼고 가만히 앉아있을 여유가 없습니다. 교회가 살아남을 수 있는지 죽을 것인지 모릅니다. 우리가 교회를 살리고자 한다면 우리는 부족한 부분을 채우고 질서를 세우는 교회 개혁을 목표로 삼아야 합니다.

나는 사려 깊은 모든 평신도들이 이러한 모든 주제를 명심해야 한다고 명합니다. 사려 깊은 평신도들이 조상들의 교회이자 영국의 유서 깊은 프로테스탄트 교회를 계속 유지하는 일에 도움을 주고 그들의 올바른 지위와 자리를 찾고 앞으로 나아오도록 초대합니다. 이렇게 하는 것이 가장 좋은 방책일 것입니다. 사역자와 평신도들이 더욱 가깝게 서로의 지위를 돈독히 하면서 어깨를 맞대고 일하지 않는다면 우리는 결코 우리의 세력을 유지할 수도 요새를 지킬 수도 없습니다. 이 죄많은 세상에서 그리스도의 목적을 위해 적극적으로 일하고 자신의 사역자와 더불어 서로 동료가 됨으로써 당신은 자신의 영혼을 위한 풍성한 보상을 찾게 될 것입니다.

샤프츠베리(Shaftesbury) 경과 같은 평신도들이 백 명만 있다면 영국은 엄청난 은혜를 받을 것입니다. 샤프츠베리 경은 그가 살던 지역에서 엄청난 축복을 널리 퍼뜨렸습니다. 당신은 유익한 일을 행하고 동료들과 함께 행하는 것이 얼마나 모두에게 유익한지를 깨닫게 될 것입니다. 바로 지금 당신이 잉글랜드 국교회에 새로운 생명을 가져올 수 있으며 하나님의 은혜로써 교회의 적들이 교회를 정복하지 못하게 할 힘이 있습니다. 또한 "아침 빛 같이 뚜렷하고 달 같이 아름답고 해 같이 맑고 깃발을 세운 군대 같이 당당한 여자"(아 6:10)를 자손 대대로 물려줄 수 있을 것입니다.

* * *

독자들에게 1870년 1월 5일 "가디언"(*Guardian*)지의 전면에 실린 다음의 발췌문을 소개합니다. 이 글은 '평신도의 위치'가 매우 중요하다고 진술합니다.

우리는 평신도에게 그들이 이 영국의 잉글랜드 국교회연합에서 지금 누리고 있는 것보다 더 큰 권위와 영향력을 허락할 경우 발생할 수 있는 위험에 대해 매우 민감하게 대처한다고 여겨왔습니다. 이제 잠시 평신도에 의해 강요된 요구의 위력을 간단히 살펴보겠습니다. 가부장적 구조에서는 왕권과 교황권이 연합되어 있었습니다. 한때는 가정의 가장이 왕이자 제사장이었습니다. 고대에는 제정일치 사회여서 제사는 오직 왕에 의해서만 드려져야 한다는 생각이 널리 퍼져 있었습니다. 아테네에서는 민주주의가 성립된 후에도 '아르콘-바실레우스'(*Archon-Basileus*)가 유지되었으며 로마에서는 이와 유사하게 '렉스-사크로룸'(*Rex-sacrorum*)이 유지되었습니다. 이런 연합은 티벳과 중국, 회교권의 많은 국가들에서는 아직도 어느 정도 유지되고 있습니다.

팔레스타인에서는 이 두 권위가 분리되었음을 우리는 알고 있습니다. 왕권은 유다에게 돌아갔으며 제사권은 레위에게 돌아갔습니다. 그 후에 사울과 웃사, 웃시야가 조심성 없이 업무를 침해한 것으로 인해 벌 받은 것을 읽을 수 있습니다. 제사 문제로 인해 다윗이 감내하게 된 큰 고통을, 솔로몬이 아비아달의 관직을 박탈하였던 것을, 요시야와 히스기야와 같은 경건한 왕의 행동을, 그리고 포로기 이후 스룹바벨과 그의 후손들의 처신을 되새겨 볼 때 그 아래 흐르고 있는 모세의 율법의 영향이 실로 엄청난 것을 인정할 수 밖에 없습니다. 유명한 예수회의 주석가(래피드와 말도니투스)는 유대 정치체제에서는 국가가 교회보다 우위에 있었다고 인정하기에 주저하지 않았습니다. 주님의 시대에는 산헤드린의 최소한 삼분의 일이 평신도로 구성되어 있었습니다.

초대 교회의 태동기를 돌아볼 때 공동체는 평신도와 함께 모든 행동을 같이 합니다. 일곱 집사들은 '온 무리'에 의해서 선택되었습니다. 만일 예루살렘 공의회에 관해서 다양한 읽기로 인해 어려움이 초래되지만 전체 교회에 의해서 결정이 확정되었다고 기록되어 있습니다. 모벌리 박사(Dr. Moberly)는 키프리아누스(Cyprian), 크리소스톰(Chrysostom)과 같은 위대한 영적 인물들의 저작과 카르타고(Carthage), 엘리베리스(Eliberis), 톨레도(Toledo)에서 열린 초창기 종교회의 기록들 그리고 우리의 앵글로색슨(Anglo-Saxon) 조상들을 연구함으로써 이러한 초창기의 생각과 행동들이 지속되었다는 것에 대한 증거를 제공하였습니다.

콘스탄트공의회(Councils of Constance)와 피사공의회(Councils of Pisa)에서 중요한 자리에 단순한 평신도였던 교회법학자(Canonist)들과 다른 율법학자(doctor of law)들이 선출되었습니다. 게다가 유럽의 큰 대학들은 비록 평신도 법인(Lay corporation)이라 하더라도 교회와 국가로부터 신학을 가르치도록 위임받았고, 신앙과 관련된 질문들과 양심의 경우들에 관한 의견들을 지속적으로 제시하고 있습니다. 헨리

8세(Henry VIII)의 결혼의 합법성에 대한 언급은 역사적으로 매우 유명한 사례이며, 물론 이런 일은 이때뿐만이 아닙니다. 14세기에는 특히 파리대학(University of Paris)을 필두로 해서 비판적인 사람들이 매우 많았습니다. 그리고 많은 책임감들이 그들에게 지워져 있어서 그들 대다수가 지방공의회 의원의 위치를 담당했습니다.

평신도들이 신학분야에 있어서 그저 작은 일들을 이룬 것이 전부가 아닙니다. 이단 때문에 필요해진 교리의 형성에 있어서 거의 대부분을 주교와 장로들인 아타나시우스(Athanasius), 레오(Leo), 아우구스티누스(Augustine)가 해냈다고 말할 수 있을 것입니다. 하지만 신앙의 능숙한 변증과 기독교 문학의 작업들은 엄청나게 많은 평신도들의 저술에서 발전되었을 뿐만 아니라 일반인들도 당대의 현실 속에서 교리의 순수성에 대한 탁월한 열정을 보여 주었습니다. 교회의 이러한 부분은 가르치는 교회(Ecclesia docens)를 구성하게 되었습니다. 주목할 만한 예가 아리우스주의(Arianism)[2]의 역사 속에서 일어났습니다. 반(半) 아리우스주의(semi-Arian)적 경향의 어떤 주교들이 그 자신들이 흡수한 이단적인 독을 자신들이 목양하는 평신도에게 주입시키는 것이 불가능하다는 것을 깨달았습니다. 네스토리우스(Nestorius)[3]의 이단성을 처음 발견하고 주목한 것도 평신도였습니다. 오늘날에는 미국교회 총회(ecclesiastical Conventions)의 평신도 구성원들이 성직자들보다 더 중도적이고 보수적인 목소리를 내는 경우가 흔합니다.

---

[2] 예수 그리스도의 신성(神性)을 부인하는 학설이다. 성자가 성부에 의해 창조되었으므로 피조물로 본다.
[3] 5세기 시리아의 성직자 Nestorius가 주장한 예수 그리스도에 있어서의 신성(神性)과 인성(人性)이라는 두가지 분리된 인격이 존재한다는 교리이다. 그리스도는 하나의 인격으로서 동시에 신이자 인간이라는 정통교리와 대치된다.

18장
중생에 관한 궁금증들

이 글은 세례와 중생에 대해 올바르게 알지 못하고 혼란 상태에 빠져 있는 모든 그리스도인들에게 정보를 알려주고자 하는 의도에서 쓰여진 글입니다. 세례를 통한 중생을 한다는 교리는 유명하여 매우 광범위하게 퍼져 있고 모두 진실이라고 분명하게 선언되고 있으므로 나는 이에 관한 모든 주제를 언급함에 있어서 질문하고 대답하는 단순한 형식을 이용하여 토론하는 것이 바람직하다고 생각합니다.

나는 바르게 알지 못하고 의심하는 모든 사람들의 마음에 세례와 중생이 항상 함께 하는 것이 아니며, 이성적이면서도 논리적인 논증, 또한 동시에 성경과 공동 기도서에도 이 주제에 대한 풍부한 자료들이 많이 있음을 알려주려 합니다. 많은 사람들은 너무나 자주 중생에 대하여 언급합니다. 또한 많은 그리스도인들도 그들의 관점이 어떠하건 간에 가끔 너무나 자주 비합리적이고 오만한, 경멸 받아 마땅한 관점으로 이러한 중생에 대하여 말해왔습니다. 많은 사람들이 이들의 관점을 비합리적이라고 간주하고 있습니다. 이러한 모든 점을 고려해 볼 때 이 글에서 제시되고 있는 논거들은 각각 깊이 생각해볼 만한 가치가 있다고 생각합니다.

1. 중생이란 무엇입니까?

중생은 성령이 사람 안에서 그를 참된 그리스도인이 되게 역사하는 때에 그의 마음과 인격이 완전히 변화하는 것입니다. 교회의 교리문답은 "중생이란 죄에 대하여 죽고 의에 대해서 새로 태어나는 것이다"라고 말하고 있습니다. 중생은 '거듭나는 것' 혹은 '하나님께로부터 나는 것' 혹은 '성령으로 거듭나는 것'입니다. "사람이 거듭나지 아니하면"이라는 말은 "사람이 중생하지 아니하면"(요 3:3)이라는 의미합니다. "누구든지 그리스도 안에 있으면 새로운 피조물이라 이전 것은 지나갔으니 보라 새 것이 되었도다"(고후 5:17)라는 말은 "그가 곧 중생하거나 거듭난다"라는 것을 의미합니다. 따라서 요한복음과 고린도후서의 말씀은 중생을 말하고 있는 것입니다.

2. 신앙을 고백한다고 해서 모두가 참된 그리스도인들이라고 말할 수 있습니까?

그렇지 않습니다. 수많은 그리스도인들이 이름 뿐인 그리스도인들이며 그들의 마음과 생애에 참된 기독교에 대한 것들을 아무것도 갖고 있지 않습니다. 사도 바울은 "무릇 표면적 유대인이 유대인이 아니"(롬 2:28)라고 말하였듯이 이러한 그리스도인들에게 "겉으로 보기에는 그리스도인이 그리스도인이 아니다"라고 말할 것입니다. 마찬가지로 사도 바울이 "오직 이면적 유대인이 유대인이며"라고 말하였듯이 "오직 내면적이 그리스도인이 참된 그리스도인이라"라고 말할 것입니다. 참된 그리스도인들은 중생한 자들이며 중생하지 못한 자들은 참된 그리스도인이 아닙니다. 명목상의 그리스도인들은 모두 중생해야만 참된 그리스도인이라고 말할 수 있습니다.

3. 우리가 중생하였는가 중생하지 아니하였는가를 어떻게 알 수 있습니까? 중생은 우리가 죽기 전에 깨달을 수 있는 것입니까?

중생은 언제나 한 사람의 생애와 인격에서 맺어지는 열매와 효력으로 알아볼 수 있습니다. 중생은 언제나 확실한 표시와 증거와 효력과 결과를 증명할 수 있습니다. 모든 중생한 사람은 많건 적건 간에 분명하게 이러한 표시를 가지고 있으며 이러한 표시를 가지지 못한 사람들은 중생하지 못한 자들입니다. 표시도 없고 아무런 열매도 맺지 못하며 그 사람의 생애 속에 보이지 않는 중생은 결코 성경에 언급되어 있지 않는 가짜라고 말할 수밖에 없습니다.

4. 중생의 표시와 증거는 무엇입니까?

중생의 표시와 증거는 사도 요한이 우리에게 분명하고 알기 쉽게 쓴 요한일서에서 찾아볼 수 있습니다. 그 부분을 읽은 사람은 누구나 중생의 표시와 증거를 읽을 수 있습니다. 요한일서에 적혀있는 말씀입니다.

> 너희가 그가 의로우신 줄을 알면 의를 행하는 자마다 그에게서 난 줄을 알리라(요일 2:29).
> 하나님께로부터 난 자마다 죄를 짓지 아니하나니(요일 3:9).
> 사랑하는 자마다 하나님으로부터 나서(요일 4:7).
> 예수께서 그리스도이심을 믿는 자마다 하나님께로부터 난 자니(요일 5:1).
> 무릇 하나님께로부터 난 자마다 세상을 이기느니라(요일 5:4).
> 하나님께로부터 난 자는 다 범죄하지 아니하는 줄을 우리가 아노라 (요일 5:18).

위와 같은 표시를 가지고 있는 자는 틀림없이 거듭났거나 중생하였음을 의미하며 이러한 표시를 갖지 않은 자는 거듭나지 못했거나 중생하지 않은 자를 의미합니다.

5. 중생한 사람들은 모두가 똑같은 깊이와 정도로, 똑같은 힘과 똑같이 분명한 중생의 표시를 가집니까?

전혀 그렇지 않습니다. '거듭난' 사람들이 지닌 은혜의 정도는 모두 높고 낮은 엄청난 차이점이 있습니다. 참되고 진실한 그리스도인이지만 영적인 수준에 있어서 '어린아이'같은 사람이 있는 반면, 그리스도를 위하여 엄청난 일을 할 수 있는 능력 있고 활기차고 '강한' 그리스도인들도 있습니다.

> 자녀들아 내가 너희에게 쓰는 것은 너희 죄가 그의 이름으로 말미암아 사함을 받았음이요 아비들아 내가 너희에게 쓰는 것은 너희가 태초부터 계신 이를 알았음이요 청년들아 내가 너희에게 쓰는 것은 너희가 악한 자를 이기었음이라 아이들아 내가 너희에게 쓴 것은 너희가 아버지를 알았음이요 아비들아 내가 너희에게 쓴 것은 너희가 태초부터 계신 이를 알았음이요 청년들아 내가 너희에게 쓴 것은 너희가 강하고 하나님의 말씀이 너희 안에 거하시며 너희가 흉악한 자를 이기었음이라 (요일 2:12-14).

성경은 작은 믿음과 큰 믿음에 대해서 또는 약점과 강점에 대해 말하고 있습니다.

> 예수께서 즉시 손을 내밀어 그를 붙잡으시며 이르시되 믿음이 작은 자여 왜 의심하였느냐 하시고 (마 14:31).

이에 예수께서 대답하여 이르시되 여자여 네 믿음이 크도다 네 소원대로 되리라 하시니 그 때로부터 그의 딸이 나으니라(마 15:28).
믿음이 강한 우리는 마땅히 믿음이 약한 자의 약점을 담당하고 자기를 기쁘게 하지 아니할 것이라(롬 15:1).
네가 작은 능력을 가지고서도 내 말을 지키며 내 이름을 배반하지 아니하였도다(계 3:8).

6. 세례 받으면 중생합니까? 중생에 세례가 반드시 수반되어야 합니까?

결코 그렇지 않습니다. 수많은 세례 받은 자들은 그들에 대한 유일한 성경적인 표시인 중생의 표시를 가지고 있지 않기도 하며 자신들의 생애에서도 그러한 중생의 특징을 가지고 있지 않습니다. 그들은 "죄에 대하여 죽고 의에 대하여 살게 하는 것"(벧전 2:24)에 대하여 아는 바가 없습니다. 그와는 반대로 그들은 너무나 자주 죄 속에서 살아가고 모든 의로움의 적이 됩니다. 이러한 자들이 단순히 세례 받았다는 이유만으로 중생한 자들이라고 말하는 것은 요한일서에 명백히 위배됩니다. 교회의 교리문답은 세례란 두 가지의 요소를 포함하고 있다고 밝히고 있습니다.

첫째는 눈에 보이는 표시이며 둘째는 내적으로 영적인 표시, 즉 영적인 은혜입니다. 그러나 교리문답은 어느 곳에서도 이러한 눈에 보이는 표시와 영적인 은혜가 함께 온다고 말하지 않습니다.

7. 공동 기도서의 세례식에서는 모든 세례 받은 어린 아이들에게 "이 어린 아이는 중생하였다"라고 분명하게 말하지 않습니까?

기도서는 "그 기쁘신 뜻대로 유아들을 중생케 하신" 하나님께 감사하라고 말하고 있습니다. 이것이 의미하는 바에 대해서 칼턴(Carleton) 감독은 다음과 같이 말합니다. "이 모든 것이 교회의 자비이다. 그 외에 더 생각할 수 있는가?" 한편, 조지 다우네임(George Downame) 감독은 "우리는 자비의 판단과 확신의 판단을 분명히 구분해야 한다"고 말했습니다.

8. 이러한 세례식의 문장은 정직하고 본연적이며 공정한 것입니까? 아니면 말 그대로 겉치레에 불과한 것입니까? 어느 것이 진정한 의미입니까?

세례식의 문장은 단지 공동 기도서 전체에 흐르는 정신과 연계되어 있습니다. 공동 기도서는 처음부터 끝까지 그 내용에 적용되는 이가 신실한 성숙한 그리스도인이라고 가정합니다. 장례식때나 교리문답을 할 때나 그 문장이나 답이 성숙한 그리스도인에게서 기대될 수 있는 것과 같습니다. 이것은 우리가 어린 자녀들에게 교리문답을 가르칠 때에 자비롭게 그러한 말을 사용할 수 있을 뿐입니다. 우리는 어린 자녀들에게 "성령께서 나와 하나님의 택하심을 입은 모든 사람을 거룩하게 하신다"라고 말하도록 가르칩니다. 그러나 어느 누구도 이렇게 교리문답을 말하는 어린 아이들이 단지 이러한 말을 사용한다는 이유만으로 거룩하게 되고, '실제로' 택하심을 입는다라고 말할 수는 없습니다.

9. 우리는 그리스도의 성찬을 이용하는 모든 사람들이 당연히 은혜를 받는다고 믿어야 합니까?

결코 그렇지 않습니다. 그리스도의 성찬의 유익은 전적으로 성찬을 이용하는 자들의 영과 태도에 달려 있습니다. 성경은 분명하게 사람이 성찬을 '합당하지 않게' 받아들일 수도 있으며 '죄를 짓는 성찬'으로 먹게 될 수도 있다고 말하고 있습니다. 잉글랜드 국교회의 39개조 신조는 성찬을 "올바르게, 가치 있게, 믿음을 가지고" 받아들여야 할 것으로 선포하고 있으며, 그럴 때 성찬은 전적으로 효력과 효능을 갖고 있다고 선포합니다. 마치 약을 먹기만 하면 몸이 저절로 낫는 것처럼 성찬을 생각하는 사효론(*ex opere operato*)은 잘못된 것입니다. 저명한 후커(Hooker)는 "하나님의 은혜의 성찬을 받아들이는 자들이 모두 다 하나님의 은혜를 받는 것은 아니다"라고 가르치고 있습니다. 물론 세례 받은 모든 아이들이 세례 받는 즉시 중생하고 거듭난다고 주장하는 것은 세례라는 성례를 단순한 형식으로 바꿔버리고 성경과 39개 신조를 반대하는 일입니다.

10. 유아들은 세례 받기에 앞서 어떤 잘못도 범하지 않았기 때문에 세례 받는 것은 당연하지 않습니까? 또 그렇기 때문에 유아들은 세례 받으면 중생하는 것이 아닙니까?

결코 그렇지 않습니다. 어떤 유아도 그 자체로 당연히 은혜를 받을 만한 가치를 가질 수 없습니다. 왜냐하면 교리문답에서 말하고 있는 바와 같이 아이는 '죄 가운데 태어난 진노의 자녀'이기 때문입니다. 그 부모와 후견인들의 믿음과 고백으로써 어린 아이는 교회 안으로 받아들여질 수 있을 뿐이며, 또 세례를 받을 수 있습니다. 아무리 진실한 선교사라도 후견인이 없는 이교도의 어린 아이에게 세례를 베풀어선 안됩니다.

교회 교리문답은 "유아 세례는 왜 베푸는가?"라고 질문을 던집니다. 이 때 "왜냐하면 유아들은 은혜 받기에 합당하기 때문이다"라고 대답해야 할 것이 아니라 "왜냐하면 그들은 그들의 보증인들에 의해 회심과 믿음을 약속하였기 때문이다"라고 대답해야 합니다. 유아 세례의 명분은 '보증인들(sureties)의 고백'입니다. 그러나 유아들의 보증인들이 회심과 믿음에 대해 아무것도 알지 못하고 자신들이 무엇을 약속하였는가를 알지 못할 때에 그 유아는 성례로부터 아무런 내적인 유익을 얻지 못한다는 것을 우리는 상식만으로도 알 수 있습니다.

간단히 말해서 부모와 후견인들의 말 그대로 믿음이나 기도 또는 지식이 없는 무지한 상태에서 자녀들에게 세례 받게 한다면, 또한 이 자녀들이 중생해야 한다고까지 가정한다면 이는 매우 불경한 일입니다. 신자와 불신자의 자녀들이 동일한 세례의 은혜의 유익을 얻을 수 없습니다. 그러한 결론은 불합리하며 어리석은 생각입니다.

11. 사도 바울이 그의 서신에서 그리스도인들은 "그리스도와 함께 장사되고"(골 2:12), 세례 받은 사람들은 "그리스도로 옷 입었다"(갈 3:27)라고 말하지 않았습니까?

의심할 바 없이 사도 바울은 이렇게 말하고 있습니다. 그러나 바울은 유아 세례를 말하는 것이 아니며, 성인의 세례를 말하고 있는데, 그들은 믿음과 세례의 관계를 지극히 가깝게 하였으며 믿자마자 세례 받음으로써 공적으로 자신의 믿음을 고백하였던 것입니다. 그러나 신약성경의 어느 곳에서도 어린 아이들에 관한 세례의 효력을 설명하고 있는 곳이 없으며 모든 어린 아이들이 세례로 거듭나고 중생하여 세례로 그리스도와 함께 장사지낸 바 되었다고 말하고 있는 구절을 찾아볼 수 없습니다. 캐논 모즐리(Canon Mozley)는 이렇게 말했습니다. "성경은 그 어느 곳에서도 어린 아이들이 세례로 중생한다고 공공연하게 혹은 은밀하게라도 말하고 있는 부분이 없다." 이 외에도 우리는 마술사 시몬이 세례를 받은 후에도 하나님의 선물을 돈 주고 살 줄로 생각하였기 때문에 그리스도의 한 부분도 함께 하지 못하였으며 "하나님 앞에 마음이 바르지 못하였다"라는 것을 잘 알고 있습니다. 시몬은 세례로 중생하거나 거듭날 수 없었습니다(행 8:21).

12. 사도 베드로는 세례가 우리를 "구원하는 표"(벧전 3:21)라고 말하고 있습니까? 세례가 우리를 구원하는 표라면, 세례를 받는 모두는 중생해야 하는 것 아닙니까?

의심할 바 없이 사도 베드로는 세례가 우리를 구원하는 표라고 말하고 있습니다. 그러나 이 구절을 인용하고자 하는 사람들은 '구원하는 표'라는 말을 읽는 것에만 그칠 것이 아니라 이 구절의 끝까지 신중하게 읽어야 할 것입니다. 끝까지 읽은 사람들은 곧 사도 베드로가 자신의 말을 분명하게 보호하고 있다는 것을 알게 될 것입니다. 사도 베드로는 "이제 너희를 구원하는 표니 곧 세례라 이는 육체의 더러운 것을 제하여 버림이 아니요 하나님을 향한 선한 양심의 간구니라"라고 말하고 있습니다. 더욱이 사도 베드로가 구원하는 세례라는 표현을 사용하면서도 세례를 받은 시몬에게 "하나님 앞에서 네 마음이 바르지 못하니"(행 8:21) 또한 "불의에 매인 바 되었도다"(행 8:23)라고 말한 사도라는 사실은 매우 흥미롭습니다.

13. 우리 주 예수 그리스도는 니고데모에게 "물과 성령으로 나지 아니하면 하나님의 나라에 들어갈 수 없느니라"(요 3:5)라고 말씀하시지 않습니까? 이것은 바로 물로 세례 받은 사람들은 모두 중생한다는 것을 증명하는 것입니까?

결코 그렇지 않습니다. 이 구절은 그러한 것을 증명하는 것이 아닙니다. 이 유명하고도 자주 인용되는 성경구절이 의미하고 있는 가장 중요한 것은 우리가 구원 받고자 한다면 '물과 성령으로 거듭날' 필요가 있음을 보여준다는 점입니다. 그러나 이 구절은 세례 받은 사람 혹은 물로 거듭난 모든 사람들이 동시에 성령으로도 거듭났다고 말하는 것은 아닙니다. 이것은 세례와 중생 사이에는 관계가 있다는 것을 말하는 것이지 언제나 동시에 존재한다고 말하는 것은 아닙니다.

14. 세례받은 모든 사람들이 세례 시에 영적인 중생의 은혜를 받는다는 것이 진리일 수 있습니까? 또한 세례 받은 사람들 중 대부분이 나중에 영적인 중생의 은혜를 잃어버릴 수 있다는 것이 진리일 수 있습니까?

성경은 결코 그런 진술을 할 근거를 제시하고 있지 않습니다. 오히려 사도 베드로는 분명하게 말하고 있습니다.

너희가 거듭난 것은 썩어질 씨로 된 것이 아니요 썩지 아니할 씨로 된 것이니 살아 있고 항상 있는 하나님의 말씀으로 되었느니라(벧전 1:23).

잉글랜드 국교회의 39개조 신조의 열일곱 번째 조항은 은혜에 대해 결코 잃어버린 바 될 수 없는 것으로 말하고 있습니다.

하나님의 최고의 유익을 부여받은 자들은 경건하게 선한 일 안에서 살고 영원한 행복을 얻게 된다.

성령의 내적인 은혜가 언제나 잃어버린바 될 수 있고 사람의 발아래 짓밟힐 수 있다고 가정하는 것은 성령의 사역의 명예를 더럽히는 것입니다. 어릴 때 세례 받은 사람이라고 해서 (잃어버릴 수 있는) 증거를 이미 갖고 있는 것도 아니며, 그들이나 퀘이커 교도 혹은 침례교도의 세례 받지 않은 자녀들이나 큰 차이는 없습니다. 1615년에 솔즈버리(Salisbury) 감독이었던 로버트 애버트(Robert Abbott)가 이렇게 질문했습니다.

만일 세례가 치료약이라면 왜 치료 효과가 나타나지 않습니까?

15. 세례받은 모든 사람들에게 언젠가 열매 맺을 휴면종자(dormant seed)가 없다는 것입니까??

결코 그렇지 않습니다. 사도 요한은 분명하게 말하고 있습니다.

하나님께로부터 난 자마다 죄를 짓지 아니하나니 이는 하나님의 씨가 그의 속에 거함이요 그도 범죄하지 못하는 것은 하나님께로부터 났음이라(요일 3:9).

이러한 말은 모두 진리입니다. 눈에 보이지 않는 불빛이 있을 수 있고 열이 없는 불씨가 있을 수 있다면 잠들어 있는 무기력한 은혜도 있을 수 있을 것입니다. "네 속에 있는 하나님의 은사를 다시 불일 듯하게 하기 위하여"(딤후 1:6)라고 말하는 것은 세례 받은 자들에게 너무나 자주 사용되는 잘 알려진 말입니다. 그러나 이러한 말들이 세례의 효력에 대해서는 전혀 사용되지 않으며 오직 사역자들의 은사에 관하여 사용된다는 것을 성경을 읽는 독자들은 상식적으로 잘 알고 있습니다.

16. 초기 교부들은 모든 세례 받은 자들이 세례로 중생한다고 주장하지 않습니까? 또한 모든 시대를 통하여 많은 위대한 신학자들도 초기 교부들과 같은 견해를 주장하지 않습니까?

초기 교부들은 성찬에 대해 매우 풍부하게 많은 말을 사용하였습니다. 그러나 모든 세례 받은 자들이 세례로 중생한다는 점에 대해서는 분명한 길을 안내하지 않고 있습니다. 더욱이 초기 교부들은 이에 대해 일치를 보지 않았습니다. 중생이 항상 세례와 함께 온다는 것을 부정하는 신학자들은 중생과 세례가 함께 온다고 주장하는 학자들 못지않게 학식이 풍부하고 현명하며 우리의 관심을 끌 만한 가치가 있습니다. 대감독인 크랜머(Cranmer)와 휘트기프트(Whitgift)와 어셔(Usher), 그리고 레이튼(Leighton)과 감독인 라티머(Latimer)와 리들리(Ridley), 쥬웰(Jewell) 및 다베넌트(Davenant)와 칼톤(Carleton)과 홉킨스(Hopkins), 로버트 애버트 등이 분명한 증거를 남겨두었고 영적인 중생의 은혜를 필수적으로 세례에 함께 오는 것으로 생각하지 않는다는 것을 언제나 분명하게 말해주고 있습니다. 결국 세례와 중생에 관한 문제에 있어서 사람의 말을 성경처럼 받아서는 안됩니다. 사람이 말하는 것은 조금도 중요하지 않습니다. 성경이 무엇이라고 말하고 있는지가 훨씬 더 중요합니다.

17. 수많은 세례 받은 자들이 전혀 중생하지 못한다는 견해에 따를 경우, 세례 받은 자들이 세례로부터 아무런 유익을 받지 못한다는 것입니까? 또한 이러한 중생에 대한 관점은 그리스도의 성찬에 커다란 불명예를 끼치는 일이며 그리스도의 성찬을 경멸하게 하는 것입니까?

결코 그렇지 않습니다. 진리는 그 반대라고 말합니다. 분별없고 부주의한 사역자와 무지한 부모가 불과 몇 가지의 확실한 말로 분별없는 자녀들에게 기계적으로 세례 베풀 때에도 곧 아이들이 거듭날 것이며, 엄청난 영적인 효력이 생겨난다고 말하는 것은 세례를 더럽히는 일입니다. 많은 관찰자들은 세례를 아무 쓸모없는 것으로, 중생을 아무것도 의미하지 않는다는 것으로 생각합니다. 그러나 세례를 존중하는 사람은 그리스도께서 정해준 모든 의식과 마찬가지로 세례도 고귀하고 거룩한 의식이라고 주장해야 합니다. 그는 모든 세례 받은 자녀를 경건하게 가르침으로써 뒤따르게 하고, 세례를 사용할 때 마음과 믿음과 지식과 기도로 사용하지 않는다면 아무런 은혜도 기대할 수 없으며 엄숙한 존경으로 세례를 생각하고 이용해야 합니다. 결국 세례를 존중하는 사람은 세례가 유익한 일을 할 때에 그 유익한 일을 인생에서 눈으로 볼 수 있어야 하며 세례 받은 자들의 생활 태도에서 드러나야 한다고 주장합니다. 이러한 세례에 대한 태도를 갖지 않는 사람들은 이사야에서 형식적으로 부주의하게 사용된 제물에 대한 하나님의 강력한 말씀을 주의 깊게 눈여겨보아야 할 것입니다. 예언자 이사야가 다음과 같은 구절을 썼을 때에 그의 의도는 무엇이었으며 그 구절이 의미하는 바는 무엇이었습니까?

> 여호와께서 말씀하시되 너희의 무수한 제물이 내게 무엇이 유익하뇨 나는 숫양의 번제와 살진 짐승의 기름에 배불렀고 나는 수송아지나

어린 양이나 숫염소의 피를 기뻐하지 아니하노라(사 1:11).

이사야는 헛된 제물을 하나님 앞에 가져와서는 안된다고 분명하게 밝히고 있습니다. 그는 인간이 잘못 사용할 때에는 하나님의 의식도 모두가 완전히 쓸모없는 것이 될 수 있다고 말하고 있습니다.

18. 중생은 단순히 상태의 변화일 뿐 도덕적이고 영적인 변화를 의미하지 않는다고 생각할 수 있습니까? 즉 중생이 단순한 교회 언어에 불과하며 교회적 명예를 얻을 뿐입니까?

물론 잉글랜드와 같은 자유로운 국가에서는 어떤 것도 말할 수 있고 무엇이든지 믿을 수 있습니다. 또 그러한 중생에 대한 개념은 일부 어려운 난제들을 해결하고 만족시킬 수 있습니다. 그러나 '중생'이라는 단어는 신약성경에서 결코 이러한 의미로 사용된 적이 없다는 것이야말로 진정으로 그들이 극복할 수 없는 어려움입니다. 더욱이 요한일서에서 '하나님께로부터 거듭난'이라는 표현은 분명 교회의 특권층이 될 수 있다는 의미보다 더 많은 것을 의미하고 있습니다.
"세례 받은 자는 누구든지 죄를 범하지 않으며 이 세상을 이겨 낸다"라고 성경은 말하지 않습니다. 또한 교회 교리문답은 분명하게 세례 안에서 내적이고 영적인 은혜는 결코 단순한 교회 내에서의 위치 변화가 아니라 "죄에 대하여 죽고 의로움에 대하여 새로 태어나는" 것임을 가르쳐 주고 있습니다. 게다가 성령강림절의 설교는 분명하게 중생을 내적이고 영적인 변화로 묘사하고 있습니다. 성경에서 거듭나는 방법을 발견하지 못한 사람은 구원 받지 못할 사람입니다. 심령이 가난한 사람에게 교회적 위치 변화만을 의미하는 중생이란 쓸모가 없습니다.

19. 세례받은 모든 사람들이 중생한 사람들이라고 가정하고, 사람들에게 그렇게 설교하는 것이 더 친절하고 자유로우며 자비로운 것입니까?

결코 그렇지 않습니다. 세례 받은 자들이 중생하였다고 말하는 것은 그들의 의식을 치명적인 방심으로 잠재우려 하는 것입니다. 세례 받은 자들이 중생하였다고 말하는 것은 사람에게 게으름을 불러 일으키고 자기점검을 못하게 하며 영혼의 상태를 편하고 자기 만족적으로 느끼게 하는 일입니다. 진리에 근거하지 않은 종교적인 진술은 결코 친절하지도 자비롭지도 않습니다. 겉으로 친절하게 보이게 하기 위하여 하나님의 진리의 일부분을 숨기는 것은 잘못이며, 죄입니다. 유익한 일을 행하는 길은 사람들에게 그들이 세례 받았기 때문에 중생하였다고 가정해서는 안된다고 분명하게 경고해주는 것입니다. 그들은 자신이 '거듭난' 사람인가를 검토해 보아야 하며 자신이 중생하였다는 성경적인 표시가 없이 중생하였다고 믿어서는 안됩니다.

20. 중생의 교리가 이토록 중요합니까? 사람들에게 '선하게' 되고 교회에 나가 '열정적으로' 의무를 이행하면 된다고 가르치는 것만으로 충분하지 않습니까? 교리를 가르치지 않아도, 즉 '거듭나지 않아도' 천국에 갈 수 있지 않습니까?

이러한 질문들에 대한 대답은 명료합니다. 그리스도인들은 성경 이외에 어떤 종교적인 믿음과 실천의 규칙도 갖고 있지 않습니다. 성경이 진리라면 중생 또한 절대적으로 구원에 필요한 것입니다.

예수께서 대답하여 가라사대 진실로 진실로 네게 이르노니 사람이 거듭나지 아니하면 하나님 나라를 볼 수 없느니라 니고데모가 가로되 사람이 늙으면 어떻게 날 수 있삽나이까 두 번째 모태에 들어갔다가 날 수 있삽나이까 예수께서 대답하시되 진실로 진실로 네게 이르노니 사람이 물과 성령으로 거듭나지 아니하면 하나님 나라에 들어갈 수 없느니라 육으로 난 것은 육이요 성령으로 난 것은 영이니 내가 네게 거듭나야 하겠다 하는 말을 기이히 여기지 말라 바람이 임의로 불매 네가 그 소리를 들어도 어디서 오는지 어디로 가는지 알지 못하나니 성령으로 난 사람은 다 이러하니라(요 3:3-8).
예수께서 가라사대 진실로 너희에게 이르노니 너희가 돌이켜 어린 아이들과 같이 되지 아니하면 결단코 천국에 들어가지 못하리라(마 18:3).

사람들은 세례 받지 아니하고도 회심한 강도와 같이 천국에 들어갈 수 있고 구원 받을 수 있으나, 중생하지 아니한 사람은 어느 누구도 구원 받거나 천국으로 들어갈 수 없습니다. 회심한 강도는 비록 세례 받지 못하였으나 거듭났습니다. 그러므로 중생은 가장 중요하고 첫 번째 서열에 드는 교리입니다.

21. 중생이 가장 중요한 교리라는 것이 사실이라면 중생하지 않은 자들은 결코 구원 받을 수 없으며 신앙을 고백하는 수많은 그리스도인들은 지극히 위험한 자리에 있습니까? '거듭났다'라는 표시가 없는 사람들은 영원히 잃어버린 바 될 절박한 위험상태에 있습니까?

중생하지 않은 자들은 모두 위험한 상태에 있습니다. 바로 이것이 성경이 처음부터 끝까지 그들에게 가르쳐주는 것입니다. 성경에서는 이렇게 말하고 있습니다.

좁은 문으로 들어가라 멸망으로 인도하는 문은 크고 그 길이 넓어 그리로 들어가는 자가 많고 생명으로 인도하는 문은 좁고 길이 협착하여 찾는 자가 적음이라(마 7:13-14).
내가 여러 번 너희에게 말하였거니와 이제도 눈물을 흘리며 말하노니 여러 사람들이 그리스도의 십자가의 원수로 행하느니라 그들의 마침은 멸망이요 그들의 신은 배요 그 영광은 그들의 부끄러움에 있고 땅의 일을 생각하는 자라(빌 3:18-19).

사람들은 그들이 세례 받았고 교회에 나가기 때문에 천국에 들어갈 것이라고 헛된 환상을 품고 있으나 실제로는 중생하지 않은 채로 영원한 멸망의 길 위에 서 있다는 것을 알지 못하고 있습니다. 이러한 사람들의 신앙 상태야말로 가장 비참한 상태라고 해야 할 것입니다.

22. 교회의 사역자들이 그들의 회중들에게 중생하는 은혜를 베풀어 줄 수 있습니까?

결코 그렇지 않습니다. 사도 요한은 하나님께로 거듭난 자들에 대하여 "이는 혈통으로나 육정으로나 사람의 뜻으로 나지 아니하고 오직 하나님께로부터 난 자들이니라"(요 1:13)라고 말하고 있습니다. 사도 요한은 "살리는 것은 영이니"(요 6:63)라고 말합니다. 바울은 심고 아볼로는 물을 주었으나 오직 하나님은 "자라나게 하셨다"(고전 3:7)라고 말하고 있습니다.

세례 요한처럼 사역자들은 물로 세례를 줄 수 있으나 그리스도만이 성령으로 세례를 베푸실 수 있습니다(막 1:8). 육체적인 생명뿐만 아니라 영적인 생명을 주시는 분은 오직 특별한 지배자인 하나님이십니다. 사람은 혼자서 영적인 생명도 육체의 생명도 자신에게 주지 못합니다.

23. 이러한 일들이 모두 진리라면 자신이 중생의 표시를 아무것도 갖고 있지 못한 불행한 사람들은 무엇을 해야 합니까? 스스로 거듭나지 못하였다고 느끼는 사람들은 무엇을 해야 합니까? 그들은 희망이 없는 무기력한 절망 상태에서 그대로 앉아 있을 것입니까?

성경은 이러한 질문에 대해 간결하게 대답하고 있습니다. 사람이 참으로 중생의 필요성을 느끼고 중생하기를 소망한다면, 그는 생명의 샘물인 그리스도를 찾아야 하며 그리스도에게 강력히 울며 고함쳐야 합니다. 그는 성령으로 자신의 마음을 씻어주고 은혜를 베풀어 주는 그리스도에게 요구해야 합니다. 성경에는 "영접하는 자 곧 그 이름을 믿는 자들에게는 하나님의 자녀가 되는 권세를 주셨으니"(요 1:12)라고 말하고 있습니다. 중생하기를 원하는 자는 새로운 마음을 위하여 기도해야 합니다.

성경은 "너희가 악할지라도 좋은 것을 자식에게 줄 줄 알거든 하물며 너희 하늘 아버지께서 구하는 자에게 성령을 주시지 않겠느냐 하시니라"(눅 11:13)라고 말하고 있습니다. 중생하기를 바라는 자는 하나님의 말씀을 사용하여 부지런히 생명을 구해야 합니다. 성경은 "믿음은 들음에서 나며"(롬 10:17), "그가 그 피조물 중에 우리로 한 첫 열매가 되게 하시려고 자기의 뜻을 따라 진리의 말씀으로 우리를 낳으셨느니라"(약 1:18)라고 말하고 있습니다.

이와같이 정직한 방법으로 은혜를 구하지 않는 사람들은 헛된 수고를 할 뿐입니다. 이런 방법으로 구하고자 하는 수고를 하지 않으려는 자는 실제로 중생하기를 소망하고 있지 않으며 자신의 영혼에 대해서도 열정적이지 못합니다.

24. 사람이 실제로 거듭나고 중생의 참된 표시를 갖고 있다고 느꼈고 깨달았다면 그는 무엇을 해야 합니까? 그는 가만히 앉아서 자신의 영혼에 대하여 더 이상 수고하지 않아도 됩니까?

결코 그렇지 않습니다. 그는 "오직 우리 주 곧 구주 예수 그리스도의 은혜와 그를 아는 지식에서"(벧후 3:18) 자라도록 날마다 애써야 합니다. 그는 자기 안에 있는 성령의 역사를 강하게 하고 심화시켜야 합니다. 그는 자기가 받고 있는 은혜를 날마다 갈고 닦아야 합니다. 그는 거룩함을 온전히 이루어 육과 영의 온갖 더러운 것에서 자신을 깨끗하게 해야 합니다(고후 7:1). 그는 그리스도 안에서 함께 있도록 애써야 하며 더 가깝게 하나님의 아들을 믿는 삶을 살아가야 합니다.

> 그러므로 너희가 더욱 힘써 너희 믿음에 덕을, 덕에 지식을 지식에 절제를, 절제에 인내를, 인내에 경건을, 경건에 형제 우애를, 형제 우애에 사랑을 더하라 이런 것이 너희에게 있어 흡족한즉 너희로 우리 주 예수 그리스도를 알기에 게으르지 않고 열매 없는 자가 되지 않게 하려니와 이런 것이 없는 자는 맹인이라 멀리 보지 못하고 그의 옛 죄가 깨끗하게 된 것을 잊었느니라 그러므로 형제들아 더욱 힘써 너희 부르심과 택하심을 굳게 하라 너희가 이것을 행한즉 언제든지 실족하지 아니하리라(벧후 1:5-10).
> 내 안에 거하라 나도 너희 안에 거하리라 가지가 포도나무에 붙어 있지 아니하면 스스로 열매를 맺을 수 없음 같이 너희도 내 안에 있지 아니하면 그러하리라 나는 포도나무요 너희는 가지라 그가 내 안에, 내가 그 안에 거하면 사람이 열매를 많이 맺나니 나를 떠나서는 너희가 아무 것도 할 수 없음이라(요 15:4-5).
> 내가 그리스도와 함께 십자가에 못 박혔나니 그런즉 이제는 내가 사는 것이 아니요 오직 내 안에 그리스도께서 사시는 것이라 이제 내가 육체 가운데 사는 것은 나를 사랑하사 나를 위하여 자기 자신을 버리신

하나님의 아들을 믿는 믿음 안에서 사는 것이라(갈 2:20).

이러한 성경의 말씀대로 살아가도록 합시다. 자신이 중생하였다고 생각하는 사람이 살아가면서 그리스도처럼 더 거룩해지고 같아지고자 하는 지속적인 소망을 갖고 있지 않는다면 그의 영혼의 상태는 만족하지 못할 것이며 건강하지도 않을 것입니다.

25. 이 글에 쓰여진 바와 같은 중생에 대한 관점을 가진 잉글랜드 국교회의 그리스도인들은 자신의 의견에 대해 조금이나마 부끄러워 할 이유가 있습니까?

조금도 부끄러워 할 필요가 없습니다. 이 글을 부정하는 이들의 견해는 성경과 39개조 신조와 공동 기도서 및 교리문답서와 그 이외의 잉글랜드 국교회에 가장 훌륭한 신학자들이 쓴 책들이나 설교집에 일치하지 않습니다. 이 글과 같은 견해를 가진 사람들은 부끄러워해야 할 이유가 없습니다. 심판날에 누가 옳은지가 증명될 것입니다. 심판날에 우리는 안전하게 확신을 갖고 나아갈 수 있을 것입니다.

26. 맺는 말입니다.

공동 기도서가 처음 작성될 때 어떤 원리가 적용되었는지를 말씀 드리면서 이 장을 마무리 짓겠습니다. 처음부터 끝까지 '전례'(the Liturgy)를 관통하는 한가지 원리가 있습니다. 이 원리를 모르거나 무시함으로 발생한 악한 상황들과 거짓 가르침들은 어마어마 합니다. 이 한가지 원리란 공동 기도서는 참된 교회의 회원, 즉 그리스도를 진실로 믿으며 성령 안에서 거룩하게 된 그리스도인들을 대상으로 한다는 가정 하에 작성되었다는 것입니다. 공동 기도서는 그리스도인들에게 요구되어야 할 최상의 수준을 기준으로 삼으며 또한 그것을 설명하고 있습니다. 사역자는 예배를 드리기 위해 모인 '신자들'에게 설교합니다. 그처럼 공동 기도서의 예식을 사용하는 이들 모두가 다 '신자'라는 가정이 되어 있다는 것입니다. 그러나 공동 기도서를 사용한다고 해서 그들 모두가 다 실제로 잉글랜드 국교회의 회원이라고도, 참된 그리스도인이라고도 할 수 없습니다. 39개조 신조는 다음과 같이 밝힙니다.

가시적 교회 안에는 선인과 악인이 섞여있다.

그러나 경건의 모양이 있는 자들이 공동 기도서를 사용하고 있다면 그들은 참된 그리스도인이다라고 하는 것은 틀린 것이 아니라고도 39개조 신조는 또한 말하고 있습니다. 나는 그러한 의견에 전적으로 동의합니다. 믿지 않는 자들이나 회심하지 않은 자들을 위한 전례가 있다면 그것은 어리석은 것이고, 실제로 그러한 것은 쓸모도 없습니다. 이것이 의미하는 바는 회중들 가운데도 전례가 무익한 사람이 있다는 것입니다. 그러나 회중들 중의 참되고 거룩한 신자들 대부분에게는 자신이 아직까지 공동 기도서의 내용에 부합되지 않으며 그들이 원하는 수준 아래에 있다는 것을 발견합니다.

공동 기도서의 예배 전체에 흐르는 이 원리를 보지 못하는 사람이 어떻게 제게 "나는 이해하지 못하였습니다"라고 고백하라고 강요할 수 있는지 모르겠습니다. 사도 바울도 편지를 쓸 때 이러한 원리를 갖고 편지를 썼습니다. 바울은 교회 회중들을 상대로 '성도', '택하심을 입은 자들'로 표현하며, 그들을 은혜, 믿음, 소망, 사랑을 소유한 자들로 불렀지만 실제로 그 회중들 중에 그렇지 못한 사람들이 있다는 것은 명백하지 않습니까? 나는 우리의 공동 기도서의 편집자들이 바울과 동일한 자비로운 가정(charitable supposition)의 방식으로 전례들을 나열했다고 믿습니다. 이러한 원리가 공동 기도서를 해석하며, 특별히 세례와 중생이라는 주제에서는 더욱 그러해야 합니다.[1]

---

[1] 이 주제에 대해 더 깊은 연구를 원한다면 다음을 참고하라. Canon Faber의 *Primitive Doctrine of Regeneration*, Dean Goode의 *The Effects of Infant Baptism*, Canon Mozley의 *Baptismal Regeneration*과 *The Baptismal Controversy*.

19장
청년들에게

사도 바울이 사역자의 의무에 대하여 디도에게 편지를 썼을 때, 그는 사역자들이 특별히 주의를 기울여야 할 사람들로서 청년들에 대해 언급하였습니다. 바울은 나이 든 남자와 여자와 젊은 여자들에 대해 말하고 난 후에 다음과 같은 애정 어린 충고를 덧붙이고 있습니다.

너는 이와 같이 젊은 남자들을 신중하도록 권면하되(딛 2:6).

나는 사도들의 충고를 따르고자 하므로 청년들에게 우정 어린 권고의 말을 하고자 합니다.

나는 이미 어른이 되었고 늙어가고 있으며 젊은 시절에 대해서도 제대로 기억나는 일이 별로 없습니다. 그러나 나는 청년들의 인생에 늘 따라다니는 기쁨과 슬픔 및 희망과 공포 그리고 유혹과 곤경과 잘못된 판단과 잘못된 애정 및 실수와 큰 포부에 대해 상당히 분명하게 기억하고 있습니다.

만약 청년들을 올바른 길로 인도하고, 또 그들의 인생과 그 이후 영원의 삶을 빼앗을 죄와 오류들로부터 그들을 건져낸다면 오히려 내가 감사할 일이라고 생각합니다. 이제 이 일을 위해 다음과 같은 네 가지를 제안하고자 합니다.

1. 청년들에게 권고가 필요한 이유들을 말할 것입니다.
2. 청년들이 경계해야 할 위험들을 말할 것입니다.
3. 청년들이 받아들여야 할 충고들을 말할 것입니다.
4. 청년들이 반드시 따라야 할 특별한 행동규칙들을 말할 것입니다.

1. 청년들에게 권고가 필요한 이유들을 말하겠습니다.

1) 신앙을 가진 청년들이 적다는 것은 슬픈 현실입니다.

부유하건 혹은 가난하건, 관대하거나 단순하거나 또는 학식이 풍부한 사람이건 무식한 사람이건 간에 혹은 도시인이건 시골뜨기이건 간에 이러한 것들은 조금도 문제가 되지 않습니다. 나는 이러한 모든 사람들에 대하여 아무런 편견 없이 말하고자 합니다. 성령으로 인도되는 청년들은 극소수이며 생명으로 인도하는 좁은 길에 있는 청년들도 거의 찾아보기 어렵고 그리스도를 따르며 십자가를 짊어지려 하는 청년들도 거의 눈에 띄지 않습니다. 하나님이 보시기에 이러한 사실은 참으로 슬픈 일입니다. 그렇지 않습니까?

이 나라의 인구 중에서 청년들은 아주 많은 수를 차지하고 있으며 매우 중요한 사람들입니다. 그러나 청년들의 영원한 영혼은 어디에 있으며 어떠한 상태에 놓여 있습니까? 비참하게도 우리가 아무리 대답할 길을 찾는다 하더라도 그 대답은 모두 한 가지로 똑같은 대답이 될 것입니다.

복음을 전달하는 신앙심 깊은 사역자에게 물어보고 그가 우리들에게 말하고자 하는 것을 주목해 봅시다. 결혼하지 않은 청년들 중에서 성찬식에 나오는 사람들의 숫자가 얼마나 되는가를 사역자에게 세어 보라고 해봅시다. 누가 은혜의 수단에 대하여 가장 망설이며 주일예배에 불규칙적으로 나오고 주일마다 있는 성경연구와 기도모임에 나오기를 꺼리며 설교에 무관심한 태도를 보입니까? 교회의 회중들 중에서 목사들이 가장 염려하게 하는 사람이 누구입니까? 목사가 지극히 잦은 경고와 비난을 하게 되며 또한 이러한 경고와 비난을 필요로 하는 사람들은 누구이며, 또한 목사에게 근심 걱정과 슬픔을 일으키는 사람들은 누구입니까? 목사가 그들의 영혼을 위하여 지극히 염려하게 되는 사람들은 누구입니까? 누구보다도 소망이 없는 것처럼 보이는 자들은 누구입니까?

목사라면 바로 '청년들'이라고 대답할 것입니다. 어느 교구에서든지 부모들에게 많은 고통과 아픔을 주는 사람들은 누구입니까? 누가 가장 많이 부모들을 실망시키고 좌절시키며, 누가 가장 많은 보살핌을 필요로 합니까? 누가 제일 먼저 올바른 일로부터 빠져 나가려고 하며 보살핌과 좋은 충고를 기억하려 하지 않습니까? 질서와 한계를 지키는 것을 누구보다도 어려워하는 사람들은 누구입니까? 누가 지극히 자주 공공연한 죄를 모두 저지르고 부모들이 가지고 있는 명성을 더럽히고 부모의 친구들을 불행하게 하고 그들의 친척의 오랜 연륜을 훼손하며 무덤에까지 슬픔을 가지게 합니까? 부모들이 일반적으로 바로 '청년들'이라고 대답할 것입니다.

법원의 치안판사들과 공무원들에게 다음과 같은 질문을 해보도록 합시다. 그리고 그들이 무슨 대답을 하는가를 주목해 봅시다. 도대체 누가 술집이나 맥주가게에 제일 많이 갑니까? 누가 가장 많이 안식일을 지키지 않습니까? 누가 주로 소란스러운 군중과 선동적인 집회의 구성원이 됩니까? 누가 제일 자주 술을 마시고 화평을 침해하고 싸움과 절도와 폭행 및 그와 비슷한 일들을 저지릅니까? 감화원이나 감옥을 넘쳐나게 하는 자들은 누구입니까? 끊임없는 보살핌과 관찰이 필요한 사람들은 누구입니까? 그들은 바로 '청년들'입니다.

이제 상류층에게로 관심을 두고 우리가 그들로부터 듣게 되는 말들에 주목해 보도록 합시다. 어떤 가정의 자녀들은 이기적인 쾌락의 추구를 위하여 항상 시간과 건강과 돈을 낭비하고 있습니다. 또 다른 어떤 가정에서는 많은 아들들이 직업을 가지려 하지 않고 그들의 인생 중에서 가장 좋은 시절을 아무 일도 하지 않은 채로 헛되이 보냅니다. 또 다른 가정에서 그들은 직업을 단순히 겉치레로만 생각하고 자신이 맡은 일에 책임을 다하려는 것에는 관심을 두지 않습니다.

또한 어떤 가정에서 아들들은 항상 잘못된 관계를 맺고, 도박하고 빚을 지고 나쁜 친구들과 어울려 다니고 그들의 친구들을 끊임없는 근심의 열병 속에 몰아넣고 있습니다. 높은 지위와 명예와 부와 교육은 이러한 일들을 막을 능력이 없습니다. 염려하는 아버지와 마음 아파하는 어머니와 슬픔에 잠긴 누이들은 진실을 알고 그들에 대해 매우 슬퍼합니다. 수많은 가정에서는 이 세상이 모든 것을 베풀어 줄 수 있다고 생각하고 그 가정에서도 여러 아들들과 형제들과 조카들이 후회와 부끄러움 때문에 제대로 밝히지 못하는 여러 사람들과 관계를 맺고 하고 싶은 대로 무슨 일이든지 고집하고 실행하려 합니다. 그러나 이러한 모든 행위는 그들을 알고 있는 모든 사람들에게 깊은 슬픔을 안겨 줍니다.

아무리 부유한 가정이라도 그 주변에는 수많은 아픈 가시가 널려 있으며, 행복이라는 종이 위에 얼룩을 갖고 있고, 끊임없는 걱정과 고통의 원인을 갖고 있습니다. 이러한 모든 걱정과 더러운 얼룩과 아픈 가시의 진정한 원인은 바로 '청년들'입니다.

우리는 이러한 일들에 대해 무엇이라고 말해야 할 것입니까? 이러한 일들은 분명한 사실입니다. 우리들이 언제 어느 곳에서든지 마주치게 되는 분명하고도 부정할 수 없는 놀라운 사실들입니다. 얼마나 무서운 일입니까? 언제 어느 곳에서나 이러한 청년들을 만날 수 있고 그들이 모두 하나님의 적이 될 수 있다는 모든 가능성을 갖고 있으며 그들이 천국에 맞지 않는 멸망으로 이끄는 넓은 길에서 여행하고 있다는 것은 참으로 무서운 일이 아닐 수 없습니다. 확실히 이러한 사실들로 미루어볼 때 당신은 내가 권고하는 것을 이상하게 생각하지 않을 것이며 또한 제가 권고하는 것에는 나름대로 그 이유가 있다는 것을 인정하게 될 것입니다.

2) 죽음과 심판이 자신 앞에 있음을 청년들 뿐 아니라 모든 사람들이 망각하고 있습니다.

지금 당신이 아무리 건강하고 젊고 힘이 넘친다 하더라도 언젠가는 죽게 되며, 실제로 당신이 죽는 날이 점점 더 가까워지고 있습니다. 젊은 사람들도 늙고 병이 듭니다. 늙은이들의 시체만 땅에 묻히는 것이 아니라 청년들의 시체도 땅에 묻히게 됩니다. 당신과 비슷한 또래의 사람들이 교회 납골당에 셀 수도 없이 많이 이름 적혀 있는 것을 보아왔습니다. 나는 13세에서 23세 사이의 인생이 어느 시기보다도 많이 죽게 된다는 것을 책을 통해 알고 있습니다. 그러나 지금도 당신은 전혀 죽지 않을 것이라고 확신하는 태도로 살아가고 있습니다.

당신은 이러한 일들이 모두 내일의 일들이라고 생각하고 있습니까? 솔로몬이 "너는 내일 일을 자랑하지 말라 하루 동안에 무슨 일이 일어날는지 네가 알 수 없음이니라"(잠 27:1)라고 말한 것을 기억하십시오. 자신에게 다가오는 위험을 경고해 주는 사람에게 어떤 이교도1는 "중요한 일들은 내일로"라고 말하였지만 그 말을 한 직후 그에게 내일은 오지 않았습니다. 내일은 악마의 날이지만 오늘은 하나님의 날입니다. 사탄은 당신의 의도가 아무리 영적일지라도 또한 당신의 결심이 아무리 거룩하다 할지라도 그러한 결심의 의도가 내일로 정해져 있다면 결코 개의치 않고 당신에게 찾아올 것입니다. 이 문제에 있어서 악마에게 자리를 내어주지 마십시오. 악마에게 "아니, 내일이 아니라 바로 오늘이다"라고 굳게 대답하십시오.

모든 사람이 이삭과 야곱처럼 아들의 아들을 보며 살 수 있는 것은 아닙니다. 많은 자녀들이 그들의 부모보다 먼저 죽습니다. 다윗은 그가 사랑하던 두 아들들의 죽음을 보고 무척 슬퍼하였으며 욥은 하루에 그의 열 자녀를 모두 잃었습니다. 당신의 운명도 욥이나 다윗의 두 아들들의 운명과 같을 수 있으며 임종 설교 때에 내일에 대해 말하는 것은 아무 소용이 없을 것입니다. 당신은 내일이 아니라 바로 오늘 나아가야 합니다.

당신은 자신이 이러한 일들을 차례로 걱정하게 될 편안한 시절을 갖게 될 수 있다고 생각합니까? 사도 바울이 설교하였던 벨릭스와 아덴 사람들도 그렇게 생각하였으나 그러한 안락한 시절은 결코 오지 않았습니다. 지옥은 이와 같은 환상들로 꾸며져 있습니다. 당신은 할 수 있는 동안에 확실하게 일하는 것이 좋습니다. 영원한 것을 자리 잡게 하지 않은 채로 내버려두지 마십시오. 당신의 영혼이 위험에 처해 있을 때 그러한 위험을 그대로 내버려두지 마십시오. 영혼의 구원이라는 문제는 결코 쉬운 문제가 아니라는 것을 믿으십시오. 모든 사람들은 그가 젊건 늙건 간에 큰 구원이 필요하며, 모든 사람들은 거듭나야 하며, 그리스도의 피로 씻겨져야 하며, 성령의 힘으로 거룩하게 되어야만 합니다. 이러한 믿음을 확실하게 행하는 사람들은 참으

---

1 테베(Thebes)사람 아르키아스(Archias)

로 행복합니다. 자기 안에 성령의 증거를 갖고 있어야 비로소 편안할 수 있으며 하나님의 자녀라고 할 수 있습니다.

당신의 인생은 짧습니다. 당신의 전성기는 아주 잠깐, 잠시 동안 쏟아지는 소나기처럼 한 방울의 수증기와 같은 짧은 시기일 뿐입니다. 당신의 육체는 놋쇠와 같이 단단하지 못하며 언제라도 소멸되어 버릴 수도 있습니다. "소년이라도 피곤하며 곤비하며 장정이라도 넘어지며 쓰러지되"(사 40:30)라고 이사야는 말하고 있습니다. 당신의 건강이 언제 사라져버릴지 모릅니다. 추락할 수도 있고, 염증이 생기거나 혈관이 파열되는 것도 한 순간입니다. 언제 시체가 되어 벌레에게 먹힐지 모릅니다. 당신과 죽음 사이에는 기껏해야 한 걸음 정도의 거리가 있습니다. 오늘밤 당신의 영혼이 떠날지도 모릅니다. 당신은 이 세상의 모든 길을 아주 빠르게 가고 있으며 당신은 곧 사라지게 될 것이 확실합니다.

당신도 역시 대천사의 나팔소리를 들어야 하며 위대한 백보좌 앞에 서기 위해 나아가야 합니다. 제롬이 항상 자신에게 들리도록 "일어나라 죽은 자들이여 심판의 날이 왔다"라고 소리내어 설교했으며, 심판주께서도 "내가 속히 오리라"고 말씀하셨습니다. 당신은 이 소리를 들어야 합니다.

> 청년이여 네 어린 때를 즐거워하며 네 청년의 날들을 마음에 기뻐하여 마음에 원하는 길들과 네 눈이 보는 대로 행하라 그러나 하나님이 이 모든 일로 말미암아 너를 심판하실 줄 알라(전 11:9).

위와 같은 전도자들의 말을 마음에 새기도록 하십시오. 이와 같은 놀라운 말씀에 대해 사람들이 너무나 무관심하고 주의를 기울이지 않는 것은 참으로 놀라운 일입니다. 죽음에 대한 준비를 전혀 하지 않은 채로 살아가는 데 만족하고 있는 사람들이야말로 확실히 정신

이 없는 사람들입니다. 또한 사람들의 무신앙이야말로 이 세상에게
가장 놀라운 일입니다. 성경에서 "우리가 전한 것을 누가 믿었느뇨?"
(사 53:1)라고 언급한 분명한 예언이 참으로 현실에 들어맞는다고 해
야 할 것입니다. 주 예수는 "내가 너희에게 이르노니 속히 그 원한을
풀어주시리라 그러나 인자가 올 때에 세상에서 믿음을 보겠느냐 하
시니라"(눅 18:8)라고 하였습니다. 청년 여러분, 나는 심판대 위에 있
는 당신들에 대한 보고로서 "그들은 믿지 않았다"라는 말이 들릴까
봐 두렵습니다. 또 당신들이 세상에서 너무 바빠 죽음과 심판이 실제
임을 너무 늦게 깨달을까 두렵습니다. 이 모든 두려움이 저로 하여금
권고를 하게 합니다.

3) 장래에 청년들이 어떤 사람이 될 것인지 모든 가능성은 바로 지금의
그들에게 달려 있습니다. 그러나 그들은 이러한 사실을 잊고 있는 것
같습니다.

젊은 시절은 완전한 어른이 되기 위해 씨 뿌리는 계절이며 인간 생
활의 조그마한 공간에서 무엇인가를 형성하는 시기이며 인간의 정신
행로에 있어 전환점이 되는 시기입니다.

우리는 새싹으로 그 나무를 판단하고 피어나는 꽃으로 열매를 판
단하여, 봄에 그 해의 수확을 판단할 수 있습니다. 또한 마찬가지로
우리는 젊은 사람의 인격으로 그가 어른이 되었을 때 어떤 인격의 소
유자가 될 것인가를 판단할 수 있습니다.

청년들은 속지 않아야 합니다. 청년들은 그들이 하고자 하는 대로
초창기에는 쾌락과 향락을 섬기고 그 다음에 쉽게 하나님께 나아가
서 다시 하나님을 섬길 수 있으리라고 생각해서는 안됩니다. 당신은
에서와 함께 살고 그 다음에 야곱과 더불어 죽을 수 있으리라고 기대
해서는 안됩니다.

하나님과 당신의 영혼을 그러한 태도로 대하는 것은 하나님을 조롱하는 일입니다. 당신이 이 세상과 악마에게 자신의 권세의 꽃을 모두 내어주고 왕 중의 왕에게는 당신의 마음의 찌꺼기와 권세의 나머지 잔여물만을 내어줄 수 있다고 생각하는 것은 엄청난 조롱입니다. 그것은 엄청나게 무서운 조롱이며 당신은 자신의 값으로 그러한 일을 되돌릴 수 없다는 것을 곧 깨닫게 될 것입니다.

나는 당신이 나중에 회개하면 된다고 생각하는 것을 경고합니다. 당신은 자신이 지금 무슨 일을 하고 있는가를 알지 못합니다. 당신은 하나님을 고려하지 않고 계산하고 있습니다. 회심과 믿음은 하나님의 선물이며 하나님은 가끔 이러한 회심과 믿음이 너무 오래 헛되이 제공되었을 때에 이러한 회심과 믿음의 선물을 보류하기도 합니다. 물론 진실한 회심은 아무리 늦어도 결코 늦은 것이 아니라는 것을 인정합니다. 그러나 동시에 늦은 회심은 거의 진실하지 않다는 것도 경고합니다.

회심한 강도는 마지막 순간에 뉘우쳤으며 더 이상 절망이란 그에게 없었음도 인정합니다. 그러나 나는 그가 오직 회심하였을 뿐이며, 어느 누구도 감히 그 이상을 추측할 수 없다는 것을 경고합니다. 예수님은 "자기를 힘입어 하나님께 나아가는 자들을 온전히 구원하실 수 있으니 이는 그가 항상 살아서 저희를 위하여 간구하심이니라"(히 7:25)라고 말씀하신 것을 인정합니다. 그러나 동시에 "내가 부를지라도 너희가 듣기 싫어하였고 내가 손을 펼지라도 돌아보는 자가 없었고 너희가 재앙을 만날 때에 내가 웃을 것이며 너희에게 두려움이 임할 때에 내가 비웃으리라"(잠 1:24, 26)라는 말씀도 있음을 경고합니다.

나는 당신이 즐겁고 기쁠 때에 하나님께 돌아가는 일은 쉽지 않은 일이라는 것을 깨닫게 될 것이라고 확신합니다. 레이튼(Leighton)은 다음과 같은 진실한 말을 우리에게 들려주고 있습니다.

죄의 길은 언덕 아래로 나있으며 사람은 그가 멈추고자 할 때 발걸음을 멈출 수 없다.

거룩한 소망과 진지한 확신은 당신이 바라는 대로 나올 준비가 되어있는 백부장의 종들과 같은 것이 아니라 욥에게 있던 소들과도 같습니다. 거룩한 소망과 진지한 확신은 당신의 목소리에 순종하지도 않고 당신이 명하는 대로 곧 나오지도 않습니다. 이것은 고대의 유명한 제독 한니발(Hannibal)이 그가 싸웠던 로마를 수중에 넣을 수 있었음에도 불구하고 때를 놓쳤던 것과 같습니다. 그는 로마를 점령하려고 하지도 않았으며 시간이 지남에 따라 그가 할 수 있던 일을 결국 할 수 없게 되었습니다. 당신이 영원한 생명에 관한 문제에 있어서도 이와 똑같은 일이 당신에게 일어나지 않도록 경계하십시오.

무엇 때문에 이런 말을 하겠습니까? 나는 '습관의 힘' 때문에 이러한 것들을 당신에게 미리 경고하는 것입니다. 나는 사람들이 어렸을 때에 변화되지 않는다면 그들의 마음은 결코 변화되지 않는다는 것을 경험으로 알고 있기 때문에 이러한 일들을 경고합니다. 실제로 사람들은 어른이 되었을 때에 거의 회심하지 않습니다. 습관은 오랜 뿌리를 갖고 있습니다.

죄는 한 번 당신의 마음에 둥지를 틀게 되면 아무리 없애려고 해도 쉽게 없어지지 않습니다. 습관은 제2의 천성이며 습관의 굴레는 세 겹으로 단단하게 꼬인 끈이므로 결코 쉽게 끊어지지 않습니다. 예언자는 이에 대해서 "구스인이 그의 피부를, 표범이 그의 반점을 변하게 할 수 있느냐 할 수 있을진대 악에 익숙한 너희도 선을 행할 수 있으리라"(렘 13:23)고 말하고 있습니다.

습관은 언덕 아래로 굴러 내려가는 돌과 같습니다. 습관이라는 돌은 아래로 멀리 굴러갈수록 더욱더 빨라지며 그 궤도를 마음대로 조정할 수 있다는 것은 거의 불가능하게 됩니다. 습관은 자라나는 나무처럼 나이가 들어감에 따라 더욱 강해집니다. 어린 묘목일 때에는 어린 아이라도 참나무를 구부릴 수 있으나 그 묘목이 완전히 자라 큰 나무가 되었을 때에는 수백 명이 함께 힘을 써야만 나무를 뽑을 수 있습니다. 습관은 나이가 들어감에 따라 더욱더 강해집니다. 습관은 우리들이 커나갈 때에 함께 자라나고 우리가 힘이 강해짐에 따라 함께 강해집니다. 습관은 죄를 산출해내는 유모입니다. 모든 새로운 죄의 행동은 두려움과 후회를 감소시키고 우리의 마음을 굳게 하며 우리의 양심의 끝을 무디게 하고 우리의 악한 성향을 증가시킵니다.

청년들은 내가 이 점에 대해 너무 강조하고 있다고 생각할지도 모릅니다. 만약 당신이 내가 보았듯이, 무덤가에서 차갑게 식어서 방앗간 돌처럼 딱딱하게 굳은 아무 느낌도 느끼지 못하는 시체를 보았다면 저를 이해할 것입니다. 당신의 영혼을 위한 일에 있어서 당신이 가만히 앉아있을 수만은 없다는 것을 믿도록 하십시오.

좋은 습관이건 나쁜 습관이건 습관은 당신의 마음에서 날마다 강해지고 있습니다. 날마다 당신은 하나님께로 가까워지고 있거나 또는 하나님으로부터 멀어지고 있습니다. 해마다 당신은 회심하지 않은 채 살아가고 당신과 천국 사이에 있는 분리의 벽은 점점 더 두터워지고 높아질 것이며 그 거리는 점점 더 넓어질 것입니다. 당신은 끊임없는 죄의 굴레가 미치는 강력한 효과를 두려워 해야만 합니다. 이제 우리가 받아들여야 할 때입니다.

자신의 굴레로부터의 해방이 추운 겨울에 이루어지지 않도록 하십시오. 당신이 젊었을 때에 주를 따르지 않는다면 악한 습관의 힘은 더욱더 강해지고 당신은 아마 결코 주를 따르지 못하게 될 것입니다. 나는 이 점 때문에 여러분에게 권고하고자 합니다.

4) 악마는 청년들의 영혼을 파멸시키기 위해 부지런히 움직이지만 청년들은 이를 잘 모르고 있습니다.

사탄은 당신이 다음 세대의 일원이 된다는 것을 잘 알고 있습니다. 그래서 그는 당신을 마음대로 다루고 자기의 추종자가 되게 하려고 언제든지 모든 기술을 전부 동원합니다. 나는 당신이 사탄의 의도와 기술에 대해 무지한 사람이 되게 하고 싶지 않습니다.

당신은 사탄이 그의 모든 달콤한 유혹을 이용하여 속이려 하는 주 대상입니다. 그는 당신의 눈에 먼지를 집어넣으려 애쓰며 당신이 진짜 색깔을 구별하지 못하도록 방해합니다. 그는 당신이 악을 선으로 선을 악으로 생각하게 합니다. 그는 가짜 색깔을 칠하고 죄에다 빛깔을 씌우고 옷을 입혀서 당신이 죄에 빠지게 하려고 열심히 애쓰고 있습니다. 그는 참된 신앙을 왜곡시키고 올바로 이해하지 못하게 하며 우스꽝스럽게 그려냄으로써 당신이 참된 신앙을 싫어하게 하려고 애씁니다. 그는 악의 쾌락을 보여줄 것이며 당신에게 양심의 날카로운 비난을 열심히 숨기려 할 것입니다.

사탄은 당신의 눈앞에서 십자가와 십자가의 고통을 치워버리고 영원한 면류관을 보지 못하게 합니다. 그는 예수 그리스도에게 유혹했던 것처럼 당신이 자신에게만 순종한다면 모든 것을 줄 것이라고 약속할 것입니다. 사탄은 당신이 신앙의 능력을 무시하기만 한다면 겉으로는 종교인처럼 보이도록 도와줄 수도 있습니다. 그는 당신에게 인생의 초기에 하나님을 섬기는 것은 너무 이르며, 인생의 말기에 가서는 하나님을 섬기는 일은 너무 늦다고 말할 것입니다. 결코 사탄의 말에 속아 넘어가지 않도록 하십시오.

당신은 자신이 이 악한 적으로부터 나오는 위험에 대해 전혀 알지 못하고 있습니다. 내가 무엇보다 염려하는 것은 바로 이러한 무지입니다. 당신은 수많은 구멍과 날카로운 못이 널려 있는 곳을 걸어가면서도 여기저기에 널린 수많은 위험을 조금도 보지 못합니다.

당신의 적은 매우 강력합니다. 그는 "이 세상 임금"(요 14:30)으로 불리웁니다. 그는 자신의 일을 통해 우리의 주 예수 그리스도에게 대항하였습니다. 그는 아담과 하와를 유혹하여 금단의 열매를 따먹게 하여 이 세상에 죽음을 가져오게 한 장본인입니다. 심지어 그는 하나님의 마음에 합했던 다윗까지도 유혹하였으며 다윗의 여생을 슬픔으로 가득 차게 하였습니다. 또한 선택된 사도인 베드로까지 유혹하여 주를 부인하게 만들었습니다. 확실히 사탄의 악의는 경멸되어야 마땅합니다.

당신의 적은 결코 쉬지 않습니다. 그는 결코 잠들지 않습니다. 그는 언제나 울부짖는 사자와 같이 이리저리 다니고 탐욕스럽게 사냥감을 찾아 나섭니다. 그는 이 세상에서 이리저리 어디든지 갈 수 있습니다. 당신은 당신의 영혼에 대해서 부주의할 수 있지만 사탄은 결코 그런 법이 없습니다. 사탄은 당신이 자기처럼 비참한 상태에 빠지기를 바라고 있으며 기회가 닿는 대로 우리를 집어 삼키려 하고 있습니다. 확실히 이러한 사탄의 악의는 경멸해야 마땅합니다.

또한 당신의 적은 매우 교활합니다. 거의 6,000년 동안 그는 한 권의 책을 읽어왔습니다. 그 책은 바로 인간의 마음입니다. 그는 인간의 마음을 잘 알고 있습니다. 인간의 모든 나약함과 인간의 속이고자 하는 성향과 인간의 잘못들을 잘 알고 있습니다. 또한 그는 인간의 마음을 해롭게 할 유혹의 창고를 갖고 있습니다. 당신은 그가 당신을 발견할 수 있는 곳에 결코 가지 않도록 하십시오. 도시에 가보십시오. 그는 거기에 있을 것입니다. 황야에 가보십시오. 그는 거기에 있을 것입니다. 술 마시는 사람들 사이에 앉아있게 되면 거기에서도 사탄을 발견할 수 있을 것입니다. 당신이 설교 듣고 있는 동안에도 사탄은 당신을 유혹하기 위해 거기에 있을 것입니다.

당신이 아무리 당신의 적을 하잘것없는 것으로 생각하더라도 이 적은 당신의 파멸을 위하여 열심히 일하고 있습니다. 당신은 그가 특별히 노리고 있는 목표물입니다. 그는 당신이 자신의 인생의 축복과 저주 중 어느 하나에 있게 될 것임을 미리 예견하고 당신이 점차 자신의 왕국에 가까워질 수 있도록 하기 위해 아주 일찍부터 당신의 마음속에 둥지를 틀려고 애쓰고 있습니다. 그는 새싹이 꽃을 피울 수 있는 '확실한 길'임을 알고 그 싹을 망치기 위해 일하고 있습니다.

도단에서의 엘리사의 종들과 같이 당신이 눈을 크게 뜨고 있어야 합니다. 당신은 사탄이 당신의 화평을 방해하기 위해 무슨 계획을 꾸미고 있는가를 깨닫게 될 것입니다. 나는 당신에게 경고하며 권고하고자 합니다. 당신이 나의 권고에 귀를 기울이건 기울이지 않건 간에 나는 당신을 홀로 내버려둘 수 없으며 내버려 두지 않을 것입니다.

5) 청년들에게는 권고가 필요합니다. 권고는 청년들을 슬픔으로부터 구출하여 하나님을 섬기게 합니다.

죄는 모든 슬픔을 산출해내는 어머니입니다. 또한 청년 시절의 죄만큼 인간에게 불행과 고통을 가져다주는 죄도 없습니다. 사람은 어리석은 행동을 합니다. 그가 낭비하는 시간과 저지르는 실수들과 그가 계속 사귀었던 나쁜 친구들과 그가 육체뿐만 아니라 영혼에도 행한 해로운 일들과 그가 내던져버린 행복의 기회들과 그가 게을리 했던 유용한 태도 등은 모두가 나이 든 사람들의 마음을 비참하게 하고, 또한 자신의 늙었을 때에 남은 여생의 황혼기에 우울한 그림자를 던져줍니다. 그의 여생은 수치와 자기비난으로 가득 차게 됩니다.

어떤 사람들은 당신에게 젊은 시절의 무분별한 죄 때문에 생겨난 건강의 상실에 대해 말할 것입니다. 질병은 그들의 몸을 고통으로 가득 차게 하며 인생을 피곤함으로 가득 차게 합니다. 그들의 육체적인 힘은 너무 소모되어서 메마른 메뚜기가 무거운 짐을 지고 있는 것과 같습니다. 그들의 눈은 이미 자신이 지니고 있던 건강의 전성기는 쇠퇴하였으며 스스로 자신의 육체가 소비된 것을 알고 한탄하고 있습니다. 이것은 당신이 결국 마셔야 할 쓰디 쓴 잔임을 명심하십시오.

어떤 사람들은 당신에게 게으름의 결과에 대해 슬프게 설명해줄 것입니다. 그들은 열심히 배우고 공부해야 할 황금 같은 기회를 내팽겨쳤습니다. 그들은 자기의 정신으로 받아들일 수 있고 기억의 창고에 가장 잘 보유할 수 있는 시기에 현명함을 발휘하지 못하고 게을리하였습니다. 그리고 이제는 너무 늦었습니다. 그들은 앉아서 배울 시간을 갖지 않았고 이제는 그럴 여가가 있다 하더라도 더 이상 앉아서 배울 힘이 없습니다. 잃어버린 시간은 결코 돈으로 다시 살 수 없습니다. 이것은 당신이 결국 마셔야 할 쓰디 쓴 잔임을 명심하십시오.

어떤 사람들은 당신에게 그들의 모든 생애를 통해 계속 괴롭히고 있는 것으로써 심판날의 비참한 실수에 대해 말해줄 것입니다. 그들은 자신이 하고 싶은 대로 해왔습니다. 그들은 다른 사람들의 충고를 받아들이지 않았고 자신의 행복에 파멸을 가져올 수 있는 사람들과 관계를 맺었습니다. 그들은 전적으로 자신에게 적합하지 않은 직업을 선택했습니다. 이제 그들은 이러한 모든 실수를 깨닫고 있습니다. 그러나 저지른 실수들을 다시 회복할 수 없는 때가 되어서야 눈이 열리겠지만 너무 늦습니다.

나는 당신이 청년 시절에 지은 긴 죄의 목록 때문에 지게 되는 무거운 마음의 짐을 내려놓고 양심의 평안을 속히 깨닫게 되기를 바랍니다. 청년 시절에 저지르는 죄는 인간의 영혼에 가장 깊은 자국을 내는 아픈 상처들입니다. 이러한 죄는 인간의 영을 모두 꿰뚫어 버리는 화살입니다. 또한 청년 시절의 죄는 영혼 속으로 들어가는 깨지지 않는 단단한 금속입니다. 자신의 영혼을 사랑하도록 하십시오. 일찍 주를 찾으십시오. 그리하면 당신은 셀 수 없이 많은 쓰디쓴 눈물을 흘리지 않게 될 것입니다. 욥은 이러한 모든 것들이 진리임을 깨달았던 것으로 보입니다.

주께서 나를 대적하사 괴로운 일들을 기록하시며 내가 젊었을 때에 지은 죄를 내가 받게 하시오며(욥 13:26).

또한 욥의 친구인 소발도 사악한 사람들에 대해서 말하고 있습니다.

그의 기골이 청년 같이 강장하나 그 기세가 그와 함께 흙에 누우리라 (욥 20:11).

다윗도 이러한 모든 일들이 진리임을 깨달았던 것으로 보입니다.

여호와여 내 젊은 시절의 죄와 허물을 기억하지 마시고 주의 인자하심을 따라 주께서 나를 기억하시되 주의 선하심으로 하옵소서 (시 25:7).

스위스의 위대한 종교개혁가인 베자(Beza)도 이러한 모든 일이 진리임을 분명하게 깨닫고 자신이 열여섯 살에 하나님의 은혜로써 이 세상으로부터 부르심을 받고 하나님의 특별한 자비와 뜻을 열심히 설파하였습니다.

바로 지금 신자들에게 가서 물으십시오. 청년 그들 중 한 사람이 당신에게 위에서 언급한 바와 꼭 같은 예들을 많이 알려줄 것이라고 생각합니다. 그는 청년들에게 "나는 청년 시절에 거듭남으로써 살아 났습니다"라고 말할 것입니다. "나는 더 나은 모범으로 나의 인생의 초창기를 보내려고 노력했습니다. 나는 내 인생의 초봄에 악한 습관의 강한 샘을 배제할 수 있었습니다"라고 말할 것입니다.

나는 할 수만 있다면 청년들을 이 게으름과 죄로부터 생겨나는 모든 슬픔에서 구하고 싶습니다. 그러나 지옥이 있다는 사실을 사람들은 너무나 늦게 깨닫게 됩니다. 속히 현명해지십시오. 청년 시절에 뿌린 것들은 나이가 들고 늙게 되었을 때 반드시 거두어야 합니다. 당신의 남은 여생을 편안하게 하지 못할 일들에 자신의 가장 소중한 시절을 내어주지 않도록 하십시오. 당신에게 의로움의 씨를 뿌리도록 하십시오. 당신이 묵혀둔 땅을 그대로 두지 않도록 하십시오. 가시덤불 사이에 씨를 뿌리지 않도록 하십시오.

죄는 당신의 손에서 가볍게 나다닐 수 있고, 당신의 혀를 부드럽게 빠져나가면서도 혀에 의존합니다. 당신이 아무리 죄를 사소한 것으로 생각하더라도 점차 죄와 당신은 자주 만나게 될 것입니다. 오래된 상처는 가끔 그 상처가 치료된 이후에도 아주 오랫동안 아픔과 고통을 가져옵니다. 상처 자국만이 남아 있을지라도 곧 자신의 죄를 다시 깨닫게 됩니다. 동물의 발자국은 그 동물이 죽고 난 후에 뼈까지 완전히 소멸된 후에도 바위 표면에 선명하게 남아 수천 년 동안 계속 그대로 있습니다. 마찬가지로 당신의 청년 시절의 죄도 오래도록 남아 있을 것입니다.[2]

"경험은 매우 친숙한 학교이다. 어리석은 자들은 경험 이외의 학교에서는 아무것도 배우지 못한다"라는 격언을 마음에 새기십시오. 나는 당신이 경험이라는 학교에서 배우는 불행을 겪지 않기를 바랍니다. 계속 젊은 시절의 죄를 뒤에 남기며 살아가는 비참한 상태를 피하게 되기를 바랍니다. 이것이 바로 내가 당신에게 권고하고자 하는 마지막 이유입니다.

---

2 Buckland's *Bridgewater Treatise*, vol. ii. plate 26 참조.

2. 청년들이 경계해야 할 위험들을 말하겠습니다.

1) 교만을 경계해야 합니다.

나는 모든 영혼이 무시무시한 위험에 처해 있다는 것을 잘 알고 있습니다. 나이 든 사람이건 젊은 사람이건 간에 나이는 별 문제가 되지 않습니다. 모든 사람들은 달려가야 할 길이 있고 싸워야 할 전투가 있습니다. 그들은 이겨내야 할 마음 상태와 정복해야 할 세계와 지켜야 할 건강이 있으며 악마를 저지해야 할 의무가 있습니다. 그러나 과연 어느 누가 이러한 모든 일들을 충분히 만족시키고 있습니까? 아직도 모든 세대와 시대 상황은 특수한 함정과 유혹의 근원을 가지고 있으며 우리는 모두 이러한 함정과 유혹을 잘 알아야 합니다. 미리 경계하는 사람은 미리 모든 것을 준비하고 대비합니다. 만약 당신이 내가 미리 알려주는 위험에 대비하여 스스로 경계하고자 한다면 당신은 자신의 영혼이 이미 본질적인 섬김을 행할 자세가 되어 있다고 확신할 수 있을 것입니다.

교만은 이 세상에서 가장 오래된 죄입니다. 실제로 교만이라는 죄는 이 세상보다 먼저 존재하였습니다. 사탄과 천사들은 교만 때문에 타락하였습니다. 그들의 자신들의 최고의 위치에 만족하지 아니합니다. 그래서 교만은 지옥에 최초의 거주자들을 들여 놓았습니다.

교만은 아담을 낙원으로부터 내쫓았습니다. 그래서 우리는 태어날 때 교만이라는 죄를 갖고 태어납니다. 교만은 우리가 자신에게 만족하도록 내버려 둡니다. 우리는 현재의 자신을 보면서 충분히 착하다고 생각하고 충고에 대항하여 귀 기울이지 않으려 하고 하나님의 복음을 거부하며 자신의 고집대로 모든 일을 행하려 듭니다. 교만이야말로 어디에서든지 젊은 사람들의 마음을 너무도 강력하게 지배하는 죄입니다.

젊은 사람들은 매우 고집이 세며 무모하고 권고를 참지 못합니다. 이러한 일은 너무나 일반적입니다. 그들이 얼마나 무례하고 모든 사람들에게 예의 바르지 못하며 자신들이 가치 있다고 생각하는 대로 자신들만을 믿고 존중하는가를 보십시오. 그들이 얼마나 나이 든 사람들의 충고를 들으려 하지 않는가를 보십시오. 그들은 자신이 모든 것을 알고 있다고 생각합니다. 그들은 자신의 지혜를 헛되이 믿는 허위로 가득 차 있습니다. 그들은 나이 든 사람들이나 특별히 자신의 친척들을 모두 어리석고 우둔하며 느린 사람들이라고 생각합니다. 그들은 자신들에게 아무런 가르침도 교훈도 더 이상 줄 수 없다고 생각하며 필요하지도 않다고 생각합니다. 그들은 자신들이 모든 것을 이해할 수 있다고 믿습니다. 그들은 다른 사람들로부터 말을 듣는 것에 대해 매우 화를 냅니다. 고삐풀린 망아지처럼 그들은 스스로를 통제할 줄도, 참을 줄도 모릅니다. 그들은 독립하고자 하며 자기 고집대로 하고자 합니다. 그들은 욥이 "너희만 참으로 백성이로구나 너희가 죽으면 지혜도 죽겠구나"(욥 12:2)라고 언급한 사람들과 같이 생각하는 어리석은 사람들입니다.

르호보암이 바로 이렇게 생각하는 자들 중 한 사람이었습니다. 그는 자신의 아버지 앞에 서 있던 나이 든 경험 많은 사람들의 권고를 경멸하였고 자기 또래의 청년들의 충고에 귀 기울였습니다. 르호보암은 자신의 잘못의 결과를 모두 거둬들일 때까지 고통스럽게 살았습니다. 이 세상에는 그와 같은 사람들이 매우 많습니다.

비유에 나오는 방탕한 아들이 바로 이러한 사람들 중 하나였습니다. 그는 아버지가 자기에게 준 재산의 일부를 갖고 스스로 혼자서 시작하려 했습니다. 그는 아버지의 집에서 조용히 살기를 거부하고 멀고 먼 나라들을 돌아다니며 스스로 주인이라고 생각하였습니다. 어머니의 손을 떠나서 혼자 걷고 싶어하는 어린 아이처럼 그는 곧 자신의 잘못 때문에 고민하고 양심의 가책을 느꼈습니다. 그는 돼지와 함께 음식을 먹었을 때에 현명해졌습니다. 그러나 이 세상에는 그와 같은 사람들이 매우 많습니다.

청년들에게 교만을 경계할 것을 간절히 권고합니다. 이 세상에서 거의 찾아보기 어려운 광경 중 하나는 바로 청년들의 겸손한 모습입니다. 또 하나는 늙은 사람들에게 만족하는 청년들이 거의 눈에 띄지 않는다는 점입니다. 이러한 두 가지 현상은 지금도 매우 일반적이며 사실을 제대로 설명해 주고 있다고 생각됩니다.

청년들은 자신의 능력과 힘과 지식과 외모와 총명을 자랑하지 않도록 하십시오. 당신 자신과 당신이 부여받은 여러 재능을 교만하게 자랑하지 않도록 하십시오. 그것은 당신 자신과 세상을 아는 것으로부터 나오는 것이 아닙니다. 당신이 나이가 들어가고 더욱더 많은 것을 보게 될수록 당신은 자신이 자랑할 만한 이유가 없다고 생각할 것입니다. 무지와 무경험이 교만의 주춧돌이며 한 번 주춧돌이 무너지면 교만 또한 무너지게 됨을 명심 하십시오.

성경이 겸손한 영의 훌륭함을 얼마나 자주 우리에게 보여주고 있는가를 잘 기억하십시오. 얼마나 강력하게 성경이 말하고 있습니까?

> 내게 주신 은혜로 말미암아 너희 각 사람에게 말하노니 마땅히 생각할 그 이상의 생각을 품지 말고 오직 하나님께서 각 사람에게 나누어 주신 믿음의 분량대로 지혜롭게 생각하라(롬 12:3).

얼마나 솔직하게 성경은 우리에게 "만일 누구든지 무엇을 아는 줄로 생각하면 아직도 마땅히 알 것을 알지 못하는 것이요"(고전 8:2)라고 말하고 있는가를 보십시오. 성경의 계명은 분명하게 "겸손을…옷 입고"(골 3:12)라고 말하고 있습니다. 또한 "겸손으로 허리를 동이라"(벧전 5:5)라고 말하고 있습니다. 겸손이야말로 많은 사람들이 결코 누더기로 생각할 수 없는 훌륭한 겉옷입니다.

이 점에 대해서 우리의 주 예수 그리스도께서 남겨준 위대한 모범에 대해 생각해 봅시다. 그리스도는 자신의 제자들의 발을 씻어주면서 "내가 너희에게 행한 것같이 너희도 행하게 하려 하여 본을 보였노라"(요 13:15)라고 말하였습니다. 그리스도는 "부요하신 자로서 너희를 위하여 가난하게 되심은 그의 가난함을 인하여 너희를 부요케 하려 하심이니라"(고후 8:9)라고 성경은 기록하고 있습니다. 그는 "오히려 자기를 비워 종의 형체를 가져 사람들과 같이 되었고 사람의 모양으로 나타나셨으매 자기를 낮추시고 죽기까지 복종하셨던"(빌 2:7-8) 분입니다. 확실히 교만해지는 것은 그리스도와 같게 되는 것이 아니라 악마와 타락한 아담과 같게 되는 것입니다. 확실하게 주장하건대, 그리스도와 같이 되는 것은 결코 비천하거나 천한 영혼을 가지는 것도 아님을 명심해야 합니다.

이제까지 이 세상에 살았던 사람들 중에 가장 현명한 사람인 솔로몬에 대해 생각해 봅시다. 그가 '어린 자녀'로서 자신에 대해 어떻게 말하고 있는가를 보십시오.

> 나의 하나님 여호와여 주께서 종으로 종의 아버지 다윗을 대신하여 왕이 되게 하셨사오나 종은 작은 아이라 출입할 줄을 알지 못하고 주께서 택하신 백성 가운데 있나이다 그들은 큰 백성이라 수효가 많아서 셀 수도 없고 기록할 수도 없사오니(왕상 3:7-8).

이러한 겸손의 영혼은 그의 형제 압살롬의 영혼과 너무도 다른 것이라 할 것입니다. 그의 형제인 압살롬은 "내가 이 땅에서 재판관이 되고 누구든지 송사나 재판할 일이 있어 내게로 오는 자에게 내가 정의 베풀기를 원하노라"(삼하 15:4)라고 말하였습니다. 이것은 또한 그의 또 다른 형제인 아도니야의 영혼과 다른 점이었습니다. 아도니야는 "스스로 높여서 이르기를 내가 왕이 되리라"(왕상 1:5)라고 말했던 것입니다. 겸손은 솔로몬의 지혜의 시초였습니다. 그는 자신의 겸손을 경험으로 다음과 같이 기록해 두었습니다. "네가 스스로 지혜롭게 여기는 자를 보느냐 그보다 미련한 자에게 오히려 희망이 있느니라" (잠 26:12)라고 쓰고 있습니다.

청년들은 이와 같은 성경 구절을 마음에 새기도록 하십시오. 당신 자신의 판단을 너무 확신하지 않도록 하십시오. 당신이 언제나 옳다고 생각하고 다른 사람들은 모두 그릇되었다고 확신하지 않도록 하십시오. 당신의 의견이 다른 나이 든 사람들의 의견과 반대되고 또는 자신의 부모의견과 다르다는 사실을 알게 되었을 때에는 당신의 의견을 먼저 의심하도록 하십시오. 세월은 경험을 쌓게 하고 그 경험은 사람들에게 존경받을 만한 자리를 만들어 줍니다. 그것은 욥기에 적혀 있는 엘리후의 지혜의 특징입니다.

> 엘리후는 그들의 나이가 자기보다 여러 해 위이므로 욥에게 말하기를 참고 있다가(욥 32:4).

후에 그는 말하였습니다.

> 나는 연소하고 당신들은 연로하므로 뒷전에서 나의 의견을 감히 내놓지 못하였노라 내가 말하기를 나이가 많은 자가 말할 것이요 연륜이 많은 자가 지혜를 가르칠 것이라 하였노라(욥 32:6-7).

겸손과 침묵은 젊은 사람들에게 아름다운 은혜입니다. 배우는 자가 되는 것을 부끄러워하지 마십시오. 예수님은 열두 살 때에 예루살렘에 머물며 성전에 있을 때에 배우는 사람이었습니다.

> 사흘 후에 성전에서 만난즉 그가 선생들 중에 앉으사 그들에게 듣기도 하시며 묻기도 하시니(눅 2:46).

가장 현명한 사람들도 당신에게 그들이 항상 배우는 자들이며 결국 자신들이 얼마나 적게 알고 있는가를 깨닫게 되고는 겸손해진다고 말해줄 것입니다. 아이작 뉴튼(Isaac Newton) 경도 자신이 지식의 바닷가에서 몇 개의 소중한 돌을 주운 어린 아이에 불과하다는 것을 느꼈음을 자주 말하곤 하였습니다.

청년들은 자신이 현명해지고 행복해지고자 한다면 나의 경고를 마음에 새기도록 하십시오. 교만을 경계하십시오.

2) 쾌락을 사랑하는 것을 경계해야 합니다.

젊은 시절은 우리의 열정이 가장 강한 때입니다. 제멋대로 하기 위해서 아주 시끄럽게 울어대는 어린 아이나 통제하기 어려운 자녀들처럼 자기의 쾌락만 생각하기 쉬운 때입니다. 젊은 시절은 보편적으로 우리가 지극히 건강하고 힘이 넘칠 때이며 죽음은 저 멀리에 있고 이 세상에서 즐기는 것들만이 우리의 모든 것으로 보이는 때입니다. 대부분의 사람들이 자신의 관심과 흥미를 충족시키기 위하여 세속적인 관심과 걱정은 거의하지 않는 때가 바로 젊은 시절입니다. 청년들은 쾌락 이외에는 거의 아무것도 생각하지 않게 됩니다. "당신은 누구의 종입니까?"라는 질문을 받으면 대부분의 청년들은 "나는 쾌락과 향락을 섬긴다"라고 대답하는 것이 진실한 답변일 것입니다.

청년들이여, 쾌락을 사랑하는 것이 어떠한 열매를 맺으며 당신의 삶에 있어서 어떠한 방식으로 해를 끼치는가에 대해서 말하기 시작한다면 시간이 모자랄 것입니다. 내가 무슨 이유로 반항과 파티와 술취함과 도박과 영화 구경과 춤과 그 밖의 것들을 일일이 다 열거해야만 하겠습니까? 이런 것들은 누구나 다 쓰라린 경험임을 알 수 있습니다. 이러한 경험들은 매우 순간적입니다. 그러나 단지 그때에만 사람들을 흥분시키는 모든 감정과, 생각을 못하게 하는 모든 것과 자신의 정신을 끊임없는 쾌락의 폭풍 속에 두며 감각을 기쁘게 하고 육체를 자극시키는 모든 일들은 청년들이 쾌락을 사랑하도록 하는 데 강력한 힘을 발휘합니다. 당신의 인생은 이러한 모든 일들로 가득찰 것입니다. 스스로 경계하도록 하십시오. 사도 바울은 "쾌락을 사랑하기를 하나님 사랑하는 것보다 더"(딤후 3:4)하는 사람들이 되지 않도록 하라고 경고하고 있습니다.

당신이 세속적인 쾌락에 집착하고자 한다면 이러한 세속적인 쾌락이 정신을 살해하는 무기임을 기억하도록 하십시오. 무기력한 의식과 회심하지 않는 굳은 마음을 갖고 있는 것은 육체와 정신을 욕망에 내어주는 것과 같습니다. 처음에는 아무것도 아닌 것처럼 보이지만 결국에는 그렇지 않습니다. 세속적인 쾌락을 멀리 하십시오.

사도 베드로가 말한 것을 깊이 생각해 보십시오.

> 영혼을 거슬러 싸우는 육체의 정욕을 제어하라(벧전 2:11).

육체의 정욕은 영혼의 화평을 파괴하고 영혼의 힘을 꺾고 단단한 함정으로 끌어들여 영혼을 노예로 삼고 맙니다.

사도 바울이 말한 것을 깊이 생각해 보십시오.

> 그러므로 땅에 있는 지체를 죽이라(골 3:5).
> 그리스도 예수의 사람들은 육체와 함께 그 정욕과 탐심을 십자가에 못 박았느니라(갈 5:24).
> 내가 내 몸을 쳐 복종하게 함은 내가 남에게 전파한 후에 자신이 도리어 버림을 당할까 두려워함이로다(고전 9:27).

일단 육체가 영혼의 완전한 저택이 되면, 이제 육체는 완전히 타락하고 무질서하게 되며 끊임없는 경계를 필요로 합니다. 육체는 영혼의 무거운 짐이며 협력자가 아니라 방해자이며 결코 조력자가 되지 못합니다. 육체는 유용한 종은 될 수 있으나 주인의 자리에서는 언제나 악할 뿐입니다. 다시 한 번 사도 바울의 말을 깊이 생각해 봅시다.

> 오직 주 예수 그리스도로 옷 입고 정욕을 위하여 육신의 일을 도모하지 말라(롬 13:14).

레이튼은 "이 구절은 방탕한 청년이었던 아우구스티누스를 주 예수 그리스도의 신실한 종으로 돌아서게 한 말씀이다"라고 말하였습니다. 나는 청년들이 아우구스티누스와 같이 주 예수 그리스도로 옷 입고 쾌락을 멀리하기를 바랍니다.

당신이 세속적인 쾌락에 집착하고 있다면 세속적인 쾌락은 모두 공허하고 만족스럽지 못하며 헛된 일임을 다시 한 번 기억하도록 하십시오. 쾌락이란 요한계시록에 등장하는 금관을 쓴 황충과 같습니다. 반짝인다고 해서 모두 금은 아닙니다. 달콤하다고 해서 모두 좋은 음식은 아닙니다. 잠시 동안 기쁘게 해주는 쾌락은 결코 참된 쾌락인 것은 아닙니다.

할 수만 있다면 세속적인 쾌락으로 당신의 마음을 가득 채우도록 해보십시오. 그러나 당신은 세속적인 쾌락으로 자신의 마음이 만족스럽다는 것을 결코 느끼지 못할 것입니다. 마음 속에서는 언제나 잠언에 나오는 욕심쟁이처럼 "다오, 다오"(잠 30:15)라고 외치는 목소리가 숨어있을 것입니다. 오직 하나님만이 채워줄 수 있을 뿐이며 그러한 공허한 마음은 다른 것으로는 채울 수 없습니다. 당신은 솔로몬이 경험을 통해 깨달았던 바와 같이 세속적인 쾌락이 헛된 겉꾸밈에 불과하며 영혼의 공허함과 괴로움이며 회칠한 무덤이며 타락과 티끌 같은 잿더미로 가득 찬 것임을 바른 눈으로 깨닫게 될 것입니다. 속히 현명해지도록 하십시오. 모든 세속적인 쾌락 속에 깃들어 있는

'독'을 경계하십시오. 독은 적당하게 사용되었을 때라야 가장 효과가 있습니다. 당신이 마음 속으로 항상 쾌락을 추구한다면 그러한 모든 쾌락은 당신의 영혼을 파멸시킬 것입니다.[3]

나는 이 글을 읽는 모든 젊은 독자에게 조금도 주저하지 않고 일곱 번째 계명을 경고해 주고자 합니다. 간음과 사통을 경계하고 모든 종류의 정결하지 못한 행동을 경계하십시오. 나는 이러한 하나님의 율법에 대해 정직하게 말하는 풍조가 거의 없다는 것을 염려하지 않을 수 없습니다. 얼마나 예언자들과 사도들이 이 계명에 대해 자주 언급하고 있으며, 종교개혁자들이 이 계명을 열심히 알리고 있는가를 보십시오. 나는 르우벤과 홉니와 비느하스와 암논이 걸었던 길과 같은 길을 걷고 있는 수많은 청년들을 볼 때 좋은 마음과 화평을 유지할 수 없습니다. 나는 이 세상 사람들이 일곱 번째 계명을 너무나 과도하게 침묵하면서 지키지 않는 것을 염려합니다. 내가 보기에는 이러한 행위야말로 잘못이며 성경적이지 못한 교활한 행위이며, 이는 '청년들의 죄'일 뿐만 아니라 모든 사람들의 죄라고 생각합니다.

일곱 번째 계명의 위반은 호세아가 말한 바와 같이 다른 모든 죄를 생겨나게 하는 죄입니다. 호세아는 말하고 있습니다.

음행과 묵은 포도주와 새 포도주가 마음을 빼앗느니라(호 4:11).

음행이야말로 사람이 저지를 수 있는 어떤 죄보다도 가장 인간의 영혼에 깊은 상처를 남기는 죄입니다. 음행은 모든 시대를 통하여 많은 사람들을 죽게 하고 과거에도 하나님의 성도들을 꽤 많이 때려눕힌 죄입니다. 롯과 삼손과 다윗은 그 본보기입니다. 음행은 사람을 환락과 변덕과 광폭함과 불규칙성이라는 이름 아래 거리낌 없이 미

---

[3] 베드로후서를 설교하며, Adams는 이렇게 말했다. "즐거움은 먼저 죄가 없다는 보증이 있어야 하며 그 후에 너무 엄격하지 않은 척도가 있어야 한다."

소 짓게 하고 결점을 숨기게 하는 죄입니다. 또한 음행은 악마가 특별히 즐기는 죄입니다. 왜냐하면 악마는 '더러운 귀신'이기 때문에 음행을 좋아합니다. "모든 사람은 결혼을 귀히 여기고 침소를 더럽히지 않게 하라 음행하는 자들과 간음하는 자들을 하나님이 심판하시리라"(히 13:4)라고 하였듯이 음행은 하나님께서 특별히 경고하시는 심판 받을 죄입니다.

> 음행을 피하라(고전 6:18).
> 음행하는 자나 더러운 자나 탐하는 자 곧 우상 숭배자는 다 그리스도와 하나님의 나라에서 기업을 얻지 못하리니 누구든지 헛된 말로 너희를 속이지 못하게 하라 이로 말미암아 하나님의 진노가 불순종의 아들들에게 임하나니(엡 5:5-6).

당신이 자신의 생명을 사랑한다면, 위와 같은 말씀을 기억하며 음행에 빠질 수 있는 경우를 모두 피하십시오. 당신을 음행에 빠지게 할 가능성이 있는 동료들이나 유혹에 빠지기 쉬운 장소에 가지 않도록 하십시오.

우리의 주께서 마태복음 5:28에서 음행에 대해 말한 것을 주목하십시오. 또한 "내가 내 눈과 언약을 세웠나니 어찌 처녀에게 주목하랴"(욥 31:1)라고 말한 욥의 거룩한 행위대로 자신을 다스리도록 하십시오. 음행에 대해 말하는 것을 피하십시오. 음행은 이름 붙일 수조차 없는 수많은 나쁜 일중의 하나입니다. 당신은 그 높낮이를 조절할 수 없으며 그 때문에 더렵혀질 수 있습니다. 음행에 대해 생각하는 것을 피하십시오. 그러한 생각을 억누르고 제지하며 그러한 생각이 일어나지 않도록 기도하십시오. 그러한 생각에 빠지느니 차라리 속죄를 위한 기도를 하십시오. 상상은 이러한 음행의 죄가 아주 자리 잡기 쉬운 죄악의 온상입니다. 당신의 생각을 경계하도록 하십시오.

그리하면 자신의 행동에 대해 조금도 염려하지 않게 됩니다.

내가 이제까지 권고하는 말을 주의 깊게 생각해 보십시오. 당신이 다른 모든 권고를 잊어버리게 되더라도 음행의 생각을 피하라는 권고는 결코 잊지 않도록 하십시오.

3) 무분별하고 사려 깊지 못한 태도를 경계해야 합니다.

많은 영혼들이 영원히 버려지게 되는 이유 중 하나가 생각의 부족입니다. 사람들은 깊이 생각하지 않으며 곰곰이 숙고하지 않고 주변의 일들을 제대로 살펴보지 않으며, 자신의 현재 상태와 가고 있는 길의 목적과 결과를 확실하게 되새겨보지 않습니다. 나중에야 결국 자신의 생각이 부족하였음을 깨닫고 스스로를 비난하게 됩니다.

청년들만큼 이러한 위험에 빠지기 쉬운 사람들도 찾아보기 어려울 것입니다. 당신은 자기 주변에 있는 위험에 대해서 거의 알지 못하고 당신이 어떻게 걸어가고 있는가에 대해서도 거의 관심을 기울이지 않습니다. 당신은 건전하고 조용하게 깊이 생각하는 것을 매우 귀찮아하고 싫어합니다. 그래서 당신은 자신의 머리를 슬픔으로 가득 차게 할 나쁜 결정을 내립니다. 에서는 그의 동생에게 팥죽 한 그릇에 장자의 상속권을 팔았습니다. 에서는 과거에 자신이 장자의 상속권을 얼마나 간절히 원하였는가를 결코 생각해 보지 않았던 것입니다.

젊은 시므온과 레위는 그들의 누이인 디나의 복수를 하고 세겜과 사람들을 죽이고도 그들은 결코 자신들의 아버지와 자신의 집에 얼마나 많은 근심과 걱정을 가져오게 될 것인가를 결코 생각하지 않았습니다. 욥은 이러한 분별없는 행동에 대해 그의 자녀들을 매우 걱정하고 두려워하였던 것으로 보입니다. 그들이 잔치를 벌였을 때 욥은 아래와 같이 행하였습니다.

그들이 차례대로 잔치를 끝내면 욥이 그들을 불러다가 성결하게 하되 아침에 일어나서 그들의 명수대로 번제를 드렸으니 이는 욥이 말하기를 혹시 내 아들들이 죄를 범하여 마음으로 하나님을 욕되게 하였을까 함이라 욥의 행위가 항상 이러하였더라(욥 1:5).

이 세상은 우리가 아무 생각 없이 잘 행할 수 있는 세계가 아니며 특히 모든 것 중에서도 우리의 영혼에 관한 문제는 깊은 생각을 필요로 합니다. 사탄은 "생각하지 말라"라고 귀에 속삭입니다. 사탄은 회심하지 않은 자의 마음은 부정직한 무역상인의 장부책과 같다는 것을 잘 알고 있으며 그의 마음은 자세히 들여다 보면 견디지 못한다는 것을 잘 알고 있습니다. 하나님의 말씀은 "너의 길을 잘 생각하라"라고 하고 있으며 깊이 생각하고 현명해지도록 하라고 말하고 있습니다. 스페인 속담에서는 "서두름은 악마로부터 나온다"라고 잘 지적하고 있습니다. 사람들은 성급하게 결혼하고 시간이 많이 있을 때에 후회합니다. 또한 사람들은 잠깐 동안에 자신의 영혼에 대해 잘못을 저지르고 오랜 세월 동안 그 잘못 때문에 고통받습니다. 악한 종이 잘못된 일을 하고 나서는 "나는 그것에 대해 생각해보지 못했습니다. 그것은 죄로 보이지 않았습니다"라고 말하는 것처럼, 청년들은 죄에 빠지고 나서는 "나는 그것을 죄라고 생각해 보지 못했습니다"라고 말합니다.

죄처럼 보이지 않았다고 말하지 마십시오. 당신은 죄로 보이지 않았다고 말할지 모르나 죄는 "나는 죄이다"라고 겉으로 드러내고 말하며 오지 않습니다. 죄는 당신에게 해를 끼치면서도 전혀 해를 끼치지 않는 것처럼 행동합니다. 죄는 저지를 때에는 언제나 좋고 유쾌하며 바람직한 것으로 보이지만 결코 그렇지 않습니다. 현명해지도록 하십시오. 올바르게 구별하도록 하십시오. 솔로몬이 "네 발이 행할 길을 평탄하게 하며 네 모든 길을 든든히 하라"(잠 4:26)라고 말한 것을 기억하도록 하십시오. 베이컨(Bacon) 경은 "급하게 서두르지 않도록 하라. 잠시 머물러서 조금씩 행하라. 그러면 더 빨리 목표를 달성할 것이다"라고 현명하게 지적하고 있습니다.

어떤 사람들은 비합리적인 것들을 요구하고 있다고 반박할 것입니다. 젊은 시절은 결코 엄숙하게 사려 깊은 태도를 가져야 할 때가 아니라고 말할 것입니다. 그러나 오늘날에 있어서 이러한 생각보다 더 위험한 생각은 없으리라고 확신합니다. 어리석은 말과 농담과 행동과 과장된 웃음은 오늘날 너무나 흔히 볼 수 있는 것들입니다. 의심할 바 없이 모든 것을 위한 때가 있다 하더라도 가볍게 생각하고 사소한 일로 치부하는 태도는 결코 현명한 태도가 아닙니다. 가장 현명한 사람들은 무엇이라고 말하고 있습니까?

> 초상집에 가는 것이 잔칫집에 가는 것보다 나으니 모든 사람의 끝이 이와 같이 됨이라 산 자는 이것을 그의 마음에 둘지어다 슬픔이 웃음보다 나음은 얼굴에 근심하는 것이 마음에 유익하기 때문이니라 지혜자의 마음은 초상집에 있으되 우매한 자의 마음은 혼인집에 있느니라(전 7:2-4).

매튜 헨리(Mattew Henry)는 엘리자베스 여왕 시대에 살았던 위대한 정치인[4]에 대한 이야기를 알려 주고 있습니다. 월싱엄(Walsingham)장관은 공직 생활에서 은퇴하고 난 후에 나머지 여생을 보내면서 심각하고 진지한 생각을 하였습니다. 그와 전부터 잘 알고 지내던 유쾌한 동료가 그를 방문하러 왔다가 그에게 우울해진 것 같다고 말하였을 때 그는 대답하였습니다.

---

4 국무장관 Walsingham

아니다. 나는 진지할 뿐이다. 왜냐하면 나를 둘러싸고 있는 주변의 모든 것들이 진지하기 때문이다. 하나님은 우리를 관찰하시는 일에 진지하고 그리스도는 우리를 중재하는 일에 진지하며 우리의 영적인 적들은 우리를 파멸시키기 위해 진지하며 가련한 잃어버린 바 된 죄인들은 지옥에서도 진지하다. 그런데 어찌하여 당신과 내가 진지해지지 않아야 되겠는가?

청년들은 사려 깊은 태도를 배워야 합니다. 당신이 무엇을 하고 있으며 어디로 향해 가고 있는가를 진지하게 생각하는 태도를 익히도록 하십시오. 조용한 반성으로 시간을 보내도록 하십시오. 이 경고를 마음에 새기십시오. 사려 깊은 태도를 기르도록 하십시오.

4) 신앙을 경멸하는 것을 경계해야 합니다.

이것이야말로 바로 청년들이 가질 수 있는 특별한 위험이기도 합니다. 나는 언제나 어느 누구도 젊은 사람들만큼 신앙을 존중하지 않는 사람은 없다는 것을 잘 알고 있습니다. 어느 누구보다도 청년들이 은혜의 수단인 교회에 출석하지 않으며 예배에 참석하지 않고, 예배에 참석한다 하더라도 거의 성경과 공동 기도서를 이용하지 않고 찬양을 부르지도 않으며 설교를 듣지 않습니다. 청년들은 그들에게 이러한 일이 조금도 필요하지 않다고 생각하며 이러한 일이 여자와 노인들에게 필요할지 모르나 자신들에게는 조금도 유익하지 않다고 생각합니다. 그들은 자신의 영혼에 대해 관심을 기울이는 것을 부끄러워 합니다. 심지어 어떤 청년들은 천국에 가는 것을 불명예로 생각합니다. 그것은 벧엘의 청년들이 엘리사를 조롱하게 한 영과 똑같습니다. 그리고 이러한 영을 모든 청년들이 경계해야 합니다. 신앙을 가지는 것이 가치 있는 일이라면 신앙에 대해 열정을 가지는 것도 가치

있는 일입니다.

거룩한 일에 대한 경멸은 불신앙으로 나아가는 지름길입니다. 일단 사람에게 기독교의 어떤 부분에 대해 조롱하고 농담하도록 허용해 보십시오. 그가 노골적인 무신론자임이 곧 증명됩니다.

청년들은 이러한 일에 대해 실제로 조롱하거나 농담해본 적이 있습니까? 당신이 신앙을 경멸하는 것을 고집한다면 젊은 당신 앞에 있는 깊은 소용돌이를 공정하게 조사해 본 적이 있습니까? 다윗의 말을 기억해 새겨보십시오.

> 어리석은 자는 그의 마음에 이르기를 하나님이 없다 하는도다 그들은 부패하고 그 행실이 가증하니 선을 행하는 자가 없도다(시 14:1).

처음부터 끝까지 모든 증거로써 증명된 책이 있다면 그 책은 바로 성경입니다. 성경은 모든 적과 잘못들을 찾아내려는 자들의 공격을 막아왔습니다. "하나님의 도는 완전하고 여호와의 말씀은 순수하니 그는 자기에게 피하는 모든 자의 방패시로다"(시 18:30). 성경은 모든 길에서 애써왔으며 성경이 애쓰면 애쓸수록 더욱더 분명하게 성경은 바로 하나님 그 분의 손으로 쓴 책이라는 것을 보여줍니다. 당신이 성경을 믿지 않는다면 무엇을 믿을 것입니까? 당신은 터무니없고 어리석은 것을 믿을 생각입니까?[5] 성경을 조롱하거나 비웃지 않도록 하십시오. 성경에 의존하십시오. 어느 누구도 성경이 하나님의 말씀이라는 사실을 부정할 수 없으며 이를 부정하는 사람만큼 남에게 속기 쉬운 사람도 없습니다.

성경이 하나님의 말씀이라고 믿는다면 성경을 경멸하지 않도록 하십시오. 많은 사람들은 당신에게 성경에는 어려운 난관이 많으며 이

---

[5] 이 주제에 관해서는 Faber의 *Difficulties of Infidelity*를 보라.

해하기 어려운 일들이 있다고 말할지도 모릅니다. 성경에 이러한 것이 없다면 성경은 결코 하나님의 책이 될 수 없습니다. 그렇다면 성경에는 무엇이 있습니까? 당신은 자신의 주치의가 치료약으로 모든 병을 치료하는 과정을 설명할 수 없다고 치료를 경멸할 것입니까? 사람들이 무엇이라 말한다 하더라도 구원에 필요한 일들은 한 낮의 햇빛처럼 분명합니다. 사람들은 자신이 성경을 이해할 수 없기 때문에 성경을 결코 거부하거나 조롱해서는 안됩니다. 사람들은 성경을 너무 잘 이해하고 있습니다. 단지 그들은 성경이 자신들의 행위를 비난하며 그들이 저지른 죄들을 증거하며 심판에 대해 알려주고 있다는 것을 모두 알고 있지만 이러한 일이 모두 진리임을 인정하고 싶지 않기 때문에 성경을 잘못되고 쓸모없는 것이라고 믿으려 합니다.

로체스터(Rochester) 경은 성경 위에 자신의 손을 얹고 "지극히 나쁜 삶은 곧 이 성경에 대항하여 반대하는 삶이다"라고 경고하고 있습니다. 사우트는 "사람은 그들이 성경의 실제를 증오하기 때문에 기독교의 진리를 의심한다"라고 말하고 있습니다.

청년들은 하나님이 그의 말씀을 지키지 못한 적이 있다고 생각합니까? 결코 그렇지 않습니다. 하나님이 말씀하였을 때 하나님은 이미 행하였고 하나님이 말씀하신 것은 항상 유익한 결과를 이루어 내었습니다. 하나님은 노아의 홍수 때에 자신의 말씀을 지키지 못하였습니까? 결코 그렇지 않습니다. 하나님은 소돔과 고모라에 대한 말씀을 지키지 못하였습니까? 하나님은 믿지 않는 예루살렘에 대한 말씀을 지키지 못하였습니까? 결코 그렇지 않습니다. 하나님은 그의 말씀을 이행하지 못하는 법이 없습니다. 당신은 하나님의 말씀을 경멸하는 사람들 사이에 있지 않도록 주의하십시오.

신앙에 대해 결코 비난하지 마십시오. 성스러운 일들에 대해 조롱하지 마십시오. 자신의 영혼에 대해 진지하게 생각하고 열정적인 사람들을 비웃지 않도록 하십시오. 당신이 비웃었던 사람들을 행복한 사람들이라고 생각하게 될 때가 분명히 올 것입니다. 비웃음이 슬픔으로 변하고 조롱이 낙담으로 변하는 때가 올 것입니다.

5) 다른 의견을 두려워하는 것을 경계해야 합니다.

> 사람을 두려워하면 올무에 걸리게 되거니와 여호와를 의지하는 자는 안전하리라(잠 29:25).

대부분의 사람들의 마음을, 특별히 청년들의 마음을 차지하고 지배하는 힘에 대해 관찰하는 것은 참으로 무서운 일입니다. 자기 자신의 의견을 갖고 있거나 자신에 대하여 깊이 생각하는 사람이 거의 없습니다. 마치 죽은 고기들처럼 그들은 세상의 흐름에 따라 순응하면서 다른 사람들이 옳다고 생각하는 것은 그들도 옳다고 생각하고 그르다고 생각하는 것은 그들도 그르다고 생각합니다. 이 세상에서 독창적인 사고를 하는 사람들은 그리 많지 않습니다. 대부분의 사람들은 양들처럼 자신을 이끌고 가는 지도자의 뒤를 따릅니다. 그들은 만약 로마인이 되는 것이 세상의 유행이라면 로마인이 될 것이며 회교도들이 되는 것이 그 시대의 유행이라면 회교도가 될 것입니다. 그들은 시대의 흐름을 거스르는 것을 매우 두려워하고 있습니다. 간단히 말해서 그 시대의 의견은 그 시대의 신앙이 되고 그들의 신조가 되며 그 시대의 의견이 그들의 성경이요 하나님이 됩니다.

"내 친구들은 나에 대해서 어떻게 생각할까?"라는 생각을 하지 않도록 하십시오. 다른 사람들의 주목을 받는다든가 비웃음을 사고 조롱받을지도 모른다는 두려움은 많은 사람들이 좋은 습관을 형성하는 것을 방해합니다. 오늘날은 용기가 있어야 성경을 읽을 수 있는 시대입니다. 그들은 자신이 성경을 읽어야 한다는 것을 알고 있지만 "사람들이 무엇이라고 말할 것인가?"라고 생각하며 매우 두려워합니다.

바로 오늘 밤에도 많은 사람들은 무릎을 꿇고 간절히 기도하고자 하지만 그들이 가진 두려움은 이러한 기도를 하지 못하게 합니다. "나의 아내와 형제와 나의 친구들과 동료들은 만약 내가 기도하는 것을 본다면 어떻게 생각할까?"라고 두려워합니다. 이러한 두려움을 가지는 것이야말로 참으로 비참한 노예 상태에 머무르는 것입니다. 그럼에도 불구하고 얼마나 많은 사람들이 이러한 상태에 놓여 있는가를 보십시오.

사울은 사무엘에게 말하였습니다.

> 내가 여호와의 명령과 당신의 말씀을 어긴 것은 내가 백성을 두려워하여 그들의 말을 청종하였음이니이다(삼상 15:24).

유다의 무자비한 시드기야왕은 예레미야에게 이르되 "나는 갈대아인에게 항복한 유다인을 두려워하노라 염려하건대 갈대아인이 나를 그들의 손에 넘기면 그들이 나를 조롱할까 하노라 하는지라"(렘 38:19)라고 말하면서 예레미야가 그에게 해주는 충고를 듣지 아니하였습니다. 헤롯 왕은 그의 객들이 자신에 대해 어떻게 생각할 것인가를 두려워하였습니다. 그래서 그는 자신이 세례 요한의 목을 베었을 때 굉장히 잘못되었다라고 생각하는 일을 행하였던 것입니다. 빌라도는 유대인들을 거스리게 하는 것을 두려워하였습니다. 그래서 그는 자신의 양심에 비추어 보았을 때 자신이 공정하지 않다고 생각하는 일을 행하였습니다. 빌라도는 예수님을 십자가에 매달도록 명령하였습니다. 다른 사람들에 대한 두려움이야말로 노예 상태가 아니라면 어떻게 이러한 일들을 하게 할 수 있겠습니까?

나는 청년들이 이러한 모든 굴레로부터 자유롭게 되기를 바랍니다. 의무의 길이 분명할 때에는 각자 사람들의 견해에 대해 아무런 관심도 가지지 않기를 바랍니다. "아니오"라고 말 수 있다는 것은 위대한 일임을 확신하도록 하십시오. 선량한 여호사밧 왕의 약한 점 때문에 그는 이스라엘 왕 아합에게 "나는 당신과 같고 내 백성은 당신의 백성과 같고 내 말들도 당신의 말들과 같으니이다"(왕상 22:4)라고 너무나 쉽게 항복하였으므로 많은 고난을 받게 되었습니다. "아니오"라고 말할 수 있는 용기를 가지도록 하십시오. 선한 본성을 가졌다는 것이 "아니오"라고 말할 수 없게 한다는 어리석음에서 벗어나십시오. 죄인들이 당신을 유혹할 때에 분명하게 "내 아들아 악한 자가 너를 꾈지라도 따르지 말라"라고 한 솔로몬의 훈계(잠 1:10)를 따르도록 하십시오.

사람들이 무엇이라고 말할 것인가에 대해 두려워하는 일이 얼마나 비합리적인가를 생각해 보십시오. 사람들의 적대의식이 얼마나 빨리 끝나고 당신에게 절대로 해를 끼칠 수 없다는 것을 기억하십시오.

> 너는 어떠한 자이기에 죽을 사람을 두려워하며 풀 같이 될 사람의 아들을 두려워하느냐 하늘을 펴고 땅의 기초를 정하고 너를 지은 자 여호와를 어찌하여 잊어버렸느냐 너를 멸하려고 준비하는 저 학대자의 분노를 어찌하여 항상 종일 두려워하느냐 학대자의 분노가 어디있느냐 결박된 포로가 속히 놓일 것이니 죽지도 아니할 것이요 구덩이로 내려가지도 아니할 것이며 그의 양식이 부족하지도 아니하리라(사 51:12-14).

또한 이러한 두려움이 얼마나 생각 없고 분별없는 일인가를 보십시오. 어느 누구도 두려움에 대해 하나님을 두려워하는 자를 좋게 생각하는 사람이 없습니다. 이 세상 사람들은 언제든지 하나님에 대해 만용을 부리며 행동하는 사람들을 높이 삽니다. 이러한 굴레에서 벗어나도록 하십시오. 당신에게서 이러한 사슬을 벗겨내도록 하십시오. 당신이 하나님의 종이라는 사실을 보여주는 것을 조금도 불명예스럽게 생각하지 않도록 하십시오. 옳은 일을 하는 것에 대해 조금도 두려워하지 마십시오. 주 예수의 말씀을 기억하도록 하십시오.

> 몸은 죽여도 영혼은 능히 죽이지 못하는 자들을 두려워하지 말고 오직 몸과 영혼을 능히 지옥에 멸하실 수 있는 이를 두려워하라(마 10:28).

오직 하나님을 기쁘게 하기 위해 힘쓰십시오. 그리하면 하나님은 곧 다른 사람들이 당신을 기쁘게 하려 애쓰게 할 것입니다.

> 사람의 행위가 여호와를 기쁘시게 하면 그 사람의 원수라도 그와 더불어 화목하게 하시느니라(잠 16:7).

청년들은 선한 용기를 가져야 합니다. 이 세상 사람들이 무엇이라고 말하고 어떻게 생각하건 간에 조금도 개의치 마십시오. 당신은 이 세상 사람들과 언제까지나 함께 있지 않을 것입니다. 사람이 당신의 영혼을 구할 수 있습니까? 그렇지 않습니다. 엄청나고 무서운 최후의 심판날에 사람이 당신의 심판을 담당할 것 같습니까? 그렇지 않습니다. 인생을 위한 선한 양심, 죽음 앞에서의 소망, 부활의 아침이라는 답을 사람이 줄 수 있습니까? 결코 그렇지 않습니다. 사람은 이와 같은 종류의 일을 아무것도 할 수 없습니다.

> 의를 아는 자들아, 마음에 내 율법이 있는 백성들아, 너희는 내게 듣고 그들의 비방을 두려워하지 말라 그들의 비방에 놀라지 말라 옷 같이 좀이 그들을 먹을 것이며 양털 같이 좀벌레가 그들을 먹을 것이나 나의 공의는 영원히 있겠고 나의 구원은 세세에 미치리라(사 51:7-8).

"나는 하나님을 두려워 한다. 그러므로 나는 하나님 이외에 다른 어느 누구도 두려워하지 않는다"라는 가디너(Gardiner) 대령의 선한 말을 기억하도록 하십시오. 그와 같이 살아가도록 하십시오.

나는 당신에게 언급한 여러 경고들을 당신이 마음에 새기기를 바랍니다. 언제든지 이러한 경고는 곰곰이 되새겨볼 필요와 가치가 있습니다. 나에게는 이러한 경고들이 필요하지 않다고 생각한다면 많은 실수를 저지르고 있는 셈입니다. 그러나 우리의 주께서는 당신에게 주어진 이러한 경고들을 헛되이 하지 않을 것입니다.

3. 청년들이 받아들여야 할 충고들을 말하겠습니다.

1) 청년들은 죄악에 대한 분명한 관점을 세워야 합니다.

청년인 당신은 죄가 무엇이며 죄가 무슨 일을 해 왔는가를 알고 있다면 내가 권고하는 것을 조금도 이상하게 생각지 않을 것입니다. 당신은 죄의 참된 실체와 본질을 보지 못합니다. 당신의 눈은 날 때부터 죄책과 죄의 위험에 대해 눈으로 볼 수 없습니다. 따라서 당신은 청년들의 어떤 점이 저를 염려하게 하는가를 이해하지 못합니다. 악마가 당신에게 죄란 아주 사소한 문제에 불과하다고 설득하는 일이 결코 성공할 수 없게 하십시오.

성경이 죄에 대해 어떻게 말하고 있는가를 알고 있다면 잠깐 동안이라도 그에 대해 생각해 보십시오. 또한 모든 남자와 여자의 마음에 자연적으로 어떻게 살아 숨쉬고 있는가를 생각해 보십시오.

선을 행하고 전혀 죄를 범하지 아니하는 의인은 세상에 없기 때문이로다(전 7:20).

모든 사람이 죄를 범하였으매 하나님의 영광에 이르지 못하더니(롬 3:23).

죄가 어떻게 우리의 생각과 말과 행동을 끊임없이 더럽히는가를 보십시오.

여호와께서 사람의 죄악이 세상에 가득함과 그의 마음으로 생각하는 모든 계획이 항상 악할 뿐임을 보시고(창 6:5).
마음에서 나오는 것은 악한 생각과 살인과 간음과 음란과 도둑질과 거짓 증언과 비방이니(마 15:19).

죄가 어떻게 우리에게 하나님이 보시기에는 모두 악하고 증오할 만한 일들을 가져오는가를 보십시오.

주의 종에게 심판을 행하지 마소서 주의 눈 앞에는 의로운 인생이 하나도 없나이다(시 143:2).
그러므로 율법의 행위로 그의 앞에 의롭다 하심을 얻을 육체가 없나니 율법으로는 죄를 깨달음이니라(롬 3:20).

어떻게 죄의 열매가 이 세상에서 부끄러움이 되며 죄의 삯이 죽음이 되는가를 보십시오.

너희가 그 때에 무슨 열매를 얻었느냐 이제는 너희가 그 일을 부끄러워하나니 이는 그 마지막이 사망임이라(롬 6:21).
죄의 삯은 사망이요(롬 6:23).

조용히 이러한 모든 것을 곰곰이 생각해 보십시오. 나는 바로 지금 당신에게 죄에 대해 아무것도 모르는 채로 사는 사람이 되는 것은 죄

19장 청년들에게　455

에 대하여 알지 못하고 소모되어 죽는 것과 같은 슬픈 일이라고 말해 주고 싶습니다.

죄가 얼마나 무섭게 우리의 모든 본성을 변화시키는가를 생각해 보십시오. 사람은 하나님이 그를 흙으로 만들었을 때에는 결코 지금의 인간과 같은 본성을 갖고 있지 않았습니다. 사람은 하나님의 손으로 정직하고 죄없는 자로 지으심을 받았습니다.

> 내가 깨달은 것은 오직 이것이라 곧 하나님은 사람을 정직하게 지으셨으나 사람이 많은 꾀들을 낸 것이니라(전 7:29).
> 하나님이 지으신 그 모든 것을 보시니 보시기에 심히 좋았더라(창 1:31).

위와 같이 사람은 맨 처음에는 정직하였습니다. 그러나 지금의 사람은 어떠합니까? 그는 타락한 피조물이며 멸망하는 자요 온 세상에 타락의 표시를 보이는 자이며 느부갓네살 왕처럼 그의 마음이 더럽혀지고 세속적이며 모든 것을 깔보고 존경하지 않습니다. 그의 애정은 무질서 속에 있는 한 권속처럼 어떤 사람에게도 주인이라고 부르지 아니하고 모든 헛된 부귀와 혼란 상태에 있습니다. 그의 이해력은 등잔 위에서 깜박거리는 불빛처럼 악을 구별하는 힘이 없기 때문에 그를 옳은 길로 이끌지 못합니다.

그의 의지는 이리 저리 흔들리는 배와 같아서 모든 소망 때문에 앞뒤로 흔들리고 하나님의 길이 아닌 다른 길을 선택하여 끊임없이 흔들립니다. 처음 지음 받았을 때의 사람과 비교하여 볼 때 지금의 인간은 너무나 타락하였습니다. 우리는 성령이 우리에게 그러한 사람의 모습을 보여줄 때에 눈이 멀어버리는 것과 듣지 못함과 질병과 잠과 죽음이 그 특징임을 분명하게 이해해야 합니다. 이러한 인간은 바로 죄 때문에 그렇게 된 것임을 기억해야 합니다.

또한 죄에 대한 보상을 위해, 죄의 값으로 무엇이 지불되었는지,

죄인들의 용서를 위해 어떤 은혜가 베풀어졌는지 생각해 보십시오. 하나님의 독생자는 우리의 사람 모습을 가지고 이 세상에 왔으며, 우리의 구속을 위한 값을 치르고 깨진 율법의 저주로부터 우리를 구하기 위해 이 세상에 왔습니다. 모든 것이 그로 말미암아 창조되었으며, 태초에 하나님과 함께 계셨던 그리스도는 의인으로서 불의한 자들을 위해서 고난을 받으셔야 했습니다. 그는 어떤 영혼을 위해서든지 그들에게 열려 있을 천국으로 가는 길을 열어주기 위해 악인들이 당한 죽음과 같은 죽음을 당해야 했습니다.

우리 주 예수 그리스도께서 사람들에게 멸시당하고 거부당하고 조롱당하며 상처 입는 것을 보십시오. 그가 갈보리 십자가 위에서 피 흘리는 것을 보십시오. 그가 고뇌 속에서 "나의 하나님, 어찌하여 나를 버리셨나이까?"라고 외치는 소리를 들어보십시오. 어떻게 하늘의 태양이 빛을 잃고 눈앞에 돌풍이 일어나는가를 주목해 보십시오. 청년들은 다시 한 번 생각해 보십시오. 죄악과 죄책이 무엇인가를 생각해 보십시오.

죄가 이 땅 위에 이미 무슨 일을 행해 왔는가를 깊이 생각해 봅시다. 죄가 어떻게 아담과 하와를 에덴 동산에서 내쫓았는가를 생각해 봅시다. 죄가 구약시대의 옛 사람들에게 얼마나 큰 홍수를 불러 일으키게 했으며 소돔과 고모라를 불타게 하였는가를 생각해 보십시오. 또한 홍해에서 바로와 그의 군대들을 익사하게 하였는가를 보십시오. 가나안의 사악한 일곱 나라는 모두 멸망하였고 죄 때문에 이스라엘의 열두 지파는 세계 곳곳으로 흩어져 살아 있어야만 했습니다. 죄는 혼자서 이러한 모든 일을 할 수 있는 능력이 있습니다.

더욱이 죄가 만들어 내는 모든 불행과 슬픔에 대해 깊이 생각해 보십시오. 죄는 바로 지금도 이러한 불행과 슬픔을 만들어 내고 있습니다. 고통과 질병과 죽음, 그리고 갈등과 투쟁과 분열, 그리고 질투와 시기와 절도 및 사기와 기만과 속임수, 그리고 이기심과 불친절과 폭력과 반항 및 감사하지 않는 것 등은 모두가 죄의 열매들입니다. 죄는 이러한 모든 것을 산출해 내는 어머니입니다. 죄는 하나님의 피조물의 모습을 망치고 해롭게 하는 것입니다.

청년들은 이러한 죄의 열매들에 대해 생각해 보면 우리가 지금 말하고 설교하는 것들에 대해 이상하게 생각하지 않을 것입니다. 만약 당신이 죄의 열매들에 대해 생각해 보면 당신은 곧 죄를 영원히 분리시켜야 한다는 것을 알게 될 것입니다. 당신은 독약과 함께 지내고 지옥에서 지낼 것입니까? 당신은 손에 불꽃을 올려놓을 것입니까? 당신의 가장 치명적인 적을 가슴에 품어 안을 것입니까? 당신은 자신의 죄를 용서받건 용서받지 않건 간에 아무 걱정도 없이, 죄가 당신을 완전히 지배하거나 혹은 당신이 그 죄를 억누르는 것을 조금도 문제 삼지 않고 계속 살아갈 것입니까? 죄의 무거움과 죄의 위험에 대해 경계하며 언제나 깨어 있으십시오. 솔로몬이 "미련한 자의 입은 미련한 것을 즐기느니라"(잠 15:14)라고 한 말과 "악인의 길은 여호와께서 미워하셔도 공의를 따라가는 자는 그가 사랑하시느니라"(잠 15:9)라고 말한 것을 마음에 새기십시오.

바로 지금 당신에게 요구하고자 합니다. 당신은 하나님께 죄의 악한 실상에 대해 가르쳐 달라고 지금 당장 기도하십시오. 당신의 영혼이 구원 받기를 원한다면, 일어나서 기도하십시오.

2) 주 예수 그리스도와 친밀한 관계를 맺도록 하십시오.

실제로 주 예수 그리스도와 친밀한 관계를 유지하는 것이야말로 신앙에서의 주요한 원칙입니다. 이것은 기독교의 초석입니다. 당신이 예수 그리스도와 친밀한 관계를 맺고 있어야 비로소 이 경고와 충고가 유효하고, 당신이 그리스도와 친밀한 관계를 맺지 않는다면 당신의 노력이 아무리 많다 하더라도 모두 헛될 것입니다. 그리스도 없이 신앙을 가지는 것은 중요한 태엽이 없는 시계와 같이 헛되고 무익한 일입니다.

　이 말을 제대로 이해하도록 하십시오. 이것은 단순하게 당신이 그리스도의 이름을 알기를 바라는 것이 아니라 그리스도의 은혜와 사랑과 권세를 알기를 바라며, 당신이 단순하게 귀로 듣는 것 뿐만 아니라 당신이 마음의 경험을 통하여 깨닫게 되기를 바는 것입니다. 나는 당신이 믿음으로 그리스도를 알게 되고 사도 바울이 말한 바와 같이 "그리스도와 그 부활의 권능과 그 고난에 참여함을 알고자 하여 그의 죽으심을 본받아"(빌 3:10)야 합니다. 나는 당신이 그리스도에 대해 말할 수 있고 그리스도는 당신의 화평, 힘, 생명, 위안이며 의사, 목자, 구세주, 하나님 되심을 고백하기를 바랍니다.

　무슨 이유로 이러한 점을 강조하고자 합니까? 하나님께서 "모든 충만으로 예수안에 거하게"(골 1:19) 하시기 때문에 이러한 점을 강조합니다. 또한 그리스도 안에서 우리의 영혼에 필요한 모든 것을 얻을 수 있기 때문입니다. 우리들 자체는 모두가 가난하고 텅 빈 피조물이며, 의로움과 화평이 부족하고 비어 있으며, 권세와 위안이 없고 용기와 인내가 없으며, 설 수 있는 힘이 없으며, 이 악한 세상을 바꾸고 계속 지속시킬 권세가 없습니다. 이러한 모든 것들은 오직 그리스도 안에서만 발결될 수 있습니다.

　은혜와 화평과 지혜와 의로움과 성화와 구속은 오직 그리스도 안에 있습니다. 우리가 예수 그리스도 안에서 함께 살아갈 때에만 우리는 강한 그리스도인이 될 수 있습니다. 그리고 우리 자신은 아무것도 아니며 오직 그리스도만을 신뢰할 때에 우리는 큰 일을 행할 수 있습니다. 그리스도와 함께 할 때라야 우리는 인생의 싸움을 위해 무장할 수 있고 승리할 수 있습니다. 그리스도 안에 함께 살 때라야 비로소 우리는 인생의 여정을 위한 준비를 할 수 있고 앞으로 나아갈 수 있습니다. 그리스도와 함께 살고 그리스도로부터 모든 것을 이끌어내고 그리스도의 힘으로 모든 일을 행하고 그리스도를 바라보며 앞으로 나아가는 것은 모두 영적인 번영을 위한 참된 비법입니다. "내게 능력을 주시는 자 안에서 내가 모든 일을 할 수 있느니라"(빌 4:13)라고 말한 사도 바울의 말을 마음에 새기십시오.

청년들 앞에 영혼의 보물로서 그리스도를 제시합니다. 당신이 그리스도에게 나아감으로써 당신이 그 보물을 얻을 수 있다는 것을 알려주며 당신을 초대합니다. 그리스도에게 나아가는 것은 당신의 최초의 단계가 될 것입니다. 당신은 위로해 줄 친구를 원합니까? 그리스도는 "형제보다 친밀한"(잠 18:24) 가장 훌륭한 친구입니다. 당신은 자신의 죄 때문에 자신을 무가치한 사람이라고 느끼십니까? 그러나 조금도 두려워하지 마십시오. 그리스도의 피는 모든 죄를 깨끗하게 합니다.

하나님은 "너희 죄가 주홍 같을지라도 눈과 같이 희어질 것이요 진홍같이 붉을지라도 양털같이 되리라"(사 1:18)라고 말하였습니다. 당신은 그리스도를 따를 수 없으며 나약하다고 느끼고 있습니까? 조금도 두려워할 필요가 없습니다. 그리스도는 당신에게 하나님의 자녀가 될 권세를 주십니다. 하나님은 당신에게 성령을 보내셔서 당신 안에 거하게 하시고, 그분의 소유로 인치시며, 새로운 마음을 당신에게 주시며, 새로운 영을 당신에게 부어주실 것입니다. 조금도 두려워할 필요가 없습니다.

당신의 특정한 죄 때문에 고통받고 아파하고 있습니까? 예수 그리스도께서 내쫓지 못하는 악한 영은 없습니다. 그리스도께서 치료할 수 없는 영혼의 병은 없습니다. 당신은 의심하고 두려워 합니까? 그리스도는 "내게로 오라"(마 11:28)라고 말씀하셨습니다. 그리스도에게 당신의 무거운 짐을 모두 내맡기십시오. 그리스도는 아무도 함부로 내쫓지 않습니다.

그리스도는 청년들의 마음을 잘 알고 있습니다. 그는 당신의 잘못과 당신이 빠져있는 유혹과 난관과 당신의 적들을 알고 있습니다. 그리스도께서 육체로 계실 때에 그리스도는 당신과 조금도 다르지 않았습니다. 그는 나사렛에서 살던 청년이었습니다. 그리스도는 경험을 통해 청년들의 정신 상태를 알고 있습니다. 그는 당신이 잘못을 느끼고 있다는 것을 알아차립니다. 그는 스스로 고통을 겪었으며, 유혹을 받았습니다. 의심할 바 없이 당신이 이와 같은 구세주이자 친구인 그분으로부터 떠난다면 당신은 변명할 수 없게 될 것입니다.

당신에게 바로 지금 한 가지 요구를 하고자 합니다. 당신이 생명을 사랑한다면 예수 그리스도와 친밀한 관계를 맺도록 하십시오.

3) 당신의 영혼이 다른 무엇보다도 가장 소중하다는 것을 결코 잊지 마십시오.

당신의 영혼은 영원합니다. 영혼은 영원히 살게 될 것입니다. 이 세상과 이 세상이 내포하고 있는 것은 모두 사라지게 됩니다. 지금은 아무리 굳건하고 아름다우며 질서가 잘 잡혀 있다 하더라도 이 세상은 결국 끝나게 될 것입니다.

> 그러나 주의 날이 도둑 같이 오리니 그 날에는 하늘이 큰 소리로 떠나가고 물질이 뜨거운 불에 풀어지고 땅과 그 중에 있는 모든 일이 드러나리로다(벧후 3:10).

정치인과 작가와 화가와 건축가들의 작품은 순간이지만 당신의 영혼은 영원합니다. 천사가 모든 것이 불에 탈 그 날에 대해 선포하길 "지체하지 않을 것"(계 10:6)이라 했습니다. 그러나 당신의 영혼은 무사할 것입니다.

나는 당신에게 간절히 바라건대 자신의 영혼이야말로 돌볼 만한 가치가 있는 유일한 것임을 항상 인식하도록 하십시오. 영혼은 당신이 다른 무엇보다도 가장 먼저 생각해야 할 부분입니다. 당신의 영혼을 해롭게 하는 것이라면 어떤 자리도, 어떤 직업도 당신에게 유익하지 않을 것입니다. 당신의 영혼의 문제에 대해 사소하게 생각하는 어떤 친구나 동료도 당신의 신뢰를 받을 자격이 없습니다. 당신의 인격과 재산과 개성을 해치는 적은 별 것 아닙니다. 진짜 당신의 적은 당신의 영혼을 해치는 존재입니다.

잠깐 동안이라도 당신이 이 세상에 무엇을 하러 보내졌는지를 생각해 보십시오. 단순히 먹고 마시고 육체의 향락에 탐닉하고 어울리는 옷을 입고 어디에서든지 당신을 향락으로 이끄는 속에서 즐기고 일하고 잠자며 웃고 말하며 자신을 즐기고 시간을 소비하기 위함이 아닙니다. 결코 그렇지 않습니다. 이 땅은 영원으로 가는 기차 안일 뿐입니다. 당신의 육체는 당신의 죽지 않을 영혼의 집으로 만들어졌습니다. 많이 이들이 그래왔듯이, 영혼을 육체의 종으로 삼지 말고 하나님의 목적에 맞게 육체를 영혼에 종속시키십시오.[6]

청년들은 하나님이 사람을 차별대우하시는 분이 아님을 알아야 합니다. 하나님은 사람의 옷과 지갑과 지위와 신분을 중요시하지 않습니다. 그는 사람의 눈으로 판단하지 않습니다. 작업장에서 죽은 지극히 가련한 성도들이 하나님이 보시기에는 궁전에서 죽은 부유한 죄인들보다 훨씬 더 고귀합니다. 하나님은 부와 지위와 학식과 미와 같은 것을 높이 사지 않습니다. 하나님이 높이 사는 것은 바로 영원한 영혼입니다. 하나님은 모든 사람들을 한 가지 방법으로, 한 가지 표준으로 판단하십니다. 그 기준은 바로 사람들의 영혼의 상태입니다.

하나님의 판단기준은 영혼의 상태임을 잊지 않도록 하십시오. 당

---

[6] 웨스트민스터대요리문답은 다음의 영광스러운 질문과 대답으로 시작된다. "사람의 제일되는 목적은 무엇입니까?" "하나님을 영화롭게 하며 영원토록 그를 즐거워하는 것입니다."

신의 영혼에 대해서 아침, 낮, 저녁으로 관심을 갖고 보도록 하십시오. 매일 아침 일어나서 당신의 영혼이 풍성해지도록 소망하고 매일 저녁 잠자리에 들 때에는 당신의 영혼이 실제로 풍성해지고 있는가를 조사해 보도록 하십시오. 고대의 위대한 화가인 제우시스(Zeuxis)를 생각해 보십시오. 사람들이 그에게 왜 그렇게 열심히 그림을 그리고 모든 그림마다 모든 수고를 다 쏟아 그리는가를 물었을 때에 그는 간단하게 "나는 영원을 위해 그림을 그린다"라고 대답하였습니다. 그와 같이 행하는 것을 조금도 부끄러워하지 마십시오. 당신의 마음의 눈 앞에 자신의 영원한 영혼을 놓아두고 사람들이 당신에게 왜 그렇게 행하느냐고 물으면 그들에게 "나는 나의 영혼을 위하여 행하고 삽니다"라고 대답하도록 하십시오. 사람들이 영혼을 유일한 것으로 생각하고 "나의 영혼은 구원 받을 것인가, 혹은 잃어버린 바 될 것인가?"라는 질문을 가장 중요하게 생각하게 될 때가 점점 더 가까워지고 있습니다.

4) 청년의 때에도 하나님을 잘 섬길 수 있다는 사실을 기억하십시오.

나는 사탄이 이 점에 대하여 당신에게 유혹하는 은밀한 유혹의 함정을 염려합니다. 나는 사탄이 당신의 정신을 헛된 관념으로 가득 채우는 일에 성공하고 젊은 시절에 참되고 진실한 그리스도인이 될 수 없게 하는 일에 성공하게 되지 않도록 미리 염려합니다. 나는 많은 사람들이 이러한 환상적인 망상에 사로잡혀 내버려지는 것을 보았습니다. 그들은 이렇게 말합니다.

> 당신은 청년들에게 그렇게 많은 신앙을 기대하는 것은 불가능하다는 것을 알아야 한다. 청년들은 진지함과는 거리가 멀다. 우리의 욕망은 강력하고 우리는 당신이 우리들에게 원하는 것처럼 그 욕망을 억제할

수가 없다. 하나님은 청년의 때에는 즐겨도 된다고 하신다. 우리는 점차 신앙을 갖게 될 것이니 지금은 욕망을 따라 살아도 된다.

이와 같이 말하는 것은 오직 이 세상 사람들이 가장 좋아하는 말일 뿐입니다. 이 세상은 당신이 젊은 시절의 죄에 언제나 호의적인 태도를 보입니다. 세상 사람들은 젊어서 방탕한 삶을 사는 것을 당연하게 생각합니다. 세상 사람들은 젊은 사람들이 경건하지 못하고 신앙심 없는 사람이 되는 것을 당연하게 생각하고 그들이 결코 그리스도를 따라갈 수 없다고 생각합니다.

청년들에게 간단한 한 가지 질문을 하고자 합니다. 당신은 하나님의 말씀 안에서 위에서 말한 것과 같은 말들을 발견하였습니까? 당신은 이러한 말과 이유를 뒷받침해줄 만한 구절이나 기록을 성경에서 발견한 적이 있습니까? 성경에서는 늙었건 젊었건 간에 아무 구별이 없이 모두 같다고 말하고 있지 않습니까? 20세에 저지르는 죄나 50세에 저지르는 죄는 그 무거운 정도가 서로 다르다고 말하고 있습니까? 20세에 저지르는 죄는 죄일 수 없다고 말하고 있습니까? 심판날에 "나는 죄를 지었습니다. 그렇지만 나는 그 때 어렸지 않습니까?"라고 조금이나마 변명하려 할 것입니까? 당신의 상식을 보여주십시오. 그와 같은 헛된 변명을 포기하도록 하십시오. 당신은 자신이 옳은 것과 그릇된 것을 알고 있는 바로 그 순간부터 하나님께 대한 책임이 있고 해명할 수 있어야 합니다.

나는 젊은 사람들의 길에 많은 난관이 널려 있다는 것을 잘 알고 있습니다. 나는 그것을 모두 인정합니다. 그러나 옳은 일을 행하는 길에는 언제나 많은 난관이 있습니다. 천국으로 가는 길은 젊었건 늙었건 간에 항상 좁은 길입니다.

그 길에는 많은 난관이 있습니다. 그러나 하나님은 당신에게 그 난관을 극복할 은혜를 베풀어 주십니다. 하나님은 대하기 힘든 주인이 아닙니다. 하나님은 바로처럼 당신에게 짚없이 벽돌을 만들라고 명하지 않습니다. 하나님은 우리가 걷고 있는 길을 돌보고 계시기 때문에 우리가 의무를 행하는 것은 결코 불가능한 일이 아닙니다. 사람에게 실행할 수 있는 힘을 주지도 않고 명령을 내리지 않으십니다.

좁은 길에는 수많은 난관이 있습니다. 그러나 많은 청년들은 이 길에서 난관을 극복하고 있으며 당신도 마찬가지로 극복할 수 있습니다. 모세는 당신과 같이 열정 넘치는 청년이었습니다. 그러나 성경에서 그에 관해 말하고 있는 것을 보십시오.

> 믿음으로 모세는 장성하여 바로의 공주의 아들이라 칭함 받기를 거절하고 도리어 하나님의 백성과 함께 고난 받기를 잠시 죄악의 낙을 누리는 것보다 더 좋아하고 그리스도를 위하여 받는 수모를 애굽의 모든 보화보다 더 큰 재물로 여겼으니 이는 상 주심을 바라봄이라 (히 11:24-26).

다니엘이 바벨론에서 하나님을 섬기기 시작했을 때에도 젊은 시절이었습니다. 하나님을 섬기던 다니엘은 모든 종류의 유혹에 둘러싸여 있었습니다. 그는 자신에게 동조하는 사람이 거의 없고 많은 사람이 그에 대항하였습니다.

그러나 다니엘의 삶은 결백하고 견실하였으며 그의 적들까지도 다니엘에게서 아무런 잘못도 발견하지 못하였습니다.

> 다니엘은 그 하나님의 율법에서 근거를 찾지 못하면 그를 고발할 수 없으리라 하고(단 6:5).

이러한 모범은 결코 드문 것이 아닙니다. 그 이름을 언급할 수 있는 많은 증인들이 있습니다. 젊은 시절의 이삭과 요셉과 여호수아와 젊은 사무엘 그리고 젊은 다윗과 솔로몬과 젊은 아비야와 오바댜와 젊은 요시야와 젊은 디모데의 모범들뿐만 아니라 수많은 예를 들 수 있을 것입니다. 이들은 천사가 아니라 사람이었으며 당신과 똑같은 본성을 가진 사람들이었습니다. 그들도 당신과 똑같이 열심히 투쟁해야 할 방해물과 억제해야 할 향락과 견뎌내야 할 시련과 가득 채우기 어려운 욕망들을 갖고 있었습니다. 그러나 그들도 당신과 같이 비록 젊었지만 그들은 하나님을 섬기는 일을 제대로 했습니다. 만일 당신이 젊은 시절에 이러한 일들을 할 수 없다고 계속 주장한다면 심판 날에 그들이 모두 일어나서 당신이 제대로 하나님을 섬기지 않았다고 당신을 정죄하지 않겠습니까?

청년들은 하나님을 섬기도록 애써야 합니다. 사탄이 당신은 하나님을 섬길 수 없다고 속삭일 때에 그를 대적하십시오. 약속의 주 하나님이 당신에게 힘을 주실 것입니다. 하나님은 자신에게 나아오기 위해 애쓰는 사람들을 환영합니다. 하나님은 당신을 환영하고 당신에게 필요한 것을 구할 수 있는 권세를 주십니다. 존 번연(John Bunyan)의 『천로역정』에 나오는 '해석자'의 집에 있는 사람처럼 용감하게 나아가서 "내 이름을 적어주시오"라고 말할 수 있도록 하십시오. 우리 주의 말씀은 모두 진리이며 비록 많은 사람들이 아무 생각 없이 부주의하게 주님의 말씀을 입에 올리고 있으나 "구하라 그리하면 너희에게 주실 것이요 찾으라 그리하면 찾아낼 것이요 문을 두드리라 그리하면 너희에게 열릴 것이니"(마 7:7)라는 말씀은 참으로 진리입니다.

어려운 난관이 산처럼 크게 보일 것이나 봄에 녹는 눈처럼 모두 녹아버릴 것입니다. 멀리서 보기에는 거인처럼 엄청나게 커보였을지라도 당신이 그러한 난관을 직접 맞대보면 그것이 아무것도 아니라는 것을 곧 알게 될 것입니다. 당신이 두려워하는 사자는 이미 사슬에 묶여있는 것임을 곧 알게 될 것입니다. 사탄이 당신에게 "너는 젊었을 때에는 그리스도인이 될 수 없다"라고 유혹할 때에 "사탄아, 물러가라. 하나님의 도움으로 나는 열심히 애쓸 것이다"라고 대답할 것이라고 마음에 새기기를 바랍니다.

5) 당신이 살아있는 동안에 성경을 안내자로 또한 권고자로 삼고 노력하도록 하십시오.

성경은 죄많은 사람의 영혼을 위한 자비로운 재산이며 사람이 그 방향을 따라 자기 인생을 바르게 이끌어 갈 수 있는 지도로서 영원한 생명으로 그를 안내합니다. 성경에는 우리가 화평해지기 위해서 또한 우리가 거룩해지고 행복해지기 위해서 우리가 알아야 할 모든 일이 풍부하게 포함되어 있습니다. 청년의 때, 인생을 잘 시작하는 법을 알고자 한다면 다윗이 말한 것을 잘 기억하도록 하십시오.

청년이 무엇으로 그의 행실을 깨끗하게 하리이까 주의 말씀만 지킬 따름이니이다(시 119:9).

청년들은 성경을 읽는 습관을 기르도록 하고 이 습관을 끝까지 유지하도록 하십시오. 동료들의 비웃음을 신경 쓰지 마십시오. 당신이 함께 살고 있는 가족의 나쁜 습관을 허용하지 마십시오. 당신이 성경을 규칙적으로 읽는 것을 아무도 방해하지 못하게 하십시오. 당신은 성경을 가지고 있을 뿐만 아니라 성경을 열심히 읽도록 하십시오. 사람들이 당신에게 성경은 주일에 주일학교의 어린이들과 늙은 여인들만을 위한 책이라고 설명하지 않도록 스스로 힘쓰십시오. 성경은 다윗 왕에게 지혜와 이해력을 준 책입니다. 성경은 젊은 디모데가 어렸을 때 알았던 책입니다. 성경을 읽는 것을 부끄러워하지 마십시오. "말씀을 멸시하는 자는 자기에게 패망을 이루고 계명을 두려워하는 자는 상을 받느니라"(잠 13:13)라고 말한 구절을 마음에 새기십시오.

하나님의 성령이 당신에게 말씀을 이해할 수 있는 은혜를 달라고 기도하며 성경을 읽도록 하십시오. 베버리지(Beveridge) 주교는 "눈 없이 성경의 문자를 읽을 수 있는 사람이 없듯이 은혜 없이는 성경의 영을 이해할 수 없다"라고 했습니다.

경건한 태도로 성경을 읽도록 하십시오. 성경을 사람의 말이 아니라 하나님의 말씀으로 믿고 성경이 증거하는 것은 모두 옳으며 성경이 그릇되다 하는 것은 모두 그릇되었다는 것을 즉각 믿도록 하십시오. 성경의 시험을 거치지 않은 모든 교리는 잘못되어 있다는 것을 확신하도록 하십시오. 경건한 태도로 성경을 읽는 것은 당신이 앞뒤로 흔들리며 불안정한 것을 막아줄 것이며 인생의 남은 시기에 위험한 견해들을 막아줄 것입니다. 당신의 인생에 있어 성경에 반대되는 모든 행동은 죄악이며 버려야 할 것임을 확신하도록 하십시오. 경건한 태도로 성경을 읽는 것은 많은 양심의 문제를 정립시켜 주고 많은 의심의 줄기를 잘라주고 없애줄 것입니다.

유다의 두 왕이 하나님의 말씀을 얼마나 서로 상반되는 태도로 읽었는가를 생각해 보십시오. 여호야김은 두루마리에 적힌 하나님의 말씀을 읽고 즉시 그것을 베어서 불에 태웠습니다.

> 여후디가 서너 쪽을 낭독하면 왕이 면도칼로 그것을 연하여 베어 화로 불에 던져서 두루마리를 모두 태웠더라(렘 36:23).

무엇 때문에 그는 이렇게 하였습니까? 여호야김은 자신의 마음이 하나님의 말씀에 반대된다고 느꼈으며 순종하기를 거부하였던 것입니다. 요시야는 하나님의 말씀을 읽고 즉시 옷을 찢으며 주께 부르짖었습니다(대하 34:19). 무엇 때문에 요시야는 자기 옷을 찢었습니까? 왜냐하면 요시야의 마음은 부드럽고 순종적이었기 때문입니다. 요시야는 성경이 그에게 자신의 의무라고 일러 주는 것은 무엇이든지 행할 준비가 되어 있었습니다. 당신은 여호야김과 요시야 중에서 어떤 사람의 본보기를 따를 것입니까? 여호야김이 아니라 요시야의 본보기대로 행하도록 하십시오.

성경을 규칙적으로 읽도록 하십시오. 당신이 성경 안에서 강력해질 수 있는 유일한 길은 바로 성경을 규칙적으로 읽는 것입니다. 가끔 성경을 흘끗 읽고 지나가는 것은 유익하지 않습니다. 어찌되었건 가끔씩만 성경을 읽는다면 당신은 성경이라는 그 보물에 친근해질 수 없으며 갈등의 순간에 당신의 손에 주어진 성령의 칼을 잡을 수도 없을 것입니다. 부지런히 성경을 읽음으로써 마음을 성경 말씀으로 가득 채우십시오. 당신은 곧 성경의 가치와 권세를 깨닫게 될 것입니다. 당신이 유혹을 받는 때에 성경의 계명은 당신의 마음 속에서 일어날 것입니다. 당신이 의심하는 때에 성경의 계명은 당신에게 의심을 사라지게 할 것입니다. 좌절하고 있을 때에 성경의 약속은 당신의 생각을 가다듬어 줄 것입니다. 당신은 다윗이 "내가 주께 범죄하지 아니하려 하여 주의 말씀을 내 마음에 두었나이다"(시 119:11)라고 말한 것을 마음에 새기고 그 말의 진리를 경험하도록 하십시오. 또한 솔로몬이 "그것이 네가 다닐 때에 너를 인도하며 네가 잘 때에 너를 보호하며 네가 깰 때에 너와 더불어 말하리니"(잠 6:22)라고 말한 것을 마음에 새기십시오.

젊은 시절이 성경을 읽어야 할 시기이기 때문에 더 이러한 규칙적인 성경읽기에 대해 깊이 생각해야 합니다. 수많은 책들 중 실제로 유익한 것이 몇 있다 할지라도 결국 아무 쓸모가 없는 것입니다. 많은 책들이 있습니다. 온갖 종류의 신문들이 넘쳐나며 그 중 몇 개의 신문의 논조는 상당히 현명한 사려를 보여주고 있기는 하지만 결국에는 그 시대의 입맛에 맞는 말을 할 뿐입니다. 수많은 위험스런 책의 홍수 속에서 나는 성경을 변호하며 당신이 이 책을 자신의 영혼을 위하여 읽기를 권합니다. 예언자들과 사도들이 경멸당한 채 놓여있는데, 신문, 소설, 연애담 등과 같은 것들만 읽고 있을 것입니까?. 당신의 관심을 사람에게 자극을 주거나 죄를 범하게 하는 방탕한 것들로 채우지 않도록 하십시오. 거룩과 성화가 당신의 마음에 자리잡지 못할 것입니다.

매일 성경에 마땅한 존경을 바치도록 하십시오. 당신이 무엇을 읽게 된다 하더라도 성경을 가장 먼저 읽으십시오. 그리고 나쁜 책을 경계하도록 하십시오. 오늘날에는 이러한 책이 범람하고 있습니다. 당신이 읽는 것들을 세심하게 주의하도록 하십시오. 나는 대부분의 사람들이 가지고 있는 생각보다도 이러한 나쁜 책에 있는 생각들이 영혼에 해를 더욱 많이 끼칠 것이라고 생각합니다. 성경에 가까운 책일수록 그 가치가 높습니다. 성경에 가까워지려는 사람들이 가장 훌륭한 사람들인 것처럼 성경에 가까운 책들이야말로 매우 훌륭하며 성경에 멀리 떨어진 책일수록 성경에 반대되며 가장 나쁜 책입니다.

6) 하나님과 관계가 없는 사람을 친한 친구로 삼지 않도록 하십시오.

이것은 단순히 아는 사이도 되지 말라는 것이 아닙니다. 당신이 참된 그리스도인 이외에는 어느 누구와도 관계를 맺어서는 안된다고 말하고자 하는 것이 아닙니다. 이런 식으로 친교를 맺는 것은 이 세상에서는 가능하지도 않고 바람직하지도 않습니다. 기독교는 사람이 예의를 모르는 자가 되라고 요구하지 않습니다.

그러나 친구들을 선택하는 일에 있어 매우 신중해지기를 바랍니다. 단순히 그 친구가 총명하고 유쾌하며 착한 본성을 가졌고 수준높은 지성을 가졌으며 친절하기 때문에 당신의 마음을 그에게 활짝 열지 않도록 하십시오. 이러한 일들은 그들의 길에서는 모두 좋은 일일지라도 그것만이 전부일 수는 없습니다. 당신의 영혼에 유익하지 않은 자들과 우정을 맺고 만족하지 않도록 하십시오.

이러한 충고의 중요성을 깊이 인식하도록 하십시오. 경건하지 못한 동료들과 친구들과 함께 행하는 것이 당신의 영혼에 미치는 해로움을 말로 다할 수 없습니다. 악마는 영혼을 파멸시키기 위해 사소한 도움을 주면서 미끼를 던집니다. 악마에게 이러한 도움을 받으려 한다면 당신이 악마에게 맞서기 위해 입은 갑옷은 악마에게 웃음거리가 될 것입니다. 만약 당신이 경건하지 못한 친구들에게 집착하려고만 한다면 좋은 교육과 도덕과 설교와 책에 대한 초기의 습관과 규칙적인 귀가와 부모의 권고 등은 당신에게 아무런 쓸모가 없다는 것을 악마는 잘 알고 있습니다. 당신이 공개적인 수많은 유혹을 억제할 수도 있고 많은 분명한 함정을 거부할 수도 있으나 당신이 나쁜 친구들을 사귀기 시작한다면 악마는 매우 만족할 것입니다. 사무엘하에서 다말에 대한 암논의 사악한 행동을 묘사한 부분을 읽어보십시오. 사악한 행동은 나쁜 친구를 둔 데서 벌어집니다.

> 암논에게 요나답이란 친구가 있으니 저는 다윗의 형 시므아의 아들이요 심히 간교한 자라(삼하 13:3).

당신은 우리가 모방의 피조물이라는 것을 기억해야 합니다. 개념은 우리를 가르치는 데 그치지만 본보기는 우리를 행동하게끔 만듭니다. 우리에게는 모방하려는 욕구가 있으며 우리와 함께 살아가는 많은 사람들의 길을 관찰하고 우리가 그 사람들을 좋아할수록 그들을 닮고자 하는 생각도 점점 더 강해집니다. 우리가 이에 대하여 경계하지 않는다면, 그들은 우리의 취향과 견해에 영향을 미칠 것이며 우리는 그들이 좋아하지 않는 것들은 점차 포기하게 되고 그들이 좋아하는 것들을 시작함으로써 그들과 더 친근한 친구가 되려고 애쓸 것입니다. 그리고 무엇보다 나쁜 것은 올바른 일을 행하는 것보다 더 빨리 그릇된 일을 행하기 위해 나쁜 친구들과 함께 그릇된 길을 가는 것입니다. 건강은 다른 사람에게 옮겨지지 않으나 질병은 곧 다른 사람에게 전염됩니다. 기쁨을 나눠주는 것보다 냉담해지기가 더 쉬우며 신앙을 자라게 하고 번영하게 하는 것보다 다른 사람의 신앙을 차츰차츰 감소시키는 일이 훨씬 용이합니다.

나는 청년들이 이러한 것들을 마음에 깊이 새기기를 바랍니다. 당신이 어떤 사람을 자신의 영원한 친구로 삼기 전에, 또한 그 사람에게 모든 것을 말하고 털어놓는 습관을 가지게 되기 전에 또한 그에게 자신의 고통과 모든 기쁨을 털어놓기 전에 이제껏 한 말들을 생각해 보십시오. 그리고 스스로에게 물어보십시오. "이러한 친교가 나에게 유용한 친교인가 그렇지 못한 친교인가?"

속지 말라 악한 동무들은 선한 행실을 더럽히나니(고전 15:33).

나는 청년들이 이 성경 구절을 자신들의 마음 속에 그대로 복사할 정도로 깊이 새기기를 바랍니다. 선한 친구들은 우리에게 엄청난 은혜입니다. 그들은 우리를 수많은 악으로부터 지켜주며 우리의 길에서 우리들을 활발하게 자극시켜주고 알맞은 때에 적절한 말을 해주며 우리를 위로 이끌어주고 계속 나아가게 합니다. 그러나 악한 친구는 적극적인 불행이며 우리를 아래로 이끌어 내리는 무거운 짐이며 끊임없이 우리를 이 세상에 묶어둡니다. 신앙이 없는 사람과 친교를 맺어 보십시오. 결국 그를 닮게 될 것입니다. 이것은 신앙 없는 사람과 우정을 나누게 될 때 생겨나는 일반적인 결과입니다.

선한 자는 악한 곳으로 내려가지만 악한 자는 선한 곳으로 올라가지 않습니다. 바위라 해도 '이어 떨어지는 물방울' 앞에서는 항복하는 법입니다. "의복과 친구는 사람의 인격을 제대로 알려준다"라는 오래된 속담은 참으로 옳은 말입니다. "친구를 보여주시오. 그러면 나는 당신에게 그 사람의 인격을 보여 주겠습니다"라는 스페인 사람들의 말을 기억에 새기도록 하십시오.

당신이 친구를 사귀는 것이 언뜻 보기보다 더 당신의 인생의 전망과 관련되기 때문에, 이 점에 대해 더 언급하고자 합니다. 당신이 결혼한다면 십중팔구 당신의 친구들과의 관계 속에서 아내를 고르게 될 것입니다. 여호사밧의 아들이 여호람이 아합의 가족과 친교를 맺지 않았더라면 그는 아합의 딸과 결혼하게 되지는 않았을 것입니다.

과연 어느 누가 결혼에 있어서 올바른 선택의 중요성을 제대로 평가할 수 있겠습니까? 그것은 오래된 속담에 따르면 "그의 운명을 좌우하는 문제"입니다. 두 사람의 인생에 있어서 당신의 행복은 올바른 선택에 달려 있습니다. 당신의 아내는 당신의 영혼을 도와주거나 해를 끼치거나 둘 중 하나일 뿐, 결코 중립적일 수 없습니다. 아내는 당신의 마음에 신앙의 불꽃을 불일듯 도와줄 수 있고 혹은 당신의 신앙에 차가운 물을 끼얹어 그 불꽃을 약하게 할 수도 있습니다. 당신의 아내는 자신의 인격에 따라, 당신의 신앙에 날개가 되거나 굴레가 될 수 있으며 당신의 신앙에 구속이 되거나 활발한 생기를 줄 수 있습니다. 선한 아내를 선택한 자는 참으로 '선하고 좋은 사람'을 발견한 사람입니다. 당신이 최소한 이와 같은 아내를 갖고자 한다면 당신이 어떻게 친구를 선택하는가를 세심하게 주의하여야 합니다.

당신은 자신이 어떤 부류의 친구를 선택하게 될 것인가 매우 궁금해 할 것입니다. 당신의 영혼에 유익을 주고 당신이 진정으로 존경할 수 있으며 당신이 임종하는 자리에 가까이 있을 수 있는 친구를 고르도록 하십시오. 성경을 사랑하고 성경에 대해 당신에게 말하는 것을 조금도 부끄러워하지 않고 두려워하지 않으며, 그리스도께서 오실 날을 기다리고 심판날을 기다린다고 고백하는 것을 조금도 부끄러워하지 않는 친구를 고르도록 하십시오. 다윗이 당신에게 보여주는 모범을 따르십시오.

나는 주를 경외하는 모든 자와 주의 법도를 지키는 자의 동무라
(시 119:63).

또한 솔로몬이 말한 것을 마음에 새기십시오.

지혜로운 자와 동행하면 지혜를 얻고 미련한 자와 사귀면 해를 받느
니라(잠 13:20).

4. 청년들이 반드시 따라야 할 특별한 행동규칙들을 말하겠습니다.

1) 우선 바로 지금 당신이 죄라고 생각하고 있는 것은 아무리 사소할지
라도 모든 죄를 하나님의 도움으로 없애도록 하십시오.

당신 자신에 대해 하나하나 깊이 살펴 보십시오. 당신의 마음을 검
토해 보십시오. 하나님이 보시기에 그릇되었다고 생각되는 습관이나
태도를 갖고 있는가를 살펴 보도록 하십시오. 당신이 살펴 보았을 때
에 잘못된 습관이나 태도가 있다면 그러한 습관을 없애기 위해 한 순
간도 늦추지 말고 힘쓰십시오. 즉시 그것을 버리기로 결심하십시오.
자신이 스스로 인정하고 알고 있는 죄만큼 사람의 정신적인 눈을
어둡게 하고 분명하게 양심을 죽이는 것은 없습니다. 그 죄가 아무
리 사소한 것이라 하더라도 다른 모든 죄들과 마찬가지로 매우 위험
합니다. 사소한 불씨 하나가 엄청난 화재를 불러일으킬 수 있고 작은
구멍 하나가 큰 배를 가라앉게 할 수도 있는 것처럼 아주 사소하고
스스로 알고 있는 죄 하나가 영원불멸한 영혼을 파멸시킬 수 있습니
다. 나의 충고를 받아들이도록 하십시오. 아무리 사소한 죄라도 그대
로 내버려두지 마십시오. 이스라엘은 가나안 사람들이 크건 작건 간

에 모두 죽이도록 명령을 받았습니다. 이와 같은 원칙에 따라 행하십시오. 아무리 사소한 죄라도 결코 자비를 베풀지 마십시오. 솔로몬의 노래인 아가에서는 분명히 말하고 있습니다.

    우리를 위하여 여우 곧 포도원을 허는 작은 여우를 잡으라(아 2:15).

아무리 사악한 사람이라도 맨 처음에는 그렇게 사악하게 느껴지지 않는다는 것을 잊지 마십시오. 스스로 아주 지극히 사소한 범죄를 용납하기 시작한다면, 이것은 점점 더 커다란 범죄로 발전하게 됩니다. 결국에는 사악한 사람이 되게 합니다. 하사엘이 어느 날 엘리사로부터 자신이 언젠가 행할 끔찍한 일들에 대하여 들었을 때에 그는 말하였습니다.

    당신의 개 같은 종이 무엇이기에 이런 큰일을 행하오리이까(왕하 8:13).

그러나 하사엘이 자신의 마음 속에 죄의 뿌리를 내리도록 허락하였으므로 결국에는 모든 일을 행하였던 것입니다.

청년들은 처음부터 이러한 시작을 경계하고 처음부터 죄를 저지하도록 하십시오. 청년들은 사소하고 하찮은 것으로 생각하고 내가 말하는 것을 중요하게 여기지 않을 수도 있습니다. 그러나 타협하지 말고 죄를 저지하십시오. 당신의 마음에 아주 은밀하고 편안하게 죄를 키우지 않도록 경계하십시오. "재난의 어머니는 조그마한 곤충의 날개보다도 크지 않다"라는 옛 속담을 기억하십시오. 바늘은 매우 가늘지만 바늘이 만든 작은 구멍으로 실 한다발 전부가 통과할 수 있습니다. 사도들이 말한 것을 마음에 새기십시오.

너희의 자랑하는 것이 옳지 아니하도다 적은 누룩이 온 덩어리에
퍼지는 것을 알지 못하느냐(고전 5:6).

수많은 청년들은 슬픔과 수치로 지금까지 내가 언급한 죄들을 나열하며 자신의 파멸의 길을 걸어왔다고 고백할 것입니다. 잘못되고 거짓된 습관을 길러왔으며 자신이 커감에 따라 이러한 습관도 커졌다고 말할 것입니다. 시간이 지남에 따라 점차 그는 더욱더 나쁜 일을 계속하였고 과거에는 자신이 불가능하다고 생각했던 나쁜 일들까지도 행하게 되었으며 결국 자신의 자리, 인격, 위안을 잃었으며 자신의 영혼까지도 거의 잃어버린 바 되었다고 말할 것입니다. 그는 죄가 매우 사소한 것이라고 생각했기 때문에 그것을 용납하였지만, 자신의 양심의 벽에 생긴 틈이 점점 더 커져가고 날마다 폭이 넓어져서 결국 모든 벽이 무너지게 될 때까지 죄를 내버려 두었다고 말할 것입니다. 진리와 정직의 문제에 있어서도 이러한 점을 특별히 명심하십시오. 자신의 양심을 날카롭게 하나하나 제대로 살피도록 하십시오.

> 지극히 작은 것에 충성된 자는 큰 것에도 충성되고 지극히 작은 것에
> 불의한 자는 큰 것에도 불의하니라(눅 16:10).

세상 사람들이 아무리 즐거운 말로 미화한다 하더라도 사소한 죄는 결코 없습니다. 모든 큰 건물들은 아주 작은 부분들로 만들어졌으며 최초의 돌은 다른 모든 돌과 마찬가지로 중요합니다. 모든 습관들은 자그마한 행동들이 계속되어 이루어진 것이며 최초의 사소한 행동이 매우 강력한 결과를 만들어 냅니다. 악마는 오직 당신의 마음에 아주 사소한 죄 하나를 집어넣고자 합니다. 그러나 당신은 곧 악마에게 자신의 모든 것을 주게 될 것입니다.

현명한 윌리엄 브리지(William Bridge)는 "하나님과 우리 사이에 작

은 일이란 없다. 하나님께서 무한하시기 때문이다"라고 지혜롭게 말하고 있습니다. 교회 철탑의 꼭대기에서 내려오는 데에는 두 가지 길이 있습니다. 그 하나는 단숨에 뛰어내리는 것이고 다른 하나는 차근차근 계단을 밟고 내려오는 것입니다. 그러나 어느 방법이든 당신은 바닥까지 내려올 수 있습니다. 그와 마찬가지로 지옥에 가는 길도 두 가지가 있습니다. 하나는 당신이 눈을 크게 뜨고 그 안으로 걸어 들어가는 것이며 다른 하나는 조그마한 죄를 차근차근 저지르면서 내려가는 것입니다. 나는 전자의 경우에 해당되는 사람들은 매우 드물지만 후자의 경우에 해당되는 사람들은 아주 일반적이라는 것을 매우 염려합니다. 사소한 죄를 용납하는 것을 그대로 내버려 둔다면 당신은 곧 더욱더 많은 죄를 저지르고자 할 것입니다. 심지어 한 이교도[7]조차 "과연 어느 누가 오직 한 가지 죄만 저지르는 것에 만족하겠는가?"라고 경고하였습니다. 당신이 사소한 죄를 용납한다면 곧 당신의 인생은 점차적으로 해마다 더 나쁜 삶이 될 것입니다. 제레미 테일러(Jeremy Taylor)는 사람에게 죄가 어떻게 발전되는가를 다음과 같이 잘 설명하고 있습니다.

> 처음에 죄는 사람을 놀라게 한다. 그 다음에 죄는 그를 기쁘게 하고 그 다음에는 편안하게 하고 더 기쁘게 하고 누리게 하며 그 다음에는 자주 저지르게 한다. 그 다음에는 습관이 되게하고 신앙화시킨다. 그 다음에 그 사람은 회개하지 않고 완고하게 되며 결코 후회하지 않기로 결심하게 된다. 그 다음에 그는 저주 받는다.

이렇게 되고 싶지 않다면 바로 지금 권고한 규칙을 깊이 새기고, 모든 알고 있는 죄를 없애도록 하십시오.

---

[7] 유베날리스(Juvenal)

2) 죄의 원인이 될 수 있는 모든 유혹들을 하나님의 도움으로 피하도록
하십시오.

훌륭한 홀(Hall) 감독은 "악한 행동으로부터 안전해지고자 하는 사
람은 그러한 경우들을 멀리 피하도록 해야 한다"라고 현명하게 충고
하고 있습니다.[8] 우리가 아무런 죄도 저지르지 않겠다고 결심하는 것
만으로는 충분하지 않습니다. 우리는 세심하게 죄에 가까워질 수 있
는 모든 경우들로부터 멀리 떨어져 있어야 합니다. 이렇게 행함으로
써 우리는 우리들이 읽는 책들과 방문하는 가족들과 살아가는 사회
에서 우리의 시간을 보내는 방법을 지켜야 합니다. "여기에는 죄지을
일은 없다"라고 말하는 것만으로 만족하지 말고 더 나아가 "여기에는
죄라고 할 만한 것이 정말 하나도 없는가?"라고 의심해야 합니다.

이와 같은 마음을 먹고 있다면 우리는 게으름을 피해야만 할 중요
한 이유를 깨닫게 됩니다. 아무것도 하지 않는 것이 악한 것이라고는
할 수 없으나, 이는 결국 나쁜 생각을 할 여지를 주고 헛된 상상을 할
기회를 주며 사탄에게 나쁜 일을 하게 하는 씨앗을 던져 넣도록 문을
열어두는 것입니다. 아무 일도 하지 않는 것이야말로 우리가 무엇보
다 염려해야 할 것입니다. 다윗 왕이 예루살렘 지붕 위에서 게으름을
피우며 보지 않았더라면, 즉 악마에게 기회를 주지 않았더라면 밧세
바를 보지도, 우리야를 죽이지도 않았을 것입니다.

당신이 이와 같은 일들을 마음에 새기고 있다면 세속적인 즐거움
이 그만큼 부당하다는 이유를 곧 깨달을 수 있을 것입니다. 여러 경
우에 있어 세속적인 즐거움이 그 자체로 분명하게 성경적이지 못한
잘못된 것임을 보여준다는 것은 매우 어려운 일일 수도 있습니다. 그
러나 세속적인 즐거움 모두가 사람의 영혼에 지극히 해롭다는 경향

---

[8] 오래 된 한 우화가 있다. 나비가 부엉이에게 자신의 날개를 태운 불을 어떻게 해야 할지
물었다. 그러자 부엉이는 연기나는 곳은 쳐다보지도 말라고 충고했다.

이 있음을 보여주는 것은 그다지 어려운 일이 아닙니다. 세속적인 즐거움은 인간의 정신에 세속적이고 관능적인 모양의 씨앗을 뿌립니다. 그리고 신앙생활에 반대하여 마음속에서 싸움을 벌입니다. 세속적인 즐거움은 자극과 흥분에 뒤따르는 건강하지 못하고 부자연스러운 쾌락을 부추깁니다. 또한 인간의 육체의 향락과 눈의 향락과 인생의 교만을 누리게 합니다.

세속적인 즐거움은 천국과 영원을 보지 못하게 하고 다가올 세계의 본질을 잘못 알게 합니다. 세속적인 즐거움은 개인적인 기도와 성경읽기와 하나님과 조용히 대화할 마음을 잃게 합니다. 세속적인 즐거움에 빠져 있는 사람은 사탄에게 기름진 땅을 그대로 내어준 사람입니다. 그는 싸워야 할 전투가 있으나 자신의 적에게 태양과 바람과 언덕을 모두 넘겨줍니다. 사탄에게 정복당하지 않는 것이 이상한 일일 것입니다.

청년들은 자신의 영혼에 해로운 모든 일들에 대해 분명한 시각을 가질 수 있도록 더욱 노력해야 합니다. 결코 알면서도 죄를 지어서는 안됩니다. 사람들은 당신이 너무 신중하고 성실하다고 말하며 어디에 그와 같이 엄청나게 해로운 일들이 있겠느냐고 말할지도 모릅니다. 그러나 그들의 말에 조금도 개의치 마십시오. 날카로운 연장으로 곡예를 하는 것도 위험한 일이지만 당신의 영원한 영혼을 멋대로 방치하는 것은 더욱더 위험합니다. 탄약고를 살피는 것처럼 자신의 마음을 세심하게 살펴야 하며, 한 덩어리의 불꽃으로 모두 불태워버리는 잘못을 범하지 않도록 해야 합니다. 위험한 곳의 바로 앞까지 가지 않도록 해야 합니다. 안전해지고자 하는 사람은 유혹의 불꽃이 자신을 해치지 않도록 주의해야 합니다.

당신이 유혹에 빠지는 것을 경계하지 않는다면 언제 "시험에 들게 하지 마시옵고"라는 기도말을 사용할 수 있겠습니까? 또한 당신이 악의 길로부터 빠져 나오려는 소망을 가지고 있지 않다면 "악에서 구하시옵소서"라고 기도할 수 있겠습니까? 요셉의 본보기로부터 교훈을 얻으십시오. 요셉은 주인의 처가 동침하기를 청하여 눈짓하는 것을 거절하였고 "함께 있지도 아니함"(창 39:10)으로써 자신의 신중함과 신뢰를 보여주었습니다. 또한 솔로몬의 충고를 깊이 새기도록 하십시오.

> 사악한 자의 길에 들어가지 말며 악인의 길로 다니지 말지어다 그의 길을 피하고 지나가지 말며 돌이켜 떠나갈지어다(잠 4:14-15).
> 포도주는 붉고 잔에서 번쩍이며 순하게 내려가나니 너는 그것을 보지도 말지어다(잠 23:31).

이스라엘의 나실인의 서약을 행한 사람이 술을 마시지도 않을 뿐만 아니라 심지어 술이 될 수 있는 포도까지도 조금도 먹으려 하지 않고 삼갔음을 본보기로 삼으십시오. "사랑엔 거짓이 없나니 악을 미워하고 선에 속하라"(롬 12:9)라고 사도 바울은 가르치고 있습니다.

그는 악을 행하지 말라고 말할 뿐만 아니라 악을 미워하라고 가르치고 있는 것입니다. 사도 바울은 디모데에게 보내는 편지에서 "또한 너는 청년의 정욕을 피하고 주를 깨끗한 마음으로 부르는 자들과 함께 의와 믿음과 사랑과 화평을 따르라"(딤후 2:22)라고 쓰고 있으며 가능한 한 악과 정욕을 없애도록 하라고 말하고 있습니다. 이와 같은 세심한 주의가 가장 필요합니다. 디나는 사악한 세겜 사람들 사이에서 빠져 나와야 했지만 그들의 딸들을 보러 나갔고, 결국 자신의 정결을 잃게 되었습니다. 롯은 죄많은 소돔 주변에서 자신의 천막을 거두어야 했으나 결국 자신의 생명 이외에는 모두 잃어버린 바 되었던 것입니다.

청년들은 어서 현명해져야 합니다. 언제나 자신에게 얼마나 가까이 영혼의 적들이 다가와서 자신을 차지하기 위해 애쓰는가를 알아차리고 피해야 합니다. 영혼의 적이 자신에게 다가오지 않게 하십시오. 가능한 한 멀리 떨어져 유혹의 순간을 피하도록 하십시오. 당신이 죄를 피하기 위해서는 유혹으로부터 멀리 떨어져 있어야 합니다.

3) 하나님이 보고 계신다는 것을 결코 잊지 않도록 해야 합니다.

하나님의 눈에 대해 깊이 생각하십시오. 어디에서든지 모든 집과 들과 모든 방과 모든 동료들 사이에서 당신이 혼자 있건 사람들과 함께 있건 간에 하나님의 눈은 언제나 당신에게 쏠려 있습니다.

여호와의 눈은 어디서든지 악인과 선인을 감찰하시느니라(잠 15:3).

하나님의 눈은 모든 사람의 마음과 행동을 모두 읽어냅니다. 나는 당신이 이 사실을 깊이 인식하기를 간절히 바랍니다. 당신이 언제나 모든 것을 보고 계시는 하나님과 관계를 맺고 있다는 것을 기억하십시오. 또한 하나님은 주무시지도 않으시며 한낮에 빛나는 햇빛처럼 당신의 생각을 모두 꿰뚫어 보고 이해하는 분임을 마음에 새기도록 하십시오. 당신이 방탕한 탕자와 같이 아버지 집을 떠나서 멀고 먼 나라를 돌아다니면서 자신의 행동을 주의깊게 보는 사람이 아무도 없으리라고 생각할 수도 있으나 하나님의 눈과 귀는 언제나 당신에게 쏠려 있습니다. 당신은 아버지와 고용한 주인의 눈을 속일 수 있을지도 모르고 그들에게 자신의 잘못을 말하지 않고 그들이 보는 앞에서 하는 일과 그들이 보지 않을 때에 하는 일을 다르게 할 수도 있으나 하나님을 속일 수는 없습니다.

하나님은 당신을 철저하게 알고 있습니다. 그는 당신이 오늘 바로 이 자리에서 무엇을 말하였는가를 알고 있습니다. 하나님은 당신의 가장 비밀스러운 죄들도 하나님의 얼굴로 모두 알아낼 수 있습니다.

당신이 주의하지 않는다면 언젠가 이 세상 사람들 앞에서 당신의 부끄러움이 모두 드러나게 될 것입니다.

그러나 이와 같이 하나님의 눈을 두려워하고 느끼는 자들이 얼마나 적은가를 보십시오. 사람들은 하나님이 결코 지켜보지 않는 것처럼 생각하고 수많은 나쁜 죄를 짓습니다. 이러한 끊임없는 죄는 하나님이 보고 계신다고 생각하면 결코 저지를 수 없을 것입니다. 얼마나 많은 문제들이 상상의 넓은 방에서 처리되고 있으며 이러한 문제들이 한낮의 밝은 빛을 견뎌내지 못하는가를 보십시오. 수많은 사람들이 개인적으로 생각하고 개인적으로 말하며 혼자서만 행동하는 것을 즐깁니다. 그러한 일들이 세상 사람들 앞에서 모두 드러내는 것을 부끄러워하고 꺼려하기 때문입니다. 다가오는 발걸음 소리는 수많은 사악한 행위를 멈추었고, 문 두드리는 소리는 수많은 악한 일들을 급히 멈추게 하였고 서둘러서 그만두게 하였습니다. 그러나 이러한 모든 행위가 얼마나 비참하고 헛된 잘못들인가를 생각해 봅시다.

우리가 가는 곳마다 어디에서든지 우리의 모든 것을 보고 있는 증인이 있습니다. 우리가 문을 잠그고, 창문을 닫고, 커튼을 치고, 촛불을 꺼서 안보이게 하더라도 이러한 것은 아무 소용없습니다. 하나님은 어느 곳에서든지 항상 있으며 당신은 그를 쫓아낼 수 없으며 그가 보는 것을 막을 수도 없습니다.

> 지으신 것이 하나도 그 앞에 나타나지 않음이 없고 우리의 결산을 받으실 이의 눈 앞에 만물이 벌거벗은 것 같이 드러나느니라(히 4:13).

젊은 요셉은 주인의 처가 동침하기를 청하며 유혹하였을 때 하나님이 보고 계실 것임을 깨달았습니다. 어느 누구도 집 안에서 요셉과 주인의 처를 볼 수 없었고 어느 누구도 요셉을 몰래 지켜보지 못하였으나 젊은 요셉은 하나님이 보지 못하시는 것이 결코 없다는 것을 잘 알고 살았습니다.

이 집에는 나보다 큰 이가 없으며 주인이 아무것도 내게 금하지 아니하였어도 금한 것은 당신뿐이니 당신은 그의 아내임이라 그런즉 내가 어찌 이 큰 악을 행하여 하나님께 죄를 지으리이까(창 39:9).

시편 139편을 읽어보기를 바랍니다. 나는 당신이 이 부분을 모두 읽고 마음에 새기라는 충고를 하고 싶습니다. 이 세상에서의 일을 다루고 행하는 데 있어서 언제나 자신에게 "하나님이 나를 보고 계심을 되새겨야 하지 않겠는가?"라고 질문하며 일을 처리하도록 마음에 새기십시오.

하나님이 보고 계신다고 여기고 올바르게 살아가도록 하십시오. 아브라함은 그처럼 살았으며 하나님과 동행했습니다. 에녹도 그렇게 살았으며 그도 하나님과 동행했습니다. 하나님의 영원한 현존이야말로 천국 그 자체일 것입니다. 하나님이 보시기에 좋아하지 않는 행동을 하지 마십시오. 하나님이 들으시기에 좋아하지 않는 말을 하지 마십시오. 하나님이 읽으시기에 좋아하지 않을 글은 아무것도 쓰지 마십시오. 하나님이 "나에게 그 책을 보여다오"라고 말씀하실 부끄러운 책을 읽지 마십시오. 하나님께서 "너는 지금 무엇을 하고 있느냐"라고 책망하실 일에 시간을 낭비하지 마십시오.

4) 부지런히 공적인 은혜의 수단을 사용하십시오.

언제든지 기도할 수 있고, 설교를 들을 수 있도록 열려 있는 하나님의 집에 힘 닿는대로 규칙적으로 출석하십시오. 주일을 규칙적으로, 또 거룩하게 지켜서 그 날이 정당한 소유주에게 돌아갈 수 있게 하십시오.

당신의 마음에 잘못된 인상을 남기고 싶은 의도는 조금도 없습니다. 곁길로 나아가지 마십시오. 당신에게 항상 교회에 나가는 것이야말로 신앙 전체를 지킬 수 있다고 말하는 바입니다. 당신이 형식주의자나 바리새인과 같이 성장하는 것을 바라지 않습니다. 당신이 자신의 육체를 어떤 장소에 정해진 시간에 일주일 중 정해진 날에 갖다 놓는 행위만을 생각하고 있다면 또한 이러한 행위가 자신을 그리스도인으로 만들어주고 하나님을 만날 기회를 만들어 준다고 생각한다면 당신은 비참하게 속고 있는 것입니다. 마음으로부터 우러나오지 않는 모든 예배는 결코 유익하지 않으며 모두 헛됩니다.

아버지께 참되게 예배하는 자들은 영과 진리로 예배할 때가 오나니 곧 이 때라 아버지께서는 자기에게 이렇게 예배하는 자들을 찾으시느니라 (요 4:23).

이러한 사람들이야말로 참되고 진실한 예배자들입니다. 은혜의 수단은 무시되어서는 안됩니다. 은혜의 수단이 구원자가 아니라는 이유로 경멸해서는 안됩니다. 금은 음식이 될 수 없습니다. 당신은 금덩어리를 먹을 수 없습니다. 그러나 당신이 그것을 먹을 수 없다 해서 쓸모없거나 내버리겠다고 말하지는 않을 것입니다. 당신의 영혼의 영원한 행복이 은혜의 수단에만 달린 것은 아니지만, 일반적으로, 은혜의 수단이 없기 때문에 당신의 영혼이 더 잘될 것이라고는 할 수 없습니다. 하나님은 엘리야에게 행하였던 바와 같이, 불의 전차로 구원 받은 모든 사람들을 천국으로 데려오실 수도 있지만, 그렇게 하지 않습니다. 하나님은 모든 사람에게 그들이 스스로 열심히 읽고 깊이 생각하지 않고도 그들 앞에서 눈에 보이도록 모든 것을 꿈과 기적으로 나타내실 수도 있지만 그렇게 하지 않습니다. 그렇다면 무슨 이유 때문입니까? 왜냐하면 하나님께서는 수단들을 사용하여 일하시며,

모든 사람들이 그 수단으로 은혜를 받는 것이 하나님의 법칙이며, 하나님의 뜻이기 때문입니다. 어리석은 자나 광신자들을, 사다리와 발판이 없이는 집을 지으려고 생각하는 어리석은 사람들만이 은혜의 수단을 경멸하며, 이에 반해 현명한 사람들은 은혜의 수단을 소중하게 생각합니다.

나는 사탄이 당신의 마음에다 은혜에 반대하고자 하는 마음을 심어주려고 열심히 애쓴다는 것을 알고 있기 때문에 당신에게 이 점에 대해 더욱 강조합니다. 사탄은 당신에게 은혜의 수단을 사용하는 것이 잘못되었다고 말하기를 애쓰며 당신이 그렇게 믿는 사람들에게 주목하기를 바랍니다. "저기를 봐"하고 사탄은 속삭이며 "너는 교회에 나가는 사람들이 교회에 나가지 않을 때와 마찬가지로 조금도 나아지지 않았다는 사실을 지켜보았지 않느냐?"라고 설득하려 합니다. 그러나 이러한 속삭임이 당신을 요동하지 못하게 해야 합니다. 부적절하게 사용되고 있다는 이유만으로 어떤 일에 반대하여 논쟁하는 것은 올바르지 못한 일입니다.

은혜의 통로인 교회에 출석하는 일부 사람들이 조금도 유익을 얻지 못한다는 이유만으로는 은혜의 수단이나 은혜의 통로 그 자체가 조금도 유익을 줄 수 없다고 주장할 수 없습니다. 치료약은 그 약을 사용하는 사람들 중 일부의 건강을 회복시켜주지 못한다는 이유만으로 무시되지 않습니다. 어느 누구도 다른 사람들이 부적당하게 먹고 마셔서 병이 들었다고 해서 스스로 먹고 마시는 일을 포기하겠다고는 생각하지 않을 것입니다. 다른 모든 일과 마찬가지로 은혜의 수단 역시 그것을 사용하는 사람의 태도와 영혼에 상당히 많은 것이 달려 있습니다. 나는 모든 청년들이 그리스도의 복음을 설교하는 것을 규칙적으로 들어야 한다는 강력한 염려 때문에 이러한 점에 대해 강조합니다.

은혜의 수단의 중요성이란 말로 설명하기 힘듭니다. 하나님의 은혜로 복음의 역사가 당신의 영혼을 회심하게 하는 수단이 되고 당신을 그리스도에 대한 구원의 지식으로 인도하며 당신을 진리와 행동으로 하나님의 자녀가 되게 하기를 간절히 바랍니다. 이것이야말로 참으로 영원한 감사를 받을 만합니다. 이것이야말로 천사들이 매우 기뻐할 만한 사건입니다. 또한 그렇게까지는 아니더라도 복음의 역사에는 절제시키는 힘과 영향력이 있는데, 나는 모든 젊은이들이 그 힘과 영향력 아래 머물기를 간절히 바랍니다.

은혜의 수단이 아직 사람들을 하나님에게로 돌아서게 하지 못하였지만, 악으로부터 관심을 거두게 하고 그들을 그리스도에게로 나아가는 참된 그리스도인이 되게 하지 못하였지만, 그들을 보다 나은 사회인이 되게 하고 있습니다. 깊은 복음설교에는 어떤 신비한 권세가 숨어 있어서 무의식적으로 설교를 듣는 모든 사람들의 마음에 무엇인가 많은 것들을 알려줍니다. 또한 설교를 받아들이지 않는 사람들에게도 많은 것을 알려줍니다. 죄를 비판하며 거룩한 행위가 칭찬 받는 것을 듣고 그리스도를 찬양하는 말을 들으며 악마의 역사를 마구 비난하는 것을 듣는 일은 사람의 영혼에 좋은 영향을 미칩니다. 또한 천국의 왕국과 그 축복을 묘사하는 것을 듣고 이 세상의 헛된 공허함을 밝히는 말을 듣고 매주 또한 주일마다 설교 듣는 것은 인간의 영혼에 좋은 영향을 줍니다.

설교를 들음으로 난폭, 방탕, 음행을 떠날 수 있습니다. 복음적인 설교를 듣는 것은 인간의 영혼에 제어 장치와 같은 역할을 수행해 줍니다. 나는 이것이야말로 하나님의 약속이 선한 것임을 증명하는 길이라고 믿습니다.

내 입에서 나가는 말도 이와 같이 헛되이 내게로 되돌아오지 아니하고 나의 기뻐하는 뜻을 이루며 내가 보낸 일에 형통함이니라(사 55:11).

나는 이 주제와 관련하여 매우 밀접한 관계가 있는 다른 요점을 언급하고자 합니다. 당신이 안식일을 지키지 않는 사람이 되지 않도록 그에 관련된 모든 유혹에 넘어가지 마십시오. 나는 당신이 이 점에 대해 특별히 관심을 가져주기를 바랍니다. 안식일에 대해 존경하는 마음을 가지지 않은 영혼이 우리들 주변에서 급속도로 늘어나고 있으나, 최소한 청년들 사이에서는 안식일이 지켜지도록 하십시오. 주일에 기차나 증기선으로 여행을 떠나고, 소풍가는 행위가 해마다 더욱더 늘어가고 일반화되고 있습니다. 이러한 행위는 영혼에 무엇보다 심각하고 끝없는 해를 끼칩니다.

청년들은 안식일을 지키는 일에 대하여 방심하지 말고 조심하십시오. 당신이 도시에 살건 시골에 살건 간에 정해진 선을 따라 일을 행하고 자신의 안식일을 더럽히지 않도록 굳게 결심하십시오. "휴식이 필요하다"라는 그럴듯한 말로 자신을 합리화하거나, 자기 주변에 있는 모든 사람들의 본보기를 따르거나, 혹은 친하게 지내는 사람의 초대에 응하는 일이 없도록 하십시오. 어느 누구도 이러한 일로 당신을 안식일을 지키는 규칙으로부터 이끌어낼 수 없게 하십시오. 하나님의 날은 하나님에게 바친다는 규칙을 고수하도록 하십시오.

일단 안식일에 대해 관심을 기울이면 나중에는 결국 자신의 영혼에 대해서도 깊은 관심을 쏟게 됩니다. 이러한 결과로 이끌 수 있는 단계는 매우 용이하고 정상적이며 변함없이 규칙적입니다. 당신이 하나님의 날을 존경하지 않기 시작하면 곧 당신은 하나님의 집을 무시하게 되고 하나님의 집에 나오지 않게 되며 하나님의 책을 존경하지 않게 되며 결국에는 조금도 하나님을 존경하지 않게 됩니다. 한 사람이 전혀 안식일을 지키지 않는 습관의 샘물 속에 빠져있게 내버려 두어 보십시오. 그는 하나님이 없다는 생각에도 조금도 놀라지 않습니다. 헤일(Hale) 판사는 현명하게 "사형죄로 유죄 판결을 받아 재판장에 앉은 사람들의 대부분이 안식일을 어기면서부터 악한 직업을 갖게 되었다는 고백했다"라고 말하고 있습니다. 우리는 이러한 말에 주목해야 할 것입니다.

청년들은 안식일을 지키지 않고 주의 날을 존중하지 않는 사람들 사이에서 함께 지낼 수도 있습니다. 그러나 하나님의 도움으로 당신이 언제나 안식일을 지키는 것을 마음에 새기겠다고 결심하십시오. 복음을 설교하는 장소에 정규적으로 참석함으로써 주의 날을 거룩하게 하고 주의 날을 존중하십시오. 신실한 목사 밑에서 자신의 자리를 정하도록 하십시오. 교회에서 자신의 자리가 텅 비어 있지 않도록 하십시오. 당신은 다음과 같은 특별한 은혜를 깨닫게 될 것입니다.

만일 안식일에 네 발을 금하여 내 성일에 오락을 행하지 아니하고 안식일을 일컬어 즐거운 날이라, 여호와의 성일을 존귀한 날이라 하여 이를 존귀하게 여기고 네 길로 행하지 아니하며 네 오락을 구하지 아니하며 사사로운 말을 하지 아니하면 네가 여호와 안에서 즐거움을 얻을 것이라 내가 너를 땅의 높은 곳에 올리고 네 조상 야곱의 기업으로 기르리라 여호와의 입의 말씀이니라(사 58:13-14).

안식일에 대한 당신의 감정이 언제나 천국을 위한 시험과 표준이 되어야 합니다. 안식일은 천국의 한 부분이며 예측입니다.

5) 당신이 어디에 있든지 항상 기도하십시오.

기도는 사람의 영혼을 위한 생명의 양식입니다. 기도가 없다면 우리는 살았다는 이름을 갖고 그리스도인이 되었다고 인정받고 있더라도 하나님이 보시기에는 모두 죽어있는 자들입니다. 우리가 하나님에게 자비와 화평을 간절히 구해야 한다는 감정은 은혜의 표시이며, 하나님 앞에 우리의 영혼이 부족하다고 생각하고 있는 것들을 모두

고백하는 습관은 우리가 택하심을 입은 영을 갖고 있다는 증거입니다. 또한 기도는 우리의 영적인 결핍의 구제책을 얻을 수 있는 확실하고 약속된 길입니다. 기도는 보물을 열어주고 넘쳐나는 샘물을 보여줍니다. 우리가 기도하지 않는다면 우리는 이러한 보물과 넘치는 샘물을 가질 수 없게 됩니다. 우리가 요구하고 구해야만 얻을 수 있습니다.

기도는 우리의 마음에 성령이 오시도록 하는 방법입니다. 예수님은 위안자인 성령을 약속하셨습니다. 예수님은 그의 소중한 선물과 더불어 새로 나고 거룩하게 하며 정결하게 하고 강하게 하고 즐거움을 주며 격려하고 교화하며 가르치고 모든 진리를 가리키고 인도하며 이끌어줄 모든 준비를 다하고 나옵니다. 그러나 예수님은 우리가 간절히 구할 때라야 비로소 주시며 우리가 구할 때까지 기다립니다.

그러나 바로 나는 많은 사람들이 너무나 비참하게도 기도하지 않는 풍조에 빠져 있음을 지적하지 않을 수 없습니다. 기도하는 사람은 참으로 극소수에 불과합니다. 무릎을 꿇고 기도하는 많은 사람들이 남들이 하는 대로 기도하는 형식을 갖추고 있기는 하지만 진정으로 하나님에게 크게 외치고 주의 이름을 부르며 간절히 찾고자 애쓰는 사람처럼 구하는 사람은 매우 적습니다. 너무나 굶주리고 목마른 듯이 문을 두드리고 열심히 하나님에게 대답을 구하고자 하며 투쟁하고 하나님께 쉴 시간을 주지 않고 끊임없이 기도하며 구하고 기도로 자신을 돌아보고 지치지 않고 기도하는 사람은 극히 적습니다. 기도하는 자는 참으로 찾아보기 힘듭니다. 이것은 당연한 문제로 간주될 수 있는 일이기도 하지만 결코 당연한 문제가 아닙니다. 모두가 해야 하지만 쉽지 않은 것이 기도입니다.

청년들은 자신의 영혼이 구원 받기를 바란다면 기도해야 합니다. 하나님은 말할 줄 모르는 자녀를 자녀로 삼지 않습니다. 당신이 이 세상과 육체와 악마를 거부해야 한다면 당신은 기도해야 합니다. 단

한번도 구하지 않다가, 시험이 닥쳐서야 힘주시기를 기도하는 것은 허무한 일입니다. 당신은 기도하지 않는 사람들과 함께 내던져질 수 밖에 없을 것입니다. 당신은 하나님에게 아무것도 원하지 않은 사람들과 함께 같은 방에 내버려질 것입니다. 그때서야 당신은 나의 권고를 기억해내고 기도할 것입니까? 지금 당신은 기도해야 합니다.

나는 당신이 기도에 대하여 많은 어려움을 발견하게 될 것이라고 봅니다. 당신은 기회나 시기와 장소에 관한 어려움을 깨닫게 될 것입니다. 그러나 나는 이와 같은 점에 대해 너무나 엄격한 규칙을 정하지 않을 것입니다. 나는 당신 자신의 의식에 따라 이러한 점들을 정하기를 바랍니다. 당신은 상황에 따라 인도받게 될 것입니다. 우리의 주 예수 그리스도는 산 위에서 기도하였고, 이삭은 들판에서 기도하였으며, 히스기야는 침실에서 벽을 보고 기도하였습니다. 다니엘은 강가에서 기도하였고 사도 베드로는 지붕 위에서 기도하였습니다. 나는 청년들이 마굿간과 건초더미 위에서 기도한다는 것을 들었습니다. 나는 이러한 모든 곳에서 기도할 수 있으며 기도해야 한다고 주장합니다. "기도할 때에 네 골방에 들어가 문을 닫고 은밀한 중에 계신 네 아버지께 기도해야"(마 6:6) 합니다.

당신이 하나님과 마주 보고 기도해야 할 시간을 정해야 합니다. 기도하는 시간은 날마다 당신이 기도해야 하겠다고 정한 시간입니다. 당신은 날마다 기도해야 합니다. 기도가 없다면 모든 충고와 권고는 아무 쓸모가 없습니다. 기도는 사도 바울이 에베소서 6장에서 언급하였던 마지막 계명으로 영적인 하나님의 전신갑주의 일부분입니다. 기도는 당신이 날마다 먹어야 하는 고기입니다. 당신이 이 세상의 황야를 안전하게 여행하려면 반드시 기도해야 합니다. 기도는 당신이 하나님의 산을 향해 나아가고 올라갈 수 있는 힘을 줄 수 있는 유일한 것입니다.

나는 셰필드의 바늘 공장에서 일하는 직원들은 모두 마우스피스를

낀다는 얘기를 들었습니다. 그것이 그들 주위에 있는 모든 미세 먼지들을 잡아내어 그것들이 폐에 들어가는 것을 막아 직원들을 안전하게 한다는 것입니다. 기도란 이 마우스피스와 같습니다. 당신이 마우스피스를 하지 않는다면, 이 죄많은 세상의 건강하지 못한 분위기 때문에 상처입지 않고 계속 일할 수 없을 것입니다. 당신은 기도해야 합니다. 사람이 무릎을 꿇고 기도하는 것이야말로 가장 시간을 잘 사용하고 보내는 일임을 확신하도록 하십시오. 당신의 직업이 무엇이든지 간에 반드시 기도해야 하며 기도할 시간을 만들어야 합니다. 다윗이 어떻게 말하였는가를 생각해 보십시오.

저녁과 아침과 정오에 내가 근심하여 탄식하리니 여호와께서 내 소리를 들으시리로다(시 55:17).

다니엘이 하루에 세 번씩 기도하면서도 자신이 직접 왕국의 일을 모두 처리한 것을 생각해 보십시오. 사악한 바벨론에서 그가 안전할 수 있었던 비결은 바로 기도에 있었습니다. 솔로몬에 대해 생각해 봅시다. 그는 왕국을 다스리는 일에 있어 기도로 도움과 조력을 구하는 일부터 시작하였고 이러한 기도가 왕국의 번영을 가져오게 하였습니다. 느헤미야에 대해 생각해 봅시다. 그는 주인인 아닥사스다 왕 앞에 서서 하늘에 계신 하나님께 기도할 시간을 구하였습니다. 이와 같이 경건한 사람들의 모범을 마음 속에 새기고 그들과 같이 될 수 있도록 나아가서 행하도록 하십시오.

주는 당신에게 모든 은혜와 탄원의 영을 베풀어 주실 수 있습니다. 주께서 당신에게 이러한 영을 베풀어 주시기를 바랍니다.

네가 이제부터는 내게 부르짖기를 나의 아버지여 아버지는 나의 청년 시절의 보호자이시오니(렘 3:4).

당신이 이러한 교리가 중요하다는 것을 마음에 깊이 새기기만 한다면 이 모든 충고들을 잊어도 기쁠 것입니다.

5. 맺는 말입니다.

이제 결론을 내리고자 합니다. 이제까지 많은 사람들이 좋아하지 않고 받아들이지 않을 권고들을 말하였으나 당신의 양심에 다시 호소하고자 합니다. 이 모든 권고들이 모두 진리이지 않습니까?

청년들은 모두 양심을 가지고 있습니다. 비록 우리가 타락 때문에 부패하고 파멸하였지만 우리들 각자는 양심을 갖고 있습니다. 모든 사람의 마음 한 쪽에는 하나님을 위한 증인이 앉아 있습니다. 이 증인은 우리가 나쁜 일을 할 때에는 비난하고 우리가 옳은 일을 할 때에는 찬양합니다. 나는 바로 지금 이러한 증인 앞에서, 이제까지 언급한 모든 말들이 진리이지 않느냐고 간절히 물어보고자 합니다.

청년들은 자신이 젊었을 때에 창조주를 마음에 깊이 새기도록 해야 합니다. 은혜의 시간이 지나가기 전에 당신의 양심이 나이가 들어감에 따라 두터워지고 끊임없이 발로 짓밟혀서 모두 죽어버리기 전에 창조주를 기억해야 합니다. 당신이 건강하여 힘이 있고, 시간과 기회가 있을 때에 결코 잊혀 지지 않을 영원한 계약 안에서 주에게 자신을 묶도록 하십시오. 성령이 언제까지고 투쟁하지는 않습니다. 양심의 목소리는 당신이 양심의 목소리를 저지하고자 할 때마다 점점 더 희미해질 것입니다. 아텐 사람들은 사도 바울에게 "저희가 죽은 자의 부활을 듣고 혹은 기롱도 하고 혹은 이 일에 대하여 네 말을 다시 듣겠다"(행 17:32)라고 하였으나 그들은 죽을 때까지 그의 말을 다시 듣지 못하였습니다. 미루지 말고 서두르도록 하십시오. 더 이상 머뭇거리지 마십시오.

당신이 이 권고들을 받아들인다면 당신은 부모와 친척들과 친구들에게 말할 수 없이 큰 위안을 주게 될 것입니다. 그들은 당신을 일으켜 세우기 위해서 많은 시간과 돈과 건강을 소비하였으며 현재의 당신을 키우기 위해 많은 노력을 쏟았습니다. 의심할 바 없이 그들은 당신의 손에 깊은 사려를 쏟은 것을 고려할 만한 가치가 있습니다. 과연 어느 누가 청년들이 일으킬 수 있는 권세를 가지고 있는 데서 오는 기쁨과 즐거움을 계산할 수 있겠습니까? 과연 어느 누가 에서나 홉니와 비느하스나 압살롬이 야기할 수 있는 근심과 슬픔을 말할 수 있겠습니까? 솔로몬은 "지혜로운 아들은 아비를 기쁘게 하거니와 미련한 아들은 어미의 근심이니라"(잠 10:1)라고 권고하고 있습니다. 이러한 권고들을 명심하고 하나님께 자신의 마음을 내어 주십시오. "당신의 젊은 시절은 수치였으며 당신의 성년기는 투쟁이었으며 노년기는 후회뿐이었다"라고 많은 사람들의 경우를 설명하는 것과 같이 자신의 인생이 이와 같이 되지 않도록 항상 명심하십시오.

선한 행동이야말로 당신이 이 세상에 행할 수 있는 좋은 도구임을 잊지 않도록 하십시오. 하나님의 뛰어난 성도들은 일찍부터 주를 찾았습니다. 모세와 사무엘과 다윗과 다니엘은 모두 젊은 시절부터 하나님을 섬기었습니다. 하나님은 젊은 종들에게 특별한 명예를 입혀주시기를 좋아합니다. 하나님이 우리의 젊은 왕인 에드워드 6세에게 부여한 명예를 생각해 보십시오. 청년들이 하나님께 인생의 봄을 집중하여 바친다면, 우리가 확신하지 못할 일이 무엇이 있겠습니까? 진리를 널리 퍼뜨리기 위한 모든 종류의 기계들이 있으나 이 기계를 조종할 손이 없습니다. 좋은 일을 행하기 위해 사람을 얻는 것보다 돈을 얻기가 훨씬 더 쉽습니다.

새로운 교회를 위한 목사들이 매우 부족하며, 새로운 지역에는 전도사들이 부족하고, 교구에 필요한 방문 횟수도 매우 부족합니다. 학교에는 선생이 부족하며 수많은 선한 일과 목표를 위한 사람의 부족이 너무 심각합니다. 경건하고 믿음 깊으며 신뢰할 만한 사람들의 공급이 수요에 미치지 못하고 있습니다.

오늘날 청년들에게는 하나님이 필요합니다. 젊은 시절은 특별히 활동이 왕성한 시기입니다. 우리는 과거의 이기적인 행동들을 뿌리쳐 없애야 합니다. 청년들은 더 이상 그들의 조상들이 했던 대로 다른 사람들에게 무관심하고 냉정한 잠에 빠져서는 안되겠습니다. 그들은 이제 가인처럼 "내가 내 아우를 지키는 자이니까"(창 4:9)라고 생각하는 것을 부끄러워해야 합니다. 당신이 넓은 유용함의 들판에 들어가고자 한다면 넓은 들판은 당신 앞에 펼쳐질 것입니다. 추수할 곡식은 많고 추수할 일꾼은 적습니다. 선한 일을 행하는 데 열정을 다하십시오. 주의 도움을 청하러 나아오십시오.9

어떤 면에서 닮는다는 것은 "주는 선하사 선을 행하시는 분"(시 119:68)이시므로 우리 자신도 선하게 되고 선을 행하는 것입니다. 이것은 또한 주인이시며 구세주가 하신 대로 "착한 일을 행하여야"(행 10:38) 한다는 것을 말합니다. 이것은 또한 다윗이 행한 바와 같이 "하나님의 뜻을 좇아 섬기는"(행 13:36) 것을 말합니다. 과연 어느 누가 이와 같은 길이 영원한 영혼의 되는 길임을 의심할 수 있겠습니까? 누가 여호람처럼 "아끼는 자 없이 세상을 떠나는"(대하 21:20) 것보다 모든 사람들의 슬픔 속에서 요시야처럼 이 세상을 떠나는 것을 더 바라지 않겠습니까?

게으르고 방탕하며 쓸모없는 땅의 잡초가 될 것입니까? 아니면 당신의 육체와 이기심과 향락과 교만을 위해 살 것입니까? 아니면 당신

---

9 모든 진실한 그리스도인들은 국내외선교지원을 위한 영국교회청년연합(The Church of England Young Men's Society for Aiding Missions at Home and Abroad)과 런던의 기독교청년연맹(Young Men's Christian Association)을 지원해야 한다. 그러한 기관들이 형성되는 것은 이 악한 시대에 작은 격려가 되어준다. 다른 지역에서도 이런 연합들이 세워지는 것을 보게 되어 기쁘다. 하나님께서 그들을 풍성하게 축복하시리라 믿는다.

의 동역자들과 함께 영광된 유용한 목적 속에서 살고 시간을 보내거나, 자기 나라와 전 세계에 은혜를 퍼뜨리는 윌버포스 경처럼 될 것입니까? 혹은 수인들과 포로들의 친구였던 하워드처럼 되겠습니까? 혹은 슈바르츠처럼 이교도들의 땅에서 영원한 영혼들의 영적인 아버지가 되겠습니까? 혹은 하나님의 사람이었던 로버트 맥체인(Robert M'Cheyne)처럼 당신의 길을 가로질러가는 모든 그리스도인들의 마음을 살리는 사람이자 모든 사람들에게 잘 알려진 활활 타오르는 듯 빛나는 빛이요, 그리스도의 편지가 되겠습니까? 어느 누가 감히 의심하겠습니까? 누가 한 순간이라도 의심할 수 있겠습니까?

청년들은 자신의 책임을 자각하여야 합니다. 선행을 하는 특권과 행복에 대해 생각해 봅시다. 오늘날에 있어서 꼭 필요한 사람이 되십시오. 지금 곧 그리스도에게 자신의 마음을 내어주십시오.

마지막으로 당신이 하나님을 섬기게 될 때 당신의 영혼에 다가오는 행복에 대하여 생각해 봅시다. 당신이 인생을 살아가면서 도중에서 얻는 행복과 당신의 여행이 끝났을 때에 얻는 행복을 생각해 보십시오. 당신이 아무리 헛된 생각이라고 들어왔을지라도 이 세상에서의 의로운 일에 대한 보상이 존재한다는 나의 말을 믿도록 하십시오. 경건함은 실제로 이 세상에서의 삶 뿐만 아니라 내세에서의 삶까지도 약속하고 있습니다. 하나님이 당신의 친구라는 느낌 속에는 조용한 화평이 있습니다. 당신의 무가치함이 아무리 커보일지라도 당신이 완전히 그리스도 안에 있고 견뎌야 할 일이 있으며, 자신에게서 떨어져나가지 않을 좋은 부분을 선택하였다는 것을 알게 되었을 때에 거기에는 참된 만족이 있습니다.

"마음이 패려한 자는 자기의 행위로 보응이 만족하겠고 선한 사람도 자기의 행위로 그러하리라"(잠 14:14)라고 한 바와 같이 선한 사람은 자기에게 만족하게 될 것입니다. 세속적인 사람이 살아가는 길은 그가 살아가는 순간마다 점점 어두워지고 있으며 그리스도인이 걸어가는 길은 반짝이며 빛나는 불빛처럼 끝까지 계속 밝고 환할 것입니다. 그리스도인의 태양은 세속적인 사람의 태양이 영원히 서쪽으로 지고 있을 때에 막 떠오를 것이며, 그리스도인의 최고의 일들은 세속적인 사람들의 일이 그들의 손에서 빠져나가 소멸될 때에 꽃피기 시작하여 영원히 활짝 필 것입니다.

청년들은 이러한 일이 모두 진리임을 믿으십시오. 권고의 말들을 오래도록 생각해 보십시오. 권고의 말에 따르십시오. 십자가를 지고 그리스도를 따르십시오. 스스로 하나님께 무릎을 꿇고 순종하도록 하십시오.

20장
성찬

    성찬에 관한 여러 가지 문제들을 논의하고자 함에 있어 우선 서론적으로 설명을 해야 할 것들이 있습니다. 이 장에서는 오늘날에 있어 수많은 논쟁과 논의거리가 되는 주제의 요점들에 먼저 간단하게 언급한 뒤, 성찬에 관련된 51가지 질문에 답할 것입니다.
    또한 이 글은 이러한 문제들과 관련되어 주로 신약성경과 신조들과 공동 기도서와 잉글랜드 국교회의 교리문답 등으로부터 이끌어낸 답변을 제시하고 있습니다. 더욱이 이 글은 영국 정통 신학자들의 기록으로부터 발췌한 몇 가지의 중요한 설명을 포함하고 있습니다.
    참으로 가슴 아픈 일이지만 부정할 수 없는 사실은 지금 이 순간에도 그리스도인들 사이에 있는 분열의 근본적인 이유가 바로 성찬식에 있다는 것입니다. 거룩한 의식을 희생으로 생각할 것인가, 그렇게 생각하지 않을 것인가, 혹은 주의 상을 제단으로 생각할 것인가, 그렇게 생각하지 않을 것인가, 혹은 성찬을 집행하는 목사를 희생하는 성직자로 볼 것인가, 그렇게 생각하지 않을 것인가, 혹은 빵과 포도주라는 거룩하게 된 요소들 속에 그리스도의 몸과 피가 실제로 육체적인 것으로 존재한다고 생각할 것인가, 아니면 그렇게 생각하지 않을 것인가. 혹은 이러한 빵과 포도주와 주의 상이 마치 그리스도께서 육체로 존재해있는 것처럼 지극히 겸손하게 떠받들고 존경해야 한다고 생각할 것인가, 그렇게 생각하지 않을 것인가, 이러한 모든 문제들은 끊임없이 우리들 안에 제기되는 문제들입니다. 솔직하게 말한다면, 이러한 문제들은 영국의 성직자들을 두 분파로 나누고 있으며 또 영국의 교회를 파괴하고 있는것처럼 보입니다.

이것만이 전부가 아닙니다. 영국의 평신도들 대부분이 성직자들을 분명하게 분리시키는 문제의 중요한 본질과 그 문제에 관련되는 교리의 결과에 대해 제대로 이해하지 못하고 있다는 것이야말로 또 하나의 심각하고 가슴 아픈 사실입니다. 대부분의 평신도들은 교회 예배의 화려함들을 비교하고 꽃 장식이나 성직자의 의복이나 자세 따위에 관심을 가집니다. 그러나 그들은 그 이상은 보지 않습니다. 평신도들은 목사들이 성찬의 집행에 있어서 서로 합의를 보지 못한 내용들이, 일부가 멋대로 추측하는 것처럼, 장식은 어떻게 해야하는가와 같은 사소한 문제가 아니라는 것을 알지도 못할 뿐더러 무슨 문제가 있는지 알려고 하지도 않습니다. 그러나 이 문제는 사소한 것이 아닙니다. 이것은 영국 개혁 교회의 제일 원리 중 하나를 뒤흔들고 있는 논쟁입니다. 평신도들은 그저 진지하고 유창하게 설교하며 열정적으로 일하기만 한다면 성직자로서 잘못이 없다고 생각합니다. 당신이 그들에게 잉글랜드 국교회를 신교의 테두리에서 벗어나게 하려 하고 종교개혁으로부터 뒤떨어지게 하려 하며 로마 가톨릭과 고해 등을 다시 도입하려는 많은 성직자들의 공식적인 결정이 있었다고 말해준다면 그들은 너무나 놀라서 조금도 믿으려 하지 않을 것입니다.

잉글랜드 국교회의 광신도들이 성찬에 대하여 존재하고 있는 차이점들의 본질을 올바르게 이해하지 못한다면 몇 년 이내에 잉글랜드 국교회는 다시 로마 가톨릭 교회로 흡수되거나 붕괴되고 말 것입니다. 잉글랜드 국교회의 평신도 중 거의 절반이 정치나 세련된 예술

혹은 면화나 철강, 석탄 및 곡물사업, 또는 항만이나 철도 등에 너무 몰입되어 있어 종교적인 문제에 대해서는 관심도 없어 보입니다. 평신도들 중 나머지 절반 중에서 너무나 많은 사람들이 화평이 없는 때에도 "평안하다, 평안하다"하고 외치고 있으며 어떤 진지한 성직자들은 그들이 보기에 올바른 일이라면 그것이 율법을 어기는 일을 할지라도 방치해 두어야 한다고 주장하고 있습니다. 간단히 말해서 한시바삐 이러한 일들을 변화시키지 않는다면 우리의 촛대는 옮겨질 것이며 우리의 교회는 멸망하게 될 것입니다.

지금부터 독자들이 읽게 될 글은 바로 성찬에 관한 진리의 본질을 이해하는 데 도움이 될 것입니다. 그것은 바로 신약성경에서 찾아낸 진리이자, 우리 교회의 공인된 규칙들 속에서 찾아낸 진리이며, 우리의 위대한 영국 신학자들이 쓴 글 속에서 찾아낸 진리입니다. 이 글에서 이러한 진리들을 옹호하고 주장하고자 합니다.

1. 성찬이 그리스도인들의 신앙에서 가장 중요한 주제입니까? 수많은 그리스도인들이 성찬을 받지 않고도 살아가고 또 죽어가고 하지 않습니까? 수많은 교회에 다니는 사람들은 성찬에 대하여 등을 돌리며 성찬을 집행할 때에 항상 빠지지 않습니까? 어째서 성찬이 중요합니까?

주 예수 그리스도께서 정하시고 약속하신 일은 그 어떤 것도 중요하지 않은 것이 없습니다. 우리의 주께서는 그를 기억하게 하기 위하여 그의 제자들에게 '빵을 먹고 포도주를 마시도록' 분명하게 명하셨습니다. 과연 어떤 그리스도인이 이러한 명령을 감히 순종하지 않을 수 있는 권리를 갖고 있겠습니까. 의심할 바 없이 회심한 강도처럼 어떤 사람이 성찬을 받지 않은 채로 구원 받을 수도 있습니다. 성찬을 받는 것은 회심과 믿음과 같이 절대적으로 필요한 필수적인 문제는 아닙니다. 그러나 성찬식에 참석하는 것을 거절하고 그리스도에게 순종하지 않는 것을 습관화하고 있는 그리스도인은 그가 아무리 신앙을 고백한 그리스도인이라 할지라도 안전하고 건강하며 만족스러운 영혼의 상태에 놓여 있다고 말할 수 없습니다. 만약 신앙을 고백하는 그리스도인이 많은 사람들이 참예자가 되는 데 어울리지 않는다고 말한다면 그는 자기 자신이 해야 할 바대로 살아가고 있지 않다는 것을 고백하는 것이며 자신이 죽어서 하나님을 만나는 데 어울리지 않는다는 것을 고백하고 있는 것입니다. 습관적으로 성찬에 참예하지 않는 자들이 심판날에 스스로 자신들을 위하여 무엇을 말할 수 있을 것입니까. 심판은 곧 오게 될 것입니다. 이 심판은 우리가 행했어야만 하는 일들을 행하지 않은 채로 내버려두고 마찬가지로 우리가 행하지 말았어야 하는 일을 행한 것에 대한 심판입니다.

2. 성찬에 대하여 올바르고 참된 시각을 갖는 것이 중요한 일입니까?

성찬에 대하여 바르고 참된 시각을 갖는 일은 지극히 중요한 일입니다. 기독교 역사에서 그만큼 광범위하게 퍼뜨려진 미신적인 오류는 없었을 것입니다. 오류야말로 사람의 영혼에 가장 해로운 영향을 끼치는 것입니다. 우리가 성찬을 받을 때, 성찬에 대하여 우리들이 주장하는 견해들을 중요하지 않게 생각하는 사람들은 참으로 강력한 환상에 빠져 있습니다.

그리스도께서 정하신 의식은 올바르게 사용되어야만 하며 단순히 이러한 의식을 외적이고 육체적인 용도로 사용한다면 결코 우리의 영혼에 유익하지 않을 것입니다. 성찬의 가치는 전적으로 성찬을 올바르게 이해하고 올바르게 사용하는 것에 달려 있습니다.

3. 우리는 어디에서 성찬에 대하여 올바르고 참된 시각을 발견할 수 있습니까?

우리는 성찬에 관한 올바르고 참된 시각을 마태, 마가, 누가의 복음서에서, 또한 바울이 쓴 고린도전서에서 찾아볼 수 있습니다(마 26:26-28; 막 14:22-24; 눅 22:19,20; 고전 11:23-29).

이 모두가 하나님의 말씀으로 성찬과 관련한 풍성한 정보들이 담겨져 있습니다. 디도서와 디모데서에는 목사들의 훈계를 위하여 씌어졌지만 성찬에 대해서는 한 번도 언급되지 않고 있습니다. 잉글랜드 국교회의 관점과 원리는 39개조 신조, 공동 기도서, 교리 문답, 설교 모음집(The Book of Homilies)의 27번째 설교인 "성찬 예식에 관하여"(of the worthy, receiving of the sacrament)등에서 발견될 수 있습니다. 이러한 신앙 형식들 이외의 관점들은 그 어느 것도 '교회의 관점'이 될 수 없습니다.

4. 성찬이란 무엇입니까?

성찬은 그리스도께서 십자가에 못 박히시기 전날 밤에 그가 다시 이 세상의 종말 때에 오실 때까지 그의 교회를 영원히 유익하게 하고 영원히 세우기 위하여 정하신 의식 또는 예식입니다. 다른 유일한 의식은 세례가 있습니다. 로마 가톨릭 교회는 고해성사, 견진성사, 혼배성사, 신품성사, 종부성사도 복음서의 성례로 정해두고 있습니다. 잉글랜드 국교회는 39개조 신조의 제 25조항에서 이러한 다섯 가지 성사를 성례가 아니라고 분명하게 규정하고 있습니다.

5. 성찬에는 어떤 부분이 있습니까?

잉글랜드 국교회의 교리문답에서는 우리들에게 두 가지 부분이 있다는 것을 분명하게 말해주고 있습니다. 하나는 바로 모든 참예자들이 받는 눈에 보이는 부분으로 참예자들이 선하건 악하건 간에 예외가 없이 받는 부분입니다. 다른 하나는 눈에 보이지 않는 부분으로 오직 믿는 자들만이 받는 부분입니다. 즉 39개조 신조의 28번째 조항에서 말하고 있는 바대로 그들이 받는 것은 '하늘의 그리고 영적인 방법'으로 받는 부분입니다.

6. 성찬에서 외적이고 눈에 보이는 부분은 무엇입니까?

성찬에서 외적이고 눈에 보이는 부분은 바로 빵과 포도주입니다. 이것은 주의 상 위에 놓이는 것이며 성직자들이 떼어주는 것이요 참예자들에게 보이고 만질 수도 있으며 그들이 받아서 먹고 마시는 것입니다.

7. 성찬에서 내적이고 눈에 보이지 않는 부분은 무엇입니까?

눈에 보이지 않는 내적인 부분은 바로 십자가 위에서 우리의 죄를 위하여 바쳐진 그리스도의 몸과 피를 말합니다. 그것은 눈에 보이지도, 손으로 만질 수도, 맛을 볼 수도 없으며, 참예자들이 입 안에 넣고 먹을 수도 없는 것입니다. 그것은 눈으로 볼 수 없으며 물질적인 것이 아니며 오직 마음과 더불어 믿음으로써만 영적으로 먹고 마실 수 있을 뿐입니다.

8. 우리의 주께서 빵에 대해서는 "이것은 나의 몸이요," 포도주에 대해서는 "이것은 나의 피라"라고 말씀하실 때에 우리의 주는 무엇을 말씀하신 것입니까?

우리의 주는 문자 그대로 "이 빵이 육체적인 나의 몸이요 이 포도주가 육체적인 나의 피이다"라고 말씀하시지 않았습니다. 사도들도 그분의 말씀을 그렇게 이해하지 않았습니다. 헌신적이고 제대로 배운 유대인들처럼 그들은 있는 그대로의 피를 마신다는 생각에 대해 놀라고 무섭게 생각하였을지도 모릅니다. 우리의 주께서는 단순히 "이 빵과 이 피는 나의 몸과 피를 상징할 뿐"이라고 말씀하신 것입니다. 이것은 주께서 "밭은 세상이요 좋은 씨는 천국의 아들들이다"(마 13:38)라고 비유로 말씀하실 때에 사용하신 것과 같은 것입니다.

9. 성찬식은 왜 정해진 것입니까?

교리문답에 가장 훌륭한 대답이 있습니다. 성찬식은 '그리스도의 죽음이라는 희생과 그로 말미암아 우리가 받는 유익을 기념하기 위하여' 정해진 것입니다. 빵을 나누어서 참예자들에게 먹게 함으로써 십자가 위에서 우리의 죄를 위하여 바치신 그리스도의 몸을 기억하게 하기 위함입니다. 포도주를 따라서 마시는 것은 우리의 죄를 위하여 피를 흘리신 그리스도의 피를 기억하게 하기 위함입니다. 모든 의식은 우리를 위한 그리스도의 죽음과 대속을 영원히 기억하게 하기 위하여 교인들이 지켜야 할 의식인 것입니다. 또한 이 의식은 우리의 죄를 위한 그리스도의 보상을 영원히 기억하게 하기 위하여 정해진 것입니다. 공동 기도서의 성찬식에서는 '기억'과 '기념'이라는 말이 성찬식의 목적을 설명하기 위해 다섯 번 이상 사용되고 있습니다.

10. 누가 성찬에 참석해야 합니까?

교회의 교리문답에서 설명하는 특징과 자격을 가진 사람들만이 성찬에 나올 수 있습니다. "진실로 전에 자신이 저지른 죄를 회심하고 그리스도를 통하여 하나님의 자비를 생생하게 믿을 뿐만 아니라 그리스도의 죽음에 대해 감사하면서 기억하려 하는" 사람들이 성찬에 참예해야 합니다. 또한 "모든 사람들과 더불어 사랑하는 사람들"이 성찬에 참예해야 합니다. 오직 이러한 사람들만이 참예자가 되는 데 적절한 사람들입니다.

11. 참예자들은 성찬으로부터 무슨 유익을 받을 것입니까?

교리문답에서 말하는 바와 같이 그들의 영혼은 그리스도의 몸과 피로 더불어 내적으로 영적인 교제를 함으로써 강해지고 다시 새로워집니다. 이것은 육체적인 몸이 빵과 포도주로 말미암아 강해지는 것과 마찬가지 입니다. 그들의 회심은 매우 진실하고 더욱 깊어지며 그들의 믿음은 계속 자라나며 그들의 소망은 더 밝아지고 그들의 지식은 더욱 늘어나며 그들의 거룩한 생명의 습관은 더욱 강해지게 될 것입니다.

12. 성찬에 참예해서는 안 될 사람들은 누구입니까?

성찬에 참여해서는 안 될 사람들은 바로 공공연하게 죄를 저지르면서 살아가는 자들입니다. 그들은 참된 신앙에 대하여 아는 것이 없고 사려분별이 없으며 부주의하고 회심하지도 아니하고 그리스도의 성령이 없이 살아가는 자들입니다. 성찬에 나오는 것이 그들에게 유익할 것이라고 그들에게 말하는 것은 오히려 그들에게 해를 끼치는 일입니다. 성찬에 의해서는 자신들이 저지른 죄를 정당화할 수 없습니다. 빵을 먹고 포도주를 마시는 일은 죄에 대한 용서와 회심하는 은혜를 얻을 수 있는 방법이 아닙니다. 그와는 반대로 사도 바울이 말한 바와 같이 주의 몸을 분변치 못하고 먹고 마시는 자는 자기의 죄를 먹고 마시는 것입니다(고전 11:29).

39개조 신조의 29번째 조항은 이러합니다.

> 사악한 자들과 또는 믿음이 부족한 자들은, 비록 그들이 그리스도의 몸과 피라는 성찬을 직접 먹고 마신다 하더라도 그들은 결코 그리스도와 함께 참예하는 자가 되지 못한다. 오히려 그들은 그렇게도 위대한 것의 표시인 성찬을 먹고 마심으로써 자기의 죄를 먹고 마시는 것이다.

13. 모든 사람들이 자신의 영혼을 구원 받기 위해서는 반드시 성찬에 나와야만 합니까? 성찬을 받는 것이 다른 무엇에 비할 바 없이 영생을 얻고 죄사함을 받을 수 있는 가장 빠르고 좋은 길입니까? 우리의 주 예수 그리스도께서 요한복음 6장에서 "인자의 살을 먹지 아니하고 인자의 피를 마시지 아니하면 너희 속에 생명이 없느니라"라고 말하고 "내 살을 먹고 내 피를 마시는 자는 영생을 가졌고"(요 6:53-54)라고 말하고 있지 않습니까? 이러한 성구들이 성찬에 대해 언급하고 있지 않습니까?

이러한 두 가지의 성구는 성찬과는 아무런 관련이 없습니다. 이것은 다만 일부 프로테스탄트 성경 주석가들의 견해이자 로마 가톨릭 성경 주석가들의 견해일 따름입니다. 여기에서 언급하고 있는 "먹고 마시는 것"은 믿음으로 말미암은 마음이 영적으로 먹고 마시는 것을 의미하며 '살과 피'라는 십자가 위에 바치신 그리스도의 몸을 대신하여 치른 희생을 의미하는 것입니다. 회심한 강도는 분명히 성찬의 빵과 포도주를 받지 아니하였으나 그는 분명하게 "영생을 얻었고" 그가 죽었을 때에 낙원에 갔습니다. 그리스도의 열두 제자 중 한 사람인 가룟 유다는 빵과 포도주를 먹었음에도 불구하고 "영생을 얻지 못하였고" 자신의 죄 속에서 죽었습니다.

공동 기도서의 '환자를 위한 예식'에 다음과 같은 매우 중요한 규칙들을 포함하고 있습니다.

만약 병든 자가 진실로 자신의 죄에 대하여 스스로 회심하고 끊임없이 예수 그리스도께서 자신을 위하여 십자가 위에서 죽음을 당하는 수난을 겪으셨으며 자신의 구속을 위하여 피를 흘리셨음을 믿고 그로 말미암아 그가 받은 유익을 열심히 기억하며 그리스도에게 감사를 드린다면, 그는 자신의 영혼의 건강에 유익한 그리스도의 몸과 피를 먹고 마시게 된다. 비록 그가 입으로 성찬을 먹고 마시지 않는다 하더라도 이미 그리스도의 몸과 피를 먹고 마시는 것이다.

사실 성찬을 받지 않는 사람은 아무도 "영생을 얻지 못한다"라고 주장하는 것은 상당히 편협하고 잔인하며 무지한 교리일 따름입니다. 이러한 교리는 한 가지 이유나 다른 이유로 성찬을 받는 참예자가 되지 않은 우리의 동료 그리스도인들이 모두 영원히 죽게 될 것이라고 저주하는 것과 같습니다. 또한 성찬을 용납하지 아니하는 퀘이커 교도들 모두를 저주하는 일입니다. 그러한 교리를 주장하려는 자는 지극히 이상한 정신 상태에 처해 있음에 틀림 없습니다.

14. 사도 바울은 고린도인들에게 "축복의 잔은 그리스도의 피에 참예함이 아니며 우리가 떼는 빵은 그리스도의 몸에 참예함이 아니냐?"(고전 10:16)라고 말하고 있지 않습니까? 이것은 바로 성찬에는 그리스도의 육체적인 몸과 피가 실제로 그 안에 존재한다는 증거가 될 수 있지 아니합니까?

사도 바울의 말은 조금도 그 증거가 되지 않습니다. 사도 바울은 빵과 포도주가 그리스도의 몸과 피라고 말한 것이 아니라 오직 그리스도의 몸과 피에 참예한다고 말하고 있을 뿐입니다. 그는 모든 참예자들이 올바르고 가치 있게 믿음으로 빵과 포도주를 받을 때에 그렇게 받음으로써 그들은 자신들의 죄를 위하여 십자가 위에 바치신 그리스도의 몸과 피의 희생에 함께 영적이고 마음으로부터 우러나오는 참예를 할 수 있다고 말하고 있는 것입니다. 이것이 바로 성찬의 목표 중의 하나입니다. 성찬은 그들의 십자가에 못 박힌 구주와 더불어 신도들이 함께 연합하는 마음의 연합을 깊게 하고 강하게 하기 위해 정해진 것입니다. 이것이 바로 우리가 이 글에서 가장 올바르게 이해해야 하는 것입니다.

15. 교리문답에서는 "그리스도의 몸과 피는 참으로 또한 실제로 성찬에서 믿는 자들에게 받아들여진다"라고 말하고 있지 않습니까? '참으로 또한 실제로' 라는 말은 교리문답을 작성한 사람들의 판단에서 베풀어진 빵과 포도주 안에 실제로 그리스도의 육체적인 몸과 피가 존재한다는 것을 의미합니까?

이러한 질문에 대한 비할 데 없이 간단한 대답은 바로 39개조 신조의 28번째 조항에서 찾아볼 수 있습니다. 28번째 조항은 "그리스도의 몸은 오직 거룩하고 영적인 방법에 따라서만 성찬에서 베풀어지고 받아들여지며 먹게 되는 것이다. 또한 그리스도의 몸이 성찬 안에서 받아들여지고 먹게 되는 방법은 바로 믿음이다"라고 했습니다.

다음의 인용문은 매우 학식이 풍부한 신학자인 워터랜드(Waterland) 주교의 작품에서 발췌한 것으로 특별히 깊은 관심을 기울일만한 가치가 있습니다.

교회의 교리문답의 말씀에서 '참으로 또한 실제로' 믿는 자들에 의해서만 받아들여진다는 말씀은 그리스도의 죽음으로 말미암아 구속된 유익에 진정으로 참여하게 된다는 것을 올바르게 해석한 것이다. 그리스도의 몸과 피는 믿는 자들에 의해서만 받아들여질 수 있으며, 육체적으로 받아들여지거나 정신적으로 받아들여지는 것이 아니라 참으로 또한 실제로 효과적으로 받아들여질 수 있다.

16. 사역자들이 성찬식에서 빵과 포도주를 베풀 때에 빵과 포도주 안에는 변화가 일어납니까?

결코 그렇지 않습니다. 빵은 그 전과 똑같은 빵이며 포도주도 마찬가지로 색깔이나 맛 또는 함량에 있어서 조금도 변함이 없는 똑같은 포도주입니다.

잉글랜드 국교회의 39개조 신조의 28번째 조항은 "화체설 또는 주의 성찬에서 빵과 포도주가 실체적인 변화를 일으킨다는 것은 성경에 의해 지지 받지 못한다. 성찬의 본질을 버리고 미신을 일으키는 그러한 성경해석은 대단히 혐오스러운 것이다"라고 말합니다.

17. 축성 후에 빵과 포도주 안에는 실제로 그리스도의 육체적인 몸이 존재해 있습니까?

만약 '실제로'라는 용어가 의미하는 것이 육체적이고 물질적인 것이라면 결코 그렇지 않습니다.

공동 기도서에서는 다음과 같은 분명한 규칙을 언급하고 있습니다.

우리의 구주이신 그리스도의 육체적인 몸과 피는 천국에 있으며 여기 지상에 있지 않다. 한 번에 여러 장소에 있다는 것은 그리스도의 육체적인 몸에 대한 진리에 반대되는 일이다. 만약 그리스도의 몸이 동정녀 마리아에게서 났으나 주의 상 위에 놓인 빵과 포도주 안에 실제로 존재할 수 있다면 우리의 구주는 완전한 사람이라는 진리는 내팽개쳐질 것이며 성찬 속에 있다는 그리스도의 몸은 진정한 사람의 몸이 될 수 없을 것이다. 성별이 끝나자마자 즉시 그리스도의 몸과 피가 빵과 포도주로 변화하게 된다고 우리들에게 말하는 자들은 커다란 잘못을 범하고 있으며 자신들이 증명할 수 없는 것들을 주장하고 있는 것이다.

18. 성찬식에서 성별된 빵과 포도주는 높여져야 하며 찬양하고 숭배해야 할 것입니까?

결코 그렇지 않습니다. 성별된 후에도 빵은 빵일 뿐이며 포도주도 그저 포도주일 뿐입니다. 그 빵과 포도주는 성별 후에 지극히 거룩한 것의 상징으로서 경건하고 조심스럽게 다루어야 할 것들일 뿐입니다. 그것들을 어떻게 다루어야 할지 태도가 변해야 할 뿐이며, 그 실체가 변한다고 여겨선 안되는데, 왜냐하면 그러한 것은 두 번째 계명을 어기는 일이기 때문입니다.

공동 기도서는 다음과 같이 분명하게 말하고 있습니다.

성찬식의 빵과 포도주는 여전히 물질적인 실체를 그대로 유지하고 있으며 찬양되어서는 안된다. 그것은 맹목적인 숭배이며 모든 믿음 있는 그리스도인들에게 지극히 혐오스러운 일이 될 것이다.

39개조 신조의 28번째 조항에서는 "그리스도께서는 성찬식의 요소들이 숭배되고, 높여지고, 예배되도록 제정하지 않았다"고 말하고 있습니다.

19. 성찬에는 그리스도의 살과 피의 희생이 있습니까?

결코 그렇지 않습니다. 신약성경은 성찬을 단 한 번도 희생이라고 부르지 않습니다. 또한 성경의 4곳의 구절(마 26:26-28; 막 14:22-24; 눅 22:19-20; 고전 11:23-29)에서도 조금도 희생의 흔적을 찾아볼 수 없습니다. 그 안에는 그리스도의 제자인 사도들이 어떤 희생이 바쳐지는 것을 보았다고 생각했다는 것을 보여주는 언급이 한 마디도 없습니다. 더욱이 신약성경에서 우리가 계속 배워온 바대로, 그리스도는 우리의 죄를 위하여 십자가 위에서 희생되셨으며, 한 영원한 제사를 드리시고 한 제물로 거룩하게 된 자들을 영원히 온전케 하셨기 때문에, 다시 죄를 위하여 제사드릴 것이 없는 것입니다(히 10:14, 18).

그리스도를 제물로 바치려는 시도는 신성모독에 가까운 무지의 행위입니다. 공동 기도서에서는 단 한 번도 성찬을 희생으로 부른 적이 없습니다. 공동 기도서에서 말하는 '봉헌물'(oblations)은 봉헌하는 곳에 돈을 헌금하는 것입니다. 공동 기도서에서 말하는 희생(sacrifice)은 감사와 찬양(praise and thanks-giving)의 희생이며 기도서에서 말하는 유일한 헌금은 우리자신과 영혼과 몸을 이성적이고 거룩하며 살아있는 희생으로 하나님께 드리는 것을 말합니다.

20. 성찬에서 빵과 포도주를 성별하는 성직자는 제사장입니까?

'제사장'이라는 말이 우리가 말하는 장로이거나, 또는 성직자 다음의 위치에 있는 자를 의미한다면 의심할 바 없이 그는 제사장입니다. 공동 기도서도 그런 의미로만 제사장이라는 단어를 사용합니다. 그러나 우리가 그 말을 희생 제물을 바치는 자로 이해한다면 그는 결코 제사장이 아닙니다. 왜냐하면 그는 바쳐야 할 희생이 없기 때문에 제사장이 될 수 없으며 희생이 없는 제사장은 무의미한 명칭일 뿐입니다. 또한 기독교 성직자들은 신약성경에서는 결코 제사장으로 불리워지지 않았기 때문에 그는 제사장이 될 수 없습니다. 구약성경에서 유대 제사장들은 날마다 희생을 바쳐야만 했으며 언젠가 올 자를 위대한 대제사장의 모습으로 알고 있었습니다. 그러나 그리스도께서 자신을 십자가 위에 바쳤을 때 제사장의 사역은 단번에 영원히 사라졌습니다. 이제는 모든 신도들이 "왕같은 제사장"(벧전 2:9)입니다. 왜냐하면 그들이 "하나님이 기뻐하시는 거룩한 산제사를 드리기"(롬 12:1) 때문입니다. 그러나 기독교 성직자는 희생을 드리는 제사장이 아니며 제사장이 될 수도 없습니다. 기독교 성직자는 사자이며 대리자이며 증인이요 파수꾼이며 목자이며 하나님의 신비를 관리하는 집사입니다. 아무리 그가 입는 옷이 다르고 그가 무슨 명칭을 갖고 있다 하더라도 그들은 그 이상이 될 수 없습니다. 그리스도인들은 오직 한 대제사장을 가지고 있을 뿐입니다. 그는 바로 승천하신 자 곧 하나님 아들 예수(히 4:14)입니다.

21. 성찬식에서 성찬대를 제단이라 칭할 수 있습니까?

결코 그렇지 않습니다. 신약성경에서는 결코 식탁을 제단으로 부르지 않습니다. 히브리서 13장에 나타나는 성구인 "우리에게 제단이 있는데"(히 13:10)라는 말은 성찬과는 조금도 관계가 없습니다.

학식이 매우 풍부한 신학자인 워터랜드 박사는 "제단은 우리의 주이신 그리스도이시며 그가 제단이요 대제사장이며 희생이시다"라고 말하고 있습니다.

잉글랜드 국교회의 공동 기도서에서도 성찬대를 결코 제단으로 부르지 않습니다. 우리 교회의 개혁자들은 모든 곳에 있는 제단을 모두 부수고 없앴으며 만들어진 제단을 나무 조각으로 만들도록 명령하였습니다. 성찬대를 제단으로 부르고, 제단 봉사자, 즉 '복사'(altar server)를 말하고, 결혼식에서 "제단에 신부를 데려온다"(led to the altar)고 표현하는 자들은 엄청나게 해가 되는 일을 하고 있으며 무지하게도 부패한 로마 가톨릭 교회의 언어를 쓰면서 엄청난 잘못을 저지르고 있습니다. 만약 사도 바울이 무덤에서 일어나서 교회에 '제단'이 있다고 말하는 것을 본다면 그는 결코 이를 이해하지 못할 것입니다.

22. 저녁에 성찬식을 거행하는 것은 잘못된 일이거나 혹은 죄를 탐하는 일이 됩니까?

결코 그렇지 않습니다. 그리스도와 그의 제자들의 모범을 따르는 일은 조금도 죄가 되지 않습니다. 신약성경을 읽는 모든 독자들은 성찬의 시작이 저녁에 이루어졌다는 것을 알아야 할 필요가 있습니다. 사도행전이나 서신서 어디에서도 우리에게 성찬을 먹어야 하는 특별한 시간을 명하지 않습니다. 마찬가지로 우리의 공동 기도서에서도 성찬을 먹는 시간에 대해서는 사려 깊은 성직자들의 신중함에 그 문제를 내맡기고 있습니다. 성직자들이 현명하게 회중들에게 성찬을 먹게 하는 가장 좋은 시간을 택하도록 용납하고 있으며 시간에 대해 엄격하고 딱딱한 규칙을 정하지 아니하고 있습니다. 저녁에 성찬식을 가지는 것을 금한다면, 큰 대도시 교구에 사는 수많은 사람들에게 성찬식을 완전히 폐쇄하는 일이 됩니다. 많은 가정에서 노동 계급의 어머니들은 아침 시간에는 거의 집을 떠날 수가 없습니다. '만찬'(supper)이라는 용어조차도 아침보다는 저녁 시간을 가리키고 있는 말입니다. 이러한 사실들에 맞부딪히게 될 때 저녁 시간의 성찬식을 거부하는 일은 마치 신성을 모독하고 불경한 행위이며, 지극히 비이성적이고 현명하지 못한 일입니다.

23. 성찬을 받을 때에 금식하는 것이 바람직하고 유익하며 필수적인 것입니까?

금식은 반드시 필요한 것은 아닙니다. 왜냐하면 성경에는 그러한 금식을 조금도 요구하거나 명령하지 않고 있기 때문입니다. 더욱이 맨 처음의 성찬 제도가 생겼을 때에 사도들은 금식이라는 명령을 받지 않았던 것이 분명합니다. 왜냐하면 그들은 식사를 마친 후에 성찬을 받았기 때문입니다. 그러므로 이 점에 관해서는 중요하게 생각할 것이 없으며 금식에 관해서 모든 신도들은 자신의 의사대로 사용하여도 무방합니다. 또한 그들이 다른 사람들을 비난하는 데 사용하지 않고 자신을 바로 세우고 바르게 세워지기를 원하는 마음에서 금식을 하는 것이 좋을 것입니다.

그러나 금식 후 성찬을 받는 것에 더 많은 가치를 부여하려는 많은 사람들의 마음속에는 우리가 받는 성별된 빵과 포도주가 어떤 신비한 방법으로 인해 진짜 빵과 포도주가 아니며 우리의 몸 안에서 다른 음식과 섞여서는 안 된다고 생각하려는 마음이 있습니다. 이러한 믿음은 조금도 찬양받을 만한 믿음이 아닙니다. 금식 후 성찬을 받는 것이 모든 사람들이 한 자리를 차지하고서 의무적으로 해야 할 규칙이 된다고 가르치는 사람들은 성경적이지 못할 뿐만 아니라 잔인한 행동입니다. 아침부터 성찬식에 참여 시키기 위해 금식을 시키는 행동은 .연약한 사람의 죽음의 원인이 될 수도 있습니다.

24. 성찬에 참여하는 자들이 자신의 죄를 개인적으로 성직자에게 고백하는 것과 그들이 성찬에 나오기 전에 죄 사함을 받는 것은 그들에게 반드시 필요하며 바람직한 일일 뿐만 아니라 유용한 일입니까?

그것은 필요한 일이 될 수 없습니다. 신약성경에는 단 한 구절도 그러한 일에 대하여 언급하지 않고 있습니다. 사도들이 그러한 고백을 하도록 요구한 일도 없으며 최초의 그리스도인들도 그러한 고백을 하지 않았습니다. 그것은 분명히 바람직한 일도 아니요 유용한 일도 아닙니다. 성직자에게 개인적이고 은밀한 태도로 죄를 고백하는 습관은 어떤 상황 아래에서든지 부패한 로마 가톨릭 교회에서 만들어낸 지극히 해롭고 위험한 습관 중의 하나일 뿐만 아니라 엄청난 부도덕과 사악함의 근원이 되어왔던 습관입니다. 더욱이 잉글랜드 국교회의 사역자는 아무리 그가 정직하고 자신의 성직에 대해 성실하다 할지라도 한 사람도 고해를 요구하거나 부추기며 고해를 용납할 권리를 가지고 있지 않습니다. 그것은 회개의 설교(Homily of Repentance)에서도 너무나 분명하게 비난되고 있는 바입니다.

25. 성찬에 참예하기 전에 개인적으로 고백하는 것은 공동 기도서의 성찬식에서 허용하고 있지 않습니까? 공동 기도서 안에서는 사역자가 "너희 중에 어느 한 사람이 자신의 양심을 가라앉히고자 한다면 오직 더 많은 위안과 권고를 필요로 하고 있다면, 그로 하여금 나에게 혹은 다른 사려 깊고 학식이 풍부한 하나님의 말씀인 사역자에게 나아오게 하여 자신의 슬픔을 모두 밝히게 하라. 하나님의 사역으로 말미암아 그는 죄 사함의 유익을 받을 것이다"라고 말하고 있지 않습니까?

아무리 공정하다 하더라도 위의 문장에서 비밀고해(auricular confession)나 성례적 사면(sacramental absolution)을 이끌어내려 하는 것은 불가능한 일입니다. 이 글의 의미는 매우 단순합니다. 그것은 마음속에 고통을 받고 어떤 괴로움이나 양심의 고통으로 말미암아 슬퍼하고 있는 자들이 어떤 사역자에게 나아가서 권고를 받고 그에게 자신의 괴로움이나 고통에 대하여 개인적으로 말하고 이러한 괴로움이나 고통들을 성경 말씀으로 씻어내거나 안정시키고자 한다는 의미를 담고 있습니다. 이 때의 성경 말씀은 곧 하나님 말씀의 사역을 의미합니다. 오늘날에 모든 현명한 사역자들이 그와 더불어 개인적인 대화를 원하고 설교가 끝났을 때에 만남을 기다리고 있는 사람들에게 할 수 있는 일들을 말하고 있을 뿐입니다. 그러나 이러한 일들은 모든 치료약이 아편과, 또 물이 독약과는 다른 것처럼 성찬에 참여하기 전에 습관적으로 고해하는 유해한 의식과는 전적으로 다른 것입니다.

26. 어떤 성직자가 성찬을 집행하며 말씀을 선언할 때, 각 사람에게 말을 하지 않고 모두를 모아 놓고 성찬을 집행하며 말씀을 선언하는 것은 잘못된 일입니까?

그는 성경에 나타난 대로, 예수 그리스도께서 처음 성찬을 제정하신 대로 잘 한 것입니다. 신약 성경의 네 곳의 증언(마 26:26-28; 막 14:22-24; 눅 22:19,20; 고전 11:23-29) 모두, 그리스도께서는 많은 수의 사람들에게 성찬을 베풀었으며 한 사람에게 성찬을 베푼 것이 아니라고 쓰여 있습니다. 거기에서는 그가 한 번만 말씀을 하셨으며 사도들 모두에게 빵과 포도주를 베풀어 주셨습니다. 그분의 모범 앞에서 그리스도께서 행하신 것과 똑같이 해야 한다는 것을 깨달은 사역자를 비난하고 질책하는 것은 분명히 현명하지 못한 일입니다.

27. 공동 기도서의 규칙은 사역자가 각각의 성찬 참여자들에게 따로따로 집행의 말씀을 해야 한다고 명령하고 있지 않습니까?

결코 그렇지 않습니다. 이성과 상식으로 판단해 볼 때 이 규칙에 따르는 것이 지극히 불편하고 힘든 것이라면 공동 기도서의 편집자들은 이 규칙을 문자 그대로 정확하게 해석해야 하고 그 규칙에 복종해야 한다는 것으로 생각하지 않았을 것입니다.
한 명의 성직자가 다른 보조(curate)한명과 함께 거의 300명 또는 400명 정도의 사람들에게 빵과 포도주를 베풀어야 할 때 필연적으로 예배시간은 길어지고 나이 들고 연약한 사람들은 지치게 될 것이며 그 다음 순서에 따르는 의식은 많은 어려움이 있게 될 것입니다. 의심할 바 없이 이러한 규칙이 쓰여졌을 때는 교구는 소규모로 매우 작았으며 성찬 참여자들의 수도 적고 주일학교도 없었을 것이며 성직자들도 하루의 예배의식 이외에는 더 많은 의식을 갖추지 아니하였을 것입니다.

그 당시에 제정된 규칙은 그러한 상황 아래서는 가능하였을지도 모릅니다. 그러나 오늘날에 있어 이 규칙을 무분별하게 적용하는 것은 주일예배를 망치게 할 수도 있고 유익하기보다는 해악을 끼칠 염려가 더 많다는 것을 고려해야 합니다.

28. 어떤 사역자이든지 공동 기도서에서의 성찬식의 모든 전례 법규들을 그대로 따라야 합니까?

공동 기도서에 나오는 그대로 지키는 사람 없을 수 있으며 성찬의 4중 행위(four actions, 빵을 취하고, 축사한 뒤, 떼어, 나누어주는 것-역자)도 전제하지 않는 사람들도 있을 것입니다. '교회의 몸'에 성찬을 진행하는 순서는 일괄적인 것은 아닙니다. 이런 문제는 규칙보다는 관습의 문제라 할 수 있지만, 성찬식의 전례 법규들의 해석이라는 한도 내에서만 재량권이 주어집니다.

29. 성찬 집행 때 말씀을 각자에게 베푸는 것이 모아놓고 한꺼번에 하는 것보다 더 낫지 않습니까?

이 질문에 답하는 것은 불가능한 일입니다. 이것은 느낌과 견해에 관련된 문제입니다. 많은 성찬 참여자들이 자신에게 베풀어진 말씀을 각각 듣지 못한다면 마음 아파하고 기분이 상하게 되는 것은 분명한 사실입니다. 마찬가지로 많은 사람들이 같은 시간에 약간의 빵과 포도주를 베풀면서 특별히 일곱 또는 여덟 명의 사역자들이 나누어서 성찬 집행의 말씀을 끊임없이 반복하면서 돌아다니는 것을 좋아하지 않습니다. 많은 사람들이 그것이 자신들의 정신을 혼란하게 한다고 불평합니다. 이러한 점에 관하여 우리는 생각해야 하고 그들이 생각할 수 있게 해야 하며 서로 판단하지 않아야 합니다. 모든 사람들이 자기 자신의 마음속에 완전히 순종하게 하십시오. 몇몇 사역자들이 각각의 성찬 참여자들에게 그들이 주장하고 있는 특별한 구속의 교리, 즉 제한 속죄 교리 때문에 말씀을 반복하지 않는다는 것은 어리석고, 근본없고, 무지한 가정이며, 진리와는 상관 없습니다.

30. 빵과 포도주를 받을 때에 육체적인 행동이나 태도 또는 몸짓이 성찬 참여자들에게 특별히 요구됩니까?

성경 안에는 이러한 것에 대해서는 조금도 언급되어 있지 않습니다. 최초의 성찬식 제도에 참여했던 사도들은 분명하게 그 시대의 풍습대로 두 팔을 식탁 위에 올리고 기대고 있었습니다.

공동 기도서에서는 무릎 꿇는 것을 명령하고 있으며 그 이유가 "모든 받을 만한 가치가 있는 사람들에게 주어지는 그리스도의 유익에 대하여 겸손하게 감사하기 위해서 또한 성찬식에서 무질서와 신성모독을 방지하기 위해서"라고 하고 있습니다. 우리의 손가락으로 혹은 우리의 손바닥으로 빵과 포도주를 받는 것은 각자가 스스로 결정해야 할 문제라고 생각됩니다. 우리의 손으로 빵을 만지면 안되며 따라서 입에 넣어주기를 요구하는 것은 강력한 미신의 표현입니다. 봉건시대의 노예처럼 땅 위에 엎드려서 인사하는 것은 그리스도의 평신도들에게는 가치 없는 몸짓이며 봉헌된 빵과 포도주의 참된 본질에 대해 무지하다는 것을 말해주는 지극히 미신적인 행위입니다.

31. 성찬의 가치와 유용성을 높이고 성찬 참여자들을 세우는 일을 향상시키기 위해서 훤한 대낮에 성찬식의 식탁에 불을 밝히고, 포도주에 물을 섞고, 성직자들에게 '제의복'(chasuble)이라 부르는 특별한 의복을 입히고, 향을 태우는 일을 집행해야 합니까?

이러한 일들은 실제로 조금도 가치 있는 일들이 아닙니다. 이러한 일들 중에 그 어떤 것도 필요하지 않으며 성경에서는 언급된 일조차 없습니다. 공동 기도서에서도 이러한 일에 대해 조금도 설명하지 않고 언급하지도 않고 있습니다. 가장 훌륭한 영국 법률가들도 이러한 일을 불법이라고 말합니다. 이러한 행위는 부패한 로마 가톨릭 교회로부터 유입된 것이며 적지 않은 사역자들이 이러한 행위를 사용함으로써 많은 회중들을 희생시켰으며 로마 가톨릭 교리의 성찬식과 유사한 방향으로 이끌고 갔습니다. 의심할 바 없이 이러한 행위들은 '지혜 있는 모양'이지만, "오직 육체 좇는 것"(골 2:23)입니다. 이것은 단순히 외적인 신앙을 더 좋아하는 많은 무지한 사람들에게 어울리는 행위일 뿐입니다.

그러나 그것은 결코 하나님을 기쁘게 하는 일이 되지 않습니다. 이러한 행위는 성찬에 대해 참되고 성경적이며 바른 관점을 지니려고 노력하는 성찬 참여자들의 마음을 혼란하게 하고 분리시키려는 데에 그 본질이 있는 것입니다. 상식으로 판단해 볼 때에 어느 누구도 감히 이러한 일들이 성찬의 유익함을 위해 필수적이며 우리의 주와 그의 제자들이 사용하였을 것이라고 주장할 수 없을 것입니다. 이러한 행위는 바로 "자의적 숭배"(골 2:23), 다시 말하면 사람들이 꾸며낸 행위일 따름입니다. 이러한 불법적인 의식의 행위를 고집하는 사역자는 불필요한 일들로 인해 교회에서 갈등과 반목과 분파를 만들어내는 근원이 되며 그는 비난받아 마땅한 자입니다.

32. 잉글랜드 국교회의 개혁자들은 우리가 의존하고 있는 우리의 39개조 신조와 공동 기도서를 만든 사람들로서, 성찬에 관한 올바르고 참된 관점에 대해 많은 비중을 두었습니까? 특히 성찬에서 그리스도의 현존이라는 실제적인 의미에 대하여 큰 비중을 두었습니까?

그렇습니다. 이 점에 관하여 우리의 종교개혁자들은 로마 가톨릭 교회와 지극히 다른 입장을 취하였습니다. 우리의 개혁자들은 성찬식에서 성별의 말씀이 끝났을 때에 빵과 포도주의 형태에 그리스도의 육체적인 몸과 피가 육체적으로 존재하게 된다는 것을 인정하지 않습니다. 그 때문에 개혁자들 중에서 많은 사람들이 메리 여왕의 지배 하에서 위험에 빠지거나 화형을 당하고 죽음을 당했습니다. 유명한 교회 역사가인 풀러(Fuller)는 이렇게 말했습니다.

> 제단의 빵과 포도주가 프로테스탄트가 누구인지를 가르는 잣대가 되었다. 십자가에 못 박히셨던 그 육체가 성찬에 실제로 현존한다고 하는 주장에 프로테스탄트들이 반대한 이유 전부가 담겨 있다.

33. 존 로저스(John Rogers)는 무슨 이유로 1555년 2월 4일에 스미스필드(Smithfield)에서 화형 당하였습니까?

존 로저스의 고백을 들어보기로 합시다.

> 나는 성찬식에서 동정녀 마리아에게서 나신 우리의 구주 그리스도의 몸과 피가 존재한다는 것을 믿었던 사실에 대해 의문을 가지게 되었다. 우리 구주의 몸과 피가 십자가 위에 매달렸는데도 '실제로' 그 실체가

성찬에 존재한다는 것인가? 나는 이렇게 대답하고자 한다. 그것은 잘못된 것이다. '실제로'라는 말은 '육체적으로'라는 말과 다르게 이해될 수 없다. 그러나 그리스도의 육신은 하늘에만 있다. 따라서 그리스도는 우리의 성찬에 육체적으로 존재하시지 않는다.

이 고백으로 인해 존 로저스는 화형 당하였던 것입니다.

34. 우스터(Worcester)의 감독이었던 휴 라티머(Hugh Latimer)는 무슨 이유로 옥스포드에서 1555년 10월 16일에 화형되었습니까?

폭스(Foxe)가 라티머에 반대한 글을 그의 책에 수록하고 있습니다. 함께 들어보겠습니다.

당신은 그리스도의 참되고 육체적인 몸이, 사제가 성별한 후에도 제단 위의 성찬 안에 실제로 존재하지 않는다고 공공연하게 옹호하고 주장하고 또한 제단의 성찬 안에 그리스도의 몸이 아닌 빵과 포도주만이 남아 있을 뿐이라고 주장한다.

이에 대하여 선량한 라티머는 다음과 같이 대답하였습니다.

성별 후에도, 로마 가톨릭 교회에서 제공하는 빵과 포도주의 형상 아래에 그리스도의 살과 피가 있는 것은 아니다.

이러한 주장으로 인해, 휴 라티머는 화형 당하였습니다.

35. 무슨 이유로 니콜라스 리들리(Nicholas Ridley)는 런던 감독으로서, 옥스포드에서 1555년 10월 16일에 화형되었습니까?

폭스가 리들리를 비난했던 글을 그의 책에 수록하고 있는데, 그것도 한번 들어보겠습니다.

니콜라스 리들리가 고집스럽게 주장하고 확신하는 의견들과 이단적인 생각들은 하나님의 말씀에 반대되며 교회가 받아들인 신앙에 반대될 뿐이다. 그는 그리스도의 실재의 살과 피가 성찬식에 없다고 주장하며 성별의 말씀 후에도 빵과 포도주는 여전히 변하지 않는다고 했다.

이것이 니콜라스 리들리가 화형당한 이유입니다.

36. 성바울성당의 명예 성직자이자 리들리 감독에게 천거를 받아 에드워드 6세의 여섯 명의 궁중 설교자 중 하나가 되었던 존 브래드포드(John Bradford)는 무슨 이유로 1555년 6월 1일에 스미스필드(Smithfield)에서 화형 당하였습니까??

존 브래드포드가 감옥에 있을 때에 랭카셔와 체셔 사람들에게 쓴 글에서 무엇이라고 말하고 있는가 들어봅시다.

내가 이단으로 비난받는 이유는 제단의 성찬(그들의 성찬은 가톨릭교인들이 현재 사용하는 것처럼 분명히 왜곡되어 있다)이 빵과 포도주라는 형태 아래 그리스도의 참된 육체적인 몸과 피가 된다는 것을 분명하게 부정하고 있기 때문이며 또한 빵과 포도주가 그리스도의 몸과 피로 변화된다는 것을 부정하기 때문이다. 화체설은 악마의 애인이며, 적그리스도의 딸이며 상속자이다.

이러한 주장으로 인해, 존 브래드포드는 화형 당하였습니다.

37. 화형 당한 이 네 사람들은 잉글랜드 국교회의 특별한 경우가 아닐 수도 있고 또 그들은 잉글랜드 국교회의 참된 대표자가 아닐 수도 있지 않습니까? 그들은 난폭한 광신자나 무지하고 배우지 못한 사람들이 아닐 수도 있지 않습니까?

이러한 의견은 진리로부터 떨어진 것입니다. 화형 당한 네 사람은 그들의 생명을 바쳐가면서까지 자신들이 옹호하는 교리를 주장하였습니다. 이들이 주장한 교리는 에드워드 6세의 치세 때에 모든 잉글랜드 국교회가 고백하게 되었던 교리입니다. 그래서 메리 여왕의 지배 하에 있을 때에는 그들의 견해가 따로 떨어져 있지 않고 280명의 다른 사람들이 함께 주장하게 되었습니다. 무지가 널리 퍼져 있고 학식이 부족하던 시대에 이들은 그 시대의 가장 학식 있는 사람들이었으며 특히 리들리 같은 사람은 우리 잉글랜드 국교회의 공동 기도서를 기초하는 데 큰 공헌을 하였던 것입니다.

38. 잉글랜드 국교회의 개혁자들이 로마 가톨릭 교회로부터 나왔기 때문에, 성찬에 대한 왜곡되고 극단적인 관점을 채택하였다고 말할 수 있지 않습니까? 잉글랜드 국교회의 종교개혁 후에 영국 신학자들이 참된 실재의 교리에 대해 보다 적절하고 절제된 견해를 채택하였다고 말할 수 있습니까?

이와 같이 이야기하는 사람은 증명할 수 없는 말을 하고 있는 것입니다. 거의 예외가 없이 모든 위대하고 유능하며 학식이 풍부한 영국 신학자들은 거의 300년 동안 성찬 안에 봉헌된 빵과 포도주 안에는 그리스도의 육체적인 몸과 피가 실제로 존재하지 않는다는 주장에 동의하였습니다.

39. 쥬얼(Jewell) 감독은 성찬식에 관한 자신의 저서에서 무엇이라고 말하고 있습니까?

그리스도의 몸과 그의 몸에 관한 성찬 사이에 존재하는 차이점은 무엇인가를 검토해 보자. 그 차이점은 다음과 같다. 성찬은 상징 혹은 증표이다. 즉 그리스도의 몸을 상징하거나 입증하는 증표가 된다. 성찬의 빵은 빵일 뿐이다. 그것은 그리스도의 몸이 아니다. 그리스도의 몸은 육신이다. 육신은 빵이 아니다. 빵은 땅에 있으나 그리스도의 몸은 하늘에 있다. 빵은 식탁 위에 있으나 몸은 하늘에 있다. 빵은 입 안에 있으나 몸은 마음 안에 있다. 빵은 몸을 살찌우고 그리스도의 몸은 영혼을 살찌운다. 빵은 아무것도 아니지만 그리스도의 몸은 영원하며 소멸되지 않는다. 빵은 속된 것이지만 그리스도의 몸은 영광스러운 것이다.
이와 같은 차이점이 몸의 성찬인 빵과 그리스도 그분의 몸 사이에 존재한다. 성찬은 악한 사람에게나 믿음 있는 사람에게나 차별 없이 먹을 수 있으나 그리스도의 몸은 믿음 있는 자들만이 먹을 수 있다. 성찬은 판단으로 먹을 수 있으되 그리스도의 몸은 구원으로만 먹을 수 있는 것이다. 성찬이 없이도 구원 받을 수 있으나 그리스도의 몸이 없이 우리는 구원 받을 수 없다.

40. 리처드 후커(Richard Hooker)는 성찬에 대해 무엇이라고 말하고 있습니까?

복된 그리스도의 살과 피는 성찬에서 발견된다기보다 그 성찬에 참여한 성도들에게서 발견된다고 할 수 있다. 우리 구주의 말씀의 명령은 이러한 견해와 일치한다. 우선 "받아서 먹으라." 그 다음으로는 "이것은 내 몸이니라"라고 말하고 그 다음으로 "이것은 죄 사함을 얻게 하려고 많은 사람을 위하여 흘리는 바 나의 피 곧 언약의 피니라"라고 말하였다. 나는 아무리 그리스도의 말씀을 뒤져도 언제 어디서 그 빵이 그분의 몸이 되며 포도주가 피가 되는지 발견하지 못하였다. 그러나 오직 그분을 받아들이는 자의 마음과 영혼 안에 그분의 살과 피가 있음을 믿는다. 성찬에 관해 말하자면, 빵과 포도주는 은혜를 소유하고 있지 않으며 그 자체로는 하나님을 기쁘게 할 만한 것이 아니다.

41. 제레미 테일러(Jeremy Taylor)는 참된 실재에 관한 책에서 무엇이라고 말하고 있습니까?

우리는 그리스도의 몸이 성찬에서 실제로 그러나 오직 영적으로만 존재한다고 말한다. 로마 가톨릭 교회에서는 그것이 성찬에 실제로 그리고 영적으로 존재한다고 말한다. 벨라민(Bellarmine)이 담대하게 말한 것처럼 이 문제에 관해서는 말할 수 있는 권리가 있다. 이제 그 차이가 무엇인가 를 알아보기로 하자. 로마 가톨릭 교회에서 영적으로라고 말하는 것은 그들이 영의 방법을 본뜬다 하여 영적이라고 말하고 있는 것이다. 우리는 영적으로라는 말은 오직 우리의 영에서만 존재한다는 것을 말하고 있는 것이다. 그들은 그리스도의 몸이 십자가 위에 계셨던 것처럼 성찬에 참된 실재로 존재한다고 말한다. 그러나 이것은 육체를 가진 인간이 실재하는 방식을 따른 것이 아니라 천사와 같은 영적 존재가 실재하는 방식을 따른 것이다. 이것이 그들이 말하는 영적으로 존재하는 것이다. 그러나 우리는 그리스도의 참된 영적인 실재로 말미암아 하나님의 성령이 존재하듯이 믿음 있는 자의 마음속에 그리스도께서 존재하신다고 믿는다. 축복과 은혜로서 존재하시는 것이다. 이것이 바로 우리가 육체적이고 형태적인 실재를 거부하는 대신에 제안하는 논지이다.

42. 어셔(Usher) 대주교는 하원에서 설교할 때 무엇이라고 말하였습니까?

성찬식에서 빵과 포도주는 평상시에 식탁에서 나오는 빵과 포도주와 같은 실체이며 조금도 변화되지 않은 것이다. 그러나 빵과 포도주가 성별되는 곳에서는 성스러운 것으로 사용된다는 점에서 그러한 변화는 땅과 하늘이 차이가 나듯이 보통의 빵과 포도주와는 많은 차이를 드러내는 것으로 나타나게 된다. 빵과 포도주 그 자체를 중요한 것으로 간주해서는 안 되며 또한 그것들이 관련 맺고 있는 것 때문에 거룩한 것으로 나타내어져서도 안 된다. 하나님이 그것들을 통하여 하늘의 거룩한 것들을 전해 주는 수단으로 정하셨으며 또 실제로 그것들을 통하여 우리는 하늘의 거룩한 것들을 소유하게 되도록 정하신 것이다.

그래서 이러한 거룩한 의식을 위해 빵과 포도주를 사용할 때에는 한 사람이 빵과 포도주라는 지상의 피조물을 사용하며, 그것들을 그의 육체적인 손과 입으로 받듯이 그가 영적인 손과 입으로 진실로 받아들이고자 할 때에는 그리스도의 몸과 피를 받아들이는 것이 된다. 이것이 바로 우리가 이러한 성스러운 행위에 대해 내적으로 긍정하게 되는 참되고 실제적인 존재이다.

43. 워터랜드(Waterland)는 무엇이라고 말하고 있습니까?

조상들은 그리스도의 육체적인 몸을 성찬의 실제적인 희생으로 만드는 것이라고 이해하였다. 그들은 이성적으로 합리적이지 못했으며 지극히 세속적이고 신성 모독적이었을 뿐이다. 그리고 외적인 상징에 어울리는 희생물이나 육체적인 희생으로 만드는 것은 전적으로 복음의 원리에 반대되는 것이었고 그리스도인들의 희생을 유대인들의 희생으로 타락시키는 것이었으며 또한 그 가치나 권위에 있어서도 유대인들의 것보다 훨씬 더 천하고 낮게 만드는 일이었다. 그러므로 올바른 길은 그 희생을 영적인 것으로 만들고 복음의 원리에 맞게 하는 일이다.

어느 누구도 그리스도를 희생으로 바칠 수 있는 권위나 권력을 갖고 있지 않다. 실제로이건 상징적으로건 간에 결코 그렇게 할 수 없다. 그러나 그리스도 그 분만이 하실 수 있다. 즉 그러한 희생이 그 분의 희생이며, 우리들의 희생이 아니다. 우리들을 위해 바쳐진 희생이며, 우리가 바친 것이 아니다. 그 희생은 성부 하나님께 바친 것이다.

44. 버넷(Burnet) 감독은 39개조 신조에 관한 그의 저서에서 무엇이라고 말했습니까?

우리는 그리스도의 참된 몸과 피의 실재를 주장한다. 그러나 하늘에 계신 그 몸, 십자가에서 찢으신 그 몸, 십자가에서 흘리신 그 피를 말하는 것이 아니다. 십자가의 공로와 그의 죽음이 지닌 효력이 가시적으로 또 언약적으로 성찬 가운데 그의 성도들에게 제공된다. 이것이 우리가 이해하는 '실재'이다. 따라서 상상이나 소설과 같은 주장을 거부한다. 이러한 것은 은혜와 진리를 가져오며 하나님의 자비와 진리를 나타내며 율법의 약속을 이루실 메시아에 대한 모세의 예표에서도 잘 드러나는데, 만나, 반석, 구리 뱀, 영광의 구름 등은 메시아의 오심에 대한 모형이요 그림자였다.

이러한 점에서 우리는 성찬에서 그리스도의 실제적인 존재를 인정한다. 우리는 앞선 개혁자들이 '참된 실재'(real presence)라는 용어를 사용한 것이 정당하다는 점은 인정하지만, 그럼에도 불구하고 그 용어를 계속 사용하기보다는 유보하는 편이 더 나았을 것이라고 믿는다. 왜냐하면 그 용어의 사용과 그 용어의 사용으로 인해 자연스럽게 떠오르는 일반적인 심상은 우리가 말로 설명하거나 해결할 수 있는 것보다 더 심각한 미신을 초래하기 때문이다.

45. 헨리 필포츠(Henry Philpotts)는 엑시터(Exeter)의 감독으로서 찰스 버틀러(Charles Butler)에게 보내는 편지에서 무엇이라고 말했습니까?

로마 가톨릭 교회는 그리스도의 몸과 피가 빵과 포도주 아래 존재한다고 주장한다. 잉글랜드 국교회는 그리스도의 몸과 피의 존재가 성찬식에 참여하는 자들의 영혼 안에 존재한다고 주장한다. 잉글랜드 국교회는 빵과 포도주가 봉헌된 후에 변화한다고 주장한다. 그러나 그 본질이 변화하는 것이 아니라 빵과 포도주를 사용함에 있어서 그것이 우리의 몸을 튼튼하게 해준다는 것보다도 더 가치 있게 받아들였을 때에 하나님께서 우리의 영혼에 그리스도의 몸과 피를 주셔서 그들을 풍성하게 하기 위한 도구가 된다는 점에서 잉글랜드 국교회는 그렇게 주장하는 것이다. 또한 이것은 우리에게 십자가에 못 박히신 우리의 구주께서 가상적으로 나타나시는 것을 의미하는 것이 아니라 실제로 비록 영적인 나타나심이지만 실제적으로 나타나신다는 것을 말한다. 왜냐하면 이런 영적인 임재는 육체적인 과시나 혹은 그분의 몸은 실제로 먹는 행위가 줄 수 있는 것보다 더 큰 효력을 가지는데 왜냐하면 육신은 무익한 것이기 때문이다.

그래서 우리의 주께서 말씀하신 대로 "나는 하늘로부터 내려온 참된 빵이다"라고 하신 것처럼(그러므로 그는 빵 덩어리나 만나였다는 것이나 육체적이었다는 것을 말하는 것이 아니라 영적으로 사람의 참된 생명을 떠받치는 참된 수단이었다는 것을 말해준다), 성찬에서도 성찬을 가치 있게 받아들이는 참여자들에게, 비록 봉헌된 것이 본성에 있어서는 단순한 빵과 포도주이지만 여전히 참되고 실제적으로 또한 효과적으로 십자가에 못 박히신 그리스도의 살과 피로 베풀어지는 것이다.

이는 다시 말하면 인간의 구속의 도구가 되는 몸과 피이며 오직 우리의 영적인 생명과 권세를 떠받쳐주는 효과적인 도구가 되는 것이다. 이러한 점에서 십자가에 못 박히신 예수님이 그의 성찬에 존재하시며, 그 안에 함께 존재하는 것이 아니라 또한 빵과 포도주라는 것과 그 사건 안에 존재하는 것이 아니라 참여하는 자들의 마음속에 효과적으로 또한 충실하게 존재하는 것이며 육체적으로 존재하는 것이 아니다. 그래서 가장 실제적이다.

46. 롱리(Longley) 대주교는 1868년에 출판된 그의 마지막 책에서 무엇이라고 말했습니까?

실제적인 존재에 관한 교리는 어떤 의미에서는 잉글랜드 국교회의 교리가 된다. 잉글랜드 국교회는 그리스도의 몸과 피가 '참으로 또한 실제로 믿음 있는 자들에게 성찬에서 취해지고 받아들여진다'고 주장한다. 또한 잉글랜드 국교회는 그러한 존재가 육체적이나 물질적인 것이 아니라 그리스도의 몸은 '성찬에서 오직 거룩하고 영적인 방법으로만 베풀어지고 취해지며 먹게 되는 것'이라고 주장한다(39개조 신조 28번째 조항).

그리스도의 존재는 그의 몸이 부서지고 피가 흘려진 모든 의도와 목적에 효과적이다. 그리스도의 현존은 믿는 자의 마음 이외에는 어떤 곳에서도 실재하지 않으며 잉글랜드 국교회도 다른 할 말을 갖고 있지 않을 것이다. 그러므로 후커의 말은 잉글랜드 국교회의 관점을 대변한다. 후커는 "그리스도의 지극히 거룩하신 몸과 피는 성찬에서 찾을 수 있는 것이 아니라 성찬을 가치 있게 받아들이는 참여자들의 마음속에서만 찾을 수 있다"고 말하였다.

47. 셰퍼드(Sheppard)대 베넷(Bennett)의 유명한 사건에서 추밀원 사법 위원회(Judical Committee of Privy Council)의 판결문은 무엇을 선포합니까?

성직자가 성찬식에서 그리스도의 십자가의 죽음의 희생, 헌신, 구속, 만족, 보상 등이 반복된다고 가르치는 것은 불법이다.
죄를 벌하시고 죄책을 면해주시기 위하여 그리스도의 죽음이 효과가 있다는 점에서, 의식 안에 그리스도의 희생과 제물 되심이 있을 수 있다고 가르치는 것은 불법이다.
성찬 가운데 신자 안에 현존하는 그리스도 외에 그리스도의 다른 어떤 현존에 대해서 39개조 신조나 그 어떤 신앙 형식도 그것을 수용하지 않는다. 그러한 주장은 전적으로 잘못되었다.

48. 영국 법률에 의한 '왕위 계승법' 아래 모든 영국 군주는 그들의 대관식에서 무엇을 작성하고 서명하고 반복합니까?

존경하는 빅토리아 여왕이 작성하여 서명하고 선언하였던 내용을 살펴보기로 합시다. 다음은 그녀가 말한 선언문입니다.

나, 빅토리아는 엄숙하고 진실하게, 하나님 앞에서 다음과 같은 사실을 고백하고 선언하며 증언하는 바입니다. 나는 성찬식에서 그리스도의 살과 피가 성별 이후, 또는 어떤 사람이 주관하건 간에 피가 빵과 포도주로 변화하는 일이 있을 수 없음을 믿습니다. 또한 동정녀 마리아나 그 이외에 다른 성인들을 찬양하거나 그들에게 기도하지 않겠습니다. 로마 가톨릭 교회에서 지금 행하는 것과 같은 일들은 모두 미신이며 우상숭배입니다. 나는 또한 하나님 앞에서 다음과 같은 사실을 고백하고 입증하며 선언하는 바입니다. 나는 교황이나 다른 사람들 또는 그들의 힘으로 이러한 것이 무의미하고 모두 헛된 것이라고 주장한다 하더라도 영국의 신교도들이 이해할 수 있는 때까지 이러한 선언을 지킬 것입니다.

49. 결국, 성찬에서 실제적인 육체적 존재와 희생에 관한 이러한 좋은 질문들이 정말로 중요한 것입니까? 이러한 질문들은 복음의 진리에 관계됩니까? 혹은 이러한 문제들은 모두 장식품에 관한 단순한 심미적인 다툼이나 서로 차이가 생겨도 용납할 수 있는 취향에 관련된 문제들입니까? 이러한 문제는 아무 중요성이 없는 갈등이나 싸움에 불과하지 않습니까?

이와 같이 말할 수 있는 사람은 자신이 기독교 신학에 지극히 무지하며 신약성경에서 정해놓고 있는 것처럼 더 많이 배워야 할 필요가 있는 사람입니다. 어떤 사람들이 이야기하듯이 해롭지 않은 이론, 곧 그리스도의 육체적인 몸과 피가 빵과 포도주 안에 실제로 존재한다는 것은 정당한 결과를 추구한다 해도 복음의 주된 교리 모두를 흐리게 하는 이론이며 그리스도의 진리라는 모든 체계를 방해하는 이론일 뿐입니다.

성찬이 희생이며 성례가 아니라고 가정해 봅시다. 또 성별의 말씀을 할 때마다 그리스도의 육체적인 몸과 피가 빵과 포도주라는 형태로 성찬의 식탁 위에 존재하게 되며 실제로 그리스도의 몸과 피를 먹고 마시게 된다고 생각해 봅시다. 위와 같은 전제들로부터 올 결과를 한번 살펴보겠습니다.

당신은 그리스도께서 십자가 위에서 죽을 때에 그리스도께서 끝내신 역사에 대한 거룩한 교리를 망치게 됩니다. 그리스도 이외에도 하나님에게 받아들여지는 희생을 바칠 수 있는 제사장들이 있다면 위대한 대제사장직의 영광을 도둑맞은 것이 됩니다. 당신은 그리스도의 사역에 관한 성경적인 교리를 망치게 됩니다. 당신은 하나님과 사람 사이에 죄 있는 자들이 중보자의 자리에 서도록 그들을 높여줍니다. 당신은 빵과 포도주라는 성찬에 존경과 경의를 표시합니다. 그러나 당신은 믿음 깊은 그리스도인들에게는 매우 혐오스러운 우상을 만들어내고 있을 뿐입니다. 당신은 그리스도의 겸손한 본성에 관한 참된 교리를 내던지고 있습니다. 동정녀 마리아에게서 난 몸이 동시에 한 장소 이외에 더 많은 곳에 있을 수 있다고 말할 때 그것은 우리 자신과 같은 몸이 아닙니다. 그리스도는 우리의 본성의 진리 안에서 둘째 아담이 아니었습니다. 우리의 순교한 개혁자들은 우리들보다 이러한 일들에 대하여 보고 느낀 것이 더 많았으며 그리스도의 실제적인 존재에 관한 왜곡된 교리를 그대로 받아들이기보다는 차라리 죽음을 택하였습니다.

50. 성찬에 관하여 불행하게 서로 분리되는 것을 관대한 타협과 관용이라는 정책을 허용함으로써 고치고 덮어 줄 수 있지 않습니까? 무슨 이유로 교인들은 모든 사역자들이 성찬에 관하여 하고 싶은 대로 믿게 하고 가르치게 하는 것을 용납하도록 동의해서는 안 됩니까? 평화를 위해서 한 사역자가 이러한 의식을 성찬으로 부르고 다른 사역자가 다른 교구에서는 의식을 희생으로 부르도록 해서는 안 되는 이유가 무엇입니까? 왜 어떤 사람이

그 교구의 사람들에게 성찬에 그리스도의 실제적인 육체적 존재가 있다고 말해서는 안 됩니까? 왜 다른 사역자가 그의 교구민들에게 그러한 존재는 전혀 있을 수 없다고 말해야 합니까? 무슨 이유로 이 모든 일을 화평을 위하여 용납해서는 안 됩니까? 논쟁을 피하기 위해 모든 다른 교리를 희생할 수 없습니까?

그 대답은 지극히 단순하고 명백합니다. 이러한 '타협과 관용'의 정책은 결코 화평을 가져오지 못할 뿐만 아니라 이러한 불행한 분파를 증가시키고 점점 그 분리의 벽을 두껍게 할 뿐입니다. 중간 계급이나 하층 계급의 평신도들에게는 로마 가톨릭 교회 사람들처럼 되돌아가려는 잉글랜드 국교회의 개혁을 뒤떨어지게 하는 고의적인 행위입니다. 그것은 모든 교구의 사역자들을 두 개의 분명한 몸체로 분리하게 되며 어떤 교구와 다른 교구를 함께 합하지 못하게 하는 것입니다. 그것은 감독들이 처한 곤란을 열배로 늘리는 행위이며 성찬의 차례를 위한 어떠한 지원자도 다시 살펴보지 못하게 하는 것입니다. 결국 이러한 관대한 관용의 정책은 머지않아 하나님의 기쁨이 되지 못할 것이요 잉글랜드 국교회를 파멸시킬 것입니다.

화평을 추구하고 논쟁을 멈추는 것과 자유롭게 사고하며 성찬의 집행에 관해 관용을 베푸는 일 등은 멀리서 보면 매우 좋아 보이고 지극히 훌륭한 것으로 보일 수 있습니다. 그러나 이러한 것들은 결국 어떤 한계점을 갖고 있습니다. 화평을 위한 열정으로 교회가 멀리 내버린 신조와 규정들과 이신론이나 소시누스주의나 로마 가톨릭이나 프로테스탄트 등이 모두 동등하며 다르지 않다고 하는 것은 혼란의 도시 바벨을 쌓는 것이지 결코 하나님의 도시를 이루는 것이 아닙니다. 잉글랜드 국교회가 성찬에 관한 그 순교한 개혁자들의 원칙을 포기한다면, 잉글랜드 국교회가 바로 혼란의 도시와 같이 될 것입니다.

51. 잉글랜드 국교회가 필요로 하는 '실제의 현존'은 무엇입니까?

그것은 성령의 현존입니다. 이것은 그리스도의 육체적인 존재보다도 훨씬 더 중요한 것입니다. 예배 가운데 "여기에 그리스도의 몸이 있습니까?"라는 질문보다 "여기에 위로자이신 성령이 있습니까?"라는 질문으로 넘쳐나야 합니다. 그리스도의 육체적인 존재에 너무 과도하게 집착하는 것은 그분이 재림하기 전에 실제로 성령을 모욕하는 행위가 될 수 있습니다. 그가 있는 곳에서는, 그리스도의 몸과 피가 진실한 존경으로 베풀어질 수 있습니다. 그리스도의 교회가 어느 곳에서든지 필요로 하는 것은 바로 실제적인 성령의 현존입니다. 성령이 계시지 않는다면, 성찬식에서 지극히 공경하는 말로 성별된 빵과 포도주라 할지라도 형식에 불과한 쓸모없는 것이 될 수 있고 하나님이 보시기에 완전히 가치 없는 것이 될 수 있습니다.

21장
왕들을 위하여

> 그러므로 내가 첫째로 권하노니 모든 사람을 위하여 간구와 기도와 도고와 감사를 하되 임금들과 높은 지위에 있는 모든 사람을 위하여 하라 이는 우리가 모든 경건과 단정함으로 고요하고 평안한 생활을 하려 함이라(딤전 2:1-2).

이 본문은 우리의 자애로우신 통치자 빅토리아 여왕이 다스리신지 50주년이 되는 이 날에 우리가 함께 모인 이 상황에 꼭 맞는 말씀이라 생각합니다. 역사적으로도 왕실의 50주년 기념일은 흔치 않은 일이며 전 인류에게 이 일은 아마도 우리가 살아가면서 다시 볼 수 없을 유일한 사건입니다. 오늘 우리가 드리는 기도와 찬양의 예배를 마음 깊이 새겨둡시다.[1]

이 본문은 사도 바울이 성령의 영감으로 믿음 안에서 참 아들된 젊은 디모데에게 공적인 예배의 행위에 대해 알려준 중요한 구절입니다. '첫째로'라는 말을 강조하면서 사도 바울은 "모든 사람을 위하여 간구와 기도와 도고와 감사를 하되 임금들과 높은 지위에 있는 모든

---

[1] 본 장은 1887년 6월 20일 빅토리아 여왕 즉위기념일에 리버풀대성당(Liverpool Cathedral)에서 리버풀의 시장과 주민들에게 설교한 것이다.

사람을 위하여 하라 이는 우리가 모든 경건과 단정한 중에 고요하고 평안한 생활을 하려 함이니라"라고 말합니다.

  나는 의식법이 지배하던 구약 시대의 교회의 장식적이고 세세한 의식과 새로운 율법이 지배하는 교회의 지극히 간결하고 간단한 모습에 놀랄 만한 차이점과 대조점이 있으며 이러한 차이점에 대해 말하고자 합니다. 그것은 아주 쉽게 설명될 수 있는 차이점입니다. 구약 시대의 예배는 오직 유대인들만을 위하여 생겨났으며, 인류의 다른 나머지 사람들로부터 단절되며 의식적으로 오직 단 하나의 민족만을 위한 것이라는 점입니다. 또한 이러한 사실이 이제 다가올 모든 좋은 일들에 대한 완전한 상징이자 증표이었습니다. 그러나 신약성경에서의 예배는 이 세상 사람 모두를 위한 것이며, 마찬가지로 우리 교회의 39개조 신조의 34번째 조항에서도 다음과 같이 현명하게 밝혀두고 있습니다.

> 의식은 각 나라와 시대와 사람들의 생활풍습에 따라 생겨나는 차이점에 따라 변화될 수도 있다.

  그러나 한 가지 다음과 같은 사실은 매우 중요합니다. 사도 바울이 에베소에 있는 디모데의 보호를 위하여 정한 규칙과 규정은 이 세상이 지속되는 동안, 또한 우리의 주께서 오실 때까지는 영원히 지켜야 할 의무규정이라는 것입니다. 그리스도인들이 공적인 예배를 위하여 함께 모였을 때에는 언제든지 '모든 사람들을 위한 기도와 도고'가 그 안에 존재해야만 하며, 특히 베풀어주신 자비에 대한 '감사' 뿐만 아니라 '임금들을 위한' 기도와 도고까지도 함께 존재해야 합니다. 이것이 바로 오늘날 우리들이 깊이 생각하고 지켜야만 하는 가장 중요한 규칙입니다.

1. 다른 사람들을 위한 기도의 일반적 의무에 대해 생각해 봅시다.

나는 어떤 사람들의 마음 속에는 다음과 같은 생각이 자리하고 있으리라고 생각합니다.

내가 남들을 위해 기도하는 것이 무슨 소용이 있는가? 기껏해야 나는 그리스도의 자비와 은혜를 받은 채무자에 불과한 존재가 아닌가? 어떻게 이러한 가련한 죄인의 기도가 다른 사람들에게 유용한 일을 할 수 있다는 것인가? 나 자신을 위하여 기도하는 것은 이해할 수 있다. 그러나 다른 사람을 위하여 기도하는 것은 참으로 이해하기 힘든 일이다.

그러나 이러한 생각에 대한 대답은 지극히 간단하고 명확합니다. 다른 사람을 위해 기도해야 하는 의무는 하나님의 명령입니다. 또한 하나님의 명령에 순종하는 것이 분명한 우리의 의무입니다. 다른 많은 문제들에서와 같이 이 문제에 있어서도, 심판날의 빛이 모든 것을 분명하게 하리라는 사실을 믿는 사람들이 되어야 하는 것입니다. 지금 우리가 인식하지 못한 것들을 이후로 인식하게 될 것입니다. 성경에서 거의 모든 성도들이 행했던 의식은 아주 많은 부분이 기록으로 남아 있으며 오늘날에는 모든 반대를 조용하게 잠재울 수 있어야 합니다. 감독들과 예언자들과 임금들과 사도들이 우리에게 많은 도고의 모범을 남겨주었습니다. 우리는 그들이 행한 것보다 더 많이 알고 있습니까? 우리는 그들이 하나님 앞에서 다른 사람들을 위하여 기도하였던 시간에 대하여 그들이 자기 시간을 낭비한 것이라고 생각합니까? 우리는 그들보다 더 지혜롭습니까?

나는 이 문제에 있어서 하나님께서 우리의 믿음과 우리의 사랑을 시험하신다고 굳게 믿습니다. 우리는 영원하신 하나님께서 "다른 사람들을 위하여 기도하라"라고 말씀하시는 것을 하나님의 실수라고 생각할 것입니까? 우리는 영원하신 하나님이 너무 현명하시므로 한 가지의 실수도 하지 않으시는 분임을 믿습니다. 그래서 그가 "다른 사람들을 위하여 기도하라"라고 말씀하실 때에 서있지 않고, 또한 이의를 제기하거나 논쟁하려 하지 않고, 그가 우리에게 말씀하는 대로 행하도록 해야 합니다. 우리 주 예수 그리스도께서 고귀한 사랑의 가장 훌륭한 증거로 "너희 원수를 사랑하며 너희를 핍박하는 자를 위하여 기도하라"(마 5:44)라고 말씀하실 때에 우리 모두는 믿고 순종하여야 합니다.

나는 언제나 우리의 존경을 받는 기도서가 탄원기도(Litany)와 같은 위대한 중재의 전형을 포함하고 있다는 것을 하나님께 감사드립니다. 나는 심판날에 홀로 이 날이 어떻게 하나님의 선택을 받은 기도자들이 이 세계의 역사에 영향을 미치고 나라의 흥망성쇠에 영향을 주었다는 것이 증명될 것을 믿습니다. 스코틀랜드의 불행한 메리 여왕은 "나는 2만여 명의 군대보다 존 낙스(John Knox)와 같은 기도자 한 명이 더 두렵다"라고 말하였습니다. 이 말 안에는 심오한 진리가 들어 있습니다. 그래서 우리가 우리 자신을 위하여 기도하고자 무릎 꿇을 때 우리는 다른 사람들을 위하여 기도하는 것도 결코 잊지 말아야 합니다.

2. 임금들과 높은 지위에 있는 사람들을 위하여 기도하는 특별한 의무에 대해 생각해 봅시다.

우리가 잠깐만 생각해 보아도 사도 바울이 "임금들을 위하여 기도하라"라고 한 명령은 매우 독특하고 주목할 만한 명령임을 알 수 있습니다. 디모데에게 보내는 편지가 쓰여졌을 때 이 세계를 지배하였던 사람들이 어떤 자들이었는가를 생각해 봅시다. 로마에서 황제의 의복을 입은 야수와 같은 자가 누구였습니까? 그의 이름은 지금은 속담처럼 되어버린 네로였으며, 벨릭스와 베스도와 헤롯 아그립바와 갈리오와 같은 지방 지배자들이 있었던 때에 바울은 디모데에게 보내는 편지를 썼습니다. 또한 유대 교회의 최고 우두머리는 안나스와 가야바였습니다. 사돕울은 이들을 위해 기도하라고 명합니다. 그러한 자들의 개인적인 인격은 매우 악하고 나쁠지도 모릅니다. 그러나 그들은 하나님으로 말미암아 이 죄에 불타는 세상을 지키도록 어떤 외적인 명령을 받아 정해진 사람들이었습니다. 그와 마찬가지로 그들의 직책을 위하여 우리는 그들을 위해 기도해야만 하는 것입니다.

결국 우리는 이 세상에서 왕들만큼 진정으로 가련한 존재는 없으며, 그들이야말로 가장 영적인 위험에 처할 가능성이 많으며, 그들이야말로 영원한 모든 난관에 처해 있는 존재이며, 영원히 내버려지는 바 될 수 있는 자들일 뿐만 아니라 우리 지도자들의 기도를 간절히 필요로 하는 자들임을 결코 잊어서는 안될 것입니다. 그들의 행위를 비난하는 수많은 사람들 중에서 지극히 소수만이 그들의 지위에 따른 수많은 위험에 대해 심각하게 생각할 뿐입니다.

그들을 둘러싸고 있는 많은 유혹들에 대해 생각해 봅시다. 거의 충고를 받지도 않고 반대하는 말을 듣지도 못하며 거의 진지한 경고를 받지도 못한 채로, 그들은 우리와 똑같은 육신으로 살아가며 우리와 같은 열정을 지니고 있을 뿐만 아니라 다른 모든 사람들처럼 세상과 육신과 악마들에게 정복당하기 쉬운 사람들입니다. 한때 제임스 1세의 가정교사였던 뷰캐넌(Buchanan)은 죽기 직전 자신의 어린 제자인 제임스 1세에게 다음과 같이 마지막 말을 남겼습니다. "내가 갈 곳은 많은 왕들과 왕자들은 가지 못한 곳이다." 우리의 주께서 "부자가 하나님 나라에 들어가는 것이 얼마나 드문 일"이라고 말씀하셨는데, 하물며 왕이 하나님 나라에 가는 것은 얼마나 어려운 일이겠습니까?

왕들이 풀어야만 하는 수많은 매듭에 대하여 생각해 보고 왕이 가끔 결정해야만 하는 심각한 문제들에 대하여 생각해 봅시다. 다른 나라와의 차이를 어떻게 조정할 것입니까? 어떻게 모든 지역 사회의 계급의 이익을 증진시킬 수 있을 것입니까? 어떻게 정부의 통제를 단단하게 해야 할 때를 결정할 것입니까? 또한 언제 정부의 통제를 느슨하게 할 것입니까? 어떻게 빈자리를 채울 올바른 사람을 선택할 수 있을 것입니까? 어떻게 사람들의 지위와 상태 및 인종을 올바르고 공정하게 다룰 것입니까? 어떻게 공정하게 모든 사람들의 말을 전부 들어주고 화해시킬 것입니까? 이러한 모든 문제들은 왕관을 가지고 있는 모든 가련한 왕들이 그들의 일생 동안 매주일 마다 대면해야 하는 어려운 난관들입니다. 그들이 실수한다고 하여 우리가 이상하게 여길 수 있습니까? 셰익스피어(Shakespeare)의 "왕관을 쓴 머리는 편안히 쉴 수 없다"는 말은 참으로 옳은 말입니다.

왕들의 직책에 따르는 엄청난 책임과 왕의 결정에 의존하는 수많은 무서운 결정에 대하여 생각해 봅시다. 화해를 조정할 때에 단 한 번이라도 판단의 잘못을 저지르는 일, 또는 대사를 보내거나 잘못된 정보에 대한 서둘러야 할 신임들을 다룰 때에 절제가 부족한 것, 또는 이러한 모든 일들이 무서운 피와 해외에 뿌리는 수많은 손실과 가정에서의 불만족과 무거운 세금과 또는 그의 왕관을 위협하는 혁명과 왕위 찬탈 등에까지 그의 주권이 관련됩니다. 그리고 모든 것이 한 사람의 실수로부터 생겨날 수도 있습니다.

그렇습니다. 우리는 마땅히 '왕들을 위하여 기도하도록' 권고 받아야 합니다. 우리가 이것을 믿는 한 아담의 모든 자손들 중에서 그들은 우리의 기도를 받아야 할 가치가 있습니다. 그들은 주변의 모든 사람들로부터 높이 떠받들어지고 그들의 지위 또한 마테호른(Matterhorn) 봉에 홀로 두려워하며 서 있는 등산가와 같이 홀로 서 있는 지위이며 그 위에서 두려워하며 있는 것이 그들의 자리입니다.

본질적으로 그들은 서로 마음을 나누거나 동정할 수 있는 사람들과 같아질 수 없습니다. 그들은 아첨하는 사람들과 간사한 사람들에게 둘러싸여 있으며 유혹을 받을 수 있는 사람들입니다. 아첨하는 자들은 왕의 귀에 즐거움을 줄 만한 말만 하며 즐겁게 해 줄 수 있는 사람들일 뿐입니다. 왕들은 거의 모든 진리를 듣지 못합니다. 그들은 우리들과 같은 인간일 뿐이며 우리와 똑같은 그리스도와 성령을 필요로 하는 사람들입니다. 그들이 잘못을 저지르지 않는 것을 기대할 수 없지만, 그들이 잘못할 때면 그들은 비난을 들어야 합니다.

그렇습니다. 우리는 마땅히 '왕들을 위하여 기도해야' 합니다. 왕들의 행동을 비난하고 그들의 잘못을 찾아내는 일은 매우 쉽고 그들에 대항하여 신문에 격렬한 비판기사를 쓰는 일이니 방송에서 그들에 대해 난폭한 연설을 하는 일은 참으로 쉬운 일입니다. 그러나 왕이나 수상(Prime minister) 또는 모든 지배자들에게 완벽함을 기대하는 것은 지극히 몰상식하며 비합리적입니다. 우리는 그들을 위하여 더 기도한다면 또 우리가 그들을 위하여 덜 비판한다면 더 지혜로운 일이 될 것입니다.

3. 이제 오늘날 영국 왕실 축하 의식에서 우리들에게 함께 요청하는 특별한 주제에 대하여 주의하여 살펴보기로 합시다.

바로 이 날이 우리의 여왕인 빅토리아가 그의 치세 50년이 되는 날입니다. 이제 이 세기의 절반이 되는 시기로 되돌아가 보기를 요청합니다. 제 목적은 우리가 오늘날 감사해야 하는 사람들이 되어야 하는 커다란 이유를 가능한 한 간결하게 보여주고자 하는 것일 뿐입니다. 우리들이 살고 있는 곳과 같은 이 타락한 세계에서는 언제나 수많은 제거되지 않은 악마들이 존재할 것이며, 어느 지역을 가든지 불평하고 투덜거리는 사람들이 발견될 수 있습니다.

나는 지난 50여년을 조용히 뒤돌아볼 때에 너무나 많은 국가적인 감사를 드려야 할 만한 일들이 있습니다. 무엇부터 말해야 할지 모르겠지만, 두 세가지만 말하겠습니다.

1) 빅토리아의 50년의 치세 기간 중 그녀에게 흠없고 결백한 인격을 주신 하나님께 감사해야 합니다.

어머니와 아내로서 일상 생활에서의 모든 관계나, 그녀가 궁전과 가사에서 유지하였던 고귀한 도덕기준과 두텁고 근면한 그녀가 가진 고귀한 직책이 그녀에게 부과한 무수한 날마다의 의무라는 짐, 또는 비천한 백성들의 슬픔에 끊임없이 동정하는 마음등을 볼 때, 영국 군주의 오랜 역할 속에서 빅토리아 여왕에 비교할 만한 군주를 과연 어디에서 찾을 수 있겠습니까?

나는 오늘날에 있어서 우리가 한 군주의 개인적 인격의 엄청난 중요성에 대하여 충분히 인식하지 않고 있다고 믿습니다. 한 지배자의 인격은 우리 몸의 모든 부분을 지배하는 감지하기 어려운 대기의 압력과 같이 언제나 조용하고 소리없이 백성들의 행동에 커다란 영향을 미치게 됩니다. 군주의 일상 생활은 모든 사람들이 언제나 읽을 수 있도록 개방된 책이며 법적인 규정보다도 더욱 왕관을 쓴 사람이 행할 수 있는 모범입니다. 18세기에 프랑스 왕가의 엄청난 부도덕은 제 1차 프랑스 혁명을 유발시킨 큰 원인이었음을 아무도 의심하지 않을 것입니다.

지난 반세기 동안에 적지않은 이 세상의 많은 정부의 기초는 심각하게 흔들렸을 뿐만 아니라 어떤 정부는 완전히 전복되고 말았습니다. 그 어느 것도 영국의 왕관만큼이나 견고한 기초를 갖고, 그 왕관을 지킨 왕가의 귀부인인 빅토리아 여왕보다 고귀한 인격을 가진 사람은 없었습니다. 적어도 나는 그렇게 생각하지 않을 수 없습니다. 우리 모두는 혁명적인 기운이 지난 반세기 동안 자주 중요한 풍조가 되어 왔으며, 모든 기초가 든든한 정부를 무너뜨리는 경향과 정부의 새로 고안된 계획을 대체하려는 성향이 계속되어 왔다고 알고 있습니다.

차티즘(Chartism)[2]과 사회주의(Socialism)의 발흥과 성장은 수많은 걱정거리를 만들어냈습니다. 나는 우리의 여왕 아래서의 내적인 생활만큼 견고하지 않으며 이는 마치 영국 국가라는 커다란 배가 평탄한 용골 위에 있는 것 같았다고 믿습니다. 만약 플랜태저넷왕가(Plantagenet), 튜더왕가(Tudor), 스튜어트왕가(Stuarts) 아래서의 내적인 삶이었다면 왕가는 당장 원저성에서 날아가 버렸을지도 모릅니다.

2) 하나님께서 빅토리아 여왕을 왕좌에 앉아 오랫 동안 통치하게 해주셨음에 감사해야 합니다.

예루살렘에서 백성들을 통치하였던 모든 유대의 왕들 중에서 웃시야와 므낫세만이 50년 이상을 통치하였던 유일한 두 사람이었으며 심지어 다윗과 솔로몬의 통치 기간도 겨우 40여년에 불과했습니다. 우리의 왕들인 헨리 3세 또는 에드워드 3세와 조지 3세 등이 각각 40여년 이상을 통치하였을 뿐입니다. 그러나 이 세계가 시작된 이후로 지구상의 어느 곳을 둘러보아도 역사에서 우리의 박토리아 여왕 만큼 오랜 기간 동안 왕좌에 머물렀던 여왕을 찾아볼 수 없습니다. 우리들은 이러한 사실에 충분히 감사하고 있지 않습니다. 심지어 우리의 여왕같은 입헌군주제 하에서도 황제와 같은 전제군주의 날카로운

---

[2] 인민 헌장을 내건 운동을 말한다(1837-48).

독재에 의존해야만 하는 곳이 많으며, 그 안에서는 모든 것이 전제군주 마음대로이고, 왕관을 차지하는 자리도 자주 바뀌는 경우에는 엄청난 영향을 미치게 되며, 새로운 군주의 권세와 의무에 관한 새로운 관점은 언제나 그의 전시대의 왕들과 일치하는 것만은 아닙니다. 솔로몬의 깊은 뜻이 담긴 말씀입니다.

나라는 죄가 있으면 주관자가 많아져도(잠 28:2).

영국의 초기 역사에서는 피비린내 나는 장미전쟁으로 인하여 귀족들의 전성기는 사라졌고 경쟁적인 가문이었던 랭커스터왕가(Lancaster)와 요크왕가(York)의 투쟁으로 자주 왕좌가 바뀌었으며 백성들의 생활은 피폐해졌습니다. 그 이후 슬픈 '코먼웰스'(Commonwealth)가 오랜 세월 존속했던 왕정제도를 잠시 뒤집어 놓았습니다. 이런 왕좌의 변화가 적은 땅은 행복합니다. 영국의 애국자라면, "우리의 주권자를 오랫동안 지켜주시고 여왕을 보호하소서"라고 기도해야 합니다.

3) 빅토리아 여왕의 재위기간 50년에 걸쳐 눈에 띄게 축적된 국가의 부와 번영에 따른 엄청난 성장에 대하여 하나님께 감사해야 합니다.

지난 50년 만큼 눈에 띄게 성장한 일이 영국 역사에 없는 것은 누구도 부인할 수 없는 사실입니다. 요즈음에 잘 쓰이는 말대로 한다면 우리 나라의 자본이나 수입은 '비약적으로' 상승해 왔습니다. 악화일로에 있던 몇 번의 경기변동과 상업상의 침체를 감수하였음에도 불구하고 크림 전쟁과 인도의 폭동(Indian Mutiny)과 같은 피비린내나는 잔학한 전쟁에도 불구하고, 또한 콜레라나 아일랜드 감자 기근과 같은 지방의 재앙에도 이 나라의 진보와 부의 증가는 놀랄 만한 속도를 보여주고 있습니다. 해변의 파도는 밀려오고 밀려가는 것이요, 나왔다 들어갔다 하는 것이지만 전체적으로 조수는 해마다 끊임없이 높아지고 있습니다.

1837년에 영국 은행에 예금된 총액수는 거의 천 사백만 파운드에 달합니다. 1843년에 수입과세가 처음으로 부과되었을 때 국세청에서는 772,000파운드에 달하는 액수가 걷혔습니다. 1885년에는 1,992,000파운드에 달하는 액수가 걷혀졌습니다. 1843년에 대륙의 과세 가치는 9천 5백만 파운드에 달했습니다. 1885년에는 거의 2억 8천 2백만 파운드에 달했습니다. 영국이 하나로 연합된 이후의 인구는 1837년에 2천 5백만 명에 달했습니다. 아일랜드의 가뭄과 끊임없는 이주에도 불구하고 1837년에는 3천 7백만 명까지 증가하였습니다. 특히 우리의 리버풀 도시에서 1837년의 인구는 겨우 2십 4만 6천 명에 불과하였습니다. 오늘날에는 교외의 인구를 포함하여 70만 명에 달했습니다.

우리의 항구도시에서 배에 선적한 양만 해도 1837년에 겨우 1,953,894톤에 불과했습니다. 현재 그 선적량은 7,546,623톤으로 증가했습니다. 항구에 들어오는 배의 숫자는 1837년에는 15,038척 이었습니다. 오늘날에는 21,529척으로 증가했습니다. 1837년에 리버풀 항구는 9개의 독을 갖고 거의 2마일 반의 거리를 쭉 뻗어있었습니다. 오늘날에는 거의 50개의 독이 있으며 6마일에 걸쳐 쭉 뻗어있습니다. 1837년에 리버풀의 독 사용료는 173,853파운드였으나 지금은 694,316파운드로 증가했습니다. 확실히 우리는 감사해야만 합니다. 이것은 바로 하나님의 손길입니다. 사람을 부하게 하고 근심을 겸하여 주지 않으시며(잠 10:22), 부와 귀가 주께로 말미암을 것입니다(대상 29:12)[3].

---

[3] 이 단락의 정보들을 얻기 위해 나는 통계학자로 유명한 나의 친구 리버풀의 James Picton경에게 많은 빚을 졌음을 밝힌다.

4) 우리는 우리의 군주의 재위 기간 50년 동안에 이루어진 놀랄 만한 과학의 진보에 대하여 감사해야 합니다.

우리는 우리의 증기선으로 대서양이라는 난관을 극복하였으며, 라드너(Laudner)박사가 불가능하다고 말했던 일을 우리의 해안에서 일주일 이내로 영어가 통용되는 연합국가들을 돌아다닐 수 있게 됨으로써 그 일을 해냈습니다. 우리는 대륙을 철도망으로 뒤덮었으며 아주 적은 시간 내에 정해진 며칠만으로 여행을 가능하게 했습니다. 우리는 전신과 전화로 이 세계의 곳곳마다 통화하고 짧은 시간 내에 메시지를 보낼 수 있게 됨으로써 과거에 수개월에 걸쳐 전달해야만 했던 일들을 짧은 시간으로 해낼 수 있게 되었습니다.

이러한 모든 일과 다른 일들은 모두 빅토리아 여왕이 왕위에 오른 이후로 수많은 과학자들과 많은 국민의 힘에 의해 싹이 트고 활짝 피게 되었던 것입니다. 이러한 일들은 현대 생활의 안락함과 편안함을 증가시켜 주었습니다. 또한 이러한 일들은 시간과 공간을 실제로 소멸시켰으며 수명을 연장시키고 우리들이 24시간에 할 수 있는 일의 양을 모두 단시간에 처리하게 해주었습니다. 이러한 일들은 우리의 할아버지 때에는 모두 낭만적이고 비합리적이며 불가능한 일들로 생각되었습니다. 그러나 이러한 일들은 모두 단순한 사실입니다. 확실히 우리는 감사해야만 합니다.

5) 우리는 빅토리아 여왕의 재위기간을 통하여 신앙과 교육과 도덕의 근본이 이루어낸 놀랄만한 엄청난 진보에 대해 지극히 감사해야만 합니다.

의심할 바 없이 인간의 본성은 결코 변하지 않습니다. 천년왕국은 아직 시작되지 않았으며 수많은 악이 도처에 널리 퍼져 있습니다. 그러나 여전히 사람들은 눈멀고 완고하게 자기편견을 지니고 있으며, 보다 나은 일을 위한 놀라운 변화를 보지 못할 뿐만 아니라 지난 50년 동안에 이 나라 전역에 걸쳐 있는 우리의 이웃들에 대한 의무와 하나님에 대한 의무에 대하여 제대로 보지 못하고 있습니다. 교회 건물은 모든 것이 아니며 벽돌과 모르타르가 종교를 세워주지는 못합니다.

그럼에도 불구하고 2,000개의 새로운 교회가 비국교도들의 교회에도 불구하고 새로 세워졌다는 사실은 영국과 웨일즈 지역에서 지난 50여년 동안 자발적인 노력에 의해 거의 3천만 파운드에 달하는 금액을 사용하였다는 것과 함께 놀라운 일일 수밖에 없습니다. 오래된 예배당을 복구하고 새로운 교회를 짓는 데에 이만큼 많은 돈을 사용하는 것은 참으로 놀라운 일이 아닐 수 없습니다. 심지어 이곳 리버풀과 교외에서도 1837년에는 약 70명의 사역자들이 오직 36개의 교회에서만 일하고 있습니다. 그러나 오늘날에는 거의 90개의 교회와 185명의 사역자들이 있습니다.

1837년에는 교회 선교회(Church Missionary Society)의 수입이 71,000파운드에서 232,000파운드로 늘었습니다. 목회 보조회(Chruch Pastoral Aid Society) 수입도 1837년에는 겨우 7,363파운드에 불과했으나 오늘날에는 50,122파운드로 증가했습니다. 1837년에는 오직 58,000명의 어린이들이 영국과 웨일즈를 통틀어서 영국국립학교와 외국인학교 사회에서만 교육을 받았습니다. 그러나 1885년에는 거의 4백만 명의 어린이들이 교육과 훈육을 받을 만큼 규모가 증대하였습니다. 빅토리아 여왕의 50년 동안의 재위기간 중에 교육에 있어서 정부는 거의 5천만 파운드의 교육비를 부담하였습니다. 참으로 놀라운 일이 아닐 수 없습니다.

자선사업과 도덕성 향상을 위한 노력에 관하여 제대로 평가하려면 시간이 모자랄 것입니다. 섀프츠베리(Shaftesbury) 경이나 다른 사람들처럼 사람의 노동은 노동계급의 상태를 조금씩 조금씩 향상시켜 왔습니다. 10시간 노동제 규정이나 광산에서의 여성과 어린이들의 일하는 것에 대한 입법과 노동계급을 위한 학교 설립과 개혁 및 금주 운동의 발생과 그 진전 및 교육과 공중위생과 공공 공원과 여가시설 등으로 말미암은 노동계급의 상태를 향상시키려는 수많은 노력 등 모든 일이 빅토리아 여왕이 다스린 지난 50년 동안에 이루어진 일입니다.

나는 이러한 일들은 한 국가로서의 우리의 상태가 지극히 건강한 징후라고 믿습니다. 그러나 나는 우리가 아직도 지극히 불완전한 상태에 있다고 솔직하게 고백합니다. 아직도 수없이 많은 퇴보가 있으며 지독한 빈곤과 알콜중독과 오염과 또한 이 땅에서의 안식일을 어기는 일 등이 널리 퍼져 있으며 언제인가는 후회하게 될 일들이 벌어지고 있습니다. 그러나 이러한 악한 일들은 인구가 증가함에 따라 더욱더 증가하고 있습니다. 또한 어찌되었거나 우리는 이러한 일들이 벌어지는 것을 보고 알고 있으며 벌어지는 것을 방지하기 위한 정당한 수단을 사용해야 합니다. 분명히 우리는 1837년과 1887년을 비교해 볼 때 깊이 감사해야만 하는 것은 분명합니다.

오늘과 같은 경축해야 할 날에 우리가 하나님을 찬양하는 것은 우리의 올바르고 적절한 필수적인 의무입니다. 나는 오늘날의 사람들이 검은 먹구름이 낀 자신의 하늘에서 눈을 돌려 푸른 하늘을 바라보고 감사하게 되기를 간절히 바랍니다. 이 세상 어느 곳에 대영제국과 같이 마지막 반 세기 동안에 지구상에서 하나님게 감사해야 할 만한 이유를 갖고 있는 나라가 있겠습니까? 또한 이 시기 동안에 부여받은 수많은 은혜를 평가함에 있어 우리의 여왕에게 베풀어주신 현명하고 자비로운 치세에 대해 하나님께 감사드려야 하는 이유를 갖고 있다는 것을 과연 누가 부인할 수 있겠습니까? 영국 사람들이 부끄러워 하면서 오랜 영국 역사에서 영국 왕으로 통치한 자들의 이름을 말하게 되는 경우도 많이 있습니다. 예를 들어 윌리엄, 헨리, 에드워드, 제임스, 찰스, 조지 왕들에 대한 기억은 언제나 단편적입니다. 그러나 미래의 역사학자는 틀림없이 우리들이 깊이 감사해야 할 충분한 이유를 가진 백성들로서 빅토리아 여왕에게 감사드려야 한다고 기록할 것입니다. 나는 그렇게 될 것이라는 것을 의심하지 않습니다.

이제까지 우리들이 언급한 찬양과 감사에 덧붙여서 우리 군주의 인생이 남은 많은 세월 동안 우리를 위하여 계속되고 이 세월 동안 끝까지 더 많은 행복과 유용한 일들이 계속 생겨나기를 열렬히 기도하도록 합시다. 우리는 모두 우리의 여왕이 수많은 슬픔을 겪어왔다는 것을 잘 알고 있습니다. 여왕의 부군과 차녀 앨리스 공주와 막내 아들 알바니 공작의 죽음은 그녀에게는 결코 잊을 수 없는 가슴 아픈 시련이었을 것입니다.

이제 우리는 그녀가 더 이상 이러한 종류의 시련을 겪지 않게 되기를 간절히 기도하고, 번영하고 서로 일치하며 만족해 하는 백성들의 애정 속에서 오래 살기를 바라며 기도하도록 합시다. 그녀가 이 세계에서의 슬픔으로부터 떠나게 되었을 때 이 세상과 같이 모든 사람이 슬픈 눈물을 흘려야 하는 곳이 아닌 결코 눈물이 없는 왕국에 들어가게 되기를 간절히 기도하기로 합시다. 또한 그녀가 이 세상을 떠나 결코 소멸되지 않는 영광의 왕관을 받게 되기를 바라고 간절히 기도하도록 합시다.

The Upper Room

부록
존 C. 라일의 생애와 사상

1. 생애

존 C. 라일(John C. Ryle, 1816-1900)은 청교도 주교이며 불 가운데 불타오르는 빛의 사람이었다. 라일은 하나님의 마음에 합한 그리스도인 목자였다. 라일이 죽은 지 110년이 지났지만, 우리는 여전히 그의 신앙과 신학의 영향을 받고 있다. 전 세계 그리스도인들이 라일의 책들을 지속적으로 읽고 있다.

청교도 목회자요, 교사요, 주교인 라일에 대하여 더 알아볼 만한 충분한 가치가 있다.

존 라일은 어떤 사람이었는가? 그는 메이클즈필드(Macclesfield)의 비단 제조자이자 1841년에 파산한 은행가의 아들로 1816년에 태어났다. 라일은 덩치가 매우 큰 사람이었다. 키는 6피트 3.5인치였으며, 뼈대가 굵었고, 몸무게는 220파운드였다. 그는 목소리도 매우 컸다. 어떤 사람들은 그의 목소리가 고음(stentorian)이라고도 했다. 그는 언제나 강한 정신과 열정을 가졌다. 그는 무뚝뚝했고, 지도자 같았으며, 허튼 소리 없이 말하고 행동했으며, 사람들 앞에서 강력한 영향력을 끼치며 활동했다. 그는 성적이 우수하여 이튼대학(Eton College)

과 옥스포드대학교에서 장학금을 받았으며, 헬라어와 라틴어를 공부했다. 특히 그는 두 대학에서 크리켓 팀의 주장을 맡았던 스포츠맨이기도 하였다.

라일은 지도, 관리, 조직, 감독할 수 있는 능력이 있었고, 사람의 재능을 발견하였으며, 모든 사람을 가장 적절한 위치에 배치시키고, 참아내고 절제하며, 온유한 마음으로 주위에 있는 사람들과의 관계를 유지하는 등, 그 안에 무한한 가치를 가져다주는 능력의 소유자였다. 라일의 놀라운 지성, 엄청난 기억력, 준비된 언변은 옥스포드에서의 학위 기간 동안 최상위 성적을 탁월하게 유지하게 해 주었다. 그는 실제적이고 솔직하며 현장을 중요시하는 현실주의자였고, 책임 회피와 게으름을 용서하지 못했고, 어리석음과 경망스러움을 참아내지 못했다.

한편, 그는 존경을 받았다. 하지만 우리가 예상할 수 있듯이, 많은 사람이 그가 만만치 않은 사람이라는 것을 발견했고, 특히 그의 목회 초년에는 일반적인 사회적 관계의 측면에서 볼 때, 냉담하고 거만한 사람이라는 느낌을 주었다. 의심할 바 없이, 라일의 감정적이고 관계적인 면에서의 절제는 그의 성품에서 자연스럽게 나타난 것이었다.

라일이 잉글랜드의 북서쪽에 위치한 리버풀에 가서 목회한 것은 고향에 대한 그리움의 결과였다. 라일은 리버풀에서 25마일 떨어진 체스셔의 맥클스필드에서 태어났고 그는 전 생애를 통해 항상 잉글랜드의 이 지방에서 살기를 갈망했다. 그는 어린 시절 리버풀의 바로 북쪽에 있는 크로스비에서 여름을 보냈었다. 또한 젊은 시절, 라일은 체스셔 부대의 지휘관으로 리버풀에 가서 매년 열흘씩 훈련을 하였다. 그리고 1930년 후반기에는 그가 가장 즐겼던 크리켓 게임을 하기 위해 그곳으로 가곤 했다. 어린 시절 유복한 가정의 장남이었던 그가 머시의 남쪽 기슭에 위치한 이 지역을 떠나야 할 이유는 없었다. 하지만 1841년 6월에 모든 상황이 바뀌었다. 그의 아버지가 사업의 원천으로 삼았던 메이클즈필드와 맨체스터의 두 은행이 맨체스터의 직원의 경영 실책으로 함께 무너져 내렸다. 존 라일은 그날을 이렇게 회상했다.

> 어느 여름날 아침, 우리는 여느 때와 같이 세상의 모든 것을 가진 채 일어 났지만, 그날 밤 우리는 완전히 몰락한 채 잠들어야 했다.

그의 생가는 팔렸고, 그의 부유한 생활은 끝이 나버렸으며, 그는 생업을 위해 타지로 떠나야 했다. 이 모든 일을 통해 그는 하나님의 손이 그를 목회사역으로 이끄셨다는 것을 알게 되었지만, 그가 어린 시절을 보낸 곳으로부터 떠나야 했던 슬픔은 평생 사라지지 않았다. 그가 57세 되던 해, 자녀들을 위해 쓴 자서전에서 이렇게 기록하였다.

> 25년 된 나무를 접목하는 것은 너무 늦은 일이다. 나 역시 세상의 다른 곳에서 뿌리를 내리기에 너무 성장해 있었다. 나는 체스셔를 떠난 이후 마치 여관에 묵은 여행자와 같아서 새로운 고향을 만들 수 없었다. 내가 살아있는 동안 이 느낌을 떨쳐버릴 수 있다는 생각은 할 수가 없다.

이런 그에게 다시 북서쪽의 고향 근처로 돌아갈 기회는 그가 그곳을 떠나가야 했을 때만큼이나 뜻밖의 일이었고, 그곳 고향을 그의 목회사역의 마지막 장소로 흔쾌히 받아 들였다. 라일은 1880년 5월에 이렇게 말했다.

> 나는 그리스도를 위해 지난 35년을 서포크에서 비교적 은둔하며 지내왔다. 하나님의 은혜로 리버풀이라는 이 거대한 도시에서도 같은 일을 할 수 있기를 바란다.

1830년대 그가 기억했던 마을에 비하면 리버풀은 진정 거대한 도시였다. 영국의 다른 어떤 지역도 리버풀보다 많은 산업혁명의 혜택을 받은 곳은 없었다. 리버풀은 실질적으로 대영제국 상업의 중심지였다. 설탕과 면을 필두로 많은 재료가 이곳으로 들어왔고 랭커셔의 제품이 이곳을 통해 나아갔다. 라일은 1880년 11월, 64세의 나이에 영국 리버풀 시와 대교구의 첫 주교로 임명 받았고, 거기서 20년 후 은퇴하고 사망할 때까지, 지치지 않고 풍성한 열매를 맺으며 일했다. 리버풀에서의 라일의 목회사역은 세기말까지 계속되었다. 1899년 9월, 6피트 3.5인치의 단단한 암석과도 같았던 그도 청각과 기억력의 감퇴와 함께 점차 쇠약해졌고 어쩔 수 없이 자신이 사역을 내려 놓아야 한다는 결론을 내렸다.

> 나는 내 사역의 짐을 지고 머시의 근방에서 내 인생을 마감하고 싶은 소망이 있었다. 하지만 하나님의 생각이 우리들의 생각과 항상 같을 수는 없다.

1899년 크리스마스, 라일은 창립시기부터 대교구에서 일해 왔던 참사회원 리처드 홉슨(Canon Richard Hobson)이 사역지 세인트 나다나엘 교회에 참석했으며, 홉슨은 그때를 이렇게 회상했다.

> 라일은 자신의 쇠약해진 손을 뻗어 나를 불러서 이렇게 말했다. "이것이 마지막 시간이다. 하나님의 축복이 함께하길 바란다. 우리는 천국에서 만날 것이다." 그의 주름진 뺨에는 눈물이 흐르고 있었다.

1900년 3월 1일에 라일의 주교직 사임이 수리되었다. 그해 6월 10일 주일 로웨스토프트에서 라일은 84세를 일기로 두 손에 성경을 쥐고 타계한 뒤, 리버풀 차일드월의 올 세인트 묘지에 묻혔다. 그의 무덤은 그에게 마지막 경의를 표하기 위해 온 수많은 가난한 사람으로

붐볐다. 그들은 라일을 진심으로 사모했던 사람들이었다. 홉슨은 라일의 장례식 사흘 후에 있었던 임시 주교좌 교회의 설교에서, 다음과 같이 회고했다.

> 존 라일, 한 위대한 사람이 지금 막 성시(聖市) 리버풀에서 떨어졌으며, 사랑하는 주교께서 고인이 되었다. 그렇다. 그는 하나님의 풍성한 은혜를 통해서 위대해졌다. 그는 이룬 업적에서 위대했으며 정신력에서 위대했다. 영성에서 위대했으며, 하나님의 가장 거룩한 말씀의 설교자요 강해자로서 위대했다. 남을 대접하는 데에서도 위대했으며, 복음 소책자의 저자로서도 위대했다. 오래도록 살아있는 저서들의 저자로서 위대했으며, 영국 개혁파 복음주의 개신교를 고귀하게 변호한 주교로서 위대했으며, 리버풀의 첫 번째 주교로서 위대했다. 19세기의 영어권 인류 가운데서, 그 세계에서, 우리의 돌아가신 주교만큼이나 하나님과 진리와 정의를 위해 많은 일을 한 사람은 아마도 거의 없을 것이라고 감히 말한다.

2. 생각나는 주교

라일의 위대성에 대해 확증해 주겠지만, 사실 그에 대한 정당한 평가는 필요하다. 우리는 라일을 생각나는 사람(reminder), 청교도 주교라 부르고 싶다. 이는 단지 사실로서, 또 역사적으로 증명되기 때문만은 아니고 좀 더 정확하게는 이 사람을 바로 이해한다면 기본이 될 신앙과 신학에 대한 탁월한 요소를 지적할 수 있기 때문이다. 그는 한 세대 이상 가장 탁월한 복음주의 신앙의 대변인으로 명성을 떨치며 오랫동안 시골에서 사역한 성직자였다.

1) 청교도 계승자

라일을 생각나는 주교라고 부를 때, 그가 입장을 견지하고 있던 청교도 신앙과 신학을 언급해야 한다. 라일은 청교도 신앙과 신학의 전통을 계승하고 있다. 그는 16세기에 잉글랜드 국교회 내에서 등장하여 17세기에 리처드 백스터(Richard Baxter, 1615-1691), 존 오웬(John Owen, 1615-1683), 리처드 십스(Richard Sibbes, 1577-1635), 존 플라벨(John Flavel, 1628-1691), 토마스 브룩스(Thomas Brooks, 1608-1680), 토마스 맨톤(Thomas Manton, 1620-1677), 토마스 왓슨(Thomas Watson, 1620-1680), 로버트 트레일(Robert Traill, 1642-1716), 윌리엄 브리지(William Bridge, 1600-1670), 토마스 굿윈(Thomas Goodwin, 1600-1679), 스티븐 차녹(Stephen Charnock, 1628-1680), 제러마이어 버로우즈(Jeremiah Burroughs, 1600-1646), 존 번연(John Bunyan, 1628-1688), 윌리엄 거널(William Gurnall, 1616-1679) 및 다른 유사한 인물들 안에서 발전의 전성기를 맞은 청교도 복음주의 신앙인들의 한 유형을 계승하고 있다.

우리의 견해와 마찬가지로, 라일은 이들에 대하여 세계가 목격한 최고의 복음주의자들로, 더 분명하게 말하면, 그리스도인들 가운데 최고의 영적 거인으로 평가했다. 우리도 그의 견해에 동의한다. 역사적으로 볼 때, 이 복음주의적 이상은 적어도 1600년에서 1900년까지 3세기 동안 이어진 영국에서의 기준이었다. 또한 잉글랜드 국교회[1] 교인들 가운데서, 분명히 국교회 주교들 가운데서 존 라일은 순전한 청

---

[1] 잉글랜드 국교회 혹은 성공회(聖公會: The Anglican Domain)라고도 하며 1534년 생겨났다. 성공회라는 명칭은 '하나요, 거룩하고, 보편적이고, 사도적인 교회'라는 교회에 관한 신앙고백 가운데 성(聖)과 공(公) 두 자에서 유래한 것이다. 그밖에 잉글랜드 국교회, 영국 잉글랜드 국교회, 잉글랜드 교회, 앵글리컨 교회라고 하며, 성직에는 주교, 사제, 부제가 있다. 미국의 성공회는 주교 감독제교회라는 의미의 에피스코팔교회(Episcopal Church)라는 명칭을 사용한다.

교도 신앙의 마지막 탁월한 대표자요 계승자였다. 분명히 그는 자신의 사망 110년 후에 자신이 마지막 계승자로 언급되는 것을 비극이라고 생각했을 것이다. 왜냐하면 그는 청교도 이상을 유지하고 그 안에서 성직자를 양성하는 것이 국교회의 영적 건강을 위해 영구적으로 필요하다고 믿었기 때문이다. 도대체 누가 그의 의견에 반대한단 말인가? 그러나 그의 사후 청교도적 시각을 구현하는 능력을 보이거나 라일에 필적할 정도로 영향을 미친 사람은 영국에 없었다.

2) 청교도 주교

라일을 청교도 주교라고 부를 때, 많은 청교도 가운데 한 명의 청교도 주교였다는 식으로 그를 구별하고 있는 것이 아니다. 라일의 이름 앞에 생각나는 청교도라는 형용사를 붙일만한, 압도적으로 탁월하고 저명하며, 그 이전과 이후의 어떤 다른 주교도 그를 능가할 수 없었던 한 '청교도 주교'라고 주장하는 것이다. 사실상, 18세기에서 20세기까지 그에 필적할 만한 주교가 아무도 없었다.

17세기에는 홀(Hall), 데버넌트(Davenant), 어셔(Usher), 레이놀즈(Reynolds), 라이튼(Leighton), 홉킨스(Hopkins) 같은 청교도 주교들이 있었다. 후퍼(Hooper)와 그린달(Grindal)은 최소한 그 유형의 16세기의 대표자들이었다. 그러나 라일은 그들 모두를 능가하는 것으로 보인다. 우리는 라일의 위대함을 분명하게 인식하기 위해서 먼저 위와 같은 주장을 하고, 그 다음에 충분한 근거로 그에 대한 인식을 더 낮게 하는 노력의 필요를 느낀다. 따라서 우리는 홉슨이 그랬던 것처럼, 청교도 주교, 라일을 위대한 사람이라고 지칭한다. 그러면 우리가 이런 표현을 할 때 그것이 의미하는 것은 무엇일까? 그 사람을 위대하게 만드는 것은 무엇일까? 그를 그런 식으로 묘사하는 것을 정당화시키는 것은 무엇일까? 존 라일이 선하고, 고귀하고, 담대하고,

현명하고, 강하고, 믿을만하고, 절도 있고, 흔들리지 않고, 현실적이고, 똑똑하고, 넓은 마음을 가졌고, 균형이 잡혀있다고 말하는 이 모든 형용사는 라일에게 정확히 들어맞는다. 그 사람이 위대하다고 불릴 자격이 있는가? 그 차이를 만드는 것은 무엇일까? 위대한 사람을 구별하는 특징에는 무엇이 있을까?

3) 구별되는 세 가지 특징

(1) 성취(achievement)

위대한 사람들은 영역의 종류와 상관없이 자신의 영역에 흔적을 남긴다. 라일은 잉글랜드 국교회와 성경적 기독교 자체의 미래에 영향을 미치는 더욱 거시적인 영적 문제가 있다고 믿었다. 그는 영국과 전 세계의 그리스도인들이 시대의 흐름을 이해하길 원했다. 따라서 그는 가장 큰 두 가지 위협을 예견하여 자주 거론했다. 첫째, 종교개혁을 뒤집고자 하는 움직임, 즉 잉글랜드 국교회의 복음화를 되돌리는 것이다. 둘째, 신학의 문제에 대한 보편적인 관용론의 수용, 즉 교회를 노아의 방주와 같이 모든 종류의 의견과 신념이 방해받지 않고 공존하는 곳으로 인식하고, 단지 교회 안으로 들어오고자 하는 의지와 이에 속한 이웃의 사상을 방해하지 않는 것만을 전제로 하는 것이었다. 우리가 이 위험에 대한 그의 평가에 동의하거나 동의하지 않아도, 라일이 20세기 전반에 걸쳐 전기독교와 종교계에 가장 큰 영향을 주는 두 가지 문제를 명백히 인지했다는 것은 사실이다.

(2) 영향력(impact)

위대한 사람은 다른 사람에게 영감을 주고 그들의 힘을 북돋는 사람이다. 그들의 개인적인 이상과 방식에 아직 지침을 정하지 못했거나, 최소한 진지하게 고려하지 못하고 있는 다른 사람을 위한 행동의

지침이 되게 하는 사람이다. 라일은 수많은 사람에게 복음주의 신앙에 영향을 주었다.

(3) 보편성(universality)

위대한 사람은 자기 시대의 한계를 뛰어 넘으며, 뒤따르는 모든 이들을 위한 통찰과 지혜를 구현한다. 라일도 복음주의 신앙의 보편성을 널리 알렸다. 이 기준에 따르면, 라일은 분명히 기독교 역사에서 가장 위대한 인물이었다. 그는 자신의 시대에 뛰어난 두뇌를 지닌 지도자로서 족적을 남겼다. 그의 언변은 도전적이었고, 영적 실체에 대한 분명하고 강력한 통찰을 지녔다. 탁월한 목회 능력이 십여 권의 큰 책과 이백 종류가 넘는 다양한 크기의 소책자, 그리고 그보다 더 많은 수의 신문지상에 펼쳐졌다. 최소한 열두 개의 언어로 전체 2백만 부가 회람되었다. 그의 인상적인 조직 능력은 20년간의 리버풀 목회 기간 동안 가장 풍성하게 드러났다.

라일의 저술들이 이후의 시대 내내 그랬던 것처럼, 그의 목회는 그 시대를 살았던 많은 사람에게 삶을 바꾸는 영향력을 발휘했다. 또한 그가 빅토리아여왕 시대(1837-1901) 사람들 중의 빅토리아인이었음에도, 우리가 오늘날 그의 글을 읽을 때, 좀처럼 정교하고 호화로운 왕조풍의 빅토리아주의(victorianism)가 풍기지 않는다. 독자를 사로잡는 것은 그가 하나님과 인간의 마음, 우리 주 예수 그리스도, 우리를 거룩하게 하시는 성령, 우리의 신적 지식의 유일한 근원인 성경, 복음의 은혜가 우리에게 요구하는 거룩함의 훈련과 의무, 그리고 이 모든 것에 대한 잉글랜드 국교회의 조직적 헌신에 대한 진리를 설파할 때의 그 생명력과 엄격함, 총체적인 명확함이다.

라일은 굳건한 학문과 위대한 천부적 재능을 소유한 인기 있는 연사였다. 그의 『사복음서 강해 시리즈』와 국교회의 복음주의 영웅들에 대한 그의 저서 『영적 거인: 지난 세기의 기독교 지도자들』(*Christian*

Leaders of the Last Century)은 매력적인 연구로 전시대를 걸친 기독교 고전에 속한다. 그 저술의 수준은 시대가 흐를수록 더욱 명확히 빛을 발하게 될 것이다. 위대한 책은 대가의 생명의 핏줄과도 같은 것으로 묘사되었다. 이 묘사는 존 라일의 저술에도 정확하게 부합한다. 따라서 그의 성취와 영향력, 보편성으로 평가할 때, 라일은 걸출한 인물로서, 지금이야말로 그의 참된 가치가 제대로 평가받아야 할 때이다.

3. 위대한 빅토리아인

청교도 주교 라일은 철저한 빅토리아 시대의 인물이었다. 빅토리아 시대는 1837년부터 1901년까지 영국의 빅토리아 여왕이 다스리던 시대를 말한다. 영국 역사상 가장 번영을 구가하던 시대로, 강력한 경제력과 군사력으로 세계를 지배하였던 시대이다. 실제로 라일은 빅토리아가 영국의 여왕이 되었던 시대에 그리스도인이 되었고, 사물을 보는 관점이 기본적으로 1850년경에 정해졌으며, 그의 감독직 내내 비복음주의 동료들에게는 한 마리의 공룡처럼 취급당한 초기 빅토리아인이었다. 잉글랜드 국교회의 복음주의 지지자들 전체가 그런 취급을 받았다고 말할 수 있지만, 거기엔 또 하나의 이야기가 필요하다. 라일의 빅토리아주의는 때로 그의 능력을 온전하게 평가하는 것을 방해했다. 따라서 하나님의 사람으로서 그를 더 소개하기 이전에 먼저 용어를 정리해야 할 필요가 있음을 밝힌다.

빅토리아 여왕이 사망한 지 백 년이 지난 오늘날, 우리는 디킨스(Dickens), 글래드스턴(Gladstone), 뉴먼(Newman), 테니슨(Tennyson), 스펄전(Spurgeon), 플로렌스 나이팅게일(Florence Nightingale) 등 라일을 비롯한 위대한 빅토리아인들의 전부를 이해하는 것이 쉽지는 않다. 왜냐하면 오늘의 영어권 문화는 그들 모두가 구현했던 가치 체계에 여전히 반동적으로 저항하고 있기 때문이다. 그들은 인생을 진지하게 취급한 이상주의자들이었고, 반면 오늘날의 우리가 미몽에서 깨어난 사람들이기 때문만은 아니다. 좀 더 정확하게는, 소외된 우리 시대의 사람들이 우습게 여기고 싫어하는 공동체 생활에 대한 일련의 구체적인 가정 전체를 그들이 공유하고 있었기 때문이다. 그 결과, 그 사람들은 우리에게서 멀리 떨어져 있고, 또 어느 정도는 이상해 보이기도 한다.

그래서 우리에게서 더 멀리 떨어져 있는 시대를 살았던 아타나시우스, 아우구스티누스, 안셀름, 버나드, 루터, 칼빈, 크랜머, 크롬웰, 휫필드, 에드워즈, 웨슬리, 윌버포스 같은 위대한 인물의 천재성을 평가하는 것보다도 라일 같은 지도자의 위대함을 평가하는 것이 더 어렵다. 모든 사람이 그렇게 말했듯이, 라일은 시대의 한계를 초월했지만, 초기 빅토리아 시대라는 주형에서 만들어졌기에, 우리가 이 사실을 적절히 고려하지 않고 그를 제대로 이해하는 것은 불가능하다.

그러므로 이제 빅토리아 시대로 조금만 뒤로 물러서서 생각해 보면 그 세계의 사회는 특권을 통해 계층화되었다. 꼭대기에는 귀족들이 있었다. 그들은 작위(爵位)와 긴 족보, 좋은 시골 영지, 상대적으로 오래된 재물을 가진 좋은 가문에 속한 사람들이었다. 다음으로는 식자(識者)층의 전문인들이 있었는데, 학자, 법률가, 의사, 성직자, 군대의 행정관들, 은행원, 기술자, 부농, 공장 주인들이 여기에 속했다. 이들은 상류(quality)사회에 속한 사람들이었다. 이 두 계층에서 남자들은 신사(gentlemen)라 불렸고, 여자들은 숙녀(ladies)라 불렸다. 다른 계층은 이렇게 불리지 않았다. 한 단계 아래에는 소작농, 신흥 부자, 무역에 종사하며, 물건을 만들고, 상품과 서비스를 제공하는 대중 사업에 종사하고, 그렇게 해서 이윤을 만들어냈던 상인 계층이 있었다. 맨 아래에는 가사를 돌보고 노동을 하고 공장에서 일을 했던 하인 계층이 있었다. 이들은 자신보다 나은(betters) 사람들을 존경하고, 자신들의 신분에 걸맞지 않은(above their station) 행동을 해서는 안 되었다. 이들은 가난했다. 그 시대의 한 찬송, "밝고 아름다운 만물"(All Things Bright and Beautiful)에는 다음과 같은 구절이 있었다.

성에 사는 부자, 문에 앉은 가난뱅이
하나님은 그들은 높고 낮게 만드셨네
그들의 형편을 정해 주셨네.

초기 빅토리아인들이 위와 같은 사고를 공유했다. 우리가 곧 보게 될 것처럼, 라일은 그 빅토리아인들 안에 속해 있었지만 그가 처한 상황이 그 시대에 존재해왔던 속물근성과 온정주의의 모든 유혹으로부터 그를 벗어나게 했다.

또한 빅토리아 시대는 전체적으로 낙관적인 자기만족의 분위기가 강했다. 영국은 세계를 상업적으로 주도하고 있었다. 태양이 지지 않는 나라였으며, 유럽의 많은 곳과는 달리, 영국은 평화가 지속되었다. 영국인이 된다는 것은 긍지를 가질만한 무언가 있다는 것을 의미했다. 모든 사람의 의무는 이미 존재하고 있던 그 질서를 유지하고, 발전시키고 존중하는 것이었으며, 영국이라는 배를 흔들지 않는 것이었다. 엄숙함과 점잖음, 사회적 보수주의, 양식화된 박애주의, 의무를 행하고 좋은 사례를 남기는 것이 '가진 자들'(haves)의 주요 미덕이었던 반면, 정직, 신뢰성, 고된 노동, 자립이 '가지지 못한 자들'(have-nots)의 주요 미덕이었다. 대부분의 빅토리아인들은 잉글랜드 국교회로 세워진 개신교를 영국의 종교이자, 좋은 것으로 여겼다. 로마 가톨릭은 기본에 잘못된 것을 더하여 본질적으로 외부적인 것으로 여겨졌고, 미신 같은 성직자 정치를 전문으로 하며, 양심을 남용하고, 모든 형태의 개인 및 단체 활동을 억압하는 것으로 이해되었다. 안소니 트롤로프(Anthony Trollope) 같은 저자들이 보여주고 있는 것처럼, 잉글랜드 국교회는 당시 의회와 마찬가지로 그 교회가 행하고 실패했던 일들과는 관계없이 그냥 거기에 존재하고 있으며, 악한 것을 피하려고 노력하고 있다는 사실만으로도 유익이 되는 것으로 인식되었다. 이것이 바로 라일이 속했던 시대의 정신세계였고, 그 안에서 자신의 기독교 사상을 발전시켰다.

그러나 잘 알려진 바와 같이, 라일의 초기 빅토리아주의는 그의 저작들에서 눈에 띌 정도로 조심스럽게 나타난다. 몇 가지 이유가 있다.

1) 세련된 문장

라일이 종이 위에 써 내려간, 그의 정제된 강함을 동반한 세련되고 활기차며 간결하고 박력 있는 문체, 비중 있는 대구(對句, parallel) 형태의 제목들 아래에 배열된 짧은 한 절로 구성된 연속된 문장들은 탁월했다. 정곡을 강하게 찌르는 수사법, 편안한 논리 전개, 전체적인 감성의 결핍, 사실을 사실 그대로 말하려는 확고부동함은 이전에 그가 사용했던 문체를 완전히 십자가에 못 박고 새로운 것을 만들어 낸 것으로, 길고 느릿느릿한 대부분의 빅토리아 시대의 문헌 모델들과는 완전히 단절했다.

2) 복음주의 유산

라일이 공공연하게 표현한 관심은 너무 깊어서, 실제로는 생명력을 주지 못했던 그 시대의 세부적인 논쟁에 자신을 휩싸이지 않게 하면서, 그의 시대 이전 3세기 동안의 영국 복음주의 유산을 되살리게 하였다. 그가 논쟁적인 교회 문제들에 관해 자신의 생각을 표현했을 때, 그의 마음을 지배하고 있던 목표는 언제나 명확했다. 즉 그리스도 안에 있는 하나님의 은혜가 영국 전역에 알려지는 것이었다. 전진

하기 위해서는 전통적 신앙, 즉 옛적 길(Old Paths)로 돌아가야 한다는 그의 유명한 논증은 그를 빅토리아식 사고와 분리시켰다.

3) 예언적 힘

라일이 직접적으로 반대한 것들, 즉 종교적 냉담함과 자기기만, 로마 가톨릭 체계, 잉글랜드 국교회의 자유주의 신학과 형식적인 예전식 예배의 독단과 회의주의, 모호함이 여전히 우리 시대에도 존재하고 있다. 그가 21세기를 살아가는 우리에게 직접 쓴 것처럼 느껴지는 라일의 복음주의 입장의 글을 읽는 것은 어렵게 느껴지지 않는다. 라일은 이 모든 것에 대하여 꾸밈없고 단순하게 기록하였다. 하지만 그의 글은 독자들이 오늘날 느끼게 되는 모든 것을 다 아는 듯한 예언적인 힘을 보여준다.

4) 그리스도인의 멘토

라일의 방법론은 언제나 실제 인간의 필요에 성경을 드러내어 교훈적으로 적용하는 것이다. 혹은 성경의 평가에 따라 영웅적 역사를 해설하거나, 모든 전환기를 그 자신의 시대와 대조시킨다. 19세기가 어떤 면으로도 그 이전 시대보다 더 지혜로운 시기였다고 주장하거나 인정하거나 암시하지 않는 것이다.

그의 작품의 이러한 특징들은 그를 전형적인 빅토리아식 모방을 넘어선 사람으로, 성경을 믿는 모든 시대의 그리스도인들을 위한 멘토(mentor)로 격상시켰다.

라일은 빅토리아 시대의 사람이었기에, 라일 역시 그런 사람이라고 칭하는 것은 어리석음의 극치임에 분명하다. 오히려 라일을 그리스도 예수의 영원한 복음의 재능 있는 증거자로 인정하고, 따라서 그가 하는 말을 들어야 한다고 지혜는 우리에게 충고한다.

4. 라일의 자서전

라일이 만났던 다른 사람들로부터 거리를 두려는 의지는 아버지의 파산으로 인해 부자에서 가난뱅이로 전락하는 과정을 통해 더 강화되었고, 삶에 대한 두려움은 그를 물 밖으로 나간 물고기처럼 빅토리아식 환경에서 떠나게 만들었다. 라일은 자신의 참 모습을 발견하는 것이 두려워 체스셔를 비롯한 여러 부유한 귀족 사회의 친구들과의 관계를 단절했고, "어떻게 다루어야 할지를 거의 알지 못했던 완전한 가난의 상태"로 움츠러들었다. 다른 사회 계층 속에서, 또 새로운 장소에서 새로운 삶을 시작함으로써, 그는 정제되지 않은 내면 상태에 이 기억이 영구적으로 남게 되었다. 빅토리아 시대의 기준에 의하면, 이는 궁극적으로 불명예였고, 재난 이전의 라일의 장밋빛 전망에 비추어 본다면, 그야말로 고통스러운 일이었다. 1873년에 발간된 자신의 자서전에서 그는 이 사건에 대해 진솔하게 고백했다.

신약성경이 말하는 수난은 그리스도인의 삶을 위한 표준이다. 원래의 청교도들은 위대한 수난자들이었다. 1646년에 왕당파가 되었다는 사실 때문에 목회직에서 쫓겨났던 청교도 존 거리(John Geree)는 그의 소책자 『옛 영국 청교도의 특징』(*The Character of an Old English Puritan*)에서 "수난 당하는 자는 정복한다"(Vincit qui patitur)라는 말이 실제로 청교도들의 좌우명이었다고 기록했다. 청교도 주교였던 라일 역시 수난을 당했으며, 우리가 곧 보게 되듯이, 이 수난이 그의 일부를 만들었다고 할 수 있다.

1) 파산

존 라일의 아주 솔직하고, 심지어는 고통스러울 정도로 정직한 자서전은 출판을 목적으로 하지 않고, 그의 가족들을 위해 구술되었다. 자서전은 다음과 같이 시작된다.

> 내가 57세(즉 1873년)가 되어 내 삶에 대한 자서전을 기록하는 이유는 내가 죽은 이후에 나의 아이들이 내 삶의 역사에 대한 정확한 이야기를 소유할 수 있게 하기 위함이다.

여기에서 몇 가지 의문이 즉시 떠오른다. 첫째, 그가 누구에게 자서전을 받아 적게 했나? 원고의 원본이 현재 존재하지 않기 때문에 그 사실은 알려지지도 않았고 알 수도 없다. 이야기는 그의 두 번째 아내의 죽음과 1844년 이래 교구 사역자(vicar)로 일해 왔던 헬밍엄(Helmingham)에서 떠나고 싶었던 그 자신의 열망, 또한 관할 구역의 감독권을 가졌던 존 톨마쉬(John Tollemache)와의 관계 단절로 인해 1860년에서 멈춰있다. 추측할 수 있는 것은 그가 이 자서전을 스트라드브로크(Stradbroke)로 이동한 이후, 1861년에 결혼하여 세 번째 라일 부인이 된 헨리에타(Henrietta)로 하여금 받아쓰게 했다는 것이다. 그 당시 라일은 유명한 복음주의 인사가 되어 있었고, 헨리에타는 다른 많은 영역에서뿐만 아니라 라일의 다섯 아이의 계모로서, 그의 주일학교에서의 큰 조력자이자 개인 비서와 교구 사진사로서 크게 성공적인 역할을 감당하고 있었기에, 자연스럽게 자신의 남편의 초기 일생에 대해서 모든 것을 알고 싶었을 것이고, 그의 자녀들이 이 모든 것을 알 필요가 있는 시점에서 그것을 출판하려고 했을 것이다.

둘째, 라일은 왜 구술이 이루어지기 13년 전인 1860년의 이야기에서 구술을 멈추었을까? 이 부분에 대한 그럴듯한 추측은 다음과 같다. 라일은 1860년까지 자신의 이야기에 하나님의 인도하심이 있었다고 여겼고, 고통과 슬픔을 정제시키면서, 1861년을 그 전에 결코 알지 못했던 공적인 인정과 내적 행복의 기간이 시작되는 하나의 분기점으로 보았다는 것이다.

스트라드브로크에서의 사례비는 헬밍엄의 두 배였기 때문에, 그는 언제나 부목사를 임용할 수가 있었다. 전체적으로 일곱 명의 부목사를 임용했었다. 거기에선 라일과 다툴 감독자가 없었고, 중년의 건강하고 성숙하고 사교성 좋은 오르간 연주자였던 헨리에타와 12년간의 행복한 나날은, 이전의 두 번의 결혼생활이 아내의 병으로 고통과 근심 속에 보냈던 것과 완전히 대비되었다.

그래서 우리가 추측할 수 있듯이, 라일의 아이들이 알 필요가 있는 것은 정확히 1860년 이전의 사건들이었다고 판단했다. 왜냐하면 그 아이들이 죄인들을 그리스도를 믿는 믿음으로 인도하시고 영적인 선을 이루시기 위해 상황을 통해 주어지는 악을 통제하시는 하나님의 구원하시는 은혜와 섭리에 대해 배웠기 때문이었다. 이 점에서 라일은 그 자신의 순례를 통해 그에게 주어진 하나님에 대한 지식과 삶의 지혜를 자녀들이 경험하도록 세심하게 도왔던 참된 청교도 부모였음을 보여주고 있다.

자서전의 전반부는 라일의 가족에 대한 전체 이야기를 전해 준다. 첫 번째와 두 번째 가정, 교육, 회심, 1841년의 가족 파산의 간접적인 결과로 목회에 들어선 일을 그리고 있다. 그 이야기를 하면서, 라일은 파산으로 인한 상처에 대해 사무치는 고백을 한다. 다음의 인용이 그 증거가 될 것이다.

아마도 몰락이 모든 것을 앗아간 그 처참한 폭력에 대해 어떤 올바른 생각을 제시하는 것은 불가능할 것이다. 우리는 어느 여름 날 아침, 우리는 세계를 품은 채 일어났으나, 밤에는 모든 것을 잃은 채 잠자리에 들었다. 즉각적인 결과는 극단적으로 쓰라리고 고통스럽다는 것이었으며, 극도로 비참해졌다. 채권자들은 당연하게도 올바르고 정당하게 모든 것을 차압하였고, 우리 아이들은 자신의 소지품과 옷가지들만을 가질 수 있었다.

체스셔 의용대의 메이클즈필드 부대(the Macclesfield troop of the Cheshire Yeomanry, 폭동을 진압하기 위해 소집된 반(半) 군사, 반(半) 경찰 조직) 지휘관이었던 라일은 두 필의 말과 유니폼 하나를 이백 파운드에 팔았고, 총 250파운드에 모든 것을 다 처분했다. 막 의회에 진출하려고 했던, 지방 관리의 아들이자 유산 상속인으로서 1년에 15,000파운드를 받게 되어 있었던 25세의 한 청년에게 이것은 하나의 몰락이었다. 그 시기의 전체적인 상황은 오직 가슴에 잉태된 고통 그뿐이었으며, 32살이 끝나갈 무렵의 그 고통은 마치 어제였던 것처럼 여전히 생생하게 가슴 속에 남아있었다. 물론 식솔들도 즉시 붕괴되었다. 남자 하인들, 집사, 부집사, 시종, 마부, 가정부, 하녀들이 다 떠났다.

존 라일이 사랑했던 가족의 고향, 천 에이커 크기의 헨버리(Henbury)는 1837년 이후에 팔렸고, 라일은 아버지의 가업을 정리하는 것을 돕기 위해 "일생에서 겪은 가장 쓰라리고 참혹한 6주"를 거기에서 머물렀다고 회고한다.

나는 앞으로 무슨 일이 일어나게 될지, 어디서 살아야 할지, 또는 무엇을 해야 할지에 대한 최소한의 생각도 없이 아버지의 집을 떠나고 있었다. 사실상, 하나님을 제외하고 그 누구도 그때에 내가 당하는 고통의 의미를 알고 있지 못했다. 분명한 것은 그 사건이 가족 중의 그 누구보다 내게 더 크게 다가왔다는 사실이다. 나는 25세의 장남으로서, 내 앞에 펼쳐진 세상과 함께 모든 것을 잃었다. 내가 그때 그리스도인이 아니었다면 자살을 했을지도 모르겠다. 그 당시 모든 사람은 내가 얼마나 아름답게 행동했는지, 내가 어떻게 체념했는지,

내가 어떤 평안의 본을 보였는지 말했다. 그러나 이보다 더 완벽한 오해는 없었다. 내 아버지의 패배의 파도가 내게 닥쳤을 때, 내가 얼마나 괴로워했는지, 내 전체 뼈대와 몸과 마음과 영혼이 요동치며 기반이 흔들린 것은 오직 하나님만이 아신다. 물론 나는 모든 것이 잘 된 것이라는 점을 안다(그 결과가 보여주는 대로, 하나님이 그 모든 것을 계획하셨다는 것). 그러나 나는 그것이 내 몸과 마음에 상처를 입혔고, 그 영향을 지금도 가장 무겁게 느끼고 있고 내가 혹시 백 세까지 산다고 하더라도 그것을 내내 느끼게 될 것이라는 것을 분명히 확신한다. 사람들이 외치지 않고 고함지르지 않고 밖으로 부르짖어 표현하지 않는다고 해서, 그들이 그것을 느끼지도 못하고 있다고 가정하는 것은 아주 순진하고 어리석은 것이다.

이 부분을 읽는 내 아이들과 다른 이들(가족의 다른 구성원들)은 내 표현의 심각함에 당황할 수도 있을 것이다. 그러나 나는 내가 1841년에 경험한 것을 인식하거나 이해하는 것처럼 보이는 사람을 만난 적이 없다고 믿는다. 반복하지만, 생각 없는 사람들은 그 안에 담긴 많은 것을 보지 못했고, 내게 그것이 아무런 시련이 되지 못했다고 생각해 버렸다. 나는 분명히 그 사건이 내 몸과 마음 모두에 가져다 준 상처는 거의 치명적인 것이었고, 42년 동안의 생애 동안 헨버리를 떠나면서 느꼈던 그 실신할 정도의 비참함(용기의 상실)을 기억하지 않고 단 하루도 지낸 적이 없다고 생각한다.

도덕적이고 영적인 관점에서 생각하면, 나는 그것이 나를 위한 최선이었음을 추호도 의심하지 않는다. 물론 내 아버지의 사업이 계속 번영하고, 그래서 내가 무너지지 않았다면, 내 인생은 전혀 다른 방향으로 흘러갔을 것이다. 아마도 의회에 아주 일찍 진출해 있을지도 모른다…나는 결코 성직자가 되지 않았을 것이고, 설교도 하지 않고 소책자와 책도 쓰지 않았을 것이다. 분명 영적인 면에서는 파선하고 말았을 것이다. 그래서 내가 말하고자 하는 것은 내가 지금과 다른 방향의 삶을 살고 싶다는 이야기가 아니다. 말하고자 하는 것은 내가 정말로 상처를 입었고 그것도 깊이 입었고…내가 그 결과로부터 몸과 마음이 완전히 회복되지 않았다는 것이다…내가 체스셔를 떠난 이후, 나는 편안함을 느낀적이 없었고, 나 자신이 늘 체류자(sojourner)로 혹은 숙박업소에 든 여행자(dweller in a lodging)처럼 느껴졌다. 또한 내가 살아 있는 한 어디에서도 그 이상의 다른 느낌을 기대하지 못할 것이다.

라일이 여기서 자신의 어린 시절에 대해 밝히고자 하는 것은 그 파산 위기의 기억이 그의 내면에 자리 잡은 영구적인 상처로 남아있었다는 사실이다. 쓰라림, 단절, 절망이 위협했고, 지속적으로 그를 궁지로 몰아넣었다. 다른 사람들을 섬기는 힘든 일이 그 고통을 경감시킬 수 있었고, 그가 교구에서, 강단에서, 출판물에서 주님을 위하여 싸울 때 그에게 힘과 용기를 북돋아 주었다. 그럼에도 불구하고 우리는 라일의 자서전에서 그의 수사 문체에 어느 정도 훼손을 가하는, 무언가에 사로잡힌 듯한 도전적인 문장들을 발견할 수 있다. 또한 불굴의 빅토리아 문화 속에서 살아가는 그에게서도 사람들이 느낄 만한 개인적인 은폐나 거친 비약도 일부 발견할 수 있다.

라일의 시대에는 그 누구도 목회를, 오늘날 흔한 방식의 상처 입은 치유자(wounded healer)의 사역으로 이상화하지 않았다. 라일은 스스로 이런 식의 개념이 메시지 자체에서 메시지를 전하는 자에게로 부적절하게 관심을 전환시킨다는 이유로 반대했을 것이다. 그럼에도 불구하고 이 메시지의 능력을 그토록 자주, 그토록 깊이 맛보아야 할 필요가 그에게 없었다면, 우리는 고난과 절망 앞에서 라일의 그리스도 중심적인, 십자가에 초점이 맞춰진, 그리고 언약 지향적인 위로와 격려에 대한 이해가 라일 자신의 마음을 그렇게 굳건하고 강건하게 만들 수 없었을 것이라고 추측할 수 있을 것이다.

자서전은 계속해서 체스셔를 떠나는 라일이 심각한 재정적인 문제로 햄프셔(Hampshire)의 보조 부목사 자리에 대한 제안을 수용한 상황을 아주 주저하면서 서술한다. 라일은 은행 파산 6개월 후인 1841년 12월에 윈체스터의 복음주의 주교 찰스 섬너(Charles Sumner)에게서 안수를 받았다.

> 나는 성직자가 되려는 특별한 열망을 가진 적이 없었다. 내 의지와 본래 취향이 그로 인해 만족했을 것이라고 생각하는 사람들은 전적으로 오해였다고 말하고 싶다. 나는 하나님이 모든 그리스도인을 성직자가 되도록 부르시지는 않았다는 생각을 강하게 하고 있었기 때문에 내가 성직자가 되어야 한다고도 생각하고 싶지 않았다. 성직자가 되면 즉각적으로 어느 정도의 수입을 얻을 수 있었기 때문에 성직자가 되는 것 말고는 내 앞에 남아 있는 것이 아무것도 없다고 생각했다. 어머니와 아버지는 내게 다른 더 좋은 것을 제시할 수 없으셨다. 그럼에도 불구하고 그분들 중 아무도 내가 성직자가 되는 것을 원하지 않으셨다.

그 시점부터 목회가 그의 직업이 되었다. 뉴 포레스트(New Forest)의 한적한 시골 엑스버리(Exbury, 1841-43)에서, 대부분의 시간을 몰타(Malta)에서 보냈던 주교의 사위의 부목사로서 꽤나 이상한 2년을 보낸 후에, 라일은 건강상의 이유로 그 직책을 사임했다.

> 계속되는 두통, 소화불량, 심장장애가 시작되었고, 전염병도 있었으며, 그 이후로도 계속해서 나를 괴롭혔다. 아마도 그 고통은 내 인생이 끝날 때까지 지속될 것이다.

연봉이 1년에 84파운드(아주 적은 100파운드 중에서도 16파운드는 그 집의 가구 사용료 명목으로 공제되었다)이었기 때문에, 그는 전염병 같은 가난에 시달렸다.

나는 부자였다가 가난해진 사람의 불행이 어떤지 이전에는 전혀 느껴보지 못했다. 오직 스물다섯 살까지 부자였다가 그 후, 가난해진 사람들만이 당신이 처한 상황이 부과했던 끝없는 죽음과 같은 고통을 이해할 수 있다.

이후 윈체스터(Winchester, 1843-44)의 성토마스교회(St. Thomas Church)에서 다섯 달 동안 사역할 때도 사례비는 여전히 충분하지 않았기에, 1844년, 라일은 서포크(Suffolk, 1844-61)에 위치한 인구 300명의 시골 교구에서 일 년에 500파운드의 사례비로 생활하라는 요청을 받게 되었다. 여기서 가난이라는 부담은 덜어진 것 같았고, 결혼할만한 여유도 생겼기에 거기서 결혼도 했다. 그러나 우리는 이후 그의 첫 번째, 두 번째 부인들의 나쁜 건강 때문에 15년 동안 그의 소유가 얼마나 쉽게 동이 났는지, 그가 얼마나 고통을 받았는지를 듣게 된다. 자서전은 "나는 한때 다섯 아이가 딸린 홀아비였다. 이때만큼 마음이 힘들고 무력했던 적이 없었다"라는 기록의 시점에서 끝난다. 이 문장 다음에 이어지는 자서전의 마지막 단락을 그대로 인용하면 다음과 같다.

극소수의 사람들만이 내 아내가 죽기 전, 최소 5년 동안 내가 겪어야 했던 몸과 마음의 마모(wear and tear)와 고뇌가 어느 정도였는지 이해하고 있다. 나는 아내가 무언가를 원할 때, 준비된 상태로 있기 위해(즉, 그녀를 돕기 위해) 내 집 바깥에서 잠을 자본 적이 거의 없다. 나는 연설하거나 설교하기 위해 자주 한겨울에 지붕도 없는 마차를 타고 십이, 십오, 이십, 심지어 삼십 마일이나 되는 거리를 운전하곤 했고, 그 후엔 즉각 동일한 거리만큼 돌아와서 집에서 잠을 자야만 했다. 휴일, 휴식, 여가를 일 년 내내 가져본 적이 없다. 한편 저녁에 세 명의 어린 아들들과 놀아주고 그들을 즐겁게 하는 일은 전적으로 내 몫이었다. 사실상 이러한 모든 상황은 나의 몸과 마음을 무겁게 만들었다. 지금도 내가 어떻게 그 모든 것을 다 견뎠는지 궁금하다.

라일은 의아하게도 여기에서 기록을 멈춘다. 라일은 이 단락을 결론으로 남겨둔다. 라일이 죽은 후, 자신의 자녀들이 이 이야기를 읽으면서 깨닫기를 원했던 것은 무엇보다도 그가 겪었던 고통의 강렬함이었음은 분명하다. 또 다른 목적은 하나님께서 장기간에 걸쳐 그를 선하게 다스려 오셨다는 것을 말하고 싶었던 것이다. 은행 파산에 대한 장(chapter)을 마무리하면서 라일은 다음과 같이 기록한다.

내가 겪은 고통을 포함한 모든 고통은 하나님께서 우리 삶에 방문하시는 일을 더 쉽게 한다. 하나님께서는 결코 우리가 고통이나 아픔 없이 살기를 원치 않으신다. 이 점에서 오해가 있다. 하나님의 뜻에 따르는 순종은 그분의 뜻에 따른 처분 안에서 생겨나는 강렬하고 날카로운 고통과 완벽하게 양립할 수 있다. 사실상 느끼지 못하는 고난은 고난이 전혀 아니다. 고난을 깊이 느끼고 그것에 인내하며 순종하는 것이 그리스도인에게 요구되는 것이다. 나는 내 아이들과 이 자서전을 읽는 모든 사람이 내가 내 아버지의 실패, 또 내 모든 세상 자산의 붕괴와 함께 체스셔에서 쫓겨나게 된 사건을 가장 절절하게 가슴으로 받아들였음을 기억해 주기를 바란다. 또한 나는 그때부터 지금까지 그 사건들을 여전히 가슴으로 느끼고 있다. 그러나 나는 내가 하나님의 뜻에 순종했고, 비록 그 당시에는 그것을 알지도 느끼지도 못했지만, 모든 것이 옳았다는 것을 굳고 깊게 확신하고 있다는 사실도 그들이 알아주기를 바란다.

압박감에도 불구하고, 모든 것이 옳았다는 인식이 그를 계속해서 사로잡았다. 거스리 클락(Guthrie Clark)은 "그의 삶은 많은 점에서 느헤미야의 삶과 닮았다. 그는 모든 위기 속에서 그 위기에 그의 삶을 지배하신 하나님의 선하신 손이 있었음을 증언할 수 있었다"라고 말한다. 참되고 바른 지적이다. 우리는 라일의 삶 위에 임한 더 큰 하나님의 손을 곧 보게 될 것이다.

5. 위대한 변화

라일이 키우려고 노력했던 신앙은 그가 태어날 때부터 가지고 났거나 혹은 집안에서 자연스럽게 배운 것은 아니었다. 그 신앙은 1837년, 즉 옥스포드에서의 마지막 해를 지내는 동안에, 눈부시게 성공적인 학위 시험을 마친 6개월 후, 결실이 되어 나타났다. 그는 다음과 같이 증언한다.

> 1837년 말에 내 인격은 철저하고 전체적인 한 변화를 겪었다. 그 결과, 신앙과 실천 모두에 걸쳐 나의 종교관에 전적인 변화가 일어났다. 이 변화는 압도적일 정도로 엄청난 것이었다. 이 변화는 갑작스럽고 급속한 것이라기보다는 점진적인 것이었다. 어느 한 사람이나 어느 한 사건, 한 사물에게서 그 변화의 원인을 찾아낼 수는 없다. 오히려 이 변화는 다양한 사람들과 사물들이 합쳐져서 하나가 된 것이다. 그 당시에는 알지 못했지만 나는 이 모든 것을 통해 성령께서 역사하고 계셨음을 믿는다.

라일은 자신의 회심과 중생, 그리스도인이 된 사건의 실체에 대해 이렇게 말하고 있다. 그 길은 메클스필드의 한 신생교회에서 있었던 복음설교를 통해 닦였는데, 거기서 그의 누이인 수잔과 안수 받은 한 친구가 회심했다. 라일은 이 설교에 애써 저항했다.

> 내 본성의 독립성과 호전성, 다수가 아닌 것을 사랑하는 마음, 흐름을

따라 헤엄치는 것을 싫어하는 나의 마음은 그토록 조롱받고 미움받던 복음 설교자들이 아마도 옳았을 것이라는 생각으로 복잡해진다.

라일은 에베소서 2:8을 중요한 구절별로 끊어서 읽었다. 다시 말해서 강조점이 분명히 부각되는 것, 즉 "은혜로 구원받으며-믿음으로-여러분 스스로의 것이 아니라-하나님의 선물이다" 이와 같이 읽었다. 그는 자신의 방법으로 성경을 읽기 시작했고, 기말고사 직전에 아픈 중에도 규칙적으로 기도했으며, 이전에 이튼을 다닐 때, 뉴캐슬 장학금과 학위를 받기 위해 공부했던 잉글랜드 국교회의 39개조 신조(Anglican Thirty-Nine Article)의 가르침을 기억해냈다. 이 순차적인 과정을 경험하면서 분명한 확신이 찾아오게 되었다. 그의 자서전에 기록한 고백을 좀 더 인용하는 것이 유익할 것이다.

이 기간에 종교의 어떤 점이 내 안에 강한 흔적을 남겼는지 자녀들이 알면 흥미로울 것이다. 이 위대한 변화가 나를 찾아왔을 때…마치 현상 용액이 부어지는 동안에 사진판 위에 올려져 있는 사진처럼 선명하고 분명하게 내 마음에 번쩍이며 떠올랐던 것들은 다음과 같은 것들이었다.
죄에 대한 극적인 인식, 나 자신의 개인적인 죄성, 무력함, 영적 필요, 주 예수 그리스도의 희생의 완벽한 적합함, 죄인의 영혼의 구원자가 되기 위한 대리와 중보, 모든 사람이 성령으로 인해 거듭나고 회심해야 하는 절대적인 필요성, 참된 그리스도인의 유일한 증거가 되는 거룩한 삶의 불가결한 필요성, 죄에서뿐만 아니라 세상으로부터 나와서 그 세상의 헛된 관습과 유희와 선악의 기준으로부터 구별되어야 할 절대적인 필요성, 믿음에서 참된 것, 실천에서 올바른 것이 무엇인가에 대한 유일한 기준으로서 성경의 수위성, 그 성경을 규칙적으로 연구하고 읽어야 할 필요성, 진실한 그리스도인으로 살기를 원하는 사람이라면 누구나 해야 할 매일의 개인 기도와 하나님과 교제의 절대적인 필요성, 로마 가톨릭과 비교해 볼 때, 개신교 원리들이라 불리는 것의 탁월한 가치들, 우리 주 예수 그리스도의 재림교리의 말할 수 없는 탁월함과 아름다움, 세례예식 그 자체가 중생이라고 하거나 교회가 기독교로 진입하는 공식적인 과정이라고 하거나, 성례를 받는 것이 죄를 씻는 수단이라고 하거나, 성직자가 다른 사람보다 성경을 더 많이 안다고 하거나 그들의 직책 때문에 하나님과 사람 사이의 중재자가 된다고 주장하는 것들의 말할 수 없는 어리석음. 이 모든 원리가 스무한 살을 지나던 겨울 즈음에 내 마음에 떠올랐던 것 같다. 나는 이전에 이것들에 대해 전혀 몰랐음을 분명히 확신하며, 이것들이 어떤 특정한 사람의 도움 없이 신비한 방식으로 내 마음 속에서 떠올라 나의 실존의 한 부분이 되었다고 확신한다. 나는 나 자신의 죄성, 그리스도의 귀하심, 성경의 가치, 세상으로부터 나오는 것의 절대적인 필요성, 거듭남의 필요, 세례를 받으면 중생한다는 교리의 엄청난 어리석음에 대한 생각이 내 마음 속에 그토록 명확하고 분명하게 떠올랐던 날에 대해 아무것도 기억할 수 없다.

반복해서 말하지만, 이 모든 것들이 1837년 겨울에 한 줄기 태양 빛처럼 내게 비춰졌던 것 같다…그 전에는 나는 죄 속에서 죽은 자였고, 지옥으로 가는 대로(大路) 위에 있었지만, 그날 이후 나는 살아나서 천국의 소망을 얻게 되었다. 내 지성으로는 이 모든 것들을 설명할 수 없으며, 오직 하나님의 값없이 주신 주권적 은혜로만 가능하다.

라일은 그 전에 결코 이런 복음주의적 개념들을 어떤 형태로든 접한 적이 없었으며, 한 번도 인식해 본 적이 없고, 참된 것으로 이해하지도 않았으며, 하나님이 가르치시는 삶의 체계로서 그의 지성과 결합한 적이 없었다고 말하고 있다는 사실을 우리는 알아야 한다. 그러나 한번 형성된 후에는 이러한 확신은 결코 그를 떠나지 않았다. 그러자 그는 집에서, 또 더 넓은 사회에서 그것에 대해 증언하고 논증하기를 시작했다.

그는 계속해서 그의 회심으로 인해 자신의 가족과 이전 친구들로부터 단절되는 고통이 얼마나 컸는지, 그러나 이 회심이 어떻게 그를 새로운 친구들과의 '일종의 즉각적인 동지애'로 이끌었는지를 언급한다. 이 친구들은 "감사하게도 내게 이런 저런 방식으로 큰 도움을 주고, 내가 지키려던 원칙들 안에서 내가 흔들리지 않도록 힘을 북돋아 주었으며, 내가 그 원칙을 실천할 수 있도록 격려하고, 내 어려움들을 해결하고, 충고로 나를 돕고, 많은 혼돈 속에 휩싸인 나와 상담해 주고, 내가 이 세상에 홀로 있지 않다는 것을 보여줌으로써 내게 힘을 주었던" 자신의 사회적 관계에 속한 이들이었다. 다음으로 그는 자신의 회심 이야기를 마무리 짓는다.

> 1837년 겨울 이후, 3년 반의 기간(즉, 파산 시기까지)은 내게 엄청난 시련의 시기였다. 그러나 나는 모든 것이 선을 위한 것이라는 사실을 의심하지 않았다. 나는 그 사건에 결점이 분명히 있었지만, 나의 기독교 신앙을 결정하고 완성하는데 크게 기여했다고 믿으며, 이로 인해 언제나 하나님께 감사할 이유를 갖고 있게 될 것이다.

6. 위대한 복음주의자

존 라일의 '위대한 변화'에 대한 이야기가 우리에게 보여주는 것은 그가 1837년, 그의 시대 이전에 한 세기 동안 사람들에게 인식된 바로 그 잉글랜드 국교회 복음주의에 헌신함으로써 주류 잉글랜드 국교회의 복음주의자가 되었다는 사실이다. 이전 시대의 종교개혁자들과 청교도들과 함께 복음주의자들이 그랬던 것처럼, 그는 처음부터 세례의식 그 자체를 통한 중생 개념을 거부했고, 언제나 중생을 회심과 연관시켰다. 이것은 복음주의적 정체성의 핵심이었다.

첫 시작부터 40년이 걸려 1877년, 그는 『오직 한 길: 묶여지지 않은 매듭』(Knots Untied)을 출간했는데, 이 고전적인 저술에서 그는 소책자 형태로 이미 출간한 적이 있었던 자료를 통합하여 다루고 있었다. 그는 모든 항목에서 복음주의적 입장을 변증하면서, 참된 잉글랜드 국교회의 정체성과 발전에 관한 당대의 논쟁을 논의했다. 1900년 이전에 10번이나 다시 찍어낼 정도로 그의 생전에 가장 인기 있는 책이었다. 이 책은 기독교 이후 시대를 맞은, 서구(Post-Christian West)에 사는, 고뇌하는 국교도들을 향해 많은 것을 말하고 있었다. 첫 장은 "복음주의 신앙"(Evangelical Religion)이라는 제목을 달고 있는데, 여기서 라일은 효과적으로 그가 예수 그리스도의 복음이라고 이해하는 것을 국교회의 틀에서 설명하고 정의하고 있다. 그리 놀랄 것도 없이, 아마도 라일이 쓴 글의 취향은 그가 직접 쓴 글을 읽음으로써 가장 풍성히 느껴질 수 있을 것이다. 여기서 더 많은 인용이 필요할 것이다.

복음주의 신앙이 독특한 원리들을 갖고 있는가? 나는 그렇다고 대답한다. 그 원리들에 주장할 만한 가치가 있는가? 나는 그렇다고 대답한다. "복음주의 신앙이 무엇인가?"라는 질문에 대해서는, 나는 간단하게 그 신앙의 주요한 특징들로 보이는 것들을 언급함으로써 답할 수 있다. 내가 고려하는 것들은 다섯 가지 특징이다.
첫 번째 특징은 복음주의가 신앙과 행위의 유일한 규범인 성경에 부여하는 절대적인 수위성이다. 그 책에 분명하게 기록된, 우리의 살과 피가 되는 것을 어떤 것이든 내게 보여준다면, 나는 그것을 받아들이고 믿고 따를 것이다. 그 책에 반하는 신앙이 있으나, 그 신앙이 특별하고 그럴듯하고 아름답고 명백히 매력적인 것임을 내게 보여준다 해도, 나는 어떤 경우에도 그 신앙을 취하지 않을 것이다. 여기에 바위가 있다. 다른 모든 것은 그저 모래일 뿐이다.
두 번째 특징은 복음주의가 인간의 죄성과 부패 교리에 부여하는 깊이와 두드러짐이다. 모든 인간은 단지 불쌍하고 동정받을 만하며 파산한 존재일 뿐만 아니라, 죄책과 영구적인 위험과 하나님 앞에서 정죄 받은 존재이다. 인간은 그저 조물주와 반목하고 있고, 천국으로 갈 수 있는 자격이 없는 존재일 뿐만 아니라, 조물주를 섬길 의지도 없고 그를 사랑하지도 않으며 천국에 어울리지도 않는 존재이다. 그러므로 우리는 형식주의와 성례주의와 모든 종류의 단순한 외적이고 대리적인 기독교 형태에 온 마음으로 저항한다. 우리는 그런 종류의 모든 신앙은 인간의 영적 필요에 대한 부적절한 견해 위에 근거한 것이라고 주장한다. 한 영혼을 구원하고 만족시키고 거룩하게 하는 것 이상이 필요하다. 오직 아들 예수 그리스도의 피가 우리의 양심을 적시고, 성령 하나님의 은혜가 우리의 마음을 전적으로 새롭게 하는 것만이 요구될 뿐이다. 성경 다음으로 복음주의 신앙의 기반은 원죄에 대한 분명한 견해에 근거하는 것이다.

세 번째 특징은 복음주의가 우리 주 예수 그리스도의 사역과 직위 및 그리스도께서 인간을 위하여 행하신 구원의 본질에 부여하는 엄청난 중요성이다. 그를 믿는 자들은, 심지어 그들이 이 땅에 살아있는 동안에도, 모든 것으로부터 완전히 용서받고 의롭게 된다. 즉 하나님 앞에서 완전히 의로운 자로 인정받는다. 우리는 십자가에 달리시고 중재하시는 그리스도에 대한 실험적, 즉 경험적 앎이 기독교의 본질이라고 주장한다. 기독교 신앙을 사람들에게 가르칠 때, 우리는 그리스도 그분에 대해 지나친 강조를 하지 않을 수 없고, 모든 믿는 자들을 위하여 그분께서 주신 구원의 풍성함과 값없음과 현재성과 단순함을 지나치게 강조하지 않을 수 없다. 우리는 순수한 믿음으로, 영생이 그리스도를 아는 것이고, 그리스도를 믿는 것이고, 그리스도 안에 거하는 것이고, 매일 우리의 마음으로 그리스도와 교제하는 것이라고 말한다. 따라서 신앙과 관련된 것은 무엇이든지 그것이 신앙생활의 성숙을 도울 때에만 유용하며 그렇지 않을 때에는 무가치하다고 고백한다.

네 번째 특징은 복음주의 신앙이 인간의 마음속에서 역사하시는 성령의 내적 사역에 큰 역할을 부여하고 있다는 것이다. 우리는 사람들이 가장 관심을 가질 필요가 있는 것에 성령의 강력한 역사,

내면의 회개, 내면의 믿음, 내면의 소망, 내면의 마음, 하나님의 율법에 대한 내면의 사랑이 포함된다고 주장한다. 내면에 임하는 성령의 역사가 인간의 구원에 필수적인 것처럼, 내면에서 아무 것도 느낄 수 없다면 하나님께로 향하는 진짜 회심도 없고, 그리스도 안에서의 새로운 창조도 없고, 성령으로 새로이 태어나는 것도 없다는 사실이 내면에서 느껴져야 한다고 주장한다. 우리는 인간의 내면에서 느껴지는 것이 없다면 실제로 우리가 붙잡은 것은 아무 것도 없다고 주장한다.

다섯 번째 특징은 그 복음주의 신앙이 인간의 삶에서 역사하시는 성령의 외적이고 가시적인 사역에 부여하는 중요성이다. 하나님의 참된 은혜는 언제나 그 은혜를 받은 사람의 행위와 활동, 취향, 방식, 선택과 습관을 통해 증명되는 법이다. "하나님께로부터 났다"거나 중생했다고 말하면서, 경솔하게 살거나 죄악 중에 사는 것은 위험한 기만이다. 성령의 은혜가 있는 곳에는 언제나 많거나 적거나 성령의 열매가 있기 마련이다. 나타나는 것이 없다면 아무것도 가지지 못한 것이다.

라일은 계속해서 복음주의가 학문과 '지나간 날들의 지혜'를 무시한다거나, 교회와 교회의 사역, 또는 주님의 성례, 기도서, 주교들, 아름다움, 교회의 연합, 영적 치리의 가치를 평가절하 한다고 하는 의혹들을 논박한다. 이 논증에서 주옥과 같은 표현이 있다.

우리는 처음에는 교회를 인격화하다가 그 다음에는 신격화하고 마지막으로 우상화하는 현대의 경향에 저항한다. 우리는 그리스도의 성례가 그 집전된 행위 그 자체에 의하여(ex opere operato)[2] 은혜를 가져다 준다는 것과 성례들이 설교와 기도보다 우위에 있는 그리스도와 영혼과의 중요한 매개체라는 주장을 수용하기를 계속해서 거부한다.

---

2 *ex opere operato*는 가톨릭 성례신학의 주요한 내용 중 하나로 '사효론'(事效論)이라 불린다. 성례가 교회의 의향에 따라 거행되면 집전자의 개인적인 덕과 관계없이 은혜가 성례들을 통해서 반드시 전달된다는 가르침이다.

마지막으로 라일은 구성요소들을 실제로 붙들고 있지만, 십자가에서 죽으시고 부활하신 전능한 구원의 그리스도를 충분하게 강조하지 않는 사람들 때문에 복음주의의 메시지가 얼마나 왜곡되고 있는지를 보여주면서, 순수하고 분명한 복음주의 신앙을 굳건하게 붙들라고 요청한다. 그는 독자들에게 복음주의가 아름다울 정도로 평이하게 정의된 잉글랜드 국교회의 39개조 신조를 공부하라고 촉구한다. 그의 가장 큰 관심은 분명 모든 국교도들이 복음을 내용으로 알고, 그리스도를 경험으로 알고, 그 이유가 무엇이든, 그 방식이 어떠하든, 다른 것들을 전파하면서 복음을 후퇴시키는 모든 이의 영적인 방탕을 분석할 수 있어야 한다는 것이었다.

그러므로 기독교 교사로서의 라일의 기본 입장은 다음과 같이 정리할 수 있다.

(1) 성경은 하나님의 말씀이며, 결정적인 권위가 있다.
(2) 복음주의는, 하나의 특정한 발전 형태로 연결되는 하나의 교리이며, 또한 하나의 특정한 교리에 근거한 헌신의 형태로서, 성경 안에서 중심이 되는 것이 무엇인지를 충분히 일관되게, 또 명백히 올바르게 이해한 것이다.
(3) 복음주의는 과거로부터 풍성히 발전된 유산이다(복음주의 신앙의 다섯 가지 주요한 특징 모두를 빠짐없이 보유했던 16세기 종교개혁자들, 17세기 청교도들, 18세기 부흥 지도자들)
(4) 39개조 신조[3]는 가장 높은 성경의 권위 아래서 역사적으로 해석된

---

[3] 종교개혁 시대(16세기)에 있어서 잉글랜드 국교회의 교의적 입장을 밝힌 요강이다. 이것은 10개조(1536), 주교서(1537), 6개조(1539), 킹스 북(1543) 그리고 42개조(1553)를 기초로 하여 개정하였다. 1563년 교직회의에서 39개조 초안을 내놓았다. 처음에는 29개조가 로마주의자의 감정을 고려하여 제외되었으나, 1571년에 이것을 첨부하여 현재의 39개조가 되었다. 39개조는 신조 형식에서 교의를 진술한 것이 아니고, 신조를 해설한 것도 아니다. 오히려 각 개조는 삼위일체, 그리스도의 부활, 자유의지, 칭의, 성찬 등의 교의에

잉글랜드 국교회 신앙고백으로, 이 신조가 개신교 복음주의를 분명하게 구현하고 있다.

(5) 공동 기도서(The Book of Common Prayer)는 의전에만 사용하기 위한 것이고, 교리가 아니며, 성경과 신조로 해석되어야 한다. 마치 세례가 중생을 가져온다고 주장하는 사람들이 사용하는 해석의 열쇠가 되지 말아야 한다.

(6) 그러므로 잉글랜드 국교회의 포괄성을 분명히 하고, 관용의 한계가 설정되고 유지되는 과정을 통해서 개신교 복음주의는 잉글랜드 국교회의 주류이자 규범으로 이해되어야 한다.

(7) 이 원리들을 모든 회중에게 분명하게 가르치고 그들이 붙들게 해야 한다. 이 원칙에 따라 교회의 실제적 본질을 이해하면, 예배와 증인의 삶에 생명력이 넘칠 것이다.

따라서 라일의 잉글랜드 국교회 복음주의는 성경적이고, 역사적이고, 조직적이고, 영적이다. 그의 설명은 아주 탁월한데, 이는 그의 주장이 다른 복음주의자들이 말하는 것과 본질적으로 달라서가 아니라, 그가 아주 명확하고 훌륭하고 매력적인 주장을 전개하기 때문이다. 한마디로, 정말 잘 전달했다. 내가 아는 한 어떤 국교도도 라일이

관하여 잉글랜드 국교회의 입장을 간명하게 요약하여 진술한 것이다. 그 본래의 의도는 로마 가톨릭 교회, 재세례파, 쯔빙글리파, 칼빈주의에 대하여 잉글랜드 국교회의 교의적 입장을 밝히고, 그 어느 파의 입장을 피하는 동시에, 좁은 의미에서의 교의적 한정을 피하자는데 있다. 가령 성찬에 관하여 로마의 화체설을 물리치는 동시에 쯔빙글리의 기념설도 배제하고 있다. 그리고 성례전에 있어서 그리스도의 현재를 주장한다(28조), 성경은 구원에 필요한 일체의 요건을 포함하고 있으며 신조는 성경에 의하여 증명되므로 거절해서는 안 되고, 교회회의는 그 자체에 있어서 무류가 아니라고 선언하고 있다. 전반적으로, 당시 이것은 유럽대륙에서 시행되고 있던 프로테스탄트적 신앙을 영국적으로 해석하였다. 고대부터의 공통된 가톨릭 신앙을 강조하였고 프로테스탄트적인 급진론을 피한 것이라고 볼 수 있다. 1865년 이래, 공동 기도서가 잉글랜드 국교회의 교의를 표현한 것으로서 인정되었다. 그리하여 39개조 신조를 경시하는 경향도 있었으나 잉글랜드 국교회의 교의에 대한 입장을 공식적으로 표명한 것으로서 현재도 살아 있다.

했던 것보다 더 풍성하게, 정당하게, 또는 능수능란하게 설명하지 못했다. 다른 분야에서도 마찬가지이지만, 이 점에서 그의 작업은 표준적 위치를 차지한다. 원리상 분명히, 그의 복음주의는 신약성경이 가르치는 기독교(New Testament Christianity) 그 이상도 이하도 아니다.

7. 청교도 신학자

우리에게 알려진 대로, 라일은 고전적인 복음주의자로서의 17세기 청교도를 추앙했고, 그 자신이 '청교도 신학을 전적으로 사랑하는 신학자'임을 숨기지 않았다. 그래서 그는 『주교들과 다른 시대의 성직』(Bishops and Clergy of Other Days, 1868)을 확장한 『개신교 신앙과 개신교 사람들』(Protestant Facts and Men, 1882)을 다시 확장하여 출판한 『옛 시대에서 오는 빛』(Light from Old Times, 1890)에서, 이들 청교도들에 대한 활기찬 변증을 펼쳤다.

이 책에서 청교도와 관련하여 제시한 세 가지 사례는 오늘날 종교개혁자들이 받는 수준과 같이 많은 관심을 받을 자격이 있다고 믿었다. 그는 청교도에 대한 이해를 증진시키고 싶었다. 청교도처럼 제대로 이해되지 못하고 부조리하게 중상당해 온 이들은 결코 없다고 강조했다.

일반적인 인상은 청교도가 17세기에 영국에서 문제를 일으킨 무지하고 광적인 국교 반대자들이었다는 것이다. 즉 그들은 군주제 정부를 미워해서 찰스 1세의 머리를 잘랐다는 것이다. 그들은 지식과 공부를 멸시한 못 배운 열광주의자들이었고, 모든 정해진 예배 의식을 천주교 의식으로 인식했다는 것이다.

그들이 사용할 수 있는 가장 거친 모욕의 언사로 복음주의적 교인들에게 '청교도적인'이라는 어구를 사용하는데 결코 지치지 않는 사람들이 일부 있었다. 어떤 교인이 자기 자신을 '청교도'라고 이름 붙일 때, 그는 마음에 낙망해서는 안 된다. '청교도'가 된다는 것에 치욕적인 무언가가 있는 것이라고 세상에 말하는 사람은 자신의 무지를 드러내고 있는 것일 뿐이다.

1) 청교도는 군주제도의 적이 아니었다.

청교도 대부분은 찰스 1세의 처형을 강력하게 반대했고, 찰스 2세를 영국으로 되돌아오게 하는 일을 열심히 중재했으며, 올리버 크롬웰의 죽음 이후에 왕관을 그 왕의 머리 위에 씌웠다.

2) 청교도는 잉글랜드 국교회의 적이 아니었다.

청교도는 기꺼이 그 교회의 정치와 의식의 진보를 보고 싶어했고, 공공 예배 중에 교회의 목사들에게 더 많은 자유가 주어지기를 바랐다. 그리고 그들이 옳았다! 그러나 그들 중 많은 사람이 주교로부터 안수를 받았고, 감독제나 예전에 대하여 특별히 반대하지도 않았다. 백스터는 1662년 성 바돌로메 날의 통일령(Act of Uniformity : 잉글랜드 국교회의 예배에 전교회가 통일적으로 기도서를 사용하도록 정한 법령) 때문에 추방되었던 이천 명 가운데 천육백 명이 잉글랜드 국교회 안에 남아 있게 되었다고 증언했다.

3) 청교도는 무식한 사람들이 아니었다.

청교도 중 대다수는 옥스포드와 케임브리지 졸업생들이었다. 그들의 작품은 잘 정리된 신학 도서관의 책장 위에서 그들의 목소리를 내고 있다. 한 몸으로서의 청교도는 역사상 존재했던 영국의 어떤 계급보다 더 민족적인 특징을 고양하려고 노력했다.

이 시대의 많은 사람이 청교도를 싫어하는 바로 그 이유가 내가 그들을 사랑하는 바로 그 이유라고 분명히 말할 수 있다. 내 생각에, 그들은 자신의 담대하고 거리낌 없는 개신교 신앙(protestantism) 때문에 영예를 받아 마땅하다. 그들은 분명하고 날카롭고 독특한 복음주의(evangelicalism) 때문에 영예를 받을 자격이 있다. 나는 영국 교인들이 그들의 저술을 더 광범위하게 읽고, 그들의 행동을 더 정당하게 평가하고, 바르게 이해하는 것을 보고 싶다. 내가 살아 있는 한, 나는 결코 그들을 옹호하는 것을 부끄러워하지 않을 것이다.

영적인 삶과 경건에 대한 질문을 접할 때, 라일은 "체험적 신앙이 지금보다 더 깊이 연구되고 더 잘 이해되었던 시대의 열매"인 청교도의 저작을 규칙적으로 인용했다. 그는 하나님과의 교제에 관한 모든 주제에 대해서, 청교도가 가장 무거운 권위를 지녔다고 인정했다.
따라서 확실히 라일은 그가 복음주의자로 불리는 것과 마찬가지로, 참으로 또 정당하게 청교도로 불릴만하다.

8. 위대한 논제

존 라일의 청교도주의에 대해 이제 더 많은 논의가 필요한 시점이 되었다. 즉 그는 전적으로 청교도가 집중한 논제에 매달렸다. 반세기 이상 라일의 사역에서 그가 정한 행동의 목적과 우선순위, 원리들은 라일보다 이백 년도 더 전에 살았던 역사적 청교도 성직자들의 것들과 직접적으로 연결된다. 라일에게는 네 가지 목표가 있었다. 즉 영국 민족의 복음화, 잉글랜드 국교회의 정화, 영국 그리스도인의 연합, 영국 그리스도인들의 성결이다. 이 네 가지 목표들은 자신들의 시대에 청교도가 추구했던 것과 일치한다.

1) 총체적 변화

라일은 직접 경험했던 그대로, 사람을 직접적으로 확신과 태도와 삶의 기준에서의 총체적인 변화로 이끄는 전도라는 목표, 즉 청교도 공식에 따른 중생과 회심을 추진했다. 그는 설교와 소책자를 통해서 이 일을 했는데, 이는 중생과 회심이라는 목표는 지속적으로 복음을 전파하는 원동력이 되었기 때문이다.

오늘날에 전도를 의미하는 결단 중심적 행위와 라일의 전도개념은 달랐다. 비록 선한 뜻으로 이루어진 무디와 생키의 1883년 리버풀 방문과 1895년의 리버풀 기독교선교대회(general christian mission)와 같은 시도들을 지지하기는 했지만, 전도에 대한 그의 기본 전략은 간헐적인 것보다는 조직적인 것이었다. 규칙적인 주일 강단 설교, 주일학교, 확신을 위한 준비, 정규적인 기도를 동반한 심방, 개인 가정에서의 성경 및 소책자, 좋은 서적, 즉 영적으로 도움이 되는 책 읽기와 이런 사역의 틀을 이루기 위해서 성직자와 함께 동역하는 평신도를 훈련시키는 것이 그의 사역의 영구적인 우선순위였다. 이 틀 자체는 라일 시대 이백 년 전의 청교도 리처드 백스터가 키더민스터 (kidderminster)에서, 또 다른 청교도 성직자들이 다른 곳에서 정착시킨 형태와 거의 정확히 일치했다. 복음전도에서 라일은 그리스도 중심적이었다. 그는 청교도의 정신을 올바로 갖고 있었다.

2) 교회의 정화 추진

라일은 그의 적극적인 복음주의적 가르침을 로마 가톨릭주의와 자유주의 경향, 즉 예전주의자들의 외식주의와 중세주의, 성경의 기적에 대해 회의를 가지는 이들이 『에세이즈 앤드 리뷰즈』(*Essays and Reviews*)라는 글에 기고한 학자들에 반대하면서, 교회의 정화라는 목표를 추진했다. 따라서 그는 이들 두 그룹을 현대판 바리새인과 사두개인으로 보았다.

바리새인의 교리는 세 단어로 요약할 수 있다. 형식주의(formalist)와 전통숭배(tradition-worshipper), 자기 의(self-righteous)이다. 사두개인의 교리는 아마도 다음 세 단어로 요약할 수 있다. 자유사상(free-thinking), 회의주의(skepticism), 이성주의(rationalism)이다.

우리는 의식적으로든 무의식적으로든, 로마 교회로 가는 길을 닦고 있는 일단의 사람들을 우리 안에서 발견한다. 이들은 원리를 원시 전통, 교부들의 저작, 교회의 목소리에서 끌어오려고 한다. 이들은 교회와 사역과 성사에 대해 지나치게 많이 말하고 쓰고, 아론의 지팡이처럼, 기독교 안에 있는 다른 모든 것을 삼키려고 한다. 이들은 종교의 외적 형태와 의식에 엄청난 중요성을 부여한다. 제스처, 몸짓, 절, 십자가, 성수반(聖水盤, piscinas), 성직자석(sedilia), 제기 탁자(credence table), 강단 칸막이(rood-screens), 미사용 긴 사제복(albs), 미사용 짧은 사제복(tunicles), 대법의(copes), 상제복(chasubles), 제단천(altar-cloths), 향(incense), 성상(images), 기(banners), 행렬(processions), 꽃 장식 및 다른 많은 것이다. 나는 예전주의자라 불리는 사역자들의 일파를 바리새인의 망토를 걸치고 있는 자들이라고 칭한다.

다른 한편으로, 우리 교회 안에는 의식적으로든 무의식적으로든, 소시니우스주의(Socinianism)로 가는 길을 닦고 있는 것처럼 보이는 일단의 사람들이 있다. 이들은 성경의 완전 영감에 대한 이상한 견해를 갖고 있다. 우리 주 예수 그리스도의 희생과 속죄에 대하여 이상한 견해를 갖고 있다. 형벌의 영원함과 하나님의 인간 사랑에 대한 이상한 견해를 갖고 있다. 부정에는 강하고 긍정에는 약하다.

의심을 불러일으키는 데는 탁월하지만, 의심을 사라지게 하는 데는 무능하다. 사람들의 믿음을 흔들고 힘겹게 하는 데는 영리하지만, 우리의 발바닥이 굳건히 안식을 취하게 하는 일에는 무력하다. 그들은 사두개인의 망토를 걸친 사람들이다.

나는 가장 강력한 바리새인의 우두머리는 노골적이고 공개적으로 로마의 교회를 드러내고 그 안에 합류하는 사람이 아니라고 믿는다. 오히려 가장 위험한 사람은 자신이 교리 상으로 여러분의 의견과 모든 점에서 동의한다고 말하는 사람이다. 그가 여러분에게 요구하는 모든 것은 여러분의 믿음에 여러분의 기독교를 완전하게 하기 위해 여러분의 신앙에 무언가를 조금 더 더하라는 것이다.

나는 가장 위험한 사두개파의 우두머리는 그가 여러분에게 원하는 것을…자유사상가나 회의자가 되라고 공개적으로 말하는 사람이 아니라고 믿는다. 가장 무서운 사람은 조용히 우리가 "이것이 참이고 저것은 거짓이야"라고 적극적으로 말해야 하는지 아닌지 모르도록 하는 의심, 결국에는 우리만큼 옳게 될 것이므로, 종교적 견해에서 우리와 다른 사람들에 대해 그들이 틀렸다고 말해야 할지 아닌지 모르도록 의심을 주입시키는 사람이다. 그는 언제나 하나님은 사랑의 하나님이라고 모호하게 말하면서 시작하고, 믿는 교리가 무엇이든지 아마도 모든 사람이 구원받게 될 것이라고 믿어야 한다고 암시하는 사람이다.

이런 표현들로 라일은 인기를 얻을 수도 없었고, 얻기를 기대하지도 않았다. 그리고 얻지도 못했다. 그러나 그는 복음이 위기에 처해 있고 예수 그리스도의 참된 영광과 그분에 대한 참된 지식이 가려져 있고, 정말로 더 크게는 사라져 버렸기 때문에, 그 논증이 필요하다고 믿었다. 자유주의자들에 대항하여 싸우기 위해 라일이 쓴 글에서 그들의 사상을 발견하는 것은 어렵지 않다. 라일은 자유주의자들의 글들을 매우 정확하게 묘사한다. 예전주의자들과 관련해서도, 우리는 2차 바티칸 회의 이전 시대에는 그들의 표현이 단지 전체적으로 하나님에 대한 경외감을 표현하거나, 교회 내의 전체적인 연속성을 축하하려는 의도를 갖고 있었던 것이 아니었음을 기억해야 한다.

그들이 스스로 공언한 목적은 트렌트공의회의 미사 교리, 즉 구별된 빵과 잔 안에 독특한 방식으로 그리스도의 '실제' 임재가 있다는 교리와, 그리스도께서 그 자신을 아버지께 희생의 제물로 드린 것과 교회를 연결시키기 위해 이러한 요소를 하나님께 바치는 사제들이 필요하다는 교리, 또한 주님의 만찬에서, 또 개인의 고해에서, 죄인과 구세주 사이를 중재하는 사제의 유일한 역할에 대한 교리를 교회 안에 심어주려는 것이었다. 라일은 이 모든 것이 비성경적이고 39개 신조에 위배되며, 로마 가톨릭화 되는 불길한 조짐일 뿐 아니라, 신자를 피폐하게 만들고, 그들에 대한 하나님의 사랑과 하나님과의 교제, 교회의 주이신 예수 그리스도께서 그들과 함께 존재하신다는 사실을 깨닫는 것을 어렵게 하는 것이라고 보았다.

그러나 우리는 엄청난 결과를 몰고 올 수도 있는 사상의 발단을 제대로 탐색해 내는 라일의 명민함과 그가 그런 행동을 하도록 이끈, 성경에 근거한 그리스도의 진리에 대한 열정을 칭찬하지 않을 수 없다. 우리는 라일이 이 두 가지 형태의 오류들에 대해서 그가 쓴 내용을 무시해서는 안 되며, 청교도 존 오웬이 1662년 이후, 자신의 마지막 20년 동안에, 영국 내 로마 가톨릭의 주장의 나쁜 영향과 잉글랜드 국교회 자유주의자들의 주장에 대해서 쓰고 있었다는 사실 사이에 주목할 만한 일치가 있다는 것 또한 무시해서는 안 된다. 복음을 보존하고 교회로부터 반복음주의적인 오류를 씻어내는 역할을 추구했다는 점에서 라일은 청교도 정신에 투철했다고 할 수 있다.

3) 그리스도인의 연합

라일은 잉글랜드 국교회 내부에서와 외부 모두에서 그리스도인의 연합을 추구했다. 국교회 내부에서, 주교로 일했던 기간 동안에 그는 리버풀 교구로 보낸 자신의 첫 번째 목회서신(First Pastoral Letter)에서 그가 '목사들 사이에서의 형제애와 자비, 관용'이라 묘사했던 바를 지속적으로 요청했다. 우리는 상대의 생각 중 일부가 잘못되었다고 생각할 수도 있고, 우리가 그것을 말해야 한다고 생각할 수도 있지만, 인간적인 면에서의 사랑과 선의가 이 때문에 훼손되어서는 안 된다는 것이었다. 목회 서신은 계속해서 다음과 같이 진행된다.

> 우리 시대처럼 타락한 세상에서, 영국 같은 자유로운 나라에서, 모든 사람이 유사한 것을 인식하리라고 생각하거나, 똑같은 방식으로 규정집에 담긴 단어들을 해석하리라고 기대하는 것은 무리이다. 절대로 어떤 분명한 견해도 갖고 있지 않은, 색깔 없는 목사가 되지는 말아야 한다. 그러나 어떤 형제이든지 신조와 기도서가 규정하는 범위 내에서 신실한 길을 걷거든, 비록 우리가 그의 의견에 모두 동의하지 않는다 할지라도 그를 존중하고 예의를 갖춰 대해야 한다. 나는 우리 교구의 모든 성직자에게 그리스도의 대의를 위하여 모든 불필요한 분열을 피하고, 진리와 마찬가지로 평화도 좇으라고 촉구하는 바이다.

이 편지는 연합운동에 베테랑이었던 한 사람에게서 나온 글이었다. 라일이 스트라드브로크 시절에 복음주의 성직자들을 정책 문제에 함께 동참시키지 못한 것은 그의 노력이 부족해서가 아니었다. 그가 교회 의회들(church congresses, 1861년부터 교회의 사업들을 토의하기 위해서 여러 중심지에서 모였고, 예전주의자들에게 강령을 제공했던 연례회의)에 참석한 것에 대한 비판이 일었으나, 그는 자신의 참석이 상호 이해의 증진을 위한 것이었으며, 복음주의가 더 많은 존중을 받도록 하기 위한 것이었다고 스스로를 변호했다. 1870년 의회에서는 국내 재연합(home reunion)에 대해 말하는 동안, 1662년의 통일령의 폐지를 주장하고, 예배를 짧게 할 것과 사역을 위해 평신도를 지원할 것을 주장하고, 존 웨슬리가 캔터베리의 대주교가 되지 못한 것에 유감을 표함으로써 청중을 흥분시켰다. 잉글랜드 국교회의 자유교회들과의 화해에 관해 라일은 다음과 같이 말했다.

> 우리의 내적 분열이 재연합의 과정에서 극복하기 어려운 장벽을 놓았다. 우리의 사랑하는 잉글랜드 국교회가 우편 극에서는 반(半)로마주의에 감염되어 있고, 좌편 극에서는 반(半)불신앙에 감염되어 있는 한, 이 질병을 치료할 수도 없고 쫓아낼 수도 없고, 우리가 거기에 의존하고 있는 한, 우리의 비국교도 형제들은 결코 우리의 배에 승선하려 하지 않을 것이다.

그러나 그는 비국교도 개신교도에 대한 예의와 배려는 언제나 가능했고, 언제나 하나의 의무였다고 주장했다.

이 모든 주장을 볼 때, 라일은 이 모양 저 모양으로 영국 그리스도인들의 연합을 추구했던 17세기의 전도자이자 목사, 저자, 청교도 지도자였으며, 또한 라일의 긴 생애의 마지막 50년간 그를 사로잡았던 리처드 백스터의 모습도 연상시킨다.

9. 위대한 잉글랜드 국교도

존 라일의 국교도주의의 틀과 내용은 이제 명확하다. 스코틀랜드의 '선생'(Rabbi)이라 불렸던 던컨(Duncan)이 자신을 "무엇보다도 그리스도인이고, 그 다음으로는 개신교도, 그 다음은 칼빈주의자, 그 다음은 유아세례론자(paedobaptist), 그 다음으로는 장로교도"로 규정한 것은 잘 알려져 있다. '장로교도'를 대신해서 '잉글랜드 국교도'를 집어넣으면 라일의 자기 정체성이 완성된다.

비록 라일은 언제나 자신이 '칼빈주의자'라기 보다는 '복음주의자'라고 말했지만. 그러나 칼빈주의적 복음주의는 언제나 그의 마음에 품고 있었던 것이다. 장로교에 대해 던컨이 그랬던 것처럼, 라일이 주장한 것은 잉글랜드 국교회가 주류 성경적 신앙이라는 것이었다. 우리가 알 수 있듯이, 그의 국교회주의는 문화적 타성이나 피상적인 감정에서 자라난 것이 아니라, 신중한 이성적 숙고와 비평적 성경 연구를 통해 성장한 것이었다. 존경받을 만한 습관을 형성하는 과정의 하나로 국교회 주일 예배에 참석하도록 교육받은 그는 자신의 회심 과정에서 국교회 신앙고백인 39개조 신조에 등장하는 정의와 선언, 부정이 성경적으로 옳다는 것을 확신하게 되었다. 이미 우리는 이것에 대하여 살펴보았다. 적절한 과정을 통해서 그는 잉글랜드 국교회의 다른 기초 문서, 공동 기도서와 설교서도 충분히 수용할 만하며, 교육에 유용하다고 확신하게 되었다. 또한 최소한 잉글랜드에서는 이 교회보다 이미 정착된 예전이나 목회, 교구, 주교구 구조에서 보다 더 나은 조직 체계가 없다고 믿었다.

> 나는 잘 관리되는 잉글랜드 국교회가 지상의 어떤 교회보다도 영혼들을 천국으로 인도하는데 좀 더 적합하다는 사실에 만족한다.

우리는 비록 그가 실천적인 면에서는 더 향상되기를 원하면서도, 국교회의 원리적 체계를 지속적으로 변증하고 있음을 발견하게 된다. 그의 생각에 국교회의 체계는 다른 어떤 대안들보다도 선을 더 많이 보장하고 악을 피하게 할만한 가능성을 갖고 있었기에, 오직 그것을 적절하게 감당할 성직자들이 필요할 뿐이었다.

국교회의 교구 조직이 시골 공동체들에 뿐만 아니라 더 큰 산업 도시들에도 적합하다는 라일의 확신은 리버풀의 주교로 있을 당시 그의 전략에 뿌리를 둔 것이었다. 1882년에 더비교회 회의에서 있었던 연설, "교회가 대중에게 다가설 수 있을까?"에서, 그는 먼저 휫필드와 무디가 모델이 되는 '강렬한 생명력과 직접성을 갖춘' 그리스도 중심적 설교를 요청하고, 그 다음으로 다음과 같은 전제를 설명했다. 만약 우리가 노동 계층을 교회로 인도하기를 원한다면, 전국에서 성직자들이 그들을 향해 보여주는 깊은 동감이 더 필요하고, 우정 어린 인격적 관리가 필요하다. 이해를 돕기 위해 그의 글을 인용한다.

리버풀에는 2,000명의 교구민이 있는데 거기엔 부자가 한 사람도 없고, 오직 적은 수의 가게 운영자와 예술인들과 가난한 사람들이 있을 뿐이다. 하인이 있는 집은 삼십 가정 밖에는 안 된다. 한 건물 안에 한 가정 이상이 사는 집이 195채이다. 지하실에 사는 가정이 133가정이다. 잉글랜드 국교회가 이 교구에서 하는 일은 무엇인가?

수용인원이 1,000명인 평범한 벽돌로 13년 전에 지어진 한 교회에서 소박하고 정성스러운 예배가 드려지는데, 주일 아침 평균 참석 인원이 700명, 오후에는 350명, 저녁에는 950명이 모인다. 세 개의 선교실에는 아침에 평균 350명, 저녁에 평균 450명이 모인다. 성찬 참여자들의 대부분이 노동 계층이고, 거의 절반이 남자이다.

이 교구의 훌륭한 목사가 14년 전에 지하에서 4명을 데리고 홀로 그의 사역을 시작했다. 교회가 지어진 후, 첫 번째 성찬 집례에 8명만이 참여했다. 지금은 800명이 성찬에 참여하고, 두 명의 유급 부목사가 있으며, 한 명의 유급 성경 봉독자, 한 명의 유급 여자 전도사, 한 명의 유급 오르간 반주자가 있다. 거기에다 82명의 자원봉사 주일학교 교사, 120명의 교회 일꾼, 18개의 성경 공부반에 600명의 성인이 등록되어 있고, 1,700명의 주일학교 학생이 있다. 1년 내내 매주 교회에서 6번의 예배를 드리고, 선교실에서는 4번의 예배가 있으며, 매달 2번의 기도회 모임이 있다. 회중은 하나님의 사업을 위해 매해 800파운드를 모금한다. 이 교구에는 평판이 나쁜 집이 하나도 없다. 담당 목사는 강단에서 그리스도를 전하는 사람이고, 목회자로서 그리스도처럼 성도의 마음을 공유하며 한 주에 75가정의 비율로 심방을 한다. 나는 이 두 가지가 그의 성공비결이라고 생각한다.

성직자의 적절한 공급과 훌륭한 평신도 조력자들, 큰 교구의 합리적인 분할이 잘 이루어진다면, 우리가 노동 계층 때문에 절망할 이유는 하나도 없다.

잉글랜드 국교회의 목회적 가능성에 대한 라일의 생각은 그 교회의 권리 증서들(title deeds)이 요구했던 그 풍성한 복음주의적 특징을 확보하고, 그 안에 머물 때에만 가능하다는 것이다. 이것과 관련하여, 라일은 그의 "잉글랜드 국교회사의 교훈"(The Lessons of English Church History)에서 그의 생각을 가장 뚜렷하게 드러냈다. 신학적인 글이기도 하고 역사적인 글이기도 하며, 여전히 목회적인 면에도 집중하면서, 그는 도저히 잊을 수 없는 분석을 했다.

첫 번째 교훈은 종교개혁 3세기 전의 시기에서 기원한 것이다. 로마주의가 영국에서 그 나름의 방식으로 모든 것을 장악했던 시대만큼 영국의 신앙이 어둡고 악했던 시기는 없었다.

> 실제로, 대부분의 영국인들의 종교는 마리아를 예배하고, 성자를 예배했으며, 사제들에게 노예와 같이 굴종했다. 그리스도와 성령에 대한 성경의 참된 교리는 거의 알려지지 않았다. 회개와 믿음, 회심, 칭의에 관한 교리들도 마치 그런 것들이 아예 존재하지도 않았던 것처럼 거의 눈에 띄지 않았다.

1530년에서 1600년 사이의 기간에서 기원한 두 번째 교훈은 다음과 같은 것이었다. 종교개혁의 원리들로부터의 이탈한 것은 잉글랜드 국교회에 회복할 수 없는 상처를 주었다. 로드주의자(Laudian), 즉 청교도와 비국교도를 반대하고 잉글랜드 국교회를 가톨릭화하려 애썼던 캔터베리 대주교 로드(Laud, 1573-1645)가 잉글랜드 국교회를 비개신교화 하려고 했던 시도는 일반 영국인들을 교회로부터 이탈시켰고, 내전과 '코먼웰스'(Common-wealth) 시기 동안 모든 국교도 체계를 금지한 사건, 1662년의 통일령으로 복수심에 불타 청교도 목회자들을 추방한 것, 조직적인 비국교도의 탄생, 그 시기와 이후의 잉글랜드 국교회에 대한 적대감으로 이어졌다.

1730년에서 1830년까지의 백년간의 기간에서 비롯된 세 번째 교훈은 아래와 같았다. 18세기에 종교개혁의 원리가 부흥함으로써 잉글랜드 국교회가 구원받았다. 변화가 거의 없던 무영성의 상황에서, 하나님께서 복음주의적 각성을 허락하셨고, 한 줌의-소수의-영웅들을 통해서 하나님은 잉글랜드 국교회를 죽은 자들에게서 다시 되찾아오셨다. 본질상, 각성은 더도 덜도 아닌 '종교개혁 교리의 부흥'이었다. 라일은 그의 1869년 작품, 『영적 거인: 지난 세기의 기독교 지도자들』의 한 각주에서 영웅 들의 이야기들을 전체적으로 소개했는데, 거기에는 잉글랜드 국교회의 부흥이 더 자세히 묘사되어 있다.

그 다음, 1830년부터 책의 저술 시기까지의 기간에서 끌어온 것이 네 번째 교훈이라고 할 수 있는데, 엄밀히 말하자면 교훈은 아니고, 라일의 '마음에서 내린 결론'을 언급한 것이었다. 즉 예전주의는 종교개혁 원리로부터 새롭게 이탈한 것이고, 로마로 향하는 운동이다. 따라서 이 운동은 잉글랜드 국교회의 존재 자체를 위협하고 있다. 어떻게 그럴 수 있는가? 결론은 라일이 한 세대를 살면서 자신의 목소리를 드러냈기 때문에, 그 질문에 대한 상당히 긴 자신의 대답을 들을 필요가 있을 것이다.

> 분명히 나는 예전주의에 대한 나의 주된 염려가 하류층과 중산층의 사람들에게 끼친 영향에서 비롯된 것임을 인정해야 할 것이다. 그들은 예전주의를 좋아하지 않았다. 그들은 예전주의에 빠져 있지도 않았다. 그들은 그것을 교황숭배라고 부른다.

지성이 얕은 특권층의 일부, 배우지 못한 금욕주의자들, 종교적 형식주의와 무도회에 참석하는 등의 세속성을 혼합하고, 하나로 다른 하나를 떠받치는 혼합주의적 신앙의 아집에 찬, 반쯤 교양 있는 일부 복음주의 사람들, 예배의 겉치레와 감정표출과 극적인 면은 무엇이든지 좋아하는 게으른 젊은 여인들과 생각 없는 청년들, 이들은 모두 예전주의에 이끌리고 대담하게도 그것을 후원할 수도 있는 이들이다. 이들은 마치 음식보다 장난감을 더 좋아하는 아기와도 같다. 그러나 예전주의는 영국의 두뇌이자 근육으로써, 열심히 일하고, 빈틈없고, 손이 거친 다수의 중산층과 똑똑한 장인들이 원하는 바를 만족시키지 못한다. 이들은 자신의 영혼을 먹일 양식을 원한다. 교회가 단지 그들에게 예전주의만을 제공할 수 있다면, 그들은 역겨워서 교회로부터 돌아설 것이다. 국교회 제도는 붕괴될 것이다. 이들의 교회는 아일랜드는 살아남아도 영국에서는 살아남지 못할 것이다. 일단 국교회 제도가 없어지면, 스코틀랜드 감독교회처럼, 잉글랜드 국교회도 조각조각 나눠져 한 당파로만 남게 될 것이다. 이후 역사는 잉글랜드 국교회가 개신교에서 교황주의로 퇴보하는 자살 같은 시도를 하다가 위대함을 잃고 난파되고 말았다고 기록할 것이다.

이러한 것들이 내가 순전한 마음으로 예전주의를 싫어할 수밖에 없는 이유들이다. 나는 예전주의의 지도자들이 뜨겁고 열정적이고 능력이 있고 선의를 가진 사람이라는 것을 의식적으로 인정한다. 많은 로드학파 사람들처럼, 그들은 자신이 잉글랜드 국교회를 돕고 있다고 진지하게 믿고 있다. 그러나 로드학파처럼, 그들이 잉글랜드 국교회를 실제로는 파괴하고 있다는 것이 내 생각이다.

아마도 이미 분명해졌겠지만, 라일에게는 잉글랜드 국교회가 사랑의 대상이었다. 때때로 라일은 이렇게 말했다.

> 나는 내가 목사로 있는 이 잉글랜드 국교회를 사랑한다. 나는 내가 속한 잉글랜드 국교회의 탁월함을 확신한다. 나는 심지어, 이것이

지나친 교만만 아니라면, 이 교회가 지구상의 어떤 교회보다도 탁월하다고 말하고 싶다.

그러나 어떤 사람은 그의 시대 예전주의자들이 의도적으로든 무의식적으로든 로마로 돌아가고 있었고, 예전주의 예배에서 형식을 교정해야 한다고 강조한 것이 예배를 피상적으로 만들고 황폐하게 했다고 라일이 믿은 것으로 평가한다. 평범한 영국인들이 그런 예배를 인정하지도 않았으며, 그런 예배가 대다수의 영국인들에게 매력적으로 다가오기 보다는 그들을 소외시켰을 것이라는 라일의 믿음이 옳았음은 의심의 여지가 없다. 그러므로 잉글랜드 국교회의 복음화의 영향력이 영국 내에 극대화되기를 바랐던 라일의 소망만으로도, 다른 논의의 필요 없이 예전주의에 대한 그의 적대감을 설명하는 것에는 부족함이 없다.

국교회에 대한 라일의 주장은 단지 변증의 차원에 그치는 것이 아니었다. 또한 그는 자신의 교회에 대한 애정을 표현한 것이었다. 라일은 연인의 입장에서 잉글랜드 국교회를 향하여 말했다. 라일은 자신의 교회가 탁월함을 자랑스러워했지만, 그의 연인이 길을 잃고 헤매고 있었던 것과 그의 연인이 최선을 따르는 데 실패하고 있었던 것을 슬퍼했다. 우리는 이 부분을 충분히 고려해야 한다.

빅토리아 시대는 어디서나 제도상의 발전이 있었고, 잉글랜드 국교회의 구조에 대한 정밀 검사를 요청하는 외침이 지속되고 있었다. 논쟁의 주제였던 교회 개혁에 대해 논의하면서, 신학적 보수파였던 라일은 자신의 당대 복음주의 동료들과는 달리, 정치가들이 그렇게 말하듯 자신을 상식적으로는 실용적이면서, 목회적으로는 진보적이라고 평했다. 그는 새로운 교회법과 '주교와 장로와 평신도로 구성된 하나의 잉글랜드 국교회 협의회'(National Church Council)가 만들어지기를 원했다. 그는 평신도의 더 적극적인 참여가 한계를 넘어서는 교회의 미래를 여는 열쇠라고 생각했다. 리처드 후커(Richard Hooker)의 정신을 이어받고, 성직자 지배 사상을 반대했던 그는 "교회 내에서 안수와 목회를 제외하고 교회가 말하고 행하는 모든 것"에서 평신도들에게 주도적인 역할이 주어져야 한다고 주장했다. 여기에는 성직자 임명도 포함되었다.

또한 발췌한 글에서 볼 수 있는 것처럼, 더 많은 것들이 있었다. 1871년에 글래드스턴이 아일랜드 교회를 비국교화 한 것(이 움직임에 라일은 동의하지 않았다. 라일은 글래드스턴의 대부분의 정책을 반대했다)에 이어, 라일은 변화 없이 잉글랜드 국교회의 비국교화와 재산몰수에 대한 압력도 곧 저항할 수 없는 것이 되어, 어느 누구도 유익을 얻지 못하고 나라가 크나큰 해를 입게 될 것이라고 두려워했다. 그래서 정치적 이유 보다는 목회적 이유 때문에, 그는 당시에 교회의 저항(Church Defense)이라 불렸던 운동의 담대한 행동가가 되었다. 그가 언제나 분명히 표현했듯이, 그는 교회의 국교 제도를 특권의 보루가 아니라 섬김을 위한, 교회가 국내에서의 사명을 완수하기 위해 필요한 모든 영국인의 제자화를 위한 발판으로 평가했다. 라일은 교회가 악한 행보를 밟았던 역사는 솔직하게 인정되어야 하지만, 그것이 교회를 변방으로 밀어내고, 그럼으로써 더 나은 일을 행할 수 있는 미래의 희망을 위험에 빠뜨리는 이유가 되어서는 안 된다고 주장했다.

교회의 조직적 구조에 대한 이런 그의 친-조직적 성향에서 우리가 여전히 볼 수 있는 것은 한 연인이 자신의 사랑하는 연인을 격려하고, 그 연인에게 최고의 것을 주기 위해 노력하며, 과거의 실수를 넘어서서 현실에 충실하고 성숙하게 미래 목회를 추진하려는 경향이다.

영국의 비국교회 복음주의 개신교를 탄생시킨 것은 다른 무엇도 아니고 바로 그 교회의 실패였다. 잉글랜드 국교회의 보편적인 엘리트주의와 비순응주의자들(Nonconformists, 비국교도) 문제에 대한 무관심에 직면하여 라일의 반응은 신선할 정도로 솔직했다.

나는 국교회 반대자들의 첫 번째 씨앗은 스튜어트 왕조 시대 국교회의 편협한 비관용 때문이었다고 믿는다. 벌금과 형벌, 구류를 통해서 일치를 얻어내려 했던 서툰 시도는 지혜로운 사람들을 거의 미치게 만들었다. 지난 18세기에 있었던 잉글랜드 국교회의 철저한 죽음과 사람들의 반감은 그들의 교구를 수치스러울 정도로 무시당하게 했고, 활기 없는 주교들로부터 남자와 여자들을 떠나게 했다. 주교들-영혼을 위해서는 아무것도 하지 않았고, 복음을 전하지도 않았으며, 끔찍하게 세속적인 삶을 살았던-이 하지 말았어야 했던 모든 것이 이 나라를 황폐화시켰다. 이들이야말로 비국교도의 진짜 설립자이다. 우리는 선조가 뿌린 것을 거두기에, 불평할 것이 없다. 잉글랜드 국교회에 대한 반감이 영국의 비순응주의를 창조했다. 옛 속담이 너무 쉽게 잊혀졌다. "분리주의자들은 분리의 원인을 제공하는 이들이지, 분리하는 자들이 아니다"(Schismaticus est qui separationem causat, non qui separate).

그러므로 비국교도 복음주의자들에 대한 겸손한 선의는, 비록 우리가 그들의 신앙과 태도의 일부가 잘못되었다고 생각한다고 해도 마땅하다. 라일은 동시대의 어느 누구보다도 이 점에서는 긍정적으로 평가 받아야 한다.

나는 그들의 은사와 그들의 고귀함과 그들의 열정을 존중한다. 나는 결코 영국의 비국교도가 주로 영국의 주교들이나 성직자들에 대한 혐오감에 가득 찬 고집이나 수치스러운 무지로 인해 태어난 사람들이 아니었다는 사실을 잊지 않는다. 나는 언제나 꾸준히 비국교도를 교회에서 추방하거나, 그들 조직의 유효성을 부인하거나, 그들의 성사를 무시하거나, 그들에게 하나님의 계약과 관계 없는 자비에 그들을 맡기는 것을 거부한다. 나는 언제나 할 수 있는 한 그들과 협력하는 것을 기뻐한다.

그러나 이 모든 점에서, 라일의 머리와 가슴은 확고하게 고정되어 있었다. 그는 잉글랜드 국교회의 한 구성원이자 목회자였다. 하나님은 그가 거기에서 살고 섬기게 하셨다. 잉글랜드 국교회의 방식은 그에게 선한 것이었다. 정말로 그랬다.

10. 위대한 리버풀 주교

존 라일이 리버풀의 첫 번째 주교로 승진한 이야기는 분명히 매력적이다. 그가 주교가 된 것은 아주 자연스러운 선택은 아니었다. 이는 윈체스터에서의 다섯 달 이후, 그가 이스트 앵글리아(East Anglia: 300명의 인구를 가진 헬밍엄〈Helmingham〉에서 1844년에서 1861년까지, 그리고 그 이후에는 1,300명의 인구가 살았던 스트라드브로크〈Stradbroke, 1861-80〉에서)의 오지 마을에서 그 마을을 담당하는 성직자로서만 일했기 때문이다. 그러나 이제 그는 60대 중반의 나이가 되었고, 다른 지역으로 임명받아 이동할 준비를 하고 있었다. 1870년대에 복음주의권의 가장 유명하고 가장 존경받는 작가이자 대변인이었으며, 1872년 이후로는 노르위치 대성당 참사회원(canon)이었던 그는 1880년 3월, 자신의 나이에 맞는 명예로운 직업이었음에도 상대적으로 부담이 가볍다고 할 수 있었던 솔즈베리의 주임 사제직(Deanery of Salisbury)을 제시받았다. 그는 회중에게 자신이 스트라드브로크에서 별로 떠나고 싶지 않으며, 자신은 "잉글랜드 국교회 안에서 복음을 보수하기 위해 싸우는 군사라는" 부르심을 받아들였다고 말했다. 그는 복음주의의 대의가 그의 노력에 의해 유익을 얻을 것이라고 믿었다.

그러나 그가 주임 사제로 배치받기 전이었던 4월 16일, 수상이었던 벤자민 디즈레일리(Benjamin Disraeli)가 라일을 런던으로 소환했다. 리버풀을 담당하는 하원의원이었던 샌든 경(Lord Sandon)이 리버풀 스트리트 기차역에서 내리는 그를 마중했다.

라일은 자신이 왜 와야 했는지를 물었다. 샌든 경은 다음과 같이 말했다. "우리는 당신께 리버풀의 주교직을 받아들이라고 요청하기 위해 사람을 보냈습니다." 사람들은 그때 잠시 동안의 침묵이 있었을 것이라고 추측한다. 그 후, 라일이 대답했다. "글쎄요, 저를 정말로 놀라게 하시는군요. 제가 뭐라고 대답을 해야 할지 모르겠습니다." 샌든은 선거에서 글래드스턴의 자유당에게 막 패배했다는 것과, 이로써 토리당원들은 다음 월요일에 모두 퇴임하게 될 것이라고 라일에게 설명했다. "이제 글래드스턴이 오게 될 것이기에, 당신은 가능한 빨리 답변을 해야 합니다. 당신이 결정하지 않으면 우리가 리버풀의 주교직을 잃는 것을 보게 될 거예요." 라일은 자신이 64세이고, 주교들이 항상 그렇듯이 부유하지도 않다는 사실을 지적했다. 샌든은 말했다. "압니다. 우리는 결정했어요. 당신은 리버풀의 주교가 될 겁니까? 안 될 겁니까?" 라일은 결심했다. "네 의원님, 제가 가지요." 샌든은 기뻐 뛰면서 라일을 디즈레일리에게로 데리고 갔다. 그들과 대화하면서, 라일은 젊은 사람이 아닌 자신이 새로 만들어진 교구에서 일하는 것이 어렵다는 것을 곧 알게 될 것이라고 강조했다. 이때까지 리버풀은 체스터 교구의 일부였기에, 라일이 계승해야 할 재정적이거나 행정적인 구조가 없었다. 디즈레일리는 "나는 당신의 체질이 아주 건강하다고 생각해요. 그래서 당신은 앞으로도 몇 년 동안 거기서 아주 잘 살 거예요." 일이 진행되었다. 글래드스턴이 수상직을 시작하기 3일 전인 4월 19일, 새 주교를 임명하는 증명서들이 발행되었다.

당연히, 이 임명에 대한 반응은 다양했다. 샌든은 토리당 정부가 강력한 개신교도 주교를 임명하지 않았다면 자신의 자리를 잃어버릴 것이라고 생각해왔기 때문에 라일의 임명을 크게 기뻐했다. 디즈레일리는 처음에 리버풀의 주교직은 더 젊고 좀 덜 직선적인 리치필드

(Lichfield)의 주임 사제, 비커스테트(E. H. Bickersteth)가 맡아야 한다고 생각했다. 그러나 결국 그는 라일에게 만족하게 되었다. 글래드스턴은 리버풀의 주도적인 고교회(High Church) 가문 출신이었고, 고교회의 투표가 글래드스턴이 선거에서 승리하는데 기여했다. 따라서 라일은 글래드스턴의 고향 텃밭에서 그의 강력한 견제세력이 될 터였다. 현란한 문체의 『베너티 페어』(Vanity Fair)에서 '중생되지 못한 사람들'은 라일을 가리켜 탁자를 치며 열변을 토하는 사람이라고 부르겠지만, 자신들은 분명한 경멸감을 담아 '좋은 사람이기는 하나 전혀 관대한 사람은 아니며, 오히려 아주 열정적인 사람'이라고 묘사하려고 한다는 표현이 나온다. 리처드 홉슨(Richard Hobson)은 라일의 임명에 "전 세계 복음주의 교인들이 기뻐하며 환호했다"라고 기록했다.

라일의 임명 이전에 『더 타임즈』(The Times)는 '열정적이고 쉼 없는 기질의 논쟁가'가 솔즈베리에 어떻게 적응할 수 있을지 공식적인 의문을 제기했다. 그러나 이제 그 질문은 라일이 주교의 삶에 적응할 수 있을까에 대한 것으로 옮겨갔다.

이 질문은 정곡을 찌르는 물음이었다. 이 시점까지 라일의 대외적인 위치는 성령에 의하여 삶을 변화시키는 중생을 체험하고 그리스도께 개인적으로 회심하는 복음을-교리적으로, 노골적으로, 탁월하게-변호하는 변증가의 역할이었다. 이로써 로마 가톨릭주의와 예전주의, 교리에 대한 무관심과 자유주의의 회의주의, 세례를 통한 중생 교리와 중생하지 못한 사람도 영적으로 안전한 기반 위에 서 있을 수 있다고 주장하는 모든 형태의 사상에 대항하여 논쟁하는 것이었다. 따라서 그의 목회는 복음설교가 충실하게 정기적으로 전해짐으로써 분쟁을 일으킬 수도 있는 성질의 것이었다. 자신들이 거듭나야 한다는 말을 듣고 분개하는 교인들이 언제나 있었다.

또한 당시 교회의회(Church Congresses)에서 라일은 추밀원 사법 위원회(Judicial Committee of the Privy Council)가 교회의 최상위 항소 법정이 되어야 한다는 주장을 포함하여 교회와 국가의 연결을 옹호했다. 그는 평신도가 성직자와 함께 중요한 결정을 내리는 상황에 참여해야 한다는 내용의 대주교구 회의(Convocation) 개혁안도 요청했다. 또한 규모가 큰 도시 교구들은 어떤 성직자도 3,500명 이상의 사람들을 돌보아야 하는 일이 없도록 작은 단위들로 나누어야 한다고 주장하기도 했다. 계속된 말씀과 성례의 주요 사역과 견진성사(confirming)[4]와 안수 사역에 더하여, 국교회 주교가 된 라일의 소명은 지도자로서, 연합 사역에 매진하는 자로서, 사역 전략의 대표로서, 안정의 주도자로서, 그의 교구에 속한 개인과 사업과 내부 처리를 책임지는 것이었다.

아일랜드인 휴 맥닐(Hugh McNeile)이 그의 오랜 가르침을 통해 리버풀에 기반을 쌓은 강력한 반로마 반예전주의 교구는, 라일이 개신교적 기준을 강화하는 것에 지지를 보냈다. 교구의 소수 예전주의자 성직자들은 치열한 갈등에 대비해 마음을 다잡았다. 그러나 라일은 존경할 만큼 현명하고 평화로운 방식으로 이 어려운 상황을 다스려 나갔다. 그의 견해들이 변하거나 약화된 것은 아니었다.

> 내가 사제(presbytery: 잉글랜드 국교회에서 bishop과 deacon사이에 위치하는 성직자)였을 때 갖고 있는 견해들은 주교인 지금도 여전하다.

그러나 부끄러울 것 없는 당파에 속했음에도 불구하고, 그는 한 당파만의 주교가 되기를 거부했다. 우리가 이미 살펴 본대로, 그는 처음부터 구조적 포괄성을 주장하는 데 헌신한 복음주의자로 굳게 서 있었다. 첫 번째 주교 위원회에 참석해서는 다음과 같이 선언했다.

---

4 잉글랜드 국교회와 루터교는 세례 받은 신자를 위한 견진성사를 행하는 대표적인 개신교회들이다.

여러분들은 내 견해를 알고 있다. 나는 헌신된 사람이다. 나는 개신교도이자 복음주의자로 여러분 앞에 왔다. 그러나 나는 모든 신실한 교인들의 오른손을 붙잡는 동시에, 내 견해도 확고하게 붙잡기를 원한다.

그는 자신의 오른팔 역할을 할 부주교들(archdeacons)을 복음주의자들로 선별했지만, 그가 임명한 24명의 참사회원들 가운데에는 광교회(Broad Church, 자유주의 신학의 교회) 성직자들도 포함되어 있었다(예전주의자들은 신실하지 못한 교인들로 생각되었기에, 그들을 천거하지는 않았다). 연례 교구 회의와 삼 년에 한 번씩 있는 시찰회에서 그는 교구의 지도자들에게 90분 동안 지역 교회와 잉글랜드 국교회의 사업에 관한 연설을 했다. 이 연설은 행정가의 연설다웠고, 진취적이었으며, 어떤 면에서도 당파적이지 않았다.

그가 말하는 영구적인 우선순위는 성직자와 평신도 일꾼, 교회 건물의 수를 늘려, 어떤 성직자들도 5,000명 이상의 영혼을 관리하는 일이 없게 하자는 것이었다(그래서 그는 이상적인 숫자를 3,500명으로 조정했다). 리버풀에 있는 모든 사람의 가까이에 잉글랜드 국교회 예배 처소가 있어야 하고, 국교회 목회 담당자들이 정기적으로 그들과 관계를 맺어야 했다. 이 때문에 그의 주교직 임기 동안 553명의 부제(deacons)와 541명의 사제(Priests)를 안수했고, 최소한 45명의 유급 평신도 성경 봉독자와 31명의 여자 전도사(Bible women)를 인허했다. 그가 설립한 평신도 조력자협회(Lay Helpers Association)에는 580명의 일꾼들이 주일 학교와 성경 공부반에서 일하며 선교 사역을 도왔으며, 병자들을 돌보고 소책자를 전달하러 집집마다 방문했다. 36개의 새로운 소교구들이 만들어지고 거기에 90개의 새로운 교회와 선교 강당이 세워졌다.

생계보조기금(Sustentation Fund)을 시작하여 성직자들의 사례비가 매년 200파운드 아래로 내려가지 않도록 했다(1899년에는 295파운드로 올렸다). 또 주교 관구 성직자 연금관리기금(Diocesan Incumbents' Pension Fund)을 설립해 병들고 나이 든 성직자들이 은퇴할 수 있게 도왔다. 그가 처음에 리버풀에 도착했을 때의 상황과 비교하면, 그가 성취한 것은 전체적으로 정말 놀라운 업적이었다.

1884년, 두 번째 3년 훈령(Charge)에서 라일은 자신의 관구의 성직자들에게 다음과 같이 말했다.

새로 세워진 리버풀 주교 관구보다 더 참혹한 불이익과 어려움을 안고 국교회가 사역해야 했던 주교 관구는 당시 잉글랜드와 웨일즈에 없었다. 우리 주교 관구의 인원은 절대적으로 부족했고, 구비된 것이 너무 없었기에, 관구의 첫 번째 개신교 주교(리버풀에는 이미 로마 가톨릭 주교가 있었다)는 배가 필요로 하는 선원과 기술자와 석탄을 각각 반만 싣고 대서양을 건너는 항해를 시작하라는 명령을 갑작스럽게 받은 거대한 증기선의 선장 역할을 해야만 했다.

그러나 1900년이 되면, 리버풀 관구는 총 설계자, 감독, 조직자, 격려자, 동원가였던 라일 자신에게로 원칙적으로 모든 공이 돌려져야 하는 변혁이 일어난 인상적인 지역으로 변해 있었다. 총 성직수임 시험(General Ordination Examination) 이전 며칠 안에 모든 주교들은 자신들이 안수를 줄 사람들에 대한 완전한 평가를 하고 있었다. 리버풀에서 사역할 청년들을 끌어오고 싶어 했던 라일이 정확한 교육적 기준을 갖고 있었다는 사실을 언급할 필요가 있다.

나는 부제직을 위해 필요한 기준을 낮추기를 원하지 않으며, 라틴어와 헬라어, 교회사, 영국 종교개혁, 기도서, 교회 요리 문답, 기독교의 증거들에 대해서 거의 모르거나 전혀 모르면서, 성경을 알고 복음에 대해서 말할 수 있다고 하는, 단지 경건하기만 한 사람들이 주교들을 압박하여 사역에 들어오려고 한다면 그들에게 전혀 공감할 수 없다. 나는 목사라는 직분은 이보다 높은 기준의 사람들을 요구한다고 생각한다.

그가 시험한 특수 목사들(chaplains, 원목, 교목) 가운데에는 케임브리지의 리들리 홀(Ridley Hall)의 첫 학장이었던 모울(H. C. G. Moule), 런던신학대학(London College of Divinity: St. John's Hall, Highbury)의 교수이자 두 번째 학장이 될 예정이었던 월터(C. H. Walter), 그리고 라일 자신의 아들이자 램퍼터(Lampeter)의 성다윗대학(St. David's College)의 학장이었던 허버트 라일(Herbert Ryle, 비록 이 비상한 청년이 고등비평을 수용함으로써 1887년에 그의 특수 성직을 잃어버리긴 했지만)이 포함되어 있었고, 또 부제와 사제 시험들 역시 아주 철저하게 치러졌다. 후보자들은 때때로 온전하게 준비되지 못했다는 이유로 안수를 거절당했고, 그들의 조력자로 부제들을 고용하고 있던 성직자들은 그들에게 공부할 시간을 더 주어야 한다는 충고를 들었다.

사제직을 받기 위해 온 한 부제가 그가 부제로 안수 받았을 때 했던 것만큼 잘하지도 못하고 시험을 잘 치르지도 못하며, 책을 읽을 충분한 시간이 없었음을 증명한 사건은…고통스럽지만 사실이다.

잉글랜드 국교회의 복음주의 성직자들이 교육적인 면에서는 보잘 것 없다는 지난 백 년도 넘는 시기 동안의 생각에 담긴 진실과 관련하여, 라일은 최소한 그런 상태에 대한 책임에서 면제되어야 한다.
주일 학교를 운영하는 것은 결코 쉬웠던 적이 없었고, 오늘날에도 많은 곳에서 그 일은 매우 어렵다. 이 점에 비추어 볼 때, 라일이 그의 방침에 따라 1884년 훈령에서 주일학교에 부여한 중요성을 이해하는 것은 큰 의미가 있다.

분명하고 철저하며 교리적인 신앙의 가르침을 교회의 아이들을 위해 적어도 한 주에 하루 제공하는 것이 지금보다 중요한 시기는 없었다. 나는 내 주교 관구에 있는 성직자들에게 그들이 할 수 있는 한 주일학교에 많은 관심을 쏟을 것을 엄숙히 훈령한다. 최선을 다해서 능력 있는 교사들을 확보하고, 주일학교가 잘 진행되도록 관리하고, 가볍고 작은 이야기 책을 읽고 아이들을 웃게 하는 것으로 만족하는 순진하기만 한 사람들이 시간을 낭비하지 않도록 해 주시오. 성경과 기도서의 교육이 언제나 가장 우선해야 하며, 구원에 필요한 교리에 대하여 분명한 가르침이 절대 빠져서는 안 된다.

어떤 이들은 라일이 주교 관구를 위해 대성당(a cathedral)을 짓는 일을 우선순위로 삼지 않았다고 그에게 맞섰다. 처음에 그는 이 계획을 이행하려고 했으나, 장소와 디자인에서 의견이 일치되지 않았고, 이후 건축가가 철수한 후, 자금 모금에 실패하였고, 마침내는 1888년에 의회의 리버풀 대성당 결의안(Liverpool Cathedral Act of Parliament)이 소멸됨으로써 그 계획은 백지장이 되고 말았다. 대성당 위원회의 한 구성원이었던 윌리엄 포우드 경(Sir William Forwood)은 실망한 나머지, 후에 다소 불쾌해진 마음 상태에서 "주교는 대성당 하나가 지어져야 한다는 사실을 그가 정말로 바라고 있다는 식으로 그 대의를 지원하지도 않았고, 오히려 공중에서나 사석에서는 여러 교회들이나 선교관들이 추가로 지어지는 것이 더 유용할 것이라고 자신의 의견을 자유롭게 표명했다"라고 기록했다. 그러나 거리를 좀 두고 생각해 보면, 라일의 정신에 칭송을 보내게 된다. 도시 중심부 옆에 있던 세인트 피터스 교구 교회(St. Peter's)가 라일의 감독 관구의 임시 주교좌 성당의 기능을 했던 것이다.

라일의 생전에 그에 대한 비판은 지속되었다. 그때나 그 이후나 교회 협의회의 리버풀 지부의 지부장이었던 제임스 헤익스(James

Hakes) 박사가 공식적으로 불만을 터뜨렸던, 열두 가지 불법적 예배 의식을 포기하라는 라일의 요구를 무시했던 예전주의 성직자, 제임스 벨 콕스(James Bell Cox) 사건으로 인해 꽤 부당하게 비난을 받아 왔다. 1885년에 헤익스가 콕스를 문제 삼는 법적 절차들을 밟기 시작했을 때, 라일은 "모든 영국 국민은 나라의 법률을 관리하는 이들 앞에서 자신의 불평을 말할 권리가 있다"라는 내용(그가 지적한 대로, 마그나카르타(Magna Carta-대헌장, 1215년 존 왕이 승인한 국민의 자유 칙허장으로 영국 헌법의 기초)에 담긴 원칙)에 근거하여 그 절차들에 거부권을 행사할 수 있었으나 거부권을 행사하지 않았다. 불법을 행하는 예전주의자들을 법정에 세우는 교회 협의회의 정책을 지원하고 정당화한 그의 입장으로 인해, 이는 정상적인 치리 행위의 붕괴를 돋보이게 하는 상황을 인정하는 셈이 되었고, 이는 극단적으로 나쁜 소식이었음에 틀림없었다.

주교 관구 내부에서 그에게 평화를 유지하고 문제를 피하도록 거부권을 행사하라는 두 건의 청원이 올라왔으나, 그는 당시의 원칙을 바꾸어야 할 필요를 전혀 찾아내지 못했다. 많은 사람이 그렇게 생각하는 것처럼, 이 점에서 라일이 잘못을 범한 것이라면, 그의 실책은 정확히 그가 어느 누구도 자신의 평안한 삶을 위하여 자신들이 가진 법적인 권리를 손상시켜서는 안 된다는 그가 가진 양심적 입헌주의자의 입장 때문에 생겨난 것이었다.

소송은 여러 법정을 소용돌이 속으로 몰아넣으며 계속 진행되었다. 이 소송 중에서 벨 콕스가 자신의 목회를 통제할 수 있는 권위를 가지고 있다는 사실을 인정한 사례는 전혀 없었다. 3년 후, 영국 상원(House of Lords)은 벨 콕스에게 호의를 베풀어, 그가 전에 하고 있던 사역 현장으로 돌아가도 좋다는 판결을 내렸다. 라일은 그 기소에 거부권을 행사하지 않았다는 이유로 정적들에게 정죄 받았다. 그러나 만약 라일이 거부권을 행사했다면 동료들에게 정죄 받았을 것이다.

이 사건은 공동 기도서 내의 전례 법규의 의전용 제구들(Ornaments Rubric in the Book of Common Prayer) 항목에서 허용된 것과 허용되지 않은 것이 무엇이냐에 대한 20여 년간의 논쟁이라는 배경 속에서, 확신에 따라 행동한 한 성직자의 냉정한 도전은 동일한 확신에 따라 행동한 한 평신도의 맹렬한 집착에서 비롯되어, 결국 라일을 이렇게도 저렇게도 승산이 없었던 상황으로 몰아간 것이었다. 이면을 보면 이해하기가 더 쉽다. 주교 라일은 상상조차 못했던 가장 교묘한 덫에 사로잡히고 말았다.

라일이 1889년의 대주교 관구 대회에서 '우리의 불행한 분열들의 주요 원인들'에 대하여 그가 '3년간의 끊임없는 근심' 이후에 연설한 내용을 살펴볼 필요가 있다.

> 나는 전례 법규의 의전용 제구들은 명료한 원리들로 대치되어야 할 모호하고 서툰 진술이라고 믿는다.
> 나는 법정 소환에 불응(즉, 법정 모독)한 성직자를 구류하는 것(벨콕스는 17일 동안 구류되었다. 맨체스터 주교 관구의 시드니 그린(Sidney Green)은 18개월 동안 구류된 사례가 있었다)이 치욕이라고 믿는다. 그러나 한 성직자가 오해 속에서 구류되면 그는 순교자가 된다. 교리나 예전에 관한 문제로 자격 있는 교회 법정이 내린 선고에 불응한다면, 유일한 형벌은 정직이나 파면이 되어야 한다.
> 나는 감독의 거부권(Episcopal Veto)을 존속시키는 것이 큰 해악을 가져 온다고 믿는다. 이 거부권은 어떤 주교도 그의 관구 안에 있는 한 파당이나 다른 파당을 공격하지 않고는, 또 그의 형제 주교의 결정에 직접적으로 반대하는 위험을 무릅쓰지 않고는 행사할 수 없는 편파적인 권력이다. 나는 거부권이 평신도들 사이에서 큰 불만을 자라게 할 토양이 된다고 확신한다.
> 마지막으로, 그렇다고 그 비중이 가장 적다고 할 수 없지만, 나는 우리의 교회 법정들(Ecclesiastical Courts)에 대한 개혁이 일어나기

전까지는 우리가 결코 평안을 누리지 못할 것이라는 사실을 믿는다. 5년도 더 전에, 영국 심의회(Royal Commission, 법의 운용, 사회, 교육사정을 조사하여 보고하는 심의회)는 이들에게 문제가 있음을 발견하고, 더 나은 사법기구를 만들라고 제안했다. 그러나 무슨 일이 이루어졌든지 결과는 교회가 교리와 예전의 논쟁과 관련된 어떤 법도 실제로 갖고 있지 못하다는 것이다. 이것은 잘못된 일임이 분명하다.

라일이 추구했던 것은 잉글랜드 국교회의 정교한 기준과 특징을 유지할 수 있는 교리적, 의식적 원리들이 제대로 작동하는 체계였다. 이것은 그가 가진 기독교적 구조 속에 있는 더 진보한 청교도적 틀의 하나로서, 그는 이런 원리들이 제대로 작동하는 교회이자, 언제나 청교도 기준의 중심이었던 하나님을 영화롭게 하는 교회의 표지여야 한다고 주장했다.

우리는 라일의 감독직 말기에 다른 사람들이 그를 다소 혼돈을 일으킨 사람으로 이해했다는 인상을 받는다. 이것은 부분적으로는 그의 나이 때문이고(그는 영국에서 가장 나이가 많은 주교였다), 부분적으로는 그가 계속해서 영국의 학문적인 신학적 엘리트들이 존중하지 않았던, 정말로 아무런 주목도 하지 않던 옛 교리로 알려진 것들에 대해 직설적인 목소리들을 발해 왔기 때문이었다. 또한 부분적으로 그가 행하고 그가 분명하게 모델로 보여주었던 본문 중심의 강해 방식이 교회의 다른 대다수에게는 낯선 것이었기 때문이다.

또 일부는 영국에서 자라나고 있던 교리적 무관심과 성경에 대한 회의주의와 그 가르침이 라일이 가지고 있던 것과 같은 신앙을 원시적이고 촌스러운 것으로 규정했기 때문이었다. 그리고 대부분의 젊은 복음주의자들의 관점과 방식이 라일의 것만큼 우악스럽지는 않았기 때문이고, 또한 그가 자신의 주교 관구와 성직자들을 아주 간결하고, 심지어는 극단적으로 단순하며, 전도 지향적이고 제자화하는 방식으로 훈련시킴으로써, 리버풀을 잉글랜드 국교회의 다른 지역들과는 본질적으로 한 단계 다른 곳으로 바꾸어 버렸기 때문이었다. 그의 이상은 그가 사임하던 때에 주교 관구에 보낸 고별 편지에 생생하게 반영되어 있었다. 다음의 발췌한 글에서 볼 수 있듯이, 50년 이상의 세월도 라일을 바꿔놓지 못했다.

> 나는 모든 성직자들이 그들의 설교를 절대 무시하는 일이 없기를 당부한다. 여러분들이 담당하고 있는 사람들은 지루하고 맥 빠진 설교에 만족하지 못할 것이다. 그들은 교구에서만 아니라 강단에서도 생명과 빛과 불과 사랑을 원한다. 그들이 그것들을 풍성하게 누릴 수 있게 하라. 생명의 그리스도께서 높임 받는 목회가 언제나 교회에 출석하는 신자들을 늘려준다는 사실을 잊지말라.
> 마지막으로, 그렇다고 가장 덜 중요한 것은 아니지만, 모든 형제 목사들과 평안히 지내는 습관을 기르고 또 연구하라.
> 형제들이여, 옛 잉글랜드 국교회에 남으라. 그 교회의 성경과 그 교회의 기도서와 그 교회의 신조들을 붙들어야 한다. 자선 기관들이 고통당하게 내버려 두지말라. 가난한 많은 사람과 도움을 필요로 하는 자들을 돌보고, 국내와 국외의 선교 사업을 지원하라. 기준 이하의 임금을 받는 성직자들을 도우라. 개신교 종교개혁의 원리들이 이 나라를 만들고 형성 했음을 잊지 말고, 그 원리들을 버리라는 유혹에 절대 굴복하지 말라.

그랬다. 라일은 변하지 않았다. 처음부터 그의 목회를 형성했던 목표와 지침이 여기에 그대로 들어있었다. 그러나 영국은 변했다. 소위 '타락한 90년대'(naughty nineties)에 더 넓은 사상 세계 속의 세속적 회의주의와 진화론, 유물론의 영향력이 드디어 감지되기 시작했고, 우리가 '기독교 후기'(post-Christian)라고 부르는 종교적 무관심의 정신이 자리 잡았다. 이때, 명백히 잉글랜드 국교회 또한 평범한 의미에서 문화적 변화에 적응한 것뿐만 아니라, 전면에 '고등 비평'(higher criticism)을 아주 구체적으로 수용함으로써 변화되었다(1889년의 찰스 고어(Charles Gore)의 자유주의 가톨릭 선언인 세상의 빛(Lux Mundi)이 여기서 분수령이 되었다). 성경적 교리들을 진실로 믿는 교회의 공동체적 헌신이 희석되고 약화되었고, 결코 다시는 회복되지 않았다. 신조적이고 고백적인 초자연주의는 냉담하고 흐린 내재론(immanentism)에 자리를 내어주고 말았다.

로마 가톨릭주의에 대항하여 잉글랜드 국교회를 재정비하려던 개신교적 노력은 빛을 잃었다. 지옥 사상에 대한 극단적인 혐오감이 모두에게 생겨났다. 보편적이고 차별 없는 관용에 대한 여론이 고조되어, 라일이 신랄하게 기록한 대로, "교회는 모든 종류의 견해와 신조가 안전하게 자리를 차지하고 방해받지 않는 노아의 방주가 되어야 하며, 교제의 유일한 조건은 안으로 들어오고자 하는 의지 하나면 되고, 당신의 이웃은 그냥 내어두어야 한다는 것을 선언하도록 하는" 지도자를 원하는 세상이 되었다. 이 변화는 상대적으로 갑작스러운 것이었다. 라일은 이 상황을 주목하고 슬픔에 가득 차서 그것을 언급했으며, 맹렬하게 그 상황에 반대했다. 그러나 아무 효과가 없었다. 영국의 문화와 교회는 계속해서 이런 현상을 따라 갔다. 지도자와 개척자였던 라일이 이 상황을 제대로 인정하기는 쉬운 일이 아니었다.

라일의 감독직에 대한 냉담한 비판은 아주 흔했다. 임명받았을 당시 그가 나이로나 지적으로나 스스로 아주 잘 준비된 사람이었다는 것은 진실이다. 그가 리버풀로 왔을 당시 그가 산업 도시에서 일한 경험 없이 마을과 작은 시장 도시들의 공동체에서만 일해 왔다는 것 또한 사실이다. 일하다 죽으려던 그의 로맨틱한 열정 때문에 그의 은퇴가 너무 오랫동안 연기되었다는 것도 사실이다(비록 1898년까지의 그의 지도력 수준이 다른 논쟁을 일으키고 있음에도 불구하고). 주교들의 모임은 그에게 힘을 주지 못했다. 1888년의 램버드회의(Lamberth

Conference)에는 참석하지 않았고, 후에 그 회의의 회람 편지에서 자신의 이름을 빼기도 했다. 건물을 짓거나 노동자를 복음화시키기 위해 인력을 동원하는 모든 수고에서, 그의 노력이 주목할 만한 성공을 거둔 경우는 홉슨(Hobson)의 교구 같은 한두 교구에 지나지 않았다는 것도 사실이다. 그러나 이것들이 그의 생애의 전체 이야기도 아니고, 주요한 부분도 아니다. 라일의 감독직에 대한 더 나은 평가는 그의 죽음 이후에 남긴 유산을 통해 이루어져야 한다.

라일은 헌신적이었고, 열심을 다해 일했고, 완고했지만, 전체적으로는 관대하고 동정심 많은 주교였다. 우리가 살펴 본 것처럼, 그는 자신이 조직하고 세우고 지속적으로 성장하고 번영하게 했던 주교 관구를 남겼다. 그의 마지막 삼 년 주기의 시찰회에서 연설을 했다.

> 나의 성직자들은 새로운 리버풀 주교구의 첫 번째 주교가 그의 주교 관구를 사랑했다는 사실을 믿을 것이다. 또한 그가 하나님께서 그에게 주신 통찰에 근거하여 그 관구의 영적인 풍성함을 증진시키 려고 애썼다는 사실도 믿을 것이다. 내가 여러분들에게 바라는 것은 오직 하나뿐이다. 내가 여기에 왔을 때 64세였고, 젊지 않았다는 사실을 기억해 달라는 것이다. 또한 많은 어려움 속에서도 내가 내 책임을 다하려고 노력했다는 사실을 믿어달라는 것이다.

라일의 소박함에 대해서는 크게 논쟁할 여지가 전혀 없지만, 무에서 시작했다는 것을 고려하면서 적절한 기준으로 평가해 보면, 자금을 모으고, 도덕률을 유지하며, 교구의 구조를 합리화하고, 평신도 사역을 극대화하고, 리버풀을 중요한 복음주의의 힘과 자질과 능력을 가진 교구로 세웠다는 점에서 그의 감독직은 탁월하게 성공적이었던 것으로 평가받아야 한다. 아마도 그의 생애 동안, 리버풀은 잉글랜드 국교회에서 가장 주목할 만하게 복음주의적이었을 것이고,

가장 열정적으로 복음화 사역에 참여했던 주교 관구였을 것이다. 80세가 될 때까지 그는 쉼 없이 선한 사업을 위해 일했다. 그가 이룬 업적을 볼 때 그의 삶을 다룬 전기가 있을 법도 한데, 왜 아무도 즉각적으로 그의 전기를 쓰지 않았을까?

그를 잘 알았던 사람들이나 그 일을 할 수 있는 능력을 가진 사람들은 모두 스스로 영국의 지배적인 종교적 흐름과는 너무나도 동떨어져 있고, 정말로 그 흐름을 목격할 때마다 그것을 가차 없이 비난했던 이 전투적인 옛 개신교도에게 주목함으로써 자신들이 스스로 혼란에 빠질지도 모른다고 생각했을 것이다. 1975년에 마이클 스마우트(Michael Smout)는 다음과 같이 기록했다.

> 라일은 좋은 주교였다. 아마도 탁월하다고는 할 수 없을 것이다. 그러나 매우 유능한 주교였다. 칭찬에 너무 인색한가? 우리가 이미 살펴보았듯, 홉슨은 좀 더 너그러웠다. 라일은 리버풀의 첫 번째 주교로서 위대했다. 내게는 이것이 좀 더 진실한 평가로 느껴진다.

11. 위대한 설교자

유명한 지휘자 토스카니니(Toscanini)는 생애 말기에 무슨 음악을 연주하던 간에 그가 지휘하는 작품들을 즉각적으로 인정받게 해 주었던 탁월한 다목적 오케스트라 연주 체계를 발전시켰다.

이미 언급했듯이, 그의 사역 초기에 라일은 설교자와 논쟁가, 연설가, 상담가, 작가로서 그 자신을 똑같이 탁월하게 해 주었던 훌륭한 산문 양식을 발전시켰다. 이 양식은 짧고 갑작스럽고 도전적인 문장들로 구성되어 있는, 무뚝뚝하고 퉁명스러우며, 신랄하고 능수능란한 문체로서, 종속절이 하나 이상인 경우가 거의 없고, 규칙적으로 배열된 모든 단어가 북소리가 점층적으로 올라가는 듯한 효과를 만들어 내는 스타일이었다. 또한 청중과 독자들이 자기 자신에게 전달되고 있다고 느끼게 하려는 목적 하에, 일인칭 단수 대명사를 많이 사용하는 개인적이고 대화하는 듯한 방식이었다. 헬밍엄에서의 그의 첫 번째 설교를 요약하여 출판된 라일의 첫 번째 소책자의 제목, 『여러분께 말씀드릴 것이 있습니다』(I Have Somewhat to Say unto Thee)가 이 방식을 완벽하게 반영하고 있다고 할 수 있다. 빗발치듯 쏟아지는 말의 포화를 통해서 그의 생각이 서서히 그리고 착실하게 드러났다는 점에서 그의 방식은 집요했다고 말할 수 있다.

또한 생각이 계속해서 이동하면서 한 단어도 헛되이 낭비하지 않았다는 점에서 경제적이었다고 말할 수 있다. 라일은 결코 자신의 말을 반복하면서 시간만 보내지 않았으며, '치고 빠지는'(strike and stick) 몇 개의 '선택해서 꾸려놓은'(picked and packed) 단어들을 사용함으로써 자신이 말하고자 하는 요점에 초점을 맞출 수 있었다. 그의 구분법은 언제나 명확했고("한편으로는…, 다른 한편으로는"), 그가 사용한 제목들은 눈에 띄었으며, 현실 세계에 적합한 예화와 수사적 강조법은 하나님의 눈과 손아래 있는 삶의 드라마와 위험, 도전과 영광, 그리고 기쁨의 복음을 이해할 수 있게 해 주었다.

한 마디로, 그는 대중의 눈높이에서 놀랍도록 탁월한 소통을 했던 것이다. 가르침의 열정, 정직한 겸손, 온화한 동료애의 감정, 진리를 전하는 용기가 개인적으로나 공적으로나, 그가 쓴 모든 글에서 동일하게 표현되었고, 그가 말한 모든 언사에서 일반화하여 입증되었다. 복음주의 그리스도인의 입장에서, 찰스 스펄전(Charles Haddon Spurgeon)이 가장 위대한 빅토리아 시대의 설교자였다면, 라일은 분명히 가장 위대한 빅토리아 시대의 저술가였고, 성경을 강해하고, 복음을 선포하며, 신앙을 변증하고, 사람과 시대를 평가하고, 교회의 문제를 분석하며, 필요한 개혁을 논하는 그의 책자들을 읽을 때, 모든 독자는 그의 책에서 엄청난 활력을 느낄 수 있게 된다.

라일의 방식이 어떻게 형성되었는가 하는 점은 공개된 비밀이다. 엑스버리(Exbury)에서의 사역 초기 몇 달간, 라일은 시골 사람들이 계속해서 듣고 싶어 하는 단순한 언어 구사법을 익힐 필요가 있음을 깨달았다. 성직자들에게 행한 1887년의 강의, "단순하게 설교하라"에서, 그는 그 단순성을 확보하기 위해 그가 찾아낸 것이 무엇인지를 밝혔다. 명석한 두뇌, 일상적인 언어, 짧은 문장, 직접적인 화술, 예화(분석, 일화 등), '지성'(brains)과 기도. 단순성을 강조하는 것은 어려운 일이었기에, 그는 단순성을 추구하는 이들에게 다음과 같은 조언을 했다.

> 모범이 될만한 것들을 읽고, 설교할 때 좋고 단순한 예화들을 사용하는 것에 익숙해져야한다. 영어 성경은 좋은 모범이 될 것 이다. 영어 성경에 나타난 용어들을 사용하도록 노력한다면, 당신의 말하기 실력은 늘 것이다. 또 존 번연의 불후의 명작인 『천로역정』을 읽어야 한다. 만약 당신이 단순하게 설교하길 원한다면, 읽고 또 읽어야 한다. 물론 청교도 저작이라고해서 무조건 이를 위해 읽으라고 권하는 것은 아니다. 그들의 저작 중에는 너무 무거운 것도 있음은 의심할 수 없다. 토마스 굿윈이나 존 오웬의 저작들은 매우 무겁다. 물론 그 작품들은 높은 지대에 있는 대포와 같이 훌륭한 책들이다. 백스터, 왓슨, 트레일, 플라벨, 차녹, 홀, 헨리 등 그들의 글들을 읽어야 한다.
> 그럼에도 불구하고 가장 좋은 모범은 영어성경이다. 언어란 시대에 따라 바뀐다. 청교도들은 영어를 사용하였고, 우리도 영어를 사용하지만, 그들의 문체는 오늘날과 많이 다르다. 그러니 그들의 저작 외에도 현대판 영어 성경을 구해서 읽기를 권한다.
> 지난 100년간, 급진주의적 정치적 색깔을 띤 윌리엄 코빗(William Cobbet)만큼 뛰어난 영어 문필가는 드물 것이다. 그는 세상 누구보다 훌륭한 앵글로색슨어를 사용해 저술 활동을 했다. 한편, 오늘날

앵글로색슨어를 가장 잘 사용하는 인물은 존 브라이트(John Bright)일 것이다. 오래된 정치적 연설가들 중, 채텀 경(Lord Chatham), 미국의 패트릭 헨리(Patrick Henry)의 연설들은 영어의 좋은 모범이다.

한편, 성경 다음으로 단순하고, 명료하며, 설득력 있으며, 힘있는 영어는 셰익스피어의 작품에 잘 나타나 있다. 만약 당신의 설교의 구성이 좋아지기를 원한다면 이러한 모범들을 연구하고 또 연구해야 한다. 당신이 심방을 간다면, 혹 그들 중 가난한 자들이 있다면, 그들과는 너무 어려운 이야기를 나누지 않도록 해야 한다. 난롯가에 함께 둘러 앉아 그들의 생각을 들어야 한다. 그들이 당신의 설교를 이해하게 만들기 위해서는 우선 그들의 생각의 틀, 그들의 표현 방식 등을 발견해야 한다. 그렇게 함으로써 당신은 당신도 모르는 사이에 많은 것들을 배우게 될 것이다.

여러분이 이런 식으로 준비되기만 한다면, 여러분들 역시 사람들을 붙잡고 사로잡는 잘 가르치는 설교자 그리고 저자가 될 수 있다고 라일은 말한다. 그는 좀 더 부드럽게 말한다.

나는 종종 스펄전 목사의 설교를 읽는다. 왜냐하면 입수 가능한 모든 자료로부터 설교 힌트를 얻어야 하기 때문이다. 다윗은 골리앗의 칼에 대해서 묻지 않았다. 누가 그 칼을 만들었는지, 누가 그 칼을 갈았는지, 무엇으로 그 칼을 주조했는지 등을 궁금해 하지 않았다. 다윗의 손에는 칼이 없었으나 골리앗의 머리를 베기 위해 다윗은 골리앗의 그 칼을 사용했다는 것이 중요하다.

스펄전 목사는 유능한 설교자이다. 그토록 많은 군중이 그의 설교를 듣기 위해 몰려드는 것을 보면 알 수 있다. 왜 사람들이 어떤 설교에 모이는지 생각해보아야 한다. 만약 당신이 스펄전 목사의 설교를 읽는다면 그가 대단히 명백하게 내용 구분을 하고 각 단락을 아름답고도 간결한 생각들로 채우는 것에 주목해야 할 것이다. 그의 생각을 이해하는 것은 조금도 어렵지 않다. 그는 중요한 진리들을 아주 철저하고 명확하게 전달하기에 그의 설교는 한번 들려지면 잊혀지지 않는다.

스펄전은 라일을 잉글랜드 국교회에서 가장 훌륭한 인물이라고 부른 적이 있었다. 여기에서 스펄전은 라일을 영국 전역에서 가장 위대한 설교자라고 효과적으로 칭송하고 있다.

그러나 우리가 라일의 평범하지 않은 설교와 가르치는 능력에 대해 고려할 때, 그러면 무엇을 가르쳐야 할까? 그에 대한 짧은 대답은 성경(과거에도, 또 현재에도 여전히)과 복음이었다. "단순하게 설교하라"의 끝머리에서, 라일은 다음과 같이 경고했다.

예수 그리스도의 단순한 복음을 아주 풍성하고 명확하게 모든 사람이 이해할 수 있게 전하지 않는다면, 세상의 모든 단순함은 전혀 훌륭하게 작용하지 못할 것이다. 십자가에 달리신 그리스도께서 여러분의 설교에서 올바른 자리에 계시지 못한다면, 그리고 죄가 마땅히 그래야 하는 것만큼 드러나지 않는다면, 청중은 그들이 믿어야 하고, 존재해야 하고, 행해야 하는 것을 전혀 듣지 못하게 된다. 그렇다면 여러분의 설교는 아무런 쓸모가 없는 것이다.

12. 위대한 유산

우리는 위대한 인물의 진짜 위대함이 언제나 그의 살아생전에 알려지는 것이 아님을 안다. 분명히 존 라일은 이 사례에 딱 들어맞는 인물이다. 그는 강하고 명석했으며, 박식하고 열심히 일했으며, 솔직하고 담대했고, 실천적이고 상식적인 인물이었음을 부인할 수 없고, 부인한 사람도 없었다. 그는 그리스도의 영광과 죄인의 구원, 잉글랜드 국교회의 복음주의적 갱신에 헌신한 청렴결백한 사람이었다. 그러나 이 평가 이외에도, 그의 관점에 공감을 가지지 못한 이들의 관점에 따라, 국교도 안에서는 대체로 별로 특별할 것이 없는 사람으로, 비국교도들 사이에서는 잉글랜드 국교회에 자신을 전적으로 바치는 것에는 실패한 국제적인 칼빈주의자로 평가 받았다. 우리는 두 범주 모두 라일의 위대함의 많은 부분을 잃어버린 평가로 느껴진다. 전체 공동체를 위한 목회를 통해 잉글랜드 국교회를 영적으로 갱신하려 했던 라일의 비전과 잉글랜드 국교회 체계를 효과적인 갱신의 수단으로 인식하고 그것에 충성한 점은 그의 위대함의 중요한 일부이다. 여기서 기록을 남긴 것은 이 위대함의 원인과 배경을 그대로 보여주고자 하는 희망에서이다. 이제 이 위대한 청교도 주교에게 발견한 여섯 가지 주요한 탁월함에 초점을 맞춤으로써, 라일의 위업을 전체적으로 보여주고자 한다.

1) 복음주의에 대한 냉대의 극복

19세기 잉글랜드 국교회 복음주의자들은 언제나 소수였고, 교회와 사회 모두에서 어느 정도 소외되고 조롱 받았다. 모든 사람이 새로운 태어남을 필요로 하는 죄인이며, 예배와 교제와 증인과 사마리아인과 같은 섬김에 대한 일관된 주장으로 라일은 성직자들의 위엄을 따지는 어리석음과 평신도의 일상적인 교회 출석 모두를 정죄했다. 또한 전자가 후자에 우선하는 삶의 참된 우선순위라는 일관된 주장은 강한 공격이 되었고, 이에 대한 조롱이 그 반응으로 돌아왔다. 라일은 일찍이 회심하였을 때, 가정에서 이것을 경험하였다.

시골의 교구 목사로 일하던 시기에는 설교했던 건물들을 가득 채운 그의 솔직함으로 인해 많은 동료가 그를 비난하고 거리를 두었다. 주교가 되었을 때의 이야기도 거의 비슷했다. 상황을 잘 살펴보면,

그는 언제나 감독 관구의 동료들 사이에서 열정과 능력, 성취로 크게 존경 받았던 눈에 띄는 점박이 새와 같은 존재였다. 그러나 복음주의자였던 그에 대한 냉담함에 더하여, 그가 공식적으로 그의 견해를 출판함으로써, 적어도 두 개의 당파로부터 적극적인 혐오와 무시를 당하게 되었다.

그들의 지도자였던 존 헨리 뉴먼(John Henry Newman) 이전, 혼돈의 10년 동안 옥스포드운동가들(Tractarians)로 불렸던 고교회 성례주의자들은 1845년에 로마 가톨릭 신도로 돌아섰다. 라일은 이들이 1860년경에 행한 바로크와 중세의 의식때문에 그들을 예전주의자라고 불렀다. 후에 그들은 스스로 잉글랜드 국교회 가톨릭주의자(Anglo-Catholics)라고 칭한 이들이 라일에 적대감을 품는 몇 가지 이유들이 있었다.

첫째, 신약성경뿐만 아니라 1850년의 고햄 재판(Gorham Judgment)에 호소하는 라일은 세례를 통한 중생을 주장하는 그들이 품은 믿음과 성인 교인들의 회심을 위해 노력하지 않고, 새로운 삶으로 증명되는 새 마음의 내적 실체를 강조하지 않는 그들의 실패를 비난했다.

둘째, 우리가 이미 살펴본 바와 같이 라일은, 그들이 실제로 이것을 인식했거나 그렇지 않았거나 그리스도의 실제 임재라는 그들의 사상을 표현하는 성찬의 예전화와 희생제물을 바치는 제사장 사상이 성경으로부터 이탈하여 로마로 향하는 중요한 움직임이라고 주장했다.

셋째, 그는 영국의 종교개혁자들과 순교자 열전 저술가인 존 폭스(John Foxe)를 거짓말쟁이와 바보, 고집쟁이라고 정죄한 고교회의 면전에서 그의 박식함을 동원해 폭스의 명예를 회복시켰다.

넷째, 그는 예전주의자들을 기소함으로써 예전의 합법적인 사용을 제한하려는 전략 속에서 1865년에 설립된 런던교회협의회(London Church Association)를 계속 지원했다.

다섯째, 그는 "나는 로마 가톨릭 교회가 신앙에서 떠난 그 예언된

변절자임을, 바벨론이며 적그리스도라고 믿습니다"라고 선언하는데 주저하지 않았다.

이로써 그는 어떤 상태로든 로마를 지향하는 것에 반대했던 영국인들의 전통적인 로마 적대감을 강화시켰다. 그러나 예전주의 성직자들의 숫자는 늘어났고, 라일의 반-성직, 반-성례주의는 그를 점점 더 고립되게 만들었다.

새로운 지성적 발전을 따라가려고 했던 광교회(Broad Church)의 이성 옹호자들은 라일이 한 세기 전 부흥운동으로 특징지어진 복음주의 신앙의 옛적 길에 집착한다는 이유로 그를 깎아 내렸다. 라일은 고등비평이 성경의 초자연주의를 벗겨내려 했던 시도에 저항했으며, 우리가 이미 보았듯이, 1860년에 『에세이즈 앤드 리뷰즈』(*Essays and Reviews*)지를 창간한 수정주의자와, 복음주의 선교운동에 그토록 강한 불을 붙인 종교 세계에서의 기독교 복음의 최종성(finality)과 이방인들은 멸망당할 것이라는 확신에 의문을 제기한 그들의 추종자들에게 현대판 사두개인들이라는 꼬리를 붙여주었다. 그러나 이 견해들은 19세기가 진행되면서 더욱 확장되어 갔고, 라일은 그들을 계속해서 반대함으로써 그들에게서 지적인 원시인으로 취급받아 소외되어 갔다.

반세기가 넘는 기간 동안에 생산한 라일의 저술들은 이로 인한 상처와 의심, 좌절을 조금도 보여주지 않는다. 라일의 감독직 기간 동안에 리버풀의 지역 신문들인 『머큐리』(*Mercury*), 『커리어』(*Courier*), 『데일리 포스트』(*Daily Post*), 『에코우』(*Echo*), 특히 『포큐파인』(*Porcupine*)과 『리버럴 리뷰』(*Liberal Review*)에 의해서 그에게 때때로 가해진 질 낮은 비판들도 그를 괴롭히지 못한 것 같다. 지금과 마찬가지로 당시 리버풀은 매우 활기찬 지역이었고, 역시 지금과 마찬가지로 그때도 복음주의자들은 자주 풍자의 대상이 되었다. 그 이유들을 찾기란 어렵지 않다. 먼저, 은행 파산과 관련된 그의 이야기에서 우리가 이미 확인했던 것처럼, 그는 자신이 가진 개인적인 깊은 감정이 무엇이든 숨길 줄 알았다. 불굴의 정신(stiff upper lip)은 빅토리아 시대 신사 문화의 일부였고, 라일의 아들 허버트는 후에 그의 아들 에드워드에게 다음과 같이 말했다. "우리 라일 집안의 사람들은 정말로 여러 면에서 절제하는 사람들이다."

그러나 라일은 자신의 기반에 확신을 가졌기 때문에 깊은 상처를 전혀 받지 않았다. 그는 자신이 옳다고 확신했고, 그가 하나님을 위해 일할 때 반대하는 장애를 뛰어넘는 법을 배웠다. 하나님의 인도하시는 손에 대한 매우 강한 믿음으로 그의 삶에서 일어나는 모든 일은, 그것의 의미를 당시에 느끼고 볼 수 있는 순간이나 그렇지 않은 순간이나 궁극적인 의미가 있다고 확신했다. 일부 캐나다인들이 모기들과 기꺼이 사는 것처럼, 주교 라일은 그를 깎아 내리는 비판자들과 더불어 유쾌하게 살았다. 그래서 그는 결코 상처를 받거나 환멸을 느끼지도 않았고, 그의 친구들과 사랑하는 사람들에 대한 온화함도 사그라지지 않았다. 어떤 사람들은 그가 자신의 견해를 주장하는 그 열정 때문에 논쟁적이고, 우쭐거리고, 심지어 심술궂다고 생각함에도 불구하고, 라일은 많은 주님의 일을 하는 동안에 겸손하고, 침착하고, 단호하고, 완고하고, 굳건한 인물의 놀라운 예로 여전히 우리 앞에 서 있다. 우리가 라일의 유산을 따르고자 한다면, 그의 실례는 이 점에서 확실히 그 유산의 주요한 일부가 될 것이다. 즉 현대 세계에서와 잉글랜드 국교회 모두에서, 복음주의자들은 시대 풍조와는 멀리 떨어져 있고, 따라서 이들의 소외는 계속되는 현상인 것이다.

2) 복음주의 가정생활

17세기 청교도는 처음이자 동시에 가장 근본이 되는 사회 단위를 가정으로 보았다. 아버지가 다스리고 가르치고 매일의 가족 기도를 인도할 필요를 크게 강조했다. 어머니는 아버지를 지원하고 모든 면에서 그를 도와야 했다. 아이들은 순종하고 부모로부터 첫 교육을 받으며, 기쁨이 넘치는 장소로서 가정을 경험해야 했다. 19세기 복음주의자들도 이 이상을 동일하게 수용했다. 우리는 헬밍엄에 있던 시기에 라일의 아내가 만성적으로 질병에 시달리고 있었다는 사실을 살펴보았다. 라일은 세 자녀를 돌보아야 할 책임을 지고 있었다. 이 책임에서 아주 가깝고 따뜻한 관계가 형성되었다. 허버트 라일은 다음과 같이 회상한다.

> 서포크의 시골에서 생활할 때, 아버지는 우리들에게 전부였다. 우리에게 게임과 동식물의 역사(natural history)와 천문학을 가르쳤고, 우리가 절대로 게을러서는 안 된다고 가르치셨으며, 우리가 책을 사랑할 수 있도록 주의해서 양육하셨다. 우리 소년들에게 그분은 특별히 너그러우셨다. 또한 어느 정도는 우리가 잘 모르는 것에 대해서도 관대하셨다. 고교회 저술가들은 의도적인 험담으로 아버지의 자리를 무너뜨리려고 애썼다. 아버지와 나는 많은 점에서 달랐지만, 그 차이가 우리 사이에 있는 친밀한 애정에 그늘을 드리우지는 않았다. 아홉 살이 되어 학교에 간 이래로, 나는 그분에게서 거친 말을 들어본 적이 없다.

후에 부주교가 된 제임스(S. R. James)는 십대 시절에 라일의 두 큰 아들 역시 십대 소년들이었던 시절의 스트라드브로크를 방문한 후, 다음과 같은 글을 남겼다.

> 거대한 체구와 몹시 큰 목소리를 가진 라일 씨는 한 젊은 방문객에게 어느 정도 위압감을 가져다주었다. 그러나 그는 매우 친절하고 다정다감했다. 나는 곧 집에 편안히 있는 것 같은 느낌을 갖게 되었다. 그 집의 환경은 경건했다. 매일의 성경 읽기, 다소 긴 가족 기도, 많은

종교적인 대화. 그러나 이 모두는 풍성했고, 꾸밈이 없었다. 나는 우리 가운데 지루해 했던 사람은 없었다고 생각한다.

의심할 바 없이, 라일은 좋은 아버지였다. 그는 또한 좋은 남편이기도 했다. 첫 두 아내를 돌본 것이 좋은 사례가 될 것이다. 세 번째 아내와의 유대는 정말로 깊었던 것 같다. 그의 고백에 따르면, 1889년에 아내가 죽음으로써 정말 힘이 들었고, 그 이후의 생애는 이전과 완전히 달랐다. 라일이 차일드월(Childwall)의 교회 마당에 있는 아내의 묘석에 새긴 글은 다음과 같다.

여기 예수 그리스도의 재림을 기다리며, 우리가 함께 그분 안에서 다시 만나게 될 날을 기다리며, 그 소망 속에 헨리에타 아멜리아 라일(Henrietta Amelia Ryle) 잠들다…. 신학박사, 리버풀의 주교, 라일의 아내로 27년을 살다. "그리스도는 만유시요"(골 3:11). "예수님의 피가 우리를 모든 죄에서 깨끗하게 하실 것이요"(요일 1:7). "이르기를, 너는 평안하냐? 네 남편이 평안하냐? 아이가 평안하냐? 하였더니 여인이 대답하되 평안하다"(왕하 4:26).

그는 살아 있는 동안 매주 아내의 무덤을 방문하였는데, 아마도 그 구절들을 자주 묵상했을 것이다. 우리는 라일이 청교도 신앙의 챔 거장으로서뿐만 아니라, 청교도 남편과 가정의 놀라운 모본으로서도 우리 앞에 서 있음을 깨닫게 된다.

많은 사람이 개가 없는 가정은 완전할 수 없다고 주장해왔다. 라일 가문이 헬밍엄과 스트라드브로크, 또는 리버풀에서 개를 키웠는지 아닌지에 대한 정확한 정보는 없다. 그러나 우리는 라일이 엑스버리에서 한 마리를 키웠다는 사실을 알고 있다. 또한 메이클즈필드에서 소년 시절에 후에 거대한 개로 자라난 라임 메스티프(Lyme mastiff)

종 강아지 한 마리를 선물 받았다.

지금(1873) 나는 그 녀석의 새끼를 태어날 때부터 내내 데리고 있는데, 그 녀석이 영원히 내 가족과 함께 살게 되기를 희망한다.

개를 사랑하는 사람들은 1841년 8월, 라일이 헨버리(Henbury)를 떠나려던 마지막 시기의 마지막 작별 이야기 안에 담긴 쓰라림을 느낄 수 있을 것이다.

그날 아침, 특히 나를 좋아했던 내 늙은 라임 메스티프 종, 시저(Caesar)의 얼굴만큼 내 마음을 움직였던 것은 없었다고 생각한다. 마치 그가 자신은 도저히 이해할 수 없다는 듯이, 왜 자신이 나와 같이 갈 수 없는지를 이해할 수 없다는 표정으로 나를 바라보았을 때를 기억한다. 그 이후 한 달 내내, 그 불쌍한 개는 매일 아침 집 문이 열릴 때마다 집 안으로 달려 들어와서 내 방으로 올라왔다. 아침부터 밤까지 그는 거기, 문에 앉아 있었고, 어떤 것에도 요동하지 않고 그대로 거기에 머물러 있었다. 어두워지면, 일어나서 문 바닥의 냄새를 맡으며, 가련하게 낑낑거리며, 아래 층으로 내려갔다. 그 개는 한 달 동안 매일 이 행동을 반복했다.

결국 라일은 시저를 그의 그리스도인 친구들 가운데 한 사람에게 주었다. 그러나 거기서 시저는 친구로서가 아니라 개로 취급 받았다. 그래서 시저는 거칠어졌고, 늘 줄에 묶여 있었으며, 결국 오래 살지 못했다.

라일은 자신과 관련된 이야기를 쓸 때, 대체로 사실에 근거하여 글을 쓰고 감정을 담지 않았다. 그러나 가족 관계에서의 우정과 사랑과 고통에 대한 그의 풍성한 감정은 위의 이야기를 통해 크게 빛난다. 드물게 보여주기는 하지만, 라일의 이런 점은 언제나 그의 일부였기에, 이는 때때로 그가 보여준 엄청난 유머와, 일부 사람들로 하여금 그가 선하고 부드러운 감정을 갖고 있지 않았다고 생각하게 만든 무뚝뚝함 사이에 균형을 잡게 해 준다.

그의 아들들 전부가 그의 신앙관에서 어느 정도 떨어져 나갔다는 점, 오직 그의 딸 제시 이사벨라(Jesse Isabella)만이 그 신앙을 변치 않고 유지했다는 점은 슬픈 아이러니다. 그 원인이 무엇이든지 라일이 아버지로서 실패한 것을 보여주는 것은 아니다. 라일이 가정에서 분명한 인간미와 온화함을 보여준 것은 그가 우리에게 하나의 본이 되는 더 좋은 사례인 것이다.

3) 복음주의 신앙의 선언

라일의 복음주의 선언 부분에 대해 몇 가지 중요한 사항을 언급할 필요가 있다.

첫째, 라일은 언제나 독자이자, 학자이자, 사상가였다. 소책자 저술가와 팜플렛 제작자로서의 그의 능력 때문에 그가 옥스포드에서 학위를 받을 때 가장 탁월한 우등생 그룹 안에 들었다는 사실과, 그가 스스로 가장 소중하게 여긴 개인 소유물이었을 가능성이 있는 커다란 신학 서재를 가지고 있었다는 것, 또한 그가 평생 신학 저술을 읽었다는 사실을 잊어서는 안 된다. 그는 학계에 있었던 사람이 아니라 목회자였다. 독서를 할 때, 그는 언제나 "이것이 참일까?"라고 묻는 동시에, "이것이 평범한 사람들에게는 어떤 유익이 있을까?"라는 질문을 늘 염두에 두고 있었다. 그러나 복음주의자는 좀 더 많은 것을 알게 되면 꺾이고 무너질 믿음을 갖고 있는, 많이 못 배운 사람이라는 대중적인 이미지는 라일에게 거의 해당하지 않는 것이었다. 라일에게 청교도 윌리엄 거널(William Gurnall)의 『전신 갑주를 입은 그리스도인』(The Christian in Complete Armour)은 "성경 다음으로 신앙과 실천의 유일한 규범으로 존경 받는 책, 그리스도와 성령이 그들의 가장 올바른 자리를 차지하고 있는 책, 칭의와 성화와 중생과 믿음과 은혜와 성결이 명확하고 분명하고 정확하게 해설되고 드러난 책…. 정말로 좋은 책" 가운데 하나였다. 라일은 이 책이 다른 책들과의 차별성을 갖고 있다는 것을 보여주기 위해 다음과 같이 덧붙인다.

> 나로서는 내가 사람들 안에서 역사하는 내 주님의 경륜과 그리스도의 사역에 빛을 비춰주기 위해서 저술된 것은 내가 구할 수 있는 한 모두 다 읽는다고 말할 수 있을 뿐이다. 그러나 읽으면 읽을수록, 현대 신학에 대한 내 존경심이 점점 더 사라진다(그는 이 글을 1864년에 썼다). 내가 가르치는 사람들의 새로운 학파들이 출판한 책을 공부하면 할수록, 사람들이 그러한 글을 읽고 과연 만족할 수 있겠는가를 놓고 점점 더 많은 의문을 갖게 된다. 내 지성이 그들의 기원을 인지하는 바, 그들은 소위 가톨릭이나 광교회 체계들에서 나온 저술들인데, 그것들은 모호하고, 어렴풋하고, 피상적이며, 불분명하고, 속이 비어 있고, 목적이 분명하지 않다. 그러한 책은 이 세상에 집착하며, 세속적이다. 신학에 관한 한, 옛 것이 더 낫다.

라일이 종교개혁과 청교도와 복음주의 신학을 참된 것으로 여기고, 그의 시대에 유행한 어떤 종류의 신종 신학과 비평에도 지지할 의사를 표현하지 않은 것은 그가 무식해서가 아니라 오히려 그가 지식을 갖고 있었기 때문이다.

둘째, 라일에게는 진리에 대한 열정이 있었다. 그는 인간의 마음이 진리를 추구하며, 하나님은 성경 속에 우리가 구할 진리를 넣어 놓으셨으며, 우리는 종교적 의문에 대하여 책임을 갖고 하나님과 우리 자신 앞에 분명한 의견을 표현해야 한다고 믿었다. 『교인 수칙』(*Principles for Churchmen*)에서, 라일은 소위 '해파리'(jellyfish) 정신이라고 부른 상태를 날카롭게 조롱했다. 교의 혐오에 대해 그는 다음과 같은 글을 썼다.

이것은 현재 엄청난 해를 끼치고 있는 전염병으로, 특히 청년들 사이에서 유행하고 있다. 이것은 지상에서의 '해파리' 기독교라고 내가 부르고 싶은 현상을 만들어낸다. 즉 뼈와 근육과 힘이 없는 기독교이다. 해파리는 바다 속에서 유영하고 있을 때는 작고 섬세하고 투명한 우산처럼 예쁘고 우아하게 뻗어 나간다. 그러나 똑같은 해파리가 해변으로 떠밀려오면, 해파리는 움직일 능력도, 자기 방어 능력도, 자기 보존 능력도 없는 단지 무능한 덩어리일 뿐이다. 아! 이것은 오늘날의 종교에서 활기 있게 유행하는 형태이다. 그 주요 원리는 "교리, 특정주의, 좋은 교리는 없다"라는 것이다.

우리 주변에는 그들 신앙의 몸 안에 단 하나의 뼈도 없는 것 같은 수백 명의 성직자가 있다. 그들은 분명한 의견을 갖고 있지 않으며, 어떤 학파나 분파에도 속해 있지 않다. 그들은 아무런 견해도 갖고 있지 않기에 "극단적인 견해들"을 매우 두려워한다. 매년 수천 건의 '해파리' 설교가 행해진다. 날카로움도 없고, 요점도 없고, 구석으로 몰고 가는 것도 없고, 당구공처럼 부드럽기만 하고, 죄인을 깨우지도 않으며, 성도의 덕을 향상시키지도 않는다. 우리는 얻어 들은 껍데기 철학으로 무장하고, 종교에 관한 어떤 견해도 결정하지 못하는 수준에다, 기독교 진리가 무엇이냐에 대해 그들의 뜻을 정하도록 도와주지도 못할, 자신들의 영리함과 지식의 상징인 것처럼 생각하는 '해파리' 청년들이 떼거리로 매년 대학에서 배출되고 있다. 그들은 마치 무함마드의 꾸며낸 관처럼, 천국과 땅 사이에 대롱대롱 매달린 의심의 상태로 살아간다.

결국 그리고 최악의 상태라 할 수 있듯이, 우리는 수많은 '해파리' 예배자들에 대해 어떤 명확하고 분명한 관점도 입장도 갖고 있지 않은, 그저 모양새 좋게 교회만 다니는 사람들을 보유하게 되었다. 이들은 눈이 색맹인 사람들이 색을 구별하지 못하는 것보다 더하게, 정말로 아무것도 분별하지 못한다. 이들은 모든 것이 옳고, 아무도 잘못되지 않으며, 모든 것이 참되고, 아무것도 거짓된 것이 없으며, 모든 설교는 좋고, 어떤 설교도 나쁘지 않으며, 모든 성직자는 건전하고, 어떤 성직자도 불건전하지 않다고 생각한다. 이들은 '어린 아이처럼, 교리의 바람이 부는 흐름에 따라 앞뒤로 왔다갔다 하는' 사람들이다. 종종 모든 새로운 종류의 흥밋거리나 감정에 이끌린 운동에 휩쓸리고, 옛 것을 확고하게 붙잡고 있지 않기에, 새로운 것들은 언제나 받아들일 준비가 되어 있다. 궁극적으로 '그들 안에 있는 희망의 이유를 말할 수' 없는 이들이다. 평신도가 진리에 대한 체계적인 견해를 붙드는 것은 그렇게 중요하지 않고, 안수 받은 목회자들이 가르치는 동안 명확하고 분명하게 교리를 전달할 필요가 없다는 것이다.

라일의 사역이 이미 분명하게 보여준 것처럼, 또 라일이 출판한 소책자와 논문이 보여주고 있는 것처럼, 라일은 스스로 평생의 사역을 통해서 진리에 대한 열정의 모범을 제시했다.

4) 복음주의 성도의 자격

라일은 39개조 신조와 공동 기도서를 해석하고, 거기에 더하여 스스로 복음주의 전통, 즉 종교개혁, 청교도주의, 18세기 복음주의를 열정적으로 제시함으로써 교인들을 심사했다.

그는 역사적 분석을 통해 자신의 사례를 만들었는데, 이 기준에 의문을 제기할 수는 없었다. 그러나 라일의 시대에 잉글랜드 국교회에 널리 퍼져 나가고 있던 사상은 잉글랜드 국교회는 폭이 넓어야 하고, 고교회와 광교회에서 진행되고 있던 내용들을 적어도 일반적인 의미에서 하나님과 그분이 주시는 축복에서 나온 것으로 취급해야 한다는 것이었다. 우리가 잘 알고 있듯이, 라일은 이 견해에 반대했다. 그러나 크누트(Canute, 994-1035, 변화에 저항한 완고함으로 유명했던 잉글랜드, 덴마크, 노르웨이의 왕가)는 밀려오는 파도를 막아낼 수 있었던 것과는 달리, 이 흐름에 저항할 수가 없었다.

그러나 예전주의자들과 광교회 전통이 영적 힘을 전달하지 못한다는 그의 논증이 잊혀서는 안 된다. 다른 무엇보다도 그의 논증은, 39개신조와 공동 기도서에서 제시된 교리적 잉글랜드 국교회주의는 신약성경이 직접적으로 보여주고 있는 영적 삶에 대한 교훈적인 강조와 묘사에 맞아 떨어진다는 것이었다. 근래 수 년간 유행한 예전(rituals)의 재발견과 새로운 은사주의가 잉글랜드 국교회를 라일의 세계와는 멀리 떨어뜨려 놓는 것처럼 보일 수 있다. 그러나 다시 한 번 반복되는 것일 수도 있지만, 세대가 아무리 달라져도 하나님과 인간의 본성과 필요는 조금도 변하지 않았기에, 역사적인 잉글랜드 국교회의 신조집 안에 있는 그대로를 따랐던 그때에 영적인 능력이 있었음을 상기시켜 주는 것이 바로 그의 증언이었다. 라일의 강조 속에서 드러나는 그 힘과 설득력, 명확성은 그가 우리에게 남겨 준 또 하나의 탁월한 유산이다.

5) 복음주의의 생명력

라일은 개인과 집단 모두가 가지고 있는 복음주의의 생명력에 대한 비전을 제시했다. 우리는 그의 삶을 통해 이것을 증명할 수 있지만, 여기서는 매혹적인 힘을 가진 그의 책을 통해서 그것을 드러내 보이고자 한다.

여러 차례 언급한 것처럼, 라일은 신앙적인 면에서 그의 동시대인들의 영적 기준이 낮았다고 믿었기에, 그리스도인의 삶에 대한 자신의 많은 저술은 그 기준을 높이기 위해 썼다. 열정에 대해 기록한 그의 글을 예로 들어 보자.

나는 이 말세의 나태하고 안락하고 잠들어 있는 기독교, 열정 속에 담긴 아름다움을 도무지 볼 수 없고, '열심 있는 사람'이라는 단어를 오직 불명예를 의미하는 단어로만 사용하고 있는 오늘날의 기독교에 일격을 가하고 싶다.

신앙적 열정은 하나님을 기쁘시게 하고자 하는, 그분의 뜻을 행하고자 하는, 모든 가능한 방법으로 이 세상에 그분의 영광을 증진시키고자 하는 불타는 욕구이다. 이 열정은 어떤 인간도 본성으로는 느낄 수 없는 것이며, 모든 신자가 회심할 때 성령께서 그의 마음 안에 넣어주시는 것이다. 그러나 어떤 신자들은 그들만이 소위 '열정의' 사람이라 불릴 만큼 다른 사람들보다 그 열정을 더 강하게 느낀다.

이 욕구가 사람을 정말로 지배할 때는, 이것이 너무도 강력해서, 만약 하나님을 기쁘시게 하고 그리스도를 높일 수만 있다면, 그는 어떤 희생도 감당하고, 어떤 난제도 다 감당하고, 어떻게든 자기 자신을 부인하고, 고난받고, 일하고, 수고하고, 인내하고, 그 자신을 드리고, 자신을 내어 놓고, 심지어는 죽기까지 한다.

신앙적으로 열정적인 사람은 탁월하게 한 가지에만 집중하는 사람(a man of one thing)이다. 그가 열심을 내고, 마음을 쏟고, 타협이 없고, 철저하고, 전심을 다하고, 영적으로 뜨겁다고 말하는 것만으로는 충분하지 못하다. 그는 오직 한 가지만을 바라본다. 그는 오직 한 가지에만 관심을 보인다. 그는 오직 한 가지만을 위해 산다. 그는 오직 한 가지에만 사로잡혀 있다. 그 한 가지는 오직 하나님을 기쁘시게 하기 위한 것이다. 그가 살든지 죽든지, 그가 건강하거나 병들어 아프거나, 그가 부유하든지 가난하든지, 그가 사람들을 기쁘게 하거나 화나게 하거나, 그가 지혜로운 사람으로 취급받든지 어리석은 사람 취급을 받든지, 그가 비난을 받거나 칭찬을 받거나, 그가 명예를 얻든지 수치를 당하든지, 이 모든 것에 대해 열정적인 사람은 전혀 신경쓰지 않는다. 그는 오직 한 가지만을 위해 불타오른다. 그 한 가지는 오직 하나님을 기쁘시게 하고, 하나님의 영광을 드높이는 것이다. 그가 그 불로 다 타버린다고 하더라도, 그는 거기에 신경을 쓰지 않는다. 그는 만족한다. 램프처럼, 그는 타버리기 위해 만들어졌다고 생각한다. 오히려 불에 다 타버리면, 그는 하나님께서 그에게 지우신 그 역할을 다 한 것이다. 그런 사람은 언제나 자신의 열정을 불태울 영역을 발견하기 마련이다. 전할 수 없다면, 일할 수 없다면, 돈을 줄 수 없다면, 그는 울고, 한숨 쉬고, 기도할 것이다.

그렇다. 그가 그저 극빈자일 뿐이라면, 영구적으로 침상에 누워있는 자라면, 그는 자신을 둘러싸고 있는 죄에 대항하여 중보의 기도를 드릴 것이다. 그가 여호수아와 함께 골짜기에서 전투하는 데 참여할 수 없다면, 그는 언덕 위에서 모세와 아론과 훌의 역할을 맡을 것이다(출 17:9-13). 그가 스스로 일할 수 없게 된다면, 그는 다른 곳에서 도움이 오기 전까지 결코 주님을 쉬게 하지 않을 것이고, 결국 일은 완수될 것이다. 이것이 바로 신앙의 '열정'이 의미하는 것이다.

우리는 앞에서 라일이 자기 기만과 영적 태만과 성경에 등장하는 용어들의 참된 의미를 공허하게 만들었던 '피어솔 스미스주의'(Piersall Smithism)를 어떻게 비난했는지를 살펴보았다. 승리(Victory)는 그들의 용어들 가운데 하나였다. 이제 여기서 라일 자신이 그리스도인의 활력이라는 그의 발전된 인식의 한 측면으로서, 승리라는 주제를 어떻게 다루는지 나온다. 그는 요한계시록 2장과 3장에 나오는, 이기는 자들에게 주시는 그리스도의 약속을 여기에서 다루고 있다.

여러분이 거듭나서 천국에 가게 될 사람인지 스스로 입증하고자 한다면, 여러분은 그리스도의 승리하는 군사가 되어야 한다. 여러분이 그리스도의 귀한 약속을 누릴 자격을 얻고자 한다면, 그리스도의 대의를 위하여 선한 싸움을 싸워야 하고, 그 싸움에서 반드시 승리해야 한다.

승리는 여러분이 구원을 주는 신앙의 소유를 보여주는 만족할 만한 유일한 증거이다. 아마도 여러분들은 좋은 설교를 좋아할 것이다. 여러분들은 성경을 존중하고, 때때로 성경을 읽는다. 여러분은 아침저녁으로 기도한다. 여러분은 가정 기도회를 갖고, 신앙 모임을 갖는다. 나는 이 모든 것에 대해 하나님께 감사드린다. 이들은 모두 좋은 것들이다. 그렇지만 전투는 어떻게 되어 가고 있는가?…여러분은 세상에 대한 사랑과 사람에 대한 두려움을 극복하고 있는가? 여러분은 마음의 열망과 분노와 정욕을 억제하고 있는가? 여러분은 악마와 싸우고 그가 여러분에게서 달아나도록 만들고 있는가? 이 문제가 어떻게 되어가는가? 여러분이 죄와 악마와 세상을 다스리지 않으면 그들을 섬겨야 한다. 중간의 길은 없다. 여러분이 정복하지 못하면 패배할 수밖에 없다.

나는 우리가 싸우는 싸움이 어려운 전투라는 것을 잘 안다. 그리고 여러분도 역시 그것을 알게 되기를 원한다. 여러분이 천국에 이르고자 한다면 매일의 싸움에서 결단해야 한다. 죄, 세상, 악마를 실제로 죽이고, 저항하고, 물리쳐야 한다.

이 길은 옛 성도가 걸었던 길이다. 모세는 쾌락을 사랑하는 것을 극복했다. 미가야는 안락에 대한 사랑을 극복했다. 다니엘은 죽음에 대한 공포를 이겨냈다. 마태는 돈에 대한 사랑을 이겨냈다. 베드로와 요한은 사람에 대한 두려움을 극복했다. 바리새인이었던 사울이 유대인들 가운데 있고자 하는 그의 마음의 소망을 포기하고, 한때 그가 핍박했던 그 예수님을 전했을 때, 이것은 바로 이기는 것이었다. 그는 사람의 칭찬을 사랑하는 마음을 극복한 것이었다.

여러분이 구원받기를 원한다면 여러분도 역시 이들이 행한 동일한 것들을 행해야 한다. 그들은 여러분이 가진 것과 같은 열망을 가진 사람들이었다. 그러나 그들은 그 모든 것을 극복했다. 그들은 여러분들이 경험했을 수 있는 많은 시험을 겪었지만 이겨냈다. 그들은 싸웠다. 그들은 씨름했다. 그들은 투쟁했다. 여러분도 똑같이 해야 한다.

그들의 승리의 비결이 무엇이었나? 그들의 믿음이다. 그들은 예수님을 믿었다. 믿음이 그들을 강하게 만들었다. 그리고 그들을 붙들어 주었다. 이 모든 전투에서, 그들은 자신들의 시선을 예수님께 고정시켰다. 그러자 예수님께서는 그들을 떠나지도, 그들을 버리지도 않으셨다. 그들은 "또 우리 형제들이 어린 양의 피와 자기들이 증언하는 말씀으로써"(계 12:11) 이겼다. 따라서 여러분도 할 수 있다.

그리스도인의 활력에 대한 라일의 비전으로 인해 우리는 하나님께 감사해야 한다. 그리고 그 비전이 우리를 감동시켜 우리의 시선을 위로 향하도록 해야 한다. 우리는 라일이 흠이 없었다고 주장하는 것이 아니다. 그에게는 분명히 약점이 있었다. 대성당 참사회 의원 홉슨(Canon Hobson)이 단언했듯이, 라일이 정말로 위대했다고 주장하는 것이다. 우리는 독자들에게 우리의 의견에 동의하는지 그렇지 않은지 고려해 보라고 요청하고 싶다. 또한 라일을 번민하게 했고, 그가 청교도적 용어로 대답했던 문제들이 오늘날 현대적인 형태로 등장할 때 도전이 된다.

우리가 성경을 어떻게 이해하고 적용할 것인가? 우리 성직자들이 체계적으로 날마다 가르쳐야 할 믿음은 무엇인가? 참된 영적 삶, 참된 영적 예배, 참된 기독교적 성결, 참된 기독교적 자기 훈련은 무엇으로 구성되어 있는가? 그리스도의 말씀이 어떻게 효과적으로 전달되고 전파될 수 있을까? 설교자들은 어떻게 양심에 호소할 수 있을까? 잠자는 교회가 어떻게 하면 깨어날 수 있고, 죽은 교회가 어떻게 하면 살아나고, 약한 교회들이 어떻게 하면 강해질 수 있을까? 내가 이미 언급했듯이, 이 질문들이 오늘날 떠오를 때, 나는 독자들이 문화의 변화를 초월하는 원리와 방법에 근거하여, 라일의 대답이, 또 그 대답에 따른 라일의 목회 모델이 독자들에게 앞으로 나아갈 참된 길을 잘 보여주고 있는지를 더 깊이 고려해 보라고 초청하는 것이다.

13. 위대한 저술가

1) 라일 『신앙강좌 시리즈』

라일은 위대한 저술가였다. 그가 출판한 라일 『신앙강좌 시리즈』의 자료들은 말로 행해진 연설이나 설교의 수사적 문체로 되어 있어서, 이 자료들을 통해서 라일은 이것들을 읽는 독자들이 즉각적으로 꾸밈 없고, 마음을 탐구하게 하며, 교훈적이고, 능숙하고, 열정적으로 하나님의 영광에 헌신된 대중 전달의 언어 표현에 친숙해지도록 초대하고 있다.

① 성결(*Holiness*)
② 오직 한 길(*Knots Untied*)
③ 옛 길(*Old Paths*)
④ 선한 길(*The Upper Room*)
⑤ 곧은 길(*Practical Religion*)
⑥ 영적 거인(*Christian Leaders of the Eighteenth Century*)

라일 『신앙강좌 시리즈』 책자들의 중심 주제는 진지하게 믿고 회개하고 순종할 뿐만 아니라, 그들이 그렇게 하는 만큼 영적인 정직과 겸손을 유지하는 죄인의 행복이었다. 그가 저술한 대부분의 책은 실제 설교와 연설에서 비롯한 것이었다. 이런 종류의 잘 알려진 대중전달을 대할 때, 우리는 그 지혜 뒤에 담긴 가르침을 무시하거나, 궁극적인 결과물을 결정적인 것보다 일시적인 것으로 치부하기 쉽다. 우리는 학문하는 사람들이 결정적인 것을 전달하기 원할 때는 그들이 전체적인 것을 다루는 책을 쓰기 마련이라고 생각한다. 그러나 라일 『신앙강좌 시리즈』들은 대체로 이렇게 제각기 행해진 연설과 설교문들을 모은 것일 뿐이고, 주제에서는 연결성이 있으나 전체적인 논증이 연결되어 있는 것들이 아니었다. 실제로 이 모든 자료의 전체 제목이 제시된 것을 보면 알 수 있겠지만, 설교와 소책자가 함께 묶여 있었다. 따라서 이 장엄한 글의 신학적 무게가 내내 경시되어 왔다. 이 점은 정말로 고려되어야 하는 중요한 사항이다.

우리가 라일 『신앙강좌 시리즈』를 충분하게 연구하여 전체적으로 글로 평가하는 것은 가능한 일이 아니다. 그러나 라일 주교 스스로 언급했듯이, 거스리 클락(Guthrie Clark)은 라일이 가장 가치있게 생각한 일곱 가지 주제에 초점을 맞추었다. 여기서 그가 정리한 그대로 그 긴 구절들을 인용하는 것 이상으로 더 좋은 글을 쓸 수는 없다고 생각한다. 다루어진 배경은 지금쯤 우리에게 익숙해졌을 것이다. 인용된 구절들의 일부는 이미 우리가 접한 적이 있지만, 클락의 재진술에는 우리가 충분히 주의를 기울일 만한 라일의 것과 같은 힘이 느껴진다.

(1) 성경의 충족성과 수위성

라일 『신앙강좌 시리즈』는 성경의 충족성과 수위성을 말한다.

> 하나님의 말씀으로 모든 것을 입증하라. 모든 목회자, 모든 가르침, 모든 교리, 모든 설교, 모든 저술, 모든 견해, 모든 실천을 하나님의 말씀으로 입증하라. 성경을 기준으로 모든 것을 측정하라. 성경의 불을 품을 수 있는 것은 받고 붙들고 믿고 순종하라. 성경의 불을 품을 수 없는 것은 거절하고 거부하고 의절하고 내어 버리라.

(2) 인간의 전적부패

인간이 하나님과의 관계 앞에서는 전적으로 타락했다. 예수 그리스도의 은총이 없이는 구원을 받지 못한다. 그는 18세기의 복음주의 설교자들에 대한 글을 쓰면서 말한다.

그들은 그리스도께서 모든 사람 안에 있다는, 모든 존재가 그 내부에 선한 것을 소유하고 있다는, 그들이 구원받기 위해서는 그냥 그것을 움직여 사용하기만 하면 된다는 현대의 사상에 대해서는 전혀 몰랐다. 그들은 이런 식으로 사람들에게 아부하지 않았다. 이들은 사람들에게 그들이 죽었고 다시 살아나야 한다고 직설적으로 말했다. 그들이 죄인이고, 잃어버린 자들이고, 무능하고 소망 없고 영원한 파괴의 임박한 위험에 처해 있다고 말했다. 사람들을 선하게 만드는 첫 번째 단계가 그들이 궁극적으로 악하다는 사실을 보여주는 것이라는 점은 이상하고 역설적인 것처럼 보인다. 자신들의 영혼을 위해 뭔가를 하도록 사람들을 설득하는 가장 우선되는 논증은 그들이 아무 것도 할 수 없다는 것을 확신시키는 것이라는 점 역시 이상하고 역설적이다.

(3) 그리스도의 죽음

그리스도의 십자가와 죽음이 전부이다.

우리는 '완성된 행위' 안에서 우리 영혼의 안식을 얻는다. 우리에게는 구원에 필요한 모든 것을 행하시고, 모든 것을 지불하시고, 모든 것을 성취하시고, 모든 것을 완성하신 한 분 구세주가 있다. 우리가 우리 자신의 행위를 바라볼 때, 우리는 그 불완전함 때문에 수치를 느끼게 될 것이다. 그러나 우리가 그리스도의 완성된 행위를 바라볼 때, 우리는 평안을 느끼게 된다. 우리가 믿기만 한다면, 우리는 그분 안에서 완전하다.

(4) 믿음으로 의롭게 됨

라일은 신조 11항을 정말로 엄청나게 자랑스러워했다. 라일은 우리가 오직 우리의 주님이자 구세주인 예수 그리스도를 믿음으로만 하나님 앞에서 의로운 자로 인정받는다는 것을 설명할 때보다 더 행복했던 적은 없었다.

그 하나님의 아들을 믿는 사람은 누구나 즉각적으로 용서받고, 용인되고, 칭의를 얻으며, 의롭다고 인정받고, 죄 없다고 인정받고, 모든 정죄의 가능성에서 해방된다. 우리의 많은 죄는 예수 그리스도의 귀한 피로 인해 즉각적으로 씻김을 받는다. 우리 죄악된 영혼은 즉각적으로 우리 주 예수 그리스도의 완전한 의로 옷을 입는다. 그가 과거에 무슨 짓을 했는지는 중요하지 않다. 그의 죄가 가장 최악의 종류일 수도 있다. 그의 이전 성품이 최악의 상태였을 수도 있다. 그러나 그가 하나님의 아들을 믿는가? 이것만이 유일한 질문이다. 그가 믿는다면, 그는 하나님 보시기에 모든 것으로부터 의롭게 된 자이다.

(5) 회심의 절대적 필요성

하나님의 영이 찾아오면 인간이 중생을 하고, 세상을 사랑하던 사람이 하나님을 사랑하게 된다.

우리 주 예수 그리스도께서 구원을 위해 필요하다고 선언하신 변화는 분명히 어둡고 피상적인 것이 아니다. 이 변화는 단지 개혁이나 수정, 도덕적 변화나 삶의 외적인 교체가 아니다. 이것은 부활이다. 이것은 죽음에서 생명으로 이동하는 것이다. 이것은 우리의 죽은 마음 안에 위로부터 온 새로운 원리를 이식하는 것이다. 새로운 본질과 새로운 삶의 습관과 새로운 취향과 새로운 욕구와 새로운 의욕과 새로운 판단과 새로운 의견과 새로운 희망과 새로운 근심을 가진 새로운 피조물이라는 존재로의 부르심이다. 우리 주 예수께서 우리 모두에게 새로운 탄생이 필요하다고 선언하실 때에 위의 내용과 다른 의미로 말씀하신 것은 아니다.

(6) 참 신앙과 개인적 성결의 연결

중생한 사람은 성령의 충만으로 거룩한 삶을 살아간다.

어떤 사람이 여전히 부주의함과 죄 안에서 살고 있는 것을 알면서도 하나님께로부터 태어났고, 거듭났다고 말하는 것은 위험하다. 성령의 은혜가 있는 곳에는 언제나 어느 정도 성령의 열매가 있다. 나타나지 않는 은혜는 은혜가 아니며, 반율법주의와 다르지 않다. 요약하면, 우리는 아무것도 보이지 않으면, 아무것도 소유하지 못한 것이다.

(7) 하나님은 죄를 미워하심

라일 『신앙강좌 시리즈』는 하나님이 죄를 미워하시므로 회개하고 구원을 받아야 한다는 데 초점을 맞추고 있다.

사람이 구원받지 못한다면, 하나님이 사람을 사랑하지 않으시기 때문이 아니다. 그들을 구원하고자 하지 않으시기 때문도 아니다. 사람들이 그리스도께 나아오지 않기 때문이다. 그러나 우리는 기록된 것 이상을 볼 수 있을 만큼 지혜로워야한다. 소위, 병적으로 관대함에 집착함으로써, 우리는 하나님이 다음 세상에 대해 계시하신 내용 가운데 단 하나라도 빠뜨려서는 안 된다. 때때로 사람들은 마치 하나님이 다른 어떤 속성도 갖고 있지 않은 것처럼, 오직 자비와 사랑과 동정에 대해서만 이야기한다. 그리고 그분의 거룩과 순결하심과 정의와 변치 않으심과 죄에 대한 미움에는 눈을 돌린다. 이런 망상에 떨어지지 않도록 주의하라. 이것이 마지막 시대에 급증하고 있는 죄악이다.

이 요약문에서 우리는 라일의 복음주의 신학의 핵심과 관점 모두 명확하게 진술된 것을 확인한다. 잉글랜드 국교회 성직자로서, 라일은 국교회 성직자의 역할은 교구 조직을 통한 교회 기관 중심의 전도를 실천하는 데 헌신하는 것으로 보았다. 이것은 요람에서 무덤까지, 즉 영국인들의 인생 여정의 전 단계에서, 교회가 그들을 목회적으로 돌보는 것과 참된 경건(piety, 그는 '종교'〈religion〉라는 단어를 썼다)을 모든 사람에게 가르치는 것을 포함하는 것이었다. 라일은 잉글랜드 국교회 복음주의자로서 그리스도와 구원에 대한, 이제는 은혜로 구원받아 입양된 자녀가 되어 아버지 하나님과 교제하는 것에 대한, 성령으로 중생하여 태어난 그 믿음과 소망과 사랑에 대한 지식을 모든 면에서 복음주의적으로 이해하여 그것을 그의 사역에 투영하는 것으로 보았다.

클락은 일곱 가지 요점을 강조하여 라일이 다룬 모든 것을 지속적으로 가르쳤다. 그래서 복음주의적 신앙에 대하여 라일이 가르친 것은 언제나 영적 실재의 세계라는 이야기에 각도가 맞추어졌고, 그 안에서 죄인은 성경을 따라서, 예수 그리스도를 믿는 믿음을 통해서, 실재이신 하나님을 알고, 실재적인 그리스도인의 삶을 살라는 부름을 받는 것이었다. 복음주의 신앙 체계에 목회의 각도를 맞추는 라일의 능력은 그의 유산의 가장 가치 있는 부분들 가운데 하나였다.

2) 사복음서 강해 시리즈

라일은 성경을 묵상할 때에도 복음주의적인 방식이 동일한 가치가 있다는 사실을 증명했다. 사복음서에 대한 해설서들 『사복음서 강해 시리즈』(*Expository Thoughts*)를 짧은 단락으로 나누어 7권으로 저술했다.

① 마태복음 강해
② 마가복음 강해
③ 누가복음 강해(Ⅰ, Ⅱ)
④ 요한복음 강해(Ⅰ, Ⅱ, Ⅲ)

사복음서 강해 시리즈는 가정 기도와 심방 사역 시간에 읽기에 알맞은 저술이다. 각각의 단락을 읽는데 약 10분씩 걸렸다. 그는 또한 이 저술을 통해서 바쁜 개인이 경건한 묵상에 많은 열매를 맺기 바랐다. 실제로 이 글에는 일부 계파의 사람들 사이에서 소위 논증적 묵상(discursive meditation)이라 불린 묵상법의 탁월한 실례가 많이 포함되어 있었다. 특별히 청교도는 이런 묵상 방법을 설교자들이 매 주일에 강단에서 말씀을 선포하기 전에, 혼자서 하나님 앞에서 기도의 예비 단계로 묘사했다. 즉 성경 본문에서 나온 성부와 성자, 성령 및 삼위 하나님과 인간의 관계에 대한 우주적 진리를 지도와 위안, 교정과 동기 부여를 위하여 자기 자신에 적용하는 것이었다. 우리가 요한복음 6장에 대한 해설에서 이미 살펴본 것처럼, 라일의 강해 사상은 고전적인 방식의 작업을 토대로 한 것이었다. 이 방식은 우리가 아는 한, 성경 묵상을 위해 펌프에 물을 붓는 것과 같은 선한 역할을 지금도 여전히 감당하고 있다. 현대 목회를 들여다보면, 너무도 자주 어떤 묵상의 방법론을 보여주지도 않고, 실제로 어떤 사람들은 어떻게 한다는 사례도 제시하지 않으면서 사람들에게 성경을 읽고 묵상하라고 말한다. 라일의 방법은 오늘날의 그리스도인들의 양육을 위하여 지금도 제공할 수 있는 것으로써, 그 간극을 메울 수 있을 것이며, 엄청난 유익이 될 것이다.

14. 맺는 말

우리가 발전된 역사적 청교도주의 안에 신약 기독교가 명백하게 구현되어 있다는 사실을 분별하게 된 지 500년 이상이 흘러 오늘이 되었다.

역사적 청교도주의라고 할 때, 엘리자베스 여왕 시대의 사람들인 그리넘(Greenham), 퍼킨스(Perkins), 리처드 로저스(Richard Rogers)

와 함께 형성되기 시작하여, 스튜어트 왕가를 반대하고 종교의 자유를 지지한 백스터(Baxter), 하우이(Howe), 헨리(Henry)와 함께 사실상 끝이 났지만, 잉글랜드에서는 십스(Sibbes), 오웬(Owen), 번연(Bunyan)을 배출하였고, 뉴잉글랜드에서는 토마스 후커(Thomas Hooker), 인크리스 매더(Increase Mather), 코튼 매더(Cotton Mather), 그리고 최종적으로 조나단 에드워즈(Jonathan Edwards)를 배출하였다. 역사적 청교도주의는 성경에 근거하고, 그리스도 중심적이며, 회심을 강조하고, 경건하고, 교회를 중시하고, 공동체 지향적인 운동을 지칭한다.

신약 기독교가 명백하게 구현되어 있다고 할 때, 교부들의 삼위일체 객관론, 아우구스티누스가 정리한 자아와 죄에 대한 지식, 주요 종교개혁자들이 소유했고 공유했던 그리스도와 십자가, 믿음으로 말미암는 칭의에 대한 지식, 예배하는 교회의 존재 이유에 합당하게 그리스도의 영광을 구하는 그리스도인의 우주적 열정을 청교도들이 특별히 공헌했던 중생과 성화와 자아의 내면적 삶에 대한 통찰과 크게 조화시킨 믿음의 틀과 삶의 형태에 대해 말하고 있는 것이다. 믿음의 틀과 삶의 형태란, 모든 상황과 삶의 걸음과 개인 상태와 관계와 삶의 활동에서 거룩함을 이뤄내고 유지하기 위한 투쟁을 체험하면서, 또한 그 거룩함을 잉글랜드와 웨일즈 전역에, 심지어는 영국 전역에 가능한 모든 수단을 동원하여 세우기 위한 투쟁을 겪으면서, 실천하고, 경험하고, 양심에 따르고, 결심하며, 열의를 다하고, 소망에 가득 차 있고, 열심히 일하고, 비전을 품었던 삶을 말한다. 청교도 기독교의 정확함과 풍성함에 처음부터 크게 놀랐고, 그 놀라움은 시간이 지날수록 점점 더 커져만 갔다.

이런 청교도적 이상 속에서 연구한, 한 사람 한 사람의 청교도들 안에서 본 것은 지금껏 세상에 존재한 가장 완벽하고, 가장 심오하고, 가장 장엄한 성경적 신앙이 그들 안에서 구현되었다는 사실이었다.

독일의 루터교 경건주의와 18세기, 19세기의 영어권 복음주의 운동들을 그들이 말하는 그대로 부분적이라고 평가할 때, 즉 그들이 거룩함에 대한 청교도적 비전을 불완전하게 실현했다는 점을 인정할 때, 복음주의 신앙을 18세기에 시작된 것으로 취급하는 복음주의 유산의 많은 후기 탐구들에 대해서는 부분적인 지지만을 보낼 수 있을 뿐이다. 옛 시대와 오늘날의, 소위 복음주의는 청교도주의가 계속되고 있는 것으로 보아야 한다는 것이 진실이다.

그러나 개신교 세계에서의 세속화된 압력과 관점으로 인해 그 폭이 점점 좁아지고 있다. 지적으로, 문화적으로, 인문학적으로, 미적으로, 관계적으로. 그 결과 이 운동은 거인들보다는 난쟁이들(pygmy)만을 계속해서 배출하고 있다. 우리의 발전 정도와 우리의 약점들은 청교도의 기준으로 측정되고 탐색되어야 하는데, 그 기준이 성경적 기준이기 때문이다. 영국의 복음주의 부흥과 뉴잉글랜드의 대각성 운동의 주역들은 이것을 잘 알았기에, 그들은 이 기준에 따라 읽고 생각하고 기도하고 말하고 행동했다.

오늘날의 복음주의자들은 그들 자신의 역사에 거의 관심이 없기에, 그들이 자신에게 사용할 이름을 빌려 온 그들의 선조와 비교할 때, 얼마나 작고, 메마르고, 가볍고, 피상적이고, 유치한지조차 분간하지 못한다는 것이 사실이다. 이 사실이 우리가 현재 가진 약점들 가운데 더욱 두드러진 것이기 때문에, 시간이 갈수록 점점 더 인식을 못하게 될 것이 분명하다. 엘리엇(T. S. Eliot)이 자신의 문화 세대를 '짚으로 가득 찬…속이 텅 빈 인간'이라고 묘사한 것처럼, 우리는 스스로를 축소된 복음주의자들의 난쟁이 세대라고 인식할 수 있어야 한다. 현대의 그리스도인은 세련되고자 하는 열심으로 충만해 있지만, 소외되고 자포자기한 서구 세계의 취향에는 도무지 매력이 없다. 이것은 별로 좋은 상태가 아니다.

그러나 청교도 주형에서 만들어진 후기의 거인들, 청교도 전통이 주축 기독교의 척도이자 우리 영혼의 성장을 위해 공급된 비타민이라는 사실을 알고, 그것의 가치를 인정하고, 그것을 먹고 자란 거인들이 있었다. 빅토리아 시대의 인물 중에는 찰스 스펄전이 있었고, 또 존 라일이 있었다. 두 사람 다 순전한 성경적 복음을 중심에 두고, 그 복음을 확고하게 유지하기 위해 끝까지 싸웠다. 교리와 경건이 쇠퇴하는 상황 속에서 그들은 여기에 도전하는 거의 유일한 목소리였다. 둘 다 그들의 지지자들에게 존경을 받았으나, 그들은 자기 수준의 후계자들을 갖지는 못했다. 두 사람 모두, 21세기가 시작되는 시기였다면 그들이 어떻게 글을 썼을까에 대한 우리 시대 사람들의 궁금증을 풀어줄 작품을 남겼다.

마틴 로이드 존스 박사(Dr. D. Martyn Lloyd-Jones, 1899-1981)는 아마도 이런 빅토리아 시대의 불꽃같은 인물들과 특징에 가장 잘 부합하는 거의 유일한 20세기 영국 복음주의자이며, 청교도일 것이다. 그는 우리 시대가 영적인 문제에서 전례가 없을 만큼 혼돈스런 시대이고, "그리스도인이란 도대체 누구인가?"라는 세상의 질문을 받고 대답을 강요받을 정도의 교회가 되었다고 주장하곤 했다. 확실히 그가 옳았다. 로이드 존스의 말은 그가 그 말을 했던 한 세대 전보다 오히려 지금 시대에 더 진실하게 울린다. 우리가 이미 살펴보았듯, 라일은 풍성한 성경적 신앙의 열정적인 대표자였고, 거기에 더하여 교회의 사명에 대한 전략적인 사상가였다. 그러나 로이드 존스처럼, 그는 공적인 사역에서 언제나 현실의 그리스도인들이 통합해야 할 두 종류의 오래되고 변하지 않는 진리를 강조하고 강화했다.

첫 번째 것은 우리가 종교개혁의 신앙이라 부르는 것이다. 즉 신약의 모범에서 어떤 것도 더하지도 않고 빼지도 않은, 성경 중심, 하나님 중심, 그리스도 중심, 십자가 중심, 구원 중심의 신앙이다.

두 번째 것은 성경이 마음과 삶의 중생을 요청하고 있는 것이다. 즉 인격을 변화시키는 부활하신 그리스도와의 생명을 얻는 연합을 통해

동기와 가치와 목표와 행동 양식이 변화한 것을 명백히 보여주어야 한다는 것이다.

또한 성령께서 가져다주시는 행하고 인내하는 능력, 찬양과 기도, 사랑과 섬김을 명백히 보여주어야 한다는 것이다. 이 새로운 삶을 이해하고, 그 안으로 들어가고, 그렇게 사는 것이 모든 사람의 가장 중요한 소명이라고 독자들이 생각한다면, 그렇게 하도록 사람들을 돕는 것이 모든 교회의 가장 중요한 책임이라고 생각한다.

청교도 주교 라일은 우리로 하여금 잘못된 길과 곁길에서 불러내고, 그의 시대 이후의 새로운 세대의 사람들에게 어떤 땅 위에 발을 디뎌야 할지를 보여주는, 상징(icon)이자 봉화(beacon)와 같은 인물이었다고 평가받을 수 있다. 여기 위대한 전통이 있다. 여기 지혜와 생명의 참된 길이 있다. 라일은 많은 사람을 인도했다. 그는 인도자였다. 그는 이제 우리를 인도하고 있다. 모든 영광을 하나님께 돌린다!

이렇게 말한다고 해서, 우리가 우리 시대의 자녀들인 것처럼, 라일이 그의 시대의 자녀였다는 사실을 잊어도 좋다고 독자들에게 말하고 있는 것은 아니다. 라일의 사고방식과 수사법, 라일의 명민함과 학문, 영국인, 성직자, 주교로서의 라일의 자기 이해는 우리가 이미 주목했듯이 초기, 또는 후기 빅토리아 시대의 것이었다.

라일의 시대 이후로 시간의 다리 밑으로 많은 물이 흘렀고, 학문 세계, 잉글랜드 국교회, 로마 가톨릭 교회, 일과 여가와 가정생활, 기술과 여행, 대중문화, 독서 습관, 일반적으로는 종교, 특히 기독교의 양식에 많은 변화가 찾아왔다. 그러나 우리는 라일이 우리의 가슴에 직접적으로 말하고 있음을 알게 된다. 라일은 모든 점에서 우리의 동시대인이 아니기에, 우리가 우리의 시대 상황 이외의 것을 상상한다면, 영적으로 상처를 받게 될 수도 있다. 나는 마치 라일이 우리에게 인류 최후의 지혜를 말했다거나, 그가 교리문답(catechetics)을 최종적으로 마무리하기라도 한 듯이 그의 말을 들으라고 촉구하고 있는 것이 아니다.

칼라일(Carlyle)의 표현을 빌자면, 자신을 참된 신앙에 속한 영원한 것과 무한한 것에 조율한 한 사람, 라일에 우리 자신을 조율하라고 권면하고 있는 것이다. 이 영원한 것과 무한한 것은 복음의 진리에 대한 지식, 우리 주 예수 그리스도의 은혜에 대한 지식, 중생의 변화를 가져다주는 실재에 대한 지식, 제자 훈련과 그 기쁨에 대한 지식, 하나님의 도우심으로 세상과 육신과 악마에 대항하는 싸움에 대한 지식, 선교와 목회를 가능하게 하시는 성령에 대한 지식, 성경에 충만하게 계시된 하나님에 대한 지식을 의미한다. 라일은 자기 자신에 대해서, 재미있으면서도 냉철한 기지로, "교황보다 오류가 더 많은 사람"이라고 말했다. 우리는 이 말에 동의할 수도 있다.

그러나 우리는 과거나 현재나, 그리스도와 성경에 근거하여 인류에 대한 신적 지혜의 최우선이자 근본이 되는 말씀을 표현하는 일에서, 라일보다 더 훌륭한 기독교적 직감과 실력을 가진 사람의 이름을 댈 수 있을 것이라고 생각하지 않는다. 독자 여러분은 라일이 줄 수 있는 것을 라일에게서 얻게 되기를 소망한다. 즉 어떤 것으로도 따라 잡을 수 없고, 어떤 것으로도 능가할 수 없는 근본적인 기독교 진리를 얻게 되기를 소원한다. 이 좋은 양식으로 인해 하나님께 감사하라. 여러분이 천국의 이편에서 이보다 더 영양이 풍부한 음식을 발견할 수 없을 것이다.

> 하나님의 말씀을 너희에게 일러 주고 너희를 인도하던 자들을 생각하며 그들의 행실의 결말을 주의하여 보고 그들의 믿음을 본받으라 예수 그리스도는 어제나 오늘이나 영원토록 동일하시니라 (히 13:7-8).

존 C. 라일 신앙강좌 시리즈
선한 길 *The Upper Room*

2013년 3월 28일 초판 발행

지은이 | 존 C. 라일
옮긴이 | 박 영 호

펴낸곳 | 사)기독교문서선교회
등록 | 제16-25호(1980. 1. 18)
주소 | 서울시 서초구 방배로 68
전화 | 02) 586-8761~3(본사) 031) 942-8761(영업부)
팩스 | 02) 523-0131(본사) 031) 942-8763(영업부)
홈페이지 | www.clcbook.com
이메일 | clckor@gmail.com
온라인 | 기업은행 073-000308-04-020, 국민은행 043-01-0379-646
　　　　　예금주: 사)기독교문서선교회

ISBN 978-89-341-1277-8 (04230)
　　　978-89-341-1195-5 (세트)

* 낙장·파본은 교환해 드립니다.